에센스 재무관리

감형규·신용재·김영규

제8판

Financial Management

Financial Management

제8판

에센스 재무관리

감형규·신용재·김영규

유원북스

제8판 머리말

본서가 세상에 나온 지 벌써 25년이 되었다. 사람에 비한다면 본서가 이제 20대 청년으로 자라난 셈이다. 현재까지 본서가 이렇게 멋진 청년으로 성장하도록 만든 원동력은 본서를 아끼고 사랑해 주신 독자 분들이 보내주신 격려와 지지가 절대적이다. 학계에서 강의와 연구로 동고동락하는 선후배 교수님들의 성원, 수많은 학생들이 보여준 관심과 열정, 그리고 기업 현장에서 실무를 담당하고 계신 분들께서 보내 주신 발전적 제언 등은 이 책의 성장과 맥을 같이 한다. 이에 그동안 본서를 사랑해주신 독자 여러분께 다시 한번 깊은 감사를 드린다.

최근 4차 산업혁명과 더불어 핀테크(Fintech), 블록체인(Block Chain) 및 가상자산, 인공지능(Artificial Intelligence: AI) 및 ChatGPT 등 미래 산업구조에 큰 변화를 몰고 올 다양한 이슈들이 계속 제기되고 있다. 또한 국가 간 무역분쟁, 복잡한 세계 정치 · 경제적 이해관계 속에서 대내외적 경제 · 경영환경의 불확실성이 증가하고 있다. 이러한 상황에서 기업가치 극대화를 위한 재무관리자의 역할이 한층 더 강조될 것으로 평가된다.

이번 제8판 개정에서 저자들은 본서가 기업가치의 극대화라는 재무관리의 목표를 달성하는 데 필요한 재무관리의 제반 지식을 더욱 체계적이고 일관되도록 구성하였다. 이는 이번 개정이 그동안 본서가 추구해 온 가치를 앞으로도 더욱 공고히 하는 데에 기여할 것으로 기대한다. 이번 제8판 개정에서 나타난 중요한 변화는 다음과 같다.

첫째, 최근에 관심을 끌고 있는 실물옵션, CAPM의 대안적 모형, 행동재무 등을 간단하게 소개하여 독자들이 새로운 재무이론을 이해할 수 있도록 하였다.

둘째, 재무이론이 실제 자본시장 및 실무와 어떻게 연결될 수 있는지에 관한 이해를 돕는 데 유용한 '재무 산책'과 '뉴스 속 재무'의 내용을 수정 · 보완하였다. 기존에 소개된 내용 중 오래된 내용이라 최신 사례로서 적절하지 않거나, 새롭게 추가함으로써 독자의 이해를 구하는 데 도움이 된다고 판단되는 사항에 대해선 관련 내용을 추가 및 보완하였다.

셋째, 연습문제를 교체 및 추가하였다. 본서의 본문 내용을 점검하기에 보다 적절한 문제를 엄선하여 추가 · 보완하였다. 특히 최근에 출제된 공인회계사(CPA) 시험문제 등도 반영하였다.

넷째, 기존 판에서도 지향한 바와 같이 삽화와 사진을 추가함과 동시에 화려한 디자인 기법을 도입함으로써 딱딱한 재무이론을 쉽게 이해할 수 있도록 더욱 많은 정성을 기울였다.

그러나 이와 같은 저자들의 노력과 열정에도 불구하고 독자의 시각에서 일부 미진한 부분이 여전이 남아 있을 것으로 염려된다. 그런 부분에 대해서는 독자들의 조언과 제안을 통해 향후 수정 · 보완할 수 있기를 기대한다. 본서는 국내 · 외 많은 문헌들을 참고하여 저술되었다. 이 자리를 빌려 국내외 · 학자들에게 양해를 구하며, 그들에게 감사의 말씀을 전한다.

본서가 출간되기까지 많은 이들의 시간과 노력이 투입되었다. 본서 출간에 적극적으로 도와 준 이구만 사장과 꼼꼼한 편집으로 본서의 수준을 한층 제고하는 데 수고하신 편집진여러분께도 감사를 전한다. 마지막으로 본서를 개정하는 과정에서 고통을 분담하면서 격려와 성원을 아끼지 않았던 가족들에게 고마움을 표한다.

2023년 7월

저자 일동

머리말

재무관리는 기업의 자금조달과 운용을 다루는 학문으로서 그 궁극적인 목표는 기업가치를 극대화하는 데 있다. 즉 기업의 재무의사결정(투자결정과 자본조달과정)은 가치창출에 근거하여 이루어져야 한다는 것이다. 그러나 우리나라 대다수 기업들이 이와 같은 기본원칙을 무시하고 과다한 차입에 의한 외형성장의 추구에 몰두하였다. 그 결과 최근 IMF로부터 구제금융을 받는 등 경제전체가 어려움을 겪고 있다. 세계 유수의 기업들과 치열한 경쟁을 해야 하는 현실에서 과거와 같은 경영관행에 의해서는 생존 자체도 보장받을 수 없는 것이 현실이다. 따라서 이제 우리나라 기업들도 大馬不死라는 환상에 사로잡혀 추구하였던 성장일변도의 경영에서 벗어나 기본에 충실한 경영, 즉 가치에 근거한 경영을 하여야 할 것이다.

본서는 재무이론을 실무와 조화시키는 관점에서 서술하였으며 다음과 같은 몇 가지 특징을 가지고 있다.

첫째, 재무관리의 전체적인 내용을 일관성 있게 구성하려고 노력하였다. 재무관리의 제반내용은 기업가치의 극대화(순현가의 극대화)라는 하나의 큰 흐름 아래 연결되어 있다. 따라서 본서에서는 먼저 재무관리의 의의, 화폐의 시간적 가치, 재무제표분석 등 재무관리의 기초개념을 설명하였다. 그리고 투자결정, 자본조달과정, 운전자본관리, 재무관리의 특수분야 등을 기업가치와 연계하여 차례로 설명함으로써 독자가 체계적으로 현대재무이론을 습득할 수 있도록 배려하였다. 특히 독자들이 숲을 보지 못하고 나무만 보는 우를 범하지 않도록 하기 위하여 본서의 각 내용을 전체적인 관점에서 조망할 수 있도록 노력하였다.

둘째, 본서는 어렵고 복잡한 수식을 피하고, 다양한 예제와 연습문제를 통해서 재무이론의 기본적인 개념을 쉽게 습득할 수 있도록 노력하였다. 특히 본서는 재무이론을 처음 배우는 학생 또는 실무자들이 짧은 시간 내 핵심적인 재무이론을 무리 없이 습득할 수 있도록 노력하였다. 본서의 내용을 한 학기에 충분히 소화할 수 있도록 중복적이고 난이도가 높은 내용을 가능한 피하였으며, 일부내용은 보론으로 처리하였다(교과과정의 편성에 따라 재무분석, 투자론 등이 추가적으로 개설되어 있는 경우 본서의 제3장 재무제표분석, 제12장 파생상품과 위험관리 등을 제외할 수 있을 것이며, 다소 난이도가 있는 보론 등도 학생들의 수준에 따라 제외시킬 수 있을 것이다).

셋째, 주요 재무이론이 실무에서 어떻게 적용되는지를 설명하기 위하여 다양한 사례들을 제시하였다. 재무이론과 현실이 어떻게 관련되어 있는지를 알기 쉽게 제시하기 위해 노력함으로써 독자들이 흥미를 가질 수 있도록 최대한 배려하였다.

넷째, 본서는 본저자들이 기존에 출간한 「재무관리」와 차별화될 수 있도록 노력하였다. 많은 교수님들로부터 「재무관리」의 내용이 너무 방대하고, 학부 또는 실무자들에게 다소 난이도가 높다는 지적이 있었다. 따라서 본서는 기존의 틀을 유지하면서 기본적이고 핵심적인 내용을 중심으로 내용을 대폭 축소 · 정리하고, 실무에서의 적용사례 및 다양한 연습문제(완성형, 선택형, 설명형, 계산형)들을 소개함으로써 쉽게 재무이론을 습득할 수 있도록 했다는 점에서 차별화될 수 있을 것이다. 그러므로 독자의 수준 및 목적에 따라 본서, 즉 「에센스 재무관리」 또는 「재무관리」 중 취사선택할 수 있을 것이다.

본서는 이상에서 밝힌 네 가지 특징을 살리는 데 주안점을 두고 쓰여졌다. 그러나 이와 같은 의욕적인 노력에도 불구하고 여러 가지 부족한 점이 있을 것으로 생각된다. 독자들의 기탄 없는 비판과 조언을 통하여 향후 완벽하게 수정 · 보완할 수 있기를 기대해 본다. 그리고 본서는 국내 · 외 많은 문헌들을 참조하여 쓰여졌다. 이 자리를 빌려 국내 · 외 학자들의 양해를 구하며, 그들에게 깊은 감사의 뜻을 표한다.

본서가 나오기까지 많은 사람들의 시간과 노력이 투자되었다. 먼저 교정작업에 도움을 준 신용재 교수(혜전대학), 이상재 교수(대원공과대학)에게 특별히 고맙게 생각하며, 원고정리에 도움을 준 박현정 조교(청운대학교)에게도 고마움을 표한다. 그리고 본서가 출판되기까지 적극적으로 도와준 박영사의 이구만 차장과 마찬옥 차장께 감사를 드린다. 끝으로 본서를 쓰는 동안 고통을 분담하면서 격려와 성원을 아끼지 않았던 양가의 가족 모두에게 충심으로 고마움을 표한다.

1998년 12월

저자 씀

CONTENTS

차 례

CONTENTS

CONTENTS

차 례

제 I 편

재무관리의 기초개념

Introduction to Financial Management

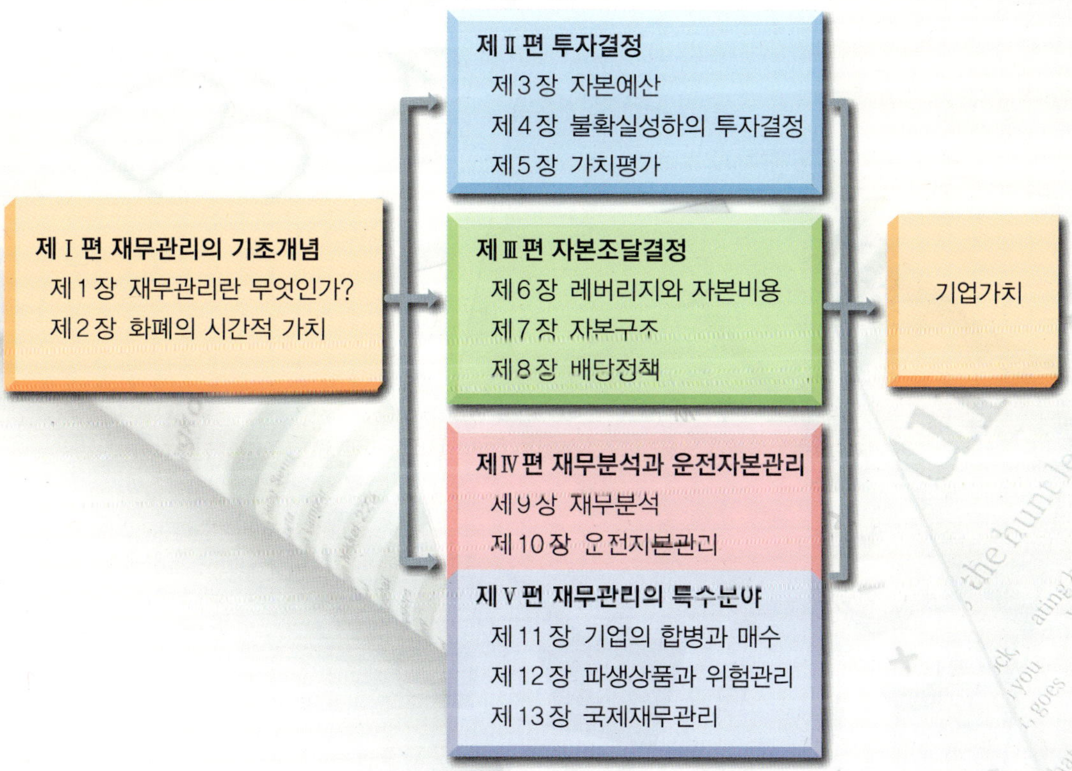

제1장

재무관리란 무엇인가?

1. 재무관리자의 역할
2. 재무관리의 목표
3. 본서의 구성

기업에서의 자금(돈)은 사람에서의 피와 같다. 이와 같은 자금과 관련된 기업활동을 다루는 학문이 재무관리라 할 수 있다.

Chapter

01 What Is Financial Management?

제 1 장의 개요

재무관리(financial management)는 기업의 자금조달과 운용을 다루는 학문으로서 그 궁극적인 목표는 기업의 가치를 극대화하는 데 있다.

본장에서는 재무관리를 이해하기 위한 첫 단계로서 재무관리자의 역할과 재무관리의 목표를 설명하고자 한다.

01 재무관리자의 역할

기업의 활동은 재화와 서비스를 생산하고 판매하는 일련의 순환과정으로 요약될 수 있다. 재화와 서비스를 생산하기 위해서 기업은 많은 실물자산(real assets)을 필요로 한다. 여기서 실물자산은 기계설비, 공장, 사무실 등의 유형자산(property, plant and equipment)과 전문적 기술, 상표권, 특허권 등의 무형자산(intangible assets)을 의미한다. 그리고 기업이 생산활동에 필요한 실물자산을 구입하려면 많은 자금이 소요되는데, 이와 같은 자금은 주식, 채권 등을 발행하여 조달되고 있다.

> **재무관리**
> 기업의 자금조달과 운용을 다루는 학문으로서 그 궁극적인 목표는 기업의 가치를 극대화하는 데 있다.

재무관리는 자금과 관련된 기업활동을 다루는 학문으로서 주요 연구분야는 자금의 조달과 운용이다. 즉 재무관리는 합리적인 투자활동과 자금조달활동을 연구하는 학문이라 할 수 있다. 재무관리측면에서 기업의 활동과정, 즉 재무활동과정을 그림으로 나타내면 [그림 1-1]과 같다. 이 그림에서 볼 수 있는 바와 같이 기업의 재무관리자(financial manager)는 금융시장을 통하여 필요한 자금을 조달한 후, 그 자금을 실물자산에 투자한다. 이와 같은 투자의 결과 생성되는 성과(현금흐름)는 자금제공자인 투자자(주주 또는 채권자)에게 배당 또는 이자의 형태로 지급되거나 재투자를 위하여 사내에 유보된다.[1] 기업은 투자자가 제공하는 자금보다 더 많은 현금흐름을 투자자에게 제공하여야 한다. 다시 말해서, 기업은 새로운 부가가치(value added)를 창출할 수 있어야 한다.

> **재무의사결정**
> 기업의 재무관리자가 수행하여야 하는 의사결정으로서 투자결정, 자본조달결정 등이 있다.

> **투자결정**
> 얼마만큼의 자금을 어느 자산에 투자할 것인가에 관한 결정이다.

기업의 재무관리자가 수행하여야 하는 **재무의사결정**(financial decision making)은 다음의 두 가지 기본적인 의사결정문제로 요약될 수 있다.

첫째, 얼마만큼의 자금을 어떤 자산에 투자할 것인가를 결정하는 **투자결정**(investment decision)이다.[2] 투자결정에 의해서 자산의 규모와 구성이 결정되며, 그 결

그림 1-1 기업의 재무활동과정

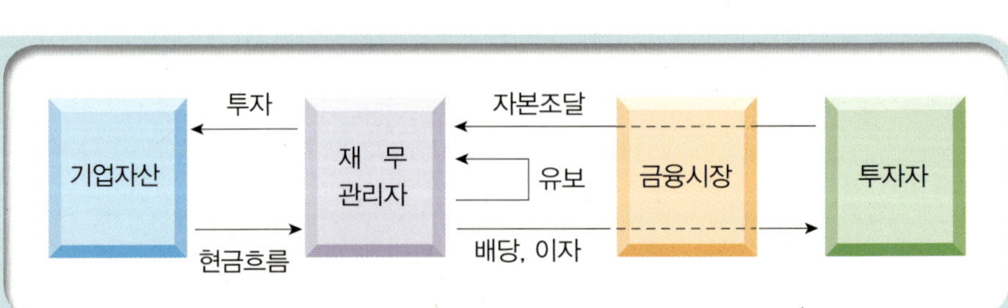

1 물론 그 성과의 일부는 세금으로 유출될 수 있다.
2 투자의 효과가 1년 이상에 걸쳐 나타나는 비유동자산에 관한 투자결정을 자본예산(capital

재무 산책

기업의 재무관리부서

루스 포랏(Ruth Porat). 뉴욕 월가에서 가장 영향력 있는 여성 가운데 한 명으로 2015년 구글의 CFO로 영입되어 화제가 됨.

비교적 규모가 큰 기업의 경우에는 재무관리자(treasurer)와 회계관리자(controller)를 둔다. 재무관리자는 현금 및 신용관리, 자본적 지출에 대한 결정, 그리고 재무계획수립 등을 담당한다. 한편 회계관리자는 세금, 원가 및 재무회계, 그리고 회계정보시스템관리 등 회계기능을 수행한다.

최근 기업의 재무와 관련된 사항들이 중요해짐에 따라 최고재무관리자(chief financial officer: CFO)를 두어 기업의 재무의사결정을 총괄하는 경우도 있다. 그러나 대부분의 기업에서 중요한 투자결정과 자본조달결정은 이사회나 최고경영자(chief executive officer: CEO)의 고유권한에 속해 재무관리자는 한정된 권한과 책임을 갖는 것이 일반적이다.

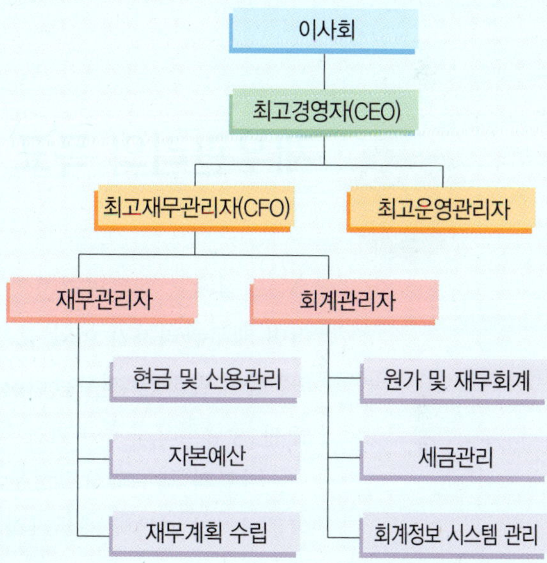

과는 재무상태표(대차대조표)의 왼쪽(차변)에 나타난다.

둘째, 투자에 필요한 자금을 어떻게 조달할 것인가를 결정하는 **자본조달결정**(financing decision)이다. 자본조달결정에 의해서 부채와 자기자본의 규모와 구성이 결정되며, 그 결과는 재무상태표의 오른쪽(대변)에 나타난다. 그리고 기업의 이익을 배당과 유보이익으로 구분하는 배당결정은 사내 자금조달과 관련된 의사결정으로서 자본조달결정의 한 형태라 할 수 있다.

자본조달결정
투자에 필요한 자금을 어떻게 조달할 것인가에 관한 결정이다.

이상과 같은 기업의 재무의사결정과 재무상태표의 관계를 그림으로 나타내면 [그림 1-2]와 같다.

budgeting)이라 하며, 기업의 단기영업활동에 의해 발생되는 현금의 유입과 유출, 즉 유동자산 및 유동부채와 관련된 의사결정을 운전자본(working capital)관리라 한다.

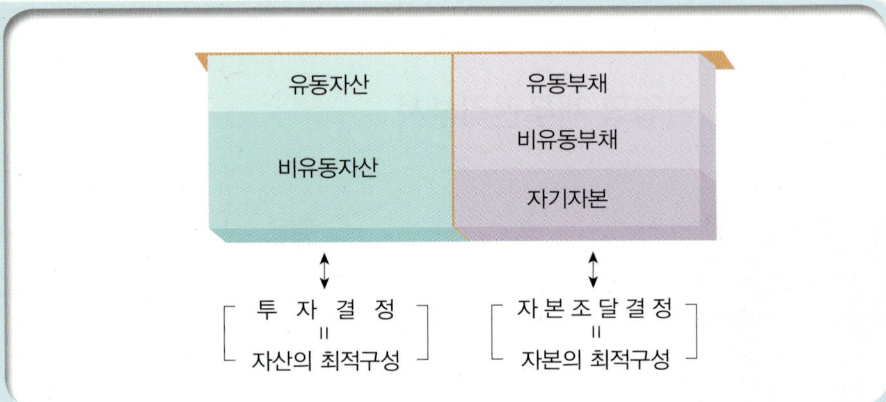

그림 1-2 재무의사결정과 재무상태표

02 재무관리의 목표

전절에서 재무관리자의 역할, 즉 투자결정과 자본조달결정을 살펴보았다. 그러면 재무관리자가 이와 같은 재무의사결정을 실행할 때 지향하는 목표는 무엇일까? 다시 말하면, 재무관리자가 구체적으로 투자를 결정하고 자본조달계획을 수립할 때 궁극적으로 추구하는 목표는 무엇일까?

기업의 재무의사결정은 기업 내의 모든 부문활동과 유기적인 관계를 가지고 이루어지기 때문에 재무관리의 목표는 궁극적으로 기업의 경영목표와 일치하게 된다. 재무관리의 목표, 즉 기업의 경영목표를 설명하면 다음과 같다.

2.1 이익의 극대화

이익극대화의 문제점
첫째, 이익은 회계적 측정치로서 기업의 경제적 성과를 정확하게 나타내지 못한다. 둘째, 이익의 발생시기를 무시하고 있다. 셋째, 미래이익의 불확실성(위험)의 정도에 따른 이익의 질적 가치를 무시한다.

전통적으로 **이익극대화**(profit maximization)가 기업의 목표로 간주되어 왔으며, 현재에도 많은 사람들이 이를 기업의 목표로 인식하고 있다. 그러나 이익극대화가 기업의 목표로서 과연 타당한가에 대해서는 논란의 여지가 있으며, 대부분의 학자들은 이익극대화를 기업의 목표로 보기에는 곤란하다는 데 의견을 같이 하고 있다. 그 이유는 이익극대화가 다음과 같은 문제점을 가지고 있기 때문이다.

첫째, 이익극대화라 할 때 이익은 회계적 측정치로서 기업의 경제적 성과를 정확하게 나타내지 못한다. 이익은 일정한 회계절차에 따라 기록 · 정리된 장부상의

재무 산책

기업의 형태

일반적인 기업의 형태로는 개인회사, 합명회사, 합자회사, 유한회사와 유한책임회사, 주식회사 등이 있으나 본서에서의 기업은 주식회사를 의미한다.

개인회사

개인회사(sole proprietorship)는 한 사람이 회사를 100% 소유하는 것을 의미한다. 개인회사는 처음 시작하기에 가장 간단하고 규제가 적은 기업형태이며, 주변에서 흔히 볼 수 있는 슈퍼마켓, 음식점, 카센터 등이 그 예라 할 수 있다. 개인회사는 그 소유자가 모든 이익을 가지며, 영업비밀이 보장된다는 등의 장점이 있다. 그러나 개인회사는 회사의 부채에 대해서 개인재산 전체를 동원해 갚아야 하는 무한책임(unlimited liability)을 져야 하며, 대규모의 자금조달이 어렵고, 소유권의 이전절차가 복잡하다는 등의 단점이 있다.

합명회사

합명회사(general partnership)는 두 명 이상의 출자자가 이익과 손실을 공유하며, 회사의 모든 부채에 대해서 무한책임을 져야 한다. 여러 사람이 동업하여 회사를 설립하기 때문에 개인회사보다 좀 더 많은 자금을 조달할 수 있으나, 동업자 사이에서 분쟁이 일어날 수 있다.

합자회사

합자회사(limited partnership)는 회사를 직접 운영하고 무한책임을 지는 한 명 이상의 무한책임사원(general partners)과 회사경영에는 적극적으로 참여하지 않고 출자한 금액 내에서만 책임지는 한 명 이상의 유한책임사원(limited partners)으로 구성된다. 합명회사보다 광범위한 투자자들로부터 자금을 조달할 수 있다는 장점이 있다.

유한회사와 유한책임회사

유한회사(private limited company)는 1인 이상의 유한책임사원으로 구성된 회사로서 사원이 회사에 대해 출자 금액만큼만 책임을 지고, 회사채권자에 대해서는 어떠한 책임도 지지 않는다. 유한회사는 비교적 설립이 용이하고 설립비용이 소액인 동시에, 주식회사보다 조직이 간단하고 외부감사나 공시 등의 의무가 없는 것이 특징이다. 그러나 주식회사와 달리 주식이나 회사채를 발행해 자본을 모을 수 없기 때문에 대규모 자본을 모집할 필요가 없는 형태의 사업, 혹은 설립자가 충분한 자본을 가지고 투자하는 사업에 적합하다. 유한회사는 외국계 회사(구글 코리아, 애플 코리아 등)에서 많이 보이는 회사 형태이다.

2011년 상법이 개정으로 도입된 유한책임회사(limited liability company)는 유한회사와 마찬가지로 1인 이상의 유한책임사원으로 구성되며, 외부적으로는 회사의 형태이나 내부적으로는 조합의 성격을 가지고 있다. 주식회사나 유한회사와 달리 이사나 감사 등을 선임하지 않아도 되고 정기적으로 주주총회나 이사회를 개최하지 않아도 된다. 이와 같이 유한책임회사는 설립과 운영 면에서 자치권을 폭넓게 인정받을 수 있기 때문에 고도의 기술을 보유한 창업 벤처기업, 사모투자펀드, 세무회계법인 등에 적합하다.

주식회사

주식회사(corporation)는 주주의 출자에 의해 설립되는 영리사단법인으로서 차입을 하거나 재산을 소유할 수 있는 등 실제 사람과 거의 같은 권리와 의무를 가진다. 주주는 회사에 대하여 인수한 주식의 가액을 한도로 출자의무를 부담할 뿐이고, 그 밖에 아무런 의무도 부담하지 않는다. 이것을 주주유한책임의 원칙이라고 하며, 특히 회사 채권자에 대하여 주주는 전혀 책임이 없다. 그리고 주식매매 등을 통한 소유권 이전이 용이하고, 불특정 다수로부터 대규모의 자금을 조달할 수 있으며, 소유와 경영을 분리함으로써 경영의 전문화를 기할 수 있는 등의 장점이 있다.

이익으로서 기업의 실제 현금흐름(cash flow)을 나타내는 것이 아니다. 즉 이익은 감가상각방법, 재고자산평가방법 등에 대한 회계처리방법의 선택에 따라 그 크기가 달라질 수 있는 자의적인 수치이다.

둘째, 이익극대화 목표는 이익의 발생시기를 무시하고 있다. 그러므로 이익극대화 목표에 의해서는 서로 다른 시점에서 발생하는 이익을 정확하게 평가할 수 없다. 예를 들어 현재 1억원의 수익이 있으나 10년 후에 1억1,000만원의 비용이 발생하는 대안 A와, 현재 2억원의 비용을 지출하여 10년 후에 2억2,000만원의 수익을 얻을 수 있는 대안 B가 있다고 하자. 만약 단순히 이익극대화 목표에 의해서 두 대안을 평가한다면, 대안 B는 2,000만원의 순이익을 얻을 수 있는 반면, 대안 A는 1,000만원의 손실이 발생하게 되므로 대안 B를 선택해야 한다. 그러나 이와 같은 평가는 현금흐름의 발생시기에 따라서 그 가치가 달라지는 현실을 고려할 때 타당하지 않을 수 있다.

셋째, 이익극대화 목표는 미래이익의 불확실성(위험)의 정도에 따른 이익의 질적 가치를 무시한다. 그러므로 이익극대화 목표에 의해서는 불확실성의 정도가 서로 다른 미래이익을 정확하게 평가할 수 없다. 예를 들어 현재 1억원을 투자하여 1년 후에 1억2,000만원을 얻을 수 있다고 예상되는 두 투자기회가 있다고 하자. 한 투자기회는 위험이 작은 기존 사업에 대한 확장투자이고 다른 하나는 미래결과가 불확실한 첨단제품의 개발일 경우, 위험을 싫어하는 이성적인 투자자라면 당연히 확장투자를 더 선호하게 된다. 그러나 이 두 투자안의 기대이익이 동일하기 때문에 이익극대화 목표에 의해서는 우열을 가릴 수 없을 것이다.

뉴스 속 재무

삼성전자 10개 붙여야 애플 ... 한국 GDP의 1.8배

아이폰 제조업체 애플의 시가총액이 미국과 일본 증시 전체 상장주식을 시가로 평가한 총액보다 적지만 영국보다는 많은 것으로 집계됐다. 글로벌 자산운용사 디멘셔널펀드어드바이저스(Dimensional Fund Advisors : DFA)의 '2023 매트릭스북(연감)'에 따르면 애플의 시가총액은 2조7,000억달러(약 3,568조원)에 달했다.

애플은 전 세계 증시 시가총액의 약 59%를 차지하는 미국의 40조 달러보다는 훨씬 적지만, 국가별 시총 순위와 비교하면 일본(4조1,000억달러)에 이어 3위를 차지했다. 또 595개 기업이 상장한 영국(2조6,000억달러)과 중국(2조5,000억달러)보다 많았고 캐나다(2조1,000억달러), 프랑스(1조8,000억달러), 스위스(1조6,000억달러), 인도(1조4,000억달러) 등도 제쳤다. 유럽 최대 경제대국으로 255개 상장사가 있는 독일(1조3,000억달러)과 견주면 애플이 2배를 넘었다.

국내 증시와 비교하면 코스피의 시가총액(1,971조원, 2023년 5월 11일 기준)의 1.8배이고, 삼성전자 시가총액의 9.3배 수준이다. 우리나라의 국내총생산(GDP · 2022년 실질기준) 대비로도 1.8배다.

CNBC는 "여기에는 성공적이고 성장 지향적인 기업에 부여되는 극도의 가치가 일부 반영된 것"이라고 평가했다. 다만, 국내총생산(GDP)이 유럽 국가 가운데 가장 많은 독일의 주식시장이 영국과 프랑스는 물론 애플에도 크게 밀린다는 건 상대적으로 상장된 기업이 적다는 의미로도 풀이된다.

〈헤럴드경제, 2023. 5. 12 수정〉

2.2 기업가치의 극대화

전통적인 이익극대화 목표는 앞에서 지적한 문제점들 때문에 기업목표로서 적절하지 못하다. 현대 재무관리에서는 기업가치의 극대화(firm value maximization)를 보다 타당한 기업의 목표로 받아들이고 있다. **기업가치**는 기업이 벌어들일 미래 현금흐름을 그 발생시기와 불확실성에 따라 적절하게 할인한 현재가치의 총합을 의미한다.[3]

> 기업가치=미래 기업현금흐름의 총현재가치

기업가치
기업이 벌어들일 미래 현금흐름을 그 발생시기와 불확실성에 따라 적절하게 할인한 현재가치의 총합을 의미한다.

기업가치는 기업이 보유하고 있는 총자산가치, 또는 주식의 총시장가치와 부채의 총시장가치를 합한 것으로 볼 수 있다. 여기에서 부채의 시장가치가 거의 일정하기 때문에 기업가치를 극대화한다는 것은 곧 주식의 총시장가치(이를 주주 부라고도 함)를 극대화한다는 것을 의미한다. 즉 기업가치의 극대화는 주주 부의 극대화(stockholder wealth maximization)와 동일한 개념이라 할 수 있다.[4] 그러므로 본서에서는 앞으로 기업의 목표를 주주(소유주) 부의 극대화라 가정하고 이론을 전개해 나갈 것이다.

2.3 주주 부의 극대화와 대리인문제

기업의 경영목표, 즉 주주 부의 극대화는 항상 달성가능한가? 대규모 기업에서는 주주들이 필요한 모든 의사결정을 직접 할 수는 없다. 대신에 주주들은 그들의 대리인(agent)으로서 기업을 경영할 수 있는 경영자를 고용한다. 그래서 주주가 아닌 경영자가 일상적으로 기업을 통제하게 되며, 경영자는 주주의 부가 아닌 자신의 이익에 보다 관심을 가질 수 있다. 다시 말하면, 기업의 소유와 경영의 분리로 인하여 주주와 경영자의 목표가 서로 달라질 수 있다. 기업의 주인(principal)인 주주가 대리인인 경영자에게 의사결정권한을 위임함으로써 발생하는 주인과 대리인의 갈

3 각 시점 현금흐름을 현재가치 또는 미래가치로 환산하는 방법에 대해서는 제2장에서 자세히 설명된다.
4 주주 부(발행주식수×주가)의 극대화는 궁극적으로 주가의 극대화를 의미한다.

등을 **대리인문제**(agency problem)라 한다.[5] 주주와 경영자 사이에 발생할 수 있는 갈등을 요약하면 다음과 같다.

첫째, 경영자들은 주주 부의 극대화보다 호화스러운 사무실, 최고급승용차 구입 등 자신의 특권적 소비(perquisite consumption)를 위하여 기업재산을 사용하거나, 기업의 외형적 확장에 열중할 수 있다.

둘째, 경영자들의 재임기간은 주주들에 비해서 짧다. 그러므로 경영자들은 장기적인 이익보다 단기적인 이익에 더 치중하는 경향이 있다.

셋째, 경영자와 주주의 위험에 대한 주관적인 평가가 서로 다를 수 있다. 경영자는 위험을 초래할 수 있는 투자안에 대해서 과민할 정도로 회피하려는 경향이 있다. 즉 경영자는 무사안일주의에 빠져 자신의 직위에만 연연하는 경향이 있다.

대리인문제
기업의 주인인 주주가 대리인인 경영자에게 의사결정권한을 위임함으로써 발생될 수 있는 문제(주인과 대리인의 갈등)를 말한다.

그러나 이와 같은 대리인문제는 다음과 같은 여러 가지 제도적 장치에 의해서 사전에 상당히 완화시킬 수 있다.

첫째, 주주들은 주주총회에서 이사회의 구성원을 선출한다. 그리고 이사회에서 경영자들이 선출되므로 이사회는 경영자들을 직접적으로 통제할 수 있다. 그러므로 주주들은 이사회를 통하여 경영자들을 간접적으로 통제할 수 있게 된다.

둘째, 주식가격이 상승할 때는 가치를 가지나, 주식가격이 하락할 때는 가치가 없어지는 스톡옵션(stock option), 또는 기업의 성과에 따라 그 보상으로 경영자에게 지급되는 주식인 성과주(performance share) 등과 같은 유인제도를 도입함으로써 경영자들로 하여금 주식가격을 높이려는 노력을 하도록 만들 수 있다.

셋째, 만약 무능한 경영자로 인하여 주식가격이 큰 폭으로 하락한다면, 위임장투쟁(proxy contest)을 통해 기존 경영진이 교체되거나 주주집단, 다른 기업, 또는 개인 등에 의해서 기업이 인수될 수 있다.[6] 위임장투쟁 또는 기업인수(takeover)가 실행된다면, 경영자는 직위를 상실할 수 있다. 따라서 경영자들은 직위

5 주주와 경영자 이외에도 기업과 이해관계를 가지는 다른 많은 집단, 즉 채권자, 종업원, 정부, 소비자 등이 있으며, 이들의 이해관계는 서로 상충될 수 있다. 다양한 이해관계자집단들의 갈등으로부터 발생하는 모든 문제들을 광의의 대리인문제로 생각할 수 있다.

6 위임장(proxy)은 다른 주주를 대신해서 투표할 수 있는 권한이다.

상실에 대한 불안 때문에 주식가격을 높이려는 노력을 할 것이다.

넷째, 경영자 인력시장에서의 경쟁 때문에 경영자들은 주주의 이익을 위해 노력할 것이다. 주주의 목표를 달성하는데 성공한 경영자는 승진하거나 막대한 보상을 받을 수 있는 반면, 그렇지못한 경영자는 새로운 경영자에 의해서 교체될 수 있기때문이다.

그러나 현실적으로 이상과 같은 제도적 장치에 의해서도 대리인문제를 완전히 해결할 수는 없을 것이다. 그러므로 주주와 경영자 사이에 존재하는 이해상충의 문제, 즉 대리인문제를 적절하게 해결하는 데 비용이 필요하며, 이러한 비용을 **대리인비용**(agency costs)이라 한다. 대리인비용에는 경영자의 활동을 감시하는 데 소요되는 비용과 경영자가 주주들을 위해 행동하도록 유인하기 위하여 지급하는 보상 등이 포함된다. 대리인문제는 경영자가 주주의 이익을 위해서 최선을 다하지 않는다는 것을 의미하는 것이 아니라, 그렇게 하는 데 비용이 든다는 것을 의미하는 것이다. 그러나 주주들이 이용할 수 있는 모든 방법을 동원한다 하더라도 경영자들이 항상 주주의 이익을 위해서 최선을 다하는 것은 아닐 것이다. 이와 같은 경우 주주의 이익에 벗어나는 경영자들의 행동에 의해서 발생하게 되는 주주 부의 손실, 즉 대리인비용을 잔여손실(residual losses)이라 한다.

대리인비용
주주와 경영자 사이에 존재하는 이해상충의 문제, 즉 대리인문제를 적절하게 해결하는 데 소요되는 비용으로서 경영자의 활동을 감시하는 데 드는 비용, 경영자가 주주들을 위해 행동하도록 유인하기 위하여 지급하는 보상, 기타 잔여손실 등이 포함된다.

재무 산책

주인인 나처럼 열심히 일하게 할 수 있다면

중세시대 유럽의 왕조 역사 이야기를 읽어보면 왕조와 왕조 사이의 스캔들에 얽혀 역사를 뒤바꾸는 숨겨진 야사가 많이 있다. 그 중 가장 많은 이야기는 세력 다툼에서 심부름하는 중간 대리인과 얽혀 계획대로 되지 않는 경우이다. 예를 들면 혼인을 통해 얻는 이익을 생각하여 인근 성의 공주에게 구혼하고자 할 때, 당사자는 직접 나서지 못하고 대리하는 다른 귀족을 내세워 자신의 뜻을 표하는 게 관례이다. 이런 대리인을 통해 공주에게 마음을 담은 연서와 귀한 선물을 보내는 경우, 당연히 대리인은 가장 신뢰하는 친구이거나 친족 등 심복으로 내세우지만 뜻대로 성사되는 경우보다 그러지 못한 경우가 더 많아 역사이야기를 더 풍부하게 한다. 오랫동안 귀한 선물과 연서를 전하던 대리인이 의뢰한 주인의 뜻을 전하는 과정에서 공주와 대리인이 사랑에 빠져 연인이 되어버린다. 대리인은 심부름 전달을 제대로 하지 않고 주인을 배신하고 자기가 구애하여 공주를 자신의 애인으로 만들어 버린 것이다.

이러한 경우를 경영조직 관계에서 주인-대리인의 관계를 묘사하는 대리인이론이라고 한다. 주인은 자기의 권한과 책임을 대리인에게 위임하면서 자기처럼 열심히 해주기기를 바란다. 그러나 실제는 어떨까? 대리인은 주인만큼 열심히 일하지 않는다. 대리인이론에서는 주인처럼 열심히 일하는 대리인은 있을 수 없다고 인정한다. 대리인이 나(주인)처럼 열심히 일하는 것은 딱 한 가지 경우에만 가능하다는 것이다. 즉 내 것을 대리인한테 팔거나 주거나 하라는 것이다. 그러면 너처럼 열심히 일 할 것이라는 것이다. 결론은 주인인 나처럼 열심히 일하는 대리인은 있을 수 없다는 것이다.

대리인이론은 인간의 본성을 '인간은 원래 이기적이다' 라고 인정하는 이론이다. 인간은 원래 이기적이라고 전제하면서 방대한 조직을 운영하려면 주인이 모두 통제하는 데는 한계가 있을 수밖에 없다. 어쩔 수 없이 자기의 권한을 직속부하인 대리인에게 위임하면서 주인인 자기처럼 열심히 일해주기를 바라지만 그렇게 헌신적으로 열심히 일하지 않는 것은 당연하다고 전제하는 것이다. 그러면 어떻게 주인인 나처럼 열심히 일하도록 할 수 있을까? 그 답은 주인의 이익을 공유하는 것이다. 즉 열심히 일해서 이익이 나오면 그 이익을 주인과 대리인이 나눠 갖게 해주는 것이다. 그러면 대리인도 열심히 일하게 된다는 것이다.

어느 조직이나 주인(주주)-고급 대리인(전문경영인)-하급 대리인(일반 사원, 조직원)으로 구성원과 주인 간의 대리관계 계약이 형성되어 있다. 구성원에게 주인의 뜻이 권한위임이 되어 전달되고 전체 구성원은 열심히 일하도록 요구되어진다. 원래의 의도대로 순탄하게 권한위임이 살되어 좋은 결과로 이어지면 이상적이겠지만 주인의 뜻이 제대로 전달되지 못하고 충돌하고, 문제가 발생되고 분규 등 대립이 격화되는 경우는 현재의 노사관계에서도 무수히 많이 볼 수 있다. 권한과 책임이 구성원에 전달되고 이를 잘 행사하고 노력하여 결과를 만들고 이익의 성과를 주인과 공유해야 한다. 그렇지 않으면 그 조직은 비능률과 권한의 오용, 책임 불성실이행, 계약불만 등으로 그 조직의 이익이 소진되고 결국 공멸하고 말 것이다. 물론 그런 것을 막기 위해 대리인이 충실히 일하는지 감시비용을 들여서 감시하는 경우도 있으나 이는 또 다른 비용을 발생시키고 완벽한 감시는 불가능하다.

권한위임자인 주인 입장에서는 구성원(대리인)이 열심히 일하도록 취지를 잘 전달하고 구성원이 이를 수용하여 합리적으로 일하는 조직을 만들어야 한다. 그러기 위해서는 전 구성원이 도덕적 해이(moral hazard) 없이 충실히 일할 수 있도록 격려하는 바람직한 업적평가제도가 필요하다. 그리하여 그 조직의 이익이 주인과 대리인 모두에게 윈윈할 수 있어야 하겠다. 이를 위한 노력은 주인과 대리인이 함께여야 한다.

〈충북일보, 2019. 3. 31 수정, 김혁수 교수(청주대)〉

뉴스 속 재무

인센티브와 스톡옵션

인센티브는 구성원의 성과창출을 촉진하기 위해 업무 목표달성에 부응해 제공하는 유인책을 의미한다. 과거에는 구성원에게 업무 동기와 몰입을 이끌어내기 위해 제공하는 금전적 보상인 성과급(compensation)이 주종을 이뤘다. 스톡옵션은 일정 수량의 자사주식을 매입할 수 있는 권리를 부여하는 콜옵션의 일종이다. 벤처기업의 경우 당장에는 자금부족으로 많은 월급을 주지 못해 유능한 인력 확보가 어렵지만, 스톡옵션을 인센티브로 제공할 경우 유능한 인력을 장기간 확보할 수 있다는 점에서 많이 활용됐다.

쉽게 얘기해서 인센티브는 "구성원들이 열심히 한만큼 좋은 성과가 나와서 이를 나누겠다", 스톡옵션은 "더 열심히 해서 좋은 성과가 나오면 구성원들에게 보상이 갈 것이다"라는 의미로 각각 과거와 미래라는 시점 차는 존재하지만 모두 "잘해보자"는 보상책이다. 즉 잘 안되면 인센티브는 못 받을 수도 있고, 스톡옵션은 아무 것도 아닌 게 될 수 있다. 그게 본래 취지다.

최근에 이 정의가 다시 써지고 있는 것 같다. 2022년에 '역대급' 실적을 낸 정유 · 가스 · 배터리 등 일부 업계의 성과급 수준은 기본급의 1,000% 안팎에 이르는데 성과급을 많이 받는 것 자체가 논란이 되고 있다. 일각에선 누구는 '운' 좋게 그 회사에 들어가서 성과급 1,000%를 받고, 누구는 '운'이 없어 전기비, 난방비를 걱정해야 할 지경이라고 평한다. 이에 뒤질세라 정치권은 이럴 때마다 '횡재세' 얘기를 끄집어냈다. 상황이 이렇다보니 여론과 다른 계열사 직원들 눈치가 보이는 한 회사는 쉽사리 성과급 규모와 발표 시기를 결정하지 못하고 있다고 한다.

시장 차원에서 얘기하자면 장치 산업 기업들이 성과급 잔치를 할 수 있었던 건 과거에 금융시장에서 막대한 규모의 자금을 빌려 시설투자를 했고, 완공되기 전까지 현금이 제대로 돌지 않는 시간을 버텨냈고, 완공된 이후에도 급변하는 원자재 시장 상황을 경험하다가 어느 한 해에 성과를 냈다. 회사 차원에서 충분히 자축할 일이고 사내 사기 진작 필요성도 있다. 그런데 생각보다 적지 않은 이들이 B 문제(소득 불균형)에 A 사건(인센티브)을 끌고 와서 폄하한다. 누군가가 많은 돈을 받는 건 공정하지 않다는 이유에서다. 앞뒤 따지지 않고 많은 인센티브를 받는 것 자체가 문제가 되는 세상이다.

이번엔 스톡옵션이다. 네이버와 카카오뱅크 임직원들의 스톡옵션 포기와 줄줄이 퇴사가 화제다. 스톡옵션 행사가격은 네이버가 36만~38만원, 카카오뱅크가 4만6,693원이다. 최근 이들 기업의 주가는 각각 20만원대, 2만원대로 스톡옵션 가치는 급락했다. 임직원들 입장에선 억울한 감도 있다. 몇 년 전 개발자 채용 전쟁에서 이기기 위해 IT 기업들은 너나 할 것 없이 스톡옵션을 '당근'으로 제시했다. 당시 몇몇 IT 기업들의 핵심 경영진들이 상장 직후 한꺼번에 스톡옵션을 매각해 대박이 나고 이 때문에 회사 주가가 떨어져 '먹튀' 논란이 불거질 정도로 사회적 이슈가 됐다. 그런데 비슷한 시기에 스톡옵션을 받고 회사를 옮긴 이들에게 이 당근은 먹지 못할 게 됐다. 애초에 스톡옵션은 그런 리스크를 갖고 있는 인센티브 제도다. 그런데 많은 이들이 스톡옵션을 마치 확정된 인센티브로 인식하는 경향이 짙다. 누군가는 누렸던 수익을 누리지 못하니 이해가 안 되는 거다. 과거 몇 년간 있었던 주식, 특히 기술주 호황에 취해서 말이다. 주식시장의 등락에 따른 결과인데 이를 두고 '공정'하지 못하다고 얘기한다. 대량 해고 사태가 이어지는 미국 빅테크도 있는데 말이다.

〈인베스트조선, 2023. 2. 7 수정〉

재무 산책

엔론사태

엔론(Enron Corporation)은 미국 텍사스주 휴스턴에 본사를 둔 미국의 에너지, 물류 및 서비스 회사였다. 2001년 12월 2일 파산 전까지 엔론은 약 2만 명의 직원을 보유하고 2000년 매출 1,110억달러를 달성한 세계 주요 전기, 천연 가스, 통신 및 제지 기업의 하나였다. 「포춘」지는 엔론을 6년 연속 '미국에서 가장 혁신적인 기업'으로 선정했다.

그러나 2000년 후반부터 본격화된 정보통신부문의 전세계적 불황으로 광통신 등 정부통신 분야에 대한 엔론의 투자가 물거품이 되었고 2001년 3/4분기 영업실적에서 무려 6억3천8백만달러의 적자를 기록했고, 엔론이 시가총액이 12억달러나 빠져나갔다. 그리고 2001년 11월 8일 엔론은 지난 5년간의 영업실적 중 적자 5억8천6백만달러가 계상되지 않았다고 미국 증권거래위원회(Securities and Exchange Commission ; SEC)에 보고했다. 이것은 그동안 엔론이 영업실적을 부풀리기 위해 적자분을 공표하지 않고 외국 등의 동업자들에 의한 투자로 위장했었다는 사실을 실토한 것이다. 엔론의 신용에 문제가 생기자 엔론 주식의 투매가 시작되어 한때 주당 90달러를 호가했던 엔론의 주식은 36센트까지 하락했다. 결국 엔론은 2001년 11월말 경쟁 회사인 디에너지(Dynergy)에 인수를 제의했으나 엔론의 재무상태를 상세히 검토한 디에너지측이 인수를 거부하면서 2001년 12월 2일 파산 신청을 냈다. 당시 부채총액은 131억달러로 미연방파산법 시행 후 최대규모였다. 엔론의 파산으로 미국에서만 4천5백명이 일자리를 잃었고 노후를 위해 저축해온 연금마저 거의 잃게 되었다.

2001년 말에 엔론이 보고한 재정상태가 제도적, 조직적, 체계적, 장의적으로 계획된 회계부정(분식회계)으로 지탱된 것이었음이 드러났다. 엔론이 파산하자 엔론의 경영진은 물론 회계법인, 법무법인 등을 상대로 한 민 · 형사 소송이 봇물을 이루었다. 엔론의 회계를 맡았던 아서 앤더슨(Arthur Andersen) 회계법인은 엔론이 파산하기 훨씬 전부터 엔론의 회계문제가 있다는 사실을 알고도 이를 묵인한 것으로 볼 수 있다. 엔론은 2002년 1월 17일 아서 앤더슨과의 회계용역 계약을 해지했다. 이 사건으로 당시 엔론의 회장이었던 케네스 레이 회장과 최고경영자였던 제프리 스킬링은 연방법원에서 사기와 내부자 거래 등으로 각각 징역 24년 4개월, 24년의 유죄 판결을 받았다. 그리고 당시 엔론의 외부 감사를 맡고 있던 미국의 5대 회계법인 중 하나였던 아서 앤더슨 역시 이 사건으로 인해 영업정지를 당하고 결국 파산하게 되었다. 이때부터 엔론은 기업 사기와 부패의 유명한 사례가 되었다

엔론사태는 여러모로 우리나라 자본시장의 현재를 비춰볼 때 시사하는 바가 크다. 합리적이고 이기적인 경제주체들이 이익극대화를 위해 최선을 다한 결과가 15억달러 규모의 분식회계와 파산이었으니, 기업의 내부통제와 회계 감독이 얼마나 중요한지를 새삼 돌아보게 한다. 엔론은 아직 발생하지도 않은 예상 이익을 미리 계산해 임직원들의 보너스를 챙겨주는 방식의 성과보상기준도 마련했다. 가령 새로운 천연가스 공급 계약을 맺으면 그 계약으로 얻을 수 있는 미래의 예상 이익을 계산해 이중 일부를 보너스로 지급하도록 한 것이다. 보너스에 동기 부여된 임직원들이 굶주린 사자처럼 새로운 계약을 사냥하러 다닌 덕분에 회사는 고속 성장을 했지만, 이는 분식회계의 불씨가 됐었다. 앞으로 들어올 이익은 객관적으로 측정하기 어렵기 때문에 일단 이익 규모부터 부풀려 놓고 거액의 보너스를 챙겨가기 시작한 것이다. 조선사나 건설사 등 우리나라의 수주기업들이 공사진행률을 부풀려 매출액을 미리 인식하고, 임원들이 거액 연봉을 받아가는 관행과 비슷하다. 회계에서의 손익 반영을 왜 최대한 보수적으로 해야 하는지를 알 수 있다.

엔론은 또 은행으로부터 더 이상 돈을 빌릴 수 없는 상황이 되자 자산을 증권화해 시장에 매각하는 식으로 자금을 조달했다. 이른바 자산유동화증권(asset backed securities : ABS)의 개념을 도입한 것이다. 파산 직전에 이르렀을 때 ABS 방식으로 조달한 부채는 20억달러 이상이었다. 한편 손실은 눈덩이처럼 불어났지만, 주가는 띄워야 했다. 경영진이 스톡옵션을 보유하고 있었으니 주가는 내려선 안 되는 것이었다. 주가 부양을 위해 분식회계로 이익 규모를 부풀렸고, 주주가치가 희석되는 유상증자 대신 부채로 자금을 조달했던 것이다.

03 본서의 구성

본서는 투자결정, 자본조달결정 등 기업의 주요 재무의사결정을 모두 5편 13장으로 나누어 다루고 있다. 이와 같은 본서의 전체적인 구성은 [그림 1-3]과 같다.

그림 1-3
본서의 구성

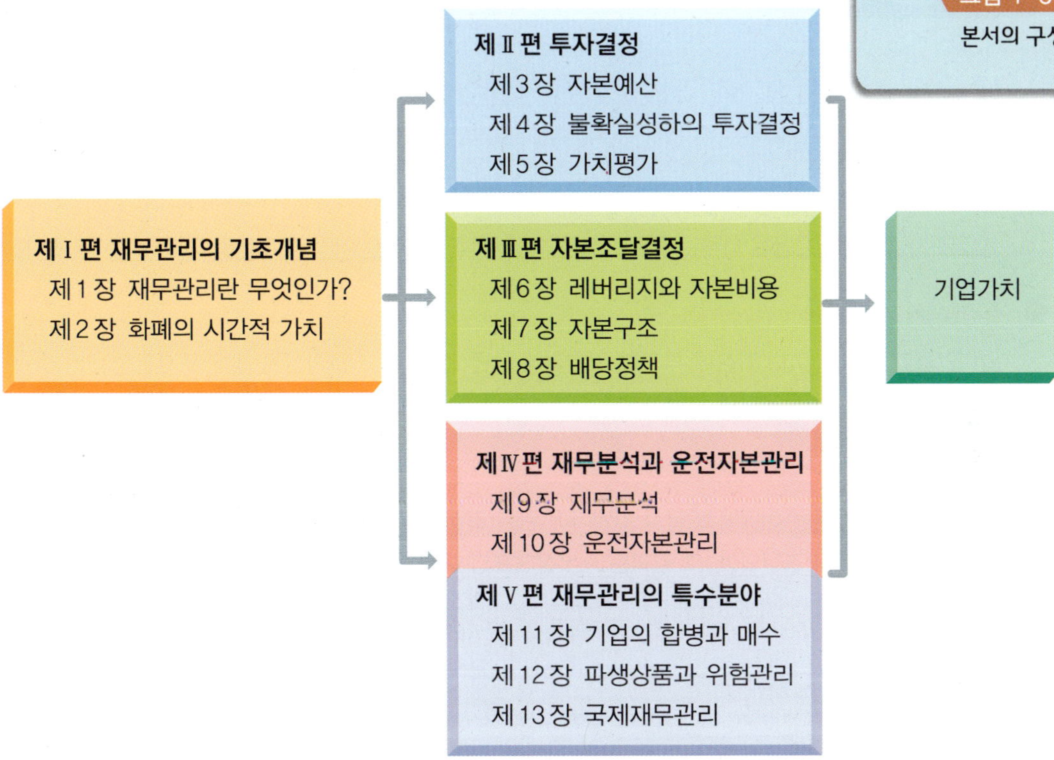
제 I 편 재무관리의 기초개념
제 1 장 재무관리란 무엇인가?
제 2 장 화폐의 시간적 가치
제 II 편 투자결정
제 3 장 자본예산
제 4 장 불확실성하의 투자결정
제 5 장 가치평가
제 III 편 자본조달결정
제 6 장 레버리지와 자본비용
제 7 장 자본구조
제 8 장 배당정책
제 IV 편 재무분석과 운전자본관리
제 9 장 재무분석
제 10 장 운전자본관리
제 V 편 재무관리의 특수분야
제 11 장 기업의 합병과 매수
제 12 장 파생상품과 위험관리
제 13 장 국제재무관리
기업가치

주요 용어

- **재무관리(financial management)**

  기업의 자금조달과 운용을 다루는 학문으로서 그 궁극적인 목표는 기업의 가치를 극대화하는 데 있다.

- **투자결정(investment decision)**

  얼마만큼의 자금을 어느 자산에 투자할 것인가에 관한 결정, 즉 실물자산에 대한 투자결정이다. 투자결정에 의해서 자산의 규모와 구성이 결정되며, 그 결과는 재무상태표의 차변에 나타난다.

- **자본조달결정(financing decision)**

  투자에 필요한 자금을 어떻게 조달할 것인가에 관한 결정이다. 자본조달결정에 의해서 부채와 자기자본의 규모와 구성이 결정되며, 그 결과는 재무상태표의 대변에 나타난다.

- **이익극대화(profit maximization)의 문제점**

  첫째, 이익은 회계적 측정치로서 기업의 경제적 성과를 정확하게 나타내지 못한다. 둘째, 이익의 발생시기를 무시하고 있다. 셋째, 미래이익의 불확실성(위험)의 정도에 따른 이익의 질적 가치를 무시한다.

- **기업가치(firm value)**

  기업이 벌어들일 미래 현금흐름을 그 발생시기와 불확실성에 따라 적절하게 할인한 현재가치의 총합을 의미한다.

- **대리인문제(agency problem)**

  기업의 주인(principal)인 주주가 대리인(agent)인 경영자에게 의사결정권한을 위임함으로써 발생될 수 있는 문제(주인과 대리인의 갈등)를 말한다.

- **대리인비용(agency costs)**

  주주와 경영자 사이에 존재하는 이해상충의 문제, 즉 대리인문제를 적절하게 해결하는 데 소요되는 비용으로서 경영자의 활동을 감시하는 데 드는 비용, 경영자가 주주들을 위해 행동하도록 유인하기 위하여 지급하는 보상, 기타 잔여손실(residual losses) 등이 포함된다.

연습 문제

I. 완성/선택형 문제

01 (　　　　)는 기업의 자금조달과 운용을 다루는 학문으로서 그 궁극적인 목표는 기업의 가치를 극대화하는데 있다.

02 재무관리자가 수행하여야 하는 재무의사결정은 (　　　　)과 (　　　　)의 두 가지 기본적인 의사결정문제로 요약될 수 있다.

03 (　　　　)는 기업이 벌어들일 미래 현금흐름을 그 발생시기와 불확실성에 따라 적절하게 할인한 현재가치의 총합을 의미한다.

04 기업의 주인인 주주가 대리인인 경영자에게 의사결정권한을 위임함으로써 발생하는 주인과 대리인의 갈등을 (　　　　)라 한다.

05 다음 중 재무관리자의 역할과 가장 거리가 먼 것은?

① 투자결정　② 자본조달결정　③ 운전자본관리
④ 회계처리　⑤ 배당결정

06 다음 중 재무관리의 목표로서 이익의 극대화가 지니는 문제점과 거리가 먼 것은?

① 회계적 이익의 자의성
② 이익의 발생시기 무시
③ 미래이익의 불확실성(위험) 무시
④ 회계적 이익 개념의 모호성
⑤ 회계적 이익 측정의 어려움

07 다음 중 재무관리의 목표로서 적절하지 못한 것은?

① 기업가치의 극대화　② 매출의 극대화　③ 주주 부의 극대화
④ 순현가의 극대화　⑤ 주가의 극대화

08 재무관리의 목표에 관한 설명으로 가장 적절한 것은? (CPA 1차 2014)

① 배당수익률 극대화 ② 고객가치 극대화 ③ 주당순이익 극대화
④ 내부수익률 극대화 ⑤ 자기자본가치 극대화

09 기업의 사회적 책임과 기업의 목표와의 관계에 대해 바르게 설명하고 있는 것은?

① 기업의 목표는 기업가치의 극대화이기 때문에 비용이 수반되는 공해방지시설, 종업원 복지후생 등을 가능하면 억제해야 한다.
② 장기적인 기업의 목표를 추구하다 보면 기업의 사회적 책임이 다소 희생될 수 있다.
③ 기업은 우선적으로 영리를 추구해야 하므로 경우에 따라서 공익을 무시할 수 있다.
④ 기업의 경영자는 기업의 다양한 이해관계자간의 이해상충문제에 관계없이 소유주인 주주의 이익만 추구하면 된다.
⑤ 기업가치의 극대화와 사회적 책임은 궁극적으로 일치하는 개념으로서 기업은 사회적 책임을 다함으로써 기업의 목표인 기업가치를 극대화시킬 수 있다.

10 주주와 경영자 사이에 발생할 수 있는 갈등, 즉 대리인문제를 완화시킬 수 있는 제도적 장치로서 적절하지 못한 것은?

① 주주들의 직접 경영 참가 ② 스톡옵션
③ 성과주 ④ 기업인수
⑤ 인력시장의 경쟁

Ⅱ. 서술형 문제

01 이익극대화보다 기업가치의 극대화가 더 적절한 재무관리의 목표라 할 수 있다. 그 이유를 들어 보라.

02 주주와 경영자 사이에 발생할 수 있는 대리인문제의 실제 사례를 조사해 보고, 그 해결방안을 제시하라.

제2장

화폐의 시간적 가치

1. 화폐의 시간적 가치와 이자율
2. 미래가치와 현재가치
3. 화폐의 시간적 가치의 응용

보론 복리계산기간

화폐의 시간적 가치 개념을 이용하여 현재의 일정금액을 미래 특정시점의 가치, 즉 미래가치로 환산할 수 있다.

Chapter

02

Time Value of Money

제2장의 개요

화폐는 동일한 금액이라 하더라도 발생시기에 따라 그 가치가 달라진다. 즉 오늘의 1원과 내일의 1원의 가치는 서로 다르다. 일반적으로 기업의 재무의사결정은 현재시점에서 이루어지나 이로부터 발생되는 현금흐름은 미래시점에서 실현된다. 예를 들어 어떤 기업이 현재 1억원을 투자하여 앞으로 4년 동안 매년 3,000만원씩 벌어들일 수 있는 투자안을 고려한다고 하자. 이 기업은 투자안을 채택하여야 하는가? 단순하게 생각하면 투자안의 현금유입(cash inflow) 1억2,000만원(3,000만원×4년)은 현금유출(cash outflow) 1억원보다 더 많기 때문에 이 투자안을 채택하여야 한다고 생각할지 모른다. 그러나 현금유출 1억원은 현재시점에서 지출하여야 하나, 반면에 현금유입은 매년 3,000만원씩 미래에 얻을 수 있는 현금흐름이다. 또한 현재의 현금유출은 확실하나, 미래의 현금유입은 추정된 것으로서 불확실한 것일 수 있다. 그러므로 서로 다른 시점에서 발생되는 현금흐름을 비교하기 위해서는 반드시 오늘의 1원과 내일의 1원 사이의 관계, 즉 화폐의 시간적 가치(time value of money)개념을 알아야 한다.

그러므로 본장에서는 각 시점에 발생하는 현금흐름을 현재가치(present value: PV) 또는 미래가치(future value: FV)로 전환하는 방법에 대하여 설명하고자 한다.

01 화폐의 시간적 가치와 이자율

1.1 화폐의 시간적 가치

일반적으로 사람들은 동일한 금액인 경우 미래의 현금흐름보다는 현재의 현금흐름을 더 선호한다. 즉 오늘의 1원은 내일의 1원보다 더 가치가 있다. 그 이유로는 여러 가지가 있을 수 있으나, 여기서는 다음과 같은 두 가지만 설명하고자 한다.

첫째, 일반적으로 사람들은 미래의 소비보다 현재의 소비를 더 선호하는 **시차선호**(time preference)의 경향을 가지고 있기 때문이다. 시차선호는 사람들의 일반적인 행동적 특성에 기인한 것으로서 사회 또는 사람에 따라 미래의 소비보다 현재의 소비를 더 선호하는 강도는 달라질 수 있다.

시차선호
미래의 소비보다 현재의 소비를 더 선호하는 것으로서 이는 사람들의 일반적인 행동적 특성에 기인하며 사회 또는 사람에 따라 그 강도가 달라질 수 있다.

둘째, 사람들은 현재의 현금을 가지고 주어진 생산기회를 이용하여 미래에 그 이상의 가치를 만들어 낼 수 있기 때문이다. 즉 자본화되어 새로운 가치를 창출할 수 있는 현재의 현금흐름을 동일한 금액의 미래 현금흐름보다 더 선호하게 된다. 이는 **자본의 생산성**(productivity of capital)이라는 기술적 특성에 기인한다.

자본의 생산성
현재의 현금흐름은 자본화되어 새로운 가치를 창출할 수 있다.

이상의 이유들에 의해서 사람들은 동일한 금액일 경우 현재의 현금흐름을 미래의 현금흐름보다 더 선호하게 된다.[1] 그러므로 사람들이 선호하는 현재의 현금흐름을 포기하게 하기 위해서는 미래의 현금흐름을 보다 많이 제공해야 하는데, 이와 같이 추가적으로 지불하는 금액(이자)을 현재의 현금흐름(원금)에 대한 일정한 비율로 나타낸 것이 이자율이다. 요약하면 **이자율**(interest rate)은 화폐의 가격으로서 화폐의 시간적 가치를 반영하는 척도라 할 수 있다. 한편 이자율은 흔히 금리라는 용어로도 사용된다.

이자율
화폐의 가격으로서 화폐의 시간적 가치를 반영하는 척도라 할 수 있다.

1 오늘의 현금흐름을 더 선호하는 또 하나의 중요한 이유는 미래의 불확실성(uncertainty) 때문이다. 사람들은 위험을 싫어하기 때문에 적절한 보상 없이는 불확실한 미래 현금흐름을 선택하지 않을 것이다. 이와 같은 불확실성 또는 위험에 대한 사항은 제4장에서 자세히 설명된다.

재무 산책

조삼모사에 담긴 화폐의 시간적 가치

조삼모사(朝三暮四)는 아침에 세 개, 저녁에 네 개라는 뜻으로 풀이되는 한자성어다. 이 말이 담고 있는 속뜻은 잔꾀로 남을 농락한다는 의미를 담고 있는데, 그 유래는 다음과 같다.

중국 송(宋)나라 시대에 저공(狙公)이라는 사람이 살았는데, 이 사람은 원숭이를 너무 좋아하여 수십 마리를 길렀다. 그런데 저공의 집안은 가난하여 원숭이 먹이를 조달하는 것조차 쉽지 않았다. 급기야 저공 가족의 식량도 바닥나서 먹을 것이라곤 집안에 도토리밖에 없었다. 그러나 그것마저도 가족과 원숭이들의 끼니를 때우기에 충분하지 않아 원숭이 먹이를 하루 일곱 개로 줄여야 할 형편이 되었다.

하지만 저공은 원숭이들에게 무작정 먹이를 줄이겠다고 할 경우 그들의 불평을 살 것을 염려하였다. 저공이 고민을 거듭한 끝에 원숭이들에게 다음과 같이 선언하였다. "앞으로 너희들에게 도토리를 아침에 세 개, 저녁에 네 개씩 주겠다." 이 말을 들은 원숭이들은 저녁보다 아침에 한 개가 적으면 배가 고프다며 불평하였다. 이에 저공이 "그렇다면 아침에 네 개, 저녁에 세 개씩 주겠다"고 하면서 "아침에 저녁보다 한 개를 더 많이 먹는 셈이니 어떠냐"고 원숭이들에게 물었다. 그러자 원숭이들이 모두 좋다고 기뻐했다.

이와 같이 조삼모사는 하루에 먹는 도토리의 양은 일곱 개로 동일하지만 아침에 한 개를 더 먹을 수 있다는 잔꾀에 농락당한 원숭이의 어리석음을 비웃는 시각을 담고 있다.

한편 조삼모사를 통해 우리는 원숭이들의 지혜도 엿볼 수 있다. 조삼모사에서 원숭이들이 '아침에 세 개, 저녁에 네 개'의 제안(대안 I)보다 '아침에 네 개, 저녁에 세 개'를 받는 제안(대안 II)을 선호하였다. 소비의 시차선호 경향만을 감안하더라도 원숭이들은 아침에 도토리 한 개를 더 받을 경우 저녁에 적어도 한 개보다 더 많은 도토리를 포기할 수 있다. 따라서 원숭이들의 입장에선 대안 I보다 대안 II의 가치가 크다고 판단하였을 것이다. 이러한 점에서 조삼모사는 오늘의 1원이 내일의 1원보다 더 가치가 있다는 화폐의 시간적 가치의 개념을 송나라 때의 원숭이들도 알고 있었음을 승명하는 얘기가 된다.

1.2 기준금리

금융통화위원회 본회의를 주재하고 있는 한국은행 총재

한국은행의 기준금리(base rate) 발표가 있을 때마다 언론에서는 기사가 폭포수처럼 쏟아진다. 그만큼 파급 효과가 크기 때문이다. 대체 기준금리는 무엇을 뜻하고 어떤 영향력을 갖고 있는 것일까. 일반적으로 한 국가에서 화폐를 발행하는 중앙은행은 해당 국가의 통화정책을 담당한다. 통화정책은 경제에서 유통되는 화폐량이나 가격, 나아가 화폐의 가치에까지 영향을 미친다. 이들 흐름을 잘 조절하는 일은 바로 물가를 안정시키는 것과 깊은 관련이 있다.

기준금리는 바로 물가안정을 위한 정책 수단 중 하나로서, 한국은행이 시중은행 등 다른 금융기관과 거래할 때 기준으로 삼는 금리를 말한다. 기준금리는 한국은행의 금융통화위원회(한국은행 총재와 부총재를 포함한 총 7명의 위원으로 구성)에서 매월 진행하는 '본회의'를 통해 결정된다. 여기서 매월 물가동향, 국내외 경제상황, 금융시장 여건 등을 종합적으로 고려해 금리를 결정한다. 기준금리는 금융회사 간 거래 시 담보 없이 단기로 돈을 빌려주고 빌려 사용하는 콜금리의 기준이 되며, 한국은행에 시중 금융회사(은행 포함)가 단기 채권을 팔거나 자금을 차입할 때 적용되는 고정금리 역할을 한다. 예금과 대출금리 및 환율, 채권 등 궁극적으로 실물경제 활동에 영향을 미치는 것이다. 기준금리가 오르면 중앙은행으로부터 대출을 받는 은행들은 이자 부담이 높아지면서 이를 줄이게 된다. 이에 따라 투자자금이 부족해져서 영업수익이 줄어들면 수익 보전을 위해 일반 고객 상대 대출금리를 올릴 수밖에 없다. 이렇게 시중금리가 오르면 기업과 가계 모두 지갑을 닫아 통화량이 정체하거나 줄어든다. 기업이 투자를 줄이고 개인이 소비를 줄이면서 서서히 과열됐던 경기가 제자리를 찾아가는 것이다. 반면 기준금리가 내리면 은행들은 이자부담이 적어서 대출을 늘린다. 고객 상대 대출이나 투자에 운용할 자금이 불어나므로 대출금리도 낮아진다. 그 결과 기업이 자금을 빌려 사업을 확장하거나 투자율을 높이고 가계 또한 소비가 늘거나 주식 및 부동산 등에 투자할 수 있다. 시중 통화량이 늘면서 경기가 활발히 살아난다. 이상과 같이 한국은행에서는 물가가 낮아 경기가 과열됐을 때는 기준금리를 올리고, 고물가로 경기가 축소됐을 때는 기준금리를 내리는 식으로 통화정책을 운영한다.

미국의 기준금리는 연방공개시장위원회(Federal Open Market Committee: FOMC)에서 결정된다. 연방공개시장위원회(FOMC)는 중앙은행제도인 연방준비제도(Federal Reserve System: Fed) 내에서 정책금리인 기준금리 등을 결정하는 위원회이다. 미국의 연방준비제도는 12개의 연방준비은행 · 연방준비제도위원회 · 연방준비은행이사회 · 연방공개시장위원회로 구성되는데 이 중 연방공개시장위원회를 해당 영문 명칭의 앞 글자를 따 FOMC라고 부르는 것이다. 연방공개시장위원회(FOMC)의 위원은 총 12명으로, 연방준비제도위원회의 위원(governor) 7명과 뉴욕연방준비은행 총재가 당연직으로 참여하고 나머지 네 자리를 11명의 연방준비은행 총재(president)들이 1년씩 돌아가며 맡는데, FOMC의 의장은 연방준비제도위원회의 의장이 겸임하며 부의장은 FOMC의 의사결정 사항을 집행하기 위해 실제 공개시장조작(Open Market Operation)을 담당하는 뉴욕 연방준비은행 총재가 맡는다. 글로벌 금융시장 참가자들이 계속해서 미국의 기준금리 인상 또는 인하 시기 및 속도에 대해 최대 관심을 기울이고 있는 것은 이것이 전 세계적으로 금리, 환율, 주가, 자본이동 등 금융시장과 투자, 소비, 수출입 등 실물경제에 미치는 영향력이 매우 크기 때문이다.

02 미래가치와 현재가치

2.1 미래가치와 복리계산과정

미래가치란 현재의 일정금액을 미래의 일정시점의 화폐가치로 환산한 것을 말하며, 미래가치를 구하는 과정을 복리계산과정(compounding process)이라 한다.

예를 들어 어떤 사람이 현재 100원을 연리 10%로 매년 복리계산되는 정기예금에 예금한다면, 그는 1년도 말에 원금 100원과 이자 10원(100원×0.1)을 합한 원리합계 110원을 받을 수 있다. 다시 말하면, 현재가치 100원을 1년도 말의 미래가치로 환산하면 110원이 된다는 것이다.

미래가치
현재의 일정금액을 미래의 일정시점의 화폐가치로 환산한 것을 말하며, 미래가치를 구하는 과정을 복리계산과정이라 한다.

$$FV_1 = PV + PV \times r = PV(1+r)$$
$$= 100\text{원} + 100\text{원} \times 0.1 = 100\text{원}(1+0.1) = 110\text{원}$$

여기서 PV : 원금, 즉 현재가치
FV_1 : 1년도 말의 원리합계, 즉 미래가치
r : 연리

1년도 말에 110원을 회수하지 않고 1년 더 예금한다면, 2년도 말에 받을 수 있는 원리합계, 즉 미래가치 FV_2는 다음과 같다.

$$FV_2 = FV_1 + FV_1 \times r = FV_1(1+r) = PV(1+r)^2$$
$$= 110\text{원} + 110\text{원} \times 0.1 = 110\text{원}(1+0.1) = 100\text{원}(1+0.1)^2$$
$$= 121\text{원}$$

이상과 같은 방법으로 n년도 말의 미래가치 FV_n은 다음과 같이 나타낼 수 있다.

$$FV_n = PV(1+r)^n = PV \times CVIF_{r,\,n} \qquad (2\text{-}1)$$

식 (2−1)에서 $(1+r)^n$은 현재 1원에 대한 n기간 말에서의 미래가치를 나타내며, 이를 **복리이자요소**(compound value interest factor: CVIF) 또는 미래가치이자요소(future value interest factor: FVIF)라 한다. 본서의 부록에 제시된 복리표(〈부표−1〉 참

복리이자요소(CVIF)
현재 1원의 미래가치를 나타낸다.

조)를 이용하면 이자율 r과 기간 n에 의해 결정되는 복리이자요소 $CVIF_{r,n}$을 간편하게 구할 수 있다. 그리고 원금(현재가치)에 복리이자요소를 곱하여 미래가치를 계산할 수 있다.

재무 산책

이자계산방법: 단리와 복리

이자의 계산방법에는 단리(simple interest)와 복리(compound interest)의 두 가지가 있다. 단리에 의해서 이자를 계산하면 원금에 대한 이자만 계산되나, 복리의 경우에는 원금뿐만 아니라 이자에 대한 이자도 계산된다.

예를 들어 어떤 사람이 현재 100원을 연리 10%로 2년간 예금하는 경우 이자를 단리 또는 복리 중 어떤 방법으로 계산하느냐에 따라 2년 후 원리합계는 다음과 같이 달라진다.

- 단리계산방법: 2년 후 원리합계
  $= 100원 + (100원 \times 0.1) \times 2$
  $= 100원(1 + 0.1 \times 2) = 120원$
- 복리계산방법: 2년 후 원리합계
  $= 100원(1 + 0.1)^2 = 121원$

높은 금리로 내출을 받으면 복리로 인해 갚아야 할 원리합계가 기하급수적으로 증가하여 빚에 허덕일 수 있음을 유의해야 한다.

항상 단리보다 복리에 의한 원리합계가 더 크다. 이는 복리의 경우 이자에 대한 이자가 계산되기 때문이다. 일반적으로 금융거래에 있어서 단리에 의한 이자계산방법은 거의 사용되지 않는다. 그러므로 특별한 언급이 없는 한 복리에 의해서 이자가 계산된다고 이해하기 바란다.

예제 2-1

미래가치계산

현금 100만원을 연리 7%로 매년 복리계산되는 정기예금에 예금하는 경우 3년도 말의 미래가치는 얼마인가?

해설

식 (2-1)을 이용하여 3년도 말의 미래가치 FV_3을 구하면 다음과 같다.

$$FV_3 = 100(1+0.07)^3 = 122.5\text{만원}$$

또한 본서 뒤에 있는 〈부표-1〉의 복리표를 이용하여도 동일한 결과를 얻을 수 있다.

기 간	이자율		
	6%	7%	8%
1	1.0600	1.0700	1.0800
2	1.1236	1.1449	1.1664
3	1.1910	1.2250	1.2597
4	1.2625	1.3108	1.3605

〈부표-1〉의 복리표 중 일부를 나타낸 위의 표에 의하면 연리 7%, 기간 3년인 복리이자요소 $CVIF_{0.07,3}$은 1.2250(표에서 직사각형으로 표시된 값)이다. 그러므로

$$FV_3 = 100 \times CVIF_{0.07,\,3} = 100 \times 1.2250 = 122.5\text{만원}$$

예제 2-2

이자율의 계산

현재 600만원을 가지고 있는 사람이 3년 후에 A 자동차를 구입하려고 한다. 그리고 3년 후의 자동차 구입가격은 777만원으로 예상된다. 이 사람이 현재 가지고 있는 돈을 3년간 정기예금하여 A 자동차를 구입할 수 있으려면, 정기예금의 연리는 얼마가 되어야 하는가?

해설

3년도 말에 A 자동차를 구입하기 위해서는 현재 600만원을 3년 동안 정기예금하여 얻을 수 있는 3년도 말의 미래가치가 777만원이 되어야 한다.

$$600(1+r)^3=777$$

$$(1+r)^3=CVIF_{r,\,3}=\frac{777}{600}=1.2950$$

그러므로 〈부표-1〉의 복리표에 의해서 연리 r을 구하면,

$$\therefore\ r=0.09 \text{ 또는 } 9\%$$

또는 위 식을 직접 풀어서 구해도 동일한 결과를 얻을 수 있다.

$$r=(1.2950)^{1/3}-1=\sqrt[3]{1.2950}-1=0.09 \text{ 또는 } 9\%$$

예제 2-3 투자기간의 계산: 72의 규칙

현금 100만원을 연리 10%로 매년 복리계산되는 정기예금에 예금하는 경우 몇 년 후에 원금의 2배인 200만원이 되겠는가?

해설

원금의 2배가 되는 기간을 다음과 같이 구할 수 있으며, 이를 72의 규칙(rule of 72)이라 한다.[2]

$$\text{원금의 2배가 되는 기간}=\frac{72}{\text{이자율}(\%)}=\frac{72}{10}=7.2\text{년}$$

2 원금의 2배가 되는 기간(n)을 보다 정확하게 구하려면 $100(1+0.1)^n=200$, 즉 $(1+0.1)^n=2$를 풀면 된다. 로그함수를 이용하면 $n\times\log1.1=\log2$이므로 $n=\frac{\log2}{\log1.1}=7.27$년이 된다. 즉 7.27년을 예금해야 원금의 2배로 만들 수 있음을 알 수 있다. 이는 72의 규칙에 의해 구한 7.2년과 약간의 차이가 있다.

재무 산책

복리계산의 효과

원금뿐만 아니라 이자에 대한 이자도 계산되는 복리계산의 효과를 극적으로 보여 줄 수 있는 사례를 살펴보자. 네덜란드 신대륙 식민지의 초대총독이었던 피터 미누이트(Peter Minuit)는 1626년 미국의 뉴욕시에 있는 맨해튼(Manhattan) 섬을 원주민인 인디언들로부터 약 24달러에 해당하는 물건들을 주고 샀다. 인디언들이 맨해튼을 강제로 빼앗긴 것이나 다름없다고 생각할 수 있으나, 복리계산의 효과를 고려하면 오히려 이 거래가 인디언들에게 더 유리한 것일 수도 있다. 24달러를 연리 8%로 매년 복리계산하여 397년이 지난 현재시점(2023년)에서의 가치를 계산하면 약 446조달러[24달러$(1+0.08)^{397}$]가 되어 지금의 맨해튼을 다시 사고도 남을 것이다. 다만 1626년부터 397년 동안 계속해서 연리 8%를 지급하는 곳에 투자하기란 쉽지 않을 것이다.

2.2 현재가치와 할인계산과정

현재가치
미래에 발생할 일정금액을 현재시점의 화폐가치로 환산한 것을 말하며, 현재가치를 구하는 과정을 할인계산과정이라 한다.

현재가치란 미래에 발생할 일정금액을 현재시점의 화폐가치로 환산한 것을 말하며, 현재가치를 구하는 과정을 할인계산과정(discounting process)이라 한다.

연리 10%로 매년 복리계산되는 정기예금에 현재 얼마를 예금하여야 2년도 말에 100원이 되겠는가? 이 물음에 대한 답은 다음의 식에서 찾을 수 있다.

$$PV(1+0.1)^2 = 100\text{원}$$

그러므로

$$PV = \frac{100}{(1+0.1)^2} = 82.64\text{원}$$

즉 오늘 82.64원을 연리 10%로 매년 복리계산되는 정기예금에 예금하면 2년도 말에 100원이 된다. 그러므로 현재의 82.64원과 2년도 말의 100원의 가치는 동일하다고 할 수 있다. 이 경우 2년도 말 100원의 현재가치는 82.64원이다.

n년도 말의 미래가치 FV_n을 현재가치 PV로 환산하는 공식은 앞의 식 (2-1)을 수정하여 다음과 같이 나타낼 수 있다.

$$PV=\frac{FV_n}{(1+r)^n}=FV_n(1+r)^{-n}=FV_n\times PVIF_{r,\,n} \qquad (2\text{-}2)$$

식 (2-2)에서 $(1+r)^{-n}$은 n기간 말 1원의 현재가치를 나타내며, 이를 **현가이자요소**(present value interest factor: PVIF)라고 한다. 본서의 부록에 제시된 현가표(〈부표-3〉 참조)를 이용하면 이자율 r과 기간 n에 의해 결정되는 현가이자요소 $PVIF_{r,n}$을 간편하게 구할 수 있다.[3] 그리고 미래 현금흐름(미래가치)에 현가이자요소를 곱하여 현재가치를 계산할 수 있다.

현가이자요소(PVIF)
미래 1원의 현재가치를 나타낸다.

이상에서 살펴본 바와 같이 미래가치를 구하는 복리계산과정과 현재가치를 구하는 할인계산과정은 서로 상반되는 개념이며, 현가이자요소는 복리이자요소의 역수라 할 수 있다.

$$PVIF_{r,\,n}=\frac{1}{CVIF_{r,\,n}} \qquad (2\text{-}3)$$

예제 2-4

현재가치의 계산

K씨는 지금으로부터 3년 후에 100만원을 받을 수 있다. 그리고 그는 투자로부터 매년 8%씩 벌 수 있다. 이 경우 K씨가 받을 미래 현금흐름이 현재가치는 얼마인가?

해설

식 (2-2)를 이용하여 현재가치 PV를 구하면 다음과 같다.

$$PV=\frac{100}{(1+0.08)^3}=79.38\text{만원}$$

3 일반적으로 현재가치를 계산할 때 사용되는 이자율을 할인율(discount rate)이라고 한다.

또한 본서 뒤에 있는 〈부표-3〉의 현가표를 이용하여도 동일한 결과를 얻을 수 있다.

기 간	이자율		
	7%	8%	9%
1	0.9346	0.9259	0.9174
2	0.8734	0.8573	0.8417
3	0.8163	0.7938	0.7722
4	0.7629	0.7350	0.7084

〈부표-3〉의 현가표 중 일부를 나타낸 위의 표에 의하면 이자율 8%, 기간 3년인 현가이자요소 $PVIF_{0.08,\,3}$은 0.7938(표에서 직사각형으로 표시된 값)이다. 그러므로

$$PV = 100 \times PVIF_{0.08,\,3} = 100 \times 0.7938 = 79.38\text{만원}$$

03 화폐의 시간적 가치의 응용

3.1 영구연금

영구연금
매기간 말에 일정금액이 무한히 발생되는 일련의 현금흐름을 의미한다.

영구연금(perpetuity)은 매기간 말에 일정금액이 무한히 발생되는 일련의 현금흐름을 의미한다. 이와 같은 영구연금의 대표적인 형태로서 영국정부에 의해서 발행되어 온 영구채권(consols)이 있다. 영구채권을 구입한 투자자는 영국정부로부터 영구적으로 매년 말에 일정금액의 이자를 받을 수 있는 권리를 부여받는다.

매기간 말에 일정금액 C원이 무한히 발생하는 영구연금의 현금흐름유형은 [그림 2-1]과 같다. 이와 같은 경우 영구연금의 현재가치는 다음과 같이 구할 수 있다.[4]

$$PV(\text{영구연금}) = \frac{C}{1+r} + \frac{C}{(1+r)^2} + \frac{C}{(1+r)^3} + \cdots = \frac{C}{r} \qquad (2\text{-}4)$$

4 영구연금의 현재가치는 무한등비수열의 합을 구하는 공식을 이용하여 다음과 같이 구할 수 있다.

$$PV(\text{영구연금}) = \frac{\text{초항}}{1-\text{공비}} = \frac{\frac{C}{1+r}}{1-\left(\frac{1}{1+r}\right)} = \frac{C}{r}$$

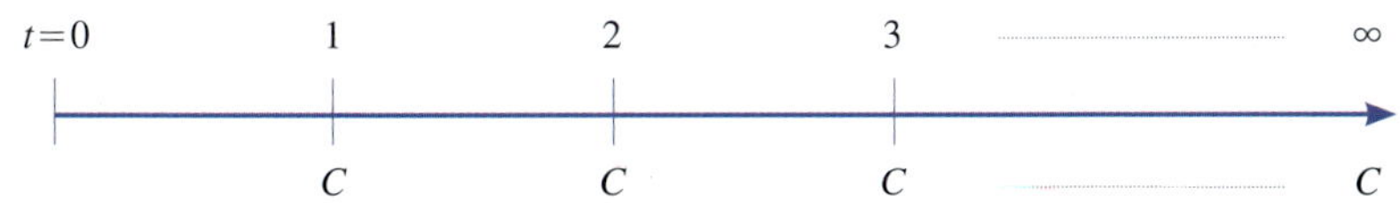

그림 2-1
영구연금의 현금흐름유형

식 (2-4)는 항상 1기간 말, 즉 1시점부터 현금이 발생하는 영구연금의 현재가치를 구하는 공식임을 유의하기 바란다.

재무 산책

영구교환 청바지의 가격

1990년대 중반 국내의 모 청바지회사에서 이색적인 판매광고를 하여 소비자들의 눈길을 끈 적이 있다. 광고의 내용은 10만원하는 청바지를 100만원에 매입하면 영구적으로 매년 교환해 주겠다는 것이다. 일반인의 경우 10년 동안만 교환해도 본전이라고 단순하게 생각하여 상당히 좋은 판매조건으로 받아들일 수 있다. 그러나 화폐의 시간적 가치개념을 공부한 독자들은 이 청바지의 가격이 적정한지 엄격히 따져보아야 한다. 청바지를 매입하여 영구적으로 매년 교환하는 경우의 현금흐름은 다음과 같다.

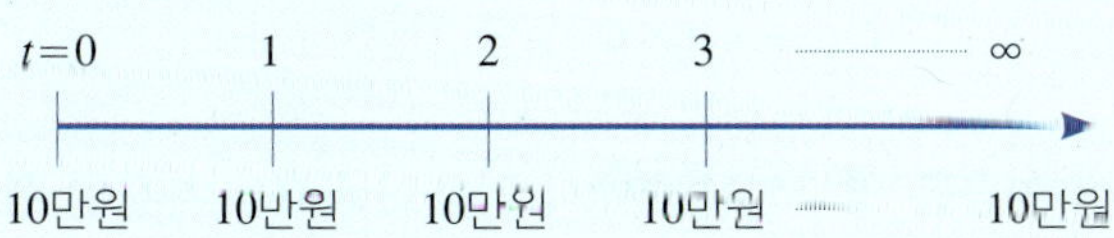

이와 같은 현금흐름의 현재가치, 즉 청바지의 적정가격은 그 당시 실세금리 12%를 반영하여 산출할 수 있다. 그러나 식 (2-4)는 1년도 말부터 현금흐름이 발생되는 영구연금의 가치를 구하는 공식임을 유의해야 한다. 따라서 청바지의 현재가치는 현재의 10만원과 1년도 말부터 영구적으로 10만원씩 발생되는 영구연금의 가치를 합한 것과 같다.

$$PV(\text{청바지}) = 10\text{만원} + \frac{10\text{만원}}{0.12} = 93.33\text{만원}$$

이상의 결과에 의하면 영구교환되는 청바지를 100만원에 매입하는 것은 그 당시에는 현명하지 못한 것으로 판단되었다. 그러나 이자율이 상당히 낮아진 요즘에는 매력적인 판매조건일 수도 있다.

예제 2-5

영구연금의 현재가치

매년 말에 10만원을 영구적으로 지급하는 영구채권의 현재가치를 구하라. (단, 연간 이자율은 10%이다.)

해설

$$PV(\text{영구채권}) = \frac{10}{0.1} = 100\text{만원}$$

3.2 연 금

연 금
일정기간 동안 일정금액의 현금흐름이 계속적으로 발생되는 일련의 현금흐름을 의미한다.

연금(annuity)이란 일정기간 동안 일정금액의 현금흐름이 계속적으로 발생되는 일련의 현금흐름을 의미한다.

매기간 말에 일정금액 C원이 n기간 동안 발생하는 연금의 현금흐름유형은 [그림 2-2]와 같다. 이 그림과 같은 연금의 현재가치를 구하는 공식을 도출하기 위하여 다음과 같은 세 가지 유형의 현금흐름을 생각해 보자.

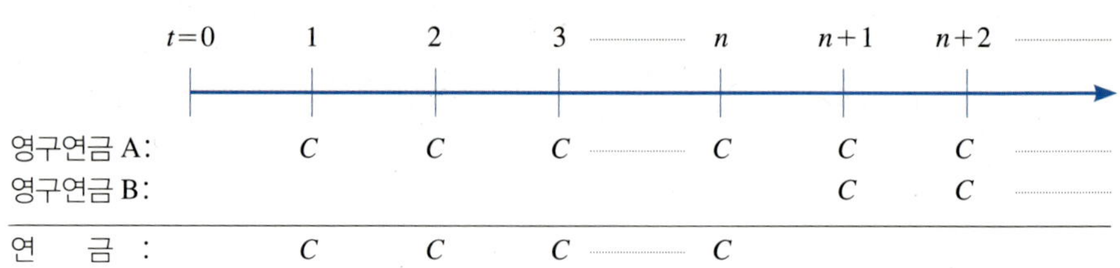

여기서 볼 수 있는 바와 같이 연금은 영구연금 A에서 영구연금 B를 차감한 현

그림 2-2
연금의 현금흐름유형

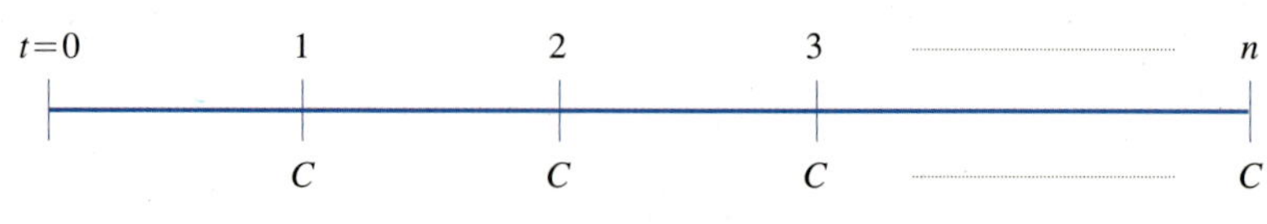

금흐름이라 할 수 있다. 그러므로 연금의 현재가치는 영구연금 A의 현재가치에서 영구연금 B의 현재가치를 차감하여 다음과 같이 나타낼 수 있다.[5]

$$
\begin{aligned}
PV(\text{연금}) &= \frac{C}{1+r} + \frac{C}{(1+r)^2} + \cdots + \frac{C}{(1+r)^n} \\
&= PV(\text{영구연금 A}) - PV(\text{영구연금 B}) \\
&= \frac{C}{r} - \frac{C}{r(1+r)^n} \\
&= C\left[\frac{1}{r} - \frac{1}{r(1+r)^n}\right] = C \times PVIFA_{r,\,n} \qquad (2\text{-}5)
\end{aligned}
$$

식 (2–5)에서 $\left[\frac{1}{r} - \frac{1}{r(1+r)^n}\right]$은 1기간 말부터 시작하여 n기간 동안 매기간 말에 1원씩 발생하는 연금의 현재가치를 나타내며, 이를 **연금의 현가이자요소**(present value interest factor for an annuity: PVIFA)라고 한다. 본서의 부록에 제시된 연금의 현가표(〈부표–4〉 참조)를 이용하면 이자율 r과 기간 n에 의해 결정되는 연금의 현가이자요소 $PVIFA_{r,\,n}$을 간편하게 구할 수 있다. 그리고 일정한 연금액(C)에 연금의 현가이자요소를 곱하여 연금의 현재가치를 계산할 수 있다.

> **연금의 현가이자요소(PVIFA)**
> 1기간 말부터 시작하여 일정기간 동안 매기간 말에 1원씩 발생하는 연금의 현재가치를 나타낸다.

한편 연금의 미래가치는 식 (2–5)에 복리이자요소인 $(1+r)^n$을 곱하여 구할 수 있다.

$$
\begin{aligned}
FV_n(\text{연금}) &= C(1+r)^{n-1} + C(1+r)^{n-2} + \cdots + C \\
&= PV(\text{연금}) \times (1+r)^n \\
&= C\left[\frac{(1+r)^n}{r} - \frac{1}{r}\right] = C \times CVIFA_{r,\,n} \qquad (2\text{-}6)
\end{aligned}
$$

> **연금의 복리이자요소(CVIFA)**
> 1기간 말부터 시작하여 일정기간 동안 매기간 말에 1원씩 발생하는 연금의 미래가치를 나타낸다.

식 (2–6)에서 $\left[\frac{(1+r)^n}{r} - \frac{1}{r}\right]$은 1기간 말부터 시작하여 n기간 동안 매기간 말에 1원씩 발생하는 연금이 n시점에서의 미래가치를 나타내며, 이를 **연금의 복리이자요소**(compound value interest factor for an annuity: CVIFA)라고 한다. 본서의 부록에 제시된 연금의 복리표(〈부표–2〉 참조)를 이용하면 이자율 r과 기간 n에 의해 결정되는

---

5 영구연금 B는 일정금액 C가 $(n+1)$시점부터 시작하여 매기간 무한히 생성되는 현금흐름이다. 먼저 영구연금의 현재가치를 구하는 공식을 이용하여 영구연금 B의 n시점에서의 가치를 구하면 $\left(\frac{C}{r}\right)$가 된다. 따라서 영구연금 B의 현재가치는 n시점에서의 가치를 할인하여 다음과 같이 구할 수 있다.

$$PV(\text{영구연금 B}) = \left(\frac{C}{r}\right)\frac{1}{(1+r)^n}$$

재무 산책

다른 방법으로 연금의 현재가치 계산

[그림 2-2]와 같은 연금의 현재가치는 다음과 같다.

$$PV(\text{연금})=\frac{C}{1+r}+\frac{C}{(1+r)^2}+\cdots+\frac{C}{(1+r)^{n-1}}+\frac{C}{(1+r)^n} \qquad (1)$$

식 (1)의 양변을 $(1+r)$로 나누면 다음과 같다.

$$\frac{PV(\text{연금})}{1+r}=\frac{C}{(1+r)^2}+\frac{C}{(1+r)^3}+\cdots+\frac{C}{(1+r)^n}+\frac{C}{(1+r)^{n+1}} \qquad (2)$$

식 (1)에서 식 (2)를 차감하면 다음과 같다.

$$PV(\text{연금})-\frac{PV(\text{연금})}{1+r}=\frac{C}{1+r}-\frac{C}{(1+r)^{n+1}} \qquad (3)$$

식 (3)을 정리하면 아래와 같으며 이는 식 (2-5)와 동일하다.

$$PV(\text{연금})=C\left[\frac{1}{r}-\frac{1}{r(1+r)^n}\right]$$

연금의 복리이자요소 $CVIFA_{r,n}$을 간편하게 구할 수 있다.[6] 그리고 일정한 연금액(C)에 연금의 복리이자요소를 곱하여 연금의 미래가치를 계산할 수 있다.

예제 2-6

연금의 현재가치

1년도 말부터 5년 동안 매년 100만원씩을 지급받을 수 있는 연금의 현재가치는 얼마인가? (단, 연간 이자율은 10%이다.)

6 일반적으로 연금(일반연금: ordinary annuity)은 기간 말에 지급된다. 이러한 이유로 연금의 현가표와 복리표는 그 현금흐름이 1기간 말, 즉 1시점부터 시작된다고 가정하여 작성되었음을 유의하여야 한다. 만약 기초에 연금(선불연금: annuity in advance or annuity due)이 지급되는 경우에는 기말기준으로 계산된 각 값에 $(1+r)$을 곱하여 각각 $PVIFA_{r,n}(1+r)$과 $CVIFA_{r,n}(1+r)$로 수정하여야 한다.

해설

연금의 현재가치는 공식을 이용하여 직접 계산하거나, 또는 본서 뒤에 있는 〈부표–4〉 연금의 현가표를 이용하여 계산할 수 있다.

$$PV(\text{연금}) = \frac{100}{1+0.1} + \frac{100}{(1+0.1)^2} + \frac{100}{(1+0.1)^3} + \frac{100}{(1+0.1)^4} + \frac{100}{(1+0.1)^5}$$

$$= 100\left[\frac{1}{0.1} - \frac{1}{0.1(1+0.1)^5}\right] = 100 \times 3.7908 = 379.08\text{만원}$$

또는

$$PV(\text{연금}) = 100 \times PVIFA_{0.1,\,5} = 100 \times 3.7908 = 379.08\text{만원}$$

예제 2–7

연금의 미래가치

1년도 말부터 5년 동안 매년 100만원씩을 지급받아서 연리 10%로 매년 복리계산되는 정기예금에 예금한다면, 연금이 끝나는 5년도 말에 그 총액은 얼마가 되겠는가?

해설

연금의 미래가치는 공식을 이용하여 직접 계산하거나, 또는 본서 뒤에 있는 〈부표–2〉 연금의 복리표를 이용하여 계산할 수 있다.

$$FV_5(\text{연금}) = 100(1+0.1)^4 + 100(1+0.1)^3 + 100(1+0.1)^2 + 100(1+0.1) + 100$$

$$= 100\left[\frac{(1+0.1)^5}{0.1} - \frac{1}{0.1}\right] = 100 \times 6.1051 = 610.51\text{만원}$$

또는

$$FV_5(\text{연금}) = 100 \times CVIFA_{0.1,\,5} = 100 \times 6.1051 = 610.51\text{만원}$$

예제 2-8

균등상환채무

1년도 말부터 3년 동안 매년 일정한 금액을 상환할 조건으로 1,000만원을 차입하였다. 시장이자율이 연 6%일 경우 이와 같은 균등상환채무(amortized loan)에 대한 다음의 물음에 답하라.

(1) 매년도 말 균등상환액은?

(2) 매년도 말 이자지급액 및 원금상환액을 각각 추정하라.

해설

(1) 매년도 말 균등상환액(C)은 연금개념을 이용하여 구할 수 있다.

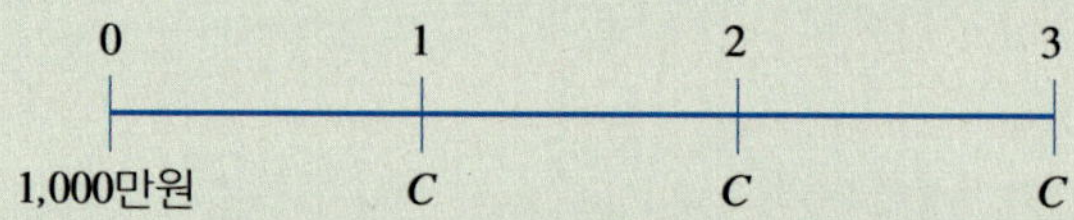

$$1{,}000\text{만원} = C\left[\frac{1}{0.06} - \frac{1}{0.06(1+0.06)^3}\right] = C \times 2.6730$$

그러므로

$$C = \frac{1{,}000\text{만원}}{2.6730} = 374.11\text{만원}$$

(2) 채무의 균등상환계획에 의한 매년도 말 이자지급액 및 원금상환액은 다음과 같다.

(단위: 만원)

연 도	연도 초 금액 ①	균등상환액 ②	이자지급액 ③=①×0.06	원금상환액 ④=②−③	연도 말 잔액 ⑤=①−④
1	1,000.00	374.11	60.00	314.11	685.89
2	685.89	374.11	41.15	332.96	352.93
3	352.93	374.11	21.18	352.93	0.00
합 계		1,122.33	122.33	1,000.00	

뉴스 속 재무

100년 넘는 초장기채의 가치는 … 280년 된 국채 이자는 '바게트 값'

280년째 투자자에게 이자를 주는 세계에서 가장 오래된 국채가 프랑스에 있다고 월스트리트저널(WSJ)이 6일(미국시간) 보도했다. 신문은 프랑스 정부가 마리 베리에의 일가에 300여년 가까이 빚을 지고 있다며 베리에가 선조들로부터 상속받았음을 증명해야 이자를 받을 수 있다고 말했다. 하지만 이런 노력을 기울일만한 가치가 있는지 판단해볼 문제라면서 세월이 흘러 1년에 받는 이자가 1.2유로에 불과한 상황이 됐기 때문이라고 신문은 전했다.

3세기 동안 계속된 인플레이션과 통화의 교체 등으로 연간 이자는 지속 줄어왔다. 베리에는 이자로 겨우 바게트 하나 살 수 있을 뿐이라면서 문제는 자신뿐만 아니라 다른 후손들도 이자를 받을 권리를 갖고 있을 수 있는 점이라고 말했다. 1.2유로를 받기 위한 서류 작업을 하는 과정에서 들어갈 우표 값이 이자의 10배, 100배일 것이라고 그는 설명했다. 파리 중심가로 향하는 버스비에도 못 미치는 이자를 받기 위해 프랑스 공무원들과 협상하고 이를 위해 문서 작업을 할 시간적 여유가 없다는 게 베리에의 입장이다. 하지만 프랑스 재무부는 이 채권이 여전히 유효하므로 이자를 받을 권리가 있는 모든 후손이 사망할 때까지 살아 있는 채권이란 입장이다.

실제로 베리에는 18세기 법조인인 클로드-앙리 리노트의 이름을 딴 리노트 랑트(Linotte rente), 즉 리노트 국채를 물리적으로 단 한 순간도 소유한 적이 없다. 그는 리노트 국채가 어떤 경로로 자신의 일가에게 양도되었는지를 증명할 서신과 문서를 갖고 있을 뿐이다. 신문은 이 국채가 다섯 번의 건국과 두 번의 세계 대전을 견뎠고 프랑스 정부의 청산 시도도 버텨냈다면서 시카고 연방준비은행의 이코노미스트였던 프랑수아 벨더가 1990년대에 연구 도중 이 국채를 발견했고 베리에에게 이 채권이 존재한다는 사실을 알렸다고 전했다. 한편 신문은 만기가 없거나 만기가 100년 이상인 채권이 박물관에서나 볼 수 있는 유물과 같은 존재는 아니라고 말했다.

최근에도 이런 종류의 채권이 심심치 않게 발행되고 있는 것이 사실이다. 일본과 독일 등 일부 국가는 만기가 없는 영구채를 발행해왔고 아르헨티나와 멕시코, 옥스퍼드대, 영국 최대 자선단체인 웰컴트러스트 등이 100년물 채권을 찍은 바 있다. 일부 초장기채는 채권으로서의 가치보다 소장품으로서의 가치가 크다고 신문은 설명했다. 골동품처럼 취급되는 일부 채권 증서는 지급 이자와 관계없이 5천달러까지 거래

■ '리노트 국채'의 연간 이자 추이

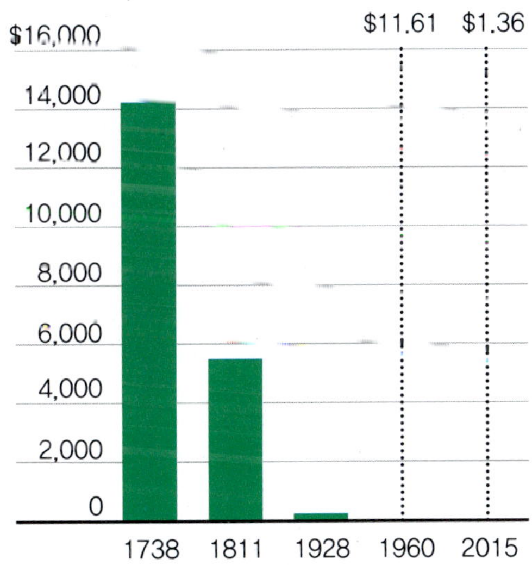

되기도 하는데 기간과 희소성, 역사적인 중요성 등에 따라 가격이 천차만별인 것으로 알려졌다. 최근 오래된 채권 증서를 취급하는 딜러 밥 커스틴은 1886년에 발행된 뉴저지철도회사 채권을 700달러에 팔았다고 말했다. 예일대는 2003년에 세계에서 가장 오래된 채권을 입수하기도 했다. 네덜란드 수자원국이 1648년에 발행한 이 영구채 증서는 염소 가죽으로 돼 있으며 매년 11.35유로를 이자로 지급한다. 실제로 예일대의 헤이르트 로웬호르스트 교수는 무기명 채권인 이 채권을 들고 암스테르담에 방문해 26년 치 이자를 받았다.

〈연합인포맥스, 2019. 1. 8〉

재무 산책

스마트폰 재무계산기 애플리케이션

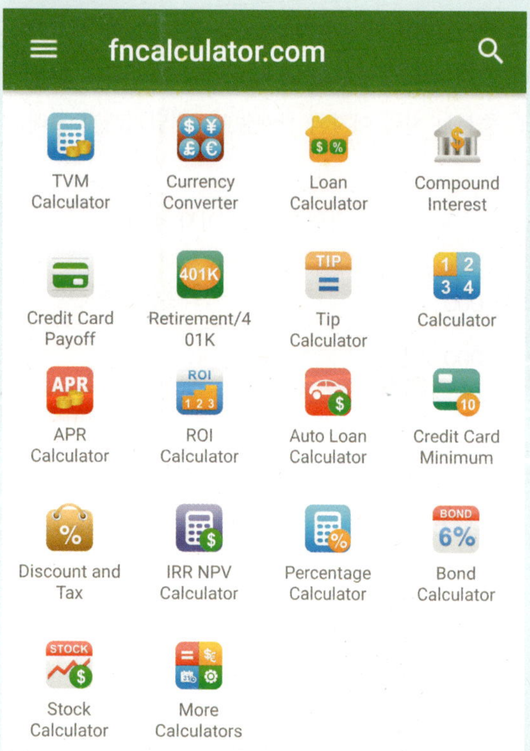

[그림 1]

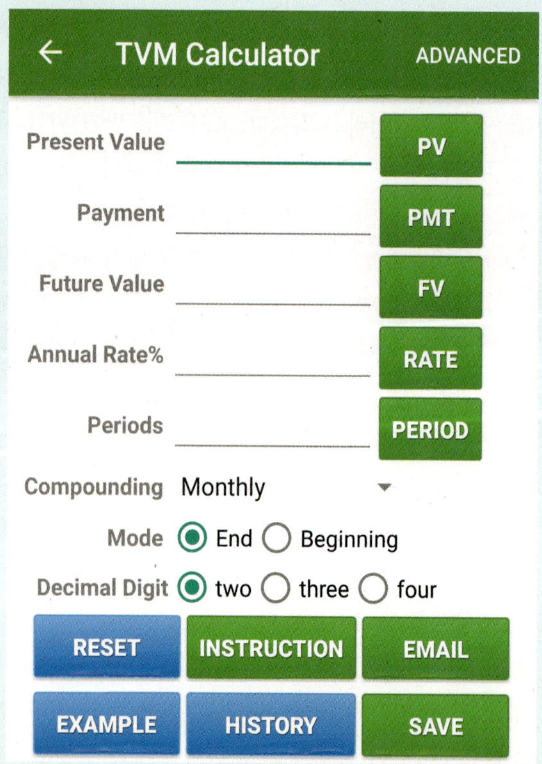

[그림 2]

최근 스마트폰에서 화폐의 시간적 가치를 손쉽게 계산할 수 있는 애플리케이션이 제공되어 인기를 누리고 있다. 대표적인 애플리케이션으로는 'financial calculators'를 들 수 있다. 이 애플리케이션을 스마트폰(구글 플레이스토어(play store) 또는 애플 앱스토어(App store)에서 다운로드 할 수 있음)에 설치한 뒤 실행시키면 [그림 1]과 같은 화면이 나타나는데, 여기서 화폐의 시간적 가치 계산에 사용되는 TVM calculator를 선택한다.

TVM calculator를 클릭하면 [그림 2]의 화면이 나타난다. 여기서 'PV'는 현재가치, 'PMT'는 정기적립액(연금), 'FV'는 미래가치, 'Rate'는 연간 이자율(% 단위), 'Period'는 기간의 수를 의미한다. 각 공란에 화폐의 시간적 가치를 계산하는 데 필요한 기초자료를 입력한 뒤, 최종 구하고자 하는 값의 버튼(PV PMT FV RATE PERIOD 등의 button)을 누르면 공란에 그 결과 값이 계산된다. 한편 PV, FV, PMT 등의 기초자료 입력 시 받을 금액은 양수(+), 지출할 금액은 음수(−)로 기입한다.

이 애플리케이션을 이용할 때 화폐의 시간적 가치 계산에 필요한 기초자료의 값을 입력하기 전에 다음과 같은 옵션을 먼저 지정하여야 한다. 'Compounding'은 복리계산기간의 단위를 선택할 때 사용한다. 예를 들어 연복리이면 Annually를, 월복리이면 Monthly를 선택한다. 'Mode'는 PMT와 관련되는 옵션으로 현금흐름(정기적립액)의 발생시점에 따라 기말(End) 또는 기초(Beginning) 중 어느 하나를 선택할 때 사용한다. 예를 들어 일반연금 등과 같이 매기간 말에 현금흐름이 발생하는 경우에는 End를 선택하면 되고, 선불연금 등과 같이 매기간 초에 현금흐름이 발생하는 경우에는 Beginning을 선택하면 된다. 'Decimal Digit'는 계산 결과를 소수점 아래 몇 째 자리까지 나타낼 것인가를 지정하는 옵션이다.

Financial Calculators의 활용 : 화폐의 시간적 가치 계산

[예제 2-1] 미래가치(FV)

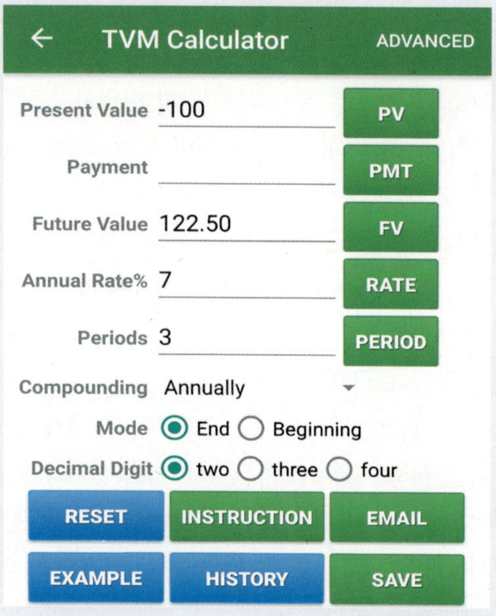

[예제 2-2] 이자율(RATE)

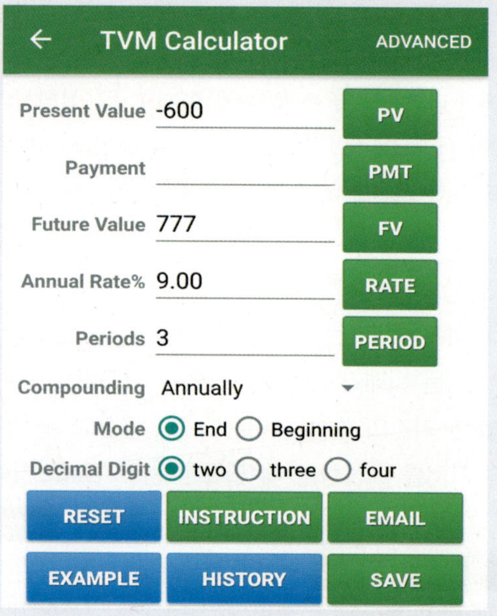

[예제 2-3] 투자기간(PERIOD)

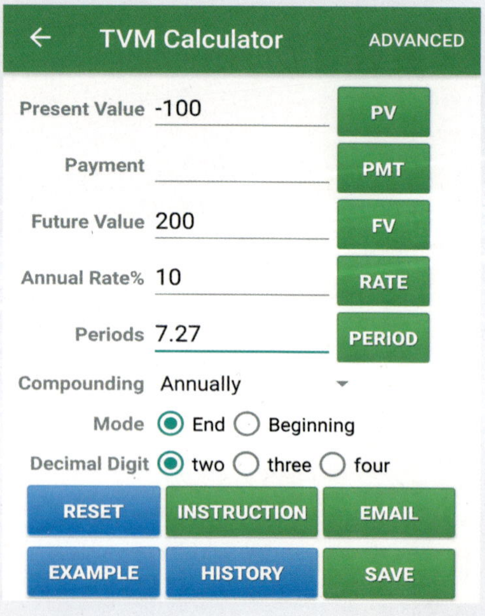

[예제 2-4] 현재가치(PV)

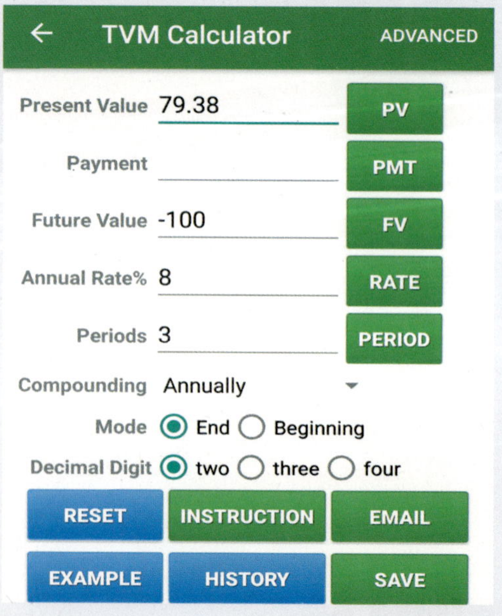

[예제 2-6] 연금의 현재가치(PV)

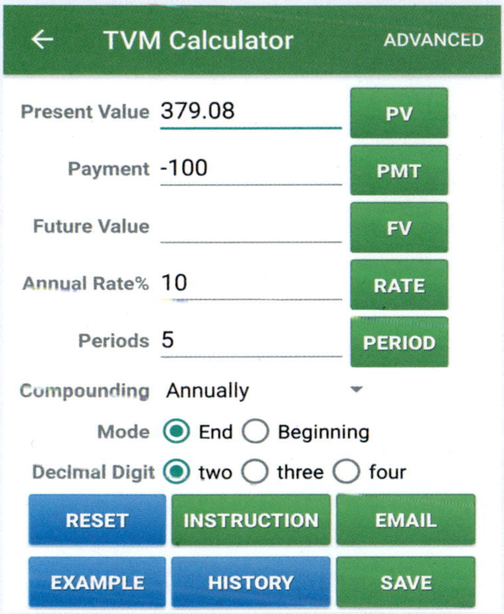

[예제 2-7] 연금의 미래가치(FV)

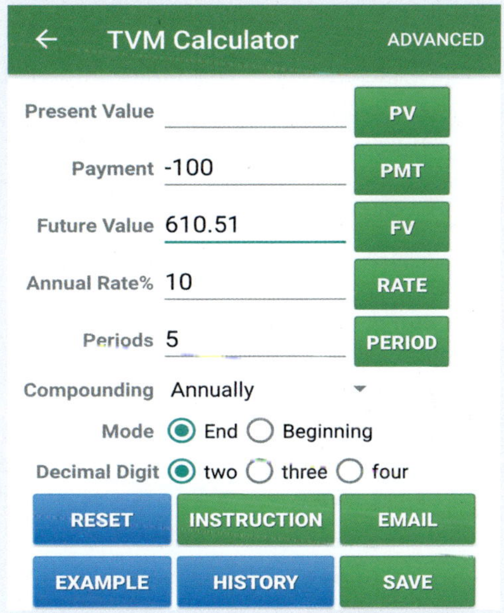

[예제 2-8] 균등상환액(PMT)

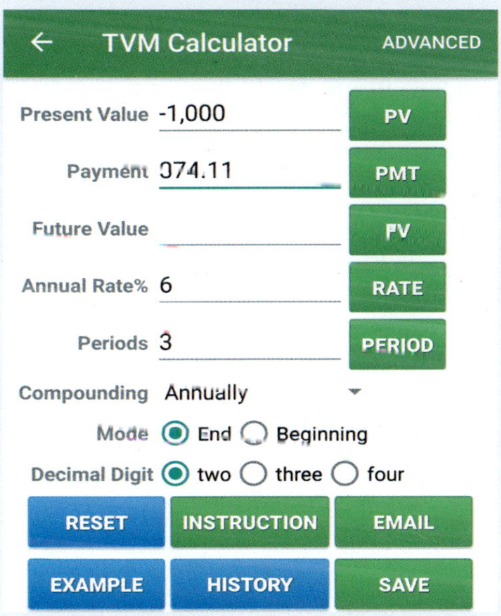

Excel의 활용 화폐의 시간적 가치 계산

마이크로소프트사의 엑셀(Microsoft Excel™)에서 이용할 수 있는 재무함수 중 미래가치, 이자율, 투자기간, 현재가치, 정기적립액을 구하는 함수식은 다음과 같다.

계산하고자 하는 값	함수식
미래가치	=FV(rate, nper, pmt, pv, type)
이자율(할인율)	=RATE(nper, pmt, pv, fv, type)
투자기간(적립기간)	=NPER(rate, pmt, pv, fv, type)
현재가치	=PV(rate, nper, pmt, fv, type)
정기적립액(연금수령액, 균등상환액)	=PMT(rate, nper, pv, fv, type)

주) 1. pmt, pv, fv는 각각 정기적립액, 현재가치, 미래가치를 나타냄.(지출할 금액은 음수(−)로 표시하고, 받을 금액은 양수(+)로 표시함.)
2. rate, nper는 각각 기간당 이자율, 투자기간을 나타냄.(이자율은 투자기간 단위와 일치해야 함. 예를 들어 투자기간 단위가 월이라면 이자율은 월간 이자율을 사용해야 함.)
3. type은 정기적립액이 있는 경우 적립시점(기말: 0, 기초: 1)을 나타내며, type을 생략하면 0으로 간주됨.(현금흐름이 기말에 발생되는 것으로 간주됨.)

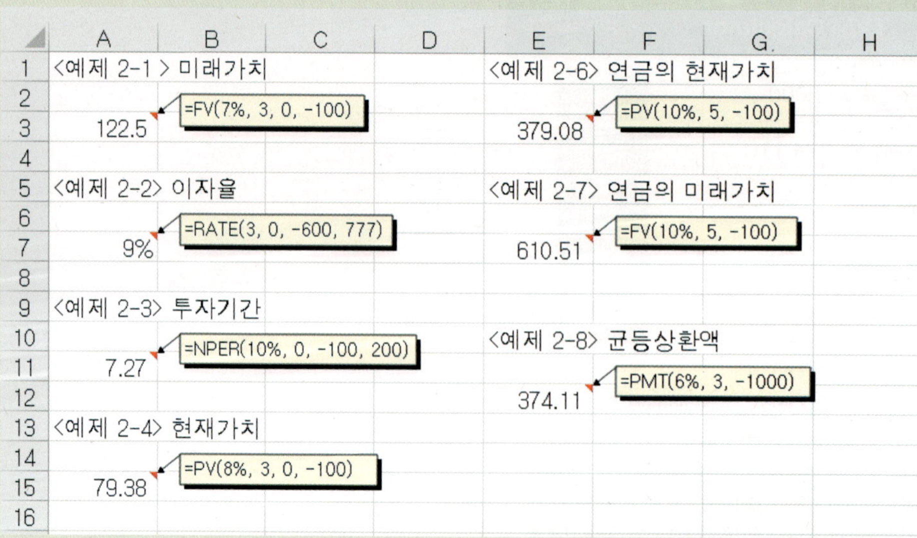

※ 〈예제 2-6〉, 〈예제 2-7〉, 〈예제 2-8〉의 함수식에서 네 번째 인수(pv 또는 fv)가 0인 경우 생략할 수 있음.(단, 다섯 번째 인수인 type도 0이어야 함.)

주요 용어

시차선호(time preference)

미래의 소비보다 현재의 소비를 더 선호하는 것으로서, 이는 사람들의 일반적인 행동적 특성에 기인하며 사회 또는 사람에 따라 그 강도가 달라질 수 있다.

자본의 생산성(productivity of capital)

현재의 현금흐름은 자본화되어 새로운 가치를 창출할 수 있다.

이자율(interest rate)

화폐의 가격으로서 화폐의 시간적 가치를 반영하는 척도라 할 수 있다.

미래가치(future value)

현재의 일정금액을 미래의 일정시점의 화폐가치로 환산한 것을 말하며, 미래가치를 구하는 과정을 복리계산과정(compounding process)이라 한다.

$$FV_n = PV(1+r)^n = PV \times CVIF_{r,n}$$

현재가치(present value)

미래에 발생할 일정금액을 현재시점의 화폐가치로 환산한 것을 말하며, 현재가치를 구하는 과정을 할인계산과정(discounting process)이라 한다.

$$PV = \frac{FV_n}{(1+r)^n} = FV_n \times PVIF_{r,n}$$

영구연금(perpetuity)

매기간 말에 일정금액이 무한히 발생되는 일련의 현금흐름을 의미하며, 대표적인 형태로서 영국정부에 의해서 발행되어 온 영구채권(consols)이 있다.

$$PV(\text{영구연금}) = \frac{C}{r}$$

연금(annuity)

일정기간 동안 일정금액의 현금흐름이 계속적으로 발생되는 일련의 현금흐름을 의미한다.

$$PV(\text{연금}) = C\left[\frac{1}{r} - \frac{1}{r(1+r)^n}\right] = C \times PVIFA_{r,n}$$

$$FV_n(\text{연금}) = C\left[\frac{(1+r)^n}{r} - \frac{1}{r}\right] = C \times CVIFA_{r,n}$$

연습 문제

I. 완성/선택형 문제

01 다른 시점에 발생하는 현금흐름을 서로 비교하기 위해서는 반드시 오늘의 1원과 내일의 1원 사이의 관계, 즉 (　　　　)개념을 알아야 한다.

02 자본화되어 새로운 가치를 창출할 수 있는 현재의 현금흐름을 동일한 금액의 미래의 현금흐름보다 더 선호하게 된다. 이는 (　　　　)이라는 기술적 특성에 기인한다.

03 (　　　　)은 화폐의 가격으로서 화폐의 시간적 가치를 반영하는 척도라 할 수 있다.

04 미래가치는 현재의 일정금액을 미래의 일정시점의 화폐가치로 환산한 것을 말하며, 미래가치를 구하는 과정을 (　　　　)이라 한다.

05 $(1+r)^{-n}$는 n기간 말 1원의 현재가치를 나타내며, 이를 (　　　　)라고 한다.

06 현금 100만원을 연리 10%로 매년 복리계산되는 정기예금에 예금하는 경우 2년도 말의 미래가치는 얼마인가?

① 121만원　② 123만원　③ 125만원
④ 128만원　⑤ 130만원

07 현재 1,000만원을 가지고 있는 사람이 2년 후에 자동차를 구입하려고 한다. 그리고 2년 후의 자동차 구입가격은 1,300만원으로 예상된다. 이 사람이 현재 가지고 있는 돈을 2년간 정기예금하여 자동차를 구입할 수 있으려면, 정기예금의 연리는 얼마가 되어야 하는가?

① 10%　② 11%　③ 12%
④ 13%　⑤ 14%

08 K씨는 지금으로부터 2년 후에 500만원을 받을 수 있다. 그리고 그는 투자로부터 매년 12%씩 벌 수 있다. 이 경우 K씨가 받을 미래 현금흐름의 현재가치는 얼마인가?

① 368.56만원　② 372.40만원　③ 398.60만원
④ 401.11만원　⑤ 412.34만원

09 K씨는 앞으로 2년간 매년 말에 다음과 같은 현금흐름을 얻을 수 있다.

연도 말	현금흐름
1	100만원
2	200만원

K씨가 얻을 수 있는 각 연도 말의 현금흐름을 현재가치로 환산한다면 모두 얼마나 되겠는가? (단, 연간 이자율은 10%이다.)

① 260.00만원　② 256.20만원　③ 253.61만원
④ 255.11만원　⑤ 311.34만원

10 매년 말에 100만원씩 영구적으로 지급하는 영구채권의 현재가치는 얼마인가? (단, 연간 이자율은 12%이다.)

① 833.33만원　② 821.34만원　③ 810.23만원
④ 841.21만원　⑤ 835.32만원

11 1년도 말부터 3년 동안 매년 100만원씩을 지급받을 수 있는 연금의 현재가치는 얼마인가? (단, 연간 이자율은 10%이다.)

① 230.54만원　② 232.42만원　③ 245.62만원
④ 247.11만원　⑤ 248.69만원

12 1년도 말부터 3년 동안 매년 100만원씩 연금을 지급받아서 연리 10%로 매년 복리 계산되는 정기예금에 예금한다면, 연금지급이 끝나는 3년도 말에 그 종액은 얼마가 되겠는가?

① 311.56만원　② 331.00만원　③ 342.62만원
④ 350.13만원　⑤ 353.32만원

13 올해로 31세가 된 투자자 A는 32세 말($t=2$)부터 매1년마다 납입하는 4년 만기의 정기적금 가입을 고려하고 있다(즉 $t=2\sim5$ 기간에 4회 납입). 투자자 A는 36세 말($t=6$)부터 40세 말($t=10$)까지 매년 3,000만원이 필요하다. 이자율과 할인율이 연 10%일

때, 투자자 A가 32세 말부터 4년간 매년 말에 납입해야 할 금액에 가장 가까운 것은? (단, *PVIFA*(10%, 4년)=3.1699, *PVIFA*(10%, 5년)=3.7908, *PVIF*(10%, 5년)=0.6209이다.) (CPA 1차 2015 수정)

① 2,450만원 ② 2,475만원 ③ 2,500만원
④ 2,525만원 ⑤ 2,550만원

14 PVIF와 PVIFA는 각각 현가이자요소와 연금의 현가이자요소를 의미하며, FVIF와 FVIFA는 각각 복리이자요소와 연금의 복리이자요소를 의미한다. 다음 중 성립하지 않는 경우가 있는 식은? (단, r과 n은 각각 기간이자율과 기간을 의미하며, $r>0$이고 $n\geq 1$이다.) (CPA 1차 2023 수정)

① $PVIFA(r, n) < n$ ② $FVIFA(r, n) > n$ ③ $(1+r)n \geq (1+r\times n)$
④ $PVIF(r, n) = \dfrac{1}{FVIFA(r, n)}$ ⑤ $PVIFA(r, n)\times(1+r)^n = FVIFA(r, n)$

15 동일한 횟수의 연금을 기초에 받는 경우(선불연금: annuity due)와 기말에 받는 경우(일반연금: ordinary annuity)에 대한 설명으로 가장 적절한 것은? (단, 이자율은 0보다 크고 일정하며, 복리계산은 연 단위로 이루어진다고 가정한다.) (CPA 1차 2010)

① 현재가치와 미래가치 모두 선불연금은 일반연금에 (1+이자율)을 곱해서 얻을 수 있다.
② 현재가치와 미래가치 모두 일반연금은 선불연금에 (1+이자율)을 곱해서 얻을 수 있다.
③ 현재가치의 경우 선불연금은 일반연금에 (1+이자율)을 곱해서, 미래가치의 경우 일반연금은 선불연금에 (1+이자율)을 곱해서 얻을 수 있다.
④ 현재가치의 경우 일반연금은 선불연금에 (1+이자율)을 곱해서, 미래가치의 경우 선불연금은 일반연금에 (1+이자율)을 곱해서 얻을 수 있다.
⑤ 현재가치와 미래가치 계산에 있어 선불연금과 일반연금 중 어느 연금이 클 것인가는 이자율에 따라 달라진다.

16 김씨는 20×1년 1월 1일에 원리금 균등분할상환 조건으로 100,000원을 차입하였다. 원리금은 매년 말 1회 상환하며 만기는 5년이다. 이자율은 연 4%이고, 당해 발생이자는 당해에 지급된다. 다음 중 가장 적절하지 않은 것은? (단, *PVIFA*(4%, 5)=4.4518이며, 모든 금액은 반올림하여 원단위로 표시한다.) (CPA 1차 2018 수정)

① 매년 원리금상환액은 22,463원이다.

② 20×2년 1월 1일 기준 차입금 잔액은 81,537원이다.

③ 20×2년 원리금상환액 중 원금상환액은 19,202원이다.

④ 20×3년 원리금상환액 중 이자지급액은 1,880원이다.

⑤ 매년 원리금상환액 중 원금상환액이 차지하는 부분은 만기가 다가올수록 커진다.

17 A씨는 1월 1일($t=0$)에 H은행에서 원리금균등분할상환 조건으로 1,000,000원을 대출받았다. 대출의 이자율과 만기는 각각 연 5%와 3년이고, 원리금은 매년 말 1회 상환된다. 1년 말($t=1$)에 상환되는 원리금에서 이자지급액의 원금상환액에 대한 비율(이자지급액/원금상환액)을 계산한 값에 가장 가까운 것은? (단, 연 1회 복리를 가정하고, $PVIF(5\%, 3)=0.8638$, $PVIFA(5\%, 3)=2.7232$이다.) (CPA 1차 2020)

① 7.32% ② 9.30% ③ 10.76%

④ 13.62% ⑤ 15.76%

Ⅱ. 서술/계산형 문제

01 일반적으로 사람들은 동일한 금액인 경우 미래의 현금흐름보다는 현재의 현금흐름을 더 선호하는데, 그 이유를 설명하라.

02 **| 미래가치와 현재가치 |**

(1) 현금 1,000만원을 연리 12%로 매년 복리계산되는 정기예금에 예금하는 경우 5년도 말의 미래가치는 얼마인가?

(2) 연리 10%로 매년 복리계산되는 정기예금에 얼마를 예금하여야 3년도 말에 1,000만원을 마련할 수 있는가?

03 **| 현재가치 비교 |**

재무관리 교과서를 저술한 K씨는 네 개의 출판사로부터 각각 다음과 같은 저작료를 제시받았다.

- 출판사 1: 5년도 말에 1,800만원을 지급한다.
- 출판사 2: 매년 말에 120만원씩 영구히 지급한다.
- 출판사 3: 매년 말에 190만원씩 10년간 지급한다.
- 출판사 4: 1년도 말에 60만원을 지급하고, 그 후 매년 말에 130만원씩 영구히 지급한다.

연간 할인율이 12%일 경우, K씨는 어느 출판사를 선택하여야 가장 유리하겠는가?

04 | **연금의 현재가치** |

K씨는 매년 말 450만원씩 5년 동안 지급되는 연금을 받고 있다. 연간 이자율이 12%일 때, 연금의 현재가치는 얼마인가?

05 | **연금의 현재가치** |

K씨는 6년도 말부터 시작하여 4년 동안 매년 100만원씩 연금을 받을 수 있다. 연간 이자율이 10%일 경우, K씨가 가지고 있는 연금의 현재가치는 얼마인가?

06 | **연금의 미래가치** |

1년도 말부터 5년 동안 매년 200만원씩 연금을 지급받아서 연리 10%로 매년 복리 계산되는 정기예금에 예금한다면, 연금지급이 끝나는 5년도 말에 그 총액은 얼마가 되겠는가?

07 | **연금적립액의 산출** |

앞으로 10년 후 당신은 1억원의 현금이 필요하게 되므로, 이에 대비하여 향후 10년간 일정금액을 매년 적립하려고 한다. 당신은 매년 말에 얼마씩 적립하여야 하는가? (단, 연간 이자율이 10%이다.)

08 | **화폐의 시간적 가치 계산** |

할인율이 연 10%로 일정할 때, 주어진 현가표를 참조하여 a, b, c 세 가지 금액을 각각 계산하라. (단, 현재시점은 1차년도 1월 1일이다.) (CPA 1차 2018)

구분	n=3	n=4	n=5	n=6	n=7
PVIF(10%, n)	0.7513	0.6830	0.6209	0.5645	0.5132
PVIFA(10%, n)	2.4869	3.1699	3.7908	4.3553	4.8684

a. 현재 3,200원을 대출받고 1차년도부터 매년 말 800원씩 갚아 나가면 상환 마지막 해 말에는 800원보다 적은 금액을 갚게 된다. 상환 마지막 해 말에 갚아야 하는 금액
b. 4차년도부터 8차년도까지 매년 말 110원씩 받는 연금의 현재가치
c. 1차년도부터 5차년도까지 매년 초 70원씩 받는 연금의 현재가치

09 | 균등상환채무 |

K씨는 현재시점(t=0)에서 30년 만기 및 연 10%의 이자율로 20억원을 차입하려고 한다. 조사 결과 다음과 같은 두 가지 차입방안이 가능하며 만기 및 이자율은 동일하다. 1안과 2안을 비교할 때, K씨가 2차년도 말($t=2$)에 지급하게 될 이자금액의 차이를 구하라. (단, *PVIF*(10%, 30)=0.0573, *PVIFA*(10%, 30)=9.4269이며, 모든 금액은 반올림하여 원단위로 표시한다.)

(CPA 1차 2022)

- 1안: 만기일시상환 방식
  - 1차년도부터 매년도 말 연 1회 대출원금에 대한 이자를 상환하며, 대출원금은 만기일에 전액 상환한다.
- 2안: 원리금 균등분할상환 방식
  - 1차년도부터 매년도 말 연 1회 동일한 금액을 상환한다.

보론 복리계산기간

지금까지는 이자가 매년, 즉 1년에 한 번 복리계산된다고 가정하였으나, 많은 경우에 1년에 두 번 이상 복리계산될 수 있다. 그러므로 여기서는 1년에 두 번 이상 복리계산되는 경우에 미래가치와 현재가치를 계산하는 방법에 대해서 설명하고자 한다.

1. 미래가치와 복리계산기간

현재 100원을 연리 10%로 6개월마다, 즉 1년에 두 번 복리계산되는 정기예금에 예금한다면 현재의 100원은 6개월 후 105원[100(1+0.05)]이 되며, 1년도 말에는 110.25원[$105(1+0.05)=100(1+0.05)^2$]이 될 것이다.[7] 즉 1년도 말의 미래가치 FV_1은 다음과 같이 계산된다.

$$FV_1=100\left(1+\frac{0.1}{2}\right)^2=100(1+0.05)^2=110.25\text{원}$$

그리고 연리 10%로 6개월마다 복리계산된다는 것은 결과적으로 연리 10.25%[$(1+0.05)^2-1$]로 매년 복리계산된다는 것과 동일하다.

$$FV_1=100(1+0.1025)=110.25\text{원}$$

여기서 복리계산기간(compounding periods)을 고려하지 않은 연리 10%를 연간 표시이자율(annual percentage rate : APR)이라 하며, 복리계산기간을 고려하여 환산된 실질적인 연리 10.25%를 연간 실효이자율(effective annual rate : EAR)이라 한다.

연리 r로 연간 m번 복리계산되는 경우에 n년도 말의 미래가치는 다음과 같다.[8]

$$FV_n=PV\left(1+\frac{r}{m}\right)^{mn}=PV\times CVIF_{r/m,\,mn} \qquad \text{(2A-1)}$$

7 연간 이자율이 10%이므로 6개월간 이자율은 그 절반인 5%가 된다.

8 연간 복리계산횟수 m을 무한에 가깝게, 즉 연속복리계산(continuous compounding)하는 경우, FV_n을 다음과 같이 나타낼 수 있다.

$$FV_n=PV\times e^{rn} \quad (\text{단, } e=2.71828\cdots)$$

또는

$$FV_n = PV(1+r_e)^n = PV \times CVIF_{r_e,\,n} \qquad (2A\text{-}2)$$

여기서 r_e는 연간 실효이자율로서 다음과 같이 계산된다.

$$r_e = \left(1+\frac{r}{m}\right)^m - 1 \qquad (2A\text{-}3)$$

이상에서 살펴본 바와 같이 1년에 두 번 이상 복리계산되는 경우에는 복리계산기간을 고려하여 기간 또는 이자율을 조정하여야 한다는 사실을 명심하여야 한다.

1.80%는 단리로서 연간 표시이자율을 의미하며, 매월 복리되는 경우 식 (2A-3)에 의해 연간 실효이자율을 구하면 1.815%$\left[\left(1+\frac{1.8\%}{12}\right)^{12}-1\right]$이다.

예제 2A-1

복리계산기간과 미래가치

연리 12%로 (1) 매년 (2) 매6개월 (3) 매분기 (4) 매월 복리계산될 때, 각각의 경우에 따라 현재 100만원의 2년도 말 미래가치와 연간 실효이자율을 구하라.

해설

(1) 매년 복리계산되는 경우($m=1$)

$$FV_2 = 100(1+0.12)^2 = 100 \times CVIF_{0.12,\,2} = 125.44\text{만원}$$

$$r_e = 0.12 \ (\text{또는 } 12\%)$$

(2) 6개월마다 복리계산되는 경우($m=2$)

$$FV_2=100\left(1+\frac{0.12}{2}\right)^{2\times2}=100\times CVIF_{0.06,\,4}=126.25\text{만원}$$

$$r_e=\left(1+\frac{0.12}{2}\right)^2-1=0.1236\ (\text{또는 } 12.36\%)$$

(3) 매분기, 즉 3개월마다 복리계산되는 경우($m=4$)

$$FV_2=100\left(1+\frac{0.12}{4}\right)^{4\times2}=100\times CVIF_{0.03,\,8}=126.68\text{만원}$$

$$r_e=\left(1+\frac{0.12}{4}\right)^4-1=0.1255\ (\text{또는 } 12.55\%)$$

(4) 매월 복리계산되는 경우($m=12$)

$$FV_2=100\left(1+\frac{0.12}{12}\right)^{12\times2}=100\times CVIF_{0.01,\,24}=126.97\text{만원}$$

$$r_e=\left(1+\frac{0.12}{12}\right)^{12}-1=0.1268\ (\text{또는 } 12.68\%)$$

Financial Calculator의 활용 : 미래가치(FV)와 복리계산기간

(1)

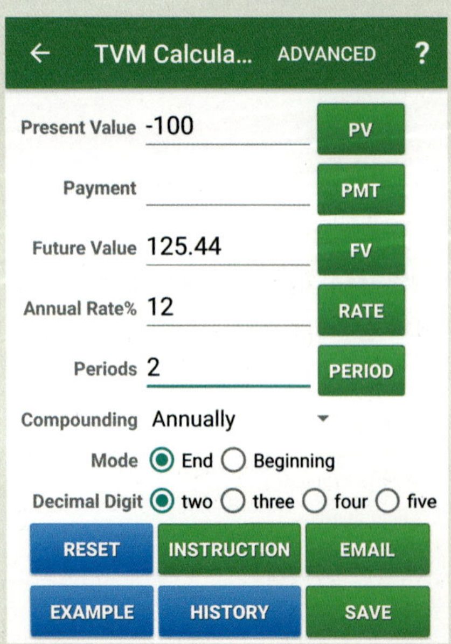

(2)

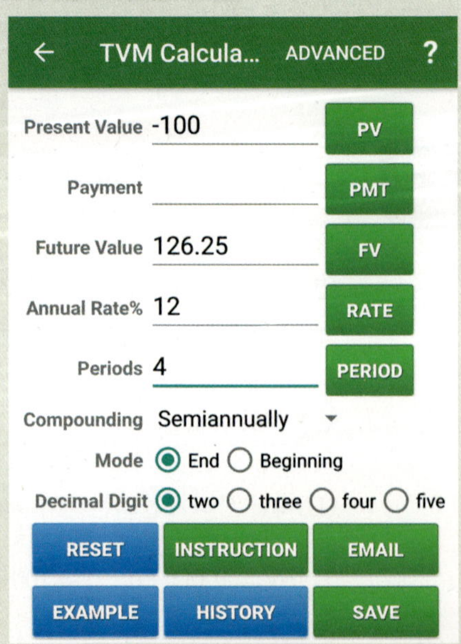

(3)

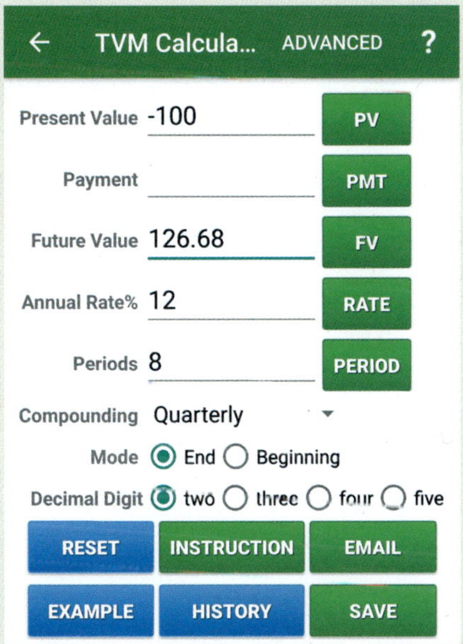

(4)

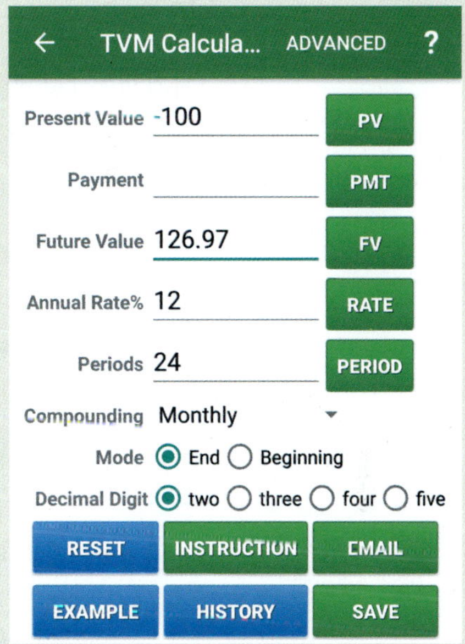

Excel의 활용: 미래가치(FV)와 복리계산기간

미래가치 = *FV*(rate, nper, pmt, pv, type)

	A	B	C	D	E	F	G
1	<미래가치와 복리계산기간>						
2			=FV(12%, 2, 0, -100)				
3	(1) 매년	125.44					
4			=FV(12%/2, 2*2, 0, -100)				
5	(2) 매6개월	126.25					
6			=FV(12%/4, 4*2, 0, -100)				
7	(3) 매분기	126.68					
8			=FV(12%/12, 12*2, 0, -100)				
9	(4) 매월	126.97					
10							

※ 1년에 두 번 이상 복리계산되는 경우 복리계산기간을 고려하여 이자율(rate)과 투자기간(nper)을 조정하여야 한다. 예를 들어 매월 복리계산되는 경우 이자율은 월간 이자율(연간 표시이자율/12), 투자기간은 1개월 단위(12 × 연도수)로 조정해야 한다.

2. 현재가치와 할인계산기간

여기서는 1년에 두 번 이상 할인계산되는 경우에 일정시점의 미래가치를 할인하여 현재가치로 환산하는 방법을 살펴보기로 하자. 연리 r로 연간 m번 할인계산되는 경우 n년도 말의 미래가치 FV_n을 현재가치 PV로 환산하는 공식은 앞의 식 (2A-1) 또는 식 (2A-2)를 변형하여 다음과 같이 나타낼 수 있다.[9]

$$PV = FV_n\left(1+\frac{r}{m}\right)^{-mn} = FV_n \times PVIF_{r/m,\, mn} \tag{2A-4}$$

또는

$$PV = FV_n(1+r_e)^{-n} = FV_n \times PVIF_{r_e,\, n} \tag{2A-5}$$

여기서 $r_e = \left(1+\dfrac{r}{m}\right)^m - 1$

예제 2A-2

할인계산기간과 현재가치

연리 12%로 (1) 매년 (2) 매6개월 (3) 매분기 (4) 매월 할인계산될 때, 각각의 경우에 따라 2년도 말의 100만원에 대한 현재가치를 구하라.

해설

(1) 매년 할인계산되는 경우($m=1$)

$$PV = 100(1+0.12)^{-2} = 100 \times PVIF_{0.12,\, 2} = 79.72\text{만원}$$

(2) 6개월마다 할인계산되는 경우($m=2$)

$$PV = 100\left(1+\frac{0.12}{2}\right)^{-2\times 2} = 100 \times PVIF_{0.06,\, 4} = 79.21\text{만원}$$

---

9 연간 할인계산횟수 m을 무한에 가깝게, 즉 연속할인계산(continuous discounting)되는 경우, PV를 다음과 같이 나타낼 수 있다.

$$PV = FV_n \times e^{-rn} \ (\text{단, } e = 2.71828\cdots)$$

(3) 매분기, 즉 3개월마다 할인계산되는 경우($m=4$)

$$PV=100\left(1+\frac{0.12}{4}\right)^{-4\times 2}=100\times PVIF_{0.03,\ 8}=78.94\text{만원}$$

(4) 매월 할인계산되는 경우($m=12$)

$$PV=100\left(1+\frac{0.12}{12}\right)^{-12\times 2}=100\times PVIF_{0.01,\ 24}=78.76\text{만원}$$

Financial Calculator의 활용 : 현재가치(PV)와 할인계산기간

(1)

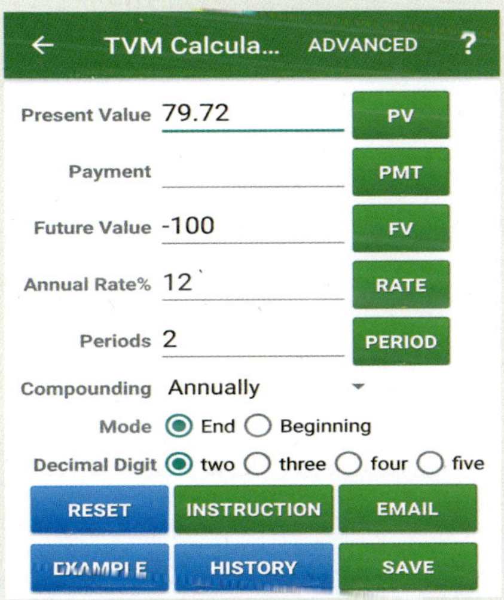

(2)

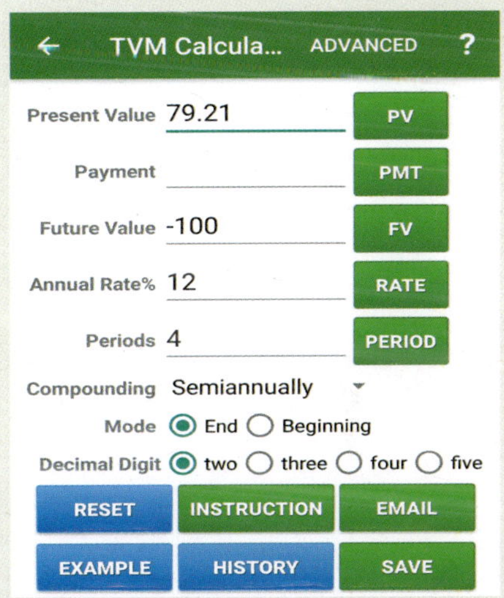

(3)

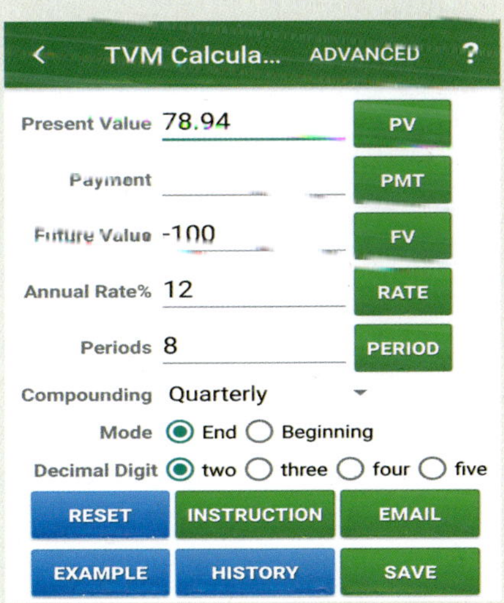

(4)

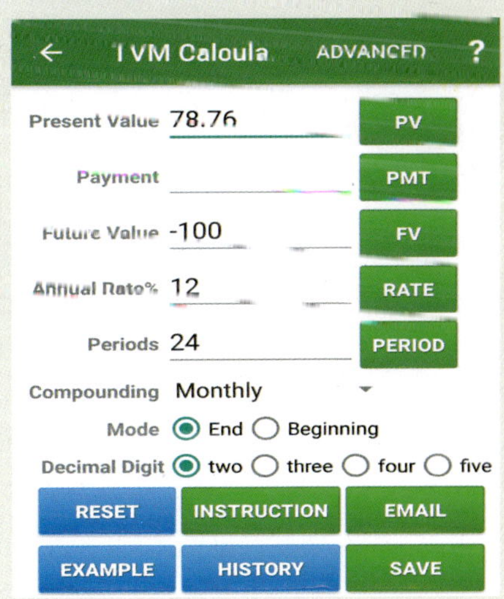

Excel의 활용: 현재가치(PV)와 할인계산기간

현재가치 $= PV$(rate, nper, pmt, fv, type)

	A	B	C	D	E	F	G
1	<현재가치와 할인계산기간>						
2			=PV(12%, 2, 0, -100)				
3	(1) 매년	79.72					
4			=PV(12%/2, 2*2, 0, -100)				
5	(2) 매6개월	79.21					
6			=PV(12%/4, 4*2, 0, -100)				
7	(3) 매분기	78.94					
8			=PV(12%/12, 12*2, 0, -100)				
9	(4) 매월	78.76					
10							

제 II 편

투자결정

Investment Decision

제3장

자본예산

1. 자본예산의 의의
2. 현금흐름의 추정
3. 투자안의 경제적 가치평가

보론1 대체투자안의 현금흐름 추정

보론2 실물옵션을 이용한 투자안 평가

자본예산(capital budgeting)이란 1년 이상 장기적으로 그 효과가 지속되는 투자결정을 의미한다.

Chapter

03

Capital Budgeting

제3장의 개요

자본예산(capital budgeting)이란 1년 이상 장기적으로 그 효과가 지속되는 투자결정을 의미하는 것으로서, 이와 같은 투자결정의 합리성 여부가 기업의 가치에 미치는 영향은 매우 크다. 그러므로 합리적인 투자안의 평가방법을 개발하는 것은 재무관리자의 중요한 임무이다. 기업의 목표인 기업가치의 극대화는 투자활동을 통하여 얻을 수 있는 부가가치를 극대화함으로써 달성될 수 있다.

본장에서는 먼저 자본예산의 의의와 투자안 평가에 필요한 현금흐름을 추정하는 방법에 대해서 살펴본 후, 순현가법과 여러 가지 대체적인 투자안 평가방법들 —회수기간법, 평균회계이익률법, 내부수익률법, 수익성지수법 등—의 의미와 그 타당성 여부를 설명하고자 한다.

Part Ⅱ

01 자본예산의 의의

자본예산
1년 이상 장기적으로 그 효과가 지속되는 투자결정을 의미한다.

독립적 투자안
어느 한 투자안의 선택 여부가 다른 투자안의 선택 여부에 의해서 영향을 받지 않는 투자안을 의미한다.

상호배타적 투자안
특정 투자안이 선택되면 다른 투자안들은 자동적으로 기각되는 투자안을 의미한다.

투자결정은 얼마만큼의 자금을 어느 자산에 투자할 것인가에 관한 결정으로서 기업의 기본적 재무의사결정이라 할 수 있다. 자산에 대한 투자결정 중 특히 1년 이상 그 효과가 지속되는 투자, 즉 비유동자산에 대한 투자결정을 **자본예산**이라 한다. 예를 들어 새로운 설비의 도입, 교체, 확장 등에 대한 투자가 자본예산의 대상이 된다.

일반적으로 자본예산은 다음과 같은 절차를 거쳐 이루어진다.

첫째, 투자의 대상이 되는 투자기회를 탐색한다. 이 경우 투자안은 어느 한 투자안의 선택 여부가 다른 투자안의 선택 여부에 의해서 영향을 받지 않는 **독립적 투자안**(independent investments)과 특정 투자안이 선택되면 다른 투자안들은 자동적으로 기각되는 **상호배타적 투자안**(mutually exclusive investments)으로 구분될 수 있다.

둘째, 투자안의 현금흐름을 추정한다.

셋째, 합리적인 투자안 평가방법에 의해 투자안의 경제성을 평가하여 투자안

재무산책 자본예산의 중요성

1997년 말 외환위기를 겪은 후 우리나라에서는 기업이 초래한 부실을 바로잡는 작업으로 퇴출, 합병 등을 통한 기업구조조정이 본격적으로 시작되었다. 기업부실의 원인에는 여러 가지가 있겠지만 경제적 타당성 검토에 기초하지 않은 새로운 사업에의 진출, 즉 무리한 외형확장전략에 기인한 바가 크다고 하겠다. 과거에 발생된 삼미, 한보, 해태, 진로, 쌍방울, 기아, 쌍용, 대우, 한라 등의 부실화는 가장 기본적 재무의사결정인 자본예산을 제대로 수행하지 못한 결과, 기업의 생존자체마저도 위태롭게 된 사례라 할 수 있다. 이와 같이 자본예산은 거액의 자본을 투자하여 기업의 장기적인 경영성과에 영향을 미칠 수 있기 때문에 기업이 치열한 경쟁 속에서 유지 · 성장하는 데 있어 중요한 재무의사결정의 하나로 간주되고 있다.

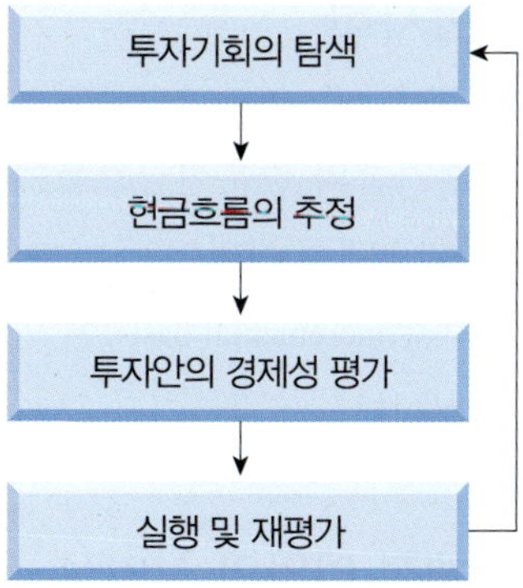

그림 3-1 자본예산의 절차

을 선택한다.

넷째, 경제성 평가에 의해 선택된 투자안을 실행한 후, 그 성과를 재평가한다.

이와 같은 자본예산의 절차를 그림으로 나타내면 [그림 3-1]과 같다. 재무관리자는 자본예산의 네 가지 절차 중에서 현금흐름을 추정하고, 투자안의 경제성을 평가하는 역할을 담당한다. 따라서 본서에서는 현금흐름의 추정과 투자안의 경제성 평가방법에 대해서 차례로 설명할 것이다.

현금흐름의 추정 02

현금흐름
투자의 결과로 발생되는 모든 현금을 의미하며, 현금유입(투자수익)과 현금유출(투자비용)로 구분된다.

현금흐름(cash flow)은 투자의 결과로 발생하는 모든 현금을 의미하며, 현금 유입(투자로 인해 들어오는 현금, 즉 투자수익)과 현금유출(투자로 인해 나가는 현금, 즉 투자비용)로 구분된다. 그리고 투자안을 분석할 때 고려되는 현금흐름은 현금유입에서 현금유출을 차감한 순현금흐름이다. 이와 같은 현금흐름은 회계적 이익과 다르다. 왜냐하면 회계적 이익은 현금의 유입과 유출에 관계없이 수익과 비용이 실제로 발생하였다는 구체적인 사실에 의해서 측정되기 때문이다.[1] 즉 회계적 이익은 회계기준에 따라 추정되는 인위적 수치이기 때문에 투자로 인해 발생되는 현금흐름을 정확히 나타내지 못한다. 그러므로 투자안 또는 자산을 평가할 때 회계적 이익이 아닌 현금흐름에 의해서 평가하여야 한다.

1 현행 회계원칙에서는 수익과 비용을 인식함에 있어서 발생기준을 기본으로 하고 있다.

2.1 현금흐름 추정시 유의사항

투자안은 세후기준의 증분현금흐름에 의해서 평가되어야 한다. 즉 투자안을 평가할 때 회계적 이익이 아닌 현금흐름을 사용하여야 하며, 그 현금흐름은 증분기준(incremental basis)에 의해서 측정되고 세금을 차감한 것이어야 한다는 것이다.

현금흐름과 회계적 이익의 상이성

현금흐름은 회계적 이익과 서로 다르다. 따라서 현금흐름을 추정할 때 다음과 같은 몇 가지 사항을 유의하여야 한다.

▪ 감가상각비 등 비현금지출비용의 제외

감가상각비 등 비현금지출비용(non-cash expense)은 회계적 이익을 계산할 때 비용으로 차감된다. 그러나 감가상각비는 인위적으로 배분된 회계적 비용으로서 기업이 실제로 지출하는 것은 아니기 때문에 현금유출에 포함시키지 않아야 한다. 다시 말하면, 현금흐름을 측정할 때 기계 등 유형자산의 구입비용은 실제로 현금이 지출되는 시점에서 이미 현금유출로 전액 인식되기 때문에 내용연수 동안에 걸쳐 각 기간에 인위적으로 배분될 회계적 비용, 즉 감가상각비를 현금유출에 포함시켜서는 안 된다는 것이다.

▪ 이자비용과 배당금 등 금융비용의 제외

이자비용과 배당금은 기업의 입장에서 보면 명백한 현금유출이다.[2] 그러나 기업이 투자자금을 사용하는 대가로서 그 자금을 제공한 채권자와 주주에게 지급하는 이자비용과 배당금은 투자안을 평가하기 위하여 미래 현금흐름을 할인하는 과정에서 할인율(자본비용)에 적절하게 반영되어 차감되기 때문에 이들을 또다시 현금유출에 포함시켜서는 안 된다. 즉 미래 현금흐름을 할인한다는 것은 투자자에게 지급해야 하는 이자비용과 배당금을 차감한다는 것을 의미한다. 따라서 이자비용과 배당금을 현금유출에 포함시키고 또다시 할인하는 경우에는 이중계산이 된다.

---

2 이자비용은 회계적 비용이나, 배당금은 회계적 비용이 아닌 순이익의 처분항목이다.

재무 산책

감가상각비와 현금유출

예를 들어 기업이 현재 2억원의 현금을 지급하여 내용연수가 10년인 새로운 기계를 구입한다고 하자. 이 경우 현재시점에서 2억원의 현금유출이 발생된다. 그러나 회계적으로는 실제로 현금이 지출되는 현재시점에서 비용으로 인식하지 않고 기계의 구입비용, 즉 취득원가 2억원을 그 기계의 내용연수 10년에 걸쳐 일정한 방법으로 배분하여 각 기간의 비용으로 처리하게 된다. 기계를 정액법에 의해서 완전상각한다면, 10년 동안 매년 말에 2,000만원(2억원/10년)의 회계적 비용(감가상각비)이 발생하게 된다. 이와 같은 경우 실제로 발생하게 되는 현금유출과 감가상각비를 비교하여 나타내면 다음과 같다.

	$t=0$	1	2	······	10
현금유출	−2억원				
감가상각비		−2,000만원	−2,000만원	······	−2,000만원

■ 운전자본과 자본적 지출의 포함

새로운 투자안에 의해서 재고자산, 매출채권 등이 증가하여 기업의 순운전자본(유동자산−유동부채)이 증가할 수 있으며, 이로 인하여 추가적인 자금이 더 필요하게 된다. 이와 같은 순운전자본의 증가로 인하여 추가적으로 소요되는 자금은 투자안의 내용연수 내에 동일 금액이 회수되므로 회계적 비용은 아니다. 그러나 투자안의 평가시 소모성 비용이 아닌 순운전자본을 현금흐름에 포함시켜야 하는 이유는 화폐의 시간적 가치를 고려해야 하기 때문이다. 예를 들어 현재 새로운 투자로 인하여 재고자산이 100만원 증가하여 현재시점에 100만원의 추가적인 현금유출이 발생한다고 하자. 만약 이러한 재고자산이 다음 기에 모두 판매되어 감소한다면 100만원의 현금이 들어올 것이다. 결과적으로 현재시점에 100만원이 지출되어 다음 기에 100만원이 회수된다. 그러나 현재의 100만원과 다음 기의 100만원은 화폐의 시간적 가치로 인하여 그 가치가 서로 다를 것이다. 그러므로 현금흐름을 측정할 때 반드시 순운전자본의 변동을 포함시켜야 한다.

그리고 회계기준에 의하면 자본적 지출은 현재의 비용이 아니라 투자자산의 원가에 가산하여 감가상각함으로써 미래의 수익에 대응된다.[3] 그러나 현금흐름기준에 의하면 자본적 지출은 현금지출을 수반하므로 자본적 지출이 발생하는 시점의 현금유출에 포함시켜야 한다. 물론 앞에서 설명한 바와 같이 자본적 지출로 인하여 증가하게 되는 감가상각비는 현금유출에 포함시켜서는 안 된다.

증분현금흐름

투자안을 평가할 때 그 투자안으로 인해 발생되는 증분현금흐름을 사용하여야 한다. **증분현금흐름**은 새로운 투자안으로 인하여 발생하게 되는 기업전체 현금흐름의 변화, 즉 투자안을 채택할 때(with project)와 투자안을 채택하지 않을 때(without project)의 기업전체 현금흐름의 차이를 의미한다. 이와 같은 증분현금흐름을 추정할 때 유의해야 하는 사항은 다음과 같다.

> **증분현금흐름**
> 새로운 투자안으로 인하여 발생하게 되는 기업전체 현금흐름의 변화, 즉 투자안을 채택할 때(with project)와 투자안을 채택하지 않을 때(without project)의 기업전체 현금흐름의 차이를 의미한다.

> **매몰원가**
> 이미 발생된 과거의 원가로서 현재 투자안의 채택 여부와 상관이 없는 원가를 말한다.

■ 매몰원가의 제외

매몰원가(sunk costs)는 이미 발생된 과거의 원가로서 현재 투자안의 채택 여부와 상관이 없는 원가를 말한다. 그러므로 현재 투자안의 증분현금흐름을 추정할 때 매몰원가를 제외시켜야 한다. 예를 들어 어떤 음료회사가 지난해에 3,000만원의 시장조사비용을 들여서 새로운 건강음료의 시장성을 조사하였다. 그 결과 충분한 시장성이 있다고 생각하여 현재 건강음료의 생산설비에 관한 투자안을 고려하고 있다. 이 경우 지난해에 지출된 3,000만원의 시장조사비용은 현재 생산설비에 관한 투자안의 채택 여부와 관련이 없는 이미 발생된 과거의 원가, 즉 매몰원가이다. 그러므로 현재의 생산설비에 관한 투자안을 평가할 때 추정하는 투자지출액(현금유출)에 매몰원가인 시장조사비용을 포함시키지 않아야 한다.

■ 기회비용의 포함

기업은 판매, 임대, 또는 다른 사업에 사용할 수 있는 자산을 보유할 수 있다. 만약 기업이 이러한 자산을 새로운 투자에 사용한다면, 자산의 대체적인 사용으로부터 발생될 수 있는 잠재적인 수입을 잃게 된다. 이와 같이 새로운 투자안을 채택할 때 다른 자산사용기회를 포기함으로써 잃게 되는 수입, 즉 손

---

3 자본적 지출은 자산의 경제적 편익(economic benefit)을 증가시키기 위하여 지출된 비용으로서 유형자산의 신규투자, 대체투자, 개량 및 증설 등을 위한 투자를 포함한다.

실을 **기회비용**(opportunity costs)이라 한다. 기회비용은 새로운 투자안으로 인해 발생되는 비용이므로 투자안의 증분현금흐름을 추정할 때 현금유출에 포함시켜야 한다. 예를 들어 기업이 현재 보유하고 있는 임대가 가능한 창고를 새로운 투자안에 이용하려고 하는 경우에 이 창고의 임대료수입은 새로운 투자안의 기회비용이 된다. 즉 새로운 투자안의 채택으로 인하여 포기하여야 하는 창고의 임대료수입은 기회비용으로서 증분현금흐름을 추정할 때 현금유출에 포함시켜야 한다.

> **기회비용**
> 새로운 투자안을 채택할 때 다른 자산사용 기회를 포기함으로써 잃게 되는 수입, 즉 손실을 의미한다.

▪ 부수적 효과의 포함

고려중인 새로운 투자안은 기업의 다른 부분들에 영향을 줄 수 있다. 그 결과 발생하는 효과를 투자안의 부수적 효과(side effect)라 한다. 이와 같은 부수적 효과는 증분현금흐름을 추정할 때 고려해 주어야 한다. 가장 대표적인 부수적 효과는 잠식비용(erosion costs)이다. **잠식비용**은 새로운 투자안에 의해서 생산된 제품 때문에 그 기업의 기존 제품시장이 잠식되는 경우(기존 제품의 매출이 감소되는 경우) 발생되는 손실을 말한다. 예를 들어 어떤 자동차회사가 연비가 높은 하이브리드차를 생산하려는 투자안을 고려하고 있다. 만약 이 회사가 하이브리드차를 생산한다면 그 회사의 기존 자동차의 고객 중 일부는 하이브리드차를 구입하려 할 것이다. 그러므로 새로운 하이브리드차의 생산으로 인하여 그 회사 기존 자동차의 판매가 감소될 수 있다. 이 경우 기존 자동차의 매출감소에 따른 손실이 잠식비용이다. 이와 같은 잠식비용은 새로운 투자안의 증분현금흐름을 추정할 때 현금유출에 포함시켜야 한다.

> **잠식비용**
> 새로운 투자안에 의해서 생산된 제품 때문에 그 기업의 기존 제품시장이 잠식되는 경우(예를 들어 기존 제품의 매출이 감소되는 경우) 발생하는 손실을 말한다.

법인세효과

앞에서 이미 설명한 바와 같이 감가상각비와 이자비용 등은 현금유출에 포함되지 않는다. 그러나 이들은 기업이 과세대상이익을 줄여 기업이 납부해야 하는 세금(현금유출)을 감소시켜 준다. 그러므로 현금흐름을 추정할 때 이와 같은 **세금절감효과**(tax shield effect)를 현금유입에 포함시켜야 한다. 세금절감효과를 고려하는 방법에는 다음과 같은 두 가지 방법이 있다. 첫째는 현금흐름을 증가시켜 주는 직접적인 방법이 있다. 감가상각비의 경우에는 이 방법에 의해서 현금흐름을 추정할 때 그 세금절감효과를 현금유입에 포함시켜 준다. 둘째는 현금흐름을 증가시켜 주는 대

> **세금절감효과**
> 감가상각비와 이자비용 등에 의해 과세대상이익이 줄어들어 기업이 납부해야 하는 세금(현금유출)이 감소하는 효과를 의미한다.

신에 할인율을 줄임으로써 세금절감효과를 간접적으로 고려하는 방법이 있다. 일반적으로 이자비용의 경우에는 그 세금절감효과를 현금흐름에 직접적으로 고려하지 않고 할인율을 줄임으로써 간접적으로 고려해 준다.[4] 즉 할인율을 줄임으로써 간접적인 현금유입의 효과를 얻을 수 있다. 이와 같은 이유 때문에 일반적으로 이자비용의 경우에는 현금흐름을 측정할 때 감가상각비와는 달리 그 세금절감효과를 현금유입에 포함시키지 않는다는 것을 유의하여야 한다.

2.2 현금흐름의 추정

이제 앞에서 설명한 현금흐름 추정시 유의사항을 고려하여 현금흐름을 추정하는 일반적인 공식을 도출해 보기로 하자.

영업현금흐름

투자안에 대한 추정 손익계산서(pro-forma income statement)가 〈표 3-1〉과 같이 주어져 있다고 가정하여 정상적인 영업활동의 결과 발생하는 영업현금흐름(operating cash flow)을 추정해 보자.

영업현금흐름
정상적인 영업활동의 결과 발생하는 현금흐름을 의미한다.

영업현금흐름은 매출액에서 영업비용(변동영업비용과 고정현금지출비용)과 법인세비용을 차감하여 구할 수 있다.[5]

$$
\begin{aligned}
&\text{영업현금흐름}\\
&=(\text{매출액}-\text{영업비용})-\text{법인세율}\times(\text{매출액}-\text{영업비용}-\text{감가상각비})\\
&=(145{,}000-100{,}000)-0.4\times(145{,}000-100{,}000-15{,}000) \qquad (3\text{-}1)\\
&=33{,}000\text{천원}
\end{aligned}
$$

그리고 식 (3-1)을 변형하여 다음과 같이 나타낼 수 있다.

---

4 이자비용의 세금절감효과를 할인율(자본비용)에 고려해 주는 방법에 대해서는 제6장 레버리지와 자본비용에서 설명할 것이다.

5 여기서 법인세비용을 계산하는 기준이 되는 과세대상이익에는 이자비용이 차감되지 않았음을 유의하기 바란다. 그 이유는 이자비용의 세금절감효과를 할인율에 고려해 주기 때문이다.

표 3-1
추정 손익계산서

(단위: 천원)

항목	금액
매출액	145,000
영업비용	100,000
감가상각비	15,000
영업이익	30,000
이자비용	5,000
법인세비용차감전순이익	25,000
법인세(법인세율=40%)	10,000
순이익	15,000

주) 추정 손익계산서의 각 항목은 증분(Δ)개념으로서 투자안을 채택할 경우 기업의 손익계산서와 투자안을 채택하지 않을 경우 기업의 손익계산서를 각각 작성한 후, 전자에서 후자를 차감하여 구한 것이다.

영업현금흐름

=(매출액−영업비용)(1−법인세율)+법인세율×감가상각비 (3-2)

$=(145{,}000-100{,}000)(1-0.4)+0.4\times 15{,}000$

=33,000천원

여기서 법인세율×감가상각비=감가상각비의 세금절감액

또는

영업현금흐름

=(매출액−영업비용−감가상각비)(1−법인세율)+감가상각비

=영업이익×(1−법인세율)+감가상각비 (3-3)

$=30{,}000\times(1-0.4)+15{,}000$

=33,000천원

영업현금흐름을 계산하는 식 (3-1), 식 (3-2), 식 (3-3)에서 부채사용으로 인하여 지급하여야 하는 이자비용 등이 포함되지 않음을 알 수 있다. 이것은 투자안의 영업현금흐름이 부채사용 여부, 즉 자본조달방법과 관계없이 투자안 자체의 수익력에 의해서 결정된다는 것을 의미한다.[6] 그러므로 투자안의 영업현금흐름을 측정할 때 부채사용에 관련된 정보(이자비용 및 원금상환)를 무시할 수 있다.

6 자본조달에 따른 효과는 자본조달의 비용인 할인율(자본비용)에서 고려되며, 이에 대한 자세한 내용은 제6장에서 설명된다.

잉여현금흐름

투자안을 평가할 때 목적적합한 현금흐름은 실제로 처분가능한 현금흐름이다. 그러므로 현금흐름을 계산할 때 투자안으로 인하여 발생되는 운전자본과 자본적 지출 등의 소요자본(capital requirements)을 포함시켜야 한다. 투자안의 평가에 목적적합한 현금흐름은 투자의 소요자본을 모두 포함시킨 **잉여현금흐름**(free cash flow)이며, 이는 앞서 설명한 세후기준의 증분현금흐름을 의미한다. 잉여현금흐름을 구하는 일반식은 다음과 같다.

> **잉여현금흐름**
> 투자안의 평가에 목적적합한 현금흐름으로서 영업현금흐름과 투자의 소요자본을 모두 포함시킨 것이다.

잉여현금흐름 = 영업현금흐름 − 순운전자본의 변동 − 자본적 지출 (3-4)

예제 3-1 현금흐름의 추정

개인용 컴퓨터를 생산하고 있는 (주)첨단컴퓨터는 휴대용 컴퓨터인 노트북을 생산하려고 한다. 노트북의 마케팅 가능성을 파악하기 위하여 국내 네 개 대도시지역을 대상으로 시장조사를 실시하였다. 그 결과 예상보다 성공가능성이 클 것으로 전망되었다. 시장조사에 소요되었던 비용은 1,500만원이고, 노트북을 생산할 경우 필요한 기계설비는 새로 구입하여야 하며, 생산공장은 이 회사 소유의 부천소재 공장을 이용할 수 있다. 현재 이 공장은 연간 1,500만원의 임대료로 임대되고 있다.

기획팀은 노트북 투자안에 관한 평가의 기초자료를 다음과 같이 마련하였다. 노트북 생산에 필요한 기계의 구입가격은 20억원이며, 운전자본은 1억원이 필요하다. 이 기계의 내용년수는 5년이며, 감가상각은 정액법으로 완전상각된다. 그러나 기계의 5년 후 실제 잔존가치(처분가치)는 3억원으로 추정된다.

노트북은 향후 5년 동안 매년 1,000대씩 판매될 것으로 추정되며, 대당 판매가격은 200만원, 노트북 생산에 소요되는 영업비용(감가상각비 제외)은 대당 100만원으로 예상된다. 그리고 새로운 노트북으로 인하여 기존 컴퓨터의 판매가 감소되며, 그 손실은 매년 1,000만원으로 추정된다. 이 회사의 법인세율은 40%이다. (주)첨단컴퓨터의 노트북 투자안에 대한 현금흐름을 추정하라.

해설

(1) 영업현금흐름의 추정

영업현금흐름 = (매출액 − 영업비용)(1 − 법인세율) + 법인세율 × 감가상각비

= (1,000대 × 200만원 − 1,000대 × 100만원)(1 − 0.4) + 0.4 × 40,000만원

= 76,000만원 (※ 감가상각비 = 200,000만원/5년 = 40,000만원)

(2) 잉여현금흐름(영업현금흐름 − 순운전자본의 변동 − 자본적 지출)의 추정

(단위: 만원)

구 분	0	1	2	3	4	5
영업현금흐름		76,000	76,000	76,000	76,000	76,000
기계설비[1]	−200,000					18,000
기회비용[2]		−900	−900	−900	−900	−900
잠식비용[3]		−600	−600	−600	−600	−600
운전자본[4]	−10,000					10,000
현금흐름	−210,000	74,500	74,500	74,500	74,500	102,500

주) 1. 새 기계설비의 구입비용 = 200,000만원, 내용연도 말의 세후 처분가치 = 처분가치 − (처분가치 − 장부가치) × 법인세율 = 30,000 − (30,000 − 0) × 0.4 = 18,000만원 (※ 시장조사비용 1,500만원은 매몰원가이므로 현금흐름을 측정할 때 제외함.)
2. 부천소재 공장을 사용함으로써 포기해야 하는 세후 임대료 = 1,500 × (1 − 0.4) = 900만원
3. 새로운 노트북으로 인하여 발생하는 기존 컴퓨터의 세후 판매감소 손실액 = 1,000 × (1 − 0.4) = 600만원
4. 운전자본은 영업의 종료시점에서 모두 회수되므로 5년도 말에 10,000만원의 현금유입이 발생됨.

투자안의 경제적 가치평가 03

합리적인 투자안의 평가기준: 순현가법 3.1

순현가법은 기업의 목표인 주주 부의 극대화와 일치하는 투자안 평가방법이다. 그러므로 순현가법은 다른 대체적인 투자안 평가방법들의 타당성 여부를 가늠할 수 있는 판단기준(benchmark)으로 이용될 수 있다.

대규모 자금이 투입된 국책사업 중 하나인 새만금사업에서도 경제성 평가가 필수적으로 이루어졌다.
자료: 국토교통부

순현가의 의의

순현가(NPV)
투자의 결과 발생하는 현금유입의 현가에서 현금유출의 현가를 차감한 것을 의미한다.

순현가(net present value: NPV)는 투자의 결과 발생하는 현금유입의 현가(present value of cash inflow)에서 현금유출의 현가(present value of cash outflow)를 차감한 것을 의미한다.[7]

$$NPV = PV(\text{현금유입}) - PV(\text{현금유출}) \tag{3-5}$$

식 (3-5)에 의해 계산되는 순현가는 투자로 인해 얻게 되는 기업가치의 증가분(투자비용을 모두 회수한 후 새로이 창출된 가치)을 나타내며, 순현가가 높은 투자안을 선택함으로써 기업가치를 보다 증가시킬 수 있다. 따라서 순현가를 극대화시키는 방향으로 자본예산을 실시함으로써 기업의 목표인 기업가치의 극대화를 달성할 수 있다.

투자안의 평가기준

■ 독립적인 투자안

순현가가 0보다 큰 투자안을 채택하고, 순현가가 0보다 작은 투자안을 기각한다.

7 현재가치를 계산할 때 사용하는 할인율은 투자안을 채택하기 위하여 그 투자안이 벌어들여야 하는 최소한의 수익률로서 투자자본의 기회비용을 의미한다. 그리고 이것을 요구수익률(required rate of return) 또는 자본비용이라고도 한다.

• $NPV>0$ → 투자안 채택

• $NPV<0$ → 투자안 기각

■ 상호배타적인 투자안

$NPV>0$인 투자안들 중에서 NPV가 가장 높은 투자안을 선택한다.

■ 순현가법의 특성

순현가법은 주주 부의 극대화라는 기업의 목표에 맞는 가장 합리적인 투자안 평가방법으로서 다음과 같은 특성을 가지고 있다.

첫째, NPV는 현금흐름을 사용한다.

둘째, NPV는 투자안의 모든 현금흐름을 사용한다.

셋째, NPV는 현금흐름을 적절한 할인율로 할인한다. 즉 NPV는 화폐의 시간적 가치를 고려한다.

넷째, 각 투자안의 NPV는 모두 동일시점, 즉 현재시점의 가치를 의미하므로 그것들을 합할 수 있다. 즉 NPV는 가치의 가산원칙(value additivity principle)이 성립한다. 예를 들어 A와 B의 두 투자안에 모두 투자할 경우의 순현가는 각 투자안의 순현가를 합한 것과 동일하다.

$$NPV(\mathrm{A}+\mathrm{B})=NPV(\mathrm{A})+NPV(\mathrm{B}) \tag{3-6}$$

식 (3-6)과 같은 가치의 가산원칙이 성립하는 경우, 모든 개별 투자안을 독립적으로 평가할 수 있게 된다.

이상과 같은 순현가법의 특성은 다음에 설명할 대체적인 투자안 평가방법들의 합리성 여부를 판단하는 기준으로 사용될 수 있다.

Chapter 3

예제 3-2 **순현가법에 의한 투자안 평가**

바다주식회사는 현재 1,000만원의 투자자금이 소요되는 새로운 투자안을 고려하고 있다. 그리고 새로운 투자로 인해 기대되는 현금흐름은 다음과 같다. (단, 이 투자안의 할인율은 10%이다.)

(단위: 만원)

연도 말	현금흐름
1	300
2	200
3	300
4	400

순현가법에 의해서 이 투자안을 평가하라.

해설

$$NPV = PV(\text{현금유입}) - PV(\text{현금유출})$$

$$= \frac{300}{1+0.1} + \frac{200}{(1+0.1)^2} + \frac{300}{(1+0.1)^3} + \frac{400}{(1+0.1)^4} - 1{,}000$$

$$= -63.4\text{만원}$$

$NPV < 0$이므로, 이 투자안은 기각되어야 한다.

3.2 회수기간법과 평균회계이익률법

여기서는 실무에서 주로 사용하고 있는 전통적 투자안 평가방법인 회수기간법과 평균회계이익률법을 설명하고 그 문제점을 지적하고자 한다.

회수기간법

> **회수기간**
> 투자에 소요된 모든 비용을 회수하는 데 걸리는 기간을 의미한다.

■ 회수기간의 의의

회수기간(payback period)은 투자에 소요된 모든 비용을 회수하는 데 걸리는 기간을 의미한다. 예를 들어 현재 5,000만원의 투자비용이 소요되는 투자안을 고려해 보자. 그리고 이 투자안으로 인하여 앞으로 3년에 걸쳐서 각 연도 말에 순서대로 각각 3,000만원, 2,000만원, 그리고 1,000만원의 현금유입이 기대되는 경우, 그 현금흐름을 나타내면 다음과 같다.

이 투자안의 경우 투자비용 5,000만원을 모두 회수하는 데 걸리는 기간, 즉 회수기간은 2년이 된다.

■ 투자안 평가기준

• 독립적인 투자안

투자안의 회수기간이 기업자체에서 설정한 목표 회수기간보다 짧을 경우 투자안을 채택하고, 투자안의 회수기간이 목표 회수기간보다 길 경우 투자안을 기각한다.

> • 투자안의 회수기간<목표 회수기간 → 투자안 채택
> • 투자안의 회수기간>목표 회수기간 → 투자안 기각

앞의 예에서 투자안의 회수기간이 2년이다. 그러므로 기업이 설정한 목표 회수기간이 2년 이상인 경우에 투자안을 채택할 수 있으나, 목표 회수기간이 2년 이내인 경우에는 투자안을 기각하여야 한다.

• 상호배타적인 투자안

> 투자안의 회수기간이 목표 회수기간보다 짧은 투자안들 중에서 회수기간이 가장 짧은 투자안을 선택한다.

■ 회수기간법의 문제점

회수기간법은 최소한 다음과 같은 세 가지 문제점을 가지고 있다.

첫째, 회수기간 내 현금흐름에 대한 화폐의 시간적 가치를 무시한다.[8]

8 화폐의 시간적 가치를 무시한 회수기간법의 문제점을 보완하기 위하여 먼저 미래의 현금흐름들을 자본비용으로 각각 할인하여 현재가치를 계산한 후, 투자에 소요된 모든 비용을 회수하는 데 걸리

둘째, 회수기간 이후의 현금흐름을 무시한다.

셋째, 적절한 목표 회수기간의 선정이 자의적이다. 어떤 회수기간을 기준으로 하여 투자안을 평가하여야 하는지에 대한 합리적인 근거를 찾기가 어렵다.

그러나 이와 같은 문제점에도 불구하고 실무에서 회수기간법이 가끔 사용되고 있는데, 그 이유는 회수기간법이 다음과 같은 몇 가지 장점을 가지고 있기 때문이다.

첫째, 회수기간의 계산이 간편하므로 쉽게 사용할 수 있다.

둘째, 위험지표(risk indicator)로서의 정보를 제공할 수 있다. 즉 회수기간이 짧은 투자안을 선택함으로써 미래의 불확실성을 어느 정도 감소시킬 수 있다.

셋째, 회수기간이 짧은 투자안을 선택하게 함으로써 기업의 유동성을 향상시켜 준다.

회수기간법을 다른 합리적인 투자안의 평가방법과 병행하여 사용하면 투자안에 대해서 보완적인 정보를 제공할 수 있을 것이다. 그러나 회수기간법은 순현가법과 달리 앞에서 설명한 여러 가지 문제점들을 가지고 있기 때문에, 전적으로 회수기간법을 이용하여 투자안을 평가하는 경우 잘못된 평가결과가 나올 수 있다.

예제 3-3

회수기간법의 문제점

다음의 상호배타적인 세 투자안을 회수기간법에 의해서 평가하고, 그 결과 나타난 회수기간법의 문제점을 지적하라. (단, 기업의 목표 회수기간은 4년이다.)

(단위: 만원)

연도 말	현금흐름		
	투자안 A	투자안 B	투자안 C
0	−5,000	−5,000	−5,000
1	3,000	1,000	3,000
2	1,000	1,000	1,000
3	1,000	3,000	1,000
4	2,000	2,000	0

는 기간을 계산하여 평가하는 할인회수기간법(discounted payback period method)이 있다. 그러나 이 방법 역시 회수기간 이후의 현금흐름을 무시하고 또한 목표 회수기간의 선정이 자의적이라는 약점을 여전히 가지고 있으므로 합리적인 평가방법이라고는 할 수 없다.

해설

투자안의 회수기간은 모두 목표 회수기간 4년보다 짧은 3년으로 동일하므로 회수기간법에 의하면 세 투자안 중 어느 투자안을 선택하여도 상관이 없다. 그러나 회수기간 내 현금흐름의 시간적 가치를 고려하면, 투자안 A가 투자안 B보다 더 좋은 투자안이다. 또한 투자안 A와 투자안 C는 비록 회수기간 내 현금흐름의 시간적 가치가 동일할지라도 투자안 A는 회수기간 이후, 즉 4년도 말에 2,000만원의 현금흐름이 있으나 투자안 C는 없기 때문에 투자안 A가 투자안 C보다 더 좋은 투자안이다. 결론적으로 회수기간 내 현금흐름의 시간적 가치와 회수기간 이후의 현금흐름을 모두 고려하면, 투자안 A가 가장 좋은 투자안이다.
이상과 같이 회수기간법은 회수기간 내 현금흐름의 시간적 가치와 회수기간 이후의 현금흐름을 무시하는 문제점을 가지고 있기 때문에 회수기간법에 의한 투자안의 평가결과는 잘못된 것이다. 또한 회수기간법은 목표 회수기간의 선정이 자의적이라는 문제점도 가지고 있다.

평균회계이익률법

■ 평균회계이익률의 의의

평균회계이익률(average accounting return: AAR)은 투자안의 내용연수 동안의 세후 평균순이익을 투자의 평균장부가치, 즉 평균투자액으로 나눈 것이다. 평균회계이익률은 다음과 같이 정의된다.

평균회계이익률
투자안의 내용연수 동안의 세후 평균순이익을 투자의 평균장부가치, 즉 평균투자액으로 나눈 것이다.

$$AAR = \frac{\text{세후 평균순이익}}{\text{평균투자액}} \tag{3-7}$$

■ 투자안 평가기준

• 독립적인 투자안

투자안의 평균회계이익률이 기업의 목표 평균회계이익률보다 클 경우 투자안을 채택하고, 투자안의 평균회계이익률이 목표 평균회계이익률보다 작을 경우 투자안을 기각한다.

- 투자안의 AAR > 목표 AAR → 투자안 채택
- 투자안의 AAR < 목표 AAR → 투자안 기각

• 상호배타적인 투자안

> 투자안의 AAR이 목표 AAR보다 높은 투자안들 중에서 AAR이 가장 높은 투자안을 선택한다.

■ 평균회계이익률법의 문제점

평균회계이익률법은 다음과 같은 문제점을 가지고 있다.

첫째, 현금흐름이 아닌 회계적 이익을 이용한다. 회계이익은 단지 장부상의 이익을 나타내는 인위적인 수치로서 현금흐름을 나타내는 것이 아니다. 그러므로 회계이익을 사용하는 평가방법은 합리적인 평가방법이라 할 수 없다.

둘째, 화폐의 시간적 가치를 무시한다. 예를 들어 평균회계이익률법에서는 1년 후의 순이익 1원과 2년 후의 순이익 1원이 동일한 가치를 가지는 것으로 평가된다.

셋째, 적절한 목표 평균회계이익률의 설정이 어렵다. 기업에 따라서는 기존 투자안의 이익률 또는 동업계 타사의 이익률을 목표 평균회계이익률로 선정하는 경우가 있으나 어느 경우도 그 정당성을 입증하기는 어렵다.

평균회계이익률법은 간단하고 이해하기 쉬우며, 예산편성 때 작성될 회계자료를 바로 이용할 수 있다는 점에서 실무에서는 많이 사용되고 있다. 그러나 평균회계이익률법은 순현가법과 달리 앞에서 설명한 여러 가지 문제점들을 가지고 있기 때문에 합리적인 투자안 평가방법이라고는 볼 수 없다.

예제 3-4 평균회계이익률법의 문제점

현재의 투자액이 3억원으로 모두 동일한 상호배타적인 세 투자안의 각 연도별 세후 순이익은 다음과 같다.

(단위: 만원)

연 도	세후 순이익		
	투자안 A	투자안 B	투자안 C
1	5,000	3,000	1,000
2	3,000	3,000	3,000
3	1,000	3,000	5,000

위 투자안을 평균회계이익률법에 의해서 평가하고, 그 결과 나타난 평균회계이익률법의 문제점을 지적하라. (단, 투자액은 정액법으로 투자안의 내용연수 3년 동안 전액상각되며, 목표 평균회계이익률은 15%이다.)

해설

각 투자안의 평균회계이익률은 다음과 같은 세 단계를 거쳐서 계산된다.

(1) 제1단계: 각 투자안의 세후 평균순이익 계산

- 투자안 A $= \frac{5,000+3,000+1,000}{3} = 3,000$만원
- 투자안 B $= \frac{3,000+3,000+3,000}{3} = 3,000$만원
- 투자안 C $= \frac{1,000+3,000+5,000}{3} = 3,000$만원

(2) 제2단계: 연간 평균투자액의 계산

(단위: 만원)

연 도 말	0	1	2	3
투자의 총장부가치	30,000	30,000	30,000	30,000
감가상각누계액*	0	10,000	20,000	30,000
투자의 순장부가치	30,000	20,000	10,000	0

*) 연간 감가상각비 = 30,000만원/3년 = 10,000만원

그러므로 평균투자액은 다음과 같이 구할 수 있다.[9]

평균투자액 $= \frac{30,000+20,000+10,000+0}{4} = 15,000$만원

(3) 제3단계: 평균회계이익률의 계산

- AAR(투자안 A) = 3,000/15,000 = 0.2 또는 20%
- AAR(투자안 B) = 3,000/15,000 = 0.2 또는 20%

9 정액법으로 완전상각하는 경우 평균투자액은 다음과 같이 구할 수 있다.

평균투자액 $= \frac{\text{투자의 총장부가치}}{2} = \frac{30,000}{2} = 15,000$만원

이상의 계산결과에 의하면 세 투자안의 평균회계이익률은 모두 동일한 20%로 목표 평균회계이익률 15%보다 높기 때문에 평균회계이익률법에 의하면 세 투자안 중 어느 투자안을 선택하더라도 무차별할 것이다. 그러나 투자안 A의 경우 초기의 세후 순이익이 다른 투자안에 비해 더 많기 때문에 화폐의 시간적 가치를 고려하면 투자안 A가 가장 좋은 투자안이라 할 수 있다.
그러므로 화폐의 시간적 가치를 고려하지 않는 평균회계이익률법의 평가결과는 잘못된 것이다. 또한 평균회계이익률법에서는 현금흐름이 아닌 장부상의 인위적인 수치인 회계적 이익을 사용한다는 문제점과 목표 AAR의 설정이 어렵다는 문제점을 동시에 가지고 있다.

3.3 내부수익률법과 수익성지수법

내부수익률법

■ 내부수익률의 의의

내부수익률
투자의 결과 발생하는 현금유입의 현가와 현금유출의 현가를 같아지게 하는 할인율로서 평균투자수익률의 의미를 가진다.

내부수익률(internal rate of return: IRR)은 투자의 결과 발생하는 현금유입의 현가와 현금유출의 현가를 같아지게 하는 할인율로서 평균투자수익률의 의미를 가진다.

$$NPV = PV(\text{현금유입}) - PV(\text{현금유출}) = 0 \rightarrow \text{할인율}(r) = IRR \qquad (3\text{-}8)$$

내부수익률은 투자안의 특성을 요약하는 단일의 수치(평균투자수익률)로서 자본비용과 관계없이 계산된다. 내부수익률은 단지 투자안의 내부적 특성, 즉 그 투자안의 현금흐름에 의해서 결정된다. 그러나 비록 내부수익률을 계산하는 데는 자본비용이 필요 없지만, 그것에 의해 투자안을 평가하기 위해서는 자본비용이 필요하게 된다는 사실에 유의해야 한다.

예를 들어 현재 200만원을 투자하면, 다음 3년 동안 매년 말 100만원씩을 얻을 수 있는 투자안의 내부수익률을 계산해 보자. 이 투자안의 현금흐름을 나타내면 다음과 같다.

이와 같은 투자안의 순현가는 다음과 같다.

$$NPV = \frac{100}{1+r} + \frac{100}{(1+r)^2} + \frac{100}{(1+r)^3} - 200$$

그러므로 투자안의 내부수익률은 다음의 식에 의해서 구할 수 있다.

$$\frac{100}{1+IRR} + \frac{100}{(1+IRR)^2} + \frac{100}{(1+IRR)^3} - 200 = 0$$

위의 식을 만족할 때까지, 즉 $NPV=0$이 될 때까지 계속해서 임의의 할인율을 대입하여 내부수익률을 구하는 방법인 시행착오법(trial and error method)에 의해서 IRR을 구하는 과정은 다음과 같다.[10]

할인율	NPV
20%	10.65만원
⋮	⋮
23.37%	0원
⋮	⋮
30%	−18.39만원

순현가를 0으로 만드는 할인율인 내부수익률은 23.37%이다. 할인율에 따른 순현가의 변화를 그림으로 나타내면 [그림 3-2]와 같다. [그림 3-2]에서 볼 수 있듯이 투자안의 순현가는 할인율이 증가할수록 감소한다. 이와 같은 경우 할인율(자본비용) r이 내부수익률보다 작은 영역에서는 NPV가 0보다 크며, 할인율 r이 내부수익률보다 큰 영역에서는 NPV는 0보다 작아진다.

- $IRR > r \rightarrow NPV > 0$
- $IRR < r \rightarrow NPV < 0$

10 엑셀의 함수식을 이용하면 내부수익률을 쉽게 구할 수 있다(본장 p. 92 참조).

그림 3-2
할인율에 따른 순현가의 변화

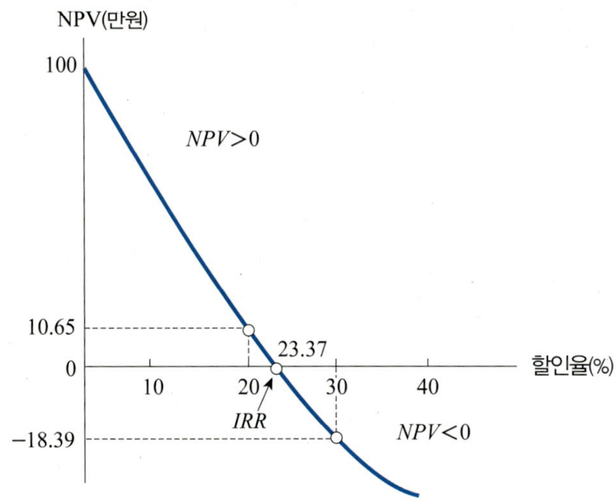

■ 투자안 평가기준

• 독립적인 투자안

내부수익률이 자본비용 r보다 높을 경우 투자안을 채택하고, 내부수익률이 자본비용 r보다 낮을 경우 투자안을 기각한다.

• $IRR > r$ (∵ $NPV > 0$) → 투자안 채택
• $IRR < r$ (∵ $NPV < 0$) → 투자안 기각

앞의 예에서 자본비용이 20%라고 가정한다면, 투자안의 내부수익률이 23.37%로서 자본비용보다 높기 때문에 이 투자안을 채택하여야 한다. 이와 같은 평가결과는 순현가법(NPV=10.65만원: 투자안 채택)과 동일할 것이다.

• 상호배타적인 투자안

$IRR > r$인 투자안들 중에서 IRR이 가장 높은 투자안을 선택한다.

예제 3-5 내부수익률법에 의한 투자안 평가

앞의 〈예제 3-2〉를 내부수익률법에 의해서 평가하라.

해설

$NPV=0$이 되게 하는 할인율, 즉 내부수익률은 다음의 식에 의해서 구할 수 있다.

$$NPV=\frac{300}{1+IRR}+\frac{200}{(1+IRR)^2}+\frac{300}{(1+IRR)^3}+\frac{400}{(1+IRR)^4}-1{,}000=0$$

내부수익률 IRR을 시행착오법에 의해 구하면 7.2%로 자본비용 10%보다 작기 때문에 바다주식회사는 이 투자안을 기각하여야 한다. 이 결과는 순현가법의 결과와 일치한다.

수익성지수법

■ 수익성지수의 의의

수익성지수(profitability index: PI)는 투자로 인하여 발생하는 현금유입의 현가를 현금유출의 현가로 나눈 비율이다.[11]

> **수익성지수**
> 투자로 인해 발생되는 현금유입의 현가를 현금유출의 현가로 나눈 비율이다.

$$PI=\frac{PV(\text{현금유입})}{PV(\text{현금유출})} \qquad (3\text{-}9)$$

수익성지수는 순현가와 유사한 정보를 제공한다. 그러나 순현가는 투자안의 경제적 공헌을 금액으로 나타내고 있으나, 수익성지수는 투자안의 상대적인 수익성을 비율로서 나타내고 있다는 점을 유의하여야 한다.

11 실무(특히 사회자본에 대한 투자분석)에서는 비용편익분석(cost-benefit analysis)을 사용하는데, 이는 수익성지수법과 동일한 것이다. 비용편익분석에서 비용편익비율(B/C)은 편익(benefit)을 비용(cost)으로 나누어 산출된 값을 말한다. 여기서 편익과 비용은 각각 PV(현금유입)과 PV(현금유출)로 측정된다.

■ 투자안 평가기준

• 독립적인 투자안

수익성지수가 1보다 큰 투자안은 채택하고, 수익성지수가 1보다 작은 투자안은 기각한다.

- $PI>1$ (∵ $NPV>0$) → 투자안 채택
- $PI<1$ (∵ $NPV<0$) → 투자안 기각

• 상호배타적인 투자안

$PI>1$인 투자안들 중에서 PI가 가장 높은 투자안을 선택한다.

예제 3-6 수익성지수법에 의한 투자안 평가

앞의 〈예제 3-2〉를 수익성지수법에 의해서 평가하라.

해설

$PV(\text{현금유출})=\text{현재시점의 투자지출액}=1{,}000\text{만원}$

$$PV(\text{현금유입})=\frac{300}{(1+0.1)}+\frac{200}{(1+0.1)^2}+\frac{300}{(1+0.1)^3}+\frac{400}{(1+0.1)^4}=936.6\text{만원}$$

$$\rightarrow PI=\frac{936.6}{1{,}000}=0.9366$$

$PI<1$이므로 바다주식회사는 이 투자안을 기각하여야 한다.

뉴스 속 재무

경인운하(경인아라뱃길)의 경제성 평가 사례분석

2009년 5월 6일 열린 경인아라뱃길 착공식

인천시 서구 오류동에서 서울시 강서구 개화동 사이 18㎞를 저폭 80m의 물길로 연결하는 우리나라 최초의 이 운하사업은 사업이 갖는 상징성과 투입되는 자원의 규모에 걸맞지 않게 시작부터 과학적이지 않은 많은 약점을 안고 출발했다. 87년 7월 인천의 부평과 김포 일대는 대규모의 홍수 피해를 입었다. 이로 인해서 부평 일대를 관통하는 굴포천에 대한 종합적인 치수 대책 수립이 현안으로 부상했다. 홍수 방재를 위한 방수로 건설로 시작된 논의는 95년 민사유치대상사업으로서 경인운하건설사업으로 전환되고, 98년 나라가 IMF 외환위기 사태로 흔들리던 시점에 현대건설과 한국수자원공사 등을 묶은 민간사업자 컨소시엄과 정부간에 경인운하 실시협약이 체결됐다. 당시 이 사업은 운하 건설에 목적이 있다기보다는 민자유치대상사업에 자동적으로 부가돼 제공되는 주변지 개발사업권 부여에 초점이 맞춰진 특혜성 사업이라는 일부 시민단체들의 의혹이 강하게 제기됐으나 아무 해명도 없이 묻혀버리고 말았다.

이후 99년 12월에는 98년 실시협약에 기초해 경인운하주식회사가 설립됐고 환경단체들을 비롯한 일부 시민단체들의 경인운하 백지화 투쟁이 격화했다. 이에 영향을 받은 노무현정부의 대통령직 인수위는 2003년 1월 경인운하를 백지화한다고 발표했다가 곧바로 번복하는 해프닝을 연출하기도 했다. 결국 2003년 9월 국정현안 조정회의에서 굴포천 방수로와 제방도로만을 우선 건설하고 경인운하의 경제성은 재검토하도록 결론을 내렸고, 이에 따라 감사원이 감사에 착수한 결과 당초 한국개발연구원(KDI)의 비용편익분석 보고서가 국토해양부(구 건설교통부)의 개입으로 조작됐다는 감사 결과 보고가 제출됐다. 마침내 2004년 ㈜

경인운하 비용편익(B/C) 분석 결과

연도	평가 주체(용역기관)	B/C
1989년	수자원공사	2.08
1996년	수자원공사 (해운산업연구원)	2.2
2002년 1차	건교부 (한국개발연구원)	0.8166
2002년 2차	건교부 (한국개발연구원)	0.9206
2002년 3차	건교부 (한국개발연구원)	0.9233~1.2807
2003년	감사원	0.7607~0.9317
2007년	건교부(네덜란 DHV)	1.76
2008년	국토해양부 (한국개발연구원)	1.065
2010년	경인아라뱃길 재검증위원회	0.274

※ 비용편익비가 1보다 클 경우 사업타당성을 인정.

경인운하에 대한 사업자 지정이 취소됐고, 그해 12월에는 당시 건설교통부에 의해 이 사업의 중도 포기에 따른 사업자의 손해를 보상하는 해지지급금 1,200억원 지급결정까지 이뤄졌다.

그러나 이런 과정을 거치면서도 끝내 이 사업에 대한 미련을 버리지 못한 건설교통부는 2004년 네덜란드의 DHV와 한국의 한 용역회사가 결합한 용역컨소시엄회사에 경인운하건설사업 재검토 용역을 발주했고 2007년 그 결과물이 제출됐다. 이 사업의 경제성(B/C)은 1.76이므로 사업 실현의 타당성이 있다고 분석한 이 보고서는 운하를 항행하는 선박은 해양과 운하를 동시 항행할 수 있는 소위 R/S(River/Sea) 선박을 사용하는 것이 좋을 것이라는 조언까지 담았다. 하지만 즉각 시민사회단체들의 부실용역 논란에 휩싸이며 또 다시 KDI의 조정을 받게 됐다. 결국 KDI의 재검증 결과 조정된 1.065라는 아슬아슬한 경제성을 기초로 2009년 3월 한국수자원공사는 무려 2조2,500억원이라는 예산을 갖고 본격적인 공사에 들어갔고, 명칭도 경인아라뱃길로 바뀌었다.

이 사업을 둘러싼 사회적인 논점은 몇 가지로 요약할 수 있다. 우선 경인운하 경제성 분석이 제대로 이뤄진 것인지에 대한 원천적인 문제가 있다. 또한 홍수 방재 기능이 제대로 작동할 것인지, 양쪽 끝이 갑문으로 폐쇄돼 있는 일종의 거대한 물탱크에 해수와 담수를 섞어 담아 놓고 수질을 관리할 수 있는지, 서해안 진입 수로관리를 위한 갯벌의 파괴 문제 등을 포함한 환경 생태적인 문제가 있다. 과연 우리나라에서 한 번도 운항해본 적 없는 R/S 선박이 연안항로 운항과 아라뱃길 주 운수로의 운항에 적합한지와 안전한지, 그리고 18㎞의 선박 운항 편익을 위해 막대한 시간과 하역비용이 추가로 부담되는 이런 운하를 이용할 물량이 있겠느냐는 물류 유통상의 문제도 있다. 또한 이 운하 건설에 따른 불편을 해소해 달라는 사업지 주변 주민들의 민원과 이 사업에 전혀 참여하지 못한 채 막대한 사후 관리비용만을 떠안게 되는 주변 지방자치단체들의 불만도 있다.

이런 논점을 해소하기 위해 송영길 인천광역시장은 시장직 당선 후 2010년 10월 경인아라뱃길 재검증위원회를 구성했다. 그리고 재검증위원회는 29명의 분야별 전문가들이 두 달에 걸쳐 검증한 결과를 2010년 11월 30일 발표했다. 그 내용을 요약해보면, 정부 측의 경제성 분석 결과는 무려 8번에 걸쳐 번복됐으며 그 편차도 2.08부터 0.8166에 이르기까지 지나치게 커 신뢰할 수가 없다는 것. 위원회가 스스로 검증한 바에 따르면, 이 사업의 경제성은 0.274밖에 되지 않는 것으로 나타났다. 위원회는 학계에서 통용하는 비용편익분석의 원칙에 따르더라도 개발대상지역의 지가 상승분은 편익에 산입하지 않는 것이 상식임에도 불구하고 KDI의 최종 재검증보고서는 편익을 증가시키기 위해 무려 5,560억원의 지가 상승 예상액을 순편익으로 산입하는 오류를 저질렀으며, 운하가 치수 기능을 통합하고 있으므로 치수편익과 소요비용을 총편익비용 계상에 통합하는 것이 당연함에도 방수로 건설 관련 부분을 의도적으로 계산에서 제외함으로써 5,272억원의 순비용을 감소시키는 등 순편익 부풀리기가 있었다고 지적했다.

2018년 3월 국토교통부 관행혁신위원회 위원들은 '개선 권고안'에서 "해운 물동량이 계획 대비 8% 수준에 불과한 것은 처음부터 사업의 타당성에 문제가 있었음을 보여주는 것"이라고 지적했다.

〈매경이코노미(2011. 3. 9) 및 중앙일보(2019. 6. 24)에서 발췌〉

내부수익률법과 수익성지수법의 문제점

내부수익률법과 수익성지수법의 문제점을 살펴보기 위하여 〈표 3-2〉와 같은 상호배타적인 두 투자안을 생각해 보자.[12] (단, 자본비용 = 10%)

순현가법에 의하여 투자안을 평가하면 NPV가 높은 투자안 B가 선택되는 반면, 내부수익률법 또는 수익성지수법에 의하여 투자안을 평가하면 투자안 A가 선택된다. 이와 같은 상반된 결과는 투자규모의 차이, 즉 9,900만원(10,000만원 − 100만원)에 대한 투자수익률의 가정이 서로 다르기 때문이다.

[투자규모 차이에 대한 투자수익률 가정]

- 순현가법: 자본비용
- 내부수익률법, 수익성지수법: 내부수익률

상대적으로 투자규모가 작은 투자안에 투자하고 남은 여유자금(투자규모의 차이)에 대해 순현가법은 자본비용으로 투자할 수 있다고 가정하는 반면, 내부수익률법과 수익성지수법은 현재 선택된 투자안과 동일한 투자수익률(내부수익률)을 얻을 수 있는 투자안에 투자할 수 있다는 가정을 하고 있다. 이와 같은 내부수익률법과 수익성지수법의 가정은 치열한 경쟁으로 인하여 한계투자수익률이 체감하는 현

12 • $NPV_A = \frac{200}{1+0.1} - 100 = 82$만원, $NPV_B = \frac{15,000}{1+0.1} - 10,000 = 3,636$만원

• $\frac{200}{1+IRR_A} - 100 = 0 \rightarrow IRR_A = 100\%$, $\frac{15,000}{1+IRR_B} - 10,000 = 0 \rightarrow IRR_B = 50\%$

• $PI_A = \frac{200(1+0.1)^{-1}}{100} = 1.82$, $PI_B = \frac{15,000(1+0.1)^{-1}}{10,000} = 1.36$

표 3-2 상이한 투자규모: 상호배타적 투자안 A와 B

(단위: 만원)

시 점	현금흐름	
	투자안 A	투자안 B
0	−100	−10,000
1	200	15,000
NPV	82	3,636
IRR	100%	50%
PI	1.82	1.36

실에 비추어 볼 때 비현실적인 가정이라 할 수 있다.[13] 즉 내부수익률법 또는 수익성 지수법은 투자안의 투자규모를 합리적으로 고려하지 않는 투자안 평가방법이라 할 수 있다.

결론적으로 말하면, 보다 현실적인 투자수익률(자본비용) 가정하에서 가치개념에 근거하고 있는 순현가법이야말로 기업가치의 극대화라는 목표를 달성하는 데 있어 가장 우수한 평가방법이라 할 수 있다.

재무 산책

평균투자수익률과 한계투자수익률

평균투자수익률은 투자금액 전체에 대한 투자수익의 비율로서 투자금액 한 단위에 대한 평균적인 수익률이다. 그러나 한계투자수익률은 최종투자 한 단위에 대한 투자수익률을 의미한다. 예를 들어 각각 1,000만원씩 소요되는 투자안 A의 투자수익률은 30%, 투자안 B의 투자수익률은 20%, 투자안 C의 투자수익률은 10%라고 하자. 이 경우 최초 1,000만원을 투자했을 때는 가장 높은 30%, 추가적으로 1,000만원을 더 투자했을 때는 20%, 마지막 1,000만원을 투자했을 때는 가장 낮은 10%의 투자수익률을 얻을

13 내부수익률법의 경우에는 투자기간 내 현금흐름에 대해서도 내부수익률로 재투자할 수 있다는 비현실적인 가정을 하고 있으며, 복수의 내부수익률이 나타날 수 있다는 문제점도 있다. 이에 대한 자세한 내용은 감형규 · 신용재, Perfect 재무관리 I (유원북스, 2019), pp. 191~195 참조.

수 있다. 따라서 3,000만원을 투자했을 때의 평균투자수익률과 한계투자수익률은 다음과 같다.

- 평균투자수익률 $= \frac{30\% + 20\% + 10\%}{3} = 20\%$
- 한계투자수익률(마지막 1,000만원 투자에 대한 투자수익률) = 10%

경쟁적인 사회에서 높은 투자수익률을 얻을 수 있는 기회는 빠른 속도로 사라지기 때문에 투자규모가 증가함에 따라 한계투자수익률은 체감하게 된다.

최근 창업에 대한 관심이 고조되고 있는데, 창업에서 실패하는 원인 중의 하나는 현재 상당한 인기를 끌고 있다는 이유로 그 업종에 진출하는 데 있다. 현재 상당한 인기를 누리고 있는 업종의 경우 평균적인 투자수익률은 어느 정도 높을지 모르지만, 이미 본격적인 경쟁이 시작되어 추가로 진출했을 때의 투자수익률, 즉 한계투자수익률은 거의 자본비용수준에 불과한 경우가 일반적이다. 따라서 창업시 높은 투자수익률을 얻기 위해서는 기존에 투자가 이루어지지 않은 새로운 업종을 개발해야 할 것이다.

Excel의 활용 / 순현가와 내부수익률의 계산

엑셀에서 이용할 수 있는 재무함수 중 투자의 현재가치를 계산하는 함수식은 다음과 같다.

$= NPV$(rate, value1, value2, …)

여기서 rate: 할인율(자본비용)

value1, value2, …: 현금흐름을 표시하는 인수(29개까지 사용가능)

(주의사항)

1. NPV함수는 1시점(1기간 말)부터 발생하는 현금흐름의 현재가치를 계산하기 때문에 투자안의 순현가(NPV)를 구하기 위해서는 현재의 현금흐름(일반적으로 현금유출)을 추가적으로 고려해 주어야 함.
2. 제2장에서 설명한 PV함수는 정기적립액(기초 또는 기말)의 현재가치를 계산할 수 있는 함수식인 반면, NPV함수는 매기간 말에 일정하지 않게 발생하는 현금흐름의 현재가치를 계산하는 것임.

그리고 투자안의 내부수익률을 계산하는 함수식은 다음과 같다.

$= IRR$(values, guess)

여기서 values: 일련의 현금흐름이 입력되어 있는 셀의 범위(최소한 1번 이상의 현금유입(+)과 1번 이상의 현금유출(−)이 있어야 함).

guess: 시행착오법에 의해 IRR을 계산할 때 초기치(initial value)로 사용되는 수익률(생략하면 기본값인 10%로 간주)

	A	B	C	D	E	F	G
1	연도 말	현금흐름		할인율	10%		
2	0	-1,000					
3	1	300					
4	2	200					
5	3	300					
6	4	400					
7							
8	<예제 3-2> 순현가의 계산			-63.4	=NPV(E1, B3:B6)+B2		
9							
10	<예제 3-5> 내부수익률의 계산			7.2%	=IRR(B2:B6)		
11							
12	<예제 3-6> 수익성지수의 계산			0.9366	=NPV(E1, B3:B6)/-B2		
13							

주요 용어

- **자본예산(capital budgeting)**

  1년 이상 장기적으로 그 효과가 지속되는 투자결정을 의미하는 것으로서, 이와 같은 투자결정의 합리성 여부가 기업가치에 미치는 영향은 매우 크다.

- **독립적 투자안(independent investments)**

  어느 한 투자안의 선택 여부가 다른 투자안의 선택 여부에 의해서 영향을 받지 않는 투자안을 의미한다.

- **상호배타적 투자안(mutually exclusive investments)**

  특정 투자안이 선택되면 다른 투자안들은 자동적으로 기각되는 투자안을 의미한다.

- **현금흐름(cash flow)**

  투자의 결과 발생되는 모든 현금을 의미하며, 이것은 현금유입(투자로 인해 들어오는 현금)과 현금유출(투자로 인해 나가는 현금)로 구분된다.

- **증분현금흐름(incremental cash flow)**

  새로운 투자안으로 인하여 발생하게 되는 기업전체 현금흐름의 변화, 즉 투자안을 채택할 때(with project)와 투자안을 채택하지 않을 때(without project)의 기업전체 현금흐름의 차이를 의미한다.

- **매몰원가(sunk costs)**

  이미 발생된 과거의 원가로서 현재 투자안의 채택 여부와 상관이 없는 원가를 말한다.

- **기회비용(opportunity costs)**

  새로운 투자안을 채택할 때 다른 자산사용기회를 포기함으로써 잃게 되는 수입, 즉 손실을 의미한다.

- **잠식비용(erosion costs)**

  새로운 투자안에 의해서 생산된 제품 때문에 그 기업의 기존 제품시장이 잠식되는 경우(예를 들어 기존 제품의 매출이 감소되는 경우) 발생하는 손실을 말한다.

- **영업현금흐름(operating cash flow)**

  정상적인 영업활동의 결과 발생하는 현금흐름을 의미한다.

$$\text{영업현금흐름} = (\text{매출액} - \text{영업비용})(1 - \text{법인세율}) + \text{법인세율} \times \text{감가상각비}$$
$$= \text{영업이익} \times (1 - \text{법인세율}) + \text{감가상각비}$$

잉여현금흐름(free cash flow)

투자안의 평가에 목적적합한 현금흐름으로서 영업현금흐름과 투자의 소요자본을 모두 포함시킨 것이다.

$$\text{잉여현금흐름} = \text{영업현금흐름} - \text{순운전자본의 변동} - \text{자본적 지출}$$

순현가(net present value: NPV)

투자의 결과 발생하는 현금유입의 현가에서 현금유출의 현가를 차감한 것을 의미한다.

$$NPV = PV(\text{현금유입}) - PV(\text{현금유출})$$

순현가법의 특성

첫째, NPV는 현금흐름을 사용한다.

둘째, NPV는 투자안의 모든 현금흐름을 사용한다.

셋째, NPV는 현금흐름을 적절한 할인율로 할인한다.

넷째, NPV는 가치의 가산원칙(value additivity principle)이 성립한다.

회수기간(payback period)

투자에 소요된 모든 비용을 회수하는 데 걸리는 기간을 의미한다.

평균회계이익률(average accounting return: AAR)

투자안의 내용연수 동안의 세후 평균순이익을 투자의 평균장부가치, 즉 평균투자액으로 나눈 것이다.

$$AAR = \frac{\text{세후 평균순이익}}{\text{평균투자액}}$$

내부수익률(internal rate of return: IRR)

투자의 결과 발생하는 현금유입의 현가와 현금유출의 현가를 같아지게 하는 할인율로서 평균투자수익률의 의미를 가진다.

$$NPV = PV(\text{현금유입}) - PV(\text{현금유출}) = 0 \rightarrow \text{할인율} = IRR$$

수익성지수(profitability index: PI)

투자로 인해 발생되는 현금유입의 현가를 현금유출의 현가로 나눈 비율이다.

$$PI = \frac{PV(\text{현금유입})}{PV(\text{현금유출})}$$

연습 문제

Ⅰ. 완성/선택형 문제

01 자산에 대한 투자결정 중 특히 1년 이상 그 효과가 지속되는 투자, 즉 비유동자산에 대한 투자결정을 (   )이라 한다.

02 투자안은 어느 한 투자안의 선택 여부가 다른 투자안의 선택 여부에 의해서 영향을 받지 않는 (   )과 특정 투자안이 선택되면 다른 투자안들은 자동적으로 기각되는 (   )으로 구분될 수 있다.

03 투자안을 평가할 때 회계적 이익이 아닌 현금흐름을 사용하여야 하며, 그 현금흐름은 (   )에 의해서 측정되고 세금을 차감한 것이어야 한다.

04 (   )는 투자의 결과 발생하는 현금유입의 현가에서 현금유출의 현가를 차감한 것을 의미한다.

05 상대적으로 투자규모가 작은 투자안에 투자하고 남은 여유자금에 대해 순현가법은 (   )으로 투자할 수 있다고 가정하는 반면, 내부수익률법과 수익성지수법은 (   )로 투자할 수 있다는 가정을 하고 있다.

06 투자안은 세후 증분현금흐름(after-tax incremental cash flow)에 의해서 평가되어야 한다. 다음 중 현금흐름 추정시 유의사항과 거리가 먼 것은?

① 감가상각비 등 비현금지출비용은 현금유출에 포함시키지 않아야 한다.
② 이자비용은 현금유출에 포함시키지 않으나, 배당은 현금유출에 포함시켜야 한다.
③ 운전자본의 변동과 자본적 지출은 현금흐름 추정시 고려해 주어야 한다.
④ 현금흐름 추정시 투자안의 매몰원가는 제외시키나, 기회비용 또는 잠식비용 등의 부수적 효과는 고려해 주어야 한다.
⑤ 일반적으로 감가상각비의 세금절감효과는 현금흐름에 직접 고려해 주나, 이자비용의 세금절감효과는 할인율에 간접적으로 고려해 준다.

07 투자안 평가를 위한 현금흐름에 영향을 미치지 않는 것은?

① 감가상각비의 법인세 절감액

② 재고자산, 매출채권의 증가

③ 1년 전에 지출한 시장조사비용

④ 새로운 투자로 인한 기존 제품의 매출감소액

⑤ 비유동자산 처분손실에 따른 법인세 절감액

08 감가상각에 대한 설명으로 적절하지 못한 것은?

① 감가상각방법에 따라 매기의 현금흐름은 달라진다.

② 가능한 한 조기에 감가상각비를 많이 계산하는 경우 초기의 많은 비용지출로 인하여 투자안의 가치가 감소하게 된다.

③ 정률법에 의한 감가상각방법은 정액법에 비해 투자안의 가치를 보다 높여 준다.

④ 감가상각방법에 따라 감가상각액이 달라지므로 법인세 절감효과도 달라진다.

⑤ 법인세가 존재하지 않는 경우 감가상각방법에 따라서 투자안의 가치는 영향을 받지 않는다.

09 A기업은 신제품 K의 생산 및 출시를 계획하고 있으며, 자본예산기법을 사용하기 위해 증분현금흐름에 대한 분석을 진행하고 있다. 자본예산분석에 포함시켜야 할 증분현금흐름으로 가장 적절하지 않은 것은? (CPA 1차 2022)

① 신제품 K 생산을 위해 필요한 공장 내 공간을 외부에 임대했을 경우의 기대수익(이 공간은 현재 사용하지 않고 있으며 신제품 K 생산에 사용되지 않는다면 외부에 임대할 수 있음)

② 신제품 K의 출시로 인해 고객들이 A기업의 기존 제품을 구매하지 않고 신제품 K의 구매로 이동함으로써 발생하는 기존 제품의 매출 감소분

③ 신제품 K를 생산하기 위해 사용될 신규 기계장치의 설치와 관련된 운송 및 설치비용

④ 신제품 K의 수요분석을 위해 작년에 지출된 시장조사비용(이 시장조사의 긍정적인 결과에 따라 신제품 K를 출시하기 위한 프로젝트가 착수됨)

⑤ 신제품 K의 출시로 인해 A기업의 다른 제품에 대한 수요가 증가해서 발생하는 기존 제품의 매출 증가분

10 순현가법(NPV)에 대한 다음의 설명 중 잘못된 것은?

① NPV는 투자안의 현금유입의 현재가치에서 현금유출의 현재가치를 차감하여 구한다.

② 독립적인 투자안의 경우 $NPV>0$이면 채택하고, $NPV<0$이면 기각한다.

③ 상호배타적인 투자안을 평가할 때, $NPV>0$인 투자안들 중에서 NPV가 가장 높은 투자안을 선택한다.

④ 순현가법의 평가결과는 내부수익률법의 평가결과와 항상 일치한다.

⑤ NPV는 투자안을 채택할 경우 얻게 될 기업가치의 증분을 나타낸다.

11 다음 중 순현가(NPV)의 특성과 거리가 먼 것은?

① NPV는 현금흐름을 사용한다.

② NPV는 투자안의 모든 현금흐름을 사용한다.

③ NPV는 현금흐름을 적절한 할인율로 할인한다.

④ NPV는 가치의 가산원칙(value additivity principle)이 성립한다.

⑤ NPV는 모든 개별 투자안들간의 상호관계를 고려한다.

12 회수기간법에 대한 다음의 설명 중 잘못된 것은?

① 상호배타적인 투자안을 평가할 때 투자안의 회수기간이 목표 회수기간보다 짧은 투자안들 중에서 회수기간이 가장 짧은 투자안을 선택한다.

② 수요변화나 기술적 진부화의 위험이 작은 투자안에 대해 적절한 평가방법이다.

③ 회수기간 내 현금흐름의 시간적 가치를 무시하고 회수기간 이후의 현금흐름을 무시한다는 문제점을 가지고 있다.

④ 적절한 목표 회수기간의 선정이 자의적이다.

⑤ 위험지표로서의 정보를 제공하고 기업의 유동성을 향상시켜 준다.

13 평균회계이익률법에 대한 다음의 설명 중 잘못된 것은?

① 평균회계이익률은 투자안의 세후 평균순이익을 평균투자액으로 나누어 구한다.

② 독립적인 투자안 평가시 투자안의 평균회계이익률이 목표 평균회계이익률보다 높을 경우 투자안을 채택한다.

③ 합리적인 근거에 의해 목표 평균회계이익률을 선정할 수 있다.

④ 현금흐름이 아닌 회계적 이익을 사용하며, 화폐의 시간적 가치를 무시한다.

⑤ 평균회계이익률법은 간단하고 이해하기 쉬우며, 예산편성 때 작성될 회계자료를 바로 이용할 수 있다는 점에서 실무에서 주로 이용되고 있다.

14 내부수익률법(IRR법)에 대한 다음의 설명 중 잘못된 것은?

① 내부수익률(IRR)은 투자의 결과 발생하는 현금유입의 현가와 현금유출의 현가를 같아지게 하는 할인율로서 평균투자수익률의 의미를 가진다.

② 내부수익률은 투자안의 특성을 요약하는 단일의 수치로서 자본비용과 관계없이 계산된다.

③ 투자안의 평가시 내부수익률을 자본비용과 비교하여야 한다.

④ 어떤 투자안의 경우 복수의 내부수익률이 존재하거나 내부수익률이 존재하지 않을 수 있다.

⑤ 상호배타적 투자안의 평가시 NPV법과 IRR법에 의한 평가결과는 항상 일치한다.

15 상호배타적인 투자안 A와 투자안 B가 있다. 자본비용이 10%일 경우 순현가법에 의하면 투자안 A가 선택되나, 내부수익률법에 의하면 투자안 B가 선택된다. 두 투자안에 대한 다음의 설명 중 잘못된 것은?

① 할인율의 변화에 따라 투자안 B의 순현가가 보다 민감하게 변한다.

② 두 투자안의 순현가를 같게 하는 할인율은 10%보다 높을 것이다.

③ 순현가법과 내부수익률법의 평가결과가 서로 상이한 것은 내용연수 내 현금흐름 또는 투자규모 차이에 대한 재투자수익률의 가정(NPV법: 자본비용, IRR법: IRR)이 서로 다르기 때문이다.

④ 투자안 A의 NPV선의 기울기가 투자안 B에 비해 더 가파를 것이다.

⑤ 투자의 한계수익률이 체감하는 현실에 비추어 볼 때, 순현가법에 의해 투자안 A를 선택하는 것이 보다 타당하다.

16 투자규모와 내용연수가 동일한 상호배타적인 투자안 A와 투자안 B를 대상으로 투자안의 경제성을 평가한다. 순현재가치(NPV)법에 의하면 투자안 A가 선택되나, 내부수익률(IRR)법에 의하면 투자안 B가 선택된다. 투자안 A에서 투자안 B를 차감한 현금흐름(투자안 간의 증분현금흐름)의 내부수익률은 10%이다. 투자안들의 내부수익률은 모두 자본비용보다 높고 두 투자안의 자본비용은 동일하다. 다음 설명 중 가장 적절하지 않은 것은? (CPA 1차 2014)

① 순현재가치법과 내부수익률법의 결과가 다른 이유는 내용연수 내 현금흐름에 대한 재투자수익률의 가정을 달리하기 때문이다.

② 투자안 A의 순현재가치와 투자안 B의 순현재가치는 모두 0원 보다 크다.

③ 두 투자안의 순현재가치를 동일하게 만드는 할인율은 10%이다.

④ 내부수익률법이 아닌 순현재가치법에 따라 투자안 A를 선택하는 것이 합리적이다.

⑤ 투자안의 자본비용은 10%보다 높고 투자안 A의 내부수익률보다 낮은 수준이다.

17 상호배타적인 투자안 A, B가 있다. 두 투지안의 투자규모 및 투자수명은 같으며, 투자안 A의 내부수익률(IRR)은 16%, 투자안 B의 내부수익률은 20%이다. 자본비용이 7%일 때 투자안 A의 순현가(NPV)가 투자안 B의 순현가보다 높다. 다음 설명 중 가장 적절한 것은? 단, 현재(0시점)에 현금유출이 발생하고, 이후 현금유입이 발생하는 투자형 현금흐름을 가정한다. (CPA 1차 2017)

① 자본비용이 7%보다 클 때 투자안 A의 순현가는 투자안 B의 순현가보다 항상 높다.

② 두 투자안의 순현가를 같게 하는 할인율은 7%보다 높다.

③ 자본비용이 5%일 때 투자안 B의 순현가는 투자안 A의 순현가보다 높다.

④ 투자안 B는 투자안 A에 비하여 투자기간 후기에 현금유입이 상대적으로 더 많다.

⑤ 자본비용이 16%일 때 투자안 B의 순현가는 0이다.

18 투자규모와 내용연수가 동일한 상호배타적인 투자안 A와 투자안 B의 경제성을 평가하고자 한다. 투자안 A와 투자안 B의 자본비용은 동일하다. 두 투자안 간 증분현금흐름의 내부수익률은 15%이다. 현재시점에 현금유출이 발생하고, 이후 현금유입이 발생하는 투자형 현금흐름을 가정한다. NPV곡선(NPV profile)은 가로축이 할인율, 세로축이 NPV를 표시하는 평면에서 도출된다. 다음 표는 투자안 A와 투자안 B의 순현재가치(NPV) 및 내부수익률(IRR)을 요약한다. 다음 설명 중 가장 적절하지 않은 것은? (CPA 1차 2021 수정)

구분	투자안 A	투자안 B
NPV	4억원	3억원
IRR	20%	30%

① 투자안 A와 투자안 B의 NPV를 추정할 때의 자본비용은 15% 보다 작다.

② 투자안 A의 NPV곡선이 투자안 B의 NPV곡선보다 완만하다.

③ 투자안 A와 B의 순현가를 같게 하는 할인율, 즉 피셔수익률(Fisher's rate of return)은 20%보다 작다.

④ 순현재가치법과 내부수익률법의 결과가 상이하면 순현재가치법에 따라서 투자안 A를 선택하는 것이 합리적이다.

⑤ 독립적인 투자안이라면 투자안 A와 투자안 B를 모두 선택하는 것이 바람직하다.

19 수익성지수법(PI법)에 관한 다음의 설명 중 적절하지 못한 것은?

① 수익성지수는 투자로 인하여 미래에 기대되는 현금유입의 현가를 현재의 투자지출액으로 나눈 비율을 의미한다.

② $PI>1$인 경우 항상 $NPV>0$이다.

③ 상호배타적인 투자안의 평가시 $PI>1$인 투자안들 중에서 PI가 가장 높은 투자안을 선택한다.

④ 상호배타적인 투자안의 평가시 투자규모 차이에 대해 NPV법은 자본비용, PI법은 투자안과 동일한 투자수익률(IRR)로 투자할 수 있다고 가정한다.

⑤ 상호배타적인 투자안의 평가시 PI법과 NPV법의 평가결과는 항상 서로 일치한다.

20 (주)대한은 새로운 투자안을 순현재가치법으로 평가하여 사업의 시행 여부를 결정하고자 한다. 상각대상 비유동자산에 대한 총투자액은 15,000백만원으로 사업시작 시점에서 모두 투자되며 사업기간은 10년이다. 비유동자산은 10년에 걸쳐서 정액법으로 감가상각되며 투자종료시점에서의 잔존가치 및 매각가치는 없다. (주)대한은 매년 동일한 수량을 판매한다. 제품의 단위당 판매가격은 100백만원, 제품 단위당 변동비는 40백만원, 감가상각비를 제외한 연간 총고정비용은 2,500백만원이다. 법인세율은 35%이며 할인율은 8%이다. 연간 예상제품판매수가 150개일 경우 이 투자안의 순현재가치(NPV)에 가장 가까운 것은 다음 중 어느 것인가? (단, 연 8%의 할인율에서 10년 만기 일반연금의 현가요소는 6.71이다.) (CPA 1차 2010)

① 15,669백만원 ② 16,873백만원 ③ 17,267백만원
④ 18,447백만원 ⑤ 19,524백만원

21 탄산음료를 생산하는 H사는 현재 신개념의 이온음료 사업을 고려하고 있다. 이 투자안의 사업연한은 5년이며, 이온음료 생산에 필요한 설비자산의 구입가격은 1,000만원이다. 설비자산은 잔존가치가 0원이며 5년에 걸쳐 정액법으로 상각된다. 5년 후 설비자산의 처분가치는 없을 것으로 예상된다. 이온음료는 매년 500개씩 판매되고, 이 제품의 단위당 판매가격은 5만원, 단위당 변동비용은 3만원이며, 감가상각비를 제외한 연간 총고정비용은 300만원으로 추정된다. 한편 이온음료가 판매될 경우 기존 탄산음료에 대한 수요가 위축되어 탄산음료의 판매량이 매년 100개 감소할 것으로 예상된다. 탄산음료의 단위당 판매가격은 2만원, 단위당 변동비는 1만원이다. H사의 법인세율은 40%이고 투자안의 자본비용은 10%이다. 설비자산의 투자는 현 시점($t=0$)에서 일시에 이뤄지고, 매출 및 제조비용과 관련된 현금흐름은 매년 말($t=

1~5)에 발생한다. 이 투자안의 순현재가치(NPV)에 가장 가까운 것은? (단, 연 10%의 할인율에서 5년 연금의 현가요소(present value interest factor for an annuity)는 3.7908이다.)

(CPA 1차 2014)

① 820만원 ② 668만원 ③ 516만원
④ 365만원 ⑤ 213만원

22 C기업은 기존의 기계설비를 새로운 기계설비로 교체할 것을 고려하고 있다. 기존의 기계설비는 3년 전 2,400만원에 취득했으며 구입시 내용연수는 8년, 잔존가치는 없는 것으로 추정하였다. 기존의 기계는 현재 시장에서 1,000만원에 처분할 수 있다. 내용연수가 5년인 새로운 기계설비는 2,500만원이며 투자종료시점에서의 잔존가치 및 매각가치는 없다. 기존의 기계설비를 사용하는 경우에 매출액은 1,500만원, 영업비용은 700만원이고, 새로운 기계설비를 사용하는 경우 매출액은 1,800만원, 영업비용은 600만원이다. C기업의 감가상각방법은 정액법, 법인세율은 30%로 가정하였을 때, 새로운 기계설비를 도입할 경우 5년 후 시점($t=5$)에서 발생하는 증분현금흐름은 얼마인가? (CPA 1차 2015)

① 310만원 ② 340만원 ③ 370만원
④ 400만원 ⑤ 430만원

Ⅱ. 서술/계산형 문제

01 지본예산의 의의, 중요성 및 수립절차를 설명하라.

02 현금흐름 추정시 유의사항을 다음의 각 항목으로 구분하여 설명하라.

(1) 현금흐름과 회계적 이익의 상이성

(2) 증분현금흐름

(3) 법인세효과

03 순현가법의 특성을 설명하고, 그 대체적 평가방법인 회수기간법, 평균회계이익률법, 내부수익률법, 수익성지수법의 문제점을 지적하라.

04 | 영업현금흐름의 추정 |

다음과 같은 손익계산서가 주어져 있다.

(단위: 만원)

과 목	금 액
매출액	216,000
영업비용	127,000
감가상각비	22,000
법인세(세율=40%)	(　　　)
순이익	(　　　)

(1) 손익계산서를 완성하라.

(2) 영업현금흐름을 추정하라.

05 | 신규투자안의 현금흐름 추정 및 평가 |

농업용 기계를 생산하고 있는 (주)청운은 새로운 정수기사업을 고려하고 있다. 정수기사업에 필요한 생산설비의 구입가격은 12억원이며, 기타 부대시설을 설치하는 데는 2억원이 소요된다. 이 생산설비의 내용연수는 3년이며, 3년 후 잔존가치 및 매각가치는 2억원으로 추정된다. 정수기는 연간 5,000대를 생산 · 판매할 수 있으며, 대당 판매가격은 30만원, 대당 변동영업비용은 15만원, 고정현금지출비용은 2억원으로 예상된다. 그리고 정수기사업으로 인하여 운전자본이 추가적으로 1억원 더 소요되며, 법인세율은 40%이다.

(1) 투자안의 현금흐름을 추정하라.

(2) 자본비용이 10%일 경우 순현가법에 의해 투자안을 평가하라.

06 | NPV법에 의한 투자안 평가 |

(CPA 1차 2020 수정)

K기업은 새로운 투자안을 발굴하기 위해서 컨설팅비용으로 50만원을 지출하였다. 이 기업은 내용연수가 3년인 기계설비를 도입하는 투자안을 순현가(NPV)법으로 평가하고자 한다. 3,000만원인 기계설비의 구입비용은 투자시작 시점($t=0$)에서 전액 지출되며, 이 기계설비는 내용연수 동안 정액법으로 전액 감가상각되고, 투자안의 종료시점($t=3$)에서 500만원에 처분될 것으로 예상된다. 이 기계설비를 도입하면 매년($t=1$~$t=3$) 매출과 영업비용(감가상각비 제외)이 각각 2,000만원과 500만원 발생한다. 순운전자본은 투자시작 시점에 300만원 투하되고, 투자안이 종료되는 시점에서

전액 회수된다. K기업의 법인세율은 30%이고 투자안의 할인율이 10%라고 할 경우 다음 물음에 답하라. (단, 연 1회 복리를 가정하고, $PVIF(10\%, 3)=0.7513$, $PVIFA(10\%, 3)=2.4868$이다.)

(1) 투자안을 평가하기 위한 현금흐름을 추정하라

(2) 순현가법에 의해 투자안을 평가하라.

07 | NPV와 판매량 |

다음과 같은 투자계획이 주어졌다. 총투자액은 10,000만원으로 투자시작 시점에서 모두 투자되며, 10년에 걸쳐 사업이 진행된다. 투자액은 10년에 걸쳐 정액법으로 감가상각되며, 투자종료 시점에서의 잔존가치 및 매각가치는 없다. 또한 매년 동일한 연간 판매대수를 가정한다. 제품생산과 판매에 관하여 다음의 사항이 주어졌다.

대당 판매가격(sales price per unit)	70만원
대당 변동비(variable cost per unit)	30만원
연간 총고정비(total fixed cost) (감가상각비 제외)	1,500만원
세　　율	40%
자본비용	10%

1년 후부터 10년 동안 매년 1의 현금흐름을 제공하는 연금을 연 10%의 할인율로 할인했을 때의 현가는 6.1446임. (즉 $PVIFA_{0.1,10}=6.1446$)

(1) 연간 예상판매대수가 100대일 경우 이러한 투자계획의 순현가(NPV)는 얼마인가?

(2) 순현가를 0으로 만드는 연간 판매대수는 몇 대인가?

08 | NPV와 기계구입비용 | (CPA 1차 2018 수정)

(주)버젯은 내용연수가 3년인 기계를 구입하려고 한다. 이 기계는 정액법으로 상각되며, 3년 후 잔존가치는 없지만 처분가치는 1,000만원으로 예상된다. 이 기계를 도입할 경우 ($t=0$), 향후 3년 동안($t=1 \sim t=3$) 매년 6,000만원의 매출액과 3,000만원의 영업비용(감가상각비 제외)이 발생한다. 자본비용은 10%이고 법인세율은 30%이다. 순현가(NPV)법으로 투자안을 평가할 경우, (주)버젯이 기계 구입비용으로 지불할 수 있는 최대금액을 구하라.

09 | 내부수익률과 투자액 | (보험계리사 2차 2015 수정)

프로젝트 A와 B의 연도별 현금흐름은 다음 표와 같다.

프로젝트	$t=0$	$t=1$	$t=2$
A	$-x$	280	30
B	$-y$	280	$\frac{y}{2}$

t=0 시점에서 내부수익률(IRR)이 프로젝트 A는 50%, 프로젝트 B는 33%라고 할 때 초기투자액 x와 y를 구하라.

10 | 순현가법과 내부수익률법, 수익성지수법의 비교 |

상호배타적인 두 투자안의 현금흐름은 다음과 같다. (단, 투자안의 자본비용은 25%라고 가정한다.)

(단위: 만원)

연도 말	현금흐름	
	투자안 1	투자안 2
0	−100	−250
1	400	650

(1) 순현가법에 의해 투자안을 평가하라.

(2) 내부수익률법에 의해 투자안을 평가하라.

(3) 수익성지수법에 의해 투자안을 평가하라.

(4) 물음 (1)과 (2), (3)의 결과가 다르다면 그 이유를 설명하고, 가장 합리적인 평가방법을 제시하라.

11 | 대체투자안의 평가 |

(주)한경은 현재 생산설비의 교체를 고려하고 있다. 기존의 기계설비는 6년 전 3,000만원에 취득했으며 구입시 내용연수는 10년, 내용연수 종료일에서의 잔존가치 및 매각가치는 없는 것으로 추정되었다. 기존의 기계설비를 새로운 기계설비로 교체할 경우 기존 기계설비는 현재 시장에서 500만원에 처분가능하다. 새로운 기계설비의 구입가격은 2,000만원이며 내용연수는 4년이다. 이 기계설비의 4년 후 잔존가치는 0원이지만 100만원에 처분될 것으로 예상된다. 기존의 기계설비를 사용하는 경우에 연간 매출액과 영업비용은 각각 2,000만원, 1,600만원이고, 새로운 기계를 사용하는 경우 연간 매출액과 영업비용은 각각 2,200만원, 1,300만원이다. (주)한경의 감가상각방법은 정액법, 법인세율은 40%이다.

(1) 대체투자안 평가를 위한 현금흐름을 추정하라.

(2) 자본비용이 15%일 경우 순현가법에 의해 투자안을 평가하라.

12 **| 대체투자안의 증분현금흐름 |** (CPA 1차 2015 수정)

B출판사는 현재 사용하고 있는 구형 윤전기를 대체할 3년 수명의 신형 윤전기 구입을 고려하고 있다. 구형 윤전기는 완전상각되어 있으며 잔존 시장가치도 없다. 72억원인 신형 윤전기를 구입함으로 인해 3년 동안 연간 매출액이 구형 윤전기에 비해 28억원 증가하고, 매출원가는 변동이 없을 것으로 추정한다. 신형 윤전기는 정액법으로 3년 동안100% 감가상각할 예정이나 3년 후(t=3) 처분가치는 6억원일 것으로 추정하고 있다. 윤전기를 도입하면 초기(t=0)에 3억원의 순운전자본이 소요되며, 이 순운전자본은 3년 후 시점에서 전액 회수된다. 법인세율이 30%라면 윤전기 교체 여부를 평가하는 데 필요한 증부현금흐름을 추정하라.

13 **| 대체설비의 구입가격 |** (CPA 1차 2023 수정)

㈜종로는 현재 사용 중인 기계를 대체할 새로운 기계의 구입을 고려 중이다. 이 프로젝트와 관련된 자료는 다음과 같다.

- 사용 중인 기계의 현재 시장가격은 250만원임.
- 사용 중인 기계는 5년 전 500만원에 구입하였으며 정액법으로 감가상각하고, 구입 당시 내용연수는 10년, 잔존가치는 없는 것으로 추정하였음.
- 새로운 기계는 5년 동안 정액법으로 완전상각되며, 5년 후 처분가치는 500만원으로 추정함.
- 새로운 기계를 사용할 경우 매출액은 변하지 않으나 5년 동안 매년 200만원의 영업비용(감가상각비 제외)을 절감할 수 있음.

법인세율은 40%이고 자본비용은 10%이다. ㈜종로가 지불할 수 있는 새로운 기계의 최대가격을 구하라. (단, 인플레이션은 없다고 가정하며, *PVIF*(10%,5)=0.6209이고 *PVIFA*(10%,5)=3.7908이다.)

보론 1 대체투자안의 현금흐름 추정

현재 사용하고 있는 자산(구자산)이 수명을 다하였거나 그 효율이 떨어질 때 새로운 자산으로 교체하는 투자를 대체투자(replacement investment)라 하며, 이에 대한 현금흐름의 추정은 현재 사용하고 있는 구자산의 처분 등을 고려하여야 하기 때문에 신규투자의 경우보다 복잡하게 된다. 대체투자를 가정하여 투자안의 현금흐름을 추정할 때 고려해야 하는 요인들은 투자안을 시작하는 시점(현재시점), 정상적인 영업활동을 하는 기간, 영업을 종료하는 시점 등에 따라 달라질 수 있다. 이와 같은 점을 고려하여 대체투자의 경우 각 기간별 현금흐름의 일반적인 유형을 제시하면 다음과 같다.

1. 현재시점($t=0$)의 현금흐름

투자가 시작되는 현재시점에서는 아직 영업활동을 착수하지 않았기 때문에 영업활동으로 인한 현금흐름은 발생되지 않고 소요자본, 즉 순운전자본과 자본적 지출 등의 자본투자에 의한 현금유출만 고려해 주면 된다. 그러므로 현재시점의 현금흐름은 다음과 같이 결정될 수 있다.

$$\begin{aligned}\text{현금흐름} &= -\text{순운전자본의 변동} - \text{자본적 지출} \\ &\quad + \text{구자산의 세후 처분가치} \qquad (3A-1)\end{aligned}$$

여기서 구자산의 세후 처분가치

$$= \text{구자산 처분가치} - (\text{구자산 처분가치} - \text{구자산 장부가치}) \times \text{법인세율}$$

식 (3A-1)에서 구자산의 세후 처분가치는 구자산의 처분가치에서 구자산 처분이익(손실)에 대한 세금지출(환급)액을 차감(가산)한 것에 해당한다. 즉 구자산 처분시 이익이 발생할 경우 구자산의 세후 처분가치는 구자산 처분가치에서 구자산 처분이익에 대한 세금지출액을 차감하여 측정한다. 반면 손실이 발생할 경우 구자산의 세후 처분가치는 구자산 처분가치에서 구자산 처분손실에 따른 세금환급액을 가산하여 측정한다. 구자산의 세후 처분가치는 새로운 투자안을 채택함으로써 사용할 필요가 없어진 구자산의 처분으로 인한 현금흐름을 나타낸다.

2. 영업기간($t=1\sim n-1$)의 현금흐름

정상적인 영업활동이 시작된 경우 영업기간 내 임의의 t시점에서의 현금흐름은 본장에서 설명한 잉여현금흐름으로서 다음과 같다.

$$현금흐름 = 영업현금흐름 - 순운전자본의\ 변동 - 자본적\ 지출 \quad (3A-2)$$

식 (3A-2)에서 현금흐름은 신자산을 사용하는 경우의 현금흐름과 구자산을 사용하는 경우의 현금흐름간의 차이에 해당하는 증분현금흐름을 의미한다.

3. 내용연도 말($t=n$)의 현금흐름

투자기간이 종료되는 내용연도 말의 현금흐름은 다음과 같다.

$$\begin{aligned}현금흐름 = &\ 영업현금흐름 - 순운전자본의\ 변동 - 자본적\ 지출\\ &+ 자산처분가치 - (자산처분가치\\ &- 자산장부가치) \times 법인세율 \quad (3A-3)\end{aligned}$$

여기서 자산처분가치(증분) = 신자산의 처분가치 − 구자산의 처분가치
자산장부가치(증분) = 신자산의 장부가치 − 구자산의 장부가치

내용연도 말에는 모든 영업활동이 종료되기 때문에 그 시점에 아직 남아 있는 운전자본은 모두 회수될 것이다. 이때 운전자본이 회수(감소)되므로 순운전자본의 변동이 갖는 부호는 음(−)이 된다. 한편 식 (3A-3)에서 순운전자본의 변동 앞에 음(−)의 부호가 있으므로 운전자본을 회수하는 경우에는 전체 부호가 양(+)이 된다. 즉 내용연도 말에서의 운전자본의 회수는 현금유입으로 나타나게 된다는 것을 유의해야 한다.

이상과 같이 기간별로 살펴본 대체투자안의 현금흐름은 크게 두 가지 유형의 현금흐름으로 구성된다. 하나는 영업현금흐름이며, 다른 하나는 소요자본과 관련된 현금흐름으로서 자본적 지출과 순운전자본의 변동, 그리고 자산처분에 관한 현금흐름을 포함한다.

예제 3A-1 대체투자안의 현금흐름 추정 및 평가

태양상사는 현재 사용중인 기계설비의 대체를 고려하고 있다. 현재 사용하고 있는 기계의 장부가치는 400만원이고 4년 후에는 완전상각되며, 현재 중고시장에서 300만원에 처분될 수 있다. 기계설비를 대체하는 경우 새로운 기계의 구입비용은 1,000만원이며, 원재료 등 재고자산 증가로 인한 추가 운전자본이 100만원 소요될 것으로 예상된다. 그리고 새로운 기계로 대체한다면, 향후 4년 동안 매출액은 매년 100만원 늘어나고 영업비용은 매년 200만원 줄어들 것으로 추정된다. 4년 후 새로운 기계의 잔존가치와 매각가치는 각각 200만원으로 예상된다. 이 회사의 감가상각방법은 정액법이며 법인세율은 40%이다.

(1) 투자안의 현금흐름을 추정하라.

(2) 자본비용이 15%일 경우 순현가법에 의해 투자안을 평가하라.

해설

(1) 현금흐름(증분현금흐름)의 추정

① 영업현금흐름＝(매출액－영업비용)(1－법인세율)＋법인세율×감가상각비

$$=[100-(-200)](1-0.4)+0.4\times 100\text{만원}=220\text{만원}$$

＊감가상각비는 증분개념으로서 신기계의 감가상각비에서 구기계의 감가상각비를 차감하여 구한다.

- 신기계의 감가상각비 $=\dfrac{\text{취득원가}-\text{잔존가치}}{\text{내용연수}}=\dfrac{1{,}000-200}{4}=200\text{만원}$
- 구기계의 감가상각비 $=\dfrac{\text{현재 장부가치}-\text{잔존가치}}{\text{내용연수}}=\dfrac{400-0}{4}=100\text{만원}$

→ 감가상각비＝신기계의 감가상각비－구기계의 감가상각비＝200－100＝100만원

② 소요자본

- 현재시점의 소요자본＝－신기계의 구입비용＋구기계의 세후 처분가치
  －순운전자본의 변동
  ＝－1,000＋300－(300－400)×0.4－100＝－760만원
- 내용연도 말의 소요자본＝자산처분가치－(자산처분가치－자산장부가치)
  ×법인세율＋운전자본의 감소액
  ＝200－(200－200)×0.4＋100＝300만원

[
- 자산처분가치(증분)＝신기계의 처분가치－구기계의 처분가치
  ＝200－0＝200만원
- 자산장부가치(증분)＝신기계의 장부가치－구기계의 장부가치
  ＝200－0＝200만원
]

③ 잉여현금흐름 = 영업현금흐름 + 소요자본

(단위: 만원)

구 분	0	1	2	3	4
영업현금흐름		220	220	220	220
소요자본	−760				300
잉여현금흐름	−760	220	220	220	520

(2) 순현가법에 의한 평가

$$NPV = \frac{220}{1+0.15} + \frac{220}{(1+0.15)^2} + \frac{220}{(1+0.15)^3} + \frac{520}{(1+0.15)^4} - 760$$

$$= 39.62\text{만원}$$

이 투자안은 순현가가 39.62만원으로서 0보다 크다. 즉 현재의 기계설비를 새로운 기계설비로 대체해야 한다.

보론 2 실물옵션을 이용한 투자안 평가

1. 실물옵션의 의의

전통적인 투자안 평가방법인 순현재가치(NPV)법은 현재시점에서 주어진 정보를 바탕으로 투자결정이 내려지면, 그 후 투자안의 수명이 다할 때까지 처음 의사결정을 변경하지 못한다고 가정하고 있다. 전통적 NPV법은 미래상황의 안정성을 전제로 하며, 의사결정 이후 상황변화에 따른 의사결정의 변경가능성(연기, 확장, 포기, 축소 등), 즉 경영의 유연성(managerial flexibility)을 무시하고 있다. 경영의 유연성은 기업에 유리할 경우 취할 수 있는 경영자의 선택적 권리를 나타내기 때문에 옵션의 성격과 동일하다고 할 수 있다. 이런 점에서 경영의 유연성을 실물옵션(real option)이라 한다.

전통적 순현가법과 달리 실물옵션접근법은 이와 같은 경영의 유연성을 투자안의 가치평가에 반영하고 있다. 이상에서 설명한 두 가지 접근법은 정보를 다르게 활용하고 있다. NPV법은 미래의 정보를 현재시점에서 예측하여 투자안을 평가하는 반면, 실물옵션접근법은 정보가 활용가능한 미래시점에서 추가적인 의사결정을 할 수 있다는 유연성을 포함하여 투자안을 평가한다. 경영의 유연성의 가치는 다음과 같은 경우에 높아진다.

- 미래의 높은 불확실성 : 시간에 따라 새로운 정보의 입수가능성이 매우 크다.
- 경영의 유연성을 발휘할 여지가 높음 : 새로운 정보에 적절히 대응하도록 경영자에게 허용한다.
- 유연성이 없는 NPV가 0에 근접함 : 투자안의 좋고 나쁨을 판단하기 어려울 경우 의사결정을 바꿀 수 있는 유연성이 높아지기 때문에 유연성의 가치가 훨씬 높아질 수 있다.

이와 같이 유연성의 가치가 높아지는 경우 전통적 순현가법에 의해 산출된 투자안의 가치와 실물옵션접근법에 의해 산출된 투자안의 가치 간에는 상당한 차이가 발생될 수 있다. 따라서 투자안을 평가할 때 투자안에 내포된 옵션, 즉 실물옵션의 가치를 고려해 주어야 한다.

투자안의 NPV=전통적 NPV+실물옵션의 가치

실물옵션의 가치는 본서 제12장에서 설명할 옵션가격결정모형에 의해 평가할 수 있다.

2. 실물옵션의 분류

2.1 투자안 연기에 대한 옵션

현재시점에서 순현가가 음(−)인 투자안이라 하더라도 일정한 기간이 지난 후 긍정적인 상황이 전개되어 사업성이 좋은 투자안으로 바뀔 수 있다. 그러므로 현재시점에서 투자결정을 하기보다는 긍정적인 상황(투자안의 가치>투자비용)이 확인될 때까지 일정기간 동안 투자결정을 연기할 수 있으며, 이와 같은 투자안 연기(delay)에 대한 선택권을 일종의 콜옵션으로 생각할 수 있을 것이다. 따라서 연기옵션의 가치는 연기에 대한 유연성을 가진 투자안의 NPV라 할 수 있다.

연기에 대한 유연성을 가진 투자안의 NPV=전통적 NPV+연기의 가치

2.2 투자안 확장에 대한 옵션

기업은 향후 다른 사업 또는 시장에 진출하기 위한 교두보를 마련할 목적으로 현재시점에서 사업성이 없는 투자안을 채택하기도 한다. 이 경우 현재시점에서의 투자안은 기업이 다른 사업을 할 수 있도록 허용하는 선택권, 즉 옵션을 제공할 수 있다. 따라서 투자안을 평가할 때 이와 같은 추가적인 확장(expand)에 대한 옵션가치를 고려해야 할 것이다. 확장옵션의 가치는 기존 투자안에 추가될 수 있는 가치이며, 이를 고려한 투자안의 NPV는 다음과 같이 측정할 수 있다.

투자안의 NPV=전통적 NPV+확장옵션의 가치

2.3 투자안 포기에 대한 옵션

상황에 따라서는 이미 시작된 투자안이라 하더라도 그 처분가치가 투자안의

잔여기간 동안의 현금흐름 가치보다 더 클 경우 이 투자안을 포기해야 할 것이다. 따라서 중도에 포기할 수 있는 선택권, 즉 옵션이 주어진 투자안의 경우 중도 포기(abandon)에 대한 옵션가치를 고려해야 한다. 투자안 포기에 대한 옵션은 행사가격인 처분가치(abandonment value)로 투자안을 포기(매도)할 수 있는 권리가 주어진 풋옵션이라 할 수 있다. 이러한 포기옵션의 가치는 기존 투자안에 추가될 수 있는 가치이다.

$$\text{투자안의 } NPV = \text{전통적 } NPV + \text{포기옵션의 가치}$$

제4장

불확실성하의 투자결정

1. 기대수익률과 위험의 측정
2. 위험과 기대수익률의 관계: CAPM
3. CAPM과 위험투자안의 평가

보론 CAPM의 대체적 모형

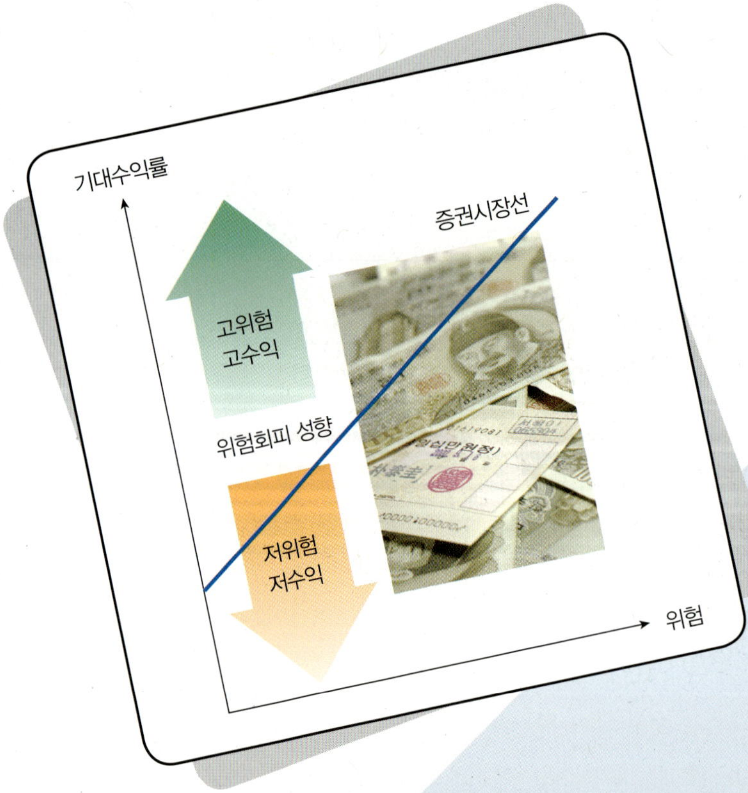

투자자들은 누구나 낮은 위험으로 높은 수익을 얻는 투자를 원한다. 그러나 현실적으로 높은 수익을 얻기 위해서는 높은 위험을 부담해야 하고, 위험을 낮추려면 낮은 수익에 만족해야 한다.

Chapter

04 Investment Decision under Uncertainty

제4장의 개요

투자는 현재의 확실한 현금흐름을 포기함으로써 미래의 현금흐름을 얻는 것으로 볼 수 있다. 투자로부터 얻을 수 있는 미래 현금흐름은 그 당시의 발생가능한 여러 가지 상황에 따라 달라질 수 있는 불확실한 것이다. 그러므로 투자안을 평가할 때 화폐의 시간적 가치뿐만 아니라 위험도 고려해야 할 것이다.

전장에서는 투자로부터 실현되는 미래 현금흐름을 확실하게 예측할 수 있다는 전제하에서 투자결정과정을 설명하였다. 그러나 실제로는 투자로 인해 발생되는 미래 현금흐름을 확실하게 알 수 없을 것이다. 이와 같은 경우 미래 현금흐름의 불확실성을 어떻게 반영해야 하며, 투자안 평가는 어떻게 달라지는가? 본장에서는 위험투자안을 평가하는 방법에 대해서 자세히 설명하고자 한다.

01 기대수익률과 위험의 측정

1.1 개별자산의 기대수익률과 위험

수익률의 개념

투자수익률
일정기간의 투자수익(투자안의 기말가치－기초 투자액)을 기초 투자액으로 나눈 것이다.

투자자가 위험자산(또는 투자안)에 1기간 투자했을 때, **투자수익률**은 그 기간의 투자수익(투자안의 기말가치－기초 투자액)을 기초 투자액으로 나눈 것이다.

$$\text{투자수익률} = \frac{\text{투자안의 기말가치} - \text{기초 투자액}}{\text{기초 투자액}} \qquad (4\text{-}1)$$

현재 투자시점(기초)에서의 투자지출액(기초 투자액)은 확실하게 알 수 있으나, 투자안의 기말가치는 미래의 상황에 따라 변할 수 있는 불확실한 것이다.

확률분포표
투자수익률(확률변수)이 취할 수 있는 모든 값들과 그것들의 발생 가능성(확률)을 나타낸 표이다.

예를 들어 현재 1,000만원을 투자할 때 투자안의 기말가치가 경기상황에 따라 호황일 때는 1,300만원, 보통일 때는 1,100만원, 불황일 때는 900만원이며, 경기가 호황일 가능성은 30%, 보통일 가능성은 40%, 불황일 가능성은 30%라고 하자. 이와 같은 경우 각 상황에 따라 투자수익률을 구해서, 표로 나타내면 〈표 4－1〉과 같다. 이 표와 같이 투자수익률(확률변수)이 취할 수 있는 모든 값들과 그것들의 발생 가능성(확률)을 나타낸 표를 **확률분포표**(probability distribution table)라 한다.

표 4－1 투자수익률의 확률분포표

상 황	수익률	확 률
호황[1]	0.3	0.3
보통[2]	0.1	0.4
불황[3]	－0.1	0.3

주) 1. $\text{투자수익률} = \frac{1,300 - 1,000}{1,000} = 0.3$

2. $\text{투자수익률} = \frac{1,100 - 1,000}{1,000} = 0.1$

3. $\text{투자수익률} = \frac{900 - 1,000}{1,000} = -0.1$

재무 산책

확률변수와 확률분포표

확률변수(random variables)는 미래의 발생가능한 상황에 일정한 수치를 부여한 값이다. 예를 들어 동전 던지기를 시행하여 앞면이 나오면 1,000원을 받고 뒷면이 나오면 1,000원을 잃게 되는 게임이 있다면, 그것은 앞면과 뒷면이라는 발생가능한 상황들에 각각 1,000원과 −1,000원이라는 수치를 부여하여 게임을 구성한 것이다. 즉 1,000원과 −1,000원은 발생확률이 각각 $\frac{1}{2}$인 확률변수이며, 이를 요약한 다음과 같은 표를 확률분포표라 한다.

로또 1등에 당첨될 확률은?
약 0.000012%

동전 던지기 게임의 확률분포표

상 황	성과(확률변수)	확 률
앞 면	1,000원	0.5
뒷 면	−1,000원	0.5

마찬가지로 투자안의 투자성과를 살펴보는 경우 발생가능한 미래의 상황(예를 들어 경제의 호황, 보통, 불황 등)에 일정한 수치(수익률)를 부여하여 확률변수와 확률분포표를 만들 수 있다.

기대수익률과 위험의 측정

기대수익률(expected return)은 미래에 평균적으로 예상되는 수익률로서, 각 상황별로 발생가능한 수익률에 그 상황이 발생할 확률을 곱한 다음 이를 모두 합하여 구한다.

기대수익률
미래에 평균적으로 예상되는 수익률로서, 각 상황별로 발생가능한 수익률에 그 상황이 발생할 확률을 곱한 다음 이를 모두 합하여 구한다.

$$\text{기대수익률} = (\text{수익률} \times \text{확률})\text{의 총합} \qquad (4\text{-}2)$$

식 (4−2)에 의해 측정된 기대수익률은 미래에 예상되는 평균적인 수익률로서 미래의 실제수익률과 다를 수 있다. 이는 미래의 투자수익이 확정되지 못함으로써

나타나는 것으로 미래에 발생할 실제수익률과 기대수익률의 차이(이를 편차라 함)가 크면 클수록 기대수익률을 달성하지 못할 가능성, 즉 위험이 커지게 된다.

수익률의 분산(variance of returns)은 기대수익률이 실현되지 않을 가능성, 즉 위험을 나타내는 척도로서 발생가능한 수익률과 기대수익률의 차이인 편차(deviation)를 제곱한 후 그것의 기대치를 구한 것이다.[1]

수익률의 분산
기대수익률이 실현되지 않을 가능성, 즉 위험을 나타내는 척도로서 발생가능한 수익률과 기대수익률의 차이인 편차를 제곱한 후, 그것의 기대치를 구한 것이다.

$$\text{수익률의 분산} = (\text{편차}^2 \times \text{확률})\text{의 총합} \tag{4-3}$$

여기서 편차 = 수익률 − 기대수익률

그리고 분산의 제곱근을 **표준편차**(standard deviation)라 한다.

표준편차
분산의 제곱근

$$\text{수익률의 표준편차} = \sqrt{\text{분산}} \tag{4-4}$$

이와 같은 수익률의 분산 또는 표준편차가 크면 클수록 미래 수익률이 기대수익률로부터 이탈할 가능성, 즉 투자위험이 높아지게 된다.

〈표 4-1〉에 의해 기대수익률과 분산, 표준편차를 구하면 다음과 같다.

수익률	확　률	수익률×확률	편　차	$(\text{편차})^2$	$(\text{편차})^2 \times$확률
0.3	0.3	0.09	0.2	0.04	0.012
0.1	0.4	0.04	0	0	0
−0.1	0.3	−0.03	−0.2	0.04	0.012
		0.10			0.024

- 기대수익률 $= 0.09 + 0.04 - 0.03 = 0.10$
- 분산 $= 0.012 + 0 + 0.012 = 0.024$
- 표준편차 $= \sqrt{0.024} = 0.1549$

1 편차의 기대값은 항상 0이 되기 때문에 편차를 제곱하여 분산을 구한다.

포트폴리오의 기대수익률과 위험 1.2

지금까지 개별자산에 대한 기대수익률과 위험에 대해서 살펴보았다. 그러나 대부분 투자자의 경우 하나의 자산에만 투자하지 않고 여러 자산(예를 들어 정기예금, 주식, 채권, 부동산 등)에 투자하는 것이 일반적이다. 이 경우 투자자가 보유하는 두 개 이상의 자산으로 구성된 조합을 **포트폴리오**(portfolio)라 한다.

포트폴리오는 두 개 이상 자산의 결합으로 구성된다.

포트폴리오의 수익률

설명의 단순화를 위해서 두 개의 자산으로 구성된 포트폴리오를 생각해 보자. 이 경우 포트폴리오의 수익률은 다음과 같이 구할 수 있다.[2]

$$r_p = W_A r_A + W_B r_B \qquad (4-5)$$

여기서 r_p: 포트폴리오의 수익률
r_A: 자산 A의 수익률
r_B: 자산 B의 수익률
W_A: 자산 A의 구성비율(=자산 A에 대한 투자금액/총투자액)
W_B: 자산 B의 구성비율(=자산 B에 대한 투자금액/총투자액)

포트폴리오의 기대수익률과 위험

〈표 4-2〉와 같이 두 자산에 각각 50%($W_A = W_B = 50\%$)씩 투자하여 구성된 포트폴리오 P의 예에 의해서 기대수익률과 위험(분산 또는 표준편차)을 측정하는 방법을 생각해 보자. 먼저 〈표 4-2〉에서 자산 A의 기대수익률과 분산, 표준편차를 구하면 다음과 같다.

표 4-2 자산 A와 B의 수익률 확률분포표

상 황	확 률	수익률	
		자산 A	자산 B
호 황	0.4	0.30	0.10
불 황	0.6	0.05	0.15

2 구성비율의 합은 항상 1이다. 즉 $W_A + W_B = 1$

- 자산 A의 기대수익률$=0.4\times0.30+0.6\times0.05=0.15$
- 자산 A의 분산$=0.4\times(0.30-0.15)^2+0.6\times(0.05-0.15)^2=0.015$
- 자산 A의 표준편차$=\sqrt{0.015}=0.1225$

그리고 자산 B의 기대수익률과 분산, 표준편차는 다음과 같다.

- 자산 B의 기대수익률$=0.4\times0.10+0.6\times0.15=0.13$
- 자산 B의 분산$=0.4\times(0.10-0.13)^2+0.6\times(0.15-0.13)^2=0.0006$
- 자산 B의 표준편차$=\sqrt{0.0006}=0.0245$

■ 포트폴리오의 기대수익률

식 (4-5)에 의해 포트폴리오 P의 수익률 r_p의 확률분포를 구하면 〈표 4-3〉과 같다. 이와 같은 확률분포표에 의해서 포트폴리오 P의 기대수익률 $E(r_p)$를 구하면 다음과 같다.

$$E(r_p)=0.4\times0.2+0.6\times0.1=0.14$$

또는 포트폴리오 P의 기대수익률 $E(r_p)$는 개별자산의 기대수익률을 가중평균하여 구할 수도 있다.

$$\begin{aligned}E(r_p)&=E(W_Ar_A+W_Br_B)=W_AE(r_A)+W_BE(r_B) \qquad (4\text{-}6)\\&=0.5\times0.15+0.5\times0.13=0.14\end{aligned}$$

여기서 $E(r_A)$: 자산 A의 기대수익률
$E(r_B)$: 자산 B의 기대수익률

■ 포트폴리오의 위험

먼저 〈표 4-3〉에 의해 포트폴리오 P의 분산 $\text{Var}(r_p)$, 표준편차 σ_p를 구하면 다음과 같다.

표 4-3 포트폴리오 P의 수익률 확률분포표

상 황	확 률	포트폴리오 수익률
호 황	0.4	$0.5\times0.30+0.5\times0.10=0.2$
불 황	0.6	$0.5\times0.05+0.5\times0.15=0.1$

- $Var(r_p) = 0.4 \times (0.2 - 0.14)^2 + 0.6 \times (0.1 - 0.14)^2 = 0.0024$
- $\sigma_p = \sqrt{0.0024} = 0.04899$

또는 포트폴리오 P의 분산, 표준편차를 다음과 같이 구할 수 있다.[3]

$$\begin{aligned} Var(r_p) &= Var(W_A r_A + W_B r_B) \\ &= W_A^2 Var(r_A) + W_B^2 Var(r_B) + 2W_A W_B Cov(r_A, r_B) \end{aligned} \quad (4\text{-}7)$$

여기서 $Var(r_A)$: 자산 A의 분산
$Var(r_B)$: 자산 B의 분산

식 (4–7)에서 $Cov(r_A, r_B)$는 두 자산수익률간의 관계를 나타내는 통계치로서 **공분산**(covariance)이라 하며 다음과 같이 정의된다.

공분산
두 자산수익률간의 관계를 나타내는 통계치로서 두 자산수익률의 편차를 서로 곱한 값의 기대치(평균)로 측정된다.

$$Cov(r_A, r_B) = E[(r_A - E(r_A))(r_B - E(r_B))] \quad (4\text{-}8)$$

공분산은 두 자산수익률의 편차(수익률－기대수익률)를 서로 곱한 값의 기대치(평균)로서 양(+) 또는 음(−)의 값을 가질 수 있다. 만약 공분산이 양(+)의 값을 가진다면, 이는 평균적으로 두 자산수익률이 서로 같은 방향으로 움직이고 있음을 의미한다. 그러나 만약 공분산이 음(−)의 값을 가진다면, 이는 평균적으로 두 자산수익률이 서로 다른 방향으로 움직이고 있음을 의미한다.

두 자산수익률간의 관계를 나타내는 공분산은 자산수익률의 크기에 따라 영향을 받기 때문에 공분산에 의해서 두 자산수익률간의 관계를 정확히 설명할 수 없다. 그러므로 두 자산수익률간의 관계를 정확히 설명하기 위해서는 자산수익률의 크기에 따라 나타날 수 있는 영향을 제거하여야 한다. 이와 같은 목적을 위하여 공분산을 각 자산수익률의 표준편차에 의해서 표준화시킨 것을 **상관계수**(correlation coefficient) ρ_{AB}라 하며, 이는 다음과 같이 정의된다.

상관계수
공분산을 두 자산수익률의 표준편차를 곱한 값으로 나누어 표준화시킨 것으로서 두 자산수익률이 얼마나 밀접한 선형관계를 가지고 있는지를 나타내며 항상 −1과 1 사이의 값을 가진다.

$$\rho_{AB} = \frac{Cov(r_A, r_B)}{\sigma_A \sigma_B} \quad (4\text{-}9)$$

여기서 σ_A: 자산 A의 표준편차
σ_B: 자산 B의 표준편차

---

3 $$\begin{aligned} Var(r_p) &= E[r_p - E(r_p)]^2 = E[W_A r_A + W_B r_B - W_A E(r_A) - W_B E(r_B)]^2 \\ &= E[W_A(r_A - E(r_A)) + W_B(r_B - E(r_B))]^2 \\ &= E[W_A^2(r_A - E(r_A))^2 + W_B^2(r_B - E(r_B))^2 + 2W_A W_B(r_A - E(r_A))(r_B - E(r_B))] \\ &= W_A^2 E(r_A - E(r_A))^2 + W_B^2 E(r_B - E(r_B))^2 + 2W_A W_B E[(r_A - E(r_A))(r_B - E(r_B))] \\ &= W_A^2 Var(r_A) + W_B^2 Var(r_B) + 2W_A W_B Cov(r_A, r_B) \end{aligned}$$

그림 4-1

상관계수의 예시

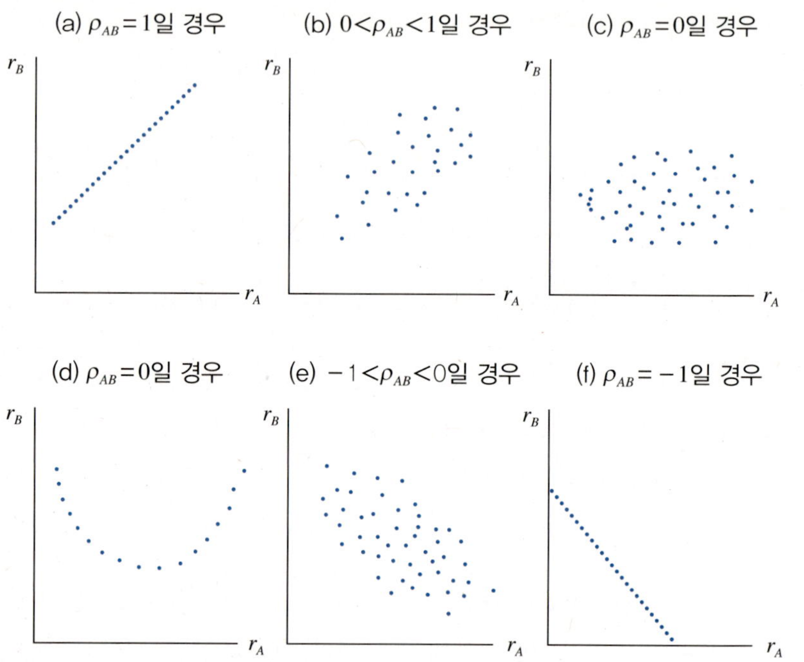

이와 같은 상관계수는 두 자산수익률이 얼마나 밀접한 선형관계를 가지고 있는지를 나타내며, 그것은 항상 -1과 1 사이의 값을 가진다. 두 자산수익률이 정비례하는 직선관계를 가지고 움직일 때는 $\rho_{AB}=1$이 되며, 반비례하는 직선관계를 가지고 움직일 때는 $\rho_{AB}=-1$이 된다. 그리고 두 수익률간에 선형적인 관계가 없는 경우에는 $\rho_{AB}=0$이 된다. 이와 같은 상관관계를 예시하면 [그림 4-1]과 같다.[4]

식 (4-8)과 식 (4-9)에 의해서 예로 제시된 자산 A, B 수익률간 공분산과 상관계수를 구하면 다음과 같다.

$$\bullet\ Cov(r_A, r_B)=0.4\times(0.30-0.15)(0.10-0.13)+0.6\times(0.05-0.15)(0.15-0.13)$$
$$=-0.003$$

$$\bullet\ \rho_{AB}=\frac{-0.003}{0.1225\times0.0245}=-1$$

4 $\rho_{AB}=0$이라는 사실은 자산 A와 자산 B의 수익률간에 선형관계가 존재하지 않는다는 것을 의미하는 것이지, 다른 관계(예를 들어 2차함수관계 등)도 존재하지 않는다는 것을 의미하는 것은 아니다. 즉 상관계수는 선형관계의 정도만을 나타내는 통계값임을 유의해야 한다.

$\rho_{AB} = -1$이므로 두 자산수익률은 반비례하는 직선관계를 가지고 움직임을 알 수 있다.

이제 식 (4-7)에 의해 자산 A와 B에 각각 50%씩 투자하여 구성한 포트폴리오 P의 분산, 표준편차를 구하면, 〈표 4-3〉과 같은 포트폴리오의 확률분포표에 의해서 구해진 결과와 동일함을 알 수 있다.

- $Var(r_p) = (0.5)^2(0.015) + (0.5)^2(0.0006) + 2(0.5)(0.5)(-0.003) = 0.0024$
- $\sigma_p = \sqrt{0.0024} = 0.04899$

포트폴리오의 위험분산효과

■ 상관계수와 위험분산효과

포트폴리오의 위험분산효과
구성자산들간의 관계를 나타내는 상관계수가 작을수록, 포트폴리오의 구성자산 수가 증가할수록, 포트폴리오의 위험은 감소한다.

식 (4-7)을 식 (4-9)에 의해 다음과 같이 나타낼 수 있다.

$$Var(r_p) = W_A^2 Var(r_A) + W_B^2 Var(r_B) + 2W_A W_B \sigma_A \sigma_B \rho_{AB} \qquad (4\text{-}7)'$$

식 (4-7)′에서 상관계수 ρ_{AB}가 작을수록 포트폴리오의 위험이 감소한다. 투자자가 포트폴리오를 구성하려는 이유는 일정한 기대수익률하에서 투자위험을 최소화시킬 수 있는 **포트폴리오의 위험분산효과**(diversification effect)에 의해서 설명될 수 있다. 일반적으로 구성자산들간의 관계를 나타내는 상관계수가 작을수록, 포트폴리오의 위험분산효과가 크게 나타난다.

이와 같은 상관계수와 위험분산효과의 관계를 설명하기 위하여 〈표 4-4〉에서 예시된 두 자산에 각각 50%씩($W_1 = W_2 = 0.5$) 투자하여 포트폴리오를 구성하는 경우를 생각해 보자.

표 4-4 자산의 기대수익률과 표준편차

자 산	기대수익률	표준편차
1	0.14	0.06
2	0.08	0.03

〈표 4-4〉와 같은 두 자산에 각각 50%씩 투자하여 구성된 포트폴리오의 기대수익률과 분산, 표준편차를 식 (4-6)과 식 (4-7)′에 의해서 구하면 각각 다음과 같다.

- $E(r_p)=W_1E(r_1)+W_2E(r_2)=0.5\times0.14+0.5\times0.08=0.11$
- $Var(r_p)=W_1^2Var(r_1)+W_2^2Var(r_2)+2W_1W_2\sigma_1\sigma_2\rho_{12}$
  $=(0.5)^2(0.06)^2+(0.5)^2(0.03)^2+2(0.5)(0.5)(0.06)(0.03)\rho_{12}$
  $=0.001125+0.0009\rho_{12}$
- $\sigma_p=\sqrt{0.001125+0.0009\rho_{12}}$

예를 들어 $\rho_{12}=1, \rho_{12}=0, \rho_{12}=-1$일 때의 표준편차를 각각 구하면 다음과 같다.

- $\rho_{12}=1$일 때, $\sigma_p=\sqrt{0.001125+0.0009\times1}=0.045$
- $\rho_{12}=0$일 때, $\sigma_p=\sqrt{0.001125+0.0009\times0}=0.034$
- $\rho_{12}=-1$일 때, $\sigma_p=\sqrt{0.001125+0.0009\times(-1)}=0.015$

즉 상관계수가 작을수록 포트폴리오의 표준편차가 감소함을 알 수 있다. 이와 같은 방식으로 구성비율의 변화에 따른 기대수익률과 표준편차를 주어진 상관계수에 의해서 구하면 〈표 4-5〉와 같다.

상관계수에 따라 기대수익률과 표준편차의 관계를 나타내는 포트폴리오의 결합선을 〈표 4-5〉의 자료를 이용하여 나타내면 [그림 4-2]와 같다. 이 그림에서 분

표 4-5
포트폴리오의 기대수익률과 표준편차

W_1	$E(r_p)$	σ_p		
		$\rho_{12}=1$	$\rho_{12}=0$	$\rho_{12}=-1$
0.0	0.080	0.030	0.030	0.030
0.2	0.092	0.036	0.027	0.012
0.4	0.104	0.042	0.030	0.006
0.5	0.110	0.045	0.034	0.015
0.6	0.116	0.048	0.038	0.024
0.8	0.128	0.054	0.048	0.042
1.0	0.140	0.060	0.060	0.060

단, $W_2=1-W_1$

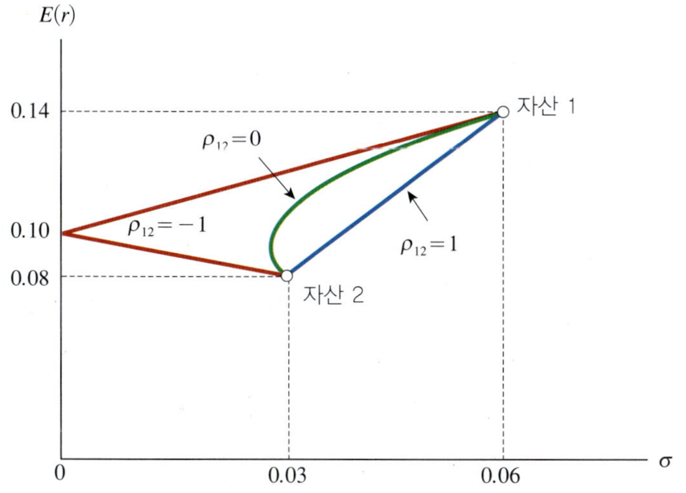

그림 4-2
포트폴리오의 결합선

산효과는 상관계수가 −1에 접근할수록 점점 커진다는 사실을 확인할 수 있다. 즉 상관계수가 작을수록 분산투자의 이점이 점점 크게 나타난다. 그러므로 포트폴리오를 구성할 때 다른 조건이 동일하다면 위험을 감소시키기 위하여 상관관계가 낮은 자산을 가지고 포트폴리오를 구성하여야 함을 알 수 있다.

■ 포트폴리오의 구성자산 수와 위험분산효과

앞에서 설명한 바와 같이 포트폴리오를 구성함으로써 위험을 감소시킬 수 있음을 알 수 있다. 이와 같은 위험분산효과는 [그림 4-3]에서 볼 수 있는 바와 같이 포트폴리오의 구성자산 수를 증가시킴에 따라 포트폴리오의 위험을 현저하게 감소시킬 수 있다.

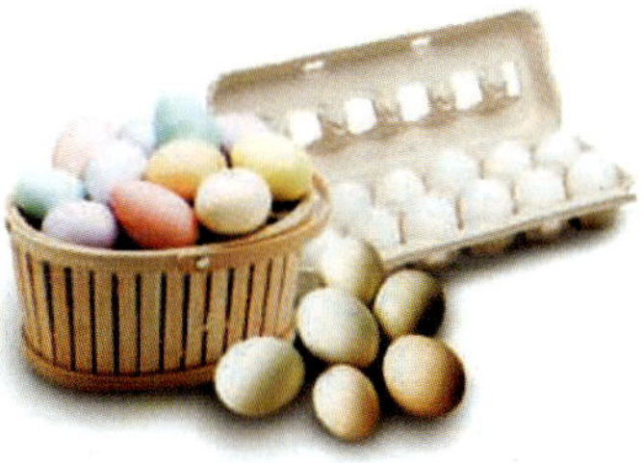

계란을 한 바구니에 담지 마라. 이는 분산투자를 하지 않을 경우 위험이 커진다는 것을 의미한다.

[그림 4-3]에서 자산수익률의 분산(총위험)은 포트폴리오의 구성자산 수를 증가시킴에 따라 제거할 수 없는 부분, 즉 **체계적 위험**(systematic risk)과 제거할 수 있는 부분, 즉 **비체계적 위험**(unsystematic risk)으로 구성되어 있다.[5]

체계적 위험
지산의 총위험 중 포트폴리오의 구성자산 수를 증가시키더라도 제거할 수 없는 위험이다.

비체계적 위험
자산의 총위험 중 포트폴리오의 구성자산 수를 증가시킴에 따라 제거할 수 있는 위험이다.

자산의 총위험 = 체계적 위험 + 비체계적 위험

5 체계적 위험 대신에 분산불가능한 위험(undiversifiable risk) 또는 시장위험(market risk), 비체계적 위험 대신에 분산가능한 위험(diversifiable risk) 또는 고유위험(unique risk)이라는 용어를 사용하기도 한다.

그림 4-3
구성자산 수와 포트폴리오의 위험

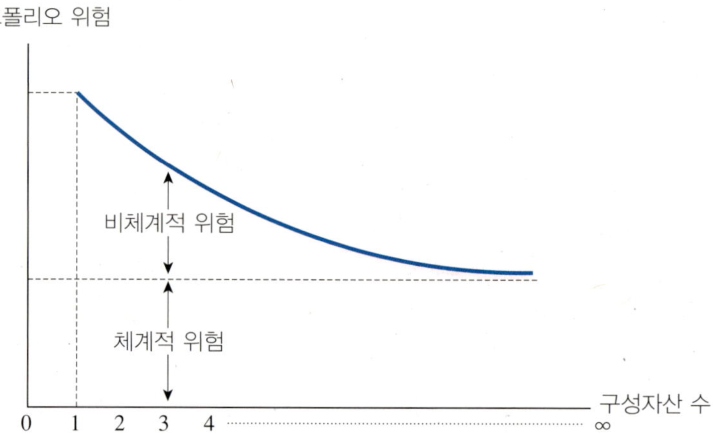

재무 산책

분산투자의 마법

인간은 살면서 다양한 상황에 부딪히며 수많은 선택과 결정을 해야 한다. 대부분의 경우 선택은 한 가지를 얻기 위해 다른 어떤 것을 포기해야 하는 것이다. 그래서 선택이 중요하다. 투자의 세계에서도 선택은 피할 수 없다. 투자자가 리스크를 감수하지 않고는 높은 수익을 기대할 수 없기 때문이다. 문제는 수익을 내기 위해서 리스크(원금 손실가능성)를 얼마나 감수할 수 있느냐, 수익을 극대화하면서 리스크를 최소화할 수 있는 수단을 갖추고 있느냐에 있다. 정답은 포트폴리오 투자에서 찾을 수 있다.

마코위츠(H. M. Markowitz)

포트폴리오 투자에 수익성 달렸다

포트폴리오라는 단어는 미국의 경제학자이며 1990년 노벨경제학상 수상자인 마코위츠(H. M. Markowitz)의 논문 한 편에서 시작됐다. '계란을 한 바구니에 담지 말라'는 투자 격언으로 대표되는 마코위츠의 포트폴리오 선택(portfolio selection) 이론은 현대 포트폴리오 이론의 중심이 되고 있다. 투자 성향과 목적을 토대로 기대수익과 리스크의 수준을 결정하는 것이 포트폴리오 투자다. 기대하는 수익과 감수할 수 있는 손실 수준을 사전에 정해 투자기준으로 삼게 된다. 여기서 수익과 손실 수준은 개별자산이 아닌 총자산의 수익과 손실을 뜻한다.

투자자들은 항상 수익을 극대화하면서 손실을 최소화할 수 있는 방법을 선택해야 한다. 이를 위해 적절한 분산투자가 필요하다. 여러 가지 자산이 다양한 비율로 분산된 포트폴리오를 구성하고 투자자의 기준에 맞는 가장 효율적인 포트폴리오를 선택하는 것이다.

포트폴리오의 효율성은 같은 수익을 거두는 데 리스크를 얼마나 감내할지에 따라 결정된다. 리스크가 같다면 수익을 최대한 끌어올리는 조합이어야 한다. 마코위츠는 이것을 평균-분산(mean-variance)기준에 따른 지배원리라고 정의했다.

포트폴리오 투자는 의사결정의 기준을 명확하게 제시하고 있지만 투자자가 직접 적용하기에는 어려울 수 있다. 효율적인 포트폴리오 구성과정에는 개별자산의 기대수익, 리스크, 자산간 상관관계, 포트폴리오의 기대수익과 리스크들로 나타나는 효율적 투자선의 계산 등 수학적 계산과정이 필요하기 때문이다. 효율적인 포트폴리오 구성에 전문인력과 전산시스템 지원이 필수적인 이유다.

투자대상은 물론 시기도 분산해야

포트폴리오 투자대상의 선택은 상관성이 낮은 자산군(asset class)을 구분하는 것으로부터 시작된다. 일반적인 경우 주식 · 채권 · 원자재 · 부동산 · 통화 등 속성이 다른 기초자산을 기준으로 구분한다. 또 각 자산이 속한 지역 · 국가에 따라 상관성이 낮은 자산을 뽑을 수 있다. 금융상품으로 구성되면 운용방식이나 구조화 여부에 따라 수익과 위험 특성이 변화하게 된다. 구체적으로 한국의 회사채와 브라질 국채 사례를 보자. 이 둘은 상이한 경기사이클과 신용등급으로 속성이 다른 자산으로 구분할 수도 있고, 펀드 등 금융상품으로 구성되는 경우 또 다른 속성을 기준으로 세분화할 수 있다.

실무적으로는 투자대상이 되는 자산은 기대수익과 위험, 자산간의 상관관계를 기준으로 구분된다. 구분된 자산의 조합으로 포트폴리오를 구성하면 독립된 기대수익과 리스크의 특성을 나타내게 되는데, 효율적으로 조합하기 위해서는 상관성이 낮은 자산군의 존재가 필수적이다. 그러나 이런 자산의 특성치는 고정적인 것이 아니라 시장상황에 따라 변화하는 것이 일반적이어서 전문가들의 의견을 반영해 적절하게 보완해야 한다.

포트폴리오 투자과정에서 부딪히는 시장등락에 따른 타이밍 문제는 적절한 투자시기의 분할을 통해 평균화하는 것이 적절하다. 이것은 적립식 투자로 알려져 있는 달러-코스트 평균(dollar-cost average) 투자법과 유사하다. 실제 포트폴리오의 성과는 자산의 최적배분뿐만 아니라 구체적으로 어떤 상품을 선택했는지에 달려 있다. 상품선택의 적정성은 금융회사의 능력에 따라 좌우될 수 있는데, 이는 경험에 근거한 전문성과 체계적인 관리능력에 따라 차별화된다.

금융위기가 포트폴리오 투자효과 증명

코스피지수가 2,000선을 넘었던 2007년 장밋빛 전망에 취했던 투자자는 상당수가 2008년 글로벌 금융위기 이후 몰빵 투자에 따른 원금 손실을 경험했다. 3년여가 지났음에도 원금 손실에서 벗어나지 못한 투자자들이 적지 않다. 포트폴리오 투자의 중요성을 비싼 수업료를 치르면서 배우게 된 것이다. 2007년 중반부터 시작한 집중 투자와 포트폴리오 투자의 성과를 비교해 보면 글로벌 분산투자의 효과를 확인할 수 있다. 글로벌 분산투자가 적용된 모델 포트폴리오의 투자성과를 코스피지수와 비교해 보면 다양한 평가기준에서 적절한 분산투자가 우월하다는 것이 쉽게 증명된다.

포트폴리오 투자는 장기적인 관점에서 시장의 변동성을 이겨내는 지루한 과정이다. 실제 투자과정은 복잡한 계산과 선택을 필요로 하기 때문에 일반투자자들이 접근하기 어렵다. 그러나 투자의 역사와 학문적 업적으로 증명되는 포트폴리오 투자의 결과는 충분히 어려움을 이겨낼 만한 가치가 있다. 전문적인 금융회사의 도움을 받는다면 생각보다 쉬운 과정이 될 수 있다.

현재와 같은 저금리 상황이 지속될수록 안전한 예금만을 고집하는 것은 더욱 힘들어진다. 자산의 실질가치를 보전하기 위해서라도 포트폴리오 관점에서 위험이 제한된 채권 같은 자산부터 투자경험을 쌓아가는 것이 장기적으로 바람직하다.

〈한국경제, 2010. 6. 15 수정〉

02 위험과 기대수익률의 관계: CAPM

2.1 포트폴리오의 선택

포트폴리오의 기대수익률과 위험(분산 또는 표준편차)을 측정함으로써 선택가능한 모든 투자기회집합을 구성할 수 있다. 여기서는 투자자가 선택가능한 투자기회집합 중에서 어느 포트폴리오를 선택하여야 하는지에 대해서 설명하고자 한다.

두 개 이상의 위험자산들로 구성된 포트폴리오의 기대수익률과 표준편차를 측정하여 기대수익률-표준편차 평면상에 표시하면 [그림 4-4]와 같은 선택가능한 투자기회집합(investment opportunity set)을 얻을 수 있다. 투자기회집합 내에 포함된 포트폴리오는 어떤 자산을 어떤 비율로 투자하는가에 따라 수없이 많이 존재할 것이다. 그러나 투자기회집합 내에 있는 수많은 포트폴리오를 모두 고려하여야 하는 것은 아니다.

> **지배원리**
> 동일한 기대수익률을 가지는 투자대상 중에서는 위험이 작은 것이 큰 것을 지배하며, 동일한 위험을 가지는 투자대상 중에서는 기대수익률이 큰 것이 작은 것을 지배한다.

지배원리(dominance principle)에 의해서 투자기회집합 내에 있는 포트폴리오 중 비효율적 포트폴리오를 제거한 후, 최종적으로 남은 효율적 포트폴리오만 고려하면 된다. 효율적 포트폴리오집합은 다음과 같은 두 가지 방법에 의해 구할 수 있다.

> **최소분산포트폴리오 집합**
> 주어진 기대수익률하에서 가장 작은 위험을 갖는 포트폴리오들의 집합을 의미한다.

첫째, 먼저 주어진 기대수익률하에서 가장 작은 위험을 갖는 포트폴리오들의 집합을 구한다. 이러한 포트폴리오들의 집합을 **최소분산포트폴리오집합**(minimum variance portfolio set)이라 하며, 이것은 [그림 4-4]에서 $\widehat{XGY}$에 해당한다.

최소분산포트폴리오집합 중 분산(또는 표준편차)이 가장 작은 포트폴리오를 최

재무 산책

지배원리

일반적으로 사람들은 응분의 대가(이를 위험프리미엄이라 함) 없이 주어지는 위험을 싫어하기 때문에 자산들간에는 다음과 같은 지배원리가 존재하게 된다.

첫째, 동일한 기대수익률을 가지는 투자대상 중에서는 위험이 작은 것이 큰 것을 지배한다.

둘째, 동일한 위험을 가지는 투자대상 중에서는 기대수익률이 큰 것이 작은 것을 지배한다.

지배원리에 의해서 그 지배관계를 말할 수 없는, 즉 그 우월성을 구분할 수 없는 자산들을 효율적인 자산이라 한다.

소분산포트폴리오집합의 최저점(global minimum variance portfolio: GMV portfolio)이라 하며, 이것은 [그림 4-4]에서 G점에 해당한다. 최소분산포트폴리오집합 중 그 최저점 위에 있는 포트폴리오들($\widehat{GY}$)은 그 최저점 아래에 있는 포트폴리오들($\widehat{GX}$)보다 주어진 위험하에서 기대수익률이 더 크다. 그러므로 최소분산포트폴리오집합 중 그 최저점 위에 있는 포트폴리오집합($\widehat{GY}$)만이 **효율적 포트폴리오집합**(efficient

> **효율적 포트폴리오집합**
> 주어진 위험하에서 가장 높은 기대수익률을 갖는 포트폴리오들의 집합을 의미한다.

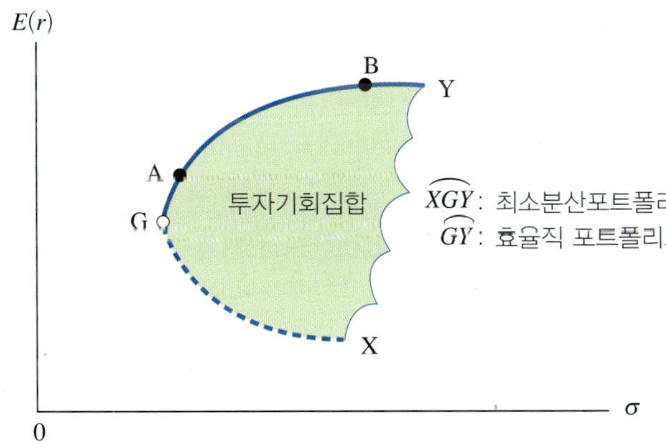

그림 4-4 효율적 포트폴리오집합

portfolio set)이 된다. 이와 같이 위험자산만으로 구성된 효율적 포트폴리오집합 $\widehat{GY}$를 효율적 투자선(efficient frontier)이라고도 한다.

둘째, 주어진 분산(또는 표준편차)하에서 가장 높은 기대수익률을 갖는 포트폴리오들의 집합을 구하면, 그것이 효율적 포트폴리오집합이다.

최적포트폴리오
효율적 포트폴리오집합 중에서 각자의 위험에 대한 성향에 따라 투자자들이 최종적으로 선택하게 되는 포트폴리오를 의미한다.

위험자산들의 효율적 포트폴리오집합이 찾아지면, 그것들 중에서 투자자는 자신의 위험에 대한 성향에 따라 하나의 포트폴리오, 즉 **최적포트폴리오**(optimal portfolio)를 선택하게 된다. 예를 들어 [그림 4-4]에서 위험을 아주 싫어하는 보수적 투자자들은 기대수익률은 낮으나 위험이 낮은 포트폴리오 A를 선택하는 반면, 위험을 상대적으로 덜 싫어하는 공격적 투자자들은 위험은 높으나 기대수익률이 높게 예상되는 포트폴리오 B를 선택할 것이다.

재무 산책

남녀 투자성향 '화남 금녀'만큼 다르다

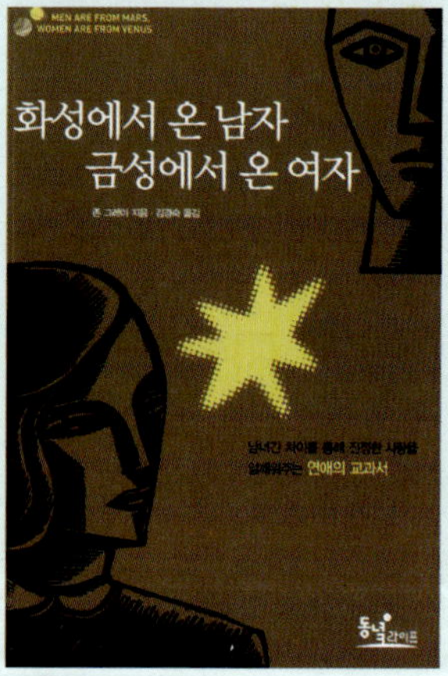

「화성에서 온 남자, 금성에서 온 여자」는 전 세계 베스트셀러의 제목이자 남자와 여자의 차이를 가장 손쉽게 설명해 주는 말 가운데 하나다. 남자와 여자는 본질적으로 그만큼 다르다는 얘기다.

주식투자는 어떨까? 월가 전문가들은 주식투자 성향 역시 남녀에 따라 확연한 차이를 보인다고 지적한다. 하지만 남성이 더 투자를 잘 한다거나 여성 투자자의 수익률이 높다는 개념은 아니다. 서로의 장·단점을 배워야 한다는 게 월가의 결론이다. 월가에 따르면 일반적으로 남성은 여성에 비해 투자에 대한 확신이 강한 반면, 여성은 상대적으로 장기적인 안목을 갖고 투자하는 성향을 지닌다. 바꿔 말하면 남성들은 투자종목을 자주 바꾸는 반면, 여성들은 그렇지 않은 셈이다.

투자성향 남성 '변덕' vs 여성 '우직'… 결과는 비슷

많은 연구결과를 종합하면 남성과 여성은 투자 습관은 물론 은퇴 계획 역시 차이를 보인다. 여성의 경우 시기에 따라 주식과 채권 등의 비율을 자동으로 조절해 주는 펀드를 선호하는 반면, 남성들은 주식, 펀드를 비롯한 다양한 상품에 투자하는 경향을 보인다. 하지만 재미있는 점은 남성과 여성 모두 주식비중은 큰 차이를 보이지 않는다.

뱅가드 그룹(Vanguard Group)이 지난해 조사한 바에 따르면 남성의 평균 주식투자 비중은 74%였고 여성은 73%였다. 전문가들은 은퇴시기가 다가올수록 주식투자 비중을 줄이라고 권고하는 것에 비춰보면 다소 의외의 결과다. 남성들은 투자종목을 자주 바꾸는 것으로 분석됐다. 남성 투자자의 11%가 뮤추얼펀드를 갈아탄 반면, 여성의 비율은 7%에 그쳤다.

뱅가드의 진 영 선임 애널리스트는 "자주 갈아타면 오히려 불리할 수도 있다"며 "여성들이 잘못된 시기에 갈아탈 확률이 더 낮다"고 설명했다. 또한 여성이 회사가 제공하는 은퇴 프로그램에 더 많이 가입하고 소득 대비 저축률도 높았다. 은퇴 프로그램 가입률은 여성이 73%인 반면, 남성은 66%였다. 소득 대비 저축률 역시 여성이 7%(남성 6.8%)로 소폭 높았다. 보헤미아의 로젠 로게 재무설계사는 "여성이 보다 장기적인 안목으로 투자하고 전문가들의 조언을 더 구한다"며 "남성들은 일부 자금을 따로 관리하면서 직접 투자하려는 경향이 강하다"고 설명했다.

최종 결과를 놓고 보면 남성이 여성에 비해 더 많은 은퇴자금을 확보하는 경우가 많다. 이는 투자능력의 차이라기보다는 남성이 여성에 비해 평균적으로 소득이 더 높기 때문이다. 수익률만 놓고 보면 남성과 여성간 큰 차이는 없다. 뱅가드 조사에 따르면 최근 5년 동안 연간 평균수익률은 남성이 10.1%, 여성이 9.7%였다.

투자 불안감, 여성이 더 높아

투자에 대한 확신도 남성과 여성에 따라 차이를 보였다. 메릴린치가 1만1,500명을 대상으로 조사한 결과 여성 투자자의 55%는 "금융시장과 투자에 대한 지식이 다른 투자자들에 비해 부족하다"고 느끼는 것으로 나타났다. 반면 남성은 27%에 그쳤다. 이 때문

에 여성들은 추가 소득이 발생할 경우 이를 펀드나 주식투자에 활용하기보다는 예금이나 적금에 넣는 경우가 많았다.

피델리티가 지난 2013년 조사한 결과에 따르면 '목표달성을 위해 원금손실을 감수하고서라도 상당한 규모의 자금을 투자하겠다'는 비율은 여성이 4%, 남성은 15%로 나타났다. 다른 연구에서도 여성들이 좀 더 투자에 대해 조심스러운 것으로 분석됐다. 여성들이 전문가들의 조언을 더 많이 구하는 것과 같은 맥락으로 풀이된다. 피델리티가 1,300만 개 퇴직연금 계좌를 분석한 결과 남성의 64%는 투자종목을 직접 선택하는 것으로 나타났다.

메릴린치 웰스 매니지먼트의 마이클 리어시 연구원은 "투자에 대해 과신을 할 수도 있고 확신이 부족할 수도 있다"며 "어떻게 느끼느냐 보다 남성과 여성이 서로 대화를 한다면 더 좋은 결과가 나올 것"이라고 충고했다. 맞벌이 부부라면 더 새겨들어야 할 대목이다.

〈머니투데이, 2015. 5. 16 수정〉

2.2 자본시장선

자본시장선

일반적으로 투자자의 투자대상에는 위험자산만이 아니라 정부가 발행하는 국공채 등의 무위험자산도 포함된다.[6] 이와 같은 무위험자산을 투자대상에 포함시킬 경우, 효율적 포트폴리오집합은 위험자산만을 투자대상으로 하는 경우와는 달라진다.

위험자산만으로 구성된 효율적 포트폴리오집합 중 하나인 포트폴리오 A와 무위험이자율이 r_f인 무위험자산을 결합하여 구성한 새로운 포트폴리오들은 [그림 4-5]의 기대수익률-표준편차 평면상에서 r_f와 A를 연결한 직선 위에 존재하게 된다.[7]

이와 같은 방법으로 위험자산들만에 의해서 구성된 효율적 포트폴리오집합

그림 4-5

효율적 포트폴리오집합: 자본시장선

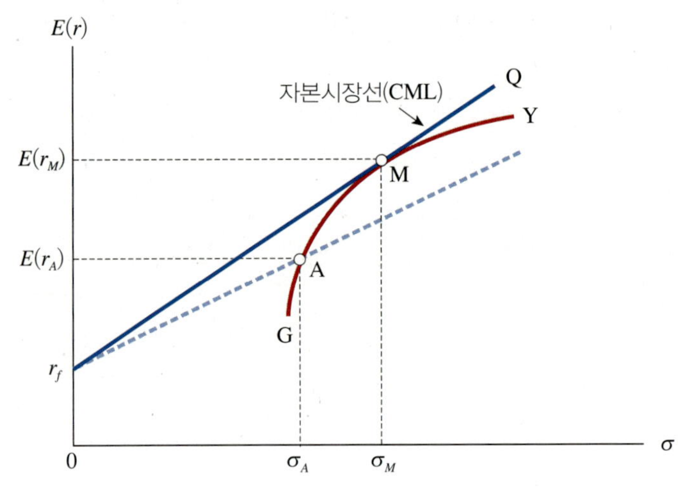

6 무위험자산이 존재한다는 것은 동일한 무위험이자율로 언제든지 자금을 빌려오거나 빌려줄 수 있다는 것을 의미한다.

7 $E(r_p)=WE(r_A)+(1-W)r_f$ (단, W: 위험자산 포트폴리오 A의 구성비율)

$$\sigma_p=\sqrt{W^2\sigma_A{}^2+(1-W)^2\sigma_{r_f}{}^2+2W(1-W)\sigma_A\sigma_{r_f}\rho_{Ar_f}}$$
$$=\sqrt{W^2\sigma_A{}^2}\ (\because\ \sigma_{r_f}=0)$$
$$=W\sigma_A\ (\text{단, } W\geq 0)$$
$$\rightarrow E(r_p)=r_f+\left[\frac{E(r_A)-r_f}{\sigma_A}\right]\sigma_p$$

($\widehat{GY}$)상에 있는 한 점과 무위험자산을 결합하여 수많은 새로운 포트폴리오 결합선을 구할 수 있을 것이다. r_f에서 위험자산만으로 구성된 효율적 포트폴리오집합인 $\widehat{GY}$상에 그은 직선들 중 접하는 직선(r_f와 M을 연결한 직선)은 다른 모든 직선보다 주어진 위험하에 기대수익률이 가장 높기 때문에 새로운 효율적 포트폴리오집합이 된다. 즉 무위험자산이 존재하는 경우 투자자들은 항상 위험포트폴리오 M과 무위험자산으로 구성된 직선의 효율적 포트폴리오집합을 가진다. 이와 같이 무위험자산과 위험자산 등 모든 자산들로 구성된 새로운 효율적 포트폴리오집합을 자본시장선(capital market line: CML)이라 하며, 이를 수식으로 나타내면 다음과 같다.

$$E(r_p)=r_f+\left[\frac{E(r_M)-r_f}{\sigma_M}\right]\sigma_p \qquad (4\text{-}10)$$

자본시장선(CML)
효율적 포트폴리오의 위험(표준편차)과 기대수익률의 선형관계를 나타내는 직선을 의미한다.

자본시장선은 무위험자산이 존재하는 경우 효율적 포트폴리오의 위험(표준편차)과 기대수익률의 선형관계를 나타내는 직선을 의미한다. 이와 같은 자본시장선의 의미를 살펴보면 다음과 같다.[8]

> 효율적 포트폴리오의 기대수익률
> =무위험이자율+위험프리미엄
> =무위험이자율+위험의 균형가격×위험량

위험의 균형가격(EPR)
추가적인 위험 한 단위에 대한 자본시장에서의 보상액을 나타내는 것으로서 자본시장선의 기울기와 같다.

식 (4-10)에서 자본시장선의 기울기는 추가적인 위험 한 단위에 대한 자본시장에서의 보상액인 **위험의 균형가격**(equilibrium price of risk: EPR)을 나타낸다는 것을 알 수 있다.[9]

대출포트폴리오
투자자금 중 일부를 무위험자산에 투자하고(무위험이자율로 사금을 대출하고) 나머지를 시장포트폴리오에 투자하는 경우에 만들 수 있는 포트폴리오이다.

모든 자산들(무위험자산과 위험자산들)로 구성된 효율적 포트폴리오집합(자본시장선) 중 어느 포트폴리오를 선택하느냐는 투자자의 주관적인 위험회피성향에 의해서 결정된다. 일반적으로 위험회피성향이 높은 보수적인 투자자는 $\overline{r_fM}$ 사이의 포트폴리오(기대수익률과 위험이 모두 낮은 포트폴리오)를 선택하며, 위험회피성향이 낮은 공격적인 투자자는 $\overline{MQ}$ 사이의 포트폴리오(위험은 상당히 높으나, 그 기대수익률도 높은 포트폴리오)를 선택할 것이다. 여기에서 $\overline{r_fM}$ 사이의 포트폴리오는 현재 소유하고 있는 자금 중 일부를 무위험자산에 투자하고(무위험이자율로 돈을 빌려주고) 나머지를 포트폴리오 M에 투자하는 경우에 만들 수 있는 포트폴리오로서 **대출포트폴**

8 자본시장선에 의해 개별자산 등 비효율적 포트폴리오의 위험과 기대수익률의 관계를 설명할 수는 없다.

9 효율적 포트폴리오의 위험은 표준편차에 의해서 측정될 수 있다.

재무 산책

분리이론

포트폴리오 선택행위는 분리된 다음의 두 단계를 거쳐서 이루어진다.

첫 번째, 위험자산만으로 구성된 포트폴리오 M을 선택한다.

두 번째, 투자자는 위험자산들로 구성된 포트폴리오 M과 무위험자산을 어떻게 결합해야 하는지를 결정하여야 한다. 이는 투자자들의 개인적 특성인 주관적인 위험회피성향에 의해서 결정된다. 즉 투자자들은 자신의 위험회피성향에 따라 차입 또는 대출의 비율을 조정함으로써 최적포트폴리오를 선택한다.

이와 같이 포트폴리오의 선택행위는 분리된 두 개의 단계에 의해서 이루어지며, 이를 토빈(J. Tobin)의 분리이론(separation theorem)이라고 한다. 토빈의 분리이론의 함축적인 의미는 경영자가 주주들의 위험에 대한 주관적 선호와 관계없이 시장에서 결정되는 위험의 균형가격(EPR)을 이용하여 투자결정을 할 수 있다는 것이다.

1981년 노벨경제학상 수상자 토빈(J. Tobin)

리오(lending portfolio)라 한다. 그리고 $\overline{MQ}$ 사이의 포트폴리오는 무위험이자율로 차입한 자금과 현재 보유하고 있는 자금을 합하여 포트폴리오 M에 모두 투자하는 경우에 만들 수 있는 포트폴리오로서 **차입포트폴리오**(borrowing portfolio)라 한다.

> **차입포트폴리오**
> 무위험이자율로 차입한 자금과 현재 보유하고 있는 자금을 합하여 시장포트폴리오에 모두 투자하는 경우에 만들 수 있는 포트폴리오이다.

시장균형과 시장포트폴리오

자본시장에 어떠한 장애요인도 존재하지 않는다는 사실을 의미하는 차입이자율과 대출이자율이 동일하다는 가정 이외에, 모든 투자자들이 자산의 수익률, 분산, 그리고 공분산에 관해서 동일한 믿음을 가지고 있다는 동질적 기대(homogeneous expectation)의 가정을 추가한다면, 모든 투자자들은 각각의 위험회피성향에 관계없이 항상 위험자산의 포트폴리오 M을 선택하게 된다. 그리고 위험자산의 수요와 공급이 일치하는 시장균형하에서는 모든 자산은 누군가에 의해서 소유되어야 한다. 즉 모든 투자자가 동일한 위험자산의 포트폴리오 M만을 선택하는 균형상태하에서는 위험자산의 포트폴리오 M에 포함되지 못하는 위험자산은 어떤 투자자도 소유하려 하지 않기 때문에 존재할 수 없다. 그러므로 균형시장하에서 위험자산의 포트폴리오 M은 현재 시장에서 거래되는 모든 위험자산을 포함하는 포트폴리오이며, 이와 같은 포트폴리오 M을 **시장포트폴리오**(market portfolio)라고 한다. 시장포트폴리오에서의 위험자산 j의 구성비율 W_j^M은 다음과 같다.

> **시장포트폴리오**
> 시장에서 거래되는 모든 위험자산을 포함하여 구성된 포트폴리오를 의미한다.

$$W_j^M = \frac{\text{위험자산 } j\text{의 총시장가치}}{\text{시장전체 위험자산의 총시장가치}} \tag{4-11}$$

투자자가 시장포트폴리오를 선택한다는 것은 시장포트폴리오와 동일한 구성비율을 가지는 위험자산 포트폴리오를 구성한다는 것을 의미한다.

$$W_{1j} = W_{2j} = \cdots\cdots = W_j^M \tag{4-12}$$

여기서 W_{ij} = 투자자 i가 투자한 위험자산 포트폴리오에서 위험자산 j의 구성비율

모든 위험자산을 포함하고 있는 시장포트폴리오를 확인한다는 것은 현실적으로 거의 불가능하기 때문에 시장포트폴리오의 변화 양상을 비교적 잘 나타낸다고 추정되는 주가지수(우리나라의 경우 코스피지수(Korea Stock Price Index : KOSPI)를 주로 사용함)를 그 대용치(proxy)로 이용하는 것이 일반적이다.

예제 4-1

시장포트폴리오의 구성

단지 세 개의 증권으로 구성된 주식시장이 있으며, 주식시장에서 400억원을 투자하려는 투자자 1과 600억원을 투자하려는 투자자 2와 같은 두 투자자만 존재한다고 하자. 주식시장에 관한 자료가 다음과 같을 경우 아래의 물음에 답하라. (단, 차입이자율과 대출이자율이 동일하며, 두 투자자는 주식수익률의 미래 확률분포에 대해서 동질적인 기대를 가지고 있다고 한다.)

주 식	주 가	발행주식수	총시장가치	시장의 구성비율
A	20,000원	100만주	200억원	20%
B	30,000원	100만주	300억원	30%
C	10,000원	500만주	500억원	50%
합 계			1,000억원	100%

투자자 1과 2는 각각의 주식에 얼마씩 투자하겠는가?

해설

무위험자산이 존재하고 동질적 기대를 가지고 있는 경우, 두 투자자는 모두 위험자산으로 구성된 포트폴리오 중 시장포트폴리오에 투자한다.

투자자 1: $W_{1A}=20\%, W_{1B}=30\%, W_{1C}=50\%$
투자자 2: $W_{2A}=20\%, W_{2B}=30\%, W_{2C}=50\%$

그러므로 투자자의 개별주식에 대한 투자금액은 다음과 같이 구할 수 있다.

투자금액 = 투자자의 총투자액 × 구성비율

이에 의해서 각 투자자의 개별주식에 대한 투자금액을 구하면 다음과 같다.

(단위: 억원)

주 식	투자자 1의 투자액	투자자 2의 투자액
A	400×0.2= 80	600×0.2=120
B	400×0.3=120	600×0.3=180
C	400×0.5=200	600×0.5=300
합 계	400	600

2.3 자본자산가격결정모형: 증권시장선

1990년 노벨경제학상 수상자 샤프(W. F. Sharpe)

앞에서 살펴본 바와 같이 동질적 기대의 가정이 성립하는 완전자본시장하에서 모든 투자자들은 완전분산투자된 시장포트폴리오를 항상 선택하며, 이와 같은 분산투자를 통하여 비체계적 위험은 제거될 수 있다. 따라서 분산투자를 통해서도 제거될 수 없는 체계적 위험만이 투자자에게 적합한 위험(relevant risk)이라 할 수 있다.

모든 투자자들이 합리적인 분산투자의 원리에 따라 행동하는 경우, 투자자들에게 적합한 위험은 시장포트폴리오에의 공헌으로 측정되는 체계적 위험이다. 이와 같은 사실에 기초하여 샤프(W. F. Sharpe) 등은 개별증권을 비롯한 모든 자본자산의 적합한 위험(체계적 위험)과 기대수익률 사이에 존재하는 균형관계를 설명하는 모형, 즉 자본자산가격결정모형(capital asset

재무산책 CAPM의 기본가정

현대 자본시장은 수많은 의사결정변수가 결합된 복잡한 구조를 가지고 있다. 이와 같이 복잡한 구조를 가지고 있는 시장의 모든 현상을 설명할 수 있는 모형을 개발하려면 시장에 영향을 미칠 수 있는 수많은 요인들을 동시에 고려하여야 하는데, 이는 거의 불가능한 일이다. 그리고 복잡한 요인들을 동시에 고려하는 경우, 여러 요인들의 상호작용에 의해서 가장 중요한 요인의 효과가 희석되어 그것의 직접적인 효과를 살펴보기 어렵게 된다. 그러므로 일반적으로 모형을 개발할 때 가장 단순화된 가상의 세계를 가정하여 기본적인 모형을 개발한 후, 점점 가정들을 완화시켜서 현실을 보다 잘 설명할 수 있도록 모형을 발전시켜 나가는 방법을 사용한다.

CAPM에서는 다음과 같이 가정하고 있다.

1) 투자자들은 위험회피형이며, 평균-분산 선택 기준에 의해서 포트폴리오를 선택한다.
2) 모든 투자자는 단일의 투자기간을 가지며, 미래 증권수익률의 확률분포에 대하여 동질적 기대(homogeneous expectation)를 가진다.
3) 시장은 완전(perfect capital market)하며, 그것의 구체적인 필요조건은 다음과 같다.
   ① 투자자들은 동일한 무위험이자율로 얼마든지 자금을 차입하거나 대출할 수 있다.
   ② 증권투자이익(배당, 이자, 그리고 자본소득 등)에 대한 개인소득세, 거래비용 및 기타 증권거래를 저해하는 어떠한 장애요인도 존재하지 않는다.
   ③ 완전경쟁이 이루어져 소수의 투자자가 증권가격에 영향을 줄 수 없다.

이상의 가정들은 다소 비현실적이지만 균형상태하에서 위험과 기대수익률의 직접적인 관계를 도출할 수 있도록 설정된 것이다.

pricing model: CAPM)을 개발하였다.[10]

식 (4-10)의 자본시장선에서는 비체계적 위험이 존재하지 않는 효율적 포트폴리오의 위험과 기대수익률의 관계를 나타내기 때문에 적절한 위험의 측정치로서 표준편차(총위험)를 사용할 수 있다. 그러나 비체계적 위험도 포함하고 있는 개별자산의 경우 적절한 위험의 측정치로서 표준편차가 아닌 체계적 위험을 사용하여야 한다. 이와 같은 논리에 의해서 식 (4-10)의 위험 σ_p 대신 개별자산의 적절한 위험 측정치인 체계적 위험(이는 베타계수로 측정됨)을 사용하여야 한다. 따라서 개별자산

10 W. F. Sharpe, "Capital Asset Prices: A Theory of Market Equilibrium Under Conditions of Risk," *Journal of Finance*, Vol. 19(September 1964), pp. 425~442.

그림 4-6
증권시장선의 도출

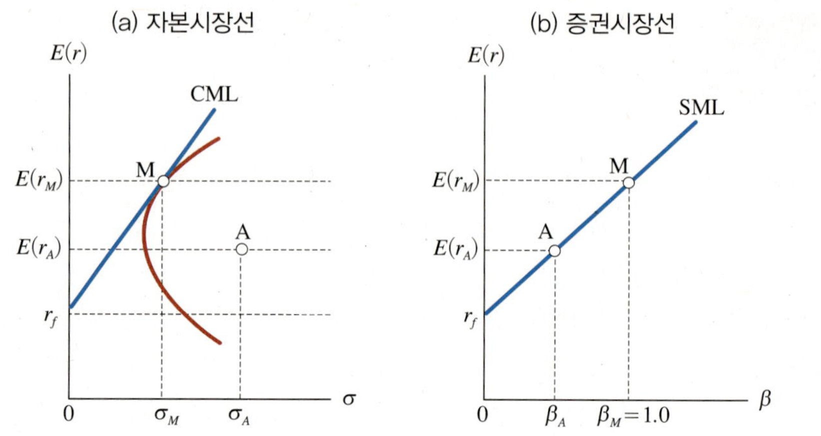

(또는 증권)의 체계적 위험과 균형기대수익률의 관계를 다음과 같이 나타낼 수 있다.

$$E(r_j) = r_f + [E(r_M) - r_f]\beta_j \qquad (4-13)$$

여기서 $E(r_j)$: 자산 j의 기대수익률

r_f: 무위험이자율

$E(r_M)$: 시장포트폴리오의 기대수익률[11]

β_j: 자산 j의 체계적 위험 $\left(\frac{Cov(r_j, r_M)}{Var(r_M)}\right)$

증권시장선(SML)
모든 위험자산의 체계적 위험과 기대수익률의 선형관계를 나타내는 직선이다.

이와 같이 모든 위험자산의 체계적 위험과 기대수익률의 선형관계를 나타내는 직선의 식을 CAPM 또는 **증권시장선**(security market line: SML)이라 한다.[12] 이상과 같은 증권시장선의 도출과정을 나타내면 [그림 4-6]과 같다.

베타계수
체계적 위험의 측정치로서 시장수익률의 변동에 대한 개별자산의 민감도를 나타낸다.

식 (4-13)에서 시장포트폴리오의 기대수익률에서 무위험이자율을 차감한 값, 즉 $[E(r_M) - r_f]$을 시장위험프리미엄(market risk premium)이라 한다. 그리고 β_j는 시장수익률의 변동에 대한 개별자산의 민감도(sensitivity)를 나타낸다.[13] 이 **베타계수**(beta

---

11 시장포트폴리오 수익률은 그 대용치인 코스피지수(KOSPI)를 이용하여 다음과 같이 계산될 수 있다.

$$r_M = \frac{\text{기말 코스피지수} - \text{기초 코스피지수}}{\text{기초 코스피지수}} + \text{시장의 배당수익률}$$

12 CAPM과 SML은 보통 같은 의미로 사용하지만 엄밀하게 구분하면, CAPM은 식 (4-13)과 같은 등식을 의미하며 SML은 이 등식을 그래프로서 나타낸 것을 의미한다. 그러나 본서에서는 두 용어를 구분 없이 사용할 것이다.

13 베타계수는 다음과 같은 단순회귀식, 즉 시장모형(market model)의 기울기를 의미한다.

$r_j = \alpha_j + \beta_j r_M + \varepsilon_j$ (r_j: 자산 j의 수익률, α_j: 절편, ε_j: 오차항)

그리고 시장모형의 추정식을 증권특성선(characteristic line: CL)이라 한다.

coefficient)가 큰 증권일수록 시장수익률의 변동(시장전체의 경기변동)에 대하여 보다 민감하게 반응한다고 할 수 있다. 예를 들어 베타계수가 2인 증권 A와 0.5인 증권 B가 있다고 할 때, 시장수익률이 1%포인트만큼 변동한다면, 증권 A의 수익률은 2%포인트 변동하고 증권 B의 수익률은 0.5%포인트 변동하게 된다. 이러한 점에서 베타계수가 1.0보다 큰 주식을 **공격적 주식**(aggressive stock)이라 하며, 1.0보다 작은 주식을 **방어적 주식**(defensive stock)이라 한다.

공격적 주식
베타계수가 1.0보다 큰 주식

방어적 주식
베타계수가 1.0보다 작은 주식

[그림 4-6]에서 기대수익률-표준편차 평면상에 존재하는 자본시장선은 효율적 포트폴리오의 위험과 기대수익률의 관계를 설명할 수 있으나, 개별자산과 같은 비효율적인 투자기회의 위험과 기대수익률의 관계를 설명하지는 못한다. 예를 들어 자본시장선은 체계적 위험과 비체계적 위험을 모두 가지고 있는 개별증권 A의 위험과 기대수익률의 관계를 설명하지 못한다. 그러므로 적절한 위험의 측정치로서 표준편차가 아닌 체계적 위험(베타)을 사용하여야 효율적 포트폴리오뿐만 아니라 개별증권의 위험과 기대수익률의 관계를 설명할 수 있을 것이다. 즉 기대수익률-베타 평면상에 존재하는 증권시장선으로 모든 위험자산에 대한 위험과 기대수익률의 관계를 설명할 수 있다.

예제 4-2 증권시장선과 기대수익률

무위험이자율이 8%이며, 시장수익률이 10%로 기대된다.

(1) 증권시장선을 구하라.

(2) 베타가 1.5인 증권 K의 기대수익률을 구하라.

해설

(1) 증권시장선은 다음과 같다.

$$E(r_j)=r_f+[E(r_M)-r_f]\beta_j=0.08+(0.10-0.08)\beta_j=0.08+0.02\beta_j$$

(2) 증권시장선에 의해 베타가 1.5인 증권 K의 기대수익률을 구하면 다음과 같다.

$$E(r_K)=0.08+0.02\beta_K=0.08+0.02\times 1.5=0.11 \text{ 또는 } 11\%$$

03 CAPM과 위험투자안의 평가

3.1 균형기대수익률

증권시장선은 균형시장(수요=공급)에서 자산(또는 증권)의 체계적 위험(베타)과 기대수익률의 선형관계를 나타내는 직선이다. 즉 균형시장하에서 모든 증권의 기대수익률은 증권시장선에 의해서 결정되므로, 각 증권들은 정확히 증권시장선상에 위치하게 된다. 만약 [그림 4−7]에서의 증권 a 또는 증권 b와 같이 증권시장선을 이탈한 증권이 존재하는 경우, 시장은 증권에 대한 수요와 공급이 일치하지 않는 불균형상태가 된다. 그러나 완전자본시장하에서는 이와 같은 불균형상태가 투자자들의 가격조정활동에 의해서 오래 지속되지 못한다.[14] 예를 들어 증권시장선 아래에 있는 증권 a의 경우, 그것의 체계적 위험수준(β_A)에서 적절한 기대수익률인 $E(r_A)$보다 낮은 기대수익률 $E(r_a)$를 제공하므로(과대평가되어 있으므로) 이성적인 투자자라면 이와 같은 증권을 보유하려 하지 않는다.[15] 그러므로 증권 a를 보유하고 있는 투자자

그림 4−7
증권시장선과 균형기대수익률

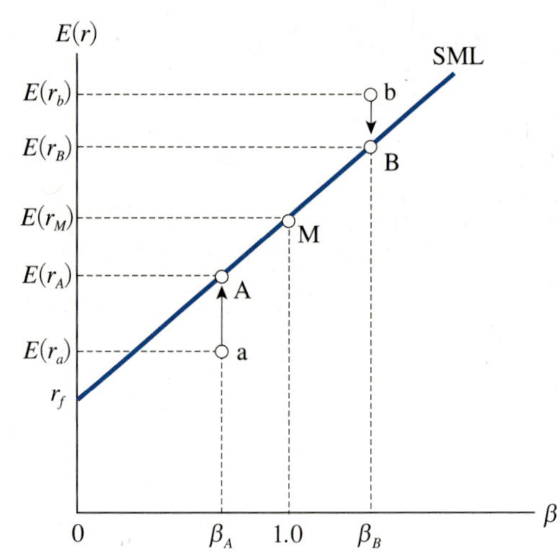

14 이와 같은 가격조정활동을 차익거래과정(arbitrage process)이라 한다.

15 증권의 기대수익률은 다음과 같이 계산된다.

$$기대수익률=\frac{(기말\ 기대증권가격-기초\ 증권가격)+기대배당금}{기초\ 증권가격}$$

는 이 증권을 매도(공급의 증가)할 것이며, 그 결과 그 증권의 가격은 하락하여 기대수익률이 증가하게 된다. 이와 같은 증권 a의 가격하락은 그 증권의 기대수익률이 $E(r_A)$로 상승할 때까지 지속된다. 반대로 증권시장선 위에 있는 증권 b의 경우, 그것의 체계적 위험수준(β_B)에서 적절한 기대수익률 $E(r_B)$보다 높은 기대수익률 $E(r_b)$를 제공하므로(과소평가되어 있으므로) 이성적인 투자자라면 이와 같은 증권을 매입하려 할 것이다. 그러므로 증가된 수요에 의해서 증권 b의 가격이 상승하고 기대수익률은 하락하게 된다. 이와 같은 증권 b의 가격상승은 그 증권의 기대수익률이 $E(r_B)$로 떨어질 때까지 지속된다.

완전자본시장하에서 일시적인 불균형상태는 투자자들의 가격조정활동에 의해서 수요와 공급이 일치하는 균형상태로 곧 회귀하게 된다.[16] 그러므로 장기적으로 볼 때 균형상태가 유지되며, 이 경우 모든 증권들은 증권시장선상에 위치하게 된다.

위험자산(또는 위험투자안)의 체계적 위험(베타)이 추정되면, 균형상태하에서 그 자산의 체계적 위험에 따른 적절한 보상인 기대수익률을 증권시장선에 의해서 측정할 수 있다. 증권시장선에 의해서 측정된 균형기대수익률은 투자자들이 체계적 위험에 대해서 요구하게 되는 최소한의 요구수익률(required rate of return) 또는 자본비용(cost of capital)이라 할 수 있다.

CAPM에 의한 자산의 평가 3.2

일반적으로 위험자산의 가치는 자산을 소유하였을 때의 현금흐름과 적절한 할인율에 의해서 결정된다. 그리고 증권 또는 위험투자안 등의 위험자산을 평가할 때 필요한 할인율은 CAPM을 이용하여 구할 수 있다. 이와 같은 논리에 의해서 위험자산을 평가하는 과정을 나타내면 [그림 4−8]과 같다.

그러므로 기대수익률과 현재 증권가격(기초가격)은 음(−)의 관계를 가진다. 즉 현재 증권가격이 높으면(낮으면), 기대수익률은 낮아진다(높아진다).

16 물론 개인소득세, 거래비용 등의 거래를 방해하는 장애요인이 존재하는 경우, 즉 불완전자본시장에서는 이와 같은 투자자들의 가격조정활동이 제약을 받게 된다. 그러므로 불완전자본시장에서는 불균형상태가 장기적으로 지속될 수도 있다.

그림 4-8

CAPM에 의한 자산의 평가과정

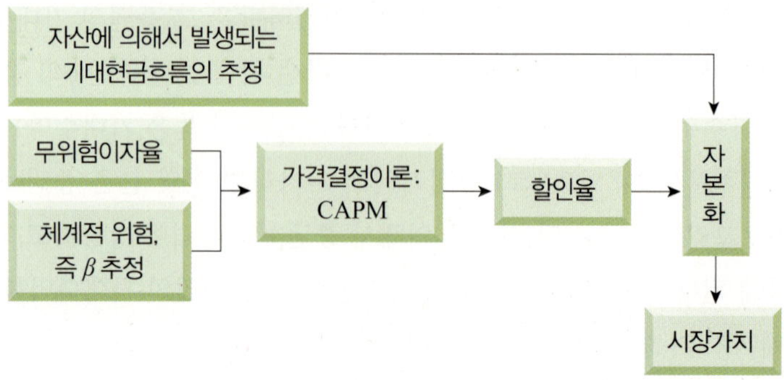

예제 4-3

CAPM에 의한 자산의 평가

A기업의 기말 주식가격은 20,000원으로 기대되며, 이 주식의 베타는 1.5이다. 또한 시장의 기대수익률은 12%이며, 무위험이자율은 8%이다. A기업의 현재 주식가치는 얼마인가? (단, 배당은 없다고 가정한다.)

해설

$$PV(\text{주식}) = \frac{20,000}{1+[0.08+(0.12-0.08)\times 1.5]}$$

$$= 17,544\text{원}$$

3.3 위험과 투자안 평가

위험투자안을 평가하는 방법을 살펴보기 위하여 다음과 같은 현금흐름을 가지는 임의의 투자안을 생각해 보자.

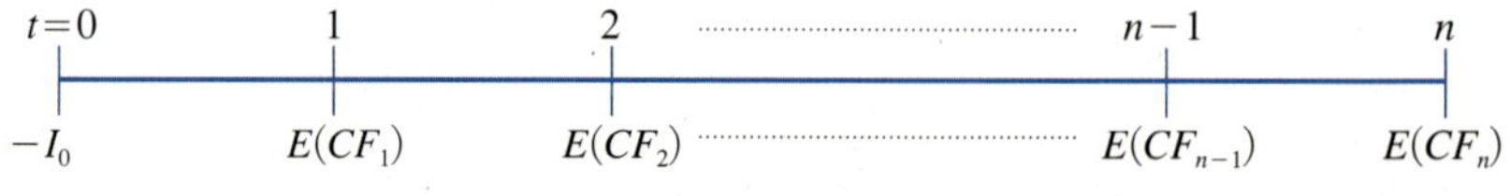

여기서 투자안에 대한 미래 각 기간의 현금흐름은 그 확률분포에 의해서 계산

된 기대현금흐름을 의미한다. 이와 같이 투자안의 현금흐름에 위험이 내포된 경우, 그 위험을 적절히 반영하여 투자안을 평가하여야 한다.

위험투자안을 평가할 때, 먼저 현금흐름에 내포된 위험을 반영하여 할인율, 즉 위험조정할인율(risk adjusted discount rate: RADR)을 추정하여야 한다. 위험조정할인율은 체계적 위험을 나타내는 투자안의 베타를 추정한 후, CAPM을 이용하여 계산할 수 있다.

$$E(r)=r_f+[E(r_M)-r_f]\beta \qquad (4\text{-}14)$$

식 (4−14)에 의해서 측정된 위험조정할인율, 즉 투자안의 자본비용이 매기간 일정하다고 가정하는 경우, 투자안의 순현가를 다음과 같이 계산할 수 있다.

$$NPV=\frac{E(CF_1)}{1+E(r)}+\frac{E(CF_2)}{[1+E(r)]^2}+\cdots+\frac{E(CF_n)}{[1+E(r)]^n}-I_0 \qquad (4\text{-}15)$$

예제 4-4

위험투자안의 평가

투자안의 기대현금흐름은 다음과 같다.

(단위: 만원)

시 점	기대현금흐름
0	−200
1	100
2	100
3	100

이 투자안의 $\beta=0.75$이며, 무위험이자율과 시장의 기대수익률은 각각 6%와 14%이다. 이 투자안을 평가하라.

해설

먼저 투자안의 위험조정할인율을 구하면 다음과 같다.

$$E(r)=r_f+[E(r_M)-r_f]\beta=0.06+(0.14-0.06)\times0.75=0.12 \text{ (또는 12\%)}$$

위험조정할인율 12%로 할인하여 순현가를 구하면 다음과 같다.

$$NPV=\frac{100}{1+0.12}+\frac{100}{(1+0.12)^2}+\frac{100}{(1+0.12)^3}-200$$
$$=40.2\text{만원}$$

투자안의 순현가는 40.2만원으로서 0보다 크기 때문에 이 투자안을 채택해야 한다.

3.4 가치의 가산원칙: 포트폴리오의 베타

CAPM에서는 개별자산의 위험 중 분산투자를 통하여 제거할 수 없는 체계적 위험만 고려한다. 그러므로 CAPM에 의해서 자산이 평가된다면, 개별투자자가 분산투자를 통하여 위험을 감소시켜서 자산의 가치를 증가시키려는 노력은 소용이 없게 된다. 따라서 여러 자산에 분산투자를 하는 경우, 그 포트폴리오의 가치는 개별가치를 단순히 합한 것과 같다는 가치의 가산원칙이 성립한다. 예를 들어 자산 A와 자산 B로 구성된 포트폴리오의 가치 $PV(\text{A}+\text{B})$는 다음과 같이 나타낼 수 있다.

$$PV(\text{A}+\text{B})=PV(\text{A})+PV(\text{B}) \quad (4\text{-}16)$$

포트폴리오의 베타
포트폴리오를 구성하고 있는 각 자산의 베타를 구성비율에 의해서 가중평균한 것이다.

그리고 **포트폴리오의 베타**는 포트폴리오를 구성하고 있는 각 자산의 베타를 구성비율에 의해서 가중평균하여 구할 수 있다. 즉 자산 A와 자산 B로 구성된 포트폴리오의 베타는 다음과 같다.

$$\beta_p=W_A\beta_A+W_B\beta_B \quad (4\text{-}17)$$

$$\text{여기서 } W_A=\frac{PV(\text{A})}{PV(\text{A})+PV(\text{B})}$$
$$W_B=\frac{PV(\text{B})}{PV(\text{A})+PV(\text{B})}$$

CAPM이 성립하는 경우에는 합병(merger)을 통한 위험분산효과가 존재하지 않음을 알 수 있다.[17] 투자자들이 주식의 분산투자를 통하여 제거할 수 있는 비체계적 위험을 이미 제거하였기 때문에, 합병을 통하여 비체계적 위험을 제거하려는 기업의 노력은 소용이 없을 것이다.

예제 4-5 가치의 가산원칙과 포트폴리오 베타

청운전자(주)는 다음과 같은 두 개의 자산을 가지고 있다. (단, 무위험이자율은 5%이며, 시장의 기대수익률은 10%이다.)

자 산	기대현금흐름(억원)		베 타
	0시점	1시점	
A	0	330	1.0
B	0	230	2.0

(1) 증권시장선을 구하라.
(2) 각 자산의 요구수익률을 계산하라.
(3) 각 자산의 현재가치 *PV*(A)와 *PV*(B)를 각각 구하라.
(4) 청운전자(주)의 요구수익률과 현재가치 *PV*(A+B)를 구하라.
(5) 물음 (3)과 (4)를 비교하여 가치의 가산원칙이 성립함을 보여라.

해설

(1) $E(r_j)=r_f+[E(r_M)-r_f]\beta_j=0.05+(0.10-0.05)\beta_j=0.05+0.05\beta_j$

(2) 각 자산의 요구수익률을 구하면 다음과 같다.

- $E(r_A)=0.05+0.05\beta_A=0.05+0.05\times1.0=0.10$
- $E(r_B)=0.05+0.05\beta_B=0.05+0.05\times2.0=0.15$

(3) • $PV(\text{A})=\dfrac{\text{기대현금흐름}}{1+E(r_A)}=\dfrac{330}{1+0.10}=300$억원

• $PV(\text{B})=\dfrac{\text{기대현금흐름}}{1+E(r_B)}=\dfrac{230}{1+0.15}=200$억원

(4) 청운전자(주)는 자산 A와 자산 B로 구성된 포트폴리오로 생각할 수 있다. 그러므로 청운

17 그러나 합병을 통해서 운영상의 시너지효과(synergy effect)는 존재할 수 있다(예 생산공정의 합리적 연결, 규모의 경제에 의한 생산비의 절감, 인적 구성의 상호보완적 효과 등).

전자(주)의 베타는 각 자산의 구성비율에 의해서 가중평균하여 구할 수 있다.

$$\beta_p = W_A\beta_A + W_B\beta_B = \left(\frac{300}{300+200}\right) \times 1.0 + \left(\frac{200}{300+200}\right) \times 2.0 = 1.4$$

그러므로 청운전자(주)의 요구수익률은 다음과 같다.

$$E(r_p) = 0.05 + 0.05\beta_p = 0.05 + 0.05 \times 1.4 = 0.12$$

그리고 청운전자(주)의 현재가치는 다음과 같다.

$$PV(\text{A}+\text{B}) = \frac{\text{기대현금흐름}}{1+E(r_p)} = \frac{330+230}{1+0.12} = 500\text{억원}$$

(5) $PV(\text{A}) + PV(\text{B}) = 300 + 200 = 500 = PV(\text{A}+\text{B})$

그러므로 가치의 가산원칙이 성립한다.

Excel의 활용 베타의 계산

엑셀에서 이용할 수 있는 통계함수 중 평균, 분산, 표준편차, 공분산, 상관계수, 베타계수를 계산하는 함수식은 다음과 같다.

계산하고자 하는 값	함수식
평　　균	=AVERAGE(number1, number2, …)
분산(표본)	=VAR(number1, number2, …)
표준편차(표본)	=STDEV(number1, number2, …)
공분산(모집단)	=COVAR(array1, array2)
상관계수	=CORREL(array1, array2)
베타계수(회귀식의 기울기)	=SLOPE(known_y's, known_x's)

주) 1. number1, number2, …: 수치 인수(숫자 또는 숫자가 포함된 셀의 범위, 최대 30개)
2. array1, array2: 첫째 셀 범위, 둘째 셀 범위
3. known_y's, known_x's: 종속변수의 셀 범위, 독립변수의 셀 범위

참고

1. 표본의 분산, 표준편차, 공분산 등은 자유도(degree of freedom), 즉 (자료 수−1)로 나누어 산출함.
2. 모집단의 분산과 표준편차를 구할 경우 각각 VARP, STDEVP 함수식을 사용함.
3. 표본의 공분산을 구하는 식: $=\text{COVAR(array1, array2)} \times \dfrac{\text{자료 수}}{\text{자료 수}-1}$

	A	B	C	D	E	F	G	H
1	<과거 1년 동안 주식의 월 수익률 자료(표본)>							
2	기 간	주식 A			코스피지수			
3	1월	0.2401			0.1139			
4	2월	-0.0948			-0.0999			
5	3월	0.0210			-0.0101			
6	4월	-0.0299			0.0159			
7	5월	-0.1409			-0.0678			
8	6월	-0.0307			-0.0386			
9	7월	-0.0052			-0.0762			
10	8월	0.0691			0.1036			
11	9월	-0.0398			-0.0870			
12	10월	0.4093			0.1980			
13	11월	-0.0404			0.0776			
14	12월	-0.0268	=AVERAGE(B3:B14)		0.0227	=AVERAGE(E3:E14)		
15	평균	0.0277			0.0127			
16			=VAR(B3:B14)			=VAR(E3:E14)		
17	분산	0.0233			0.0088			
18			=STDEV(B3:B14)					
19	표준편차	0.1525			0.0941	=STDEV(E3:E14)		
20			=COVAR(B3:B14, E3:E14)*(12/(12-1))					
21	공분산	0.0119						
22			=CORREL(B3:B14, E3:E14)					
23	상관계수	0.8300						
24			=SLOPE(B3:B14, E3:E14)				=B21/E1	
25	베타계수	1.3458			또는	1.3458		
26								

주요 용어

● **기대수익률**(expected return)

미래에 평균적으로 예상되는 수익률로서, 각 상황별로 발생가능한 수익률에 그 상황이 발생할 확률을 곱한 다음 이를 모두 합하여 구한다.

기대수익률 = (수익률 × 확률)의 총합

● **수익률의 분산**(variance of returns), **표준편차**(standard deviation of returns)

기대수익률이 실현되지 않을 가능성, 즉 위험을 나타내는 척도로서 발생가능한 수익률과 기대수익률의 차이인 편차(deviation)를 제곱한 후, 그것의 기대치를 구한 것이다. 그리고 분산의 제곱근을 표준편차라 한다.

수익률의 분산 = (편차^2 × 확률)의 총합, 수익률의 표준편차 = $\sqrt{\text{분산}}$

● **포트폴리오**(portfolio)

하나의 자산에만 투자하지 않고 여러 자산(예를 들어 정기예금, 주식, 채권, 부동산 등)에 투자하는 경우 투자자가 보유하는 두 개 이상의 자산에 대한 조합을 의미한다.

● **포트폴리오의 기대수익률**

$$E(r_p) = W_A E(r_A) + W_B E(r_B)$$

● **공분산**(covariance)

두 자산수익률간의 관계를 나타내는 통계치로서 두 자산수익률의 편차를 서로 곱한 값의 기대치(평균)로 측정된다.

$$Cov(r_A,\ r_B) = E[(r_A - E(r_A))(r_B - E(r_B))]$$

● **상관계수**(correlation coefficient)

공분산을 두 자산수익률의 표준편차를 곱한 값으로 나누어 표준화시킨 것으로서 두 자산수익률이 얼마나 밀접한 선형관계를 가지고 있는지를 나타내며, 항상 −1과 1 사이의 값을 가진다.

$$\rho_{AB} = \frac{Cov(r_A,\ r_B)}{\sigma_A \sigma_B}$$

포트폴리오의 분산

$$Var(r_p) = W_A^2 Var(r_A) + W_B^2 Var(r_B) + 2W_A W_B Cov(r_A, r_B)$$
$$= W_A^2 \sigma_A^2 + W_B^2 \sigma_B^2 + 2W_A W_B \sigma_A \sigma_B \rho_{AB}$$

포트폴리오의 위험분산효과(diversification effect)

구성자산들간의 관계를 나타내는 상관계수가 작을수록, 포트폴리오의 구성자산 수가 증가할수록 포트폴리오의 위험은 감소한다.

체계적 위험(systematic risk)

자산의 총위험 중 포트폴리오의 구성자산 수를 증가시키더라도 제거할 수 없는 위험으로서 분산불가능한 위험(undiversifiable risk) 또는 시장위험(market risk)이라고도 한다.

비체계적 위험(unsystematic risk)

자산의 총위험 중 포트폴리오의 구성자산 수를 증가시킴에 따라 제거할 수 있는 위험으로서 분산가능한 위험(diversifiable risk) 또는 고유위험(unique risk)이라고도 한다.

자산의 총위험 = 체계적 위험 + 비체계적 위험

지배원리(dominance principle)

- 동일한 기대수익률을 가지는 투자대상 중에서는 위험이 작은 것이 큰 것을 지배한다.
- 동일한 위험을 가지는 투자대상 중에서는 기대수익률이 큰 것이 작은 것을 지배한다.

최소분산포트폴리오집합(minimum variance portfolio set)

주어진 기대수익률하에서 가장 작은 위험을 갖는 포트폴리오들의 집합을 의미한다.

효율적 포트폴리오집합(efficient portfolio set)

주어진 위험하에서 가장 높은 기대수익률을 갖는 포트폴리오들의 집합을 의미한다.

최적포트폴리오(optimal portfolio)

효율적 포트폴리오집합 중에서 각자의 위험에 대한 성향에 따라 투자자들이 최종적으로 선택하게 되는 포트폴리오를 의미한다.

자본시장선(capital market line: CML)

무위험자산과 위험자산 등 모든 자산들로 구성된 새로운 효율적 포트폴리오집합으로서 효율적 포트폴리오의 위험(표준편차)과 기대수익률의 선형관계를 나타내는 직선을 의미한다.

$$E(r_p) = r_f + \left[\frac{E(r_M) - r_f}{\sigma_M}\right]\sigma_p$$

대출포트폴리오(lending portfolio)

투자자금 중 일부를 무위험자산에 투자하고(무위험이자율로 자금을 대출하고) 나머지를 시장포트폴리오에 투자하는 경우에 만들 수 있는 포트폴리오이다.

차입포트폴리오(borrowing portfolio)

무위험이자율로 차입한 자금과 현재 보유하고 있는 자금을 합하여 시장포트폴리오에 모두 투자하는 경우에 만들 수 있는 포트폴리오이다.

시장포트폴리오(market portfolio)

시장에서 거래되는 모든 위험자산을 포함하여 구성된 포트폴리오를 의미한다.

증권시장선(security market line: SML)

모든 위험자산의 체계적 위험과 기대수익률의 선형관계를 나타내는 직선이다.

$$E(r_j)=r_f+[E(r_M)-r_f]\beta_j$$

베타계수(beta coefficient)

체계적 위험의 측정치로서 시장수익률의 변동에 대한 개별자산의 민감도(sensitivity)를 나타낸다.

$$\beta_j=\frac{Cov(r_j,\ r_M)}{Var(r_M)}$$

포트폴리오의 베타

포트폴리오를 구성하고 있는 각 자산의 베타를 구성비율에 의해서 가중평균한 것이다.

연습 문제

Ⅰ. 완성/선택형 문제

01 투자수익률(확률변수)이 취할 수 있는 모든 값들과 그것들의 발생가능성(확률)을 나타낸 표를 (　　　　)라 한다.

02 여러 자산에 투자하는 경우 투자자가 보유하는 두개 이상의 자산으로 구성된 조합을 (　　　　)라 한다.

03 구성자산들간의 관계를 나타내는 (　　　　)가 작을수록, 포트폴리오의 (　　　　)가 증가할수록 포트폴리오의 위험은 감소한다.

04 자산수익률의 분산(총위험)은 포트폴리오의 구성자산 수를 증가시킴에 따라 제거할 수 있는 부분, 즉 (　　　　)과 제거할 수 없는 부분, 즉 (　　　　)으로 구성되어 있다.

05 (　　　　)은 효율적 포트폴리오의 위험(표준편차)과 기대수익률의 선형관계를 나타내는 직선을 의미하는 반면, (　　　　)은 개별자산 등 모든 위험자산의 체계적 위험과 기대수익률의 선형관계를 나타내는 직선이다.

06 베타계수가 1.0보다 큰 주식을 (　　　　)이라 하며, 1.0보다 작은 주식을 (　　　　)이라 한다.

07 투자안(또는 자산)의 위험을 나타내는 척도로서 가장 적합한 것은?

① 분산 또는 표준편차　② 평균편차　③ 범위
④ 기대값　⑤ 중앙값

08 만기가 1년 후이고 만기일 이전에는 현금흐름이 발생하지 않는 위험자산 A가 있다. 이 자산은 만기일에 경기가 호황인 경우 140원, 불황인 경우 80원을 투자자에게 지

급한다. 위험자산 A의 현재 적정 가격이 100원이라면, 위험자산 A의 적정 할인율에 가장 가까운 것은? (단, 경기가 호황과 불황이 될 확률은 각각 50%이다.)

(CPA 1차 2019)

① 연 8% ② 연 10% ③ 연 14%
④ 연 20% ⑤ 연 30%

09 다음은 세 가지 위험자산(A, B, C)의 기대수익률과 표준편차이다.

	A	B	C
기대수익률	10%	15%	20%
표준편차	5%	?	15%

지배원리를 적용하였을 때, 옳은 것만을 모두 고르면? 단, 투자자는 위험회피형이고, 투자자의 효용함수는 2차함수의 형태를 가지며, 수익률은 정규분포를 따른다고 가정한다. (CPA 1차 2015)

a. B의 표준편차가 3%이면, A가 B를 지배한다.
b. B의 표준편차가 18%이면, B가 C를 지배한다.
c. B의 표준편차가 13%이면, A, B, C 사이에는 지배관계가 성립하지 않는다.

① a ② b ③ c
④ a, b ⑤ b, c

10 위험자산 A, B, C의 기대수익률과 수익률의 표준편차는 다음과 같다. 지배원리를 이용하여 투자자 갑은 이들 세 가지 위험자산 가운데 두 가지 효율적 자산을 선택하고, 이 두 가지 효율적 자산에 각각 50%씩 투자하여 포트폴리오 K를 구성하고자 한다. 포트폴리오 K 수익률의 표준편차에 가장 가까운 것은? 단, 각 위험자산 사이의 상관계수는 모두 0이라고 가정한다. (CPA 1차 2016)

위험자산	A	B	C
기대수익률	9%	12%	10%
표준편차	13%	15%	10%

① 7% ② 8% ③ 9%
④ 10% ⑤ 11%

11 포트폴리오에 대한 다음의 정의들 중 가장 타당한 것은?

① 두 개 이상의 채권으로 구성된다.

② 두 개 이상의 주식으로 구성된다.

③ 두 개 이상의 자산으로 구성된다.

④ 몇 개의 주식과 채권으로 구성된다.

⑤ 몇 개의 주식과 무위험자산으로 구성된다.

12 다음의 포트폴리오들 중 위험분산효과가 가장 크게 나타나는 것은?

① 자산간 상관계수가 높고, 많은 자산으로 구성된 포트폴리오

② 자산간 상관계수가 낮고, 많은 자산으로 구성된 포트폴리오

③ 자산간 상관계수가 낮고, 적은 자산으로 구성된 포트폴리오

④ 자산간 상관계수가 높고, 적은 자산으로 구성된 포트폴리오

⑤ 자산간 상관계수와 관계없이, 많은 자산으로 구성된 포트폴리오

13 두 개의 주식(A와 B)으로 포트폴리오를 구성하고자 한다. 공매도(short sale)가 허용된다고 가정할 때, 다음 중 수익률의 표준편차가 0인 포트폴리오를 구성할 수 있는 경우만을 모두 선택한 것은? (단, 두 주식 수익률의 표준편차는 모두 0보다 크다고 가정한다.) (CPA 1차 2019)

a. 주식 A와 B 수익률의 상관계수가 -1인 경우

b. 주식 A와 B 수익률의 상관계수가 0인 경우

c. 주식 A와 B 수익률의 상관계수가 1인 경우

① a ② a, b ③ a, c

④ b, c ⑤ a, b, c

14 주식 A의 수익률 기대값과 표준편차는 각각 12%와 4%이고, 주식 B의 수익률 기대값과 표준편차는 각각 15%와 8%이다. 이 두 주식에 분산투자하여 포트폴리오를 구성하는 경우 적절한 항목만을 모두 선택한 것은? (단, 주식의 공매도가 가능하다.)

(CPA 1차 2023 수정)

a. 두 주식 수익률간의 상관계수가 (−)1인 경우 표준편차가 7%인 모든 포트폴리오의 기대수익률 평균은 13%이다.
b. 두 주식 수익률의 공분산이 0인 경우 포트폴리오의 기대수익률은 0%가 될 수 있다.
c. 포트폴리오의 기대수익률은 투자비율 뿐만 아니라 두 주식의 상관계수에도 영향을 받는다.
d. 두 주식 수익률간의 상관계수가 1인 경우 포트폴리오의 표준편차는 0이 될 수 없다.

① a, b ② a, d ③ b, c
④ a, b, d ⑤ b, c, d

15 자본자산가격결정모형(CAPM)이 성립할 때, 다음 중 가장 적절한 것은?

(CPA 1차 2021 수정)

① 공매도가 허용될 때, 기대수익률이 서로 다른 두 개의 효율적 포트폴리오를 조합하여 시장포트폴리오를 복제할 수 있다.
② 시장포트폴리오의 위험프리미엄이 음(−)의 값을 가지는 경우가 발생할 수 있다.
③ 수익률의 표준편차가 서로 다른 두 포트폴리오 중에서 더 높은 표준편차를 가진 포트폴리오는 더 높은 기대수익률을 갖는다.
④ 비체계적 위험을 가진 자산이 자본시장선 상에 존재할 수 있다.
⑤ 베타가 0인 자산은 비체계적 위험이 없다.

16 자본자산가격결정모형(CAPM)의 가정에 관한 설명으로 가장 적절하지 않은 것은?

(CPA 1차 2014)

① 투자자들은 자신의 기대효용을 극대화하고자 하는 위험중립적인 합리적 투자자로서 평균−분산 기준에 따라 투자결정을 한다.
② 각 자산의 기대수익률과 분산, 공분산 등에 관한 자료는 모든 투자자들이 동일하게 알고 있다. 즉 모든 투자자들의 위험자산에 대한 예측은 동일하다.
③ 정보는 모든 투자자에게 신속하고 정확하게 알려지며 정보획득에 따른 비용도 존재하지 않는다.
④ 투자자들의 투자기간은 현재와 미래만 존재하는 단일기간(single period)이다.
⑤ 모든 투자자는 가격수용자(price taker)이기 때문에 어떤 투자자의 거래도 시장가격에 영향을 미칠 만큼 크지 않다.

17 다음의 자본시장이론에 대한 설명 중 옳지 않은 것은?

① 일정한 기대수익률하에서 최소의 분산 또는 표준편차를 제공하는 포트폴리오집합의 모든 포트폴리오는 효율적 포트폴리오이다.

② 자본시장선(capital market line: CML)은 효율적 포트폴리오의 위험(σ_p)과 기대수익률의 선형관계를 나타낸다.

③ 증권시장선(security market line: SML)은 모든 자산의 체계적 위험(β)과 기대수익률의 선형관계를 나타낸다.

④ 잘 분산투자된 포트폴리오의 비체계적 위험은 상대적으로 아주 작아서 무시할 수 있다.

⑤ 자본시장에 대해서 모든 투자자가 동일한 정보를 가지고 있다면 모든 투자자들은 항상 동일한 위험자산 포트폴리오, 즉 시장포트폴리오를 선택한다.

18 다음의 위험(risk)에 관한 여러 설명 중 옳은 것은? (CPA 1차 2004)

① 총위험이 큰 주식의 기대수익률은 총위험이 낮은 주식의 기대수익률보다 항상 크다.

② 증권시장선(SML)보다 위쪽에 위치하는 주식의 기대수익률은 과대평가되어 있으므로 매각하는 것이 바람직하다.

③ 시장포트폴리오의 베타는 항상 1로서 비체계적 위험은 모두 제거되어 있다.

④ 상관관계가 1인 두 주식으로 포트폴리오를 구성하는 경우에도 미미하지만 분산투자의 효과를 볼 수 있다.

⑤ 베타로 추정한 주식의 위험과 표준편차로 추정한 주식의 위험 사이에는 일정한 관계가 있다.

19 다음과 같은 세 개의 주식과 무위험자산만이 존재하는 자본시장을 가정한다.

자 산	시장가치(억원)
주식 A	300
주식 B	500
주식 C	200
무위험자산	100

이와 같은 경우 시장포트폴리오의 구성비율은?

① 주식 A=27.3%, 주식 B=45.4%, 주식 C=18.2%

② 주식 A=30%, 주식 B=50%, 주식 C=20%

③ 주식 A=20%, 주식 B=50%, 주식 C=30%

④ 주식 A=27.3%, 주식 B=45.4%, 주식 C=18.2%, 무위험자산=9.1%

⑤ 주식 A=18.2%, 주식 B=45.4%, 주식 C=27.3%, 무위험자산=9.1%

20 투자자 갑은 시장포트폴리오에 1,000만원을 투자하고 있으며, 그 가운데 주식 A와 B에 각각 100만원과 200만원을 투자하고 있다. 다음 문장의 빈칸 (a)와 (b)에 들어갈 내용으로 적절한 것은? 단, CAPM이 성립하고, 두 투자자(갑과 을)를 포함한 모든 투자자들은 CAPM에 따라 최적 포트폴리오를 구성한다고 가정한다. (CPA 1차 2019)

> 투자자 을은 1,000만원을 시장포트폴리오와 무위험자산에 나누어 투자하고 있다. 전체 투자금액 가운데 300만원을 시장포트폴리오에 투자한다면, 투자자 을의 시장포트폴리오에 대한 투자금액 가운데 주식 A에 투자하는 비중은 (a)이다. 그리고 시장 전체에서 볼 때, 주식 A의 시가총액은 주식 B의 시가총액의 (b)이다.

	(a)	(b)
①	3%	$\frac{1}{2}$배
②	3%	2배
③	10%	$\frac{1}{2}$배
④	10%	2배
⑤	30%	$\frac{1}{2}$배

21 무위험이자율이 8%이며, 시장수익률이 10%일 때 베타가 1.5인 주식의 기대수익률은 얼마인가?

① 8% ② 9% ③ 10%

④ 11% ⑤ 12%

22 자본자산가격결정모형(CAPM)에 대한 다음의 설명 중 가장 올바른 것은? (CPA 1차 2005)

① 증권시장선(SML)에서 다른 조건은 동일하고 시장포트폴리오의 기대수익률이 커진다면 β가 1보다 매우 큰 주식의 균형수익률은 상승하지만, β가 0보다 크지만 1보다 매우 작은 주식의 균형수익률은 하락한다.

② 자본시장선(CML)에서 무위험자산과 시장포트폴리오에 대한 투자가중치는 객관적이지만, 시장포트폴리오에 대한 투자비율은 주관적이다.
③ 증권시장선(SML)의 기울기는 β값에 상관없이 항상 일정한 값을 가진다.
④ 자본시장선(CML)상에 있는 포트폴리오는 효율적이므로 베타는 0이다.
⑤ 자본시장선(CML)상에 있는 포트폴리오와 시장포트폴리오의 상관계수는 0이다.

23 CAPM에 대한 설명으로 틀린 것은? (CPA 1차 2006)
① 시장위험프리미엄(market risk premium)은 항상 0보다 커야 한다.
② 시장포트폴리오와 무위험자산간의 상관계수는 정확히 0이다.
③ SML에 위치한다고 해서 반드시 CML에 위치하는 것은 아니다.
④ 위험자산의 기대수익률은 무위험자산의 수익률보다 항상 높아야 한다.
⑤ 개별자산의 진정한 위험은 총위험의 크기가 아니라 체계적 위험의 크기만으로 평가되어야 한다.

24 증권시장선(SML)에 관한 설명으로 가장 적절하지 않은 것은? (CPA 1차 2015 수정)
① 위험자산의 기대수익률은 베타와 선형관계이다.
② 개별 위험자산의 베타는 0보다 작을 수 없다.
③ 개별 위험자산의 위험프리미엄은 시장위험프리미엄에 개별 위험자산의 베타를 곱한 것이다.
④ 균형상태에서 모든 위험자산의 $\frac{E(r_j)-r_f}{\beta_j}$는 동일하다. (단, $E(r_j)$와 β_j는 각각 위험자산 j의 기대수익률과 베타이며, r_f는 무위험수익률이다.)
⑤ 어떤 위험자산의 베타가 1% 변화하면, 그 자산의 위험프리미엄도 1% 변화한다.

25 다음 표는 1개의 공통요인만 존재하는 시장에서 포트폴리오 A와 포트폴리오 B의 기대수익률과 공통요인에 대한 베타를 나타낸다. 차익거래의 기회가 존재하지 않는다고 할 때, 포트폴리오 B의 기대수익률은 얼마인가? (단, 무위험수익률은 5%이고, 포트폴리오 A와 포트폴리오 B는 모두 잘 분산투자된 포트폴리오이며 비체계적 위험이 없다고 가정한다.) (CPA 1차 2020)

포트폴리오	기대수익률	베타
A	15%	0.8
B	( )	1.2

① 15% ② 20% ③ 25%
④ 27.5% ⑤ 30%

26 (주)대한은 투자자금 100만원으로 베타가 1.5인 위험자산포트폴리오를 구성하려고 한다. (주)대한의 투자정보는 다음 표와 같다. 무위험자산수익률은 5.0%이다. 자산 C의 기대수익률과 가장 가까운 것은? (CPA 1차 2011)

투자자산	베 타	기대수익률(%)	투자금액(원)
자산 A	1.0	13.0	280,000
자산 B	2.0	21.0	240,000
자산 C	?	?	?
포트폴리오	1.5	?	1,000,000

① 16.90% ② 17.33% ③ 17.54%
④ 17.76% ⑤ 18.03%

27 다음은 내년도 경기상황에 따른 시장포트폴리오의 수익률과 주식 A와 B의 수익률 예상치이다. 경기상황은 호황과 불황만 존재하며 호황과 불황이 될 확률은 동일하다. 증권시장선(SML)을 이용하여 주식 A의 베타(β_A)와 주식 B의 베타(β_B)를 비교할 때, β_A는 β_B의 몇 배인가? (단, CAPM이 성립하고 무위험자산수익률은 5%이다.) (CPA 1차 2013)

경기상황	수익률		
	시장포트폴리오	주식 A	주식 B
호 황	12.5%	20.0%	27.5%
불 황	7.5%	10.0%	12.5%

① $\frac{1}{2}$배 ② $\frac{2}{3}$배 ③ $\frac{3}{4}$배
④ $\frac{4}{3}$배 ⑤ $\frac{3}{2}$배

28 시장포트폴리오의 기대수익률과 표준편차는 각각 15%와 20%이다. 그리고 무위험자산의 수익률은 5%이다. 효율적 포트폴리오 A의 기대수익률이 10%라고 하면, 포트폴리오 A의 베타는 얼마인가? 그리고 포트폴리오 A와 시장포트폴리오와의 상관계수는 얼마인가? (단, CAPM이 성립한다고 가정한다.) (CPA 1차 2015)

	베타	상관계수		베타	상관계수
①	$\frac{1}{3}$	0.5	②	$\frac{1}{3}$	1.0
③	$\frac{1}{2}$	0.5	④	$\frac{1}{2}$	1.0
⑤	$\frac{2}{3}$	0.5			

29 주식 A와 주식 B의 기대수익률은 동일하다. 주식 A와 시장포트폴리오의 상관계수는 주식 B와 시장포트폴리오의 상관계수의 2배이다. CAPM이 성립하고 주식 A의 표준편차가 10%라면, 주식 B의 표준편차는? (CPA 1차 2017)

① 5%　② 10%　③ 15%
④ 20%　⑤ 25%

30 다음 중 CAPM의 의미와 거리가 먼 것은?

① 투자자들에게 중요한 위험은 분산투자에 의해 제거되지 않는 체계적 위험이다.
② 균형시장에서 자산의 체계적 위험(베타)과 기대수익률은 선형관계를 갖는다.
③ 자산의 기대수익률은 시차보상인 무위험이자율과 위험보상인 위험프리미엄의 합계와 같다.
④ 개별투자자가 분산투자를 통하여 위험을 감소시켜서 자산의 가치를 증가시키려는 노력은 소용이 없다.
⑤ 어떠한 경우에도 과소 또는 과대평가된 증권은 존재할 수 없다.

31 자본시장선(CML)과 증권시장선(SML)에 관한 설명으로 가장 적절하지 않은 것은? (CPA 1차 2014)

① 자본시장선에 위치한 위험자산과 시장포트폴리오간의 상관계수는 항상 1이다.
② 증권시장선은 모든 자산의 체계적 위험(베타)과 기대수익률간의 선형적인 관계를 설명한다.
③ 자본시장선은 자본배분선(capital allocation line)들 중에서 기울기가 가장 큰 직선을 의미한다.
④ 자본시장선의 기울기는 '시장포트폴리오의 기대수익률에서 무위험자산수익률(무위험이자율)을 차감한 값'으로 표현된다.
⑤ 증권시장선의 균형기대수익률보다 높은 수익률이 기대되는 주식은 과소평가된 자산에 속한다.

32 무위험이자율은 3%, 시장포트폴리오의 기대수익률은 13%이다. 아래 두 자산가격의 균형/저평가/고평가 여부에 대하여 가장 적절한 것은? (CPA 1차 2005)

자 산	β계수	기대수익률
A	0.5	9%
B	1.5	17%

① 두 자산의 가격은 모두 균형상태이다.
② 두 자산의 가격은 모두 저평가되어 있다.
③ 두 자산의 가격은 모두 고평가되어 있다.
④ 자산 A는 저평가되어 있고, 자산 B는 고평가되어 있다.
⑤ 자산 A는 고평가되어 있고, 자산 B는 저평가되어 있다.

33 25개 종목의 주식에 동일한 비중으로 투자하여 구성된 포트폴리오 A의 베타가 1.12이다. 이 포트폴리오에서 베타가 0.8인 주식 X를 전량 매도함과 동시에 그 금액만큼 베타가 2.3인 주식 Y를 매입한다면 구성종목 변경 후 포트폴리오 A의 베타에 가장 가까운 것은? (CPA 1차 2022)

① 1.18 ② 1.20 ③ 1.22
④ 1.24 ⑤ 1.26

34 펀드매니저 A는 베타가 1.1인 300억원 규모의 포트폴리오를 운영하고 있으며 추가로 450억원 규모의 자금 운용을 맡아 신규 자산에 투자하려고 한다. 추가 자금의 투자로 재구성된 수정 포트폴리오의 기대수익률은 14%를 목표로 하고 있으며, 무위험이자율은 4.6%, 시장위험프리미엄은 5%이다. 수정 포트폴리오의 목표 기대수익률을 달성하기 위해 추가로 투자되는 새로운 자산들의 평균 베타에 가장 가까운 것은? (단, CAPM이 성립한다.) (CPA 1차 2023)

① 1.5 ② 1.9 ③ 2.4
④ 2.8 ⑤ 3.1

Ⅱ. 서술/계산형 문제

01 무위험자산이 존재하고 동질적 기대 가정이 성립하는 경우 합리적인 모든 투자자들은 항상 시장포트폴리오를 선택하게 된다. 이와 같은 경우 투자자가 고려해야 하는 개별증권의 위험은 무엇인가?

02 자본시장선과 증권시장선을 비교 설명하라.

03 기업의 재무의사결정에서 CAPM이 어떻게 이용될 수 있는지를 설명하라.

04 **| 기대수익률, 분산, 표준편차의 측정 |**

다음과 같은 확률분포를 가지는 두 자산이 있다.

상 황	확 률	수익률	
		자산 A	자산 B
호 황	0.6	0.40	0.15
불 황	0.4	−0.05	0.20

(1) 자산 A와 B의 기대수익률, 분산, 표준편차를 각각 구하라.

(2) 두 자산에 각각 50%씩 투자하여 구성한 포트폴리오의 기대수익률, 분산, 표준편차를 구하라.

05 **| 상관계수와 포트폴리오의 위험 |**

주식 A와 주식 B의 기대수익률과 분산은 각각 다음과 같다.

주 식	기대수익률	분 산
A	0.2	0.1
B	0.3	0.2

(1) 두 주식 사이의 상관계수가 0.5일 때, 총투자자금 중 60%를 주식 A에 투자하고 그 나머지 40%를 주식 B에 투자하여 구성한 포트폴리오의 기대수익률과 분산을 계산하라.

(2) 두 주식 사이의 상관계수가 −0.5일 때, 총투자자금 중 60%를 주식 A에 투자하고 그 나머지 40%를 주식 B에 투자하여 구성한 포트폴리오의 기대수익률과 분산을

계산하라.

(3) 상관계수가 포트폴리오의 위험에 미치는 영향을 설명하라.

06 | 증권시장선과 투자안 평가 |

무위험이자율은 4%, 시장포트폴리오의 기대수익률은 12%이다. CAPM의 제 가정이 성립한다고 가정하여 다음의 물음에 답하라.

(1) 증권시장선을 구하라.

(2) 베타가 1.5인 투자안의 요구수익률을 구하라.

(3) 만약 베타가 0.8인 투자안에 대해서 9.8%의 기대수익률을 얻을 수 있다면, 이 투자안을 채택하여야 하는가?

(4) 만약 시장에서 주식 X의 수익률이 11.2%로 기대된다면, 이 주식의 베타는 얼마인가?

07 | 위험투자안의 자본비용과 순현가 |

다음과 같은 현금흐름이 예상되는 투자안이 있다.

연도 말	기대현금흐름(만원)
0	−100
1	40
2	60
3	70

이 투자안의 베타는 1.5이다. 그리고 무위험이자율과 시장의 기대수익률은 각각 8%와 16%이다. 투자안의 자본비용을 추정하고 순현가를 구하라.

08 포트폴리오의 베타와 증권시장선 (CPA 1차 2011 수정)

㈜ 대한은 총 5억원의 기금을 세 개 프로젝트에 투자하고 있으며, 투자금액과 베타계수는 다음과 같다.

프로젝트	투자금액	베타계수
A	1.4억원	0.5
B	2.0억원	1.6
C	1.6억원	2.0

무위험자산수익률은 5%이며, 내년도 시장수익률의 추정확률분포는 다음과 같다.

확 률	시장수익률
0.2	9%
0.6	12%
0.2	15%

주어진 자료에 근거하여 추정된 증권시장선(SML)으로부터 산출한 기금의 기대수익률을 구하라.

보론 CAPM의 대체적 모형

앞서 설명한 바와 같이 CAPM은 베타라는 체계적 위험과 기대수익률의 관계를 설명한 이론적 모형이다. 그 동안 많은 학자들과 실무자들이 CAPM의 성립 여부를 검정한 결과, 일부 연구에서 베타가 수익률을 제대로 설명하지 못한다는 실증적 증거가 제시되었다. 이러한 증거는 CAPM에서 사용한 단 1개의 위험요인인 시장요인만으로 수익률을 설명하는 데에 한계가 있으며, 시장요인 외에 다른 위험요인이 존재할 수 있다는 주장의 근거가 되었다. 이는 곧 다요인모형이 등장하는 계기로 작용하였다. 다요인모형은 체계적 위험을 제대로 측정하고자 2개 이상의 위험요인으로 구성된 모형을 의미한다. 보론에서는 다요인모형에 속하는 차익거래가격결정이론(arbitrage pricing theory: APT), 파마-프렌치의 3–요인모형, 카하트의 4–요인모형에 대해 살펴보기로 한다.

1. 차익거래가격결정이론(APT)

로스(S. A. Ross)는 CAPM의 대체적인 모형으로서 차익거래가격결정이론(APT)을 개발하였다.[18] APT와 CAPM의 기본적 차이점은 증권수익률 사이에 존재하는 상호관련성(interrelationship)의 처리에 있다. APT는 증권수익률이 일련의 산업과 시장전반 요인들(factors)에 의해 생성된다고 가정한다. 즉 두 증권 사이의 상관관계는 그 증권들이 공통적 요인들에 의해서 영향을 받을 때 발생한다는 것이다. 그러나 이와는 달리 CAPM은 비록 증권들 사이의 상호관계를 인정한다 하더라도 상호관계를 야기시키는 기본적인 요인들을 자세히 열거하지는 않는다.

APT와 CAPM은 모두 체계적 위험과 기대수익률 사이에 정(+)의 관계가 있음을 나타내지만, APT는 이러한 관계를 매우 직관적인 방법으로 개발하였다. 또한 APT는 시장포트폴리오에 대한 베타에 국한하지 않고 보다 더 일반적인 위험을 고려한다. 그러므로 APT는 CAPM에 대한 대체적인 모형이라 할 수 있다.

18 S. A. Ross, "The Arbitrage Theory of Capital Asset Pricing," *Journal of Economic Theory*, Vol. 13 (December 1976), pp. 341~360.

차익거래가격결정이론(APT)에 의하면 개별증권 j의 기대수익률 $E(r_j)$는 다음과 같다.

$$E(r_j) = \lambda_0 + \lambda_1 b_{j1} + \cdots + \lambda_K b_{jK} \quad \text{(4A-1)}$$

여기서 b_{jk} : 체계적 요인 k에 대한 주식 j의 민감도[19]

(단, $k=1, 2, \cdots, K$)

식 (4A-1)에 따르면, 증권 j의 기대수익률은 각 공통적(체계적) 요인들에 대한 j증권의 민감도(sensitivity) 또는 체계적 위험의 선형결합으로 표시된다. 만약 수익률이 r_f인 무위험자산이 존재한다면, 식 (4A-1)에서 각 체계적 요인에 대한 무위험자산의 민감도는 모두 0이 되어 무위험자산의 수익률 r_f는 λ_0가 된다. 그리고 δ_k를 요인 k에 대한 민감도 b_{jk}는 1이고 기타 나른 요인들에 대한 민감도가 모두 0인 요인 포트폴리오(factor portfolio)의 기대수익률이라고 한다면, δ_k는 다음과 같이 나타낼 수 있다.

$$\delta_k = r_f + \lambda_k$$

즉

$$\lambda_k = \delta_k - r_f$$

이상의 결과에 의해서 식 (4A-1)을 다음과 같이 나타낼 수 있다.

$$E(r_j) = r_f + (\delta_1 - r_f)b_{j1} + \cdots + (\delta_K - r_f)b_{jK} \quad \text{(4A-2)}$$

여기서 $\lambda_k(=\delta_k - r_f)$는 요인 k의 위험 1단위에 대한 균형가격, 즉 요인 k의 위험프리미엄이라 할 수 있다. 따라서 요인 k로 인한 증권 j의 위험프리미엄은 $\lambda_k b_{jk}$이다.

모든 자산의 수익률을 설명할 수 있는 체계적 요인이 시장포트폴리오 M 하나뿐이라면 식 (4A-2)는 다음과 같이 될 것이다.

$$E(r_j) = r_f + (\delta_M - r_f)b_{jM} \quad \text{(4A-3)}$$

---

19 민감도는 CAPM에서의 베타와 그 의미가 동일하다.

그런데 시장포트폴리오 M과의 민감도가 1인 자산은 시장포트폴리오를 의미하기 때문에 δ_M은 시장포트폴리오의 기대수익률 $E(r_M)$이 되며, 또한 시장포트폴리오에 대한 민감도 b_{jM}은 시장포트폴리오에 대한 베타계수 β_j가 된다. 그러므로 식 (4A−3)을 CAPM과 동일한 형태로 다음과 같이 나타낼 수 있다.

$$E(r_j) = r_f + [E(r_M) - r_f]\beta_j \tag{4A-3}$$

따라서 CAPM은 APT에서 요인이 시장포트폴리오 하나뿐인 특수한 경우라 할 수 있다. CAPM과 APT는 모두 완전자본시장과 동질적 기대의 가정하에서 도출된 균형시장모형이다. 시장포트폴리오라는 단 하나의 공통요인에 의해서 위험자산의 수익률을 설명하려는 CAPM과 다수의 공통요인에 의해서 위험자산의 수익률을 설명하려는 APT는 각각의 공통요인의 수에서 차이가 나지만 각 모형이 주장하고 있는 기본적인 의미는 유사하다. 즉 투자자들이 관심을 가지는 것은 분산투자를 통해서도 제거할 수 없는 체계적 위험이라는 것이다.

2. 파마-프렌치의 3-요인모형

파마(E. F. Fama)와 프렌치(K. R. French)는 시장요인($r_M - r_f$), 기업규모요인(SMB), 장부/시장가치요인(HML) 등 3개의 요인을 이용하여 다음과 같은 3–요인모형(three–factor model)을 개발하였다.[20]

$$E(r_j) - r_f = b_j[E(r_M) - r_f] + s_j E(SMB) + h_j E(HML) \tag{4A-4}$$

여기서 $E(r_M) - r_f$: 시장요인의 위험프리미엄
$E(SMB)$: 기업규모요인의 위험프리미엄
$E(HML)$: 장부가치 / 시장가치 요인의 위험프리미엄
b_j : 시장요인에 대한 주식 j 의 민감도
s_j : 기업규모요인에 대한 주식 j 의 민감도
h_j : 장부가치/시장가치요인에 대한 주식 j 의 민감도

파마와 프렌치의 3–요인모형에 사용된 3개의 위험요인 중 시장요인은 시장요인에 대한 대용치로서 주식시장의 주가지수수익률에서 무위험이자율을 차감한 시장의 초과수익률, 즉 ($r_M - r_f$)를 사용한다. 기업규모요인(SMB) 및 장부가치/시장가

20 E. F. Fama and K. R. French, "Common Risk Factors in the Returns on Stocks and Bonds," *Journal of Financial Eonomics*, Vol. 33(February 1993), pp. 3~56.

치요인(HML)은 시장요인 이외의 체계적 위험의 구성요소를 포착하기 위해 사용된 포트폴리오의 수익률에 해당한다.

기업규모요인(SMB)은 기업규모와 관련된 수익률에서의 위험요인 대용치로 소규모주식 포트폴리오의 수익률에서 대규모주식 포트폴리오 수익률을 차감한 값이다. 따라서 SMB는 'Small Minus Big' 포트폴리오의 수익률을 의미한다.

장부가치/시장가치요인(HML)은 장부가치/시장가치비율(book-to-market equity: BE/ME)과 관련된 수익률에서의 위험요인 대용치로 BE/ME가 높은 주식 포트폴리오의 수익률에서 BE/ME가 낮은 주식 포트폴리오의 수익률을 차감한 값이다. 그러므로 HML은 'High Minus Low' 포트폴리오의 수익률을 의미한다.

3. 카하트의 4-요인모형

카하트(M. M. Carhart)는 파마와 프렌치의 3-요인모형을 확장한 4-요인모형을 개발하였다. 즉, 카하트는 파마와 프렌치의 3-요인모형에 사용된 시장요인($r_M - r_f$), 기업규모요인(SMB), 장부/시장가치요인(HML) 등 3개 요인 외에 모멘텀요인을 추가한 4-요인모형을 제시하였다.[21] 카하트의 4-요인 모형을 파마-프렌치-카하트의 4–요인모형이라고도 한다.

$$E(r_j) - r_f = b_j[E(r_M) - r_f] + s_jE(SMB) + h_jE(HML) + m_jE(PM) \qquad (4A\text{-}5)$$

여기서 $E(PM)$: 모멘텀요인의 위험프리미엄

m_j : 모멘텀요인에 대한 주식 j 의 민감도

모멘텀요인은 최근에 성과가 좋았던 주식들의 수익률의 단순평균값에서 최근에 성과가 나빴던 주식들의 수익률의 단순평균값을 차감한 값이다.

21 M. M. Carhart, "On Persistence in Mutual Fund Performance," *Journal of Finance*. Vol. 52(1)(1997), pp. 57~82.

제5장

가치평가

1. 가치평가의 의의와 중요성
2. 채권의 가치평가
3. 주식의 가치평가
4. EVA와 기업가치

보론 1 채권의 현물이자율과 만기수익률

보론 2 채권등급평가

세계최대 규모인 뉴욕증권거래소(New York Stock Exchange: NYSE) 내부/뉴욕시 맨해튼(Manhattan) 남단부에 있는 월가(Wall Street)에 위치

Chapter

05

Valuation

제5장의 개요

기업은 금융시장에서 주식이나 채권 등의 증권을 발행하여 투자에 필요한 자금을 조달한다. 주식과 채권은 기업이 보유하고 있는 자산에 대한 청구권을 나타내며, 이들의 가치에 의해서 재무의사결정의 기준이 되는 기업의 가치가 결정된다. 그러므로 주식과 채권 등 자산의 가치평가는 재무관리의 가장 기본적인 문제라 할 수 있다.

이론적으로 모든 자산의 가치는 그 자산의 미래 현금흐름을 적절한 할인율로 할인한 현재가치를 의미한다. 본장에서는 먼저 가치평가의 의의와 중요성에 대해 설명한 후, 채권과 주식의 가치평가, 그리고 최근 관심을 끌고 있는 경제적 부가가치(economic value added: EVA) 개념에 대해서 살펴보고자 한다.

01 가치평가의 의의와 중요성

1.1 가치평가의 의의

자산가치는 자산보유에 따른 미래 현금흐름의 크기, 발생시기, 위험도(불확실성) 등 세 개의 요인에 의해 결정된다. 즉 **자산가치**는 그 자산으로부터 발생되는 미래의 기대현금흐름을 그 발생시기와 위험도에 따라 적절하게 할인하여 구한 현재가치의 총합을 의미한다. 따라서 이론적인 자산가치는 다음과 같이 나타낼 수 있다.

자산가치
자산으로부터 발생되는 미래의 기대현금흐름을 그 발생시기와 위험도에 따라 적절하게 할인하여 구한 현재가치의 총합을 의미한다.

$$\text{자산가치} = \frac{CF_1}{1+r} + \frac{CF_2}{(1+r)^2} + \cdots + \frac{CF_n}{(1+r)^n} \tag{5-1}$$

여기서 n : 자산의 수명(내용연수)
CF_t : t시점에서의 현금흐름($t=1, 2, \cdots, n$)
r : 추정된 현금흐름의 위험정도를 반영한 할인율

자산의 형태에 따라 현금흐름의 유형은 달라진다. 예를 들어 주식을 보유하는 경우 얻을 수 있는 현금흐름은 배당금이며, 채권의 경우에는 액면이자 및 만기상환액(원금 또는 액면가), 그리고 실물자산의 경우에는 그 자산으로 인해 발생되는 잉여현금흐름이 적합한 현금흐름이 된다. 그리고 할인율은 추정된 현금흐름의 위험도에 의해서 결정되며, 위험이 높을수록 할인율이 높아진다.

1.2 가치평가의 중요성

대부분의 경영자들은 순현가법을 이용하여 투자결정을 한다. 그러나 경영전략을 수립하거나 경영성과를 평가할 때는 순현가와 같은 창출된 가치 이외의 다른 지표를 이용하는 경우가 많다.[1] 즉 개별 프로젝트를 평가할 때는 가치에 근거한 순현가법을 사용하나, 기업전체에 대한 의사결정시에는 가치에 근거하지 않는 회계적 성과지표, 즉 주당순이익(earning per share: EPS) 성장률, 자기자본순이익률(return on

1 J. F. Weston and T. E. Copeland, *Managerial Finance*, 9th ed.(The Dryden Press, 1992), pp. 704~708.

equity: ROE), 총자산순이익률(return on assets: ROA), 매출액순이익률(return on sales: ROS) 등을 사용하는 경우가 많다. 이와 같이 경영자들이 일관성 없는 의사결정지표를 이용하는 것은 모순된 것이라 할 수 있다.

가치는 완전한 정보(손익계산서와 재무상태표정보)를 필요로 하는 유일한 척도이며, 다양한 이해관계자들의 장기적인 이익이 서로 상충되지 않게 하고, 장기적인 관점에서 미래지향적으로 결정되기 때문에 가장 합리적인 성과지표라 할 수 있다. 이와는 달리 EPS 성장률, ROE, ROA, ROS 등 주로 손익계산서를 이용하여 산출되는 회계적 지표는 재무상태표정보를 충분히 반영하고 있지 않으며, 과거지향적이고 근시안적이라는 문제점을 가지고 있다.

채권의 가치평가 02

채 권
일정한 기간 동안 정기적으로 약정된 이자를 지급하고 만기일에 원금, 즉 채권의 액면가를 상환할 것을 약속한 증서이다.

순수할인채권
이자를 지급하지 않고 만기일에 원금만을 상환하는 채권이다.

확정이자부채권
만기까지 확정된 액면이자를 매기간 말에 지급하고 만기일에는 원금이 상환되는 채권이다.

채권(bond)은 일정한 기간 동안 정기적으로 약정된 이자를 지급하고 만기일에 원금, 즉 채권의 액면가를 상환할 것을 약속한 증서이다. 채권을 발행할 때는 채권의 액면가(face value), 액면(표면)이자율(coupon rate), 그리고 만기(maturity)의 세 가지가 표시되어야 한다.

채권은 이자지급방법에 따라서 순수할인채권, 확정이자부채권 등으로 구분될 수 있다.[2] **순수할인채권**(pure discount bond or zero-coupon bond)은 이자를 지급하지 않고 만기일에 원금만을 상환하는 채권이며, **확정이자부채권**(level-coupon bond)은 만기까지 확정된 액면이자(coupon)를 매기간 말에 지급하고 만기일에는 원금이 상환되는 채권이다. n기간 말에 액면가 F만을 상환하는 순수할인채권과 n기간 말까지 매기간 말에 액면이자(액면가×액면이자율) C를 지급하고 만기일인 n기간 말에 원금 F를 상환하는 확정이자부채권의 현금흐름유형을 각각 나타내면 [그림 5-1]과 같다.

채권의 가치는 그 채권을 소유함으로써 얻을 수 있는 미래 현금흐름을 적절한 할인율(시장이자율)로 할인하여 현재가치로 환산한 값이다.[3] 그러므로 만기일인 n기

2 넓은 의미로 이자를 지급하는 채권을 이표채(coupon bond)라 하기도 하며, 중간에 이자를 지급하지 않고 만기일에 복리된 이자와 원금을 한꺼번에 상환하는 채권을 복리채(compound interest bond)라 한다. 또한 채권은 그 발행주체에 따라 국채(정부), 지방채(지방자치단체), 특수채(특별법에 의해서 설립된 특별법인), 금융채(금융기관), 그리고 회사채 또는 사채(기업)로 구분될 수 있다.

3 현재 시장에서 형성된 이자율, 즉 시장이자율은 채권투자자가 요구하는 최소한의 수익률로서 채권투자에 대한 기회비용이라 할 수 있다. 일반적으로 채권투자의 기회비용은 채권의 현물이자율 또는

그림 5-1
채권의 현금흐름유형

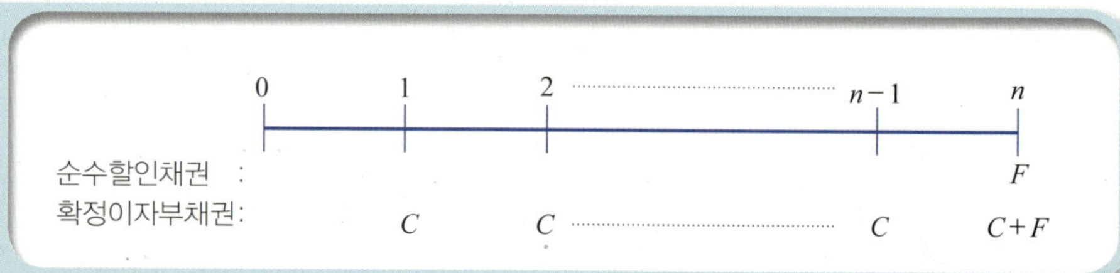

삼성전자에서 발행한 회사채 샘플이며, 아랫부분은 이자지급교부표로서 이를 지정된 기간에 제시하면 이자를 받을 수 있다.

간 말에 액면가 F만을 상환하는 순수할인채권의 현재가치는 다음과 같이 구할 수 있다.

$$PV(\text{순수할인채권}) = \frac{F}{(1+r)^n} \qquad (5\text{-}2)$$

여기서 r: 시장이자율

그리고 n기간 말까지 매기간 말에 액면이자 C를 지급하고 만기일인 n기간 말에 원금 F를 상환하는 확정이자부채권의 현재가치는 다음과 같다.

$$PV(\text{확정이자부채권}) = \frac{C}{1+r} + \frac{C}{(1+r)^2} + \cdots + \frac{C}{(1+r)^n} + \frac{F}{(1+r)^n} \qquad (5\text{-}3)$$

채권가격과 시장이자율(금리)의 관계

식 (5−2)와 식 (5−3)에서 볼 수 있는 바와 같이 채권가격은 액면이자(C), 액면가(F), 만기까지의 기간(n), 그리고 시장이자율(r)에 의해 결정된다. 채권의 발행시점에서 채권의 액면이자, 액면가, 만기 등이 결정되기 때문에 채권가격은 주로 시장이자율에 의해 변동됨을 알 수 있다. 시장이자율이 상승하면 채권투자자가 받을 수 있는 미래 현금흐름(액면이자 및 원금)의 현재가치, 즉 채권가격이 떨어진다. 따라서 시장이자율과 채권가격은 역(−)의 관계를 가지고 움직인다는 것을 알 수 있다.

만기수익률을 의미한다. 이에 대한 자세한 설명은 본장의 보론 1을 참조.

재무 산책

채권의 발행가격

액면이자율이 시장이자율보다 높을 경우 채권은 액면가보다 높은 가격으로 발행되는데, 이와 같은 채권을 할증채(premium bond)라고 한다. 그 반대로 액면이자율이 시장이자율보다 낮을 경우 채권은 액면가보다 낮은 가격으로 발행되는데, 이와 같은 채권을 할인채(discount bond)라고 한다. 한편, 액면이자율이 시장이자율과 같을 경우 채권은 액면가로 발행되는데, 이와 같은 채권을 액면채(par bond)라고 한다. 할증채, 할인채 등 모든 채권가격은 시간이 경과함에 따라 액면가에 접근하게 되며, 만기시점에서는 모두 액면가와 같아지게 된다. 시간이 경과함에 따라 할증채의 가격은 하락하여 자본손실(capital loss)이 나타나는 반면, 할인채의 가격은 상승하여 자본이득(capital gain)이 발생하게 된다.

예제 5-1

순수할인채권의 가치평가

만기는 20년 후이며, 액면가는 100만원인 순수할인채권의 현재가치는 얼마인가? (단, 시장이자율은 10%이다.)

해설

$$PV(\text{순수할인채권}) = \frac{100}{(1+0.1)^{20}} = 14.86\text{만원}$$

예제 5-2

확정이자부채권의 가치평가

희망주식회사는 액면가 100만원, 만기 3년, 액면이자율 8%(단, 이자는 매년 말에 지급됨)인 사채를 발행하였다.

(1) 시장이자율이 6%인 경우 사채의 발행가격은?

(2) 시장이자율이 8%인 경우 사채의 발행가격은?

(3) 시장이자율이 10%인 경우 사채의 발행가격은?

해설

(1) $PV(\text{사채}) = \frac{8}{1+0.06} + \frac{8}{(1+0.06)^2} + \frac{108}{(1+0.06)^3} = 105.35\text{만원}$

→ 시장이자율 < 액면이자율: 할증발행

(2) $PV(\text{사채}) = \frac{8}{1+0.08} + \frac{8}{(1+0.08)^2} + \frac{108}{(1+0.08)^3} = 100.00\text{만원}$

→ 시장이자율 = 액면이자율: 액면발행

(3) $PV(\text{사채}) = \frac{8}{1+0.1} + \frac{8}{(1+0.1)^2} + \frac{108}{(1+0.1)^3} = 95.03\text{만원}$

→ 시장이자율 > 액면이자율: 할인발행

Excel의 활용: 채권의 가치평가

	A	B	C	D	E	F	G	H	I
1	<예제 5-2> 확정이자부 채권의 가치평가								
2	1. =PV(rate, nper, pmt, fv, type) 함수 사용					2. =NPV(rate, value1, value2, ...) 함수 사용			
3	액면가	100				기 간	현금흐름		
4	만기	3				1년도 말	8		
5	액면이자율	8%				2년도 말	8		
6	시장이자율	6%	8%	10%		3년도 말	108		
7									
8	(1) 채권가격	105.35	=PV(B6, B4, -B3*B5, -B3)			(1) 채권가격	105.35	=NPV(B6, G4:G6)	
9									
10	(2) 채권가격	100.00	=PV(C6, B4, -B3*B5, -B3)			(2) 채권가격	100.00	=NPV(C6, G4:G6)	
11									
12	(3) 채권가격	95.03	=PV(D6, B4, -B3*B5, -B3)			(3) 채권가격	95.03	=NPV(D6, G4:G6)	
13									
14									

재무 산책

자산유동화증권

자산유동화증권(asset backed securities: ABS)은 유동화전문회사(special purpose company: SPC)가 자산보유자로부터 양도받은 자산의 현금흐름과 신용도에 기초하여 발행한 증권을 의미하며, 그 발행과정은 다음과 같다.

유동화증권은 자산보유자가 자산을 유동화전문회사(SPC)에 매각하기 때문에 자산보유자의 신용도와는 관련이 없으며, 자산담보를 안전장치로 갖추고 있기 때문에 자산보유자가 직접 발행한 채권보다 높은 신용등급으로 평가된다. 일반적으로 자산담보부채권이라고 불리어 왔으나, 1998년 9월 30일 '자산유동화에 관한 법률'이 제정되면서 '유동화증권'이라는 용어를 사용하게 되었다. 유동화증권 중에 주택저당대출을 담보로 한 것은 주택저당증권(mortgage backed securities: MBS)이라고 한다. 이들 기법은 해외자금조달뿐 아니라 부동산시장, 매출채권시장 등에서 광범위하면서 다양한 형태로 활용되고 있다.

자산유동화증권의 발행과정

뉴스 속 재무

20대도 "국채 투자" … 올해 채권개미 16조 매수

금리 정점론에 채권투자 전성시대

금리가 '정점'에 가까워졌다는 관측이 커지면서 채권에 투자하는 이른바 '채권개미'들이 크게 늘고 있다. 한국은행이 3연속 기준금리를 동결한 데다 미국 연방준비제도(Fed · 연준)도 2023년 6월 금리를 동결할 것이란 기대감이 커졌기 때문이다. 채권 가격은 금리와 반대로 움직이는데 향후 금리가 내려가면 채권 가격은 올라 이자수익과 함께 매매차익까지 기대할 수 있다.

채권투자 전성시대

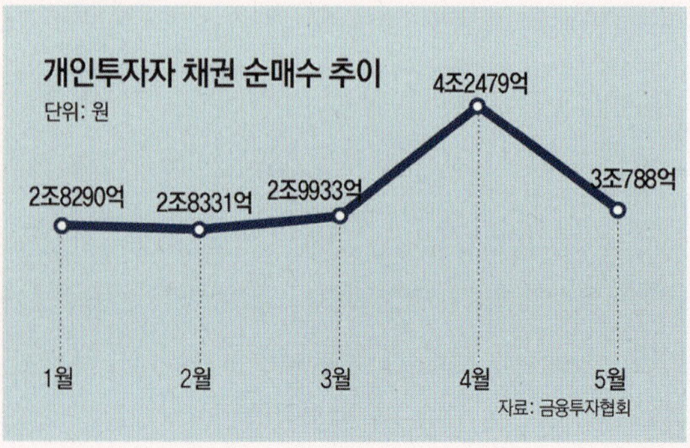

2023년 6월 7일 금융투자협회에 따르면 개인투자자들은 연초 이후 이달 5일까지 16조4,326억원어치 채권을 순매수했다. 지난해 같은 기간(3조9,371억원)의 4배가 넘는 수준이다. 특히 4월에는 4조2,479억원으로 역대 최대 월간 순매수를 기록했다. 개인투자자들은 5월에도 3조788억원을 순매수한 데 이어 6월 들어 5일까지 4,506억원어치 채권을 사들였다.

삼성증권 국채 투자자 현황 1~4월 기준.

구분	2022년	2023년
투자자 수	132명(20대 5명)	**7895명**(20대 480명)
매수 금액	2000억 원	**1조3000억 원**
1인당 평균 매수 금액	15억3000만 원	**1억6000만 원**
매수 지역	전국 15개 시도 (서울 14개 구)	**전국 16개 시도** (서울 25개 구)

자료: 삼성증권

2023년 들어 채권 투자에 뛰어든 개인투자자도 크게 늘었다. 2023년 1~4월 삼성증권에서 국채를 매수한 투자자들은 7,895명으로 전년 동기(132명) 대비 59배 넘게 급증했다. 국채 총 매수금액은 2,000억원에서 1조3,000억원으로 증가했다. 지난해 15억3,000만원이었던 1인당 평균 국채 투자액이 올해 1억6,000만원으로 줄었고 국채 매수지역(국채 매수자의 주소지)이 전국적으로 확대됐다. 삼성증권 관계자는 "모바일 앱 등을 이용한 온라인 투자 확대로 채권 소액투자가 확산됐다"며 "50대 이상 액티브 시니어들이 국채 투자 열풍을 선도하고 있고 채권에 관심이 없던 20대들도 새롭게 시장에 진입하고 있다"고 분석했다.

개인투자자들은 채권 중에서도 30년 이상 초장기채를 주로 담고 있다. 채권은 만기가 길수록 금리 변화에 따른 가격 변동성이 크기 때문에 향후 금리가 낮아지면 초장기채의 가격이 더 큰 폭으로 오른다. 김지만 삼성증권 연구원은 "2020년부터 발행된 모든 국고채 30년물이 2023년 5월 개인 채권 순매수 상위 20위 내에 포함됐을 정도로 국고채 30년물에 대한 관심이 더욱 커졌다"고 설명했다.

장기채 ETF에도 뭉칫돈

국내외 장기채 상장지수펀드(exchange traded fund: ETF)에도 개인투자자들의 자금이 몰리고 있다. 만기가 20년 이상인 미국 장기채 편입 자산의 일일 수익률을 3배로 추종하는 '디렉시온 데일리 20년+ 국채 3X(TMF) ETF'는 2023년 6월 6일 기준 서학개미들이 최근 한 달간 가장 많이 순매수(2억1,527만달러 · 약 2,800억원)한 종목으로 꼽혔다. 만기 20년 이상 미국 장기채에 투자하는 '아이셰어즈 20년+ 국채 바이라이트 ETF'도 순매수(5,579만달러) 3위에 올랐다. KB자산운용에 따르면 개인투자자들은 연초 이후 듀레이션(채권에서 발생하는 현금 흐름의 가중평균만기) 10년 이상인 국내 장기채 ETF를 1,900억원어치 순매수했다.

다만 아직 미국 기준금리 방향성이 최종 확정되지 않았다는 점은 유의해야 한다. 또 금융감독원은 채권투자 시 발행 국가와 경제상황 등에 따른 환율변동을 고려해야 한다고 당부했다.

〈동아일보, 2023. 6. 8 수정〉

주식의 가치평가 03

시시각각 변하는 주식시세를 나타내는 전광판

기본적인 주식평가모형 3.1

이미 설명한 바와 같이 자산의 가치는 그 미래 현금흐름의 현재가치에 의해서 결정된다. 주식(stock)을 보유하는 경우 두 가지 종류의 현금흐름, 즉 대부분의 주식들이 정기적으로 지급하는 배당금과 주식을 처분하였을 때의 매도금액을 얻을 수 있다. 그러므로 먼저 주식을 1년 동안만 투자한다고 가정한다면, 주식의 현재가치를 다음과 같이 구할 수 있다.

$$P_0 = \frac{D_1}{1+r} + \frac{P_1}{1+r}$$

여기서 P_0: 주식의 현재가치
P_1: 1년도 말의 주식가격
D_1: 1년도 말의 배당금
r: 주식의 할인율

이 경우 1년도 말의 주식가격 P_1은 그 시점에서 주식을 매입하려는 투자자가 기꺼이 지불하려고 하는 가격으로서, 2년도 말의 배당금 D_2와 주식가격 P_2에 의해서 결정된다.

$$P_1 = \frac{D_2}{1+r} + \frac{P_2}{1+r}$$

이상의 두 식에 의해서 다음과 같은 식을 도출할 수 있다.

$$\begin{aligned} P_0 &= \frac{D_1}{1+r} + \frac{1}{1+r}\left(\frac{D_2}{1+r} + \frac{P_2}{1+r}\right) \\ &= \frac{D_1}{1+r} + \frac{D_2}{(1+r)^2} + \frac{P_2}{(1+r)^2} \end{aligned}$$

또한 위 식에서 P_2는 2년도 말의 주식가격으로서 3년도 말의 배당금 D_3과 주식가격 P_3을 얻기 위하여 2년도 말에 투자자가 지불할 수 있는 가격이다. 이와 같은 논리를 계속적으로 적용해 나가면, 다음과 같은 기본적인 주식평가모형을 얻을 수 있다.

$$P_0 = \frac{D_1}{1+r} + \frac{D_2}{(1+r)^2} + \frac{D_3}{(1+r)^3} + \cdots \tag{5-4}$$

그러므로 보통주의 현재가치는 미래에 기대되는 배당금의 현재가치와 동일하다. 비록 투자자가 영구적으로 주식을 소유하지 않고 일정한 기간이 지난 후에 매도한다 하더라도 그 판매가격은 매도시점 이후 발생하는 배당금에 의해서 결정되므로, 결국 주식의 가치는 보유기간에 관계없이 식 (5–4)에 의해서 결정된다.

3.2 단순화된 배당평가모형

이상에서 설명한 바와 같이 주가는 미래 배당금에 의해서 결정된다. 그러면 이와 같은 개념을 실제에 있어서 어떻게 적용할 수 있겠는가? 앞에서 도출한 식 (5–4)는 기대배당금의 수준이 어떻게 변하더라도 적용가능한 가장 기본적인 모형이다. 이와 같은 기본적인 주식평가모형은 기업의 배당금이 일정한 형태를 따른다고 가정한다면 보다 단순화될 수 있을 것이다.

예제 5-3

성장 없는 주식의 가치

투자자들은 미래주식회사가 매년 주당 3,000원씩의 배당금을 영구적으로 지급할 것으로 기대하고 있다. 만약 투자자들이 이 주식에 대하여 15%의 수익률을 요구한다면, 이 주식의 주당가격은 얼마인가?

해설

$$P_0 = \frac{D_1}{r} = \frac{3,000}{0.15} = 20,000\text{원}$$

성장 없는 주식의 평가모형

배당금이 매년 일정할 것으로, 즉 성장이 없다고 기대되는 주식(zero growth stock)의 현재가치는 다음과 같이 결정될 수 있다.[4]

$$P_0 = \frac{D_1}{1+r} + \frac{D_1}{(1+r)^2} + \frac{D_1}{(1+r)^3} + \cdots$$

$$= \frac{D_1}{r} \tag{5-5}$$

일정성장배당평가모형

만약 주식에 대한 배당금이 매년 일정한 비율 g로 증가한다고 가정하면, 이 주식에 대한 각 연도 말의 배당금은 [그림 5-2]와 같이 나타낼 수 있다.

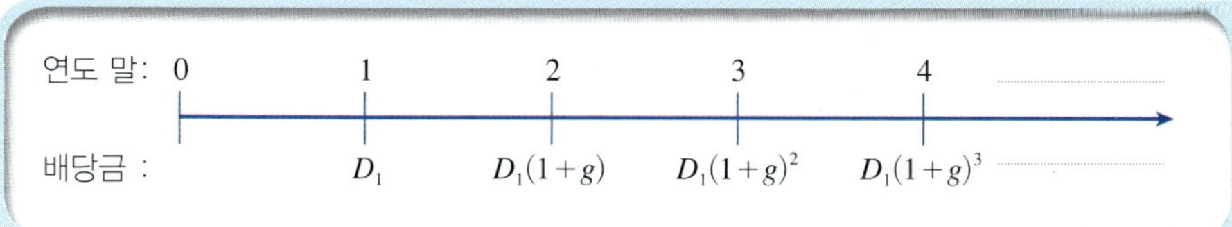

그림 5-2 일정성장주식의 배당금

4 이는 영구연금의 현재가치를 구하는 공식과 동일하다.

예제 5-4 일정성장주식의 가치

미래주식회사는 금년도에 주당 1,000원씩 배당하였다. 이 회사의 배당금은 매년 10%씩 증가해 오고 있으며 이러한 증가율은 앞으로도 계속될 전망이다. 이 주식에 대한 요구수익률이 15%일 경우, 이 주식의 현재가치는 얼마인가?

해설

$$D_1 = D_0(1+g) = 1{,}000(1+0.1) = 1{,}100\text{원}$$

그러므로

$$P_0 = \frac{D_1}{r-g} = \frac{1{,}100}{0.15-0.1} = 22{,}000\text{원}$$

일정성장주식
배당금이 매년 일정한 비율로 증가하는 주식이다.

그러므로 배당금이 매년 일정한 비율로 증가하는 주식, 즉 **일정성장주식**(constant growth stock)의 가치는 다음과 같이 구할 수 있다.[5]

$$P_0 = \frac{D_1}{1+r} + \frac{D_1(1+g)}{(1+r)^2} + \frac{D_1(1+g)^2}{(1+r)^3} + \cdots$$

$$= \frac{D_1}{r-g} \quad (\text{단, } r>g) \qquad (5\text{-}6)$$

식 (5-6)을 **일정성장배당평가모형**(constant growth dividend valuation model)이라 한다. 일반적으로 배당성장률 g는 다음과 같이 추정될 수 있다.

$$g = \text{유보비율} \times \text{투자수익률} \qquad (5\text{-}7)$$

$$\text{여기서 유보비율} = \frac{\text{순이익} - \text{배당액}}{\text{순이익}} = 1 - \text{배당성향}$$

새로운 투자안에 대한 정보는 공개적으로 이용가능한 정보가 아니기 때문에

5 일정성장주식의 가치는 공비가 $\left(\frac{1+g}{1+r}\right)$인 무한등비수열의 합이므로 다음과 같이 구할 수 있다.

$$P_0 = \frac{\text{초항}}{1-\text{공비}} = \frac{\frac{D_1}{1+r}}{1-\left(\frac{1+g}{1+r}\right)} = \frac{D_1}{r-g} \quad (\text{단, } r>g)$$

투자수익률을 정확하게 추정하는 것은 어려운 일이다. 그러므로 현재 실시하려고 하는 투자안이 과거 투자안들과 동일한 수익률을 올릴 수 있다고 가정하여, 일반적으로 자기자본순이익률(ROE)을 그 대용치로 사용한다.

성장기회와 주식평가모형 3.3

미래의 성장가능성이 높은 기업의 주식은 성장가능성이 낮은 기업에 비해 상대적으로 높게 평가될 수 있다. 그 이유는 기업의 미래 성장기회가 현재의 주가에 반영된 결과라 할 수 있다. 지금까지 설명한 배당평가모형과는 다른 관점에서 기업의 성장기회를 분리하여 그 가치를 평가한 후, 그것을 이용하여 주식의 가치를 평가할 수 있다.

성장 없는 주식의 평가모형

기업이 순이익을 모두 배당한다면, 유보비율(retention ratio)은 0이므로 성장률이 0이 된다. 이 경우 주주들은 매년 일정한 주당배당금(=주당순이익)을 받게 된다. 이와 같은 주식의 가치는 다음과 같이 평가될 수 있다.

$$P_0=\frac{D_1}{r}=\frac{EPS_1}{r} \qquad (5\text{-}8)$$

여기서 EPS_1: 1년도 말의 주당순이익

성장주식의 평가모형: NPVGO모형

기업이 높은 수익을 얻을 수 있는 투자기회를 가지고 있는 경우, 순이익 중 일부를 유보하여 투자함으로써 성장기회를 가질 수 있다. 이 경우 주식의 가치는 투자의 순현가, 즉 **성장기회의 순현가**(net present value of the growth opportunity: NPVGO) 만큼 증가하게 된다. 즉 새로운 투자안을 선택함으로써 성장기회를 가질 수 있는 기업의 주가는 다음과 같이 나타낼 수 있다.

성장기회의 순현가
순이익 중 일부를 투자하여 얻을 수 있는 순현가를 의미한다.

$$P_0=\text{성장 없는 주식의 현재가치}+\text{성장기회의 순현가}$$
$$=\frac{EPS_1}{r}+NPVGO \qquad (5\text{-}9)$$

재무 산책 성장기회와 주가

주식투자자들은 모든 방법을 통해서 주가를 예측하려고 한다. 그러나 실제로 주가를 정확하게 예측하는 방법을 개발하는 것은 매우 어려운 일이다. 이와 같은 상황하에서 주식투자에 성공하기 위해서는 주가에 영향을 미칠 수 있는 요인들을 발견하고, 빠른 시간 내에 분석하는 등 부단한 노력을 기울이는 수밖에 없을 것이다. 특히 기업의 성장기회를 포착하는 데 중점을 두어야 한다. 예를 들어 우리나라의 모 제약회사가 새로운 당뇨병 치료제를 개발하는 데 성공했다는 사실에 의해 그 회사 주가가 상당한 기간 동안 수직 상승한 적이 있다. 이와 같은 주가상승은 그 회사의 성장가능성을 반영한 것으로 볼 수도 있다.

그리고 외국의 경우에도 애플, 아마존, 알파벳(구글 지주회사), 마이크로소프트 등 무한한 성장기회를 가진 주식들의 경우 성장기회를 반영하여 주가가 높게 형성되는 것은 일반적인 현상이다. 이와 같이 높은 성장성을 가진 주식들을 성장주(growth stock or glamour stock)라 한다.

예제 5-5 성장주식의 가치

참치통조림을 생산하고 있는 바다식품(주)은 새로운 투자기회를 가지지 못한다면 영구적으로 매년 1억원을 벌 수 있다고 기대된다. 이 기업의 총발행주식수는 100,000주이다. 이 기업은 다음 연도에 1,000만원이 소요되는 새로운 광고를 계획하고 있다. 이 새로운 광고로 인하여 참치통조림의 수요가 증대되어 광고를 실시한 이후 연도부터 매년 210만원의 영구적인 순이익 증가가 기대된다. 이 주식의 요구수익률은 10%이다.

(1) 새로운 광고를 실시하지 않는 경우, 주가는 얼마인가?

(2) 새로운 광고를 실시하는 경우, 주가는 얼마인가?

해설

(1) 새로운 광고를 실시하지 않는 경우, 성장기회를 가지지 못하게 된다. 이와 같은 성장 없는 주식의 가치를 구하기 위하여 먼저 주당순이익(EPS_1)을 구하면 다음과 같다.

$$EPS_1 = \frac{100,000,000}{100,000} = 1,000\text{원}$$

그러므로

$$P_0=\frac{EPS_1}{r}=\frac{1,000}{0.1}=10,000\text{원}$$

(2) 새로운 광고를 실시하는 경우, 성장기회를 가질 수 있다. 이 경우 광고는 1년도 말에 실시되므로 먼저 그 시점에서의 순현가를 구한 후, 다시 현재시점의 가치로 할인하면 성장기회의 순현가 NPVGO를 구할 수 있다.

- 1년도 말에서의 광고의 순현가 $=\frac{2,100,000}{0.1}-10,000,000=11,000,000$원
- 현재시점에서의 광고의 순현가 $=\frac{11,000,000}{1+0.1}=10,000,000$원

그러므로 광고의 주당 순현재가치(NPVGO)는 다음과 같다.

$$NPVGO-\frac{10,000,000}{100,000}=100\text{원}$$

따라서[6]

$$P_0=\frac{EPS_1}{r}+NPVGO=10,000+100=10,100\text{원}$$

EVA와 기업가치 04

EVA의 개념 및 측정 4.1

경제적 부가가치(economic value added: EVA) 개념은 경제학자인 마샬(Alfred Marshall)에 의해서 처음으로 사용된 경제적 이익(economic profit: EP)과 같은 개념이다.[7] 마샬은 1890년에 "기업소유주 또는 경영자가 얻은 이윤에서 현재 이자율 수준으로 계산된 투하자본에 내한 이사들 차삼한 나머지가 기업을 경영함으로써 얻게 되는 이익이다"라고 서술하였다.[8] 즉 마샬은 기업이 어느 일정기간 동안 창출한 경

6 배당평가모형에 의해서 직접 구하여도 동일한 결과를 얻을 수 있다. 이에 대한 계산은 감형규 · 신용재, Perfect 재무관리 I (유원북스, 2019), p. 122 참조.

7 Stern Stewart & Company는 EVA라는 용어를 사용하는 반면, McKinsey & Company는 EP라는 용어를 주로 사용하고 있다.

8 Alfred Marshall, *Principles of Economics*, Vol. 1(New York: Macmillan & Co., 1890), p. 142.

제적 이익(EP)은 회계상 기록된 비용뿐만 아니라 투자된 자본에 대한 기회비용까지도 감안한 결과이어야 한다고 역설하였다.

경제적 부가가치(EVA) 기업이 영업활동을 통하여 얻은 이익에서 자본비용을 차감한 것과 같다.

경제적 부가가치는 영업활동을 통하여 얻은 이익에서 영업활동에 투자된 자본(부채 및 자기자본)과 관련된 비용, 즉 자본비용을 차감한 것과 같다.

$$\begin{aligned} EVA &= \text{세후 영업이익} - (\text{세후 이자비용} + \text{자기자본비용(금액)}) \\ &= \text{투하자본} \times (\text{투하자본수익률} - \text{가중평균자본비용}) \qquad (5\text{-}10) \end{aligned}$$

$$\text{여기서 투하자본수익률} = \frac{\text{세후 영업이익}}{\text{투하자본}} = \frac{\text{영업이익}(1-\text{법인세율})}{\text{투하자본}}$$

EVA의 창출에 필요한 조치를 다음과 같이 단순화시킬 수 있기 때문에 EVA는 하나의 매력적인 지표이다.

첫째, 영업비용을 감소시키거나 매출을 증가시킴으로써 세후 영업이익(net operating profit less adjusted taxes: NOPLAT)을 증가시켜야 한다. 둘째, 자본구조를 변경함으로써 가중평균자본비용(weighted average cost of capital: WACC)을 감소시켜야 한다.[9] 셋째, 운전자본에 대한 투자 또는 쓸모없는 자산을 줄이는 등 영업이익에 영향을 미치지 않는 범위 내에서 투하자본(invested capital: IC)을 축소시켜야 한다.

이와 같은 접근법에 의하면 정(+)의 스프레드(투하자본수익률>가중평균자본비용)를 갖는 사업에 대한 투자를 증가시키는 한편, 부(−)의 스프레드(투하자본수익률<가중평균자본비용)를 갖는 사업으로부터 자본을 철수시킴으로써 효율적으로 투하자본을 재배치할 수 있다.

EVA는 단기성과를 측정하는 데 유용한 척도로 사용될 수 있으나, 장기성과를 측정하는 데는 다소 문제가 될 수 있다. 예를 들어 단기적인 EVA를 너무 강조하는 경우 당장은 수익성이 떨어지나 향후 잠재적 이익이 매우 높을 것으로 기대되는 사업을 포기하는 등 미래의 성장기회를 희생시킬 가능성이 높아진다.

4.2 EVA모형에 의한 기업가치평가

EVA모형에 의하면 기업가치는 투하자본(IC)에 예상 EVA의 총현재가치를 합한 것과 같다.[10]

9 WACC의 산출은 제6장에서 자세히 설명할 것이다.

10 예상 EVA의 총현재가치는 투자로 인해 얻을 수 있는 성장기회의 순현가(NPVGO)와 동일한 개념

$$\text{기업가치} = IC + \text{예상 } EVA\text{의 총현재가치} \quad (5\text{-}11)$$

실제로는 투하자본을 기초시점에 측정된 자본으로 이용하거나 기초시점과 기말시점의 자본액을 평균한 평균자본으로 이용하기도 한다.

투하자본수익률(return on invested capital: ROIC)과 자본비용(WACC) 사이의 관계에 따라 다음과 같이 나타낼 수 있다.

- $ROIC > WACC$ → 예상 EVA의 총현재가치>0 → 기업가치>IC
- $ROIC = WACC$ → 예상 EVA의 총현재가치=0 → 기업가치=IC
- $ROIC < WACC$ → 예상 EVA의 총현재가치<0 → 기업가치<IC

4.3 가치창조경영과 EVA

가치창조경영(value based management: VBM)은 기업가치창출의 핵심요인에 초점을 맞춤으로써 전체 조직분야에 대한 전략적 또는 운영적 의사결정을 개선시키기 위해 고안된 통합과정이다. VBM에 사용되는 직접적인 성과지표는 기업가치지만 보다 단기적이고 객관적인 재무지표는 EVA라 할 수 있다.

> **가치창조경영**
> 기업가치창출의 핵심요인에 초점을 맞춤으로써 전체 조직분야에 대한 전략적 또는 운영적 의사결정을 개선시키기 위해서 고안된 통합과정이다.

VBM에서 중요한 일은 가치창출의 핵심요인(key value drivers)을 철저히 이해하는 것이다. 그 이유로는 다음과 같은 두 가지가 있다. 첫째, 기업가치에 영향을 미치는 요소 중에서 각 하위조직의 영향력하에 있는 요소들을 관리함으로써 가치창출에 기여할 수 있다. 예를 들어 고객만족, 비용, 자본적 지출 등 직접 영향을 미칠 수 있는 부분에 대하여 필요한 조치를 취함으로써 기업가치를 증대시킬 수 있다. 둘째, 경영자가 가치창출요인을 통하여 각 하위조직을 이해하게 되고 달성하고자 하는 목표에 관해 의견을 교환할 수 있다.

가치창출요인은 경제적 부가가치에 영향을 미치는 모든 요인을 의미한다. 따라서 가치창출요인을 체계적으로 정의함으로써 어느 요인이 부가가치에 가장 큰 영향을 미치는지를 파악하여 각 구성원들에게 달성해야 할 목표를 할당할 수 있어야 한다. [그림 5-3]은 EVA에 의해 도출된 핵심가치창출요인을 나타낸 것이다.[11]

예를 들어 매출액영업이익률은 경쟁사와 유사하지만 투하자본회전율이 떨어

이다. 그리고 자본시장이 효율적일 경우 예상 EVA의 총현재가치는 자기자본의 시장가치에서 자기자본의 장부가치를 차감한 값, 즉 시장부가가치(market value added: MVA)와 같을 것이다.

11 강효석 · 이원흠 · 조장연, 기업가치평가론: EVA와 가치창조 경영(홍문사, 1997), pp. 350~352.

진다고 가정해 보자. 투하자본회전율이 낮은 것은 다시 여러 가지 요인으로 분해할 수 있다. 경쟁사보다 운전자본이 과다하거나, 비싼 기계장치를 사용하거나 하는 등의 원인을 생각해 볼 수 있다. 만약 운전자본의 관리에 문제가 있다면 이것은 다시 매출채권 및 매입채무의 관리, 재고자산의 관리로 구분할 수 있다. 이러한 운전자본의 관리문제는 결국 마케팅전략과의 관계에서 발생한다고 볼 수 있기 때문에 마케팅전략을 수정하거나, 판매활동수단을 변화시키는 등의 조치를 모색할 수 있다. 이와 같은 과정을 통하여 문제의 발생원인을 찾아내어 이것이 기업가치에 어떻게 기여하는가를 보다 정확하게 파악할 수 있다.

기업가치 극대화와 직결되는 EVA의 체계적이고 유기적인 분해를 통해서 각 사업부의 재무상태표와 손익계산서상의 구체적인 계정과목과 만나게 된다. 개선여지가 발견되거나 시계열적으로 악화경향을 보이는 재무상태표와 손익계산서상의 구체적인 항목들이 찾고자 하는 가치창출요인이 될 것이다. 이와 같은 과정을 거쳐 도출된 가치창출요인들은 개선조치를 취해야 하는 책임사업부서, 담당기능, 담당자 등을 확인하는 데 유용하게 활용된다.

기업가치의 개선과 극대화에 직결되는 개선포인트와 혁신과제의 도출이 두 번

그림 5-3
EVA에 의해 도출된 부가가치창출의 핵심요인

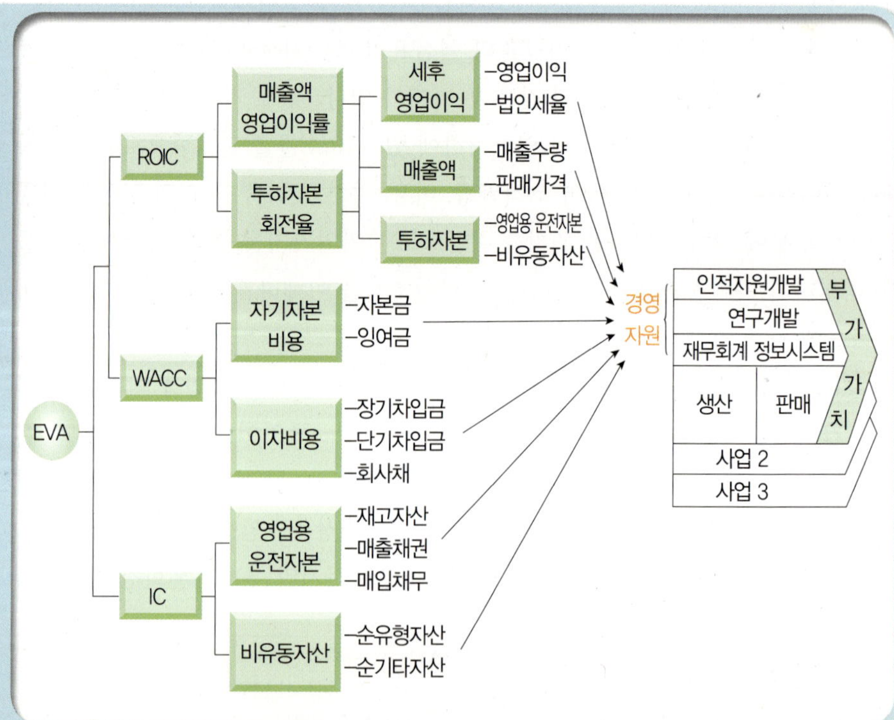

째 요구되는 VBM의 전개과정이다. VBM이 성공적으로 전개되기 위해서는 다음과 같은 전제조건이 필요하다.

첫째, 새로운 경영환경에 적합하도록 경영자의 의식이 변화되어야 한다.

둘째, VBM에 적합한 회계정보시스템의 체계적인 재구축이 필수적이다.

최근 우리나라에서도 POSCO, 삼성그룹, LG그룹 등이 EVA를 경영관리지표로 사용하고 있다. EVA는 기업 경영관리지표뿐만 아니라 증권시장의 투자지표로도 각광을 받고 있다. 특히 정부는 기업이 신규로 공개하거나 유상증자를 실시할 때 투자자들이 기업의 미래 수익성을 용이하게 평가할 수 있도록 EVA지표를 참고자료로 제출하게 하고 있다.

우리나라 유가증권시장에 상장된 비금융업종 소속 기업을 대상으로 2022년도 결산기준 경제적 부가가치(EVA) 순위(상위 30개사)를 살펴보면 〈표 5-1〉과 같다. 기업별 순위를 보면 HMM이 76,919억원의 부가가치를 창출함으로써 1위를 기록하였다. 이어 SK하이닉스, 기아, S-OIL, 대한항공 등의 순으로 부가가치 창출규모가 컸다.

표 5-1 2022년도 결산기준 EVA 상위 30개사

(단위: 억원)

순위	기업명	EVA	순위	기업명	EVA
1	HMM	76,919	16	에스케이스퀘어	4,957
2	SK하이닉스	26,245	17	크래프톤	4,942
3	기아	17,728	18	팬오션	4,819
4	S-OIL	17,464	19	LS	4,703
5	대한항공	13,696	20	엔씨소프트	4,215
6	네이버	10,085	21	고려아연	4,195
7	현대자동차	9,963	22	GS	4,099
8	SK	8,414	23	SK텔레콤	4,096
9	에스디바이오센서	8,031	24	삼성SDI	3,878
10	현대글로비스	8,000	25	엘시이노텍	3,770
11	케이티앤지	7,366	26	에프앤에프	3,595
12	한국가스공사	7,018	27	포스코홀딩스	3,582
13	LG	6,558	28	금호석유화학	3,390
14	삼성바이오로직스	5,361	29	SK이노베이션	3,264
15	DB하이텍	5,002	30	셀트리온	3,088

주: EVA 값이 측정되지 않은 삼성전자 등을 제외한 것임.
자료: NICE평가정보, KIS-VALUE 데이터베이스, 2023. 6.

재무 산책

맥킨지가 말하는 기업가치 경영

리처드 돕스 맥킨지 글로벌 인스티튜트 소장은 "한국 기업이 외형 성장에서 가치창출로 관심을 돌리지 않으면 일본 기업처럼 쇠락하거나 인수·합병당할 수 있다"고 경고했다. 매일경제 MBA팀은 최근 「기업가치란 무엇인가」라는 책을 쓴 리처드 돕스 소장과 팀 콜러 맥킨지 뉴욕사무소 파트너를 만나 기업가치를 높일 수 있는 경영방법에 대해 들어봤다.

기존 기업들은 외형성장 위주 경영을 추구했다. 가치창출경영(managing for value)과 다른 것 같다. 이 둘은 어떤 점이 다른가?

▶ **리처드 돕스:** 성장 자체는 바람직하지만 자본비용(cost of capital)보다 큰 이익을 창출하지 않으면 가치를 창출하지 못한다. 때로는 성장률을 낮추고 수익률을 높여야 할 경우가 있다. 성장성과 수익성 사이에는 상충관계(trade-off)가 있을 수 있다.

왜 경영자들은 그동안 외형성장 위주 경영을 추구해 왔다고 생각하나. 이런 성향의 문제점은 무엇인가?

▶ **팀 콜러:** 성공적인 기업들은 목표로 했던 실적 규모를 달성하면 이를 재투자하는 경향이 있다. 새롭게 창출된 현금흐름으로 주주들에게 돌려주기보다는 다른 기업을 인수·합병하려 한다. 물론 기업가치를 창출할 수 있는 인수도 있다. 그러나 현실에서는 안타깝게도 단순히 현금이 남아돈다는 이유로 기업인수에 나서는 경우가 많다.

▶ **돕스:** 한국 기업들은 세계 1위 기업이 되겠다는 목적으로 기업규모를 확장해 왔다. 기업가치보다는 기업규모를 중시했다. 한국 기업이 세계 선두권 기업으로 부상한 지금은 수익성 관점에서 생각할 필요가 있다. 일본 기업들도 과거에 성장 위주 경영으로 세계 시장을 리드했지만, 적절한 시기에 수익성 위주로 사고방식을 전환하지 못해 위기를 맞았다.

성장 위주 사고방식을 버리지 않으면 왜 위기를 맞게 되나?

▶ **돕스:** 만약 기업들이 자본비용보다 높은 수익률을 달성하지 못하면 기업으로 유입되는 현금흐름이 감소해 기업은 더 이상 투자하지 못하게 된다. 일본도 이 때문에 부동산 가격이 급락하는 위기에 처했다. 한국이 이 같은 문제에 직면하면 일본보다 상황이 더 안 좋을 수 있다. 일본보다 외국자본 의존율이 높기 때문이다. 한국 기업의 수익성이 악화되는 순간 외국자본은 한국 기업들을 떠나게 될 것이다. 심각한 자본 부족 문제에 시달리게 되면 더 이상 성장하기 어려워진다. 중국 기업들에 추월당할 수 있다. 외국자본 이탈로 주가수익비율(PER)이 낮아지면 외국 기업에 인수·합병당할 위험도 커진다. 한국 기업이 다른 기업을 인수하고자 하는 경우에도 인수전에 뛰어든 경쟁사보다 불리해진다.

수익성 위주 사고방식도 문제가 있지 않나? 기업이 장기적 성장보다는 단기 수익에만 치중할 수 있다.

▶ **콜러:** 맞다. 미국에서는 단기 이익에만 집중해

팀 콜러(맥킨지 뉴욕사무소 파트너), 리처드 돕스(맥킨지 글로벌 인스티튜트 소장)

실패한 반대 사례가 많다. 높은 이익만을 추구하다 보니 과잉투자가 아니라 투자 부족 현상이 일어난다. 장기적 관점에서 필요한 자본투자를 소홀히 한다.

▶ **돕스**: 균형 있는 접근이 필요하다. 수익성에만 집착하면 사업 자체가 축소될 수 있다. 내가 아는 한 기업은 3~5년 동안 가격을 인상하고 연구 · 개발(R&D) 비용을 삭감하는 등 수익성 개선에만 집중하다가 경쟁우위를 상실했다. 내가 말하고 싶은 것은 단기 수익이 아니라 장기적인 수익성을 위해 노력해야 한다는 것이다. R&D 투자를 아끼지 않고 선도적 입지를 유지하는 데 힘써야 한다.

수익성과 성장성을 조화시킬 수 있는 방법이 있는가?

▶ **돕스**: 쉽지 않은 문제다. 이사회와 고위 경영진이 이에 대해 충분한 시간을 두고 논의할 수 있어야 한다. 많은 대기업들을 보면 고위급 임원들이 개별 사업에 대해 충분한 지식을 갖지 못하고 있는 경우가 많다. 장기적 관점을 가지고 계획을 수립하는 별도의 기관인 '핵심본부'(corporate center)를 둘 필요가 있다.

▶ **콜러**: 맥킨지가 전문가와 서방 기업들을 상대로 조사한 결과 대부분의 기업들이 사업부를 분리 · 매각하는 데 소극적이었다. 반면 장기적인 수익성을 높이기 위해 적극적으로 자본을 재배분한 기업들은 상대적으로 성과가 좋았다. 물론 사업부문을 분리 · 매각하는 것은 기업들에 쉬운 일이 아니다. 특정사업이나 회사가 경쟁력을 잃었을 때 과감하게 매각을 결정하는 것이 중요하다. '핵심본부'는 오너의 판단에 도움을 줄 수 있다. 전사적이고 객관적인 시각을 갖고 있기 때문이다.

핵심본부가 성공적으로 운영되고 있는 사례를 알려 달라.

▶ **콜러**: 사모펀드(private equity fund: PEF) 모델을 적용해 보라고 권하고 싶다. 사모펀드 회사는 보통 5~15개 사업들을 보유하고 있다. 사모펀드 회사의 핵심본부는 이들을 지속적으로 모니터링하면서 언제 매각할지를 체계적으로 감독한다. 핵심본부 인력들은 특정사업부에 대해 개인적 관계가 없고 객관적인 시야를 가진 인재들이다. 시장을 모니터링하면서 새로운 시장 진입(entry)과 기존 시장 탈출(exit) 시기를 알려준다.

핵심본부 구성원은 누가 선발하나? 이들이 과연 기업가치를 위해서만 노력할 것인가?

▶ **돕스**: 핵심본부 인력들은 계속 핵심본부에 상주할 필요는 없다. 개별 사업부에 있었던 사람이 핵심본부로 들어오는 경우도 있다. 이들은 개별 사업에 대해 해박한 지식을 갖고 있다. 핵심본부 내 다른 사람들에게 해당 사업부에 대해 알려줄 수 있다. 그러다가 다시 원래 사업부로 돌아가기도 한다.

▶ **콜러**: 핵심본부 인력들은 자체적으로 의사결정 권한을 갖고 있는 것은 아니다. 분석 자료를 CEO와 CFO에게 전달할 뿐이다. 결정은 CEO와 CFO가 한다. 핵심본부 인력들은 총체적 · 장기적 시각을 가지고 공정하게 시장상황을 분석한다. 이들에 대한 평가는 재임기간에 기업가치가 얼마나 향상됐는지에 따라 결정되기 때문이다.

기업가치 평가는 어떻게 해야 하나. 주가가 기준인가?

▶ **돕스**: 물론 주가도 좋은 기준이지만 주가에는 기업의 펀더멘털이 충분히 반영되지 않는 경우도 있다. 주가만으로는 기업가치를 평가하기 어렵다. 가령 주가가 10% 하락했다고 하더라도 실제 기업가치가 하락해서가 아니라 기존 주가가 과대평가됐기 때문일 수 있다. 경쟁사와 비교해 상대적인 가치평가를 내리는 방법이 오류가 적다.

▶ **콜러**: 기업의 이익이나 자본수익률과 같은 수치들은 과거 성과를 반영할 뿐이다. 또 지난 1년 동안의 성과를 보여 주기 때문에 단기적 관점에 지나지 않는다. 따라서 다년간의 성과를 볼 수 있는 관점으로 전환해야 한다. 재무적인 기준뿐 아니라 '신규 시장에 진출을 했느냐', '적절한 분야에 투자를 했느냐'와 같이 계량화하기 힘든 기준도 도입해야 한다.

스톡옵션 때문에 경영자들은 단기 실적에만 집착하기 쉽다. 장기적인 관점에서 기업가치를 해칠 수 있다. 경영자가 기업의 실질가치 향상에 전념하도록 하려면 스톡옵션을 어떻게 설계해야 하나?

▶ **돕스**: 경영자의 성과와 무관하게 시장상황이 주가에 큰 영향을 줄 수 있다. 스톡옵션 행사 때 시장의 영향을 배제할 수 있어야 한다. 경영자가 장기적 관점을 가질 수 있도록 스톡옵션 행사 기간을 5년 이상으로 설정할 필요가 있다.

▶ **콜러**: 해당 임원이 회사를 떠난 후 나타나는 기업 성과도 스톡옵션 보상에 반영될 수 있어야 한다.

〈매일경제, 2012. 2. 3 수정〉

뉴스 속 재무

"국내 기업가치, 신흥국 평균보다도 낮아" … 코리아 디스카운트 여전

서울 한국거래소 사옥

■ 유가증권시장과 해외 주요 시장 투자지표 비교(2022년 결산 기준)

구분[1]		PER(배)	PBR(배)	배당수익률(%)	구분[1]		PER(배)	PBR(배)	배당수익률(%)
한국		11.3	0.9	2.2	신흥국	중국	13.7	1.4	2.6
선진국	미국	20.4	4.2	1.6		대만	12.6	2.2	4.4
	일본	16.3	1.4	2.4		인도	23.6	3.2	1.4
	영국	11.0	1.7	4.3		브라질	5.5	1.5	7.6
	프랑스	13.8	2.0	2.8		태국	22.5	1.9	2.9
	전체[2]	17.9	2.9	2.2		전체[2]	12.5	1.6	3.2

주) 1. 한국은 KOSPI200 기준이며, 해외 주요시장은 MSCI 국가지수 기준
2. 선진국 전체에는 23개국, 신흥국 전체에는 24개국 포함

자료: 한국거래소

※ 용어설명

- 주가수익비율(price earning ratio : PER) : 주가가 그 회사 1주당 수익의 몇 배가 되는가를 나타내는 지표로, 주가를 1주당 순이익(EPS : 당기순이익을 주식수로 나눈 값)으로 나눈 것이다.
- 주가순자산비율(price bookvalue ratio : PBR) : 주가가 그 회사 1주당 순자산의 몇 배가 되는가를 나타내는 지표로, 주가를 1주당 순자산(BPS : 기업의 순자산을 주식수로 나눈 값)으로 나눈 것이다.

국내 주식시장의 대표 종목을 모은 코스피200의 평가가치(valuation)가 대부분의 선진국은 물론 태국 · 대만 등 신흥국보다도 낮은 수준인 것으로 나타났다. 한국 상장기업의 주식가치평가 수준이 외국 상장기업에 비해 낮게 형성되는 '코리아 디스카운트' 현상이 여전히 해소되지 않았다는 것이다.

한국거래소가 2023년 5월 3일 발표한 '유가증권시장과 해외 주요 시장 투자지표 비교'자료에 따르면, 2022년 결산 재무제표를 반영한 코스피200의 주가수익비율(PER)은 11.3으로 집계됐다. 선진국(미국 · 일본 · 영국 · 프랑스 등 23개국) 평균인 17.9보다 낮을 뿐만 아니라 신흥국(중국 · 대만 · 인도 · 브라질 · 태국 등 24개국) 평균인 12.5에도 못 미쳤다. PER은 회사의 시가총액을 순이익으로 나눈 값으로, PER이 낮을수록 기업이 저평가되어 있다는 것을 의미한다. 다만 2022년 코스피 상장기업의 PER은 전년(11.1)보다 소폭 상승했다. 거래소는 PER의 상승 이유에 대해 "2021년의 급격한 주가 하락 이후 2022년에 국내 증시에 저가 매수세가 유입됐고, 시가총액이 감소한 것에 비해 상대적으로 순이익이 더 크게 감소하면서 PER이 상승했다"고 설명했다.

또 다른 기업가치 평가 기준인 주가순자산비율(PBR)로 따져봐도, 한국의 PBR은 주요 선진국과 신흥국보다 낮았다. 23개 선진국의 평균 PBR은 2.9, 24개 신흥국의 평균 PBR은 1.6인 것에 비해 코스피 200 기준 한국의 PBR은 0.9에 그쳤다. PBR은 주가를 주당순자산으로 나눈 값이다. 주가가 회사의 주당순자산보다 낮을 때 PBR이 1 이하로 내려가는데, 이는 상대적으로 투자 가치가 높고 저평가된 종목이라고 볼 수 있다. 전년도 PBR과 비교하면 2022년 PBR은 1.1에서 1.0으로 하락했다. 거래소는 "코스피 상장기업의 자본총계가 증가했음에도 주가가 약세를 보이면서 PBR이 줄어들었다"고 설명했다. 거래소에 따르면 2021년말 1,885조원이던 코스피200의 자본총계는 2022년 5.7% 증가한 1,992조원으로 집계됐다.

배당금 총액을 현재(2023년 5월 2일) 기준 주가로 나눈 배당수익률은 전년 1.8%에서 2%로 소폭 증가했다. 코스피 상장기업의 배당총액은 소폭 상승한 반면, 시가총액은 감소한 영향이다. 해외 시장과 비교하면 국내 배당수익률은 선진국 평균(2.2%)과 유사했고, 신흥국(3.2%)보다는 낮았다.

〈조선일보, 2023. 5. 3 수정〉

주요 용어

자산가치

자산으로부터 발생되는 미래의 기대현금흐름을 그 발생시기와 위험도에 따라 적절하게 할인하여 구한 현재가치의 총합을 의미한다.

채권(bond)

일정한 기간 동안 정기적으로 약정된 이자를 지급하고 만기일에 원금, 즉 채권의 액면가를 상환할 것을 약속한 증서이다.

순수할인채권(pure discount bond or zero-coupon bond)

이자를 지급하지 않고 만기일에 원금만을 상환하는 채권이다.

$$PV(\text{순수할인채권}) = \frac{F}{(1+r)^n}$$

확정이자부채권(level-coupon bond)

만기까지 확정된 액면이자(coupon)를 매기간 말에 지급하고 만기일에는 원금이 상환되는 채권이다.

$$PV(\text{확정이자부채권}) = \frac{C}{1+r} + \frac{C}{(1+r)^2} + \cdots + \frac{C}{(1+r)^n} + \frac{F}{(1+r)^n}$$

성장 없는 주식의 평가모형

$$P_0 = \frac{D_1}{r}$$

일정성장배당평가모형

$$P_0 = \frac{D_1}{r-g} \quad (\text{단, } r > g)$$

성장주식의 평가모형: NPVGO모형

$$P_0 = \text{성장 없는 주식의 현재가치} + \text{성장기회의 순현가}$$

경제적 부가가치(economic value added: EVA)

기업이 영업활동을 통하여 얻은 이익에서 자본비용을 차감한 것과 같다.

$$EVA = \text{세후 영업이익} - (\text{세후 이자비용} + \text{자기자본비용(금액)})$$

가치창조경영(value based management: VBM)

기업가치창출의 핵심요인에 초점을 맞춤으로써 전체 조직분야에 대한 전략적 또는 운영적 의사결정을 개선시키기 위해서 고안된 통합과정이다.

연습 문제

Ⅰ. 완성/선택형 문제

01 자산가치는 자산보유에 따른 미래 현금흐름의 크기, 발생시기, (　　　　) 등 세 개의 요인에 의해 결정된다.

02 채권을 발행할 때는 채권의 (　　　　), (　　　　), 그리고 (　　　　)의 세 가지가 표시되어야 한다.

03 (　　　　)은 이자를 지급하지 않고 만기일에 원금만을 상환하는 채권이다.

04 일반적으로 배당성장률은 유보비율에 (　　　　)을 곱하여 추정될 수 있다.

05 (　　　　)는 기업이 영업활동을 통하여 얻은 이익에서 자본비용을 차감한 것과 같다.

06 만기는 5년 후이며, 액면가는 100만원인 순수할인채권의 현재가치는 얼마인가? (단, 시장이자율은 10%이다.)

① 61.23만원　② 62.09만원　③ 63.34만원
④ 65.21만원　⑤ 68.76만원

07 소망주식회사는 액면가 10,000원, 만기 2년, 그리고 액면이자율 10%인 사채를 발행하였다. 시장이자율이 8%라면, 이 사채의 발행가격은 얼마인가?

① 9,519.8원　② 9,623.6원　③ 10,356.7원
④ 10,423.8원　⑤ 10,532.5원

08 채권에 관한 설명 중 잘못된 것은?

① 채권등급이 높을수록 채권의 만기수익률은 증가한다.
② 시장이자율이 채권의 액면이자율보다 큰 경우 채권은 할인발행된다.

③ 시장이자율이 채권의 액면이자율보다 작을 경우 채권은 할증발행된다.
④ 시장이자율과 채권의 액면이자율이 같을 경우 채권의 발행가격은 액면가와 동일하게 된다.
⑤ 채권의 가치는 채권으로부터 기대되는 미래 현금흐름의 현재가치로 환산한 값이다.

09 연간 액면이자율이 10%인 채권이 있다. 그리고 현재의 시장이자율은 12%로 향후 일정하게 유지될 것으로 예상된다. 1년 후에 이 채권의 가격은 어떻게 되리라고 예상할 수 있는가?

① 지금보다 낮아진다.
② 지금보다 높아진다.
③ 지금과 동일하다.
④ 액면이자의 지급시기에 따라 다르다.
⑤ 1년 후의 채권가격의 변동사항을 알 수 없다.

10 투자자들은 영원주식회사가 매년 주당 2,000원씩의 배당금을 영구적으로 지급할 것으로 기대하고 있다. 만약 투자자들이 이 주식에 대하여 10%의 수익률을 요구한다면, 이 주식의 주당가격은 얼마인가?

① 19,000원 ② 20,000원 ③ 21,000원
④ 22,000원 ⑤ 23,000원

11 청산주식회사는 금년도에 주당 1,000원씩 배당하였다. 이 회사의 배당금은 매년 5%씩 증가해 오고 있으며 이러한 증가율은 앞으로도 계속될 전망이다. 이 주식에 대한 요구수익률이 10%일 경우, 이 주식의 현재가치는 얼마인가?

① 19,000원 ② 20,000원 ③ 21,000원
④ 22,000원 ⑤ 23,000원

12 첨단전자주식회사는 1년도 말부터 4년도 말까지는 주당 1,000원씩 일정하게 배당하고, 그 이후부터는 매년 5%씩 배당금을 계속 증가시키려고 한다. 이 주식의 요구수익률이 10%라면, 이 주식의 현재가치는 얼마인가?

① 17,513원 ② 17,623원 ③ 18,000원
④ 18,256원 ⑤ 19,235원

13 (주)고구려의 자기자본비용은 14%이며 방금 배당을 지급하였다. 이 주식의 배당은 앞으로 계속 8%의 성장률을 보일 것으로 예측되고 있으며, (주)고구려의 현재 주가는 50,000원이다. 다음 중 옳은 것은? (CPA 1차 2007)

① 배당수익률(주당배당금/주가)이 8%이다.

② 배당수익률이 7%이다.

③ 방금 지급된 주당 배당금은 3,000원이다.

④ 1년 후 예상되는 주가는 54,000원이다.

⑤ 1년 후 예상되는 주가는 57,000원이다.

14 S사의 1년도 말($t=1$)에 기대되는 주당순이익(EPS)은 2,000원이다. 이 기업의 내부유보율(retention ratio)은 40%이고 내부유보된 자금은 재투자수익률(ROE) 20%로 재투자된다. 이러한 내부유보율과 재투자수익률은 지속적으로 일정하게 유지된다. S사의 자기자본비용이 14%라고 할 경우 S사 주식의 이론적 가격(P_0)에 가장 가까운 것은? (CPA 1차 2014)

① 13,333원 ② 16,333원 ③ 20,000원

④ 21,600원 ⑤ 33,333원

15 A기업의 내부유보율(retention ratio)은 40%이고, 내부유보된 자금의 재투자수익률(ROE)은 20%이다. 내부유보율과 재투자수익률은 영원히 지속될 것으로 기대된다. A기업에 대한 주주들의 요구수익률은 14%이고 현재 주가가 10,000원이라면, A기업의 배당수익률($\frac{D_1}{P_0}$)은? 단, 일정성장배당평가모형(constant growth dividend discount model)이 성립하고, 현재 주가는 이론적 가격과 같다. (CPA 1차 2017)

① 2% ② 4% ③ 6%

④ 8% ⑤ 10%

16 (주)XYZ는 금년도($t=0$)에 1,000원의 주당순이익 가운데 60%를 배당으로 지급하였고, 내부유보된 자금의 재투자수익률(ROE)은 10%이다. 내부유보율과 재투자수익률은 영원히 지속될 것으로 기대된다. (주)XYZ에 대한 주주들의 요구수익률은 9%이다. 다음 중 가장 적절하지 않은 것은? (단, 일정성장배당평가모형이 성립하고, 주가는 이론적 가격과 동일하며, 또한 이론적 가격과 동일하게 변동한다고 가정한다.) (CPA 2015 수정)

① 다른 조건이 일정할 때, 재투자수익률이 상승하면 (주)XYZ의 현재($t=0$) 주가는 하락할 것이다.

② 다른 조건이 일정할 때, ㈜XYZ가 내부유보율을 증가시키면 배당성장률은 상승한다.

③ 1년 후($t=1$) ㈜XYZ의 주당 배당은 624원이다.

④ ㈜XYZ의 현재($t=0$) 주가는 12,480원이다.

⑤ ㈜XYZ의 주가수익비율(주가순이익비율, PER)은 매년 동일하다.

17 연 1회 매년 말에 지급되는 A기업의 배당금은 앞으로 계속 5%의 성장률을 보일 것으로 예상된다. 현재(t=0) A기업 주식의 주당 내재가치는 50,000원이고 베타는 1.5이다. 무위험이자율은 3%이며 시장포트폴리오의 기대수익률은 10%이다. 전년도 말(t=0)에 지급된 주당 배당금(D_0)에 가장 가까운 것은? (단, CAPM이 성립한다고 가정한다.) (CPA 1차 2022)

① 4,048원 ② 4,250원 ③ 4,658원

④ 24,000원 ⑤ 28,000원

18 ㈜기해의 올해 말(t=1) 주당순이익은 1,500원으로 예상된다. 이 기업은 40%의 배당성향을 유지할 예정이며, 자기자본순이익률(ROE)은 20%로 매년 일정하다. 주주들의 요구수익률이 연 15%라면, 현재 시점(t=0)에서 이론적 주가에 기초한 주당 성장기회의 순현가(NPVGO)는 얼마인가? (단, 배당은 매년 말 연 1회 지급한다.) (CPA 1차 2019)

① 10,000원 ② 16,000원 ③ 20,000원

④ 24,000원 ⑤ 28,000원

19 경제적 부가가치(economic value added: EVA)에 대한 다음 설명 중 가장 부적절한 것은? (CPA 1차 1999)

① EVA는 회계상의 당기순이익에 반영되지 않은 자기자본비용을 명시적으로 고려한다.

② EVA가 정(+)인 기업은 자본비용 이상을 벌어들인 기업으로 평가된다.

③ EVA는 주주 중심의 사고에서 평가한 기업의 성과이다.

④ 다각화된 기업은 사업단위별로 EVA를 평가하여 핵심사업과 한계사업을 분류할 수 있다.

⑤ 주식에 대한 배당금 지급이 없는 경우 자기자본비용이 없기 때문에 EVA는 회계상의 당기순이익과 일치한다.

20 경제적 부가가치(EVA)에 관한 설명으로 적절한 항목만을 모두 선택한 것은?

(CPA 1차 2021)

a. EVA는 투하자본의 효율적 운영 수준을 나타낸다.
b. EVA는 영업 및 영업외 활동에 투자된 자본의 양적, 질적 측면을 동시에 고려한다.
c. EVA는 자기자본이익률과 가중평균자본비용의 차이에 투하자본을 곱해서 산출한다.
d. EVA는 투하자본의 기회비용을 반영해 추정한 경제적 이익의 현재가치의 합이다.
e. EVA는 당기순이익에 반영되지 않는 자기자본비용을 고려하여 산출한다.

① a, b ② b, c ③ a, e
④ b, c, e ⑤ b, d, e

21 (주)창조의 기초 자본구조는 부채 1,200억원, 자기자본 800억원으로 구성되어 있었다. 기말 결산을 해 보니 영업이익은 244억원이고 이자비용은 84억원이다. 주주의 기대수익률이 15%이고 법인세율이 25%일 때, 경제적 부가가치(EVA)를 계산하면 얼마인가? (단, 장부가치와 시장가치는 동일하며, 아래 선택지의 단위는 억원이다.)

(CPA 1차 2014)

① $EVA \leq -20$ ② $-20 < EVA \leq 40$ ③ $40 < EVA \leq 100$
④ $100 < EVA \leq 160$ ⑤ $EVA > 160$

Ⅱ. 서술/계산형 문제

01 시장이자율과 채권가격간의 관계를 설명하라.

02 우리나라 주식시장에서 성장기회가 주가에 반영된 사례를 조사하라.

03 경영지표로서 EVA의 장점과 한계점을 설명하라.

04 가치창출요인은 EVA에 영향을 미치는 모든 요인을 의미한다. 임의의 한 기업을 선정하여 핵심가치창출요인을 조사해 보라.

05 | 시장이자율과 채권가격 |

한라주식회사는 지금 다음과 같은 사채를 발행하려고 한다.

- 액면가: 1,000원
- 만기: 1년
- 액면이자율: 8%(매분기 말 이자지급)

(1) 시장이자율이 10%인 경우, 사채의 발행가격은?

(2) 시장이자율이 8%인 경우, 사채의 발행가격은?

(3) 시장이자율이 6%인 경우, 사채의 발행가격은?

(4) 시장이자율과 사채의 발행가격 사이의 관계는?

06 | 현물이자율과 채권의 발행가격 | (CPA 1차 2017 수정)

현재 채권시장에서 ㈜한국의 1년 만기 액면가 1,000원의 순수할인채권은 909.09원에, 2년 만기 액면가 1,000원의 순수할인채권은 783.15원에 거래되고 있다. ㈜한국이 액면가 1,000원, 만기 2년, 액면이자율 10%(이자는 연 1회 후급조건)인 회사채를 발행하려 한다면, 이 회사채의 발행가격은 얼마인가?

07 | 배당평가모형 |

현재 고속성장을 하고 있는 가나전자주식회사는 1년도 말에 주당 1,150원을 배당한 후, 그 다음 4년 동안에는 매년 15%씩, 그리고 그 이후부터는 매년 10%씩 배당금을 계속 증가시키려고 한다. 이 주식의 요구수익률이 15%라면, 이 주식의 현재가치는 얼마인가?

08 | 일정성장배당평가모형 |

한샘가구(주)는 올해 초 주당 100원씩 배당을 지급하였다. 그리고 배당금은 앞으로 3년 동안 연 14%씩 증가하며, 그 이후부터는 영구적으로 5%씩 증가한다고 기대된다. 이 주식의 적절한 할인율은 15%이다. 이 주식의 가격은 얼마인가?

09 | 성장기회와 주식가치 |

오디오를 생산하고 있는 소리전자(주)는 당해연도 말 5억원의 순이익을 기대하고 있다. 이 회사가 새로운 투자를 하지 않는다면, 순이익은 매년 3%씩 증가될 것이다. 이 회사는 지금 비디오사업을 고려중이다. 이 사업의 투자비용 10억원을 지금 즉시 지출하여야 하나, 그 이익은 1년 후부터 발생하기 시작한다. 이 사업을 실시하는 경우 추가적인 3억2,000만원의 이익을 얻을 수 있으며, 이것도 역시 매년 3%씩 증가할 것이다. 기업의 할인율은 13%이고, 이 회사의 현재 발행주식수는 20만주이다.

(1) 비디오사업에 진출하지 않을 경우, 소리전자(주)의 주당 주식가격은 얼마인가?

(2) 비디오사업으로 인하여 발생하는 성장기회의 가치는 얼마인가?

(3) 비디오사업에 진출하는 경우, 소리전자(주)의 주당 주식가격은 얼마인가?

보론 1 채권의 현물이자율과 만기수익률

모든 기간에 걸쳐 시장이자율이 일정하다면, 각 시점에서의 현금흐름을 할인할 때 모두 동일한 할인율을 사용할 수 있다. 그러나 실제로는 시장이자율은 기간에 따라 변할 수 있다. 그 이유는 주로 인플레이션율이 기간에 따라 다르게 예상되기 때문이다.

1. 현물이자율

다음과 같은 두 개의 순수할인채권을 고려해 보자.

- 채권 A: 만기=1년, 액면가=1,000원
- 채권 B: 만기=2년, 액면가=1,000원

그리고 현재시점부터 1년도 말까지의 이자율 r_1은 8%이며, 현재시점부터 2년도 말까지의 이자율 r_2는 10%라고 하자. 이와 같은 이자율을 현물이자율(spot interest rate)이라 한다. 여기서 이자율이 서로 다른 이유 중 하나는 인플레이션이 첫 번째 연도보다 두 번째 연도에 보다 높아진다고 예상되기 때문일 것이다. 두 채권의 현금흐름유형은 다음과 같다.

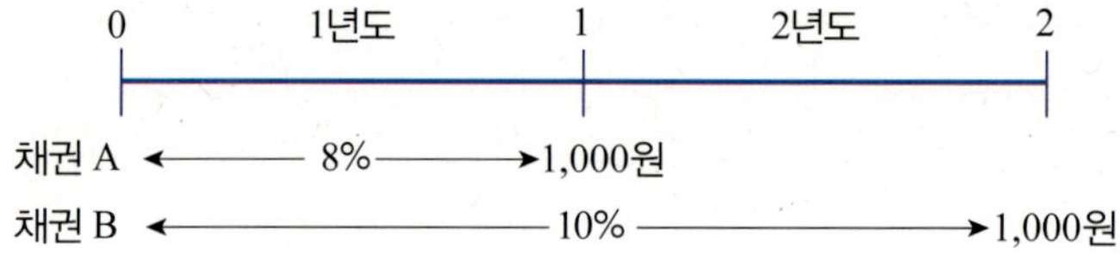

이와 같은 경우 채권 A와 채권 B의 현재가치는 다음과 같이 계산된다.

- $PV_A = \dfrac{1{,}000}{1+0.08} = 925.93$원
- $PV_B = \dfrac{1{,}000}{(1+0.10)^2} = 826.45$원

한편 PV_A와 PV_B를 관찰할 수 있으나 현물이자율을 알지 못한다면, 현재가치공식을 이용하여 현물이자율을 구할 수 있다.

- $PV_A = 925.93원 = \frac{1,000}{1+r_1}$ → $r_1 = 8\%$
- $PV_B = 826.45원 = \frac{1,000}{(1+r_2)^2}$ → $r_2 = 10\%$

현물이자율은 현재시점에서 순수할인채권을 매입하여 만기까지 보유하는 경우에 투자자가 얻을 수 있는 기간당 평균수익률을 의미하는 한편, 이것은 순수할인채권의 현재가치와 그 채권을 소유할 경우 얻을 수 있는 미래 현금흐름의 현재가치를 일치시켜 주는 할인율로 정의된다.

현물이자율
현재시점에서 순수할인채권을 매입하여 만기까지 보유하는 경우에 투자자가 얻을 수 있는 기간당 평균수익률을 의미한다.

$$PV(순수할인채권) = \frac{F}{(1+r_n)^n} \quad (5A\text{-}1)$$

여기서 r_n: 현재시점부터 n년도 말까지의 현물이자율

2. 만기수익률

이제 현물이자율과 만기수익률의 관계를 살펴보기 위하여 다음과 같은 예를 생각해 보자. 현물이자율 $r_1 = 8\%$, $r_2 = 10\%$이며, 액면가가 1,000원이고 액면이자율이 5%인 2년 만기의 채권이 있다. 이 채권을 구입하는 경우 1년도 말에 50원의 액면이자를 얻을 수 있으며, 만기인 2년도 말에는 액면이자 50원과 원금 1,000원을 합한 1,050원을 얻을 수 있다. 그 현금흐름유형은 다음과 같다.

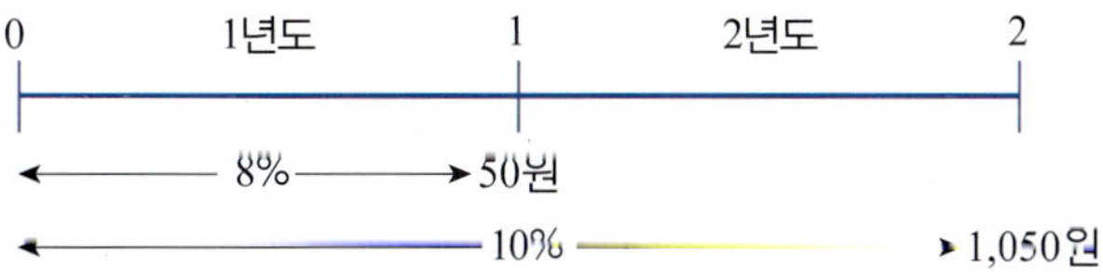

이 채권은 액면가가 50원인 1년 만기의 순수할인채권과 액면가가 1,050원인 2년 만기의 순수할인채권을 합한 것으로 생각할 수 있다. 그러므로 이 채권의 현재가치는 다음과 같이 구할 수 있다.

$$PV = \frac{50}{1+0.08} + \frac{1,050}{(1+0.10)^2} = 914.06원$$

채권의 현재가치가 주어지면 만기수익률(yield to maturity: YTM)은 다음의 식을 풀어서 구해진다.[12]

---

12 만기수익률은 제3장에서 설명한 내부수익률(IRR)과 동일한 의미를 가진다.

$$914.06\text{원}=\frac{50}{1+r}+\frac{1{,}050}{(1+r)^2}$$

위 식을 풀어서 만기수익률 r을 구하면 9.95%가 된다. 이상에서 살펴본 바와 같이 먼저 현물이자율을 이용하여 채권의 현재가치를 계산한 후, 이에 의해 만기수익률을 구할 수 있음을 알 수 있다. 이 과정에서 두 개의 현물이자율이 하나의 만기수익률로 전환되었기 때문에 만기수익률을 두 현물이자율의 평균으로 생각할 수 있다.[13]

만기수익률
현재시점에서 확정이자부채권을 매입하여 만기까지 보유하는 경우에 투자자가 얻을 수 있는 기간당 평균수익률을 의미한다.

만기수익률은 현재시점에서 확정이자부채권을 매입하여 만기까지 보유하는 경우에 투자자가 얻을 수 있는 기간당 평균수익률을 의미하는 한편, 이것은 확정이자부채권의 현재가치와 그 채권을 소유할 경우 얻을 수 있는 미래 현금흐름의 현재가치를 일치시켜 주는 할인율로 정의된다.[14]

$$PV(\text{확정이자부채권})=\frac{C}{1+r}+\frac{C}{(1+r)^2}+\cdots+\frac{C}{(1+r)^n}+\frac{F}{(1+r)^n} \qquad (5A-2)$$

여기서 r: 만기수익률

확정이자부채권의 현재가치를 알고 있다면, 식 (5A−2)를 풀어서 만기수익률 r을 구할 수 있다. 각 기간 동안의 현물이자율이 일정하다면, 현물이자율과 만기수익률은 같아진다.

예제 5A−1

현물이자율과 만기수익률

청솔주식회사는 액면가 1,000원, 만기 2년, 그리고 액면이자율 10%(단, 이자는 매년 말에 지급됨)인 사채를 발행하려고 한다. 시장이자율에 관한 자료를 얻기 위하여 이 회사의 재무관리자는 현재 시장에서 유통되고 있는 1년 만기 순수할인채권과 2년 만기 순수할인채권의 가격을 조사하였다. 그 결과 다음과 같은 자료를 얻을 수 있었다.

- 1년 만기 순수할인채권: 액면가=1,000원, 현재 시장가격=909.09원
- 2년 만기 순수할인채권: 액면가=2,000원, 현재 시장가격=1,594.39원

13 여기서 만기수익률 r은 현물이자율 r_1과 r_2의 단순평균이 아니라 가중평균한 것으로 보아야 한다.
14 현물이자율이 기간별로 다를 경우, 확정이자부채권의 현재가치를 다음과 같이 구할 수 있다.

$$PV(\text{확정이자부채권})=\frac{C}{1+r_1}+\frac{C}{(1+r_2)^2}+\cdots+\frac{C}{(1+r_n)^n}+\frac{F}{(1+r_n)^n}$$

(1) 현물이자율 r_1과 r_2를 구하라.

(2) 이 회사는 사채를 얼마에 발행할 수 있는가?

(3) 투자자가 이 사채를 매입하는 경우 얻을 수 있는 평균투자수익률, 즉 만기수익률을 구하라.

해설

(1) $909.09 = \dfrac{1,000}{1+r_1} \quad \rightarrow r_1 = 10\%$

$1,594.39 = \dfrac{2,000}{(1+r_2)^2} \quad \rightarrow r_2 = 12\%$

(2) 물음 (1)에서 구한 현물이자율을 이용하여 사채의 현재 발행가격을 구하면 다음과 같다.

$$PV = \frac{100}{1+0.1} + \frac{1,100}{(1+0.12)^2} = 967.82\text{원}$$

(3) 이 사채의 만기수익률 r은 다음의 식을 풀어 구할 수 있다.

$$967.82 = \frac{100}{1+r} + \frac{1,100}{(1+r)^2} \quad \rightarrow r = 11.90\%$$

Excel의 활용: 만기수익률

	A	B	C	D	E	F	G
1	<예제 5A-1> 만기수익률의 계산						
2	1. =RATE(nper, pmt, pv, fv, type) 함수 사용				2. =IRR(values, guess)함수 사용		
3	액면가	1,000			기 간	현금흐름	
4	만기	?			현 재	-967.82	
5	액면이자율	10%			1년도 말	100	
6	사채의 현재가격	967.82			2년도 말	1,100	
7			=RATE(B4, B3*B5, -B6, B3)			=IRR(F4:F6)	
8	만기수익률	11.90%			11.90%		
9							
10							

보론2 채권등급평가

1. 채권등급평가의 의의

채권등급평가
신용평가기관이 채권의 원리금상환에 대한 발행회사의 능력을 평가하여, 이를 이해하기 쉬운 기호나 문장으로 등급을 매겨 투자자에게 전달하는 제도를 말한다.

채권등급평가(bond rating)는 신용평가기관(bond rating agency)이 채권의 원리금 상환에 대한 발행회사(발행주체)의 능력을 평가하여, 이를 이해하기 쉬운 기호나 문장으로 등급을 매겨 투자자에게 전달하는 제도를 말한다. 채권등급평가의 목적은 특정채권의 채무불이행위험(default risk)에 관한 정보를 투자자에게 전달함으로써 투자자를 보호하는 데 있다.

2. 신용평가기관과 채권등급

세계적으로 가장 권위 있는 신용평가기관은 미국의 S&P(Standard and Poor's Corporation)와 무디스(Moody's Investors Service)이다. S&P와 무디스의 평가기준, 평가방식, 평가결과는 거의 비슷하지만 신용등급의 부호에 다소 차이가 있다. S&P와 무디스의 회사채 등 장기채권의 등급은 〈표 5A-1〉에서 볼 수 있는 것과 같이 최상급(S&P: AAA, 무디스: Aaa)에서 최하급(S&P: D, 무디스: C)으로 크게 9~10등급으로 나누어, 각 등급을 다시 3등급으로 구분(S&P: 기본등급에 +, - 부여, 무디스: 기본등급에 1, 2, 3 기호 부여)하고 있다. S&P의 BBB- 또는 무디스의 Baa3 등급 이상의 채권은 투자적격채권으로 볼 수 있으나, S&P의 BB+ 또는 무디스의 Ba1 등급 이하의 채권은 채무불이행위험이 높은 투기적 성격의 채권으로 정크본드(junk bond)라 불린다.

우리나라의 경우 신용평가제도가 도입된 것은 한국산업은행의 출자로 한국기업평가(주)가 설립된 1983년부터이다. 본격적인 도입은 1985년 2월 투자금융회사를 중심으로 한 제2금융권의 출자로 한국신용평가(주)가 설립되면서 시작되었다. 그 후 1986년 9월 시중은행의 출자로 한국신용정보(주)(2007년 11월 평가사업부문의 물적 분할로 한신정평가(주)가 설립된 후 2011년 9월 NICE신용평가(주)로 사명 변경)가 설립되면서, 현재의 신용평가체제가 확립되었다. 우리나라의 채권등급평가도 S&P 또는 무디스와 유사하다.

표 5A-1
S&P와 무디스의 회사채등급의 분류와 그 의미

S&P	무디스	의 미
AAA	Aaa	최상급채권으로 원리금지급능력이 극히 강함.
AA+ AA AA−	Aa1 Aa2 Aa3	상급채권으로 원리금지급능력이 매우 강함.
A+ A A−	A1 A2 A3	중상급채권으로 원리금지급능력은 강하지만, 경제적 상황의 변화에 따라 문제가 발생할 가능성도 약간 있음.
BBB+ BBB BBB−	Baa1 Baa2 Baa3	중급채권으로 원리금지급능력은 충분하지만, 경제적 상황의 변화에 따라 문제가 발생할 가능성이 다소 높음.
BB+ BB BB−	Ba1 Ba2 Ba3	저급채권으로 미래의 원리금지급능력이 불확실하고, 약간의 투기적 요소가 있음.
B+ B B−	B1 B2 B3	투자에 적합하지 않은 채권으로 원리금지급능력 또는 계약조건의 유지가능성이 낮음.
CCC+ CCC CCC−	Caa1 Caa2 Caa3	채무불이행 가능성이 높음.
CC	Ca	매우 투기적이고 채무불이행 가능성이 매우 높음.
C D	C	최하급채권으로 극히 투기적이며, 채무불이행 상태에 있음.

3. 채권등급과 만기수익률

채권의 만기수익률은 채무불이행위험에 의해서 결정된다. 따라서 채권등급이 채무불이행위험을 대변하는 가장 좋은 측정치라면 채권등급이 높을수록 채권의 만기수익률이 낮아질 것이다. 채권시장에서 채권등급에 의해 만기수익률이 결정되는 경우 등급평가결과가 채권발행회사의 자금조달비용에 큰 영향을 미치게 된다. 그러므로 채권발행회사가 좋은 등급을 받기 위하여 평가에 필요한 내부자료 등을 신용평가기관에 적극적으로 제공하게 되고, 이에 따라 등급평가가 훨씬 정확하게 이루어질 수 있다.

제 III 편

자본조달결정

Financing Decision

제6장

레버리지와 자본비용

1. 레버리지분석
2. 자본비용

기업이 사용하는 레버리지(고정비용을 발생시키는 비유동자산 또는 부채)에 의해 순이익 등의 변동성, 즉 기업의 위험이 달라진다.

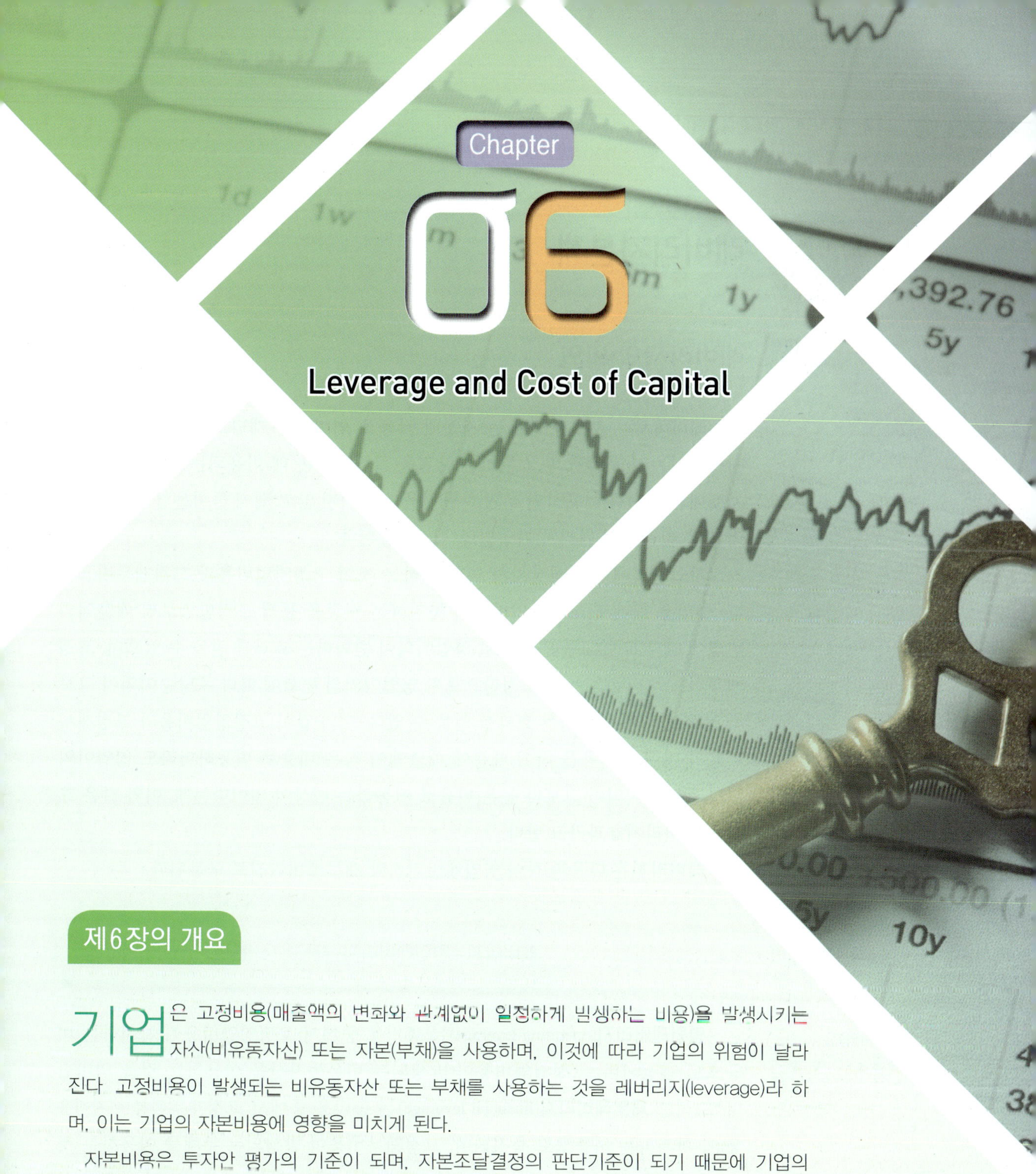

Chapter

06

Leverage and Cost of Capital

제6장의 개요

기업은 고정비용(매출액의 변화와 관계없이 일정하게 발생하는 비용)을 발생시키는 자산(비유동자산) 또는 자본(부채)을 사용하며, 이것에 따라 기업의 위험이 달라진다. 고정비용이 발생되는 비유동자산 또는 부채를 사용하는 것을 레버리지(leverage)라 하며, 이는 기업의 자본비용에 영향을 미치게 된다.

자본비용은 투자안 평가의 기준이 되며, 자본조달결정의 판단기준이 되기 때문에 기업의 재무의사결정에 있어 가장 중요한 요인이라 할 수 있다. 기업의 자본비용은 기업전체에 대한 자본비용 또는 요구수익률로서 가중평균자본비용(weighted average cost of capital: WACC)을 의미하며, 다양한 자본조달원천으로부터 발생되는 원천별 자본비용(예를 들어 자기자본비용, 부채비용 등)을 가중평균한 것이다. 본장에서는 먼저 기업위험의 원천으로서 레버리지효과를 설명한 후, 투자결정에 있어 중요한 개념인 WACC에 대해서 설명하고자 한다.

01 레버리지분석

1.1 레버리지의 의의

레버리지
총비용 중에서 고정영업비용과 고정재무비용(이자비용)이 차지하는 비중으로 측정되며, 고정비용이 발생되는 비유동자산 또는 부채를 사용하는 것을 의미한다.

레버리지는 지레장치 또는 지렛대 작용을 의미하는 개념으로 이용되고 있다. 지레장치는 힘들이지 않고 무거운 물건을 끌어올리는 데 이용되는 도구를 말한다. 지렛대의 원리를 이용하면 무거운 물건을 힘들이지 않고 쉽게 들어올릴 수 있다. 이와 같은 지렛대의 원리가 기업경영에도 적용된다.

기업경영에서 지레장치의 역할을 하는 것이 고정영업비용과 고정재무비용이다. 총비용 중에서 고정영업비용이 차지하는 비중을 높게 조정함으로써 매출액의 변화에 따라 그보다 높은 비율로 영업이익이 변화하는 효과를 얻을 수 있으며, 고정재무비용의 비중을 높게 조정함으로써 영업이익의 변화에 따라 주당순이익이 그보다 높은 비율로 변화하는 효과를 얻을 수 있다. 이와 같이 고정영업비용과 고정재무비용이 지렛대 작용을 하기 때문에 매출액이 작은 비율로 변동하더라도 영업이익이나 주당순이익이 그보다 높은 비율로 변동하는 현상이 일어나는데, 이와 같은 효과를 레버리지효과라고 한다.

레버리지는 다음과 같이 영업레버리지와 재무레버리지로 구분된다.

레버리지 = 영업레버리지+재무레버리지

영업레버리지
고정영업비용을 발생시키는 비유동자산을 이용하는 것을 의미한다.

재무레버리지
고정재무비용인 이자비용을 발생시키는 부채를 이용하는 것을 의미한다.

영업레버리지(operating leverage)는 총비용 중에서 고정영업비용이 차지하는 비중으로 측정되며, 고정영업비용이 발생되는 비유동자산을 이용하는 것을 의미한다. 그리고 **재무레버리지**(financial leverage)는 총비용 중에서 고정재무비용(이자비용 등)이 차지하는 비중으로 측정되며, 고정재무비용이 발생되는 부채를 이용하는 것을 의미한다. 한편 레버리지는 총비용 중에서 고정영업비용과 고정재무비용이 차지하는 비중으로 측정될 수 있다.

영업레버리지와 재무레버리지의 개념을 살펴보기 위하여 〈표 6-1〉과 같은 손익계산서를 생각해 보자.

표 6-1 손익계산서의 구성요인

손익계산서

매출액	R		
변동영업비용	VC		
고정영업비용*	FC	DOL	
영업이익	$EBIT$		
이자비용	Int		
법인세비용차감전순이익	EBT		DCL
법인세비용(법인세율 $=T_C$)	T	DFL	
순이익	NI		
÷총발행주식수	$\div N$		
주당순이익	EPS		

*) 고정영업비용＝고정현금지출비용＋감가상각비

재무 산책

레버리지효과를 추구하는 레버리지투자

레버리지투자는 차입된 돈을 사용하여 대규모 투자수익을 창출하는 투자전략의 일종이다. 투자에서 레버리지의 작용 원리에 대한 이해를 돕기 위해 다음의 예를 살펴보자. 현재 2,000만원의 골동품을 구매하고자 하는 K씨가 있다. K씨는 이 골동품을 구입할 수 있는 충분한 현금을 보유하고 있음에도 불구하고 자신이 보유한 현금 중 200만원과 나머지 1,800만원은 골동품 딜러에게 빌려 마련한 2,000만원으로 골동품을 구입하였다. 이러한 경우 K씨의 입장에서 골동품에 투자한 순수한 자금은 200만원이며, 이는 골동품 구입 가격의 10%에 불과하다.

며칠이 지난 뒤 K씨가 구입한 골동품의 가격이 올라 2,200만원에 판매할 수 있다고 하자. 이때 K씨는 이자비용을 무시하고 200만원을 투자하여 200만원의 이윤을 얻게 된다. 이러한 경우 K씨의 투자수익률을 수학적으로 계산하면 100%가 된다. 이에 비해 만약 K씨가 딜러로부터 대출을 받지 않고 자신의 돈 2,000만원을 지급하여 골동품을 구입한 뒤 2,200만원에 판매한 경우를 생각해보자. 2,000만원의 초기 투자로 2백만원의 이익을 얻게 되면 K씨의 투자수익률은 10%가 된다. 이와 같은 10%의 수익도 나쁘지 않지만, 앞서 언급한 레버리지를 사용하는 경우 얻게 될 100%의 투자수익률과 비교하면 매우 낮은 수준임을 알 수 있다. 다만, 레버리지를 통한 투자가 위험할 수 있음을 기억하는 것이 중요하다. 골동품의 가격이 하락하는 등 예상하지 못한 방향으로 투자 결과가 나타나면 손실률이 훨씬 더 커지기 때문이다.

1.2 영업레버리지분석

영업레버리지는 기업이 고정영업비용을 발생시키는 비유동자산을 보유하는 것을 의미한다. 영업레버리지에 의해서 매출액의 변화율보다 영업이익의 변화율이 더 커지게 되며, 이와 같은 현상을 영업레버리지효과라 한다. 영업레버리지효과의 정도는 다음의 **영업레버리지도**(degree of operating leverage: DOL)에 의해서 측정될 수 있다.

영업레버리지도(DOL)
영업레버리지에 의해서 매출액의 변화율보다 영업이익의 변화율이 커지는 효과, 즉 영업레버리지효과의 정도를 의미한다.

$$DOL = \frac{\text{영업이익의 변화율}}{\text{매출액의 변화율}} = \frac{\frac{\Delta EBIT}{EBIT}}{\frac{\Delta R}{R}} \quad (6\text{-}1)$$

여기서 Δ: 증분을 나타내는 기호로서 변동액(증가액 또는 감소액)을 의미함.

그리고 식 (6–1)에 의해서 영업레버리지도(DOL)를 다음과 같이 나타낼 수 있다.[1]

$$DOL = \frac{(P-V)Q}{(P-V)Q-FC} = \frac{R-VC}{R-VC-FC} \quad (6\text{-}2)$$

여기서 P: 단위당 판매가격
V: 단위당 변동비
Q: 매출량

식 (6–2)에서 볼 수 있는 바와 같이 고정영업비용(FC)이 클수록, DOL이 크게 나타남을 알 수 있다. 즉 고정영업비용에 의해서 매출액의 변화율보다 영업이익의 변화율(변동 폭)이 커지는 것을 의미한다. 예를 들어 DOL이 1.5라면, 매출액이 10% 증가(또는 감소)하는 경우 영업이익은 15% 증가(또는 감소)한다.

한편 매출액이 증가할수록 영업레버리지도는 감소하게 된다. 이는 매출액이 증가할수록 고정영업비용의 영향이 점차 줄어들어 영업레버리지효과가 감소하기 때문이다.

---

1 $DOL = \frac{\frac{\Delta EBIT}{EBIT}}{\frac{\Delta R}{R}} = \frac{\frac{(P-V)\Delta Q}{(P-V)Q-FC}}{\frac{P\Delta Q}{PQ}} = \frac{(P-V)Q}{(P-V)Q-FC}$

예제 6-1

영업레버리지도

전구를 생산하는 반짝주식회사에 관한 자료는 다음과 같다.

- 단위당 판매가격 = 200원
- 단위당 변동비 = 100원
- 고정영업비용 = 20,000,000원

(1) 250,000개의 전구를 생산하는 경우, 이 회사의 DOL은 얼마인가?

(2) 매출액이 5% 증가할 경우, 이 회사의 영업이익은 몇 % 증가하는가?

해설

(1) $DOL = \frac{(P-V)Q}{(P-V)Q-FC} = \frac{(200-100)\times 250{,}000}{(200-100)\times 250{,}000 - 20{,}000{,}000} = 5.0$

(2) DOL의 정의에 의해서, 영업이익의 증가율을 구하면 다음과 같다.

$$\frac{\Delta EBIT}{EBIT} = DOL\left(\frac{\Delta R}{R}\right) = 5.0 \times 5\% = 25\%$$

그러므로 매출액이 5% 증가할 경우, 영업이익은 25% 증가하게 된다.

재무 산책

손익분기점

손익분기점(break-even point)은 기업이 생산능력의 범위 내에서 영업비용을 회수하는 데 필요한 최소한의 조업도, 즉 영업이익이 0원이 되는 매출량(또는 매출액)을 의미한다. 손익분기점 매출량(Q^*)에서는 수익(매출액)과 영업비용(변동영업비용과 고정영업비용)이 일치하므로 다음의 식이 성립된다.

$$P \times Q^* = V \times Q^* + FC$$

위의 식을 Q^*에 대하여 정리하면 손익분기점 매출량(Q^*)을 다음과 같이 구할 수 있다.

$$Q^* = \frac{FC}{P-V}$$

($P-V$)는 단위당 공헌이익(contribution margin per unit)으로서 제품을 1단위 판매할 때 고정영업비용이 회수되거나 영업이익에 기여하는 금액을 의미한다. 따라서 손익분기점 매출량 내에서는 공헌이익이 고정영업비용을 회수하는 역할을 하며, 그 이상에서는 영업이익에 기여하는 역할을 하게 된다.

1.3 재무레버리지분석

재무레버리지도(DFL) 재무레버리지에 의해서 영업이익의 변화율보다 주당순이익(EPS)의 변화율이 커지는 효과, 즉 재무레버리지효과의 정도를 의미한다.

재무레버리지는 기업이 고정재무비용인 이자비용을 발생시키는 부채를 사용하는 것을 의미한다. 재무레버리지에 의해서 영업이익의 변화율보다 주당순이익(earning per share: EPS)의 변화율이 더 커지게 되며, 이와 같은 현상을 재무레버리지효과라 한다. 재무레버리지효과의 정도는 **재무레버리지도**(degree of financial leverage: DFL)에 의해서 측정될 수 있다.

$$DFL = \frac{\text{주당순이익의 변화율}}{\text{영업이익의 변화율}} = \frac{\frac{\Delta EPS}{EPS}}{\frac{\Delta EBIT}{EBIT}} \tag{6-3}$$

그리고 식 (6-3)에 의해서 재무레버리지도(DFL)를 다음과 같이 나타낼 수 있다.[2]

$$DFL = \frac{EBIT}{EBIT - Int} = \frac{R - VC - FC}{R - VC - FC - Int} \tag{6-4}$$

식 (6-4)에서 기업의 이자비용(Int)이 많을수록 DFL은 증가한다는 것을 알 수 있다. 이는 이자비용이 클 경우, 영업이익의 변화에 따른 주당순이익의 변동 폭이 크게 확대된다는 것을 의미한다.

한편 영업이익이 증가할수록 재무레버리지도는 감소하게 된다. 이는 영업이익이 증가할수록 이자비용의 영향이 점차 줄어들어 재무레버리지효과가 감소하기 때문이다.

2 $DFL = \frac{\frac{\Delta EPS}{EPS}}{\frac{\Delta EBIT}{EBIT}} = \frac{\frac{\Delta EBIT(1-T_C)/N}{(EBIT-Int)(1-T_C)/N}}{\frac{\Delta EBIT}{EBIT}} = \frac{EBIT}{EBIT-Int}$

예제 6-2

재무레버리지도

백두주식회사는 자사의 다음연도 영업이익이 10% 감소하여, 그 결과 주당순이익이 20% 감소할 것으로 예상하고 있다. 만약 이와 같은 예상이 옳다면, 이 회사의 DFL은 얼마인가?

해설

$$DFL = \frac{\text{주당순이익의 변화율}}{\text{영업이익의 변화율}} = \frac{-20\%}{-10\%} = 2.0$$

결합레버리지분석 1.4

결합레버리지(combined leverage)는 기업이 고정영업비용을 발생시키는 비유동자산을 보유하고, 동시에 이자비용을 발생시키는 부채를 사용하는 것을 의미한다. 영업레버리지와 재무레버리지가 동시에 존재함으로써 매출액의 변화율보다 주당순이익의 변화율이 더 커지게 되며, 이와 같은 현상을 결합레버리지효과라고 한다. 이와 같은 결합레버리지효과의 정도는 **결합레버리지도**(degree of combined leverage: DCL)에 의해서 측정될 수 있다.

결합레버리지도(DCL) 영업레버리지와 재무레버리지가 동시에 존재함으로써 매출액의 변화율보다 주당순이익의 변화율이 커지는 효과, 즉 결합레버리지효과의 정도를 의미한다.

$$DCL = \frac{\text{주당순이익의 변화율}}{\text{매출액의 변화율}} = \frac{\frac{\Delta EPS}{EPS}}{\frac{\Delta R}{R}} \quad (6\text{-}5)$$

식 (6-5)는 다음과 같이 나타낼 수 있다.[3]

$$DCL = DOL \times DFL = \frac{R - VC}{R - VC - FC - Int} \quad (6\text{-}6)$$

식 (6-6)에서 기업의 고정영업비용 또는 이자비용이 증가할수록 DCL이 증가한다는 것을 알 수 있다. 그리고 결합레버리지도(DCL)는 영업레버리지의 효과와

3 $DCL = \frac{\frac{\Delta EPS}{EPS}}{\frac{\Delta R}{R}} = \frac{\frac{\Delta EBIT}{EBIT}}{\frac{\Delta R}{R}} \times \frac{\frac{\Delta EPS}{EPS}}{\frac{\Delta EBIT}{EBIT}} = DOL \times DFL$

그림 6-1
레버리지효과

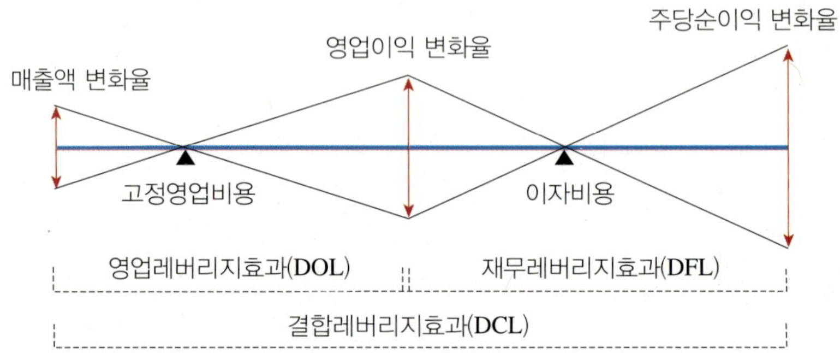

재무레버리지의 효과를 모두 고려하는 것으로서 영업레버리지도(DOL)와 재무레버리지도(DFL)를 곱한 것이라 할 수 있다. 이상에서 설명한 레버리지효과를 그림으로 나타내면 [그림 6-1]과 같다.

예제 6-3

결합레버리지도를 이용한 고정영업비용의 측정

전자부품을 생산하는 (주)부산의 경영자는 매출액이 10% 증가할 경우, 주당순이익은 40% 증가한다고 생각하고 있다. 이 회사의 DFL은 2.0이다. 단위당 공헌이익(단위당 판매가격-단위당 변동비)이 500원이고 생산량이 1,000개일 경우, 이 회사의 고정영업비용은 얼마인가?

해설

$$DCL=\frac{\text{주당순이익의 변화율}}{\text{매출액의 변화율}}=\frac{40\%}{10\%}=4.0$$

그러므로 DOL은 다음과 같이 구할 수 있다.

$$DCL=DOL\times DFL \rightarrow 4.0=DOL\times 2.0,\ \ DOL=2.0$$

DOL을 구하는 공식에 의해서 고정영업비용을 구하면 다음과 같다.

$$DOL=\frac{(P-V)Q}{(P-V)Q-FC}=\frac{500\times 1,000}{500\times 1,000-FC}=2.0$$

$\therefore$ 고정영업비용$(FC)=250,000$원

레버리지와 기업위험 1.5

기업이 실물자산에 투자하는 목적은 수익력을 개선시키는 데 있다. 그러나 수익력을 높이고자 할 때는 반드시 그에 상응하는 위험을 감수하여야 한다. 따라서 기업은 자체 역량으로 부담할 수 있는 적절한 위험수준을 미리 설정하여 그 범위 내에서 수익력을 높일 수 있는 정책결정을 해야 한다.

기업이 경영활동을 수행하는 과정에서 직면하는 기업위험은 경영위험과 재무위험으로 구분된다.

기업위험 = 경영위험 + 재무위험

경영위험(business risk)은 경제환경 변화에 따라 예상 밖으로 영업이익이 줄어들 수 있는 가능성을 의미한다.[4] 경영위험을 결정하는 가장 중요한 요인은 영업비용 중에서 고정영업비용이 차지하는 비중, 즉 영업비용의 구조이다. 투자정책이나 영업정책의 결정시 고정영업비용의 비중을 높일수록 매출액의 변화에 따라 영업이익의 변동성이 커지기 때문이다. 예를 들어 자동차, 철강, 석유화학 등과 같은 자본집약적 산업은 비유동자산의 비중이 높기 때문에 경영위험이 높은 특성을 보이고 있다.

경영위험
경제환경 변화에 따라 예상 밖으로 영업이익이 줄어들 수 있는 가능성을 의미한다.

재무위험(financial risk)은 자본조달정책 결정시 이자비용을 발생시키는 부채를 이용할 때 나타나는 위험을 의미한다. 부채의존도가 높을수록 이자비용의 비중이 증가하기 때문에 영업이익이 감소할 때 순이익이 그보다 높은 비율로 줄어드는 재무위험이 발생된다. 따라서 업종에 관계없이 부채를 많이 사용하는 기업일수록 재무위험이 높아진다.

재무위험
자본조달정책 결정시 이자비용을 발생시키는 부채를 이용할 때 나타나는 위험를 의미한다

실물자산에 투자하거나 부채로 자금을 조달하는 경우 이와 같은 투자정책과 자본조달정책이 수익의 크기와 질에 미치는 영향을 분석하는 일은 매우 중요한 의미를 갖는다. 수익의 크기와 질을 분석하는 것은 비용구조의 변화에 따른 위험과 수익의 관계(risk-return relationship)를 검토함으로써 가능하다.

4 경영위험을 영업위험(operating risk)이라고도 한다.

재무 산책

레버리지와 기업위험

IMF로부터 구제금융을 받기 몇 개월 전인 1997년 3월 20일자 조선일보 기사 중 '빚더미 경영은 망한다'라는 제목하에서 우리나라 기업들의 취약한 재무구조를 비판한 적이 있다. 그 기사에 따르면 그 당시 이미 파산한 한보철강, 삼미그룹뿐만 아니라 그 이후에 파산한 한일그룹, 한라그룹, 뉴코아, 진로그룹 등의 자기자본비율이 10% 미만인 것으로 나타났다. 이와 같이 레버리지가 높은 기업들의 경우 불황이 심화되면 매출은 감소하는 반면, 고정적으로 지출해야 하는 금융비용은 눈덩이처럼 불어나기 때문에 파산가능성이 높아진다. 이는 어떻게 보면 너무나 당연한 결과라 할 수 있을 것이다. 물론 경기가 호황이면 레버리지효과에 의해 보다 높은 수익성이 기대되기도 하지만, 이와 같은 기업들이 불황의 터널을 뚫고 나오기란 매우 어려울 것이다. 따라서 기업이 불황에 생존하기 위해서는 사전에 과도한 영업레버리지 또는 재무레버리지를 적정수준으로 조정하는 등의 지속적인 구조조정이 필연적이라 하겠다.

자본비용 02

자본비용은 기업이 자본(자기자본 또는 부채)을 사용한 대가로 자본제공자(주주 또는 채권자)에게 지급해야 하는 비용이다.

자본비용의 의의 2.1

기업이 투자에 필요한 자금을 조달하는 방법에는 크게 주식(보통주 또는 우선주)을 발행하거나 사내유보이익을 통해 자금을 조달하는 방법, 즉 자기자본을 이용하는 방법과 은행 등 금융기관으로부터 차입하거나 채권을 발행하여 자금을 조달하는 방법, 즉 타인자본(부채)을 이용하는 방법이 있다. **자본비용**은 기업이 자본을 사용한 대가로 자본제공자(주주 또는 채권자)에게 지급해야 하는 비용이다. 이 경우 자본비용은 자본제공자가 자본시장에서 유사한 위험을 가진 증권에 투자할 때 기대할 수 있는 수익률, 즉 기회비용이라 할 수 있다.

자본제공자인 주주 또는 채권자의 입장에서 자본비용을 기대수익률(expected return), 요구수익률(required rate of return), 최저필수수익률이라고도 하며, 자본비용은 미래 현금흐름을 할인하여 자산 또는 자본의 현재가치를 환산하는 데 이용되기 때문에 자본환원율(capitalization rate), 할인율(discount rate)이라고도 한다.

자본비용은 투자안 평가의 기준이 되며, 자본조달결정의 판단기준(자본조달비

재무 산책

평균자본비용과 한계자본비용

평균자본비용(average cost of capital)은 기업이 현재 보유하고 있는 총자본에 대한 평균적인 조달비용이며, 한계자본비용(marginal cost of capital)은 기업이 추가적으로 조달하는 자본에 대한 조달비용을 의미한다.

투자결정 등은 미래에 대한 의사결정이다. 따라서 투자결정시 목적적합한 자본비용은 기존에 이미 투자된 자본에 대한 평균적인 자본비용이 아니라 추가로 조달하여 투자할 자본에 대한 자본비용일 것이다. 그러므로 투자결정 등에 사용될 자본비용은 한계자본비용 개념으로 측정되어야 함을 유의하여야 한다.

용의 최소화)이 되기 때문에 기업의 재무의사결정(투자결정과 자본조달결정 등)에 있어 가장 중요한 요인이라 할 수 있다. 기업은 투자를 위해서 다양한 원천으로부터 자금을 조달하며, 기업의 자본비용은 자본조달방법과 자본제공자가 요구하게 되는 수익률에 따라 달라질 수 있다.

2.2 원천별 자본비용

보통주의 자본비용

보통주의 자본비용
기업이 보통주를 발행하여 자본을 조달할 때 발생되는 비용, 즉 주주들이 요구하는 수익률이라 할 수 있다.

보통주의 자본비용은 기업이 보통주를 발행하여 자본을 조달할 때 발생되는 비용, 즉 주주들이 요구하는 수익률로서 이를 정확하게 측정하기는 어렵다.[5] 일반적으로 보통주의 자본비용은 CAPM 또는 배당평가모형 중 일정성장배당평가모형 등을 이용하여 측정된다.[6]

5 유보이익은 주주에게 배당으로 지급하는 대신 투자를 위해 유보시킨 것이므로 주주들은 유보이익에 대해서도 보통주와 동일한 수익률을 요구하게 된다. 따라서 유보이익의 자본비용과 보통주의 자본비용은 동일하다고 할 수 있다.

6 CAPM 또는 일정성장배당평가모형 등은 엄격한 가정하에서 도출된 모형이다. 따라서 이와 같은 모형을 이용하여 추정된 보통주의 자본비용은 실제 자본비용과 다소 차이가 날 수 있음을 유의하여야 한다.

■ CAPM을 이용한 보통주 자본비용의 추정

CAPM에 의해 산출되는 주식의 기대수익률은 자본시장의 균형하에서 투자자가 그 주식에 대해서 요구하는 수익률로 보통주의 자본비용이 된다. 그러므로 제5장에서 설명한 증권시장선(SML)을 이용하여 보통주의 자본비용 r_S를 산출하는 식을 나타내면 다음과 같다.

$$r_S = r_f + [\,E(r_M) - r_f\,]\beta_S \tag{6-7}$$

여기서 r_f: 무위험이자율

$E(r_M)$: 시장의 기대수익률

$$\beta_S = \frac{Cov(r_S,\, r_M)}{Var(r_M)}$$

식 (6-7)에서 체계적 위험을 나타내는 보통주 베타 β_S는 근본적으로 투자안의 미래 수익률자료에 의해서 추정되어야 한다. 그러나 현실적으로 투자안의 미래 수익률자료를 얻기란 매우 어려운 일이다. 이와 같은 경우 그 주식의 과거 수익률자료(표본)를 이용하여 추정할 수 있다.

그러나 새로운 투자안일 경우에는 과거 수익률자료도 존재하지 않을 것이다. 이와 같은 경우 일반적으로 투자안과 동일한 위험을 가지고 있다고 생각되는 대용기업(proxy company)을 선정한 후, 그 기업의 과거 수익률자료에 의해서 베타계수를 측정하여 그것을 사용하기도 한다. 그러나 이 경우 상당한 측정오차가 발생할 수 있는데, 이 문제는 동종 산업에 속해 있는 기업들의 평균베타계수를 사용함으로써 어느 정도 완화될 수 있나.

예제 6-4 **CAPM을 이용한 보통주 자본비용 추정**

(주)부산의 주식(보통주) 베타는 1.5이다. 무위험이자율이 6%이고, 시장의 기대수익률이 12%라면 (주)부산의 보통주 자본비용은 얼마인가?

해설

$$r_S = r_f + [E(r_M) - r_f]\beta_S = 0.06 + (0.12 - 0.06) \times 1.5 = 0.15 \text{ (또는 15\%)}$$

한편 새로운 투자안을 실행하려는 기업과 대용기업의 자본구조가 서로 상이할 경우 대용기업의 베타계수를 그대로 사용하여 새로운 투자안의 자본비용을 구할 수 없다. 이러한 문제를 해결하기 위해서는 부채가 없는 기업의 체계적 위험 β_U와 부채를 사용하는 기업의 주식베타 β_S의 관계에 대한 이해가 필요하다. β_U와 β_S가 일정한 관계를 가지고 있다면, β_S를 먼저 추정한 후 그 관계식에 의해서 간접적으로 β_U를 추정할 수 있다.[7]

■ 일정성장배당평가모형을 이용한 보통주 자본비용의 추정

제5장에서 설명한 바와 같이 일정한 비율로 성장하는 주식의 가치를 평가하는 식, 즉 일정성장배당평가모형은 다음과 같다.

$$P_0 = \frac{D_1}{r-g} \tag{5-6}$$

식 (5-6)에서 현재의 주가 P_0를 알고 있다면, 보통주의 자본비용 r_S를 다음과 같이 구할 수 있을 것이다.

$$r_S = \frac{D_1}{P_0} + g \tag{6-8}$$

여기서 P_0: 현재의 주식가격
D_1: 1년도 말의 예상 주당배당금
g: 성장률(유보비율×투자수익률)

예제 6-5 **일정성장배당평가모형에 의한 보통주 자본비용의 추정**

(주)광주는 전년도 말 보통주에 대하여 주당 1,000원을 배당하였으며, 배당금은 매년 5%씩 증가될 것으로 기대된다. (주)광주의 현재 주가는 20,000원이다. (주)광주의 보통주 자본비용을 추정하라.

해설

$$r_S = \frac{D_1}{P_0} + g = \frac{1{,}000(1+0.05)}{20{,}000} + 0.05 = 0.1025 \text{ (또는 10.25\%)}$$

7 이와 관련된 자세한 내용은 제7장의 '3.3 재무레버리지와 베타'를 참고하기 바란다.

부채와 우선주의 자본비용

일정한 배당을 우선적으로 지급하는 우선주의 경우 원칙적으로 자기자본에 속하나, 보통주 주주의 입장에서는 타인사본의 성격을 띤다고 볼 수 있다. 따라서 부채와 우선주의 자본비용은 유사한 방법으로 산출될 수 있다.

■ 부채의 자본비용

부채의 자본비용은 기업이 부채를 사용할 때 지급해야 하는 대가, 즉 이자율이라 할 수 있다. 부채의 자본비용 r_B는 다음과 같이 측정될 수 있다.

> **부채의 자본비용**
> 기업이 부채를 사용할 때 지급해야 하는 대가, 즉 이자율이라 할 수 있다.

$$r_B = \frac{\text{이자비용}}{\text{부채의 가치}} \qquad (6\text{-}9)$$

일반적으로 기업이 발행한 사채의 유통수익률(만기수익률)은 그 기업의 경영위험과 재무위험에 따라 시장에서 형성되는 실세금리라 할 수 있다.[8] 따라서 사채의 유통수익률을 부채의 자본비용으로 활용하는 것이 합리적일 것이다.

■ 우선주의 자본비용

우선주의 자본비용도 부채의 자본비용과 유사한 방법으로 우선주의 주당배당금을 주가로 나누어 구할 수 있다.

> **우선주의 자본비용**
> 기업이 우선주를 발행하여 자본을 조달할 때 발생하는 비용으로서 우선주의 주당배당금을 주가로 나누어 구할 수 있다.

$$r_P = \frac{\text{우선주의 주당배당금}}{\text{우선주의 가격}} \qquad (6\text{-}10)$$

가중평균자본비용 2.3

일반적으로 자본비용이라 함은 원천별 자본비용을 가중평균하여 구한 **가중평균자본비용**(WACC)을 의미한다. 기업의 자본이 보통주, 우선주, 부채 등으로 조달된다면, WACC는 다음과 같이 계산된다.

> **가중평균자본비용(WACC)**
> 기업전체에 대한 자본비용 또는 요구수익률로서 다양한 자본조달 원천으로부터 발생되는 원천별 자본비용을 가중평균한 것이다.

8 채권의 만기수익률에 대한 자세한 내용은 제5장 보론 1을 참조.

$$WACC=\left(\frac{S}{S+P+B}\right)r_S+\left(\frac{P}{S+P+B}\right)r_P+\left(\frac{B}{S+P+B}\right)r_B(1-T_C) \qquad (6\text{-}11)$$

여기서 S: 보통주의 현재가치
P: 우선주의 현재가치
B: 부채의 가치
T_C: 법인세율

이자비용의 경우 과세소득을 감소시켜 법인세를 줄여 주므로 기업의 입장에서는 그만큼의 세금효과를 얻을 수 있다. 그러므로 식 (6-11)에서 이자비용의 세금효과를 반영하기 위해서, 부채의 자본비용에 「1-법인세율」을 곱하였음을 유의해야 한다.[9] 그리고 식 (6-11)에서 WACC를 계산할 때 가중치로서 사용되는 자본의 구성비율은 시장가치로 산출되어야 한다.

예제 6-6 WACC의 측정

주식과 채권을 발행하여 자본을 조달하고 있는 (주)대전의 주식과 채권에 관한 자료는 다음과 같다.

- 주식(보통주): 총발행주식수=100만주, 주가=20,000원, 베타=1.2
- 채권: 액면가액=100억원, 시장가치=95억원, 만기수익률=10%

무위험이자율은 8%, 시장의 위험프리미엄(시장의 기대수익률-무위험이자율)은 5%, 법인세율은 40%일 경우 (주)대전의 가중평균자본비용을 산출하라.

해설

먼저 주식과 채권의 자본비용을 추정하면 다음과 같다.

- $r_S=r_f+[E(r_M)-r_f]\beta_S=0.08+0.05\times1.2=0.14$
- r_B=만기수익률=0.1

그리고 자기자본(보통주)과 타인자본(채권)의 가치를 다음과 같이 산출할 수 있다.

9 제3장 자본예산에서 설명한 바와 같이 이자비용의 세금절감효과는 현금흐름이 아닌 자본비용에 고려해 줌을 유의하여야 한다. 즉 WACC를 줄여 줌으로써 그만큼의 현금유입효과를 얻을 수 있을 것이다.

• 자기자본의 가치 = 주가 × 총발행주식수 = 20,000원 × 100만주 = 200억원
• 타인자본의 가치 = 채권의 시장가치 = 95억원

이상의 결과를 이용하여 (주)대전의 가중평균자본비용을 구하면 다음과 같다.

$$WACC = \left(\frac{200}{200+95}\right)(0.14) + \left(\frac{95}{200+95}\right)(0.10)(1-0.4) = 0.1142$$

즉 (주)대전의 가중평균자본비용은 11.42%이다.

기업의 자본비용과 투자안의 자본비용 2.4

기업이 기존의 사업과 전혀 다른 새로운 사업을 시작하는 경우, 새로운 사업에 대한 체계적 위험은 기존 기업의 체계적 위험과 다를 것이다. 이와 같은 경우에 기존 기업의 자본비용을 사용하여 투자안을 평가한다면, 잘못된 평가결과가 나올 수 있다. 기존 기업의 자본비용에 의해서 투자안을 평가하는 경우, 위험이 낮은 투자안은 기각되는 반면에 위험이 높은 투자안은 채택될 가능성이 커진다. 예를 들어 만약 기업의 자본비용으로 투자안을 평가한다면, [그림 6-2]에서 볼 수 있는 바와 같이 투자안 A와 B는 그 기대수익률이 기업의 자본비용보다 낮기 때문에 기각되나, 투

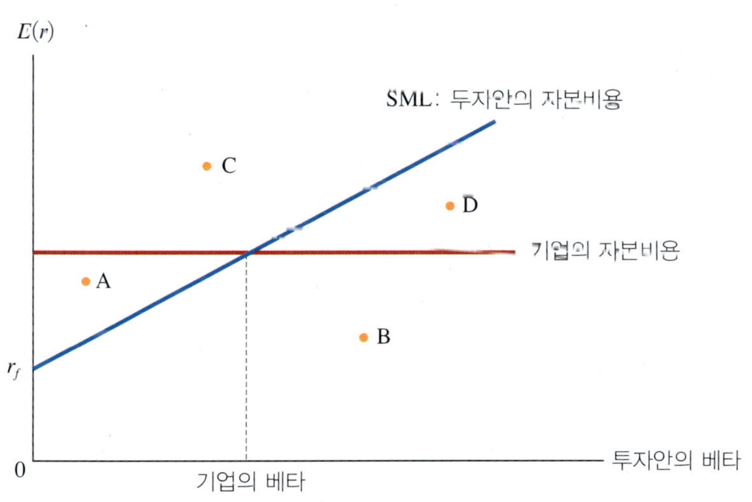

그림 6-2 기업의 자본비용과 투자안의 자본비용

자안 C와 D는 그 기대수익률이 기업의 자본비용보다 더 높기 때문에 채택된다. 그러나 이와 같은 평가결과는 각 투자안의 위험을 정확히 반영한 것이 아니기 때문에 잘못된 평가결과라 할 수 있다.

투자안의 자본비용
투자안 자체의 체계적 위험에 의해서 측정된 자본비용을 의미한다.

투자안의 자본비용은 반드시 그 투자안 자체의 체계적 위험에 의해서 측정되어야 한다. 기업의 자본비용이 아닌 투자안의 자본비용에 의해서 평가한다면, 투자안의 자본비용을 나타내는 증권시장선보다 위에 있는 투자안 A와 C를 채택하고, 증권시장선보다 아래에 있는 투자안 B와 D는 기각되어야 한다. 결론적으로 기존 기업의 위험과 투자안의 위험이 다를 경우, 투자안의 자본비용으로서 기업의 자본비용을 사용할 수 없다.

예제 6-7 투자안의 자본비용

가정용 청소기구를 생산하고 있는 청결주식회사의 주식베타는 1.3이다. 이 회사는 현재 부채를 사용하고 있지 않으며, 앞으로도 부채를 사용하지 않을 예정이다. 이 회사는 현재 주방기구를 생산하는 새로운 투자안을 고려하고 있다. 새로운 투자안의 베타는 이 회사의 기존의 주식베타보다 약간 높은 1.5로 추정된다. 새로운 투자안의 적절한 할인율은 얼마인가? (단, 무위험이자율과 시장의 기대수익률은 각각 7%, 10%으로 예상된다.)

해설

$$r_S = r_f + [E(r_M) - r_f]\beta_S = 0.07 + (0.10 - 0.07)(1.5) = 0.115 \text{ (또는 11.5\%)}$$

주요 용어

- **레버리지(leverage)**

총비용 중에서 고정영업비용과 고정재무비용(이자비용)이 차지하는 비중으로 측정되며, 고정비용이 발생되는 비유동자산 또는 부채를 사용하는 것을 의미한다.

- **영업레버리지(operating leverage)**

총비용 중에서 고정영업비용이 차지하는 비중으로 측정되며, 고정영업비용을 발생시키는 비유동자산을 이용하는 것을 의미한다.

- **재무레버리지(financial leverage)**

총비용 중에서 고정재무비용이 차지하는 비중으로 측정되며, 고정재무비용인 이자비용을 발생시키는 부채를 이용하는 것을 의미한다.

- **영업레버리지도(degree of operating leverage: DOL)**

영업레버리지에 의해서 매출액의 변화율보다 영업이익의 변화율이 커지는 효과, 즉 영업레버리지효과의 정도를 의미한다.

$$DOL = \frac{\text{영업이익의 변화율}}{\text{매출액의 변화율}} = \frac{R-VC}{R-VC-FC}$$

- **손익분기점(break-even point)**

기업이 생산능력의 범위 내에서 영업비용을 회수하는 데 필요한 최소한의 조업도, 즉 영업이익이 0원이 되는 매출량(또는 매출액)을 의미한다.

$$Q^* = \frac{FC}{P-V}$$

- **재무레버리지도(degree of financial leverage: DFL)**

재무레버리지에 의해서 영업이익의 변화율보다 주당순이익(EPS)의 변화율이 커지는 효과, 즉 재무레버리지효과의 정도를 의미한다.

$$DFL = \frac{\text{주당순이익의 변화율}}{\text{영업이익의 변화율}} = \frac{R-VC-FC}{R-VC-FC-Int}$$

결합레버리지도(degree of combined leverage: DCL)

영업레버리지와 재무레버리지가 동시에 존재함으로써 매출액의 변화율보다 주당순이익의 변화율이 커지는 효과, 즉 결합레버리지효과의 정도를 의미한다.

$$DCL=\frac{\text{주당순이익의 변화율}}{\text{매출액의 변화율}}=DOL\times DFL=\frac{R-VC}{R-VC-FC-Int}$$

경영위험(business risk)

경제환경 변화에 따라 예상 밖으로 영업이익이 줄어들 수 있는 가능성을 의미한다.

재무위험(financial risk)

자본조달정책 결정시 이자비용을 발생시키는 부채를 이용할 때 나타나는 위험을 의미한다.

자본비용(cost of capital)

기업이 자본을 사용한 대가로 자본제공자(주주 또는 채권자)에게 지급해야 하는 비용으로서 자본제공자가 자본시장에서 유사한 위험을 가진 증권에 투자할 때 기대할 수 있는 수익률, 즉 기회비용이라 할 수 있다.

보통주의 자본비용

$$r_S=r_f+[E(r_M)-r_f]\beta_S \text{ 또는 } r_S=\frac{D_1}{P_0}+g$$

부채의 자본비용

$$r_B=\frac{\text{이자비용}}{\text{부채의 가치}}$$

우선주의 자본비용

$$r_P=\frac{\text{우선주의 주당배당금}}{\text{우선주의 가격}}$$

가중평균자본비용(weighted average cost of capital: WACC)

$$WACC=\left(\frac{S}{S+P+B}\right)r_S+\left(\frac{P}{S+P+B}\right)r_P+\left(\frac{B}{S+P+B}\right)r_B(1-T_C)$$

연습 문제

Ⅰ. 완성/선택형 문제

01 (   )란 총비용 중에서 고정영업비용과 고정재무비용(이자비용)이 차지하는 비중으로 측정되며, 고정비용이 발생되는 비유동자산 또는 부채를 사용하는 것을 말한다.

02 기업이 경영활동을 수행하는 과정에서 직면하는 기업위험은 (   )과 (   )으로 구분된다.

03 (   )은 투자안 평가의 기준이 되며, 자본조달결정의 판단기준이 되기 때문에 기업의 재무의사결정에 있어 가장 중요한 요인이라 할 수 있다.

04 이자비용의 경우 과세소득을 감소시켜 법인세를 줄여 준다. 따라서 WACC를 산출할 때 이자비용의 세금효과를 반영하기 위해서, 부채의 자본비용(세전)에 (   )을 곱해야 한다.

05 기존 기업의 위험과 투자안의 위험이 다를 경우, 투자안의 자본비용으로서 기업의 자본비용을 사용할 수 없다. 이와 같은 경우 투자안의 자본비용은 반드시 그 투자안 자체의 (   )에 의해서 측정되어야 한다.

06 레버리지에 관한 다음의 설명 중 적절하지 못한 것은?

① 레버리지는 영업레버리지와 재무레버리지로 구분된다.

② 영업레버리지는 총비용 중에서 고정영업비용이 차지하는 비중으로 측정되며, 재무레버리지는 총비용 중에서 고정재무비용이 차지하는 비중으로 측정된다.

③ 고정영업비용(FC)이 클수록, 영업레버리지도(DOL)가 크게 나타난다.

④ 영업이익이 10% 감소하여, 그 결과 주당순이익이 30% 감소할 것으로 예상된다면 재무레버리지도(DFL)는 3이다.

⑤ 결합레버리지도(DCL)는 영업레버리지와 재무레버리지의 효과를 모두 고려하는 것으로서 영업레버리지도(DOL)와 재무레버리지도(DFL)를 합하여 측정될 수

있다.

07 전자부품을 생산하는 (주)홍성전자의 경영자는 매출액이 10% 증가할 경우, 영업이익은 20%, 주당순이익은 40% 증가한다고 생각하고 있다. 이 회사의 DOL과 DFL은?

① $DOL=2.0$, $DFL=2.0$ ② $DOL=1.5$, $DFL=2.0$
③ $DOL=2.0$, $DFL=4.0$ ④ $DOL=1.5$, $DFL=4.0$
⑤ $DOL=1.0$, $DFL=1.0$

08 (주)서울의 영업이익(EBIT)은 50억원이다. 이 회사는 영업이익이 10% 증가할 경우 주당순이익이 20% 증가할 것으로 예상하고 있다. 이 회사의 이자비용은 얼마인가?

① 10억원 ② 15억원 ③ 20억원 ④ 25억원 ⑤ 30억원

09 (주)윈드는 풍력 발전에 사용되는 터빈을 생산하는 기업이며 생산된 터빈은 모두 판매되고 있다. (주)윈드의 손익분기점은 터빈을 2,500개 판매할 때이다. (주)윈드가 터빈을 3,400개 판매할 때의 영업레버리지도(degree of operating leverage: DOL)로 가장 적절한 것은? (CPA 1차 2012 수정)

① $DOL \leq 1.5$ ② $1.5 < DOL \leq 2.5$ ③ $2.5 < DOL \leq 3.5$
④ $3.5 < DOL \leq 4.5$ ⑤ $DOL > 4.5$

10 A기업의 재무레버리지도(DFL)는 2이고 결합레버리지도(DCL)는 6이다. 현재 A기업의 영업이익(EBIT)이 20억원이라면, 이 기업의 고정영업비용은? (CPA 1차 2017)

① 20억원 ② 25억원 ③ 30억원 ④ 35억원 ⑤ 40억원

11 레버리지분석은 매출액의 변화가 영업이익(EBIT) 및 주당순이익(EPS)에 미치는 영향을 파악하기 위해 사용된다. 부채를 사용하지 않는 A기업의 매출액이 250억원에서 275억원으로 증가할 때 EPS는 100원에서 150원으로 증가한다면, 이 기업의 영업레버리지도(DOL)에 가장 가까운 것은? (CPA 1차 2022)

① 6.5 ② 6.0 ③ 5.5
④ 5.0 ⑤ 4.5

12 영업레버리지도(DOL), 재무레버리지도(DFL), 결합레버리지도(DCL)에 관한 설명으로 가장 적절하지 않은 것은? (CPA 1차 2016)

① 영업이익(EBIT)이 영(0)보다 작은 경우, 음(−)의 DOL은 매출액 증가에 따라 영업이익이 감소함을 의미한다.

② 고정영업비가 일정해도 DOL은 매출액의 크기에 따라 변화한다.
③ DCL은 DOL과 DFL의 곱으로 나타낼 수 있다.
④ 이자비용이 일정해도 DFL은 영업이익의 크기에 따라 변화한다.
⑤ 영업이익이 이자비용(이자비용 > 0)보다 큰 경우, 영업이익이 증가함에 따라 DFL은 감소하며 1에 수렴한다.

13 레버리지에 관한 설명으로 적절한 항목만을 모두 선택한 것은? (CPA 1차 2021)

a. 손익분기점 미만의 매출액 수준에서는 영업레버리지도(DOL)가 음(−)의 값으로 나타난다.
b. 영업레버리지도(DOL)가 크다는 것은 영업이익 변화율에 비해 매출액 변화율이 크다는 것을 의미한다.
c. 레버리지효과가 없을 경우 영업레버리지도(DOL)와 재무레버리지도(DFL)는 모두 0과 1사이의 값으로 나타난다.
d. 재무레버리지도(DFL)와 결합레버리지도(DCL)가 각각 4, 8일 때, 매출액이 10% 증가하면, 영업이익은 20% 증가한다.
e. 재무레버리지는 이자비용 중에서 영업고정비의 비중 증가에 따른 순이익 확대효과를 의미한다.

① a, d ② b, d ③ c, d
④ a, c, d ⑤ a, c, e

14 자본비용과 관련된 다음의 용어 중 그 성격이 다른 하나는?
① 할인율 ② 평균수익률 ③ 최저필수수익률
④ 기대수익률 ⑤ 투자의 기회비용

15 (주)전주는 당해연도 말 보통주에 대하여 주당 800원을 배당할 예정이며, 배당금은 매년 6%씩 증가될 것으로 기대된다. (주)전주의 현재 주가는 10,000원이다. 무위험이자율이 8%이고, 시장의 기대수익률이 12%라면 (주)전주의 베타는?
① 1.0 ② 1.2 ③ 1.5 ④ 2.0 ⑤ 2.4

16 자본비용에 관한 설명으로서 적절치 못한 것은?
① 자본비용은 자본제공자가 자본시장에서 유사한 위험을 가진 증권에 투자하여 기대할 수 있는 수익률, 즉 기회비용이라 할 수 있다.
② 투자결정시 목적적합한 자본비용은 평균자본비용이 아니라 한계자본비용이다.

③ 회사채의 만기수익률을 부채의 자본비용으로 활용하는 것이 합리적이다.

④ 부채의 이자비용에 의해 세금절감효과를 얻을 수 있기 때문에 우선주보다 부채로 자금을 조달하는 것이 유리할 수 있다.

⑤ 투자안을 평가할 때 반드시 기업의 자본비용을 사용하여야 한다.

17 새나라주식회사의 전년도 말 당기순이익은 2억원이었으며, 당기순이익 중 40%를 유보한다. 그리고 이 기업의 과거 자기자본순이익률(ROE)은 16%였으며, 이것은 미래에도 계속될 것으로 예상된다. 새나라주식회사의 현재 발행주식수는 10만주이며, 그 주식의 현재가격은 10,000원이다. 이와 같은 경우 이 주식의 할인율, 즉 요구수익률은 얼마인가?

① 10.1% ② 14.5% ③ 17.3%
④ 19.2% ⑤ 20.4%

18 (주)천안은 부채비율이 1.0인 목표자본구조를 가지고 있다. 보통주의 자본비용은 20%, 부채의 자본비용은 12%이다. 법인세율이 40%일 경우 (주)천안의 가중평균자본비용은?

① 10.3% ② 12.5% ③ 13.6% ④ 14.0% ⑤ 16.0%

19 다음 정보를 이용하여 계산된 ㈜명동의 가중평균자본비용과 가장 가까운 것은?

(CPA 1차 2019)

> ㈜명동 주식의 베타는 1.2이고 부채비율($=\frac{부채}{자기자본}$)은 150%이다. ㈜명동이 발행한 회사채는 만기 2년, 액면가 1,000,000원인 무이표채이다. 현재 만기가 1년 남은 이 회사채의 시장가격은 892,857원이고, 이 회사의 다른 부채는 없다. 시장포트폴리오의 기대수익률은 연 10%이고 무위험수익률은 연 2%이며 법인세율은 30%이다.

① 9.68% ② 10.24% ③ 11.84%
④ 12.56% ⑤ 14.02%

Ⅱ. 서술/계산형 문제

01 레버리지와 기업위험간의 관계를 설명하라.

02 기업의 재무의사결정에서 자본비용이 어떻게 활용될 수 있는지를 설명하라.

03 임의의 기업을 선정하여 그 기업의 자본비용을 추정해 보라.

04 | DOL, DFL, DCL |

노트를 생산 · 판매하고 있는 경민문구에 관한 자료는 다음과 같다.

- 단위당 판매가격＝2,000원
- 단위당 변동비＝1,500원
- 고정영업비용＝25,000,000원
- 이자비용＝5,000,000원
- 생산량＝100,000개

(1) 영업레버리지도(DOL)는 얼마인가?

(2) 매출액이 1% 증가할 경우, 영업이익은 몇 % 증가하는가?

(3) 재무레버리지도(DFL)는 얼마인가?

(4) 영업이익이 1% 증가할 경우, 주당순이익(EPS)은 몇 % 증가하는가?

(5) 이 회사의 결합레버리지도(DCL)는 얼마인가?

05 | 자본비용의 계산 |

(주)청운은 현재 주가가 10,000원인 보통주 10만주와 액면가 5억원, 액면이자율 10%, 시장가격 5억원인 회사채를 발행하여 자본을 조달하고 있다. (주)청운의 전기말 당기순이익은 1억원, 배당성향은 60%, 유보이익의 재투자수익률은 15%이며, 이와 같은 배당성향과 재투자수익률이 계속 유지될 것으로 예상된다. (단, 법인세율은 40%이다.)

(1) (주)청운의 보통주 자본비용을 계산하라.

(2) 무위험이자율은 6%, 시장의 위험프리미엄이 6%일 경우 (주)청운의 보통주 베타를 추정하라.

(3) (주)청운의 부채 자본비용을 계산하라.

(4) (주)청운의 가중평균자본비용을 계산하라.

06 | 자본비용의 계산 |

현재 (주)하나의 시장가치로 표시된 재무상태표는 다음과 같다.

재무상태표

자 산	100	부 채	60
		자기자본	40

그리고 이 회사의 주식베타와 부채베타는 각각 2.0과 0.2이다. 시장의 기대수익률과 무위험이자율은 각각 15%와 8%라고 할 때, 이상의 자료를 이용하여 다음의 물음에 답하라. (단, 법인세율은 40%이다.)

(1) 이 회사의 자기자본비용과 부채비용을 계산하라.

(2) 이 회사의 가중평균자본비용(WACC)을 계산하라.

07 | 자기자본비용과 부채비율 | (CPA 1차 2020 수정)

N기업은 전기말($t=0$)에 주당 1,000원의 배당금을 지급하였고, 배당은 연 2%씩 영구히 성장할 것으로 예상된다. 현재 보통주의 시장가격과 내재가치는 동일하게 10,000원이고, 법인세율은 40%이며, 무위험수익률은 3%이다. N기업의 부채는 채권만으로 구성되어 있다고 가정하고, 채권의 이표이자율은 5%, 시장가격은 채권의 액면가와 동일하다. 이 기업의 가중평균자본비용(WACC)은 8.98%이다. 내부유보율이 일정하다고 가정하여 다음 물음에 답하라.

(1) N기업의 자기자본비용을 구하라.

(2) N기업의 부채비율을 구하라.

08 | 기업의 자본비용과 투자안의 자본비용 |

(주)은하는 다음과 같은 독립적인 네 개의 투자안을 고려하고 있다.

투자안	베 타	기대수익률
A	0.5	0.12
B	0.6	0.14
C	1.2	0.16
D	2.0	0.20

(주)은하는 현재 부채가 없으며, 향후에도 부채를 사용하지 않을 예정이다. 무위험이자율은 7%이며, 시장의 기대수익률은 15%이다. 그리고 이 기업의 자본비용은 15%라고 한다. 이상의 자료를 이용하여 다음의 물음에 답하라.

(1) 위 투자안들의 자본비용을 각각 구하라.

(2) 물음 (1)의 결과에 의해서 위 투자안들을 평가하라.

(3) 위 투자안들을 기업의 자본비용에 의해서 평가하고, 그것의 문제점을 지적하라.

제7장

자본구조

1. 기업의 장기자본조달
2. 자본조달결정과 가치창출
3. MM의 자본구조이론
4. 자본구조의 현실

보론 1 MM의 무관련이론(1958): 재무레버리지와 기업가치

보론 2 정보의 비대칭성과 자본구조

경영자가 투자에 필요한 자금을 자기자본 또는 부채 중 어떤 것으로 조달할지 고민하고 있다. 기업가치를 극대화시킬 수 있는 자기자본과 부채의 조합, 즉 최적자본구조는?

Chapter

07 Capital Structure

제/장의 개요

기업은 자금을 조달하기 위하여 보통주, 우선주, 사채 등 여러 가지 다양한 증권들을 발행할 수 있다. 자본구조와 관련된 문제는 두 가지로 요약될 수 있다. 하나는 기업이 단순히 자본구조, 즉 자기자본과 부채의 구성만을 변경시킴으로써 기업의 가치(궁극적으로는 주주의 부)를 증가시킬 수 있는가에 대한 것이고, 다른 하나는 만약 자본구조에 따라 기업의 가치가 달라진다면 기업의 가치를 극대화시킬 수 있는 최적자본구조(optimal capital structure)는 무엇이냐에 관한 것이다.

본장에서는 먼저 기업의 장기자본조달수단에 대해서 설명한 후, 자본구조이론의 선구자라 할 수 있는 모딜리아니와 밀러(F. Modigliani and M. H. Miller: 이하 MM이라 약칭함)가 1958년과 1963년에 각각 발표하였던 자본구조이론과 파산비용, 대리인비용 등 현실적 요인을 고려한 자본구조이론에 대해서 차례로 설명하고자 한다.

01 기업의 장기자본조달

기업의 장기자본조달 방법으로는 보통주의 추가발행을 위한 유상증자나 사채 또는 우선주의 발행, 은행에서의 장기차입, 리스 등의 외부금융(external financing)을 이용하는 방법과, 순이익의 일부를 사내에 유보하여 적립된 잉여금 등의 내부금융(internal financing)을 이용하는 방법이 있다. 여기서는 기업의 가장 기본적인 장기자본조달수단인 보통주, 사채, 우선주 등에 대하여 살펴보고자 한다.

1.1 보통주

보통주
주식회사가 출자의 증거로 주주에게 발행한 증권을 뜻하며, 보통주 주주는 그 기업의 실질적 주인으로서 상법과 해당기업의 정관이 정한 권리 · 의무의 주체가 된다.

보통주(common stock)는 주식회사가 출자의 증거로 주주에게 발행한 증권을 뜻하며, 보통주 주주는 그 기업의 실질적 주인으로서 상법과 해당기업의 정관이 정한 권리 · 의무의 주체가 된다. 보통주의 주주는 기업의 소유주이므로 경영참가권 및 이익분배권을 갖고 있는 반면, 그 기업의 위험을 출자한도 내에서 부담해야 한다. 보통주의 주주는 기업경영에 직접 참가할 임원을 선출하는 의결권을 가짐으로써 기업경영에 간접적으로 참가하게 된다. 그러나 오늘날 대기업에서는 주주의 수가 매우 많으며, 또한 지리적으로도 분산되어 있기 때문에 소액주주들은 이러한 권리를 실제로 행사하는 기회가 거의 없으며, 배당과 주식매매에 의한 자본이득에만 관심을 가지는 실정이다.[1]

보통주는 주권에 액면가격이 표시되어 있느냐에 따라 액면주식(par value stock)과 무액면주식(no-par value stock)으로 구분되며, 주권에 주식소유자의 이름이 명시되어 있느냐의 여부에 따라 기명주식과 무기명주식으로 구분된다. 우리나라에서는 액면가 100원 이상의 액면주식을 발행하도록 하고 있다. 또한 우리나라에서는 기명주식의 발행을 원칙으로 하고 있으나, 무기명주식의 경우 정관에 규정한 경우에 한하여 발행할 수 있고 무기명주식을 발행한 경우에는 권리행사자를 확정하기 위하여 그 주권을 회사에 공탁하도록 되어 있다.[2]

1 우리나라의 경우 대주주의 전횡에 제동을 걸고 소액주주들의 권한을 되찾기 위해 참여연대 등 시민단체가 나서고 있으며, 이와 같은 현실을 반영하여 최근 소액주주들의 권한을 강화하는 방향으로 관련법의 개정이 진행되고 있다.

2 현실적으로 상장주식의 경우에 대부분의 주식은 주주가 주권을 직접 소유하기보다는 한국예탁결제원에 집중 예탁되어 있으며, 일반투자자가 주식을 매입하면 한국예탁결제원에서 자동으로 명의개서가 이루어진다.

보통주에 의해 기업이 자금을 조달할 경우 다음과 같은 장 · 단점이 있다. 보통주의 장점은 다음과 같다.

첫째, 보통주는 회사채나 차입금에 대한 이자와 같은 고정적인 재무비용을 발생시키지 않는다. 보통주에 대한 배당은 이익이 발생할 경우 지급할 수 있지만, 반드시 지급하여야 하는 의무규정은 없다.

둘째, 보통주는 상환부담이 없는 영구자본으로서 안정적인 장기자금을 조달하는 수단이다.

셋째, 보통주로 조달한 자본은 자기자본에 속하므로 기업의 재무구조를 개선시키며 기업의 대외신용도와 차입능력을 증가시킨다.

그러나 보통주 발행에 의한 자본조달은 다음과 같은 단점도 갖고 있다.

첫째, 보통주 발행으로 인하여 기업의 소유권과 경영통제에 영향을 받을 수 있다.

둘째, 이자지급액은 세법상 비용으로 인정되어 법인세 절감효과를 얻을 수 있는 반면, 보통주의 배당금은 법인세 절감효과가 없다. 그러므로 일반적으로 보통주의 자본비용은 부채의 자본비용보다 높게 나타난다.

셋째, 일반적으로 보통주는 다수의 투자자를 대상으로 주주를 모집하기 때문에 그 발행비용은 부채의 발행비용보다 높게 나타난다.

사 채 1.2

사채(corporate bond)는 주식회사가 일반투자자로부터 비교적 장기간에 필요한 거액의 자금을 집단적 · 공개적으로 조달하기 위하여 발행하는 채무증서로서, 계약에 따라 일정한 이자를 지급하고 만기에 원금을 상환하기로 약속한 것이다. 사채를 나타내는 채무증서, 즉 사채권은 사채의 액면가(face value), 액면이자율(coupon rate), 만기(maturity)를 반드시 표시하도록 되어 있다.

> **사 채**
> 주식회사가 일반투자자로부터 비교적 장기간에 필요한 거액의 자금을 집단적 · 공개적으로 조달하기 위하여 발행하는 채무증서로서, 계약에 따라 일정한 이자를 지급하고 만기에 원금을 상환하기로 약속한 것이다.

사채발행을 통하여 조달된 자금은 재무상태표의 대변에 비유동부채(타인자본)로 계상된다. 따라서 기업이 사채를 발행하는 경우 주주의 소유권 또는 경영권에 영향을 주지 않으면서 거액의 장기성 자금을 일시에 조달할 수 있다. 또한 사채의 이자비용은 세법상 비용으로 인정되어 법인세 절감효과를 얻을 수 있다는 점에서 보통주 또는 우선주에 비해 비용면에서 유리하다. 그러나 사채의 과도한 발행은 기업이 이자지급 및 원금상환 등 재무적 의무를 다하지 못할 가능성을 증가시켜 기업을 재무적 곤경에 빠뜨릴 수 있다. 또한 기업이 사채를 발행할 때 사채권자와 까다로운 사채약정을 체결하여야 하는데, 이는 기업의 경영활동을 제약하는 요인이 된다.[3]

3 사채약정의 내용에는 일반적으로 사채권자를 보호하기 위하여 배당지급의 제한, 감채기금의 규정

1.3 우선주

우선주
배당 및 잔여재산분배에 있어서의 청구권리가 보통주에 우선하는 주식을 말한다.

우선주(preferred stock)는 배당 및 잔여재산분배에 있어서 그 청구권리가 보통주에 우선하는 주식을 말한다. 우선주에 의해 조달된 자본은 법적으로 자기자본을 형성하나 실질적으로 거의 타인자본(부채)과 유사한 성격을 갖는다. 왜냐하면 기업은 우선주 발행시 예정배당률을 미리 정하기 때문에 기업의 이익상태가 호전된다 하더라도 약속된 배당률 이상은 지급하지 않는다. 따라서 우선주의 배당은 고정재무비용인 채권의 이자와 그 성격이 유사하다. 그리고 기업정리 및 파산시에도 잔여재산분배의 청구는 우선주의 액면가에 한하도록 되어 있기 때문에 보통주와는 근본적으로 성격이 다르고 오히려 사채와 유사하다고 할 수 있다. 그러나 우선주가 사채와 다른 점은 우선주는 법적으로 자기자본을 형성하고, 약속된 배당률을 지급하지 않아도 법적 책임을 부담하지 않으며, 이익배당 및 잔여재산분배 청구가 사채보다 후순위라는 것이다.

우선주는 약속된 배당을 지급하지 못하는 경우 미지급된 배당금을 다음 해에 누적시켜 지급하는 누적적 우선주(cumulative preferred stock)와 당해연도에 미지급된 배당을 다음 해에 누적시켜 지급하지 않는 비누적적 우선주(non-cumulative preferred stock)가 있다. 또한 우선주는 이익분배에 참가하느냐에 따라 참가적 우선주(participating preferred stock)와 비참가적 우선주(non-participating preferred stock)로 구분된다. 그리고 일정한 기간에 일정한 가격으로 우선주를 보통주로 전환할 수 있는 옵션(option)을 부여한 전환우선주(convertible preferred stock), 기업의 자금사정에 따라 기업이 상환할 수 있는 수의상환우선주(callable preferred stock) 등이 있다.

기업의 입장에서 우선주를 발행하여 얻을 수 있는 장점은 다음과 같다.

첫째, 우선주는 사채의 이자와는 달리 당기에 배당을 지급하지 않더라도 파산상태에 이르지 않는다.

둘째, 우선주는 일반적으로 의결권이 주어지지 않는 무의결권주이기 때문에 보통주 주주들이 경영권의 침해를 받지 않는다.

셋째, 일반적으로 우선주는 보통주와 마찬가지로 만기가 없는 영구자본으로서 기업의 재무구조를 건전하게 한다.

그러나 기업의 입장에서 볼 때 사채에 비해 우선주는 자본비용이 높다는 단점을 가지고 있다. 사채의 이자는 세금절감효과가 있으나 우선주의 배당은 납세 후 순이익에서 지급되므로 세후기준으로 볼 때 우선주의 자본비용은 사채의 자본비용보

및 일정수준의 유동성 유지 등이 포함된다.

다 높은 것이 일반적이다. 또한 우선주는 잔여재산 또는 이익분배에 대한 청구권에 있어 사채보다 그 순위가 늦기 때문에 그것에 대한 보상차원에서 일반적으로 기업은 사채이자에 비해 우선주배당을 높게 한다. 따라서 사채보다 우선주의 자본비용이 높다고 할 수 있다.

자본조달결정과 가치창출 02

기업은 두 가지 주요한 재무의사결정, 즉 투자결정과 자본조달결정에 의해 새로운 가치를 창출하여야 한다. 지금까지 설명한 투자결정 문제의 결론은 정(+)의 순현가를 가지는 투자안을 채택함으로써 새로운 가치를 창출할 수 있다는 것이다.[4] 그러면 자본조달결정에 의해서도 기업의 가치를 증가시킬 수 있는가? 먼저 현실적으로 가능한 다음의 세 가지 방법을 생각해 보자.

어리석은 투자자 2.1

기업이 전환사채(convertible bond)와 같은 복합증권(complex security)을 발행하려 한다고 가정해 보자. 일반 투자자들은 전환사채에 부여된 권리와 특성에 대해서 정확히 이해하기 어렵다. 그러므로 투자자들은 전환사채에 부여된 전환권에 대해 과대하게 평가하여 높은 가격으로 전환사채를 매입할 수도 있다. 이와 같은 경우 기업은 어리석은 투자자들로 인하여 전환사채를 발행함으로써 새로운 가치를 창출할 수 있다. 따라서 재무관리자는 투자자들을 현혹시켜서 새로운 가치를 창출할 수 있는 복합적인 증권을 구성하려는 노력을 할 것이다. 그러나 실증적인 연구결과에 의하면 투자자들은 쉽게 현혹되지 않는다. 그러

전환사채는 만기 이전의 일정기간 내에 정해진 가격으로 발행회사의 보통주로 전환할 수 있는 권리(전환권)가 부여된 채권을 말한다.

4 투자결정에 의한 새로운 가치창출의 구체적 사례
- 특정제품이나 서비스에 대한 미충족된 수요를 확인함.
- 다른 기업들이 경쟁하기 어렵게 하는 장벽(품질, 가격, 서비스 등)을 만듦.
- 경쟁업체보다 낮은 원가로 제품이나 서비스를 생산함.
- 가장 먼저 신제품을 개발함.

재무 산책

효율적 자본시장과 행동재무학

효율적 자본시장(efficient capital market)은 주가에 영향을 미칠 수 있는 모든 정보가 주가에 '신속하게', 그리고 '충분히' 영향을 미치고 있는 시장을 일컫는다. 이는 시장이 정보를 다루고 이를 반영시키는 데 있어 효율적인 경우를 의미한다. 따라서 시장에서의 주가는 그 시점에서의 모든 이용가능한 정보에 대한 정확한 평가에 기초하여 결정될 것이다.

효율적 자본시장은 투자자와 기업에 대해 다음과 같은 의미를 가진다.

첫째로, 정보가 즉각적으로 가격에 반영되기 때문에 투자자들은 정상적인 수익률만을 기대할 수 있다. 정보가 공시된 후 투자자들이 그 정보를 이용하여 비정상적인 초과수익을 얻을 수 없다. 왜냐하면 투자자가 공시된 정보를 이용하여 거래하기 전에 이미 그 정보를 반영하여 증권가격이 수정되기 때문이다.

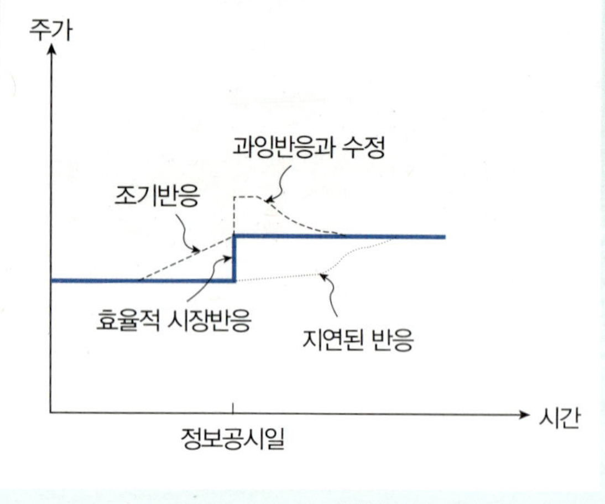

둘째로, 증권을 발행할 때 기업은 공정한 가격으로 발행하게 된다. 즉 투자자들의 어리석음을 이용하여 정상가격보다 높은 가격으로 증권을 발행할 수 없음을 의미한다.

한편 행동재무학(behavioral finance)은 인간의 비합리성을 바탕으로 현실 금융시장에서 자산가격이 왜곡되고 시장이 비효율적으로 진행되는 과정에 대하여 분석한다. 투자자가 비합리적이라고 해서 시장이 반드시 비효율적이 되는 것은 아니다. 왜냐하면 비합리적 투자자로 인해 자산의 가격이 비정상적으로 형성된 경우에도 합리적인 전문투자자의 활발한 차익거래로 인해 가격은 본질가치를 찾아갈 것이므로 시장은 여전히 효율성을 유지할 수 있기 때문이다.[5] 하지만 행동재무학에서는 이 같은 차익거래가 현실에서는 여러 가지 제약으로 인해 제대로 실행되지 못한다고 주장한다. 즉 투자자의 비합리성과 차익거래 제약의 현실적 존재가 행동재무학에서 주장하는 시장의 비효율성의 근간이 된다. 이와 같이 행동재무학은 투자자들의 비합리성을 다루는 영역과 차익거래의 한계를 다루는 두 가지 영역으로 구분된다. 또한 투자자의 비합리성에 대한 원인은 정보처리의 오류에 의한 잘못된 추론(보수주의 편의, 과신, 대표성 편의)과 투자자의 특정한 신념이나 선호와 관련된 행태적 편의(액자편의, 심리회계, 후회기피, 전망이론) 두 가지 범주로 분류될 수 있다.[6]

5 차익거래는 본 장의 '3. MM의 자본구조이론'을 참조
6 투자자 개인의 비합리성의 원인으로 제시된 보수주의 편의, 과신, 대표성 편의, 액자편의, 심리회계, 후회기피, 전망이론 등에 관한 세부 내용은 『Perfect 재무관리 I』(감형규 · 신용재, 유원북스, 2019), pp. 500~504' 참조

므로 어리석은 투자자들에 의해 새로운 가치를 창출한다는 것은 현실적으로 어려운 일이다. 특히 효율적 자본시장하에서는 전체적으로 시장이 매우 이성적이기 때문에 모든 증권가격은 공정하게 평가된다. 따라서 효율적 자본시장하에서 기업은 어리석은 투자자들을 이용하여 새로운 가치를 창출할 수 없다.

비용 감소 또는 보조금 획득 2.2

자본조달수단에 따라 세금혜택이 달라진다. 그러므로 기업은 세금을 최소화하는 자본조달수단을 선택함으로써 기업의 가치를 증가시킬 수 있다. 또한 어떠한 자본조달수단도 여러 가지 발행비용을 발생시킨다. 예를 들어 증권을 발행할 때 증권회사, 변호사, 회계사 등에 대한 수수료를 지불해야 한다. 따라서 기업은 이러한 비용을 최소화시키는 증권들로 자본을 조달함으로써 역시 기업의 가치를 증가시킬 수 있다. 마지막으로 보조금을 제공하는 자본조달수단, 즉 특혜금융을 이용함으로써 기업의 가치를 증가시킬 수 있을 것이다.[7]

새로운 증권 창출 2.3

최근 20년간 급속한 금융혁신(financial innovation)이 이루어져 왔다. 이는 한편으로 금융거래의 혁신, 투자기법의 혁신을 의미하기도 하지만 다른 한편으로는 다양한 새로운 종류의 증권이 개발되었다는 것을 의미한다. 다양한 새로운 종류의 증권이 급속히 개발되어 이용되는 현상을 특히 **'증권화'**(securitization)현상이라 한다.

증권화
금융혁신을 통해 다양한 새로운 종류의 증권이 급속히 개발되어 이용되는 현상을 의미한다.

과거 회사채와 보통주만을 발행하던 기업들이 우선주, 할인채권, 옵션부채권, 전환증권 등을 발행하여 일반화시켰다. 그리고 최근 우리나라의 경우 신주인수권부채권, 풋옵션부채권, 금리변동부채권, 주택저당채권 등을 도입하기 시작하였다.

새로운 종류의 증권은 기존의 증권에 만족하지 못하는 투자자에게 보다 비싼 가격으로 그 증권을 팔기 위해서 만들어진다. 그러나 기업이 새로운 종류의 증권을 높은 가격으로 발행하여 얻는 이득은 장기간 지속될 수 없다. 왜냐하면 다른 기업 역시 그와 같은 종류의 증권을 발행하려 할 것이고, 그 결과 공급이 증가하여 가격이 하락할 것이기 때문이다. 그러므로 새로운 증권의 창출에 의한 가치의 증가는 금융혁신에 앞장선 기업만이 얻을 수 있을 것이다.

7 우리나라의 대표적인 특혜금융은 각종의 기금—예를 들어 국민주택기금, 에너지비축기금 등—에 의해서 낮은 금리의 대출금 또는 지원금을 받는 것이다.

재무산책

증권화와 자산유동화증권

클래식 록앤롤(rock'n'roll) 앨범인 'The Rise and Fall of Ziggy Stardust and the Spiders from Mars'가 어떻게 채권시장과 연관되어 있을까? 당신이 생각하는 그 이상일 것이다. 이 앨범의 연주자인 록 스타 데이빗 보위(David Bowie)는 자신의 앨범판매로 연간 최소 500만달러를 벌었다. 그러나 1997년 보위는 갑자기 많은 돈이 필요해서 자신을 도울 수 있는 금융전문가를 찾아갔다. 투자은행은 보위가 자신의 앨범을 판매해서 받는 로열티를 모두 저축할 수 있도록 신탁계좌를 개설했다. 그런 후에 그들은 신탁계좌에 들어가는 돈으로 상환할 수 있는 채권을 발행했다. 그리고 투자자들은 5,500만달러로 그 채권을 구입했다.

보위뿐만 아니라 다른 저명한 가수들도 유사한 계약을 맺었다. 예를 들어 1999년에 '소울의 대부'(Godfather of Soul)인 제임스 브라운(James Brown)과 헤비메탈밴드의 우상인 메이든(Maiden)도 3,000만달러의 채권계약을 맺었다. 2000년에 유사한 거래가 전설적인 마빈 게이(Marvin Gay)의 재산에 대해서도 이루어졌다.

데이빗 보위(David Bowie)

이렇게 일련의 현금흐름을 구성해서 채권과 같이 현금흐름에 대한 청구권을 판매하는 과정을 '증권화'(securitization)라 하며, 그 청구권은 '자산유동화증권'(asset backed securities)이라 한다. 보위 채권은 연간 1,500억달러 규모로 성장하고 있는 자산유동화증권시장의 아주 일부일 뿐이다. 최근의 자산유동화증권은 상당히 독창적으로 만들어지고 있다. 보위의 로열티 수수료에 덧붙여 몇 가지 예를 더 들면, 트럭대여, 복권당첨, 헬스클럽 회비, 백과사전 판매대금 등이 시장에서 증권화되고 있다.

〈연강흠 역, 엣센셜 기업재무(석정, 2005), p. 206 참조〉

03 MM의 자본구조이론

3.1 MM의 무관련이론: 법인세가 없는 경우

모딜리아니와 밀러(MM)는 법인세가 없는 완전자본시장(perfect capital market)

1985년 노벨경제학상 수상자 모딜리아니(F. Modigliani)

1990년 노벨경제학상 수상자 밀러(M. H. Miller)

하에서 기업의 가치는 그 자본구조와 무관하다는 **무관련이론**(irrelevant theory)을 주장하였다.[8]

무관련이론
MM은 법인세가 없는 완전자본시장하에서 기업의 가치는 그 자본구조와 무관하다고 주장하였다.

재무 산책

MM의 기본적 가정

MM은 자본구조이론을 설명하기 위해서 다음과 같은 몇 가지 가정을 하였다.

① 자본시장은 완전하다.

② 모든 기업은 경영위험에 따라 같은 위험집단, 즉 동질적 위험집단(homogeneous risk class)으로 분류될 수 있다.

③ 모든 투자자는 기업의 미래 현금흐름의 확률분포에 대해 동질적 기대(homogeneous expectation)를 가진다.

④ 기업의 모든 현금흐름(영업이익)은 매년도마다 항상 일정하며 영구적으로 발생된다. 이는 기업이 동일한 규모로 계속 영업을 지속하기 위하여 지난해의 영업으로 인하여 감소된 부분(감가상각비)만 재투자한다는 것을 의미한다.

⑤ 기업은 주식과 사채의 두 가지만을 발행하여 자금을 조달하며, 사채는 위험이 없다고 가정한다.

8 F. Modigliani and M. H. Miller, "The Cost of Capital, Corporation Finance and the Theory of Investment," *American Economic Review*, Vol. 48(June 1958), pp. 261~297.

MM 명제 I

일반적으로 기업의 시장가치는 매년 기업이 벌어들일 기대현금흐름을 그 기업이 속하는 위험집단의 수준에서 적절하다고 생각되는 할인율로 할인하여 계산된다.

부채(타인자본)를 사용하지 않는 기업 U의 가치는 기업의 기대현금흐름, 즉 기대영업이익 $E(NOI)$를 할인하여 다음과 같이 구할 수 있다.[9]

$$V_U = S_U = \frac{E(NOI)}{r_U} \tag{7-1}$$

여기서 V_U: 무부채기업의 가치
S_U: 무부채기업의 자기자본가치
r_U: 무부채기업의 자본비용(자기자본비용)

한편 부채를 사용하는 기업 L의 연간 기대현금흐름 CF_L은 주주에게 지급될 수 있는 부분과 채권자에게 지급될 수 있는 부분을 합하여 다음과 같이 구할 수 있다.

$$\begin{aligned} CF_L &= \text{주주에게 지급되는 현금흐름} + \text{채권자에게 지급되는 현금흐름} \\ &= [E(NOI) - r_B B] + r_B B \\ &= E(NOI) \end{aligned} \tag{7-2}$$

여기서 r_B: 부채의 자본비용, 즉 이자율
B: 부채가치

이와 같은 현금흐름을 적절한 할인율, 즉 기업의 가중평균자본비용(WACC)으로 할인하여 부채를 사용하는 기업 L의 가치를 구할 수 있다.

$$V_L = S_L + B = \frac{E(NOI)}{WACC} \tag{7-3}$$

여기서 V_L: 부채를 사용하는 기업의 가치
S_L: 부채를 사용하는 기업의 자기자본가치

MM은 "기업의 가치는 기업이 벌어들일 영업이익에 의해서 결정되는 것이지, 부채사용의 유무와는 관계가 없다"고 주장하였다. 이와 같은 MM의 주장, 즉 명제 I을 요약하면 다음과 같다.

9 MM은 기업의 모든 현금흐름이 영구연금과 동일한 형태라고 가정하였기 때문에 영구연금의 현재가치를 구하는 공식에 의해 기업 등의 가치를 구할 수 있다.

> MM 명제 I: 기업의 가치는 자본구조와 무관하다. 즉 $V_U = V_L$

MM 명제 I은 자본구조만 서로 다르고 경영위험(또는 영업위험)과 영업이익이 동일한 두 기업의 가치는 동일하여야 한다는 것을 의미한다. 이와 같은 두 기업의 가치는 일시적으로 서로 다를 수 있지만, 차익거래이익(arbitrage profit)을 얻기 위한 투자자들의 차익거래과정(arbitrage process)을 통해서 결국 같아지게 된다. **차익거래이익**은 자금을 추가로 투자하지 않고, 위험도 부담하지 않으면서 얻을 수 있는 이익을 의미한다. 그리고 이와 같은 차익거래이익을 얻기 위해서 실시하는 거래를 차익거래라고 한다.

차익거래이익
자금을 추가로 투자하지 않고, 위험도 부담하지 않으면서 얻을 수 있는 이익을 의미한다.

재무 산책

차익거래과정의 예

차익거래과정을 쉽게 설명하기 위하여 피자 1판은 20,000원이나, 그것을 6등분하여 1조각당 4,000원에 팔 수 있다고 생각해 보자. 피자의 판매에 따른 거래비용이 존재하지 않는 완전시장이라면, 사람들은 어떤 행동을 할 것인가?

이와 같은 경우 사람들은 피자 1판을 20,000원에 구입한 후, 그것을 6등분하여 1조각에 4,000원씩 판매하려고 할 것이다. 이렇게 함으로써 사람들은 4,000원(4,000원×6조각−20,000원)의 이익을 얻을 수 있다. 이와 같은 행동을 통해 얻게 되는 이익을 차익거래이익이라 한다.

4,000원의 차익거래이익을 얻기 위해서 모든 사람들은 이와 같은 차익거래에 참여하게 된다. 그 결과 피자 1판에 대한 수요는 증가하여 그 가격이 상승하게 되는 반면, 피자 1조각에 대한 공급이 증가하여 그 가격은 하락할 것이다. 결국에는 피자 1판의 가격이나 6조각의 가격은 동일하게 되며, 이때 차익거래는 일어나지 않게 된다.

이와 같이 완전시장하에에서는 피자의 가격(기업가치)은 피자의 크기(기업의 영업이익)에 달려 있는 것이지, 그것을 어떻게 나누느냐(자기자본 또는 부채)에 달려 있는 것이 아님을 알 수 있다.

MM 명제 II

부채를 사용하는 기업 L의 자기자본비용(자기자본에 대한 요구수익률) r_S는 주주에게 지급되는 현금흐름을 자기자본가치로 나누어 구할 수 있다.[10]

$$r_S = \frac{E(NOI) - r_B B}{S_L} = r_U + (r_U - r_B)\left(\frac{B}{S_L}\right) \tag{7-4}$$

식 (7-4)에서 볼 수 있는 바와 같이 기업의 자기자본비용 r_S는 부채비율(B/S_L)에 비례함을 알 수 있다.[11] 부채를 사용하는 경우, 자기자본비용은 상대적으로 저렴한 비용으로 사용할 수 있는 부채의 이점을 완전히 상쇄할 정도로 증가하게 된다. 이를 MM 명제 Ⅱ라고 하며 그 내용을 요약하면 다음과 같다.

> MM 명제 II : 자기자본비용 r_S는 부채비율(B/S_L)이 증가함에 따라 증가하여 상대적으로 저렴한 비용으로 사용할 수 있는 부채의 이점을 완전히 상쇄시킨다. 즉 $r_S = r_U + (r_U - r_B)\left(\frac{B}{S_L}\right)$

부채를 사용하는 경우 상대적으로 저렴한 비용으로 부채를 사용하는 이점이 자기자본비용의 증가로 인하여 완전히 상쇄됨으로써 기업의 가중평균자본비용(WACC)은 일정하게 되고, 결과적으로 기업의 가치는 자본구조에 의해서 영향을 받지 않게 된다. 이상에서 설명한 재무레버리지와 자본비용의 관계를 그림으로 나타내면 [그림 7-1]과 같다.

10 앞의 식 (7-1)에서 $E(NOI) = V_U \cdot r_U$, MM 명제 Ⅰ에 의해서 $V_U = S_L + B$이므로 r_S는 다음과 같다.

$$r_S = \frac{(S_L + B)r_U - r_B B}{S_L} = r_U + (r_U - r_B)\left(\frac{B}{S_L}\right)$$

11 제6장에서 설명한 바와 같이 재무레버리지(부채)가 증가할수록 재무위험이 증가하기 때문에 자기자본비용이 증가하는 것으로 볼 수 있다. 이에 대한 구체적인 사례는 본장의 보론을 참조.

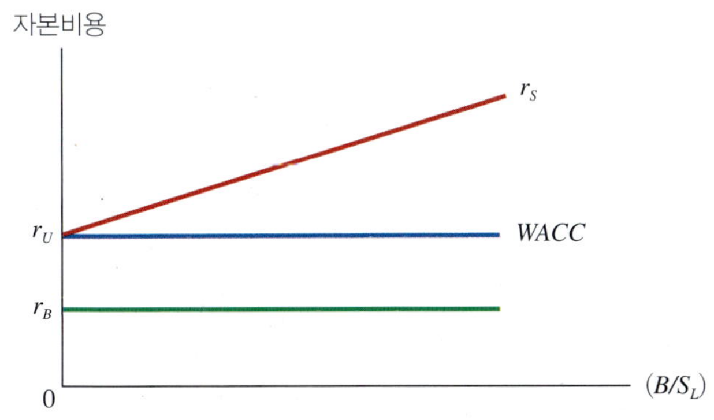

그림 7-1 재무레버리지와 자본비용의 관계: 법인세가 없는 경우

예제 7-1

MM의 무관련이론: 법인세가 없는 경우

현재 부채를 사용하지 않고 있는 (주)청운의 자본비용은 15%이다. 이 회사는 10%의 이자율로 차입할 수 있다. 법인세가 없다고 가정하여 다음의 물음에 답하라.

(1) 자기자본 80%, 부채 20%로 구성된 자본구조가 이 회사의 목표자본구조일 경우, 자기자본비용과 가중평균자본비용을 구하라.

(2) 자기자본 50%, 부채 50%로 구성된 자본구조가 이 회사의 목표자본구조일 경우, 자기자본비용과 가중평균자본비용을 구하라.

(3) 이상의 결과에 의해 MM 명제 II를 설명하라.

해설

(1) $r_S = r_U + (r_U - r_B)\left(\frac{B}{S_L}\right) = 0.15 + (0.15 - 0.10)\left(\frac{0.2}{0.8}\right) = 0.1625$

$WACC = \left(\frac{S_L}{S_L + B}\right)r_S + \left(\frac{B}{S_L + B}\right)r_B = 0.8 \times 0.1625 + 0.2 \times 0.10 = 0.15$

(2) $r_S = r_U + (r_U - r_B)\left(\frac{B}{S_L}\right) = 0.15 + (0.15 - 0.10)\left(\frac{0.5}{0.5}\right) = 0.20$

$WACC = \left(\frac{S_L}{S_L + B}\right)r_S + \left(\frac{B}{S_L + B}\right)r_B = 0.5 \times 0.20 + 0.5 \times 0.10 = 0.15$

(3) 레버리지가 증가함에 따라 자기자본비용이 증가하여 상대적으로 저렴한 비용인 부채의 이점을 완전히 상쇄하기 때문에 자본구조에 관계없이 WACC는 15%로 항상 일정함을 알 수 있다.

3.2 MM의 수정이론: 법인세가 있는 경우

MM의 무관련이론은 법인세가 없다는 가정을 전제로 하고 있다. 그러나 법인세가 있는 경우 자본구조의 변경이 기업의 가치에 영향을 줄 수 있을 것이다. MM은 기업의 법인세가 있는 완전자본시장하에서 앞의 명제가 어떻게 달라지는지를 보였는데, 이를 MM의 **수정이론**이라 한다.[12] MM은 법인세가 있는 경우 부채로 인한 이자비용의 세금절감효과(tax shield effect)를 얻을 수 있으므로 부채가 증가함에 따라 비례적으로 기업의 가치가 증가한다고 주장하였다.

수정이론
MM은 법인세가 있는 경우 부채로 인한 이자비용의 세금절감효과를 얻을 수 있으므로 부채가 증가함에 따라 비례적으로 기업의 가치가 증가한다고 주장하였다.

Part Ⅲ

MM 명제 I

부채를 사용하지 않는 기업 U의 가치는 세후 기대현금흐름, 즉 세후 기대영업이익 $E(NOI)(1-T_C)$를 할인하여 다음과 같이 구할 수 있다.

$$V_U=S_U=\frac{E(NOI)(1-T_C)}{r_U} \qquad (7\text{-}5)$$

여기서 T_C: 기업의 법인세율

한편 부채를 사용하는 기업 L의 세후 기대현금흐름 CF_L은 주주에게 지급될 수 있는 부분과 채권자에게 지급될 수 있는 부분을 합하여 다음과 같이 구할 수 있다.

$$\begin{aligned} CF_L &= \text{주주에게 지급되는 현금흐름}+\text{채권자에게 지급되는 현금흐름} \\ &=[E(NOI)-r_BB](1-T_C)+r_BB \\ &=E(NOI)(1-T_C)+T_C\cdot r_BB \qquad (7\text{-}6) \end{aligned}$$

식 (7-6)에서 오른쪽의 첫째 항은 부채를 사용하지 않는 기업의 주주들이 받는 현금흐름과 동일하므로 무부채 기업의 자본비용 r_U에 의해서 할인될 수 있다. 그리고 둘째 항은 부채의 사용에 따른 법인세의 절감액으로서 부채의 자본비용 r_B로 할인되어야 한다. 그러므로 부채를 사용하는 기업 L의 가치는 다음과 같이 구할 수 있다.

$$V_L=S_L+B=\frac{E(NOI)(1-T_C)}{r_U}+\frac{T_C\cdot r_BB}{r_B}=V_U+T_CB \qquad (7\text{-}7)$$

12 F. Modigliani and M. H. Miller, "Corporate Income Taxes and the Cost of Capital: A Correction," *American Economic Review*, Vol. 53(June 1963), pp. 433~443.

식 (7-7)에서 법인세가 있을 경우 부채를 사용하는 기업의 가치 V_L은 자기자본만 사용하는 기업의 가치 V_U보다 이자비용의 법인세 절감액의 현가 $T_C B$만큼 크다. 따라서 부채가 증가함에 따라 V_L은 비례하여 증가하게 된다. 이를 MM 명제 I 이라 하며 그 내용을 요약하면 다음과 같다.

> MM 명제 I : 부채를 사용하는 기업의 가치 V_L은 부채를 사용하지 않는 기업의 가치 V_U와 이자비용의 법인세 절감액의 현가 $T_C B$를 합한 것과 같다. 즉 $V_L = V_U + T_C B$

MM 명제 II

부채를 사용하는 기업 L의 자기자본비용은 다음과 같이 나타낼 수 있다.[13]

$$
\begin{aligned}
r_S &= \frac{[E(NOI) - r_B B](1 - T_C)}{S_L} \\
&= r_U + (r_U - r_B)(1 - T_C)\left(\frac{B}{S_L}\right) \qquad (7\text{-}8)
\end{aligned}
$$

식 (7-8)을 앞의 식 (7-4)와 비교해 보면, 부채비율(B/S_L)이 증가함에 따라 자기자본비용 r_S는 증가하나, $(1-T_C)$가 항상 1보다 작기 때문에 식 (7-8)에서 r_S는 식 (7-4)보다 작게 증가함을 알 수 있다. 즉 부채비율이 증가하는 경우 자기자본비용은 상대적으로 저렴한 부채의 이점을 완전히 상쇄할 정도로 증가하지는 않는다는 것을 의미한다. 이를 MM 명제 II 라고 하며 그 내용을 요약하면 다음과 같다.

> MM 명제 II : 자기자본비용 r_S는 부채비율(B/S_L)이 증가함에 따라 증가하나 상대적으로 저렴한 비용으로 사용할 수 있는 부채의 이점을 완전히 상쇄하지는 못한다. 즉 $r_S = r_U + (r_U - r_B)(1 - T_C)\left(\frac{B}{S_L}\right)$

13 식 (7-5)와 식 (7-7)에 의해서 $E(NOI)(1-T_C) = V_U \cdot r_U$, $V_U = S_L + B - T_C B$이므로 r_S는 다음과 같다.

$$
r_S = \frac{(S_L + B - T_C B) r_U - r_B B(1 - T_C)}{S_L} = r_U + (r_U - r_B)(1 - T_C)\left(\frac{B}{S_L}\right)
$$

그림 7-2
재무레버리지와 자본비용의 관계: 법인세가 있는 경우

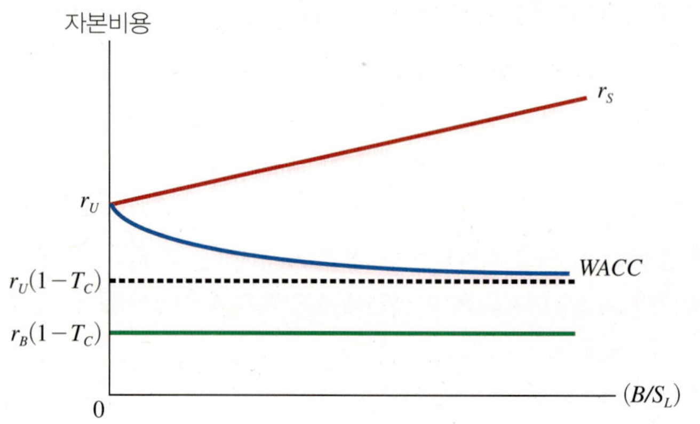

부채비율의 증가에 따른 상대적으로 저렴한 부채의 이점은 자기자본비용의 증가에 의해서 완전히 상쇄되지 않기 때문에 부채비율이 증가함에 따라 가중평균자본비용(WACC)이 감소하여 기업의 가치는 증가하게 된다.

법인세가 있는 경우 기업의 가중평균자본비용은 다음과 같다.[14]

$$WACC = r_U\left[1 - T_C\left(\frac{B}{V_L}\right)\right] \tag{7-9}$$

식 (7-9)에서 볼 수 있는 바와 같이 WACC는 부채비율이 증가함에 따라 점점 감소하기 때문에 기업가치가 증가하게 됨을 알 수 있다.[15]

지금까지의 결과를 종합하여 재무레버리지와 자본비용의 관계를 그림으로 나타내면 [그림 7-2]와 같다.

---

14 $WACC = \left(\frac{S_L}{S_L+B}\right)r_S + \left(\frac{B}{S_L+B}\right)r_B(1-T_C)$에 $r_S = r_U + (r_U - r_B)(1-T_C)\left(\frac{B}{S_L}\right)$를 대입하여 정리하면 식 (7-9)를 도출할 수 있다.

15 법인세가 있는 경우에도 각 기업은 기업 나름대로의 최적자본구조(optimal capital structure), 즉 목표자본구조(target capital structure)를 가지고 기업을 운영하고, 모든 투자안은 이에 따라 자금조달을 하기 때문에 투자결정과 자본구조 문제를 분리할 수 있다고 주장하는 학자도 있다.

예제 7-2

MM의 수정이론: 법인세가 있는 경우

앞의 〈예제 7-1〉에서 법인세율이 40%일 경우 다음의 물음에 답하라.

(1) 자기자본 80%, 부채 20%로 구성된 자본구조가 (주)청운의 목표자본구조일 경우, 자기자본비용과 가중평균자본비용을 구하라.

(2) 자기자본 50%, 부채 50%로 구성된 자본구조가 (주)청운의 목표자본구조일 경우, 자기자본비용과 가중평균자본비용을 구하라.

(3) 이상의 결과에 의해 MM 명제 II를 설명하라.

해설

(1) $r_S = r_U + (r_U - r_B)(1-T_C)\left(\frac{B}{S_L}\right) = 0.15 + (0.15-0.10)(1-0.4)\left(\frac{0.2}{0.8}\right) = 0.1575$

$$WACC = \left(\frac{S_L}{S_L+B}\right)r_S + \left(\frac{B}{S_L+B}\right)r_B(1-T_C) = 0.8 \times 0.1575 + 0.2 \times 0.10(1-0.4) = 0.138$$

또는

$$WACC = r_U\left[1 - T_C\left(\frac{B}{V_L}\right)\right] = 0.15 \times (1 - 0.4 \times 0.2) = 0.138$$

(2) $r_S = r_U + (r_U - r_B)(1-T_C)\left(\frac{B}{S_L}\right) = 0.15 + (0.15-0.10)(1-0.4)\left(\frac{0.5}{0.5}\right) = 0.18$

$$WACC = \left(\frac{S_L}{S_L+B}\right)r_S + \left(\frac{B}{S_L+B}\right)r_B(1-T_C) = 0.5 \times 0.18 + 0.5 \times 0.10 \times (1-0.4) = 0.12$$

또는

$$WACC = r_U\left[1 - T_C\left(\frac{B}{V_L}\right)\right] = 0.15 \times (1 - 0.4 \times 0.5) = 0.12$$

(3) 앞의 〈예제 7-1〉과 비교해 보면, 레버리지가 증가함에 따라 자기자본비용이 상대적으로 적게 증가하여 부채사용의 이점이 완전히 상쇄되지 않기 때문에 WACC가 15%(무부채)에서 12%(부채비율=1)로 감소됨을 알 수 있다.

3.3 재무레버리지와 베타

MM은 체계적 위험의 개념을 도입하지 않았기 때문에 부채가 없는 기업의 자본비용 r_U를 어떻게 측정해야 하는지를 제시하지 못하였다. 그러므로 MM이론에 의해서는 기존 기업과 서로 다른 체계적 위험을 가지는 새로운 투자안을 평가할 때 어려움이 따르게 된다. 그러나 CAPM을 이용한다면 부채가 없는 기업의 자본비용 r_U를 그 기업의 체계적 위험 β_U에 의해서 측정할 수 있다. 그러므로 CAPM을 MM이론과 결합시킴으로써 MM이론의 한계점을 해결할 수 있을 것이다.

부채를 사용하는 기업에서 부채가 없는 경우의 체계적 위험을 β_U를 직접적으로 측정하기는 어렵다. 그러나 부채를 사용하는 기업의 주식베타 β_S는 시장의 주가자료를 이용하여 쉽게 측정될 수 있을 것이다. β_U와 β_S가 일정한 관계를 가지고 있다면, β_S를 먼저 추정한 후 그 관계식에 의해서 간접적으로 β_U를 추정할 수 있다. 부채를 사용하지 않는 기업의 베타 β_U와 부채를 사용하는 경우의 주식베타 β_S의 관계를 살펴보면 다음과 같다.

먼저 자기자본비용 r_S에 대한 CAPM과 MM의 정의는 다음과 같이 서로 같아야 한다.

$$r_f + [E(r_M) - r_f]\beta_S = r_U + (r_U - r_B)(1 - T_C)\left(\frac{B}{S_L}\right) \qquad (7\text{-}10)$$

무위험부채($\beta_B=0$)를 가정하는 경우 $r_B = r_f$가 되고, CAPM에 의하면 $r_U = r_f + [E(r_M) - r_f]\beta_U$의 관계가 성립한다. 이들을 식 (7-10)에 대입하여 정리하면 다음과 같은 관계식을 얻을 수 있다.

$$\beta_S = \beta_U\left[1 + (1 - T_C)\left(\frac{B}{S_L}\right)\right] \qquad (7\text{-}11)$$

식 (7-11)를 부채가 없는 경우의 체계적 위험, 즉 무부채베타 β_U에 대해 정리하면 다음과 같다.[16]

---

16 식 (7-12)을 하마다 공식(Hamada equation) 또는 하마다 모형이라고 한다.
R. S. Hamada, "Portfolio Analysis, Market Equilibrium, and Corporate Finance," *Journal of Finance*, Vol. 24(March 1969), pp. 13~31.

$$\beta_U = \frac{\beta_S}{1+(1-T_C)\left(\frac{B}{S_L}\right)} \qquad (7-12)$$

증권시장에서 관찰할 수 있는 주식수익률을 이용하여 β_S를 측정할 수 있다면, 식 (7-12)에 의해서 무부채베타 β_U를 구할 수 있다. 그리고 β_U를 CAPM에 적용함으로써 무부채기업의 자기자본비용을 구할 수 있다.

예제 7-3 재무레버리지와 베타

현재 (주)신정에 관한 자료는 다음과 같다.

> 부채구성비율(B/V_L)=20%, 무위험이자율=7%
> β_S=0.5, 시장의 기대수익률=17%, 법인세율=50%

위의 자료를 이용하여 다음의 물음에 답하라.

(1) 이 회사의 자기자본비용과 가중평균자본비용을 구하라.

(2) 이 회사의 무부채베타 β_U와 무부채자기자본비용 r_U를 구하라.

(3) 이 회사가 지금 목표자본구조를 변경하여 부채구성비율을 35%로 증가시킬 경우, 새로운 자기자본비용과 가중평균자본비용을 구하라.

해설

(1) CAPM을 이용하여 자기자본비용을 구하면 다음과 같다.

$$r_S = r_f + [E(r_M) - r_f]\beta_S = 0.07 + (0.17-0.07)\times 0.5 = 0.12$$

그리고 가중평균자본비용을 구하면 다음과 같다.

$$WACC = \left(\frac{S_L}{S_L+B}\right)r_S + \left(\frac{B}{S_L+B}\right)r_B(1-T_C) = 0.8\times 0.12 + 0.2\times 0.07\times(1-0.5) = 0.103$$

(2) 부채구성비율이 20%인 경우 부채비율은 다음과 같다.

$$\frac{B}{S_L+B} = 0.2 \rightarrow \frac{B}{S_L} = \frac{0.2}{0.8} = 0.25$$

재무레버리지와 베타의 관계를 이용하여 무부채베타와 이를 이용한 무부채자본비용을 구하면 다음과 같다.

$$\beta_U = \frac{\beta_S}{1+(1-T_C)\left(\frac{B}{S_L}\right)} = \frac{0.5}{1+(1-0.5)\times 0.25} = 0.444$$

$$r_U = r_f + [E(r_M) - r_f]\beta_U = 0.07 + (0.17-0.07)\times 0.444 = 0.1144$$

(3) 새로운 목표자본구조에서의 부채비율은 다음과 같다.

$$\frac{B}{S_L+B} = 0.35 \rightarrow \frac{B}{S_L} = \frac{0.35}{0.65} = 0.5385$$

MM의 수정명제 Ⅱ를 적용하여 자기자본비용 r_S를 구하면 다음과 같다.

$$r_S = r_U + (r_U - r_B)(1-T_C)\left(\frac{B}{S_L}\right) = 0.1144 + (0.1144-0.07)(1-0.5)(0.5385) = 0.1264$$

한편 자기자본비용 r_S는 새로운 자본구조를 반영한 주식베타와 CAPM을 활용하여 다음과 같이 구할 수도 있다.

$$\beta_S = \beta_U\left[1+(1-T_C)\left(\frac{B}{S_L}\right)\right] = 0.444\times[1+(1-0.5)\times 0.5385] = 0.5635$$

$$r_S = r_f + [E(r_M) - r_f]\beta_S = 0.07 + (0.17-0.07)\times 0.5635 = 0.1264$$

새로운 자본구조에서의 가중평균자본비용은 식 (7-9)를 이용하여 다음과 같이 구할 수 있다.

$$WACC = r_U\left[1-\left(\frac{B}{S_L+B}\right)T_C\right] = 0.1144\times(1-0.35\times 0.5) = 0.0944$$

물론 위의 가중평균자본비용은 제6장에서 설명한 식 (6-11)을 이용하여 다음과 같이 구할 수도 있다.

$$WACC = \left(\frac{S}{S+B}\right)r_S + \left(\frac{B}{S+B}\right)r_B(1-T_C)$$

$$= 0.65\times 0.1264 + 0.35\times 0.07\times(1-0.5) = 0.0944$$

재무 산책

밀러 및 디안젤로 - 마슬리스의 자본구조이론

밀러(M. H. Miller)는 MM(1963)의 수정이론에서의 가정에 개인소득세(personal income taxes)가 존재한다는 추가적인 가정을 포함시켜 기업의 자본구조가 기업의 가치에 어떻게 영향을 미치는지를 분석하였다.[17] 밀러는 사채시장이 균형상태일 때 시장전체의 최적 부채량은 존재하나 개별 기업의 최적자본구조는 존재하지 않다고 하였다. 이를 좀 더 세부적으로 설명하면, 사채시장이 균형상태일 때 개인소득세와 법인세가 일치하여 개별 기업의 경우 부채사용에 따른 법인세절감효과를 얻지 못하므로 개별 기업의 최적자본구조는 존재하지 않는다는 것이다. 이와 같이 자본구조와 기업가치가 무관련한 근거로서 밀러는 레버리지의 고객효과(leverage clientele effect)를 들고 있다. 서로 다른 세율구조를 가진 투자자는 그들의 선호와 일치하는 부채수준을 가진 기업을 선택한다는 것이다. 예를 들어 낮은 부채비율을 가진 기업들은 높은 세율구조를 가진 투자자들에 의해서 선호되고, 높은 부채비율을 가진 기업은 낮은 세율구조를 가진 투자자들에 의해서 선호된다. 이러한 결과가 되기 때문에 기업의 가치는 기업의 자본구조와 무관하다는 것이다. 이는 소득세율이 높은 계층일수록 기업레버리지에 의한 세금절감효과보다는 자신이 직접 차입하여 세금절감효과를 얻는 개인 레버리지효과가 더 크기 때문이다. 한편 소득세율이 낮은 계층은 개인 레버리지효과보다는 기업 레버리지에 의해 세금절감효과를 얻는 것이 더 크다고 할 수 있다.

한편 이와 같은 밀러의 주장에 대해서 디안젤로-마슬리스(H. DeAngelo and R. W. Masulis)는 기업의 감가상각비와 유형자산의 취득에 따른 투자세액공제 등에 의한 비부채성 세금절감효과(non-debt tax shield)를 고려하여 최적자본구조가 존재함을 주장하였다.[18] 기업이 부채에 대한 세금절감효과를 얻기 위해서는 이자비용을 상쇄할 수 있을 정도의 충분한 이익이 있어야 한다. 그러나 기업의 감가상각비와 유형자산의 취득에 따른 투자세액공제 등에 의해 기업의 과세대상이익(taxable income)이 감소하여 부채의 사용에 따른 세금절감효과를 얻지 못할 경우가 생길 수도 있다. 그러므로 이러한 비부채성 세금절감효과를 가진 기업은 이를 고려하여 부채를 조달하여야 하기 때문에 경우에 따라서는 부채를 많이 사용하지 않을 수 있다. 다시 말하면 기업은 자사의 비부채성 세금절감효과를 고려하여 적정한 부채를 사용하게 된다는 것이다.

17 M. H. Miller, "Debt and Taxes," *Journal of Finance*, Vol. 32(May 1977), pp. 261~275.

18 H. DeAngelo and R. W. Masulis, "Optimal Capital Structure under Corporate and Personal Taxation," *Journal of Financial Economics*, Vol. 8(March 1980), pp. 3~30.

04 자본구조의 현실

4.1 파산비용

파산비용의 의의

부채의 증가에 따른 재무적 곤경에 의해서 기업이 파산할 수 있다.

부채가 증가함에 따라 기업이 재무적 의무를 다하지 못할 가능성은 커지게 된다. 만약 이와 같은 상황이 악화되면, 기업은 재무적 곤경에 처하게 될 것이다. 예를 들어 기업은 우선주에 대한 배당을 하지 못하며, 공급자 또는 은행 등은 기업에 대한 신용(credit)을 확대하지 않을 것이다. 이와 같은 제약은 궁극적으로 기업에 영향을 미칠 수 있다. 만약 이러한 상황이 일정기간 동안 지속되면, 기업은 매력적인 투자기회도 어쩔 수 없이 포기하여야 하는 경우가 발생할 수 있기 때문에 기업의 수익성이 나빠질 수 있다. 극단적인 경우 재무적 곤경에 의해서 기업은 파산(bankruptcy)할 수도 있다.

파산시 주주들은 기업의 자산을 채권자들에게 넘겨주게 된다. 주주들은 채권자들끼리 남아 있는 자산을 가지고 서로 다투도록 하면서 빠져나오면 된다. 주주들은 기업자산의 가치가 채권자들의 청구권의 가치보다 작을 경우에만 이와 같은 행동을 할 것이다. 그러므로 파산의 가능성에 의해서 채권자들은 항상 그들의 청구권의 가치보다 작은 것을 얻게 될 위험에 직면하게 된다. 더구나 파산시 발생하게 되는 파산비용(bankruptcy costs)에 의해서 채권자들의 몫은 더 작아지게 된다. 그러므로 채권자들은 파산가능성이 클수록 파산시 그들이 입게 되는 손실을 보전하기 위하여 더 높은 수익률을 요구하게 된다. 결국 파산비용은 주주들이 부담하게 되는 비용으로서 기업의 가치를 감소시킨다. 여기서 파산으로 인하여 기업의 가치가 감소하는 것은 파산 그 자체의 위험에 의해서가 아니라 파산과 관련된 비용, 즉 파산비용 때문이라는 사실을 유의하여야 한다. 즉 파산의 가능성이 존재하더라도 파산비용이 발생하지 않는 경우에는 완전자본시장의 가정을 벗어난 것이 아니다.[19]

파산비용
부채를 과다하게 사용하는 기업이 부채의 원리금을 갚지 못해 파산하는 경우 발생하는 제반비용으로서 직접파산비용과 간접파산비용으로 구분된다.

파산비용은 부채를 과다하게 사용하는 기업이 부채의 원리금을 갚지 못해 파산

19 이와 같은 경우 MM(1958년, 1963년)의 명제가 성립할 수 있다.

하는 경우 발생하는 제반비용으로서 직접파산비용과 간접파산비용으로 구분될 수 있다. 직접파산비용은 파산이 선고된 기업의 청산과 재조직에 소요되는 법률비용과 관리비용을 의미한다. 즉 직접파산비용은 기업의 파산과정에서 기업이 제3자에게 지급하는 보수로서 변호사수수료, 회계사수수료, 소송비용 등을 말한다. 그리고 간접파산비용은 주요 직원의 기업이탈, 정상가격 이하로 기업자산 매각, 매출액 감소 등에 의해서 간접적으로 기업이 입게 되는 기회비용을 의미한다.[20]

파산비용과 최적자본구조

부채로 인하여 파산비용이 나타나게 되며, 이와 같은 파산비용은 이자비용의 세금절감효과와 달리 부채를 사용하는 기업의 가치를 감소시킨다. 부채가 증가할수록 실제로 파산한다는 것이 아니라 파산가능성이 커지는 것이므로 엄밀하게 말하면 파산비용은 기대파산비용을 의미하는 것이다. 대개의 경우 파산은 부채사용 후 수년 뒤에 나타날 것이기 때문에 이 파산비용의 현가만큼 기업의 가치가 감소할 것이다. 따라서 법인세와 파산비용을 동시에 고려할 경우 부채를 사용하고 있는 기업의 가치는 다음과 같이 나타낼 수 있다.

$$V_L = V_U + T_C B - PV(BC) \quad (7\text{-}13)$$

여기서 $PV(BC)$: 파산비용의 현가

식 (7-13)에서 볼 수 있는 바와 같이 부채의 사용을 증가시킴에 따라 이자비용의 세금절감효과에 의해 기업의 가치가 증가하는 반면, 파산비용의 증가로 인하여 기업의 가치가 감소하게 된다. 이와 같이 부채의 사용은 기업의 가치에 상반된 영향을 미칠 수 있다. 이와 같은 관계를 그림으로 나타내면 [그림 7-3]과 같다. 이

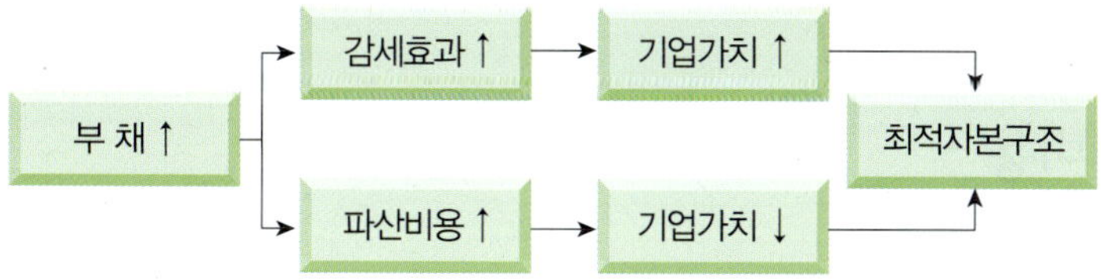

그림 7-3 파산비용과 부채사용의 효과

20 간접파산비용에 주주와 채권자의 이해상충으로 인하여 발생하게 되는 부채의 대리인비용도 포함시킬 수 있다.

그림 7-4
파산비용과 기업가치

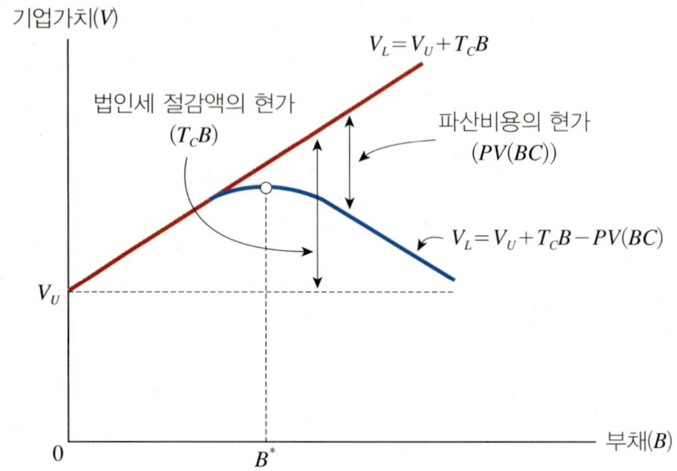

Part Ⅲ

relationship)에 의해서 최적자본구조가 존재할 수 있음을 알 수 있다.

최적자본구조는 이론적으로 부채사용으로 인한 한계이익(감세효과)과 한계비용(파산비용)이 같아지는 점에서 이루어진다. 파산비용과 기업가치의 관계를 구체적으로 나타내면 [그림 7-4]와 같다. 이 그림에서 볼 수 있는 바와 같이 파산비용을 고려할 경우 기업가치는 부채를 이용함에 따라 부채발행액이 B^*일 때까지 증가하다가 그 이후부터는 오히려 감소함을 알 수 있다. 즉 B^* 이전에는 법인세 감세효과에 의한 기업가치의 증가액이 파산비용에 의한 기업가치의 감소액보다 크게 되어 기업가치가 증가하다가, B^*보다 많은 부채를 사용하는 경우 법인세 감세효과에 의한 기업가치의 증가액이 파산비용에 의한 기업가치의 감소액보다 작아져서 기업가치가 감소함을 의미한다. 따라서 기업이 부채를 B^*만큼 사용할 경우 그 기업은 최적자본구조에 도달하게 된다. 그러나 파산비용의 정확한 측정은 아주 어려운 일이기 때문에 최적부채수준을 결정하는 정확한 공식을 도출할 수는 없다.

4.2 대리인비용

대리인비용의 의의

대리인관계는 기업에 자금을 제공한 주인(외부주주 또는 채권자)이 기업의 운영권을 대리인(소유경영자 또는 내부주주)에게 위임하는 계약관계를 말한다. 이와 같은 계약이 대리인에 의해서 행해질지 모를 모든 발생가능한 상황을 충분히 고려하여 체결된다면 대리인문제는 발생하지 않을 것이다. 그러나 계약사항이 불완전하여 대리인의 활동에 자의성이 개입될 여지가 있다면 주인과 대리인 사이에는 갈등이 생기기 쉽다. 이러한 갈등은 주인과 대리인들이 모두 자신들의 효용을 극대화시키는 방향으로 행동하려고 하기 때문에 생기는 것이다. 따라서 주인은 계약에 여러 가지 조항을 규정하여 대리인이 주인의 목표에 벗어나지 않도록 제약을 가하고 또한 대리인들의 활동을 감독하려고 할 것이다.

젠센과 맥클링(M. Jensen and W. Meckling)은 이와 같은 대리인문제로부터 발생하는 금전적 또는 비금전적 비용을 **대리인비용**(agency costs)이라 하고 이를 다음과 같은 세 가지로 분류하고 있다.[21]

대리인비용
주인과 대리인의 갈등, 즉 대리인문제로부터 발생하는 금전적 또는 비금전적 비용으로서 감시비용, 확증비용, 잔여손실로 분류된다.

첫 번째 비용은 감시비용(monitoring costs)으로서 이는 대리인의 행위가 주인의 이익으로부터 이탈하는 것을 제한하기 위하여 주인이 부담하는 비용이다.

두 번째 비용은 확증비용(bonding costs)으로서 이는 대리인이 주인에게 해가 되는 행위를 하지 않고 있음을 확증하기 위하여 대리인이 부담하는 비용이다.

세 번째 비용은 잔여손실(residual losses)로서 이는 위의 감시와 확증에도 불구하고 제거되지 않는 비용이다.

이와 같은 대리인비용들은 기업의 외부자금조달시에 발생하게 되는데, 젠센과 맥클링은 주식의 발행에 따른 대리인비용을 **지분의 대리인비용**(agency costs of equity)이라 하고, 사채의 발행에 따른 대리인비용을 **부채의 대리인비용**(agency costs of debt)이라 하였다.

지분의 대리인비용
주인인 외부주주와 대리인인 소유경영자(내부주주) 사이의 갈등에 따라 발생하는 대리인비용을 의미한다.

부채의 대리인비용
주인인 채권자와 대리인인 소유경영자(내부주주) 사이의 갈등에 따라 발생하는 대리인비용을 말한다.

대리인비용과 최적자본구조

기업의 부채가 증가할수록 부채의 대리인비용은 증가하고, 반대로 부채 대신에 외부주식의 비율이 증가하면 지분의 대리인비용이 증가한다. 그러므로 이와 같은 두 가지 대리인비용의 합, 즉 총대리인비용이 최소가 되는 외부주식과 부채의 최적배합이 존재할 수 있으며, 이는 세금이 없거나 파산비용이 아주 작은 사회에서도 대리인비용에 의해서 최적자본구조가 존재할 수 있음을 의미한다.

부채의 사용을 증가시킴에 따라 이자비용의 법인세 절감효과에 의해 기업의

21 M. Jensen and W. Meckling, "Theory of the Firm: Managerial Behavior, Agency Costs and Ownership Structure," *Journal of Financial Economics*, Vol. 3(October 1976), pp. 305~360.

그림 7-5
대리인비용과 부채사용의 효과

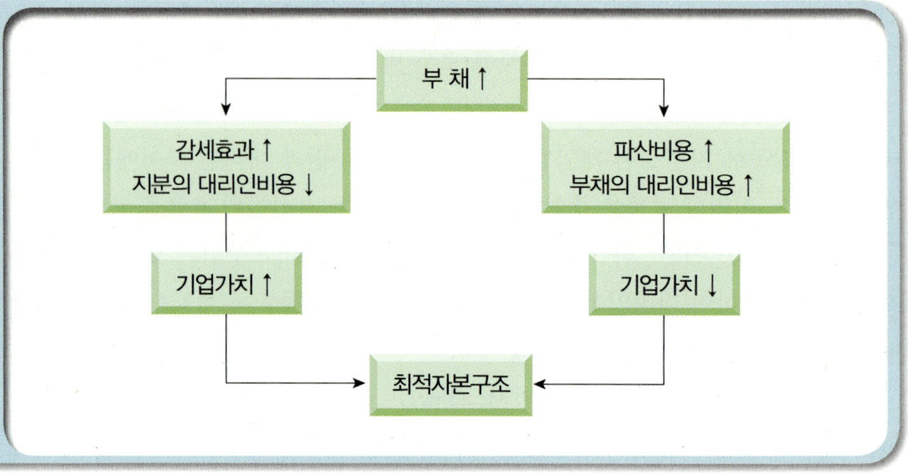

가치가 증가하는 반면, 파산비용의 증가로 인하여 기업의 가치가 감소하고 동시에 대리인비용의 순효과(부채의 대리인비용의 증가로 인한 기업가치의 감소액에서 지분의 대리인비용의 감소로 인한 기업가치의 증가액을 차감한 것)만큼 기업의 가치는 감소할 수 있다. 이와 같이 부채의 사용은 기업의 가치에 상반된 영향을 미칠 수 있다. 그 관계를 구체적으로 나타내면 [그림 7-5]와 같다.

[그림 7-5]에서 볼 수 있는 바와 같이 부채의 증가에 따라 나타나는 상반효과에 의해서 최적자본구조가 존재할 수 있다. 최적자본구조는 이론적으로 부채사용으로 인한 한계이익(감세효과와 지분의 대리인비용의 감소로 인한 기업가치의 증가)과 한계비용(파산비용과 부채의 대리인비용의 증가로 인한 기업가치의 감소)이 같아지는 점에서 이루어진다. 그러나 파산비용 또는 대리인비용의 정확한 측정이 어려운 현실에 비추어 정확한 최적자본구조를 도출한다는 것은 어려운 일이다.

4.3 우리나라 기업의 자본구조

우리나라의 산업별 자본구조는 〈표 7-1〉과 같다. 〈표 7-1〉에서 볼 수 있는 바와 같이 제조업의 경우 부채비율은 2021년도 말 현재 76.8%로서 이는 전년도 말(76.3%)에 비해 0.5%p 증가하였다. 차입금의존도는 2021년도 말 현재 전년도 말 대비 0.8% 감소(23.4 → 22.6%)하였고, 자기자본비율은 2021년도 말 현재 전년도 말 대비 0.1%p 감소(56.6 → 56.6)하였다. 기업규모별로는 대기업의 경우 부채비율은 2021년도 말 현재 전년 대비 3.7%p 증가한 반면, 차입금의존도와 자기자본비율

표 7-1
산업별 자본구조

(단위: %, %p)

산 업	부채비율			차입금의존도			자기자본비율		
	2020	2021	차이	2020	2021	차이	2020	2021	차이
제조업	76.3	76.8	0.5	23.4	22.6	-0.8	56.7	56.6	-0.1
대기업	61.5	65.2	3.7	17.8	17.1	-0.7	61.9	60.5	-1.4
중소기업	122.3	121.7	-0.6	36.1	35.8	-0.3	45.0	45.1	0.1
비제조업	157.3	158.2	0.9	34.8	35.0	0.2	38.8	38.7	-0.1
대기업	136.8	138.2	1.4	29.5	29.0	-0.5	42.2	42.0	-0.2
중소기업	193.7	197.7	4.0	42.2	43.7	1.5	34.0	33.6	-0.4

주) $\text{부채비율}(\%) = \frac{\text{부채}}{\text{자기자본}} \times 100$

$\text{차입금의존도}(\%) = \frac{\text{차입금} + \text{회사채}}{\text{총자본}} \times 100$

$\text{자기자본비율}(\%) = \frac{\text{자기자본}}{\text{총자본}} \times 100$

자료: 한국은행, 2021년 기업경영분석

은 각각 0.7%p, 1.4%p 감소하였다. 중소기업의 경우 부채비율과 차입금의존도는 2021년도 말 현재 전년 대비 각각 0.6%p, 0.3%p 감소하였고, 자기자본비율은 2021년도 말 현재 전년 대비 0.1%p 증가하였다. 2020년부터 2021년까지 최근 2년 동안의 자료에 근거할 때 대기업에 비해 중소기업의 재무적 안정성이 보다 더 개선되었다고 볼 수 있다.

비제조업의 경우 부채비율은 2021년도 말 현재 158.2%로서 이는 전년도 말 157.3%에 비해 0.9%p 증가하였다. 차입금의존도도 2020년도 말에 비해 2021년도 말에 0.2%p 증가하였다. 반면 자기자본비율은 2020년도 말에 비해 2021년도 말에 0.1%p 감소하였다. 기업규모별로 보면 대기업과 중소기업 모두 2021년도 말의 부채비율이 전년 대비 증가한 반면, 자기자본비율은 감소하였다. 대기업의 차입금의존도는 2020년도 말에 비해 2021년도 말에 0.5%p 감소한 반면 중소기업의 차입금의존도는 1.5%p 증가하였다.

그리고 〈표 7-2〉에서 볼 수 있는 바와 같이, 우리나라 제조업의 부채비율은 2014년도 말부터 2019년도 말까지 매년 감소하는 추세를 보였다. 그러나 과거 흐름과 달리 2020년도 말엔 2.8%p 증가하였고 2021년도 말에도 미미하지만 계속 상승하는 양상을 보였다. 이러한 현상은 2020년도에 발생한 코로나 사태로 인한 것으로 추정된다. 미국과 일본의 부채비율은 2019년도 말보다 2020년도 말에 증가하였으

표 7-2 한국·미국·일본의 부채비율(제조업) 비교

(단위: %)

국 가	2014	2015	2016	2017	2018	2019	2020	2021
한 국	89.2	85.5	80.2	77.0	73.6	73,5	76.3	76.8
미 국	129.4	140.6	147.2	141.6	141.1	141.3	144.8	132.7
일 본	120.7	115.7	109.7	105.5	100.3	103.9	104.7	102.4

자료: 한국은행, 2019년 기업경영분석/2021 기업경영분석

나 2021년도 말엔 우리나라와 달리 감소하였다.

최근까지 우리나라 제조업의 부채비율은 미국, 일본 등 주요 선진국에 비해서 현저하게 낮은 수준이지만, 코로나 펜데믹을 겪으면서 2020년부터 최근 2년간 부채비율이 증가하고 있다는 점이 특이하다.

뉴스 속 재무 1,000대 기업 부채비율 20년 새 절반 이상 감소…"재무 건전성 개선"

국내 1,000대 상장 기업의 부채비율이 20여년 만에 절반 이상 줄어든 것으로 나타났다. 기업분석전문 한국CXO연구소는 20일 '2000년~2021년 국내 1,000대 기업 부채비율 변동 분석' 결과를 발표하고 최근 20년 새 국내 대기업의 재무건전성이 크게 개선됐다고 밝혔다.

한국CXO연구소 분석 결과에 따르면 국내 1,000대 기업 부채비율은 2000년 323%에서 2021년 160%로 감소했다. 부채비율은 기업의 재무건전성을 나타내는 주요 지표로 200%를 넘기면 경영 불안 요소가 높아진 상황, 400%를 초과하면 기업 존립이 위태롭다는 의미로 해석된다.

지난 1997년 IMF 외환위기 당시 국내 기업들의 부채비율은 589%까지 치솟았다. 이후 2004년으로 넘어오면서 300% 미만인 264%를 기록했고 2005년 217%, 2006년 220%, 2007년 221%, 2008년 216% 등 비슷한 수준을 유지해왔다.

200% 밑으로 떨어진 것은 2010년부터였다. 그해 국내 기업들의 부채비율은 189%로 집계됐으며 2009년에는 조사 기간 중 가장 낮은 153%를 기록했다. 최근 2년에 해당하는 2020년과 2021년도 160%대에 머물렀다.

부채비율이 400%를 넘는 고위험 기업 수도 줄어드는 추세를 보였다. 지난 2000년 기준 부채비율 400%를 넘긴 기업은 1,000곳 중 157곳이었지만 2001년 139곳, 2002년 110곳을 거쳐 2006년에는 59곳까지 떨어졌다. 2016년부터 지난해까지는 70곳 미만 수준을 이어오고 있다.

다만 지난해 기준 업종별로는 희비가 엇갈린 모습이다. 해운 · 항공 · 육상물류 등 운송업의 평균 부채비율은 162.7%로 타 업종에 비해 상대적으로 높았다. 특히 아시아나 항공의 작년 말 부채비율은 2,200%를 넘어섰고 티웨이항공 1,495%, 에어부산 674%, 제주항공 578%로 다수의 항공사가 500%를 넘겼다.

다른 업종의 부채비율은 전기 · 가스업 142.1%, 건설 132.2%, 조선 · 항공우주업 122% 등이 높은 수준으로 나타났다. 이밖에 평균 부채비율이 100% 미만으로 집계된 업종에는 제약업 51.4%, 철강 · 금속 51.8%, 석유화학 58.1%, 자동차 60.9%, 정보 · 통신 72%, 식품 78.5%, 유통 87.2%, 기계 90.1% 등이 포함됐으며 가장 낮은 업종은 47.3%를 기록한 전자업으로 조사됐다.

〈투데이신문 2022. 7. 20〉

주요 용어

보통주(common stock)

주식회사가 출자의 증거로 주주에게 발행한 증권을 뜻하며, 보통주 주주는 그 기업의 실질적 주인으로서 상법과 해당기업의 정관이 정한 권리 · 의무의 주체가 된다.

사채(corporate bond)

주식회사가 일반투자자로부터 비교적 장기간에 필요한 거액의 자금을 집단적 · 공개적으로 조달하기 위하여 발행하는 채무증서로서, 계약에 따라 일정한 이자를 지급하고 만기에 원금을 상환하기로 약속한 것이다.

우선주(preferred stock)

배당 및 잔여재산분배에 있어서의 청구권리가 보통주에 우선하는 주식을 말한다.

MM의 무관련이론(법인세가 없는 경우)

- MM 명제 I : 기업의 가치는 자본구조와 무관하다.

$$V_U = V_L$$

- MM 명제 II : 자기자본비용 r_S는 부채비율(B/S_L)이 증가함에 따라 증가하여 상대적으로 저렴한 비용으로 사용할 수 있는 부채의 이점을 완전히 상쇄시킨다.

$$r_S = r_U + (r_U - r_B)\left(\frac{B}{S_L}\right)$$

차익거래이익(arbitrage profit)

자금을 추가로 투자하지 않고, 위험도 부담하지 않으면서 얻을 수 있는 이익을 의미한다.

MM의 수정이론(법인세가 있는 경우)

- MM 명제 I : 부채를 사용하는 기업의 가치 V_L은 부채를 전혀 사용하고 있지 않은 기업의 가치 V_U와 이자비용의 법인세 절감액의 현가 $T_C B$를 합한 것과 같다.

$$V_L = V_U + T_C B$$

- MM 명제 II : 자기자본비용 r_S는 부채비율(B/S_L)이 증가함에 따라 증가하나 상대적으로 저렴한 비용으로 사용할 수 있는 부채의 이점을 완전히 상쇄하지는 못한다.

$$r_S = r_U + (r_U - r_B)(1 - T_C)\left(\frac{B}{S_L}\right)$$

파산비용(bankruptcy costs)

부채를 과다하게 사용하는 기업이 부채의 원리금을 갚지 못해 파산하는 경우 발생하는 제반비용으로서 직접파산비용(파산이 선고된 기업의 청산과 재조직에 소요되는 법률비용과 관리비용 등)과 간접파산비용(주요 직원의 기업이탈, 정상가격 이하로 기업자산 매각, 매출액 감소 등에 의해서 간접적으로 기업이 입게 되는 기회비용)으로 구분된다.

파산비용과 기업가치

$$V_L = V_U + T_C B - PV(BC)$$

파산비용과 최적자본구조

이론적으로 부채사용으로 인한 한계이익(감세효과)과 한계비용(파산비용)이 같아지는 점에서 이루어진다.

대리인비용(agency costs)

주인과 대리인의 갈등, 즉 대리인문제로부터 발생하는 금전적 또는 비금전적 비용으로서 감시비용, 확증비용, 잔여손실로 분류된다.

지분의 대리인비용(agency cost of equity)

주인인 외부주주와 대리인인 소유경영자(내부주주) 사이의 갈등에 따라 발생하는 대리인비용을 의미한다.

부채의 대리인비용(agency cost of debt)

주인인 채권자와 대리인인 소유경영자(내부주주) 사이의 갈등에 따라 발생하는 대리인비용을 말한다.

대리인비용과 최적자본구조

부채의 대리인비용과 지분의 대리인비용의 합, 즉 총대리인비용이 최소가 되는 외부주식과 부채의 최적배합을 의미한다.

연습 문제

Ⅰ. 완성/선택형 문제

01 기업의 장기자본조달 방법으로는 보통주의 추가발행을 위한 유상증자나 사채 또는 우선주의 발행, 그리고 은행의 장기차입금, 리스 등의 (　　　　)을 이용하는 방법과, 순이익의 일부를 사내에 유보하여 적립된 잉여금 등의 (　　　　)을 이용하는 방법이 있다.

02 (　　　　)은 자금을 추가로 투자하지 않고, 위험도 부담하지 않으면서 얻을 수 있는 이익을 말한다.

03 법인세가 없는 완전자본시장에서 두 기업의 가치는 일시적으로 서로 다를 수 있지만, 투자자들의 (　　　　)을 통해서 결국 같아지게 된다.

04 법인세가 존재하는 경우 부채로 인한 (　　　　)를 얻을 수 있으므로 부채가 증가함에 따라 비례적으로 기업의 가치가 증가한다.

05 부채의 사용을 증가시킴에 따라 부채의 법인세 절감효과에 의해 기업의 가치가 (　　　　)하는 반면, 파산비용의 증가로 인하여 기업의 가치가 (　　　　)하고 동시에 대리인비용의 순효과(부채의 대리인비용의 증가로 인한 기업가치의 감소액에서 지분의 대리인비용의 감소로 인한 기업가치의 증가액을 차감한 것)만큼 기업의 가치는 (　　　　)할 수 있다.

06 주식과 사채를 비교한 것 중 잘못된 것은?

① 주식으로 조달된 자본은 자기자본에 속하고 사채로 조달된 자본은 타인자본에 귀속된다.

② 주식발행으로 조달된 자본은 영구자본이나, 사채발행으로 조달된 자본은 기한부 자본이다.

③ 주식은 경영참가권이 있으나, 사채는 경영참가권이 없다.

④ 보통주는 고정재무비용을 발생시키지 않으나, 사채는 고정재무비용을 발생시

킨다.

⑤ 투자자의 입장에서 볼 때 주식은 사채보다 투자위험이 더 작다.

07 우선주에 대한 다음의 설명 중 잘못된 것은?

① 우선주에 의해 조달된 자본은 법적으로 자기자본을 형성하나 실질적으로 타인자본과 거의 유사한 성격을 갖는다.

② 우선주가 사채와 다른 점은 우선주는 법적으로 자기자본을 형성하고, 약속된 배당률을 반드시 지급하지 않아도 법적인 책임을 부담하지 않으며, 이익배당 및 잔여재산분배 청구가 사채보다 후순위라는 것이다.

③ 사채의 이자와 마찬가지로 우선주의 배당도 감세효과가 있다.

④ 우선주는 일반적으로 의결권이 주어지지 않는 무의결권주이기 때문에 주주들이 경영권의 침해를 받지 않는다.

⑤ 일반적으로 우선주는 보통주와 마찬가지로 만기가 없는 영구자본으로서 기업의 재무구조를 건전하게 한다.

08 자본조달과 기업가치에 대한 다음의 설명 중 잘못된 것은?

① 효율적 자본시장하에서도 기업이 전환사채와 같은 복합증권(complex security)을 발행하여 새로운 가치를 창출할 수 있다.

② 자본조달수단에 따라 세금혜택이 달라지게 된다. 그러므로 기업은 세금을 최소화하는 자본조달수단을 선택함으로써 기업의 가치를 증가시킬 수 있다.

③ 발행비용 등을 최소화시키는 증권들로 자본을 조달함으로써 기업의 가치를 증가시킬 수 있다.

④ 새로운 증권의 창출에 의한 가치의 증가는 금융혁신에 앞장선 기업만이 얻을 수 있다.

⑤ 보조금을 제공하는 자본조달수단, 즉 특혜금융을 이용함으로써 기업의 가치를 증가시킬 수 있을 것이다.

09 MM의 무관련이론(1958년)에 대한 다음의 설명 중 거리가 먼 것은?

① 법인세가 없는 완전자본시장을 가정한다.

② MM 명제 I은 자본구조만 서로 다르고 경영위험과 영업이익이 동일한 두 기업의 가치는 동일하여야 한다는 것을 의미한다.

③ 기업이 자본구조를 변경함으로써 개별투자자는 보다 높은 투자성과를 얻을 수 있다.

④ MM의 명제 Ⅰ이 성립하려면 개인이 기업과 동일한 이자율로 부채를 차입할 수 있다는 전제가 필요하다.

⑤ 레버리지의 증가에 따라서 자기자본의 위험이 증가하며, 그것에 대한 보상으로 보다 높은 수익률을 요구하게 된다는 것이 MM의 명제 Ⅱ이다.

10 (주)청남의 가중평균자본비용(WACC)은 15%이며, 부채의 자본비용은 12%이다. 만약 (주)청남의 부채비율(부채/자기자본)이 1이라면, 이 회사의 자기자본비용은? (단, 법인세가 없다고 가정한다.)

① 15% ② 18% ③ 19%
④ 20% ⑤ 22%

11 MM의 수정이론(1963년)에 대한 다음의 설명 중 거리가 먼 것은?

① 법인세가 있는 경우 부채로 인한 이자비용의 세금절감효과를 얻을 수 있으므로 부채가 증가함에 따라 비례적으로 기업의 가치가 증가한다.

② MM 명제 Ⅰ에 의하면 부채를 사용하는 기업의 가치 V_L은 부채를 전혀 사용하고 있지 않은 기업의 가치 V_U와 이자비용의 법인세 절감액의 현가 T_CB를 합한 것과 같다.

③ MM 명제 Ⅱ에 의하면 부채비율이 증가하는 경우, 자기자본비용은 상대적으로 저렴한 부채의 이점을 완전히 상쇄할 정도로 증가하지는 않는다.

④ 부채비율이 증가함에 따라 가중평균자본비용(WACC)이 감소하여 기업의 가치는 증가하게 된다.

⑤ 법인세율이 인하될 경우 가중평균자본비용이 감소된다.

12 (주)청남의 가중평균자본비용(WACC)은 15%이며, 부채의 자본비용은 12%이다. 만약 (주)청남의 부채비율(부채/자기자본)이 1이라면, 이 회사의 자기자본비용은? (단, 법인세율은 40%이다.)

① 18.0% ② 20.4% ③ 21.1%
④ 22.8% ⑤ 23.2%

13 (주)서울은 현재 부채를 사용하지 않고 있으며, 자기자본의 가치는 20억원이다. (주)서울이 10억원의 부채를 발행하여 자사주를 재매입하는 경우 이 회사의 가치는? (단, 법인세율은 40%이다.)

① 22억원 ② 24억원 ③ 26억원
④ 28억원 ⑤ 30억원

14 무부채 기업인 (주)대한의 연간 기대영업이익은 3억원이며 자본비용은 15%이다. (주)대한은 10%의 이자율로 10억원의 부채를 조달하여 자본구조를 변경할 계획이다. MM의 기본명제(무관련이론)와 수정명제(법인세 고려)하에서 각각 추정된 (주)대한의 가중평균자본비용(WACC)들간의 차이($WACC_{기본명제} - WACC_{수정명제}$)는 얼마인가? (단, 법인세율은 40%이다.) (CPA 1차 2010)

① 0 ② 1.25% ③ 2.50%
④ 3.75% ⑤ 4.25%

15 무부채기업인 A기업의 자기자본은 10억원이다. A기업에서는 매년 0.7억원의 영구무성장 세후영업이익이 발생하며, 법인세율은 30%이다. A기업은 이자율 5%의 영구채 5억원 발행자금 전액으로 자사주 매입소각 방식의 자본구조 변경을 계획 중이다. MM수정이론(1963)을 가정할 때, 자본구조 변경에 따른 가중평균자본비용에 가장 가까운 것은? (단, 자본비용은 %기준으로 소수점 아래 셋째 자리에서 반올림한다.)

(CPA 1차 2021)

① 6% ② 8% ③ 10%
④ 12% ⑤ 14%

16 무부채기업인 (주)한라의 자기자본비용은 20%이다. (주)한라의 순영업이익(EBIT)은 매년 100억원으로 예상되고 있으며 법인세율은 40%이다. (주)한라는 이자율 10%로 차입금을 조달하여 자기주식을 매입소각하는 방법으로 자본구조 변경을 계획하고 있으며 목표자본구조는 부채의 시장가치가 기업가치의 30%가 되도록 하는 것이다. 법인세가 있는 MM이론이 성립된다는 가정하에서 가장 적절하지 않은 것은?

(CPA 1차 2012)

① 자본구조 변경 전에 가중평균자본비용은 20%이다.
② 자본구조 변경 후에 가중평균자본비용은 17.6%이다.
③ 조달해야 할 부채의 시장가치는 근사치로 238.63억원이다.
④ 자본구조 변경 전에 기업가치는 300억원이다.
⑤ 자본구조 변경 후에 자기자본비용은 근사치로 22.57%이다.

17 파산비용과 대리인비용에 대한 다음의 설명 중 거리가 먼 것은?

① 파산위험으로 인하여 기업의 가치가 감소한다.

② 파산비용의 정확한 측정은 아주 어려운 일이기 때문에 최적부채수준을 결정하는 정확한 공식을 도출할 수는 없다.

③ 기업의 부채가 증가할수록 부채의 대리인비용은 증가하고, 반대로 부채 대신에 외부주식의 비율이 증가하면 지분의 대리인비용이 증가한다.

④ 세금이 존재하지 않거나 파산비용이 아주 작은 사회에서도 대리인비용에 의해서 최적자본구조가 존재할 수 있다.

⑤ 최적자본구조는 이론적으로 부채사용으로 인한 한계이익과 한계비용이 같아지는 점에서 이루어진다.

18 노트북 액정 제조업체인 (주)테크는 부채를 운용하는 기업으로 주식베타는 1.56이다. 반면 (주)감마는 (주)테크와 자본구조 이외에 모든 것이 동일한 무부채기업이고 주식베타는 1.2이며 기업가치는 260억원이다. (주)테크가 운용하고 있는 부채의 가치는 얼마인가? (단, 법인세율은 40%이고, MM의 수정명제와 CAPM이 성립한다고 가정한다.)

(CPA 1차 2013)

① 100억원　　② 110억원　　③ 120억원

④ 130억원　　⑤ 140억원

19 무부채기업인 K사의 영업이익(EBIT)은 매년 12억원으로 기대된다. 현재 K사의 자기자본비용은 14%이고 법인세율은 30%이다. K사는 이자율 8%로 부채를 조달하여 자사주 일부를 매입소각할 예정이다. K사는 시장가치 기준으로 자기자본이 부채의 2배가 되는 자본구조를 목표로 삼고 있다. 법인세가 있는 MM이론이 성립된다고 가정한다. 다음 설명 중 적절한 항목만으로 구성된 것은? (단, 아래의 계산값에서 금액은 억원 기준으로 소수 둘째자리까지(예를 들면, 10.567억원→10.56억원), 자본비용은 %기준으로 소수 둘째자리까지 제시된 것이다.)

(CPA 1차 2014)

a. 자본구조 변경에 필요한 부채(시장가치)는 30.88억원이다.
b. 자본구조 변경 후 자기자본비용은 16.10%이다.
c. 자본구조 변경 후 가중평균자본비용(WACC)은 11.22%이다.
d. 자본구조 변경에 의한 기업가치의 증가액은 6.66억원이다.

① a　　② a, b　　③ a, c

④ b, c　　⑤ b, d

20 무부채기업인 ㈜백제의 발행주식수는 10,000주이며 자기자본가치는 5억원이다. 이 기업은 이자율 10%로 영구사채 3억원을 발행하여 전액 자기주식을 매입소각하는 방법으로 자본구조를 변경하고자 한다. ㈜백제의 기대영업이익은 매년 1억원으로 영구히 지속되며, 법인세율은 40%이다. 시장은 준강형 효율적이고 MM의 수정이론(1963)이 성립한다고 가정할 때 다음 중 가장 적절하지 않은 것은? 단, 자본비용은 % 기준으로 소수점 셋째 자리에서 반올림한다. (CPA 1차 2017)

① 자본구조 변경 전 자기자본비용은 12%이다.

② 채권발행에 대한 공시 직후 부채의 법인세효과로 인하여 주가는 24% 상승할 것이다.

③ 채권발행 공시 직후의 주가로 자사주를 매입한다면, 채권발행에 따라 매입할 수 있는 자기주식 수는 근사치로 4,839주이다.

④ 자본구조 변경 후 자기자본비용은 13.13%이다.

⑤ 자본구조 변경 후 가중평균자본비용은 8.33%이다.

21 A기업은 자동차부품 사업에 진출하는 신규투자안을 검토하고 있다. 신규투자안과 동일한 사업을 하고 있는 B기업은 주식베타가 1.5이며 타인자본을 사용하지 않는다. A기업은 신규투자안에 대해서 목표부채비율(B/S)을 100%로 설정하였다. 필요한 차입금은 10%인 무위험이자율로 조달할 수 있으며 법인세율은 40%, 시장포트폴리오의 기대수익률은 15%이다. A기업이 신규투자안의 순현가를 구하기 위해 사용해야 할 할인율은 얼마인가? (CPA 1차 2015)

① 10% ② 12% ③ 14%

④ 18% ⑤ 22%

22 D기업의 자본구조는 부채 20%와 자기자본 80%로 구성되어 있다. 이 기업의 최고경영진은 부채를 추가로 조달하여 자사주매입 후 소각을 통해 부채비율(부채/자기자본)을 100%로 조정하고자 한다. 현재 무위험수익률은 3%이고, D기업 보통주의 베타는 2.3이며 법인세율은 40%이다. 부채를 추가로 조달한 후의 베타에 가장 가까운 것은? (단, CAPM 및 MM의 수정이론(1963)이 성립하고, 부채비용은 무위험수익률과 동일하다고 가정한다.) (CPA 1차 2020)

① 3.05 ② 3.10 ③ 3.15

④ 3.20 ⑤ 3.25

23 무위험부채를 보유한 A기업의 현재 법인세율은 30%이고 주식베타는 2.0이다. A기업과 부채비율 이외의 모든 것이 동일한 무부채 기업인 B기업의 베타는 1.0, 기업가치는 50억원, 법인세율은 30%이다. CAPM과 MM수정이론(1963)을 가정할 때, A기업의 이자비용 절세효과(interest tax shield effect)의 현재가치(PV)에 가장 가까운 것은? (단, 금액은 억원 단위로 표시하고, 소수점 아래 셋째 자리에서 반올림한다.)

(CPA 1차 2021)

① 2.71억원 ② 4.71억원 ③ 6.71억원
④ 8.71억원 ⑤ 10.71억원

Ⅱ. 서술/계산형 문제

01 기업이 자금조달결정에 의해 새로운 가치를 창출할 수 있는 방법에 대해 설명하라.

02 기업의 입장에서 우선주의 장 · 단점을 설명하라.

03 MM의 명제 Ⅰ, Ⅱ를 법인세가 없는 경우와 있는 경우로 구분하여 설명하라.

04 기업가치와 파산비용, 대리인비용의 관계에 대해서 설명하라.

05 **| MM의 무관련이론(1958): 법인세가 없는 경우 |**

바다식품(주)는 수산물을 가공하는 새로운 공장의 건설을 계획하고 있다. 이 회사는 전통적으로 모든 이익을 주주에게 배당하고, 투자에 소요되는 자금을 보통주의 신규 발행에 의해서 조달해 왔다. 현재 발행된 부채 또는 우선주는 없다. 기업과 새로운 공장에 대한 자료는 다음과 같다. 모든 이익은 일정하게 영구적으로 발생된다.

(기업자료)
- 현재의 연간이익: 25억원
- 발행주식수: 100만주

(새로운 공장)
- 최초의 투자지출액: 20억원
- 추가적인 연간이익: 5억원

경영자는 새로운 공장과 기업의 위험이 동일하다고 생각한다. 현재의 자기자본에 대한 요구수익률은 10%이다. 법인세가 없는 완전자본시장을 가정하여 다음의 물음에 답하라.

(1) 새로운 공장에 대한 자금을 조달하기 위하여 보통주를 발행한다면, 바다식품(주)의 총시장가치는 얼마인가?

(2) 이자율 8%로 영구채 20억원을 발행하여 새로운 공장에 대한 자금을 조달하였다.

① 바다식품(주)의 총시장가치는 얼마인가?

② 자기자본의 요구수익률은 얼마인가?

06 | MM의 수정이론(1963): 법인세가 있는 경우 |

부채비율(부채/자기자본)이 200%인 (주)서울의 자기자본비용은 18%이다. 그리고 부채에 대한 이자율은 10%이다. 법인세율이 40%일 경우 다음의 물음에 답하라. (단, 시장의 기대수익률은 12%, 무위험이자율은 8%이다.)

(1) 이 회사의 가중평균자본비용을 구하라.

(2) 이 회사가 주식을 발행하여 현재의 부채를 전액상환할 경우의 자기자본비용과 베타를 구하라.

07 | MM의 수정이론(1963): 법인세가 있는 경우 |

(주)청운은 현재 부채를 사용하지 않고 있으며, 현재가치는 50억원, 자본비용은 15%이다. 이 회사는 부채비율(부채/자기자본)을 1.0으로 변경하려고 한다. 부채에 대한 이자율은 10%, 법인세율은 40%일 경우 다음의 물음에 답하라.

(1) 부채비율을 1.0으로 변경할 경우 이 회사의 자기자본비용과 가중평균자본비용은?

(2) 부채비율을 1.0으로 변경하려면 이 회사가 부채로 조달해야 하는 자금은?

08 | MM 수정이론 | (보험계리사 2차 2014)

㈜동해테크는 자기자본만으로 운영하는 기업인데, 매년 10억원의 영업이익을 창출할 것으로 기대한다. 이 회사는 자본구조를 바꾸기 위하여 25억원의 부채를 연간 15%의 이자율로 조달하여 주식의 일부를 재매입하고자 한다. 이 기업의 자본구조 변경 전의 자기자본비용은 20%이고 법인세율은 40%이다. 법인세를 고려한 MM 이론(1963년)을 이용하여 다음 물음에 답하라.

(1) 자본구조 변경 전과 후의 기업가치를 각각 구하라.

(2) 자본구조 변경 후의 자기자본비용과 가중평균자본비용(WACC)을 각각 구하라.

(3) 만약 ㈜동해테크의 목표 가중평균자본비용이 14%이었다면, 새로운 부채비율(= 부채/자기자본)은 얼마이었어야 하는지 답하라. 단, 부채조달이자율은 앞서 가정한 15%로 동일하다.

09 | CAPM과 MM이론의 결합 | (CPA 1차 2023 수정)

무부채기업인 ㈜한성의 베타는 2이고, 자기자본비용은 20%이며, 시장가치는 200억원이다. 이 기업은 50억원을 무위험이자율 5%로 차입하여 전액 자기주식을 매입소각하는 방법으로 자본구조를 변경하고자 한다. 법인세율은 40%이며, 부채의 베타는 0이다. MM의 수정이론(1963)과 CAPM이 성립한다고 가정하여 다음 물음에 답하라.

(1) 자본구조 변경 후 ㈜한성의 주식베타와 기업베타는 각각 얼마인가?

(2) 자본구조 변경 후 ㈜한성의 가중평균자본비용(WACC)은 얼마인가?

10 | 법인세 절감효과, 파산비용 등 |

(주)청산은 현재 부채를 사용하지 않고 있으며, 기업가치는 100억원이다. 이 회사는 사채를 발행하여 자사주를 매입하는 경우 기업가치는 105억원이며, 파산비용의 현재가치는 2억원으로 추정된다. (주)청산이 부채를 발행하여 자사주를 매입할 경우, 부채사용으로 인한 법인세 절감액의 현재가치는?

MM의 무관련이론(1958): 재무레버리지와 기업가치

보론1

재무레버리지와 기업가치의 관계를 보다 정확하게 살펴보기 위해서 다음과 같은 예를 생각해 보자. 현재 부채를 사용하고 있지 않은 태양(주)은 사채를 발행하여 자사의 주식 중 일부를 매입하는 것을 고려하고 있다. 이 기업의 현재(자본구조 변경 전)와 가상(자본구조 변경 후)의 자본구조는 〈표 7A-1〉과 같다.

그리고 기업의 현재 자본구조와 가상 자본구조하에서 발생가능한 상황(여기서는 불황, 기대되는 상황, 호황의 세 가지 상황이며, 각 상황의 발생확률은 모두 동일하다고 가정함)에 따라 주당순이익(earning per share: EPS)을 계산하면 〈표 7A-2〉와 같다. 이 표에서 재무레버리지의 효과는 기업의 영업이익(net operating income: NOI)에 따라 달라진다.[22] 영업이익이 6,000만원이라면, 자기자본순이익률(return on equity: ROE)은 가상의 자본구조하에서 더 높게 나타난다. 그러나 영업이익이 2,000만원이라면, 자기자본순이익률은 현재의 자본구조하에서 더 높다.

영업이익과 주당순이익의 관계를 그림으로 나타내면 [그림 7A-1]과 같다. 이 그림에서 주당순이익을 동일하게 하는 영업이익수준을 나타내는 점, 즉 자본조달분기점은 영업이익이 4,000만원인 점이다.[23] 영업이익이 4,000만원인 경우 현재 및

표 7A-1 태양(주)의 자본구조

	현재(자본구조 변경 전)	가상(자본구조 변경 후)
지산	40,000만원	40,000만원
부채	0	20,000만원
자기자본	40,000만원	20,000만원
이자율	10%	10%
주가	20,000원	20,000원
발행주식수	20,000주	10,000주

22 본서에서는 영업이익(NOI)과 이자비용 및 법인세비용차감전순이익(EBIT)을 동일한 것으로 보고 두 용어를 구분 없이 사용한다.

23 자본조달분기점(현재의 EPS = 가상의 EPS)은 다음과 같이 구할 수 있다.

$$\frac{NOI-0}{20{,}000\text{주}} = \frac{NOI-2{,}000\text{만원}}{10{,}000\text{주}} \rightarrow NOI = 4{,}000\text{만원}$$

표 7A-2

자본구조와 주당순이익의 변화

(a) 현재의 자본구조(부채=0)

	불　황	기　대	호　황
영업이익률*	5%	15%	25%
영업이익	2,000만원	6,000만원	10,000만원
이자비용	0	0	0
순이익	2,000만원	6,000만원	10,000만원
자기자본순이익률**	5%	15%	25%
주당순이익(EPS)	1,000원	3,000원	5,000원

(b) 가상의 자본구조(부채=20,000만원)

	불　황	기　대	호　황
영업이익률*	5%	15%	25%
영업이익	2,000만원	6,000만원	10,000만원
이자비용	2,000만원	2,000만원	2,000만원
순이익	0	4,000만원	8,000만원
자기자본순이익률**	0	20%	40%
주당순이익(EPS)	0	4,000원	8,000원

*) 영업이익률 $= \frac{\text{영업이익}}{\text{총자산가치}}$,

**) 자기자본순이익률 $= \frac{\text{순이익}}{\text{자기자본가치}}$

그림 7A-1

재무레버리지에 따른 영업이익과 주당순이익의 관계

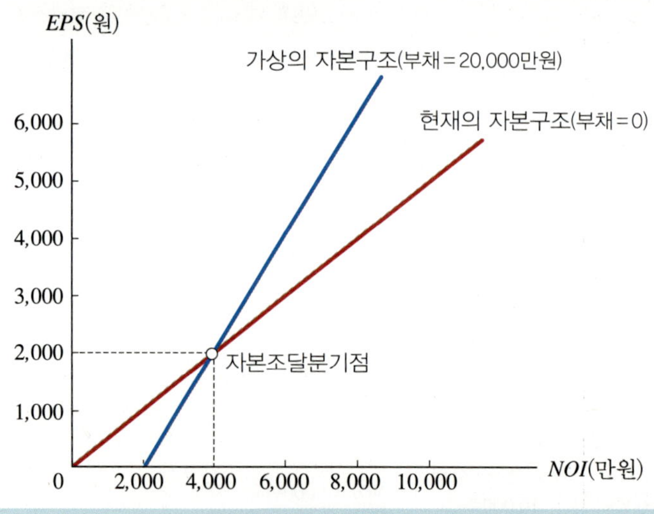

가상 자본구조하의 주당순이익은 모두 2,000원으로 동일하다. 영업이익이 4,000만원보다 높을 경우 주당순이익은 부채를 사용하는 가상의 자본구조하에서 보다 높게 나타난다. 영업이익이 4,000만원보다 낮을 경우 주당순이익은 부채를 사용하지 않은 현재의 자본구조하에서 보다 높게 나타난다.

비록 기대되는 영업이익이 6,000만원이라 하더라도 가상의 자본구조하에서 주주의 부가 더 높아진다고는 볼 수 없다. 왜냐하면 태양(주)의 주주들이 개인계좌(personal account)로 차입함으로써 기업의 레버리지를 복제(replication)할 수 있기 때문이다. 예를 들어 투자자가 가상의 자본구조하에서 태양(주)의 주식 100주를 매입하는 경우와 현재의 자본구조하에서 태양(주)의 주식 200주를 매입하고 동시에 200만원을 이자율 10%로 차입하는 경우를 생각해 보자. 투자자의 각 경우에 대한 투자액과 연간 수익을 계산하면 〈표 7A-3〉과 같다.

〈표 7A-3〉에서 볼 수 있는 바와 같이 두 경우의 투자액과 연간 수익은 정확하게 일치한다. 즉 기업이 자본구조를 변경하지 않는 경우에도 개별투자자가 **자신의 레버리지**(homemade leverage)를 취함으로써 자본구조를 변경한 기업에 투자하는 것과 동일한 투자성과를 얻을 수 있다. 결론적으로 기업이 자본구조를 변경한다 하더라도 주주의 부 또는 기업의 가치는 변하지 않는다는 MM의 명제 I이 성립함을 알 수 있다. 그러나 MM의 명제 I이 성립하려면 개인이 기업과 동일한 이자율로 부채를 차입할 수 있다는 전제가 필요함을 유의하여야 한다.

자신의 레버리지
기업의 레버리지를 복제하기 위하여 주주들이 개인계좌로 차입하여 레버리지를 취하는 것을 의미한다.

앞의 〈표 7A-2〉에서 부채를 사용하지 않는 현재의 자본구조하에서는 자기자본순이익률이 5%에서 25% 사이로 변하는 반면에, 부채를 사용하는 경우 자기자본

표 7A-3 **투자자의 투자액과 연간 수익**

(a) 가상의 자본구조하에서 투자하는 경우

	투자액	연간 수익		
		불 황	기 대	호 황
100주 매입	200만원	0	400,000원	800,000원

(b) 현재의 자본구조하에서 투자하는 경우

	투자액	연간 수익		
		불 황	기 대	호 황
200주 매입	400만원	200,000원	600,000원	1,000,000원
200만원 차입	−200만원	−200,000원	−200,000원	−200,000원
합 계	200만원	0	400,000원	800,000원

순이익률은 0%에서 40% 사이로 변한다. 이는 부채를 사용함으로써 증가된 레버리지로 인하여 자기자본의 위험이 증가함을 의미한다. 다시 말하면 [그림 7A-1]에서 부채를 사용하는 가상의 자본구조하에서 직선의 기울기가 더 크게 나타난다는 것이다. 그러므로 사채를 발행하여 자사주를 매입함으로써 자기자본에 대한 기대수익률은 15%에서 20%로 5%포인트 증가하지만, 이것은 레버리지의 증가로 인하여 증가된 자기자본의 위험에 대한 보상이라 할 수 있다. 레버리지의 증가에 따라서 자기자본의 위험이 증가하며, 그것에 대한 보상으로 보다 높은 수익률을 요구하게 된다는 것이 MM의 명제Ⅱ이다. 〈표 7A-2〉에서 부채를 사용하지 않을 경우 시장에서 요구하는 자기자본의 기대수익률(요구수익률)은 15%이지만, 부채를 사용하는 경우 시장에서 요구하는 자기자본의 기대수익률은 20%가 된다는 것이다.[24]

24 태양(주)이 사채를 20,000만원 발행하여 자사주를 매입하는 경우에 이 회사의 자기자본비용은 다음과 같이 20%가 됨을 확인할 수 있다.

$$r_S = r_U + (r_U - r_B)\left(\frac{B}{S_L}\right) = 0.15 + (0.15 - 0.10)\left(\frac{20{,}000}{20{,}000}\right) = 0.20$$

정보의 비대칭과 자본구조

보론 2

일반적으로 경영자는 일반투자자보다 기업내용에 관해 우월한 정보를 가지고 있으며, 이를 정보의 비대칭(information asymmetry)이라 한다. 이는 경영자들이 일반투자자들에게 알려지지 않은 정보, 즉 내부정보(inside information)를 가지고 있음을 의미한다. 정보 비대칭하에서의 자본구조이론으로는 로스(S. A. Ross)의 신호이론(signaling approach)과 마이어즈와 마즐루프(S. C. Myers and N. S. Majluf)의 자본조달순위이론(pecking order theory) 등이 있다.

1. 신호이론

먼저 신호이론이 성립하기 위해서는 다음과 같은 전제조건이 필요하다. 첫째, 경영자의 보수는 기업가치에 의존한다. 둘째, 경영자가 잘못된 신호를 보낸 경우 충분한 벌금이 부과된다. 따라서 경영자들이 항상 올바른 신호를 사용할 것이라고 가정한다. 이와 같은 가정하에서 로스는 기업의 자본조달정책이 그 기업의 미래성과(현금흐름)에 대한 정보를 일반투자자에게 전달하는 신호로 사용될 수 있다고 주장하였다.[25]

신호이론에 의하면, 기업가치는 기업의 미래성과에 대한 자본시장에서의 기대에 의해서 결정되는데, 기업의 자본조달정책은 그 기대를 바꿀 수 있는 하나의 수단이 된다. 일반적으로 경영자가 기업의 미래성과에 대한 좋은 정보를 가지고 있는 경우 기존 주주의 부를 보호하기 위해 가능한 한 많은 부채를 사용하는 반면, 경영자가 기업의 미래성과에 대한 좋지 않은 정보를 가지고 있는 경우 부채의 원리금을 변제하지 못함으로써 발생될 수 있는 파산가능성을 줄이기 위해 부채보다 주식발행을 선호하는 경향이 있다. 따라서 기업이 부채를 증가시킬 경우 투자자들은 이를 기업의 미래성과에 대한 좋은 신호로 받아들여 주가가 상승하는 반면, 기업이 부채를 감소시킬 경우 투자자들은 이를 기업의 미래성과에 대한 좋지 않은 신호로 받아들여 주가가 하락하게 된다. 한편 경영자들은 기업가치를 극대화함으로써 자신의 보상을 증가시킬 수 있다. 그러므로 경영자들이 기업의 미래성과에 대한 좋지 않

25 S. A. Ross, "The Determination of Financial Structure : The Incentive Signalling Approach," *Bell Journal of Economics*, Vol. 8(Spring 1977), pp. 23~40.

은 정보를 가지고 있는 경우에도 자신의 보상을 극대화시키기 위해서 부채를 증가시키려는 유인이 발생될 수 있을 것이다. 그러나 잘못된 신호에 대해서는 그 보상이상의 벌금이 부과된다면, 경영자가 투자자를 속여 자신의 보수를 증가시킬 수는 없다. 즉 경영자가 가지고 있는 정보의 내용과 신호는 항상 일치하기 때문에 자본구조와 같은 신호수단을 통하여 불량기업과 우량기업을 구별할 수 있는 신호균형(signaling equilibrium)이 달성될 수 있다.

이상에서 설명한 바와 같이 신호이론에 따르면 부채의 증가는 기업의 미래성과에 대한 시장의 긍정적 인식을 증가시켜 기업가치를 상승시킨다. 반면에 부채를 늘릴 경우 파산위험의 증가로 인하여 자본비용이 상승하게 되는데 이는 기업가치에 부정적인 영향을 미친다. 결국 최적의 자본구조는 시장의 긍정적 인식에 의한 기업가치 증가분과 자본비용 상승에 따른 기업가치의 감소분이 일치하는 수준에서 결정된다.

2. 자본조달순위이론

마이어즈와 마즐루프는 정보 비대칭이 존재하는 경우 기업은 투자소요자금을 유보이익, 부채, 우선주, 보통주 순으로 조달한다고 주장하였다.[26] 이들 주장에 따르면, 기업이 좋은 투자기회를 가지고 있으나 투자자들이 그 정보를 모르고 있다면, 그 정보는 현재 주가에 반영되지 않는다. 따라서 경영자들은 투자소요자금을 조달할 때 기본적으로 내부금융(유보이익)을 외부금융보다 더 선호하게 된다. 왜냐하면 외부금융의 경우 발행비용이 소요될 뿐만 아니라 투자에 따른 성과(정(+)의 NPV)의 일부가 외부(신규 주주 등)로 유출될 수 있기 때문이다. 이와 동일한 이유로 내부자금이 부족하여 외부금융에 의존해야 할 경우에도 주식보다는 부채를, 보통주보다는 우선주를 더 선호하게 된다. 자본조달순위이론에 의해 최적자본구조가 무엇인지에 대한 결론을 내리기는 어렵다. 그 이유는 두 종류의 자기자본, 즉 내부자본과 외부자본 중 전자는 자본조달순위의 가장 위에 있고, 후자는 가장 밑에 있기 때문이다. 자본조달순위이론은 수익성이 높은 기업들의 부채비율이 왜 낮은지를 설명할 수 있다. 이는 그들이 낮은 목표부채비율을 갖고 있기 때문이 아니라 외부자금이 필요하지 않기 때문이다. 그러나 수익성이 낮은 기업은 투자에 필요한 내부자금을 충분히 갖고 있지 않기 때문에 외부자금조달수단 중 우선순위가 가장 높은 부

26 S. C. Myers and N. S. Majluf, "Corporate Financing and Investment Decisions When Firms Have Information That Investors Do Not Have," *Journal of Financial Economics*, Vol. 13(June 1984), pp. 187~221.

채를 발행하여 자금을 조달한다.

이와 같은 자본조달순위이론에 의하면, 기업은 부채수용능력이 한계에 이르렀거나 신주의 발행가격이 내재가치보다 큰 경우가 아니면 신주발행에 의해 자금을 조달하지 않게 된다. 그러므로 기업의 자본조달원천이 기업의 내부정보를 전달하는 신호로서의 역할을 하게 됨을 알 수 있다.

3. 행동재무와 자본구조

베이커와 워글러(M. Baker and J. Wurgler)는 행동재무학에서 가정하는 투자자의 비합리성을 전제로 마켓타이밍이론(market timing theory)을 제시하였다.[27] 마켓타이밍이론에 의하면, 비합리적인 투자자들로 인하여 주식의 시장가격과 내재가격 간에 괴리가 존재할 경우 경영자는 주가가 높을 때 발행비용이 상대적으로 낮은 주식을 발행하며, 주가가 낮을 때 자사주 매입 및 부채발행을 선택한다. 이 이론은 시장이 비효율적이라는 가정을 하지 않는 반면 일반적으로 경영자들은 주가의 과대 혹은 과소평가 여부를 파악할 수 있고 적시에 재무정책을 펼칠 수 있음을 믿는다고 가정한다. 베이커와 워글러는 시장가 대비 장부가 비율이 높을수록 레버리지가 낮아지는 현상을 자본조달 시 경영자에 의한 마켓타이밍의 증거로 제시하였다.

27 M. Baker and J. Wurgler, "Market Timing and Capital Structure," *Journal of Finance*, Vol. 57(Feb. 2002), pp. 1~32.

제8장

배당정책

1. 현금배당과 배당의 지급절차
2. 배당과 기업가치
3. 배당정책의 실제
4. 배당의 특수형태

주주가 높은 배당을 지급하는 기업을 선호할 수 있다. 그러나 기업이 단순히 배당을 늘린다고 해서 주주 부(주식가치)가 증가될 수 있을까?

Chapter

08 Dividend Policy

제8장의 개요

기업이 주주에게 배당을 얼마나 지급하여야 하는가에 관한 문제는 경영자의 주요한 관심사 중 하나이다. 주주들은 직접 또는 간접적으로 기업이 창출한 이익의 분배를 기대하면서 기업에게 자본을 제공한다. 기업이 이익 중 일부를 배당의 형태로서 지급할 때 주주들은 직접적인 이득을 취할 수 있다. 그러나 기업이 새로운 성장기회를 얻기 위하여 배당을 지급하는 대신 이익을 유보시킨다면, 주주들은 주가상승을 통하여 간접적인 이득을 기대할 수 있을 것이다. 즉 주주의 부는 배당 또는 자본이득을 통하여 증가될 수 있다. 이 경우 주주들이 어느 방법을 통한 이득을 더 선호하느냐, 즉 배당 또는 자본이득 중 어느 것을 더 선호하느냐가 배당정책의 핵심이라 할 수 있다.

배당정책(dividend policy)이란 기업이 벌어들인 순이익을 기업의 소유주인 주주들에게 지급하는 배당과 미래의 투자기회에 대처하기 위하여 사내에 적립하는 이익잉여금 또는 유보이익(retained earnings)으로 구분하는 의사결정을 의미한다. 배당정책도 다른 재무의사결정과 마찬가지로 기업가치 또는 주주의 부를 극대화시킬 수 있는 차원에서 이루어져야 한다. 이를 위하여 본장에서는 배당정책이 기업가치에 어떠한 영향을 미치는지에 관하여 자세히 살펴보고자 한다.

01 현금배당과 배당의 지급절차

일반적으로 배당이란 주식회사가 주주에게 기업의 순이익을 배분하기 위하여 지급하는 현금을 의미한다.[1]

1.1 현금배당의 유형

현금배당(cash dividend)은 지급방법에 따라 정규현금배당, 추가현금배당, 특별현금배당 등으로 분류된다.

정규현금배당

정규현금배당
매년 정기주주총회의 의결을 거쳐 정기적으로 지급되는 배당으로서 기업의 일시적인 경영성과와 관계없이 일정하게 지급되는 경향이 있다.

정규현금배당(regular cash dividend)은 매년 정기주주총회의 결의를 거쳐 정기적으로 지급되는 배당을 말한다. 일반적으로 정규현금배당은 기업의 일시적인 경영성과와 관계없이 일정하게 지급되는 경향이 있다. 대부분의 기업에서는 순이익이 일시적으로 증가하거나 감소하더라도 안정적인 배당을 위하여 매년 일정한 배당을 지급하고 있다. 특히 경영자들은 장기적으로 기업전망이 호전되어 적어도 배당압박에 대한 우려가 없다는 확신이 있을 때만 정규현금배당을 증가시킬 것이다.

추가현금배당

추가현금배당
경영자가 장기적으로 기업전망이 개선될 것이라고 확신할 수는 없지만, 일시적으로 많은 이익을 얻을 경우에 정규현금배당 이외에 추가적으로 지급되는 현금배당을 의미한다.

추가현금배당(extra cash dividend)은 경영자가 장기적으로 기업전망이 개선될 것이라고 확신할 수는 없지만, 일시적으로 많은 이익을 얻을 경우 정규현금배당 이외에 추가적으로 지급되는 현금배당을 의미한다. 따라서 추가현금배당은 순이익의 증가가 지속적으로 실현될 경우에는 계속 지급될 수 있으나, 순이익의 증가가 일시적일 때는 그 지급이 중단될 수 있다.

---

1 배당은 대부분 현금을 지급하는 형태로 이루어지나 기업의 사정에 따라 주식배당, 자사주 매입, 주식분할 등 특수한 형태를 취하는 경우가 있다. 이에 대해서는 본장의 제4절에서 자세히 설명할 것이다.

재무 산책

배당의 척도

기업이 얼마나 배당하고 있는가를 나타내는 척도로는 다음과 같은 여러 가지가 사용되고 있다.

- 주당배당금(dividend per share): 주식 1주에 대한 현금배당액

$$주당배당금 = \frac{총배당액}{총발행주식수}$$

- 배당수익률(dividend yield): 주식의 시장가치에 대한 배당액의 비율

$$배당수익률 = \frac{주당배당금}{주가}$$

- 배당률(dividend ratio): 주식의 액면가치에 대한 배당액의 비율

$$배당률 = \frac{주당배당금}{액면가}$$

- 배당성향(dividend payout): 기업의 순이익 중 주주에게 배당으로 지급된 금액 비율

$$배당성향 = \frac{주당배당금}{주당순이익} = 1 - 유보비율$$

특별현금배당

특별현금배당(special cash dividend)은 1회용 보너스의 형태로 지급되는 현금배당으로서 정상적인 배당지급시기 이외의 시기에 임시주주총회의 결의를 거쳐 지급되는 배당이다. 따라서 특별현금배당은 반복적으로 지급되지 않는 경향이 있다.

특별현금배당
1회용 보너스의 형태로 지급되는 현금배당으로서 정상적인 배당지급시기 이외의 시기에 임시주주총회의 결의를 거쳐 지급되는 배당이다

1.2 현금배당의 지급절차

우리나라의 상법에 따르면 결산기말에 실시하는 연말배당의 지급에 관한 사항은 원칙적으로 매회계연도 종료일로부터 3개월 내에 열리는 주주총회에서 결의하도록 규정하고 있다.[2] 배당지급에 관한 사항은 주당배당금, 배당기준일, 배당지급일 등을 포함한다. 우리나라에서 실시되는 일반적인 연말배당과 달리 미국의 경우 이

2 상법 제449조의2 제1항에 따라 재무제표를 이사회가 승인하는 경우에는 이사회의 결의로 연말배당을 정한다.

삼성전자 2023년 3월 정기주주총회 모습.
자료: 삼성뉴스룸 (https://news.samsung.com)

배당기준일
배당을 지급받을 주주를 확정시키기 위하여 주주명부를 폐쇄시키는 날, 즉 주식의 명의개서가 가능한 마지막 날이다.

배당락일
배당금에 대한 권리가 상실되는 날을 의미하며, 배당락일 이후에 주식을 매입하는 경우 배당을 받을 수 없다.

사회의 결정에 의해 배당이 지급된다.

일반적인 연말배당을 대상으로 한 우리나라와 미국의 배당지급절차는 다소 상이하며, 양국의 지급절차를 단계별로 비교하여 정리하면 [그림 8-1]과 같다. 이 그림에서 **배당기준일**(record date)은 배당을 지급받을 주주를 확정시키기 위하여 주주명부를 폐쇄시키는 날을 말한다. 따라서 배당기준일은 주식의 명의개서가 가능한 마지막 날이다. 12월 말 결산법인의 경우에는 당해사업연도의 마지막 날인 12월 31일이 배당기준일이다. 그리고 **배당락일**(ex-dividend date)은 배당금에 대한 권리가 상실되는 날을 의미하며, 배당락일 이후에 주식을 매입하는 경우 배당을 받을 수 없

그림 8-1
한국과 미국의 배당지급절차 비교

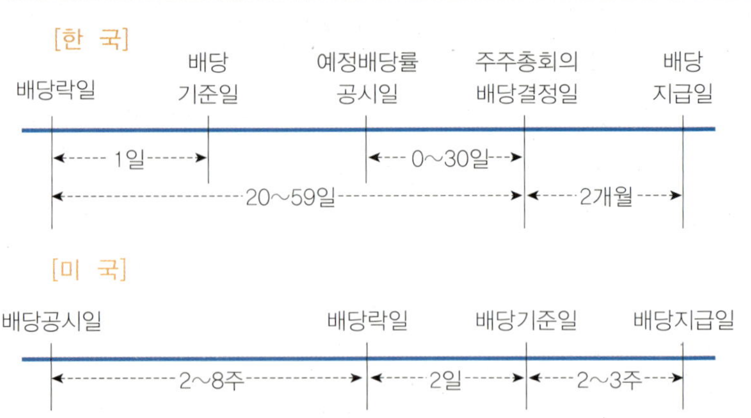

다. 일반적으로 배당락일은 배당기준일 이전에 발생되는데, 그 이유는 투자자가 주식을 매입한 후 그 결제가 완료되거나 그 주식의 소유권이전을 회사에 통고하기까지는 일정한 시간이 소요되기 때문이다. 우리나라의 경우에는 거래체결일을 포함하여 거래체결일로부터 3일째 되는 날에 결제가 이루어지므로 배당락일이 배당기준일 1일 전인 경우가 많다. 예를 들어 6월 30일 결산법인의 경우 배당락일은 6월 29일이다. 그러나 12월 말 결산법인의 경우는 증권시장이 연말에 거래일기준으로 1일간 휴장되어 결제가 허용되지 않기 때문에 배당락일은 12월 마지막 거래일의 하루 전날이 된다. 이와 같은 배당락조치는 배당을 받을 수 있는 주주를 확정시키기 위하여 한국거래소(Korea Exchange: KRX)에서 이루어지는 시장조치로서 배당락일에 형성되는 주가를 배당락주가라고 한다. 우리나라에서는 결산기가 지난 후 지급되는 정기배당(연말배당) 외에 영업연도 중 1회에 한하여 이사회 결의에 의해 정관에 정해진 날(배당기준일로 통상 반기결산일)에 현금으로 중간배당(반기배당)을 할 수 있도록 하고 있다. 또한 배당 활성화를 유도하기 위하여 2004년 4월부터 분기배당제도가 도입됨으로써 상장법인은 연말배당을 포함하여 1년에 최고 네 차례의 배당을 실시할 수 있게 되었다.

우리나라의 배당지급제도는 다음과 같은 몇 가지 문제점을 가지고 있다.

첫째, 미국에서는 배당금이 기업의 재무정책의 일환으로서 수시로(통상적으로 매분기마다, 즉 1년에 4번) 지급되고, 결산서류의 확정 및 이익배당결정권이 주주총회가 아닌 이사회에 부여되고 있다. 이는 회사경영 전반에 정통한 이사들이 이익배당을 정하는 것이 합리적이라는 데 근거를 두고 있다. 우리나라에서는 주주의 이익을 보호한다는 취지에서 연말배당의 결정권을 원칙적으로 주주총회에 부여하고 있다. 하지만 이 경우 배당정책이 기업의 계속적인 성장을 위한 장기계획에 의거하여 실시되기보다는 주주들의 현금요구를 만족시키는 수준에서 근시안적으로 결정되기 쉽다는 문제점이 있다.

둘째, 우리나라에서 실시되는 일반적인 연말배당의 경우 결산기 이후에 개최되는 주주총회에서 배당결의가 이루어지기 때문에 배당금이 확정되기 전에 배당락이 일어난다는 모순이 발생한다. 미국에서는 이사회의 결의로 배당금의 수준과 배당기준일이 정해지고 이에 의거하여 배당락가격이 형성되는 데 반하여, 우리나라에서는 배당금이 확정되지 않은 상태에서 배당락가격이 형성된다. 이 경우 배당락은 투자자들의 배당금에 대한 기대를 근거로 이루어지기 때문에 공정하고 정확한 배당락주가의 형성이 어렵고, 따라서 구주주와 신주주 사이에 이해상충의 가능성이 존재할 수 있다. 예를 들어 당초의 기대보다 더 높은 배당금이 지급된다면, 배당금에 대한 권리를 보유하고 있는 기존주주들은 배당락 이후에 주식을 매입한 신주주들의 희생하에 부당이득을 취할 수 있게 된다.

재무 산책

중간배당, 분기배당, 현물배당

중간배당

기업이 영업연도 중간에 실시하는 배당을 말한다. 우리나라 상법에 따르면 기업이 정관에 정한 바에 따라 영업연도 중 1회에 한하여 이사회 결의로 일정한 날(배당기준일)을 정하여 주주에게 현금(현물 포함)으로 중간배당을 할 수 있다. 중간배당은 정기주주총회의 의결을 거쳐 정기적으로 지급되는 정규현금배당과 달리 이사회의 결의로 가능하다. 중간배당은 통상 반기결산일을 기준으로 이뤄지고 있는데, 예를 들어 12월 결산법인이 실시하는 중간배당의 기준일은 6월 30일이 된다. 중간배당의 결정시기는 정관으로 정하며, 중간배당은 이사회결의후 1월 내 지급된다.

분기배당

기업이 분기마다 실시하는 배당을 말한다. 자본시장법에 따르면 사업연도 개시일로부터 3, 6, 9월 말일(배당기준일)의 주주에게 이사회결의로 분기배당을 실시할 수 있다. 분기배당은 중간배당과 달리 현금으로만 이뤄진다. 분기배당의 결정시기는 분기 말일로부터 45일 이내이며, 분기배당은 이사회 결의후 20일 내에 지급된다.

현물배당

현금이 아닌 기업이 보유한 주식, 상품 등 비화폐성 자산으로 실시되는 배당으로서 재산배당이라고도 한다. 현물배당이 실시될 경우 배당금액은 주주에게 분배할 비화폐성 자산의 공정한 시장가치가 된다. 현물배당제도는 2011년 상법 개정으로 도입되었는데, 2015년 6월에 삼성물산과 제일모직의 합병을 반대한 미국 헤지펀드 엘리엇매니지먼트가 삼성물산에 현물배당을 할 수 있도록 정관 개정을 요구하면서 세간의 관심을 끌었다.

뉴스 속 재무

1년에 4번 '꿀배당주' 많아진다

2023년 1분기 분기배당을 공시한 기업들

기업명	배당금(원)	시가배당률(%)
삼성전자	361	0.6
SK하이닉스	300	0.3
KB금융	510	1.1
신한지주	525	1.5
하나금융지주	600	1.5
케이카	190	1.6
효성ITX	150	1.13
티이엠씨	400	1.1
CJ제일제당	1000	0.3
씨젠	200	0.8
아이마켓코리아	150	1.5
한온시스템	90	1.1
에코마케팅	70	0.6
삼양옵틱스	100	0.9
쌍용C&E	70	1.2
SK텔레콤	830	1.7

그래픽: 이지혜 디자인기자

삼성전자에 이어 신한지주 · KB금융 그리고 현대차까지 분기 배당에 합류하면서 한국 증시에도 미국처럼 1년에 4번 분기배당을 주는 '분기배당주'가 늘고 있다. 1년에 네 차례 배당금을 지급한다는 점과 배당금 복리 재투자 효과 덕분에 투자자 관심이 집중된다.

금융감독원에 따르면 4월 중순부터 이날까지 삼성전자 등 16개 기업이 분기배당을 공시했다. SK텔레콤은 분기 시가배당률이 1.7%에 달했고 KB금융, 신한지주, 하나금융지주 등의 배당률도 1% 넘는 분기배당을 결의했다.

한국증시에서 분기배당을 지급하는 종목(리츠 제외)은 삼성전자, 삼성전자우선주, KB금융, 신한지주, 하나금융지주, SK하이닉스, SK텔레콤, 쌍용C&E, 효성ITX, POSCO홀딩스, 한온시스템, 씨젠, CJ제일제당과 CJ제일제당1우선주, 케이카, 아이마켓코리아, 삼양옵틱스, 우리금융지주, 티이엠씨, 에코마케팅 등 20개다.

2023년 들어 하나금융지주와 우리금융지주가 분기배당을 결정했다. 이로서 4대 금융지주사 모두 분기배당주 대열에 합류했다. 최근 현대차도 올 하반기부터 분기배당 지급 계획을 밝혔다.

배당주가 보통 연말에 주식을 매수해 1년에 한 번 배당금을 수령하는 것과 달리, 분기배당주는 연간 4차례 배당금을 받을 수 있다는 점에서 규칙적인 현금흐름을 발생시킬 수 있다. 특히 배당금 재투자의 복리 효과 덕분에 주식투자의 실제 수익률을 크게 높일 수 있다. 김세환 KB증권 연구원은 "분기마다 받은 배당금을 재투자할 경우 수익률 복리 효과를 극대화해 배당 재투자 수익률(total return)을 높일 수 있다 며, "특히 1년에 4회 배당을 받으면 수익률이 크게 올라간다"고 설명했다.

코스피 고배당 50 지수의 2011년 이후 현재까지 수익률은 206.3%로 연평균 9.4%를 기록했다. 이는 코스피 수익률 49.5% 대비 5배 이상 높은 수익률이다. 배당을 분기 단위로 4차례 받아 재투자한다면 복리 수익률은 이보다 훨씬 높아진다. 이어 "주주들에게 정기적으로 현금을 지급한다는 점도 주가 안정성을 높인다"며 "분기마다 돌아오는 현금 배당을 받기 위해 주식을 매도하지 않고 분기 말까지 보유할 가능성이 높기 때문"이라고 분석했다.

전문가들은 분기배당을 지급하는 기업은 시가배당률도 높고, 재무적으로 우량한 곳이 많아 장기적으로 주가 상승 가능성도 높다고 설명한다. 또 주주에게 유리한 분기배당을 결정했다는 사실 자체가 주주를 위해 노력하는 기업이라는 의미로 해석된다. 김용구 삼성증권 수석연구위원은 "분기배당을 지급하는 기업은 주주에게 이익을 꾸준히 환원하는 곳으로 분기배당 자체를 재무적 자신감의 신호로 해석할 수 있다"며 "꾸준한 배당금 지급으로 재무적 예측 가능성이 높아, 배당주 펀드와 인컴 펀드 등 기관 투자자들도 이 같은 주식을 선호한다"고 설명했다.

〈2023. 5. 14 머니투데이 수정〉

02 배당과 기업가치

배당과 기업가치의 정확한 관계를 살펴보기 위해서는 먼저 기업의 투자결정이 이루어진 후에 배당정책이 결정되며, 배당으로 인한 추가적인 부채의 발행이 없다고 가정하여야 한다. 기업의 투자와 자본구조가 일정하다고 가정함으로써 배당이 기업가치에 미치는 순효과를 살펴볼 수 있을 것이다. 이와 같은 가정하에서는 기업이 배당을 증가시키려고 계획하고 있으나 자금이 부족한 경우 신주에 의해서만 그 자금을 조달할 수 있다. 따라서 기업의 선택가능한 배당정책은 이익을 유보하는 정책과 배당을 지급하고 신주를 발행하는 정책으로 구분될 수 있다. 이와 같은 점을 유의하면서 배당과 기업가치의 관계에 관한 여러 가지 이론들을 살펴보기로 하자.

2.1 완전자본시장과 배당무관련이론

밀러와 모딜리아니(M. H. Miller and F. Modigliani: 이하 MM이라 약칭함)는 1961년에 발표된 논문에서 완전자본시장하에서는 배당정책과 기업가치가 무관련하다고 주장하였다.[3]

MM의 이론을 구체적으로 설명하기 위하여 다음과 같은 (주)서울의 예를 생각해 보자.

3 M. H. Miller and F. Modigliani, "Dividend Policy, Growth and the Valuation of Shares," *Journal of Business*, Vol.34(October 1961), pp. 411~433.

- 현재 자기자본만을 사용하고 있으며, 앞으로 1년 후에 해산될 예정이다.
- 현재(0시점)와 1년 후(1시점)의 현금흐름은 각각 1,000만원으로 확실하게 예측된다.
- 정(+)의 순현가를 얻을 수 있는 추가적인 투자안을 가지고 있지 않다.
- 현재 발행주식수는 1,000주이며, 자기자본비용은 10%이다.

이 경우 (주)서울은 다음의 두 가지 배당정책을 생각해 볼 수 있을 것이다.

배당정책 1: 현금흐름과 동일하게 배당을 지급한다

이 경우 각 시점의 배당금은 그 현금흐름과 동일한 1,000만원씩이다. (주)서울의 가치는 각 시점의 배당금들을 할인하여 다음과 같이 구할 수 있다.

$$V_0 = 1{,}000\text{만원} + \frac{1{,}000\text{만원}}{1+0.1} = 1{,}909.09\text{만원}$$

그리고 (주)서울의 현재 발행주식수는 1,000주이므로 이 회사의 주가 P_0은 다음과 같다.

$$P_0 = 10{,}000\text{원} + \frac{10{,}000\text{원}}{1+0.1} = 19{,}090.9\text{원} \qquad (8\text{-}1)$$

식 (8-1)에서 구한 주식가격은 배당부가격이다. 그러므로 현재시점에서 주당 10,000원의 배당이 지급된 후에는 주가가 9,090.9원(19,090.9원 − 10,000원)으로 하락할 것이다[4] 효율적 자본시장하에서는 정확히 배당만큼 주가가 하락하게 된다.

배당정책 2: 초기의 배당을 그 시점의 현금흐름보다 더 많이 지급한다

(주)서울의 다른 배당정책으로서 현재 주당 11,000원씩 배당하는 경우를 살펴보자. 이 경우 현재시점에서 (주)서울이 지급하여야 하는 총배당금은 1,100만원이다. 현재시점에서 (주)서울의 현금흐름은 1,000만원이기 때문에 이 회사는 100만원의 추가적인 현금흐름이 필요하게 된다. 이 회사는 현재(0시점) 100만원의 추가적

4 엄밀하게 말하면 배당의 효과가 나타나는 배당락일은 배당의 실제지급일보다 더 빠를 것이다. 그러나 여기서는 단순성을 위하여 배당락일과 배당지급일이 서로 같다고 가정하였다.

Chapter 8

인 자금을 조달하기 위하여 주식 또는 부채를 발행할 수 있을 것이다. 자금을 조달하기 위하여 주식이 발행되며, 새로운 주주는 현재시점에서의 투자에 대해 10%의 수익률을 요구한다고 가정하자. 즉 새로운 주주들은 현재시점에서 100만원을 투자할 경우 1시점에서 110만원을 요구하게 된다. 이 경우 1시점에서 새로운 주주들에게 110만원을 지급하여야 하므로 구주주들에게는 단지 890만원의 현금흐름만이 주어질 것이다. 구주주들의 배당금은 다음과 같다.

	0	1
구주주들의 총배당금:	1,100만원	890만원
주당배당금:	11,000원	8,900원

그러므로 주당배당금의 현재가치, 즉 주가는 다음과 같다.

$$P_0 = 11{,}000\text{원} + \frac{8{,}900\text{원}}{1+0.1} = 19{,}090.9\text{원} \tag{8-2}$$

여기서 신주의 발행가격을 구해 보자. 신주에는 현재의 배당을 지급받을 수 있는 권리가 없기 때문에 신주의 가격은 8,090.9원(8,900원/1.1)이 된다. 그러므로 신주는 123.60주(100만원/8,090.9원)가 발행된다.

배당의 무관련성

앞에서 두 배당정책하의 주가, 즉 식 (8–1)과 식 (8–2)에서 구한 주가가 동일함을 알 수 있다. 이와 같은 사실은 배당정책의 변경이 주식가치에 영향을 미치지 못한다는 것을 의미한다. 이제 이와 같은 결과가 내포하고 있는 의미를 살펴보기로 하자.

새로운 주주들은 현재시점에서 자신의 돈을 투자(주식매입)하고 1시점에서 적절한 수익률로 상환받을 수 있다. 즉 그들은 순현가가 0인 투자안을 선택하는 것이다. [그림 8–2]에서 예시된 바와 같이 배당정책 2에 의하면 구주주들은 현재시점에

그림 8–2
배당정책 1과 배당정책 2에서 주주들의 현금흐름

	0	1
배당정책 1:	1,000만원	1,000만원
배당정책 2: (구주주)	1,100만원	890만원
(신주주)	−100만원	110만원

서 보다 많은 현금흐름(배당)을 얻을 수 있지만, 그들은 1시점에서 새로운 주주들에게 적절한 수익률로 상환하여야 한다. 구주주들은 현재의 추가적인 배당을 위하여 조달한 자금, 즉 원금과 그것에 대한 적절한 수익을 합한 금액만큼을 신주주들에게 상환(배당)하여야 하기 때문에 현재시점에서 새로운 주식을 발행하는 행위는 구주주들의 부를 증가 또는 감소시키지 못할 것이다. 구주주들이 새로운 주주들에게 순현가가 0인 투자안을 제공하는 것과 같다.[5] 구주주에 대한 현재시점에서의 배당의 증가는 1시점에서 그와 상응하는 배당의 감소를 초래하므로 구주주가 소유하고 있는 주식의 가치는 변하지 않는다. 즉 현재 배당의 증가는 다른 시점에서의 배당의 감소에 의해서 정확히 상쇄되어 배당정책의 변경에 따른 순효과는 나타나지 않는다.

배당의 무관련성은 주주들이 자신의 취향에 맞는 배당수준을 스스로 조정할 수 있다는 **자기배당**(homemade dividend)의 논리에 의해서도 설명될 수 있다. 주주들이 기업의 배당정책과 상이한 배당을 선호한다면, 그들은 주식을 매입 또는 내도함으로써 자신의 선호에 따라 배당을 스스로 조정해 나갈 수 있다. 이와 같이 주주들이 자기배당에 의해서 원하는 배당수준을 스스로 조정해 나갈 수 있기 때문에 주주들은 기업에 의해서 채택된 특정한 배당정책에 가치를 부여하지 않는다. 그러므로 배당정책은 주주의 부(또는 기업가치)와 무관련하게 된다. 경영자가 현재의 배당을 증가 또는 감소시킴으로써 기업의 가치에 영향을 미칠 수 없다.

자기배당
주주들이 기업의 배당정책과 상이한 배당을 선호한다면, 그들은 주식을 매입 또는 매도하여 현금흐름을 조정함으로써 자신이 선호하는 배당의 효과를 얻는 것을 의미한다.

완전자본시장이라는 아주 단순화된 사회를 전제하여 도출된 MM의 배당무관련이론은 배당정책에 관한 설명의 출발점이다. 따라서 MM이 내세운 기본적인 가정을 완화함으로써 현실적으로 존재하는 다양한 배당정책들을 설명할 수 있다.

예제 8-1 배당과 기업가치의 무관련성

내병수식회사는 주당 10,000원하는 주식을 100,000주 발행하고 있으며, 현재 주당 500원의 배당을 실시할 예정이다. 세금이 존재하지 않는 완전자본시장을 가정하여 다음의 물음에 답하라.

(1) 배당을 실시할 경우 주가는 어떻게 되겠는가?

(2) 배당을 실시하지 않을 경우 주가는 어떻게 되겠는가?

5 배당정책 2에서 신주주들의 순현가는 다음과 같다.

$$NPV = -100\text{만원} + \frac{110\text{만원}}{1+0.1} = 0$$

(3) 현재 이 회사는 2억원이 소요되는 투자안을 고려하고 있다. 태평주식회사가 순이익 1억원을 보유하고 있다가 주당 500원씩 배당하였다면, 이 회사는 투자안의 자본조달을 위해 신주를 몇 주 발행하여야 하는가?

해설

(1) 세금이 존재하지 않는 완전자본시장하에서는 배당만큼 주가는 감소한다. 그러므로 주당 500원의 배당 후 주가는 9,500원(10,000원 − 500원)이 된다.
(2) 배당을 실시하지 않으면, 주가는 변하지 않는다. 즉 주가는 10,000원이 된다.
(3) 먼저 투자에 소요되는 자금 중 신주를 발행하여 조달해야 하는 금액을 구하면 다음과 같다.

- 유보이익(이익잉여금) = 순이익 − 배당액
  = 100,000,000원 − 500원 × 100,000주 = 50,000,000원
- 신주발행액 = 투자액 − 유보이익
  = 200,000,000원 − 50,000,000원
  = 150,000,000원

주당 500원씩 배당하였으므로 주가는 9,500원으로 하락한다. 그러므로 1억5,000만원을 조달하기 위하여 발행해야 하는 주식수는 다음과 같다.

- 발행주식수 $= \frac{\text{신주발행액}}{\text{주가}} = \frac{150,000,000}{9,500} = 15,790$주

2.2 저배당정책의 선호에 대한 현실적 요인

앞에서 설명한 MM의 배당무관련이론은 세금, 발행비용 등을 무시하였다. 그러나 이러한 요인들은 현실적으로 존재하며, 이들을 고려하는 경우 주주들은 저배당정책을 더 선호할 수도 있다.

세 금

기업이 배당을 하게 되는 경우 주주는 배당소득 가운데 일부를 배당소득세로

내게 된다. 그러나 배당을 하지 않고 이를 미래투자를 위한 내부의 유보이익으로 남겨 둘 경우에는 그 결과가 주가에 반영되고, 이는 결국 주식매매로 인한 차익으로서 자본이득이 되기 때문에 주주는 자본이득세를 납부하게 된다. 만일 배당소득과 자본이득에 대한 유효세율이 동일하다면, 배당정책은 주주의 부에 직접적인 영향을 주지 못한다. 그러나 양자의 차이가 존재한다면 배당정책은 주주의 부에 직접적인 영향을 미칠 수 있다.

현실적으로 자본이득보다는 배당소득에 대하여 훨씬 높은 개인소득세율이 부과된다.[6] 현재 우리나라에서 배당소득에 대해서는 소득세가 부과되고 있으나, 자본이득에 대해서는 소득세가 부과되지 않고 있다. 이와 같은 소득세제하에서 납세 후 기준으로 보면 투자자에게는 자본이득 1원이 배당소득 1원보다 더 유리할 것이다. 그러므로 투자자들은 배당성향이 낮은 기업을 더 선호하게 되고, 따라서 기업들은 배당을 지급하기보다는 이익을 유보하려는 성향을 가질 것이다.

발행비용

앞에서 설명하였던 세금효과 이외에 주주들의 저배당정책 선호에 대한 현실적 요인으로 발행비용(issuance costs)을 들 수 있다. 기업이 현금배당을 지급하게 되면 신주를 발행하여 자금을 조달하여야 한다.[7] 이 경우 인수료, 주권인쇄비용 등의 발행비용이 소요되어 기업의 가치를 감소시키게 된다.

고배당정책의 선호에 대한 현실적 요인 2.3

앞서 살펴본 바와 같이 세금이나 발행비용이 존재하는 경우 기업의 재무관리자는 배당을 줄이려고 할 것이다. 그러나 현실적으로 주주들에게 높은 배당을 지급하는 기업이 존재하고 있다. 기업의 고배당정책 선호에 대한 현실적 요인으로 주주들의 현재수입에 대한 선호, 배당에 의한 미래 불확실성의 감소 등을 들 수 있다.

---

6 1986년에 개정된 미국의 세법에서는 자본이득과 배당소득이 동일한 세율로 과세되고 있지만, 이 경우에도 자본이득에 대한 세금은 주식이 매각되어 그 소득이 실현될 때까지 납세가 무한히 연기될 수 있으므로 그 유효세율은 훨씬 낮다고 할 수 있다.

7 배당이 기업가치에 미치는 순효과를 살펴보기 위해서는 기업의 투자와 자본구조가 일정하다고 가정하여야 한다. 이와 같은 가정하에서는 기업이 배당을 증가시키려고 계획하고 있으나 자금이 부족한 경우 신주에 의해서만 그 자금을 조달할 수 있다.

현재수입에 대한 선호

많은 개인들은 미래의 수입보다 현재의 수입을 더 선호한다. 이와 같은 현재의 소비에 대한 실질적인 욕구 때문에 투자자들은 현재의 높은 배당을 더 선호하게 된다. 이러한 주장에 대하여 현재의 수입을 바란다면 소유하고 있는 주식을 매각하면 된다고 할 수도 있지만, 현실적으로 주식을 매각할 때 매매수수료와 증권거래세 등 거래비용이 발생하게 된다. 또한 소유하고 있는 주식을 매각하는 것은 투자원금을 없앤다는 심리적인 이유로 인하여 꺼리게 되는 경우도 있다.

불확실성의 감소

고든(M. J. Gordon)은 현재의 높은 배당이 주주의 미래 불확실성에 대한 불안을 감소시키기 때문에 투자자들이 배당을 유보이익보다 높게 평가한다고 주장하였다.[8] 고든에 의하면, 미래의 배당은 현재의 배당에 비해 훨씬 불확실하기 때문에 현재의 배당을 희생하여 미래의 배당을 증가시키는 경우 증가된 위험에 의해 주주들의 요구수익률이 더 높아지고 그 결과 기업의 주가가 감소하게 된다.

그러나 투자와 자본구조가 변하지 않는 한 기업의 전체 현금흐름은 배당정책에 따라 반드시 영향을 받는 것은 아니다. 또한 전체 현금흐름의 위험이 배당정책에 따라 어떻게 변하는지를 정확히 파악하는 것도 어려운 일이다.

2.4 배당정책에 대한 현실적 설명

앞에서 저배당정책의 선호에 대한 현실적 요인과 고배당정책의 선호에 대한 현실적 요인을 살펴보았다. 배당정책에 있어서 어느 요인이 더 지배적인 요인인지, 즉 배당과 주가가 정(+) 또는 부(−)의 관계를 가지는지는 아직까지 명확한 결론이 내려지지 않고 있다. 다시 말하면 배당정책 문제는 아직 해결되지 않은 문제인 것이다.

최근 배당정책에 대해 다른 측면에서의 연구 — 배당의 정보효과와 고객효과 — 가 이루어지고 있는데, 이를 살펴보자.

---

8 M. J. Gordon, *The Investment, Financing, and Valuation of the Corporation*(Homewood, Ill.: Richard D. Irwin, 1961).

배당의 정보효과

배당정책의 변화를 시장에서 투자자들이 기업내용 변화의 신호로 인식하여 주가가 변하는 것을 **배당의 정보효과**(information-content effect) 또는 신호효과(signaling effect)라 한다. 배당의 정보효과는 경영자가 일반투자자들보다 기업내용에 관해 우월한 정보를 가지고 있다는 정보의 비대칭성(informational asymmetry) 때문에 성립되는 논리이다. 정보비대칭하에서는 경영자가 가지고 있는 정보를 투자자들에게 전달해 주기 위한 수단으로 배당정책이 이용될 수 있다.

배당정책의 변화를 시장에서 투자자들이 기업내용 변화의 신호로 인식하여 주가가 변한다.

일반적으로 기업은 안정적인 배당을 유지하려는 경향이 있다. 경영자는 미래의 현금흐름에 대한 기대가 극히 비관적이어서 현재의 배당수준을 지속적으로 유지하는 것이 불가능하기 전에는 배당을 줄이기를 꺼리며, 반대로 앞으로 지속적으로 높은 배당을 유지할 만큼 미래 현금흐름이 증가하지 않는 한 일시적으로 배당을 증가시키지 않는 경향이 있다. 따라서 기대하지 못한 배당의 증가가 이루어진 경우에 일반투자자들이 이를 기업에 관한 '좋은 소식'(good news)의 신호로 인식함으로써 주가가 상승하게 되며, 반대로 기대하지 못한 배당의 감소가 발생한 경우에는 기업에 관한 '나쁜 소식'(bad news)의 신호로 인식하여 주가가 하락하게 된다. 결론적으로 주가는 배당정책 자체에 의해서 변하는 것이 아니라 배당이 가지고 있는 정보내용에 의해서 변한다는 것이다.[9]

배당의 정보효과
시장에서 투자자들이 배당정책의 변화를 기업내용 변화의 신호로 인식하여 주가가 변하는 것(예 배당증가→좋은 신호→주가상승)을 의미하는 것으로서, 이를 신호효과라고도 한다.

배당의 고객효과

자본시장의 모든 투자자들은 기업의 배당정책에 대하여 동일한 태도를 가지고 있다고 할 수 없다. 은퇴한 개인이나 사회단체 등은 당기의 소비가능한 소득을 원하기 때문에 현금배당을 훨씬 선호하게 된다. 한편 배당 이외의 다른 원천으로부터 충분한 소득을 얻어낼 수 있는 주주들은 상대적으로 높은 세율을 부담해야 하는 배당소득보다는 자본이득을 바라게 된다. 이와 같이 어떤 기업의 주주들이 어떻게 이루어져 있는가에 따라 그 기업의 배당정책은 달라지며, 이러한 효과를 **배당의 고객효과**(clientele effect)라고 부른다. 일단 기업들의 배당정책이 주주들의 선호와 일치하

배당의 고객효과
기업의 주주들의 선호(예 고소득자→저배당, 저소득자→고배당)에 따라 기업의 배당정책이 달라지며 일단 기업들의 배당정책이 주주들의 선호와 일치하면 어떠한 기업도 단순히 배당정책을 변화시킴으로써 그 가치에 영향을 미칠 수 없음을 의미한다.

9 S. Bhattacharya, "Imperfect Information, Dividend Policy, and 'the Bird in the Hand' Fallacy," *Bell Journal of Economics*, Vol. 10(Spring 1979), pp. 259~270.

면, 어떠한 기업도 단순히 배당정책을 변화시킴으로써 그 가치에 영향을 미칠 수 없을 것이다.

03 배당정책의 실제

지금까지 설명한 바로는 기업이 높은 배당을 지급해야 할 이유도 있는 반면, 낮은 배당을 지급해야 할 이유도 있다. 그러면 실제로 기업은 특정기간에 지급할 배당수준을 어떻게 결정하여야 하는가? 어떤 요인들이 기업의 배당결정에 영향을 주는 것인가? 이에 대해 한마디로 어떤 요인이라고 단언할 수는 없다. 그러므로 여기서는 배당정책의 실제적 특성을 강조하기 위하여 기업이 실제로 어떻게 배당정책을 결정하는가를 살펴보고, 그 밖의 고려사항들을 차례로 검토하기로 하자.

3.1 잔여배당정책

전절에서 언급한 바와 같이 높은 배당을 지급하려는 기업들은 그 재원조달을 위하여 빈번하게 신주를 발행하게 된다. 그러나 배당재원의 조달을 위한 신주발행은 많은 발행비용을 발생시키므로 바람직하지 못하다. 이와 같은 관점에서 기업은 신주발행의 필요성을 최소화하기를 원한다고 가정하자. 또한 기업은 현행의 자본구조를 계속 유지하려 한다고 가정하자.

만약 기업이 신주발행을 가능한 한 피하려 한다면, 정(+)의 순현가를 가지는 새로운 투자안에 필요한 자금의 조달은 주로 유보이익 등 내부생성자금에 의존하게 될 것이다. 이 경우 내부자금 중 새로운 투자에 지출하고 남는 부분이 배당으로 지급될 수 있다. 이와 같이 남겨진 부분을 잔여자금이라 하고, 이를 배당으로 지급하는 정책을 **잔여배당정책**(residual dividend policy)이라 한다.

> **잔여배당정책**
> 내부자금 중 새로운 투자에 지출하고 남는 부분이 배당으로 지급되는 것을 의미한다.

잔여배당정책하에서 기업의 목표는 배당을 지급하기 전에 투자수요를 충족시키고 바람직한 자본구조를 유지하는 것이다. 예를 들어 순이익이 10억원이며 목표부채비율(부채/자기자본)이 1/2인 기업(총자본은 부채 1/3, 자기자본 2/3로 구성됨)을 생각해 보자. 이 기업의 경우 수익성 있는 신규투자에 필요한 자금이 9억원이라면, 목표부채비율을 유지하기 위해서는 투자소요자금 중 3억원(9억원×1/3)은 부채로, 나머지 6억원(9억원×2/3)은 자기자본으로 조달하여야 할 것이다. 그러므로 잔여배당정책에 의하면 이 기업은 순이익 10억원 중 6억원을 투자소요자금으로 충당한 후, 잔여이익 4억원을 배당으로 지급할 수 있다.

이상과 같은 논리에 의하면 많은 투자기회를 가지고 있는 기업의 경우에는 배당을 적게 할 것이고, 투자기회가 거의 없는 기업의 경우에는 많은 배당을 지급한다고 할 수 있다. 이와 같은 현상은 실제에서도 흔히 볼 수 있다. 즉 도입기 또는 성장기의 고속성장하는 기업의 경우는 배당을 적게 하는 반면, 성숙기의 저성장 기업의 경우는 보다 많은 배당을 지급하는 경향이 있다.

배당의 안정성 3.2

많은 기업들은 목표배당(target dividend)을 정하여 주당배당금을 일정하게 유지하려는 경향이 있다. 즉 기업의 이익이 일시적으로 변동할지라도 배당금을 이와 관계없이 일정하게 유지시키려고 한다. 기업이익의 일시적인 증가만으로 배당률을 변경시키지 않고 이익의 증가가 미래에도 지속될 것이라는 판단이 내려졌을 때 비로소 주당배당금을 증가시키는 것이다.

많은 기업들이 **배당의 안정성**을 유지하려는 이유로는 다음 세 가지를 들 수 있다.

배당의 안정성
기업이익의 일시적 변동에 관계없이 목표배당을 정하여 주당배당금을 일정하게 유지하려는 경향을 의미한다.

첫째, 비록 이익이 감소되었다 하더라도 기업이 일정 배당수준을 유지하면 투자자들은 비교적 확실하게 그들의 미래 배당을 예측할 수 있다. 또한 특정연도의 이익감소가 기업이 회복하기 어려운 계속적인 것이 아니라 일시적인 현상이라는 것을 간접적으로 나타내는 정보전달의 효과를 지닌다.

둘째, 증권투자가 대중화됨에 따라 배당수입에 의해서 생활을 영위하는 투자자층이 많아지고 있으며, 불규칙적이고 불안정한 배당수입은 투자자들의 생활자체를 위협할 수 있다. 물론 불안정한 배당의 경우에도 보유중인 주식을 매각하여 수입을 안정화시킬 수는 있으나, 이들 투자자들에 있어 보유중인 주식의 처분은 투자원금 자체에 대한 감소라는 심리적 압박 때문에 용이하지가 않다.

셋째, 연금기금, 투자신탁, 보험회사 등 많은 기관투자자들은 공적인 자금을 운용하므로 수익도 중요하지만 미래 현금흐름의 확실성을 보다 더 요구한다.

앞에서 설명한 잔여배당정책에 의하면 투자기회에 따라 배당이 변동하기 때문에 배당의 안정성을 유지하기 어려울 것이다. 그러나 일반적으로 기업은 향후의 투자기회 등을 감안하여 잔여배당정책에 의해 장기적인 배당정책을 결정하지만 단기적으로는 배당수준을 일정하게 유지하는 경향이 있다.

3.3 기타의 고려사항

법률상의 제한

배당결정은 원칙적으로 기업의 자율적 의사결정이지만, 관련법규에서는 기업이 건전한 자본구조를 유지하도록 하기 위하여 배당재원을 일정한도로 제한하고 있다. 우리나라 현행 상법은 배당재원을 기업의 순재산액에서 자본금과 해당 결산기까지 적립된 자본준비금 및 이익준비금의 합계액, 그리고 해당 결산기에 적립하여야 할 이익준비금을 모두 공제한 나머지 금액 범위로 제한하고 있다.

사채약정서의 제한조항

기업이 사채를 발행하거나 금융기관에서 자금을 차입할 때 채권자들의 요구에 따라 배당금의 지급을 제한하는 조항을 사채약정서상에 명기하는 경우가 있다.

기업의 유동성

기업의 재무상태표상에 나타나는 배당가능이익이나 유보이익은 기업이 실제로 현금을 보유하는 것이 아니라 영업활동을 위한 자산의 형태로 투자되어 있는 것이다. 따라서 배당은 재무상태표상의 숫자로 나타나는 배당가능이익에 의해 결정되는 것이 아니라, 기업이 보유하고 있는 현금(유동성)에 의해 결정되는 경우가 많다. 그러므로 유동성이 좋지 않고 은행으로부터의 차입이 곤란한 경우에는 배당을 지급하지 않거나 배당을 축소하고 주식배당 등을 고려하여야 할 것이다.

차입능력

기업이 현재 유동성을 풍부하게 유지해야만 자금사정의 융통성이 확보되는 것은 아니다. 기업이 원하는 시기에 원하는 금액을 빌릴 수 있다면, 그 경우에도 자금사정의 융통성은 확보될 수 있다. 따라서 기업의 차입능력이 클수록 자금사정의 융통성이 보다 커지며 현금배당의 가능성도 증가하게 된다.

기업의 지배권

기업이 많은 배당금을 지급한다면, 향후 수익성 있는 투자기회에 대한 자금조달을 위하여 신주발행의 필요성이 더 커질 것이다. 이 경우 새로운 외부주주를 받아들이게 됨으로써 기존의 기업지배권이 희석될 수 있기 때문에 배당을 줄이려는 경향이 있다.

우리나라 상장기업의 배당현황 3.4

한국거래소 유가증권시장에 상장된 12월 결산 법인의 최근 5년간 현금배당 실적은 〈표 8-1〉과 같다. 2022년도에 배당을 실시한 기업은 557개사이고 이는 상장기업 784개사 중에서 71.0%를 차지하였다. 연도별로 배당을 실시한 기업이 차지하는 비중은 2019년과 2020년에 계속 감소하다가 2021년에 증가한 후 2022년에 약간 감소하는 경향을 보였다.

2022년의 배당금총액은 26.6조원으로 2021년의 28.6조원에 비해 2조원 감소하였으나, 2018년의 21.3조원에 비해선 5.3조원이 증가하였다. 배당금총액은 2020

표 8-1
유가증권시장의 배당현황(12월 결산)

(단위: 사, 조원, %)

연도	기업 수			배당금총액		배당 성향	배당 수익률
	상장 기업	배당 기업	비중	금액	증감율		
2018	753	545	72.4	21.3	−2.3	34.88	2.15
2019	761	528	69.4	20.7	−2.9	41.25	2.30
2020	769	529	68.8	33.2	60.3	39.55	2.28
2021	779	556	71.4	28.6	−13.7	35.41	2.32
2022	784	557	71.0	26.6	−7.1	35.07	2.70

주) 1. 배당금총액은 보통주와 우선주의 결산 현금배당 기준 배당금 합계액임.
2. 2020년도와 2021년도의 배당금은 삼성전자가 실시한 특별배당금이 포함된 것임.
3. 배당성향 측정 시 음(−)의 값과 200%를 초과하는 값을 지닌 기업은 제외함.
4. 배당수익률은 보통주를 대상으로 함.
5. 배당성향과 배당수익률은 배당 실시한 기업을 대상으로 측정한 평균값임

자료: 한국거래소(2023. 4. 19)

년을 제외하곤 전년에 비해 줄어드는 양상을 보이고 있다. 순이익 중에서 배당금이 차지하는 비율로 측정되는 배당성향은 2019년에 증가했다가 2020년부터 계속 줄어들고 있다. 이런 현상은 코로나 팬데믹으로 인해 기업들이 미래의 불확실성에 대비하고자 현금배당으로 인한 현금의 유출보다는 기업내부에 유보하려는 성향이 반영된 결과로 추정된다. 2022년의 배당성향은 35.07%이다. 배당수익률은 2020년을 제외하면 2018년(2.15%)부터 2022년(2.70%)까지 계속 증가하는 추세를 보였다.

한편 한국거래소는 배당관련 정보 제공의 기회를 확대하고자 KIND(http://kind.krx.co.kr)를 통해 상장기업의 주당배당금, 배당성향, 배당금총액 등의 정보를 공표하고 있다.

뉴스 속 재무

역성장'에 쪼그라든 상장사 배당…국고채보다 수익률 낮아

지난해 실적 악화로 국내 상장사들의 전체 배당금이 덩달아 줄어든 것으로 나타났다. 배당 여력이 줄어든 코스닥 상장사들은 국고채보다 낮은 배당률을 보였다. 다만 주가가 배당금보다 큰 폭으로 하락하면서 시가배당률은 오히려 5년 내 최고 수준을 기록했다. 유가증권시장 전체 배당 상장사 5곳 중 4곳이 5년 이상 연속으로 현금배당을 실시하는 등 경기악화 · 증시침체에도 상장사들의 배당 기조가 꾸준히 유지되고 있는 것으로 풀이된다.

2023년 4월 19일 한국거래소에 따르면 유가증권시장 12월 결산법인 중 현금배당을 실시한 557개 상장사의 총배당금은 26조5,854억원으로 집계됐다. 평균 배당금은 477억원이다. 전년 대비 각각 7.1%, 7.2% 감소한 수치다. 코스닥의 배당 규모도 감소했다. 현금 배당을 실시한 594개 코스닥 상장사의 배당금 총액은 전년 대비 1.2% 감소한 2조1,774억 원으로 나타났다. 평균 배당금은 2021년보다 2% 줄어든 36억 7,000만원을 기록했다.

지난해 코스피 · 코스닥을 가리지 않고 주가가 크게 하락하자 시가배당률은 오히려 증가했다. 유가증권시장의 경우 보통주의 평균 시가배당률은 2.7%, 우선주는 3.01%로 집계됐다. 최근 5년 내 가장 높은 수치다. 코스닥의 평균 시가배당률 역시 8년 내 가장 높은 1.88%로 나타났다. 시가배당률은 상승했지만, 기준금리 인상으로 수익률이 크게 오른 국고채보다 배당의 매력은 더욱 낮아졌다. 국고채 1년물의 평균 수익률은 2.65%로 집계됐다. 유가증권시장 보통주는 0.05%포인트, 우선주는 0.36%포인트로 격차가 줄어들었다. 이는 2021년 기준 보통주와 국고채 1년물 수익률의 차이가 1.40%포인트였던 점을 감안하면 배당주의 매력이 크게 감소한 셈이다. 특히 시가배당률이 국고채 수익률을 넘는 상장사의 수가 2021년 444사에서 239사로 급감했다. 코스닥은 오히려 국고채의 수익률이 평균 시가배당률을 상회했다. 2015년 이후

7년 만이다. 코스닥의 평균 시가배당률이 1.88%에 그치면서 국고채 수익률과의 차이는 0.76%포인트까지 벌어졌다.

고강도 긴축과 경기 악화로 배당의 크기는 줄어들었지만, 상장사들은 오히려 배당 기조를 유지 중이다. 유가증권시장에서는 배당 법인 557사 중 80.1%에 달하는 446사가 5년 연속 배당을 실시하고 있다. 이는 배당 성향에서도 나타난다. 유가증권시장 현금배당 법인의 평균 배당 성향은 35.07%로 집계됐다. 지난해 35.41%보다 소폭 하락했지만, 상장사들의 당기 순이익이 줄어든 것을 감안하면 경기 악화에도 배당 기조를 그대로 유지한 것이나.

코스닥에서도 5년 이상 연속 현금배당을 실시한 상장사는 379사(63.8%)로 집계됐다. 코스닥의 배당성향은 오히려 증가했다. 현금배당 법인의 평균 배당 성향은 29.8%로, 2021년 26.9%에 비해 2.9%포인트 커졌다.

코스피와 코스닥 현금배당 법인 모두 지수를 상회하는 수익률을 기록하면서 하락장에서 배당주가 방어주로 역할을 한 것으로 나타났다. 지난해 24.89% 하락한 코스피의 배당 법인 평균 주가등락률은 −14.60%로 집계됐다. 배당 상장사들 역시 하락장의 여파를 피하기 어려웠지만, 시장보다 10.29%포인트 높은 수익률을 기록한 것이다. 코스닥 시장에서도 배당 법인들의 연간 수익률은 코스닥 수익률(−34.3%)보다 12.8%포인트 높은 -21.5%로 집계됐다.

업계에서는 상장사들의 주주 친화적 배당정책이 '깜깜이 배당' 개선과 함께 강화될 것으로 기대한다. 한국거래소에 따르면 올해 정기 주주총회에서 12월 결산법인 중 140사(17.9%), 2022년 현금배당 법인 중 102사(18.3%)가 결산 배당기준일을 정비했다. 한국거래소 관계자는 "투자자가 법인의 배당 여부 및 배당액을 먼저 확인하고 그 다음 투자할 수 있다는 점에서 배당 투자에 유리한 환경이 조성될 것으로 기대한다"고 말했다.

〈서울경제 2023. 4. 19〉

배당의 특수형태 04

일반적으로 배당정책이란 현금배당의 수준에 관한 의사결정만을 나타내는 것으로 이해되고 있다. 그러나 주식배당, 주식분할, 자사주 매입 등도 배당정책의 일환으로 고려될 수 있다. 여기서는 배당의 특수형태로서 주식배당, 주식분할, 자사주 매입 등에 대해서 살펴보고자 한다.

4.1 주식배당

주식배당
현금배당 대신 주식을 추가로 발행하여 기존 주주에게 무상으로 교부하는 것으로서, 이를 실시하면 기업의 이익 중 주식배당액만큼 자본금으로 편입되기 때문에 발행주식수만 늘어날 뿐 기존 주주의 지분율은 그대로 유지되어 실질적인 주주 부의 증가를 가져오지는 않는다.

주식배당(stock dividend)은 현금배당 대신 주식을 추가로 발행하여 기존 주주에게 무상으로 교부하는 것이다. 주식배당은 기업의 이익 중 주식배당액만큼 자본금으로 편입되기 때문에 발행주식수만 늘어날 뿐 기존 주주의 지분율은 그대로 유지되어 실질적인 주주 부의 증가를 가져오지는 않는다.

주식배당에 의한 자기자본구조의 변화를 살펴보기 위하여 다음과 같은 자본구조를 가진 청솔주식회사의 경우를 생각해 보자.

청솔주식회사의 자기자본구조(주식배당 전)

(단위: 원)

자본금(액면 5,000원, 발행주식수 10만주)	500,000,000
자본잉여금	20,000,000
이익잉여금	80,000,000
자기자본 합계	600,000,000

청솔주식회사가 10%의 주식배당을 결정했다면, 10만주의 10%인 1만주를 새로 발행하게 된다. 주식배당 후 청솔주식회사의 재무상태표상 자기자본구조는 다음과 같다.[10]

청솔주식회사의 자기자본구조(주식배당 후)

(단위: 원)

자본금(액면 5,000원, 발행주식수 11만주)	550,000,000
자본잉여금	20,000,000
이익잉여금	30,000,000
자기자본 합계	600,000,000

주식배당을 실시하는 경우 주식배당에 해당하는 5,000만원이 이익잉여금(유보이익)에서 자본금으로 옮겨갈 뿐이지 자기자본 합계에는 전혀 변화가 없다. 또한 추가로 발행된 1만주는 기존 주주의 지분율에 따라 배분되므로 개별주주의 지분율도 변함이 없다. 그러므로 이론적으로 볼 때 주식배당으로 인하여 주주의 부는 변하지

10 이는 액면금액법으로 회계처리한 것이다.

재무 산책

주식배당의 회계처리방법

주식배당을 회계처리하는 방법으로서 액면금액법과 시가법의 두 가지가 있다. 액면금액법(par value method)은 주식배당으로 인해 새로 발행하게 될 주식의 총수에 대하여 액면금액에 해당되는 금액만큼을 이익잉여금에서 차감하여 자본금으로 대체하는 방법이다. 한편 시가법(market value method)은 주식배당으로 인해 새로 발행하게 될 주식의 총수에 대하여 시장가격에 상응하는 금액을 이익잉여금에서 차감하여 자본금과 자본잉여금에 각각 대체시키는 방법이다. 이때 시가해당액 중 액면금액에 해당하는 금액은 자본금으로, 액면금액을 초과하는 금액은 주식발행초과금 계정을 사용하여 자본잉여금으로 대체한다.

〈이효익 · 최관 · 백원선 · 최영수, 제9판 IFRS 회계원리 (신영사, 2019), pp. 569 참조〉

않을 것이다.[11]

우리나라에서는 1984년의 상법개정에 의하여 주식배당제도가 도입되었다. 주식배당제도는 현금배당으로 인한 기업의 자금유출을 막고 사내유보를 증가시켜, 기업의 유동성을 유지하거나 필요한 투자재원을 확보하고자 하는 취지에서 도입된 것이다. 주식배당이 배당 그 자체로서는 긍정적인 효과가 없음에도 불구하고 현실적으로 기업에서 주식배당을 실시하는 이유는 다음과 같다.[12]

첫째, 안정적인 배당을 유지하려고 하는 기업의 경우 주식배당 후에도 주당현금배당을 종전과 같이 유지하는 것이 보통이므로 결과적으로 현금배당이 증가하게 될 것이다. 이와 같은 측면에서 볼 때 주식배당은 기업의 미래 현금흐름 및 배당의 증가를 알려주기 위한 유리한 신호로 해석될 수 있다.

둘째, 주식배당은 대체로 성장속도가 빠른 기업이 사외현금유출을 막고 수익성이 높은 투자기회에 대한 재투자를 위하여 실시하는 경향이 있다. 이 경우 주식배당은 투자자들에게 기업의 미래전망에 대한 좋은 뉴스를 전달해 주는 역할을 담당한다.

---

11 이론적으로 볼 때 주식배당으로 인하여 개별주주가 소유한 주식의 총가치는 변하지 않는다. 예를 들어 주식배당 전 청솔주식회사의 주가가 10,000원이라면 이 회사 주식의 시가총액은 10억원(10,000원×10만주)이다. 주식배당 후에도 이 회사 주식의 시가총액이 10억원이기 위해서는 이론적으로 주가는 9,091원(10억원/11만주)으로 하락되어야 한다.

12 우리나라의 경우 특히 고가주에 대한 주식배당은 투자자들에게 대체로 긍정적으로 받아들여지고 있다. 이는 우리나라의 비현실적인 현금배당제도, 즉 액면배당제도 때문이라 할 수 있다.

셋째, 주가가 높은 기업의 경우 주식배당을 함으로써 시장에서의 유동성을 높일 수 있다. 주가가 아주 높은 주식의 경우 일반투자자들이 쉽게 매매할 수 없다.

주식배당은 이상과 같은 몇 가지 이점이 있으나 다음의 몇 가지 단점 또한 무시할 수 없다.

첫째, 주식배당은 신주를 발행하여 지급하게 되는데, 신주발행에는 발행비용이 따르게 되어 동일한 금액의 현금배당보다 비용이 많이 든다.

둘째, 안정적인 배당을 유지하려는 기업의 경우 주식배당은 미래의 현금배당을 증가시켜 기업의 유동성을 감소시킬 수 있다.

셋째, 주식배당은 기업이 현금배당을 행할 수 없을 정도로 어려운 상황이라는 것을 알려주는 신호로 해석되기도 한다. 특히 주당현금배당이 감소하고 이를 보충하기 위한 수단으로 주식배당이 이용된 경우, 주식배당은 기업의 자금사정 악화를 알려주는 신호로 해석될 수 있다.

4.2 주식분할

주식분할(stock split)은 엄밀히 말해 배당의 형태라고 할 수 없으나, 그 경제적 효과가 주식배당과 유사하므로 여기서 설명하고자 한다. **주식분할**은 기존의 1주를 분할하여 그 이상의 배수로 만드는 것이다. 주식분할을 실시하는 경우 단순히 발행주식수가 증가하고 이에 따라 액면가가 줄어들게 되는 이외에 외형적으로 재무상태표의 자기자본항목은 변하지 않는다. 예를 들어 청솔주식회사가 10 : 1로 주식분할을 실시하는 경우 자기자본구조의 변화를 살펴보면 다음과 같다.

주식분할
기존의 1주를 분할하여 그 이상의 배수로 만드는 것으로서, 이를 실시하면 단순히 발행주식수가 증가하고 액면가가 줄어드는 것 외에 외형적으로 재무상태표의 자기자본항목은 변하지 않는다.

청솔주식회사의 자기자본구조(주식분할 전)

(단위: 원)

자본금(액면 5,000원, 발행주식수 10만주)	500,000,000
자본잉여금	20,000,000
이익잉여금	80,000,000
자기자본 합계	600,000,000

청솔주식회사의 자기자본구조(10 : 1 주식분할 후)

(단위: 원)

자본금(액면 500원, 발행주식수 100만주)	500,000,000
자본잉여금	20,000,000
이익잉여금	80,000,000
자기자본 합계	600,000,000

이상과 같이 청솔주식회사는 주식분할에 의해 액면가와 발행주식수만 변하였을 뿐 그 외에는 아무런 변화가 없다.

기업에서 주식분할을 실시하는 이유는 주로 기업의 성장과 함께 주가가 높아져서, 증권시장에서 원활히 거래가 되지 않을 때 주식분할을 통하여 적절한 가격으로 조절할 수 있기 때문이다. 즉 주식분할은 주식의 거래를 원활하게 하고, 주가의 안정을 얻을 목적으로 행하여진다.

이론적으로 주식분할은 주가를 분할배수만큼 하락시키지만 실제로 분할 직후에 형성된 주가는 이론적 주가보다 약간 높게 형성되는 것이 일반적이다. 이는 주식배당에서와 같이 주식분할이 시장에서 일반투자자들에게 기업의 미래전망에 대한 좋은 뉴스를 전달해 주는 역할을 하는 것으로 해석할 수 있다.

주식분할과는 반대로 여러 주식을 하나의 주식으로 통합하는 것을 주식병합(reverse stock split)이라 한다. 주식병합은 주가가 너무 낮을 때 주가를 적절한 수준으로 올려놓기 위해서 실시된다.

주식분할은 기존의 1주를 분할하여 그 이상의 배수로 만드는 것이다.

자사주 매입 4.3

자사주 매입(stock repurchase)이란 기업이 발행한 보통주를 다시 매입하여 금고주(treasury stock)의 형태로 소유하는 것을 말한다. 자사주 매입은 주주들에게 배당지급과 같은 효과를 주게 된다. 기업이 배당을 지급할 자금으로 자사주를 매입하면 발행주식수가 줄어들게 되므로 이후에 주주들에게 더욱 많은 주당순이익과 주당배당금을 가져다 줄 수 있다. 완전자본시장에서 시장에서 유통되는 나머지 주식의 가격은 배당부 주가수준으로 일정하게 유지될 것이므로, 주주들은 배당금 대신에 자

자사주 매입
기업이 발행한 보통주를 다시 매입하여 금고주의 형태로 소유하는 것을 말한다.

본이득을 얻게 되며 이로 인하여 배당소득세를 회피할 수 있다는 이점이 있다.[13]

미국시장의 경우 2000년대 이후 자사주 매입이 현금배당보다 더 큰 비중을 차지하고 있으며, 우리나라 시장에서도 2000년대 이후 자사주 매입량이 큰 폭으로 증가하고 있다. 우리나라에서는 과거 기업내부의 경영자가 악용할 우려가 있으므로 상법상 특별한 경우를 제외하고는 자사주 매입을 원칙적으로 금지하였으나, 2011년 상법개정 후 현행「자본시장과 금융투자업에 관한 법률」(자본시장법)에서와 마찬가지로 주주총회 또는 이사회의 결의를 거쳐 배당가능이익의 범위 내에서 자기주식의 취득을 허용하였다(상법 제341조 제1항).[14] 그리고 자본시장법에서는 상장법인의 자사주 취득방법으로 증권시장에서 취득하는 방법(open-market repurchase), 공개매수에 의한 방법(tender offer), 그리고 신탁계약에 따라 자사주를 취득한 신탁업자로부터 신탁계약이 해지되거나 종료된 때에 반환받는 방법으로 규정하고 있다(자본시장법 제165조의2 제2항).

기업의 자사주 매입 동기는 여러 가지 이론으로 설명된다. 저평가 신호가설에 의하면 정보비대칭이 존재할 때 경영자는 주식이 저평가되어 있음을 외부에 전달하기 위하여 자사주를 활용한다. 실제로 자사주 매입에 대하여 시장은 긍정적으로 반응하여 주가가 상승하는 현상이 자주 발생한다. 한편 잉여현금흐름가설에 의하면 현금배당 또는 자사주 매입은 기업 내부의 잉여현금흐름을 감소시킴으로써 경영진의 사적 이익을 추구하기 위한 과도한 투자를 방지할 수 있다. 이때 현금배당의 경우 배당감소에 따른 부정적 신호효과를 회피하기 위하여 배당증가 후 일정한 수준을 유지해야 하는 부담을 갖게 되므로, 일회성으로 주주에게 현금을 지급하는 자사주 매입이 선호되는 경향이 있다. 이 밖에 적대적 인수를 방어하기 위한 수단으로 자사주 매입의 동기를 설명하는 적대적 기업인수방어가설, 주당순이익 증가를 목적으로 자사주를 매입한다는 이익관리가설, 그리고 경영자의 사익 추구목적으로 매입동기를 설명하는 기회주의가설 등이 있다.

완전자본시장의 경우에는 이상에서 설명한 주식배당, 주식분할, 자사주 재매입 등에 의해 주주의 부는 변하지 않을 것이다. 이에 대한 사항을 요약하면 〈표 8-2〉과 같다.

---

13 그러나 자본시장이 불완전한 경우 주식에 대한 소요가 증가하여 주가가 상승할 수도 있다. 현재 배당소득에 대해서는 15.4%(지방소득세 포함)의 배당소득세가 부과되며 배당소득이 2,000만원 초과시 종합과세대상이 되나, 자본이득의 경우 소득세는 부과되지 않는다(단, 대주주 및 장외거래 제외).

14 또한 ① 회사의 합병 또는 다른 회사의 영업 전부의 양수로 인한 경우, ② 회사의 권리를 실행함에 있어 그 목적을 달성하기 위하여 필요한 경우. ③ 단주의 처리를 위하여 필요한 경우. ④ 주주가 주식매수청구권을 행사한 경우 등 특정 목적에 의한 자사주 매입의 경우는 배당가능이익의 재원이 없이도 자기주식을 취득할 수 있도록 하였다(상법 제341조의2).

표 8-2 주식배당, 주식분할, 자사주 매입의 효과

배당의 특수형태	발행주식수	주 가	주주의 부
주식배당	증 가	하 락	불 변
주식분할	증 가	하 락	불 변
자사주 매입	감 소	불 변	불 변*

*) 발행주식수가 감소하여 주주들이 보유하고 있는 주식의 총시장가치는 감소하나, 그 감소된 가치는 주주들이 기업에 주식을 매도하여 얻게 되는 소득과 일치하게 되므로 주주의 부는 변하지 않는다.

뉴스 속 재무

액면분할 효과 쏠쏠했던 美 주식... 아마존 다음 타자는?

아마존이 주식 액면분할 및 대규모 자사주 매입 발표로 주가가 급등한 가운데 다음 타자는 누가 될지 시장의 관심이 쏠리고 있다. 최근 인플레이션과 성장 둔화 우려가 커지면서 증시가 약세를 보이고 있는 상황에서 주식 분할과 자사주 매입 발표는 단기 주가 부양에 긍정적이기 때문이다. 월가에서는 테슬라와 부킹홀딩스, 치폴레 등이 후보군으로 거론되고 있다.

12일(현지시간) 투자전문매체 배런스에 따르면 뱅크오브아메리카(BOA)는 최근 액면분할이 예상되는 기업들로 부킹홀딩스(BKNG), 오토존(AZO), 치폴레(CMG), 테슬라(TSLA), 블랙록(BLK), 오레일리오토모티브(ORLY) 등을 꼽았다. 이들 종목 모두 지난 11일 종가 기준 주가가 주당 500달러를 상회한다.

뱅크오브아메리카가 전망한 액면분할 가능성 있는 기업

※ 2022년 3월 11일 종가 기준 자료 : 뱅크오브아메리카

기업명	현재 주가(달러)	투자의견
NVR(NVR)	4752.54	제시안함
부킹홀딩스(BKNG)	2017.40	매수
오토존(AZO)	1864.59	매도
치폴레(CMG)	1475.41	제시안함
메틀러-톌레도(MTD)	1311.22	중립
테슬라(TSLA)	795.35	중립
에퀴닉스(EQIX)	693.55	매수

아마존은 지난 9일 장 마감 이후 주식을 20대1로 액면분할하고 100억달러 규모 자사주를 매입하기로 의결했다고 밝혔다. 아마존 주식을 액면분할하게 되면 기존 주주는 1주당 19주를 더 받게 된다. 주총 승인이 이뤄지면 6월 6일부터 액면분할된 아마존 주식이 시장에서 거래될 예정이다.

아마존의 이번 결정은 매우 이례적으로 받아들여진다. 최근 빅테크 자사주 매입 기조와 달리 소극적인 행보를 지속해왔기 때문이다. 액면분할은 닷컴버블 이후 20년만이고 지난 1월 일부 자사주 매입(13억달러) 역시 2012년 이후 10년 만에 처음이었다.

월가에서는 애플과 알파벳에 이어 아마존까지 액면분할에 나선 만큼 다른 기업들도 이같은 움직임에 동참할 것이라는 분석이다. 액면분할 및 자사주 매입은 보통 주가 부양 수단으로 활용된다. 상대적으로 적은 금액으로 투자가 가능해져 투자자가 몰리고 주

가 상승으로 이어지는 경우가 많기 때문이다.

BOA에 따르면 그동안 뉴욕증시에 상장된 기업들의 주가는 액면분할 후 3개월간 평균 7.8% 상승했다. 월가에서도 주주친화적 정책이며 단기 주가 부양 효과가 기대된다는 점에서 이번 발표를 긍정적으로 평가했다. 웰스파고는 아마존에 대한 투자의견 '매수', 목표주가 4,250달러를, BOA 역시 투자의견 '매수', 목표주가 4,450달러를 유지했다. 웰스파고는 특히 "아마존이 이번 액면분할을 계기로 다우존스30 산업평균지수에 편입될 가능성이 있다는 점에 주목해야 한다"고 말했다.

다우존스30 산업평균지수는 미국 대표 기업 30곳의 주가에 가중치를 두고 산정한 지수다. 주가를 기준으로 삼다 보니 주가가 너무 높은 기업은 지수 왜곡 우려가 있기 때문에 편입하지 않는다. 아마존 주식을 발표 당일인 지난 9일 종가(2,785.58달러) 기준으로 액면분할을 하면 1주당 139.28달러로 뚝 떨어지게 된다. 일각에서는 이번 결정이 양날의 검이 될 수 있다고 지적했다. 김세환 KB증권 연구원은 "자사주매입은 강한 주가 부양의지로 해석되지만 반대로 성장이 둔화되고 있다는 의미"라면서 "애플처럼 자사주 매입으로 시간을 벌면서 클라우드 등 새로운 성장 모델을 주주에게 제시해야 하는 부담을 가지게 됐다"고 설명했다. 실제로 아마존의 선행 12개월 자기자본이익률(ROE)은 2019년 21%를 정점으로 2022년 14%까지 감소하면서 시장 평균을 하회했다. 이번 발표 직전까지 아마존 주가는 연초 대비 18% 넘게 하락한 상태다.

〈파이낸셜뉴스 2022. 3. 13〉

뉴스 속 재무

자사주 매입을 보는 엇갈린 시각

금융감독원에 따르면 2023년 유가증권시장 상장기업이 발표한 자사주 취득 규모는 1조4,000억원 규모로 2022년 같은 기간보다(8,647억원) 65% 가량 많다. 올해 자사주 취득 규모가 급증한 이유로 행동주의 펀드를 중심으로 투자자의 입김이 강해졌다는 해석이 나온다. 하지만 취득한 자사주 소각에는 소극적이다. 통상 기업의 자사주 취득은 유통 주식 수 감소로 이어져 주가엔 호재다. 그러나 올해 자사주 취득을 발표한 코스피 기업 24곳 중 단 4곳만 자사주를 소각한다고 밝혔다. 반면 주가 안정화를 위해 자사주를 매입한다는 기업은 16곳으로 가장 많았으며 그 뒤를 임원 성과 보상 2곳, 이익 소각과 무상수증(무상증여)이 각각 1곳이었다. 소각하지 않는다면 향후 잠재 매도물량(오버행) 부담이 주가 발목을 잡기 마련이다.

현재 금융 당국은 자사주 제도 개편안을 검토 중이다. '자사주 매입 후 소각 의무화'와 '인적분할 때 자사주에 대한 신주 배정 금지' 등이 핵심 내용이다. 금융투자업계와 개인투자자들은 주주권리 개선을 기대하며 환영한다는 입장이다. 이와 달리 재계에선 경영권 방어 수단 중 하나가 사라질 수 있다고 반발한다. 그럼에도 당국의 의지는 확고해 보인다. 당국은 자사주 매입이 소각으로 연결되지 않는 국내 자본시장의 관행이 '코리아 디스카운트(한국증시 저평가)'를 유발한다고 보고 개선이 필요하다는 입장이다.

버핏과 그랜섬의 설전

월가의 선설적 투자자 제레미 그랜섬과 투자의 귀재 워렌 버핏이 '자사주 매입'을 두고 설전을 벌였다. 미국 포춘지에 따르면 매사추세츠주 상원의원인 엘리자베스 워런은 기업의 자사주 매입에 대해 '상장기업의 사실상 불법에 가까운 시장 조작'이라고 주장했다. 그는 기업이 주당 수익을 늘리기 위해 자사주를 매입하는 행위는 해당 기업의 혁신을 잠식하는 것이라고 지적했다. 새로운 공장 건설과 연구개발, 신입사원 채용에 투자할 돈이 단순히 주가를 끌어 올리고 부유한 주주와 내부자들을 풍요롭게 하는 데 사용한다고 비판했다. 이런 주장에 버핏은 "모든 자사주 매입이 주주나 국가에 해롭다거나 특히 CEO에게 이익이 된다는 말은 경제 문맹자나 말 잘하는 선동가의 말"이라면서 "자사주 매입은 모든 소유자에게 이익이 된다"고 주장했다.

미국 보스턴의 자산운용사 GMO의 공동 설립자이자 수석 투자전략가인 그랜섬은 버핏의 말에 반기를 들었다. 그는 "자사주 매입이 주가 조작을 용이하게 하고 있나"며 "당연히 불법이어야 한다는 게 내 생각"이라고 강조했다. 특히 그는 자사주 매입이 '배당금'과 다르지 않다는 버핏의 주장을 비판했다. 그랜섬은 기업이 배당금을 지불할 때 주주간 이익을 균등하게 분배하지만 자사주 매입은 그렇지 않다고 지적했다.

〈오피니언뉴스 2023. 4. 17 수정〉

주요 용어

배당정책(dividend policy)

기업이 벌어들인 순이익을 기업의 소유주인 주주들에게 지급하는 배당과 미래의 투자기회에 대처하기 위하여 사내에 적립하는 유보이익(이익잉여금)으로 구분하는 의사결정을 의미한다.

정규현금배당(regular cash dividend)

매년 정기주주총회의 의결을 거쳐 정기적으로 지급하는 배당으로서 기업의 일시적인 경영성과와 관계없이 일정하게 지급되는 경향이 있다.

추가현금배당(extra cash dividend)

경영자가 장기적으로 기업전망이 개선될 것이라고 확신할 수는 없지만, 일시적으로 많은 이익을 얻을 경우에 정규현금배당 이외에 추가적으로 지급되는 현금배당을 의미한다.

특별현금배당(special cash dividend)

1회용 보너스의 형태로 지급되는 현금배당으로서 정상적인 배당지급시기 이외의 시기에 임시주주총회의 결의를 거쳐 지급되는 배당이다.

배당기준일(record date)

배당을 지급받을 주주를 확정시키기 위하여 주주명부를 폐쇄시키는 날, 즉 주식의 명의개서가 가능한 마지막 날이다.

배당락일(ex-dividend date)

배당금에 대한 권리가 상실되는 날을 의미하며, 배당락일 이후에 주식을 구입하는 경우 배당을 받을 수 없다.

MM의 배당무관련이론

완전자본시장하에서는 배당정책과 기업가치가 무관련하다.

자기배당(homemade dividend)

주주들이 기업의 배당정책과 상이한 배당을 선호한다면, 그들은 주식을 매입 또는 매도하여 현금흐름을 조정함으로써 자신이 선호하는 배당의 효과를 얻는 것을 의미한다.

저배당정책의 선호에 대한 현실적 요인

- 세금: 배당소득세율>자본차익세율
- 발행비용

고배당정책의 선호에 대한 현실적 요인

- 현재수입에 대한 선호
- 불확실성의 감소

배당의 정보효과(information-content effect)

시장에서 투자자들이 배당정책의 변화를 기업내용 변화의 신호로 인식하여 주가가 변하는 것(예 배당증가→좋은 신호→주가상승)을 의미하는 것으로서, 이를 신호효과(signaling effect)라고도 한다.

배당의 고객효과(clientele effect)

기업의 주주들의 선호(예 고소득자→저배당, 저소득자→고배당)에 따라 기업의 배당정책이 달라지며, 일단 기업들의 배당정책이 주주들의 선호와 일치하면 어떠한 기업도 단순히 배당정책을 변화시킴으로써 그 가치에 영향을 미칠 수 없다는 것을 의미한다.

잔여배당정책(residual dividend policy)

내부자금 중 새로운 투자에 지출하고 남는 부분이 배당으로 지급되는 것을 의미한다.

배당의 안정성

기업이익의 일시적 변동에 관계없이 목표배당을 정하여 주당배당금을 일정하게 유지하려는 경향을 의미한다.

주식배당(stock dividend)

현금배당 대신 주식을 추가로 발행하여 기존 주주에게 무상으로 교부하는 것으로서, 이를 실시하면 기업의 이익 중 주식배당액만큼 자본금으로 편입되기 때문에 발행주식수만 늘어날 뿐 기존 주주의 지분율은 그대로 유지되어 실질적인 주주 부의 증가를 가져오지는 않는다.

주식분할(stock split)

기존의 1주를 분할하여 그 이상의 배수로 만드는 것으로서, 이를 실시하면 단순히 발행주식수가 증가하고 액면가가 줄어드는 것 외에 외형적으로 재무상태표의 자기자본항목은 변하지 않는다.

자사주 매입(stock repurchase)

기업이 발행한 보통주를 다시 매입하여 금고주(treasury stock)의 형태로 소유하는 것을 말한다.

연습 문제

Ⅰ. 완성/선택형 문제

01 현금배당은 지급방법에 따라 정규현금배당, (　　　　　), (　　　　　) 등으로 분류된다.

02 (　　　　　)은 배당을 지급받을 주주를 확정하기 위하여 주주명부를 폐쇄시키는 날로서 주식의 명의 개서가 가능한 마지막 날이다.

03 우리나라에서 실시되는 일반적인 연말배당의 경우 결산기 이후에 개최되는 주주총회에서 배당결의가 이루어지기 때문에 배당금이 확정되기 전에 (　　　　　)이 일어난다는 모순이 발생한다.

04 현실적으로 자본이득보다는 배당소득에 대하여 보다 높은 개인소득세율이 부과되기 때문에 투자자들은 배당성향이 (　　　　　) 기업을 더 선호하는 경향이 있다.

05 배당의 정보효과는 경영자가 일반투자자들보다 기업내용에 관한 우월한 정보를 가지고 있는 (　　　　　) 때문에 성립되는 논리이다.

06 도입기 또는 성장기의 고속성장하는 기업의 경우는 배당을 (　　　　　)하는 반면, 성숙기의 저성장 기업의 경우는 배당을 (　　　　　)하는 경향이 있다.

07 배당에 대한 다음의 설명 중 잘못된 것은?

① 일반적으로 정규현금배당은 기업의 일시적인 경영성과와 관계없이 일정하게 지급되는 경향이 있다.

② 배당락일(ex-dividend date)은 배당금에 대한 권리가 상실되는 날이므로 그 이후에 주식을 매입하는 경우 배당을 받을 수 없다.

③ 배당기준일(record date)은 주식의 명의개서가 가능한 마지막 날이다.

④ 우리나라에서 실시되는 일반적인 연말배당의 경우 배당금이 확정되는 즉시 배당락가격이 형성된다.

⑤ 우리나라에서는 연말배당외에 중간배당 및 분기배당도 허용되고 있다.

08 MM의 배당이론(1961년)에 대한 다음의 설명 중 거리가 먼 것은?

① 완전자본시장하에서는 배당정책과 기업가치가 무관련하다.

② 정확히 배당만큼 주가가 하락하게 된다.

③ 기업의 투자기회에 따라 배당정책을 결정해야 한다.

④ 주주들이 기업의 배당정책과 상이한 배당을 선호한다면, 그들은 주식을 매입 또는 매각함으로써 자신의 선호에 따라 배당을 스스로 조정해 나갈 수 있다.

⑤ MM이 내세운 기본적인 가정을 완화함으로써 현실적으로 존재하는 다양한 배당정책들을 설명할 수 있을 것이다.

09 세금이 존재하지 않는 완전자본시장하에서 현재 주가가 20,000원인 기업이 주당 500원을 배당하는 경우 배당락주가는?

① 19,500원 ② 19,500 이상 ③ 19,500원 미만

④ 20,000원 ⑤ 알 수 없음

10 투자자의 저배당정책 선호에 대한 현실적 요인으로 볼 수 있는 것은?

A. 차별적 세금: 배당소득세율>자본이득세율
B. 증권의 발행비용
C. 현재수입에 대한 선호
D. 배당으로 인한 불확실성의 감소
E. 배당의 정보효과

① A, B ② A, C ③ C, D

④ D, E ⑤ B, E

11 배당의 정보효과와 고객효과에 대한 다음의 설명 중 잘못된 것은?

① 정보비대칭하에서는 경영자가 가지고 있는 정보를 투자자들에게 전달해 주기 위한 수단으로 배당정책이 이용될 수 있다.

② 주가는 배당정책 자체에 의해서 변하는 것이 아니라 배당이 가지고 있는 정보내용에 의해서 변한다.

③ 은퇴한 개인이나 사회단체 등은 당기의 소비가능한 소득을 원하기 때문에 현금배당을 보다 선호하게 된다.

④ 배당 이외의 다른 원천으로부터 충분한 소득을 얻어낼 수 있는 주주들은 상대적으

로 높은 세율을 부담해야 하는 배당소득보다는 자본이득을 바라게 된다.

⑤ 주주들의 선호에 따라 배당정책을 변화시킴으로써 기업가치에 영향을 미칠 수 있다.

12 시장의 불완전성이 배당정책에 미치는 영향에 대한 다음의 설명 중 가장 적절하지 않은 것은? (CPA 1차 2008)

① 배당을 늘리면 경영자의 특권적 소비를 줄이는 효과가 있기 때문에 기업가치에 긍정적 영향을 줄 수 있다.

② Miller와 Scholes는 배당소득세가 존재하더라도 기업가치는 배당정책의 영향을 받지 않는다고 주장하였다.

③ 배당의 증가는 미래에 양호한 투자처가 없어서 재투자를 하지 않고 배당을 증가시킨다는 부정적인 정보를 제공하므로 주가에 부정적인 영향을 주며 이를 배당의 신호효과라고 한다.

④ 배당을 늘리면 미래에 신주발행을 통해 투자자금을 확보해야 하는 가능성이 높아지며 신주발행에 관련된 비용도 증가할 수 있으므로 기업가치에 부정적인 영향을 줄 수 있다.

⑤ 최적자본구조를 유지하는 수준에서 재투자를 한 다음, 순이익의 나머지를 배당하는 배당정책을 사용하면 연도별 배당금의 변동이 심해진다.

13 기업 배당정책에 관련된 설명 중 가장 적절하지 않은 것은? (CPA 1차 2017)

① 일반적으로 기업들은 주당배당금을 일정하게 유지하려는 경향이 있다.

② 배당을 많이 지급함으로써 외부주주와 경영자 간 발생할 수 있는 대리인 비용을 줄일 수 있다.

③ 배당의 고객효과(clientele effect)에 따르면 높은 한계세율을 적용받는 투자자들은 저배당기업을 선호하며, 낮은 한계세율을 적용받는 투자자들은 고배당기업을 선호한다.

④ 수익성 있는 투자기회를 많이 가지고 있는 기업일수록 고배당정책을 선호한다.

⑤ 정보의 비대칭성이 존재하는 경우 경영자는 시장에 기업정보를 전달하는 수단으로 배당을 사용할 수 있다.

14 다음은 10 : 1 주식분할(stock split)에 대한 설명이다. 이 중 가장 옳지 않은 것은? (단, 주식분할과 관련된 모든 비용은 무시한다.) (CPA 1차 2003)

① 주식의 액면가는 1/10 로 하락한다.
② 장부상 자본잉여금이 보통주 자본금으로 전입될 뿐 자기자본 총액에는 변동이 없다.
③ 주주의 지분권(기업지배권)에는 변동이 없다.
④ 발행주식수가 10배 증가한다.
⑤ 주당순이익(EPS)이 1/10로 하락하고, 이론적인 주가는 1/10 수준으로 하락한다.

15 기업이 자사주를 매입(stock repurchase)하고자 하는 동기에 대한 설명 중 가장 타당성이 낮은 것은? (CPA 1차 1997)

① 채권자를 보호하는 수단이다.
② 성과급 스톡옵션의 실행을 위한 수단이다.
③ 현금배당에 대한 주주의 소득세를 절감할 수 있는 수단이다.
④ 적대적 기업합병 · 인수(M&A)에 대한 방어수단이다.
⑤ 주가가 저평가되었을 때 이 사실을 투자자에게 전달하는 수단이다.

16 A기업의 현재 발행주식수는 20,000주, 당기순이익은 5,000만원, 주가는 10,000원이다. 주가가 이론적 주가로 변한다고 가정할 때 A기업이 고려하고 있는 다음의 재무정책들 중에서 현재보다 주가수익비율(PER)이 감소하는 정책들을 모두 모은 것은? (단, 재무정책 실시에 따른 정보효과가 없다고 가정한다.) (CPA 1차 2008)

a. 순이익의 20%를 현금으로 배당한다.
b. 발행주식수의 20%를 주식으로 배당한다.
c. 2 : 1로 주식을 분할한다.
d. 2 : 1로 주식을 병합한다.
e. 순이익의 20%에 해당하는 금액의 자사주를 10,000원에 재매입한다.

① b, c, d ② c, d, e ③ a, b
④ a, e ⑤ d

17 (주)대한의 현재 주가가 1,000원이고, 자기자본은 다음과 같다. 주가는 이론적 주가로 변한다고 가정할 때, 각각의 재무정책 효과에 관한 설명 중 가장 적절하지 않은 것은? (단, 거래비용, 세금과 정보효과는 무시한다.) (CPA 1차 2011)

보통주자본금(액면금액 500원)	400,000원
자본잉여금	255,000원
이익잉여금	145,000원
자기자본	800,000원

① 10%의 주식배당을 1,000원에 실시하면 자본잉여금은 295,000원, 이익잉여금은 65,000원이 된다.
② 액면금액을 주당 100원으로 분할하면 발행주식수는 4,000주가 된다.
③ 주당 150원의 현금배당을 실시하면 배당락주가는 850원이고, 자기자본은 620,000원이 된다.
④ 주당 1,000원에 100주의 자사주를 매입하면 주가는 변함이 없지만 주당순이익은 증가한다.
⑤ 주당 1,000원에 80,000원만큼의 자사주 매입을 실시하면 자사주매입 후 유통주식수는 720주가 된다.

18 배당 이론 및 정책에 관한 설명으로 적절한 항목만을 모두 선택한 것은? (CPA 1차 2020)

a. 배당의 고객효과이론에 의하면 소득세율이 높은 고소득자는 저배당주를 선호하며, 소득세율이 낮은 저소득자는 고배당주를 선호한다.
b. 안정배당이론에 의하면 기업의 순이익이 급증할 때 배당성향이 단기적으로 감소하는 경향이 있다.
c. MM의 배당이론(1961)에 의하면 배당정책이 주주의 부에 영향을 미치지 않으며 주주들은 배당소득과 자본이득을 무차별하게 생각한다.
d. 잔여배당이론에 의하면 수익성이 높은 투자기회를 다수 보유하는 기업의 배당성향이 낮은 경향이 있다.
e. 현금배당 시 주당순이익(EPS) 및 부채비율은 변동하지 않으며 자사주매입 시 주당순이익 및 부채비율은 증가한다.

① a, e ② c, d ③ a, b, c
④ b, d, e ⑤ a, b, c, d

19 완전자본시장을 가정할 때, 다음 설명 중 적절한 항목만을 모두 선택한 것은? 단, 자사주는 시가로 매입한다고 가정한다. (CPA 1차 2022)

a. 주식배당 및 주식분할 후 자기자본 가치는 하락한다.
b. 현금배당 및 자사주 매입 후 PER(주가수익비율)은 하락한다.
c. 주식배당 및 주식분할 후 EPS(주당순이익)는 변하지 않는다.
d. 자사주 매입 및 주식병합 후 EPS는 상승한다.
e. 현금배당 및 자사주 매입 후 주주의 부는 상승한다.

① a, b ② a, c ③ b, c
④ b, d ⑤ c, e

Ⅱ. 서술/계산형 문제

01 우리나라 배당지급제도에 대해서 설명하고, 그 문제점을 지적하라.

02 MM의 배당무관련이론을 설명하라.

03 배당의 정보효과에 대하여 설명하라.

04 잔여배당정책을 설명하라.

05 주식배당과 주식분할의 차이점을 설명하라.

06 **| MM의 배당무관련이론 |**

현재 발행주식수가 100만주이며, 순이익의 전부를 배당하는 정책을 채택하고 있는 (주)태양의 순이익은 4억원으로 곧 배당을 실시할 예정이다. 그리고 이 회사의 1년 후 기업의 가치는 110억원으로 예상된다. 이 회사의 적절한 할인율이 10%이며, 완전자본시장을 가정하여 다음의 물음에 답하라.

(1) (주)태양의 현재가치는?

(2) (주)태양이 현재의 배당정책을 계속 유지하는 경우, 주식의 배당락가격은?

(3) 배당정책과 관련된 회의에서 이 회사의 일부 임원들은 배당이 너무 적어 주가가 낮게 형성된다고 주장하였다. 그러므로 그들은 신주발행에 의해 자금을 조달하여

주당 600원씩의 배당을 하자고 제안하였다.

① 낮은 배당으로 인해 주가가 저평가되었다는 주장에 대해 평가하라.

② 주당 600원씩 배당하자는 안이 채택된다면, 신주를 얼마에(발행가) 얼마만큼(발행주식수) 발행하여야 하는가?

07 | 주식배당 |

(주)은하의 현재 주가는 18,000원, 주당순이익은 1,000원이며, 자기자본은 다음과 같이 구성되어 있다.

(주)은하의 자기자본구조

항목	금액
자본금(액면 5,000원, 발행주식수 100만주)	50억원
자본잉여금	20억원
이익잉여금	10억원
자기자본 합계	80억원

이 회사가 10%의 주식배당을 실시하였다고 가정하여 다음의 물음에 답하라.

(1) 이 회사의 자기자본구조는 어떻게 변하겠는가?

(2) 이 회사의 주가는?

(3) 이 회사의 주가수익비율(price earning ratio : PER)은 어떻게 변하겠는가?

(4) 주식배당 전 100주를 가지고 있던 투자자가 있다면, 그의 부는 어떻게 되겠는가?

(5) 현실적으로 외부주주들은 기업의 내부정보를 잘 알지 못한다. 이 경우 주식배당은 정보를 전달하는 하나의 수단으로 사용될 수 있다. 이와 같은 논리하에서 긍정적인 정보로서의 주식배당을 설명하라.

08 | 배당정책과 주주의 부 |

한솔기업은 10,000주의 주식을 발행하였으며, 그 주식가격은 10,000원이다. 이 회사부채의 시장가치는 2,500만원이다. 현재 한솔기업은 자사의 자본구조와 관련된 다음과 같은 4가지 정책을 검토하고 있다.

- 정책 1 : 주식을 2 : 1로 분할한다.
- 정책 2 : 주당 100원씩 배당을 실시한다.
- 정책 3 : 5%의 주식배당을 실시한다.
- 정책 4 : 100만원의 자사주식을 매입한다.

법인세가 존재하지 않는 완전자본시장을 가정하여 다음의 물음에 답하라.

(1) 각 정책에 따라 다음을 계산하라.

① 부채의 시장가치

② 발행주식수

③ 주 가

④ 자기자본의 가치

⑤ 기업의 시장가치

(2) 각 정책에 따라 주주의 부는 어떻게 변하는가?

제 IV 편

재무분석과 운전자본관리

Financial Analysis & Working Capital Management

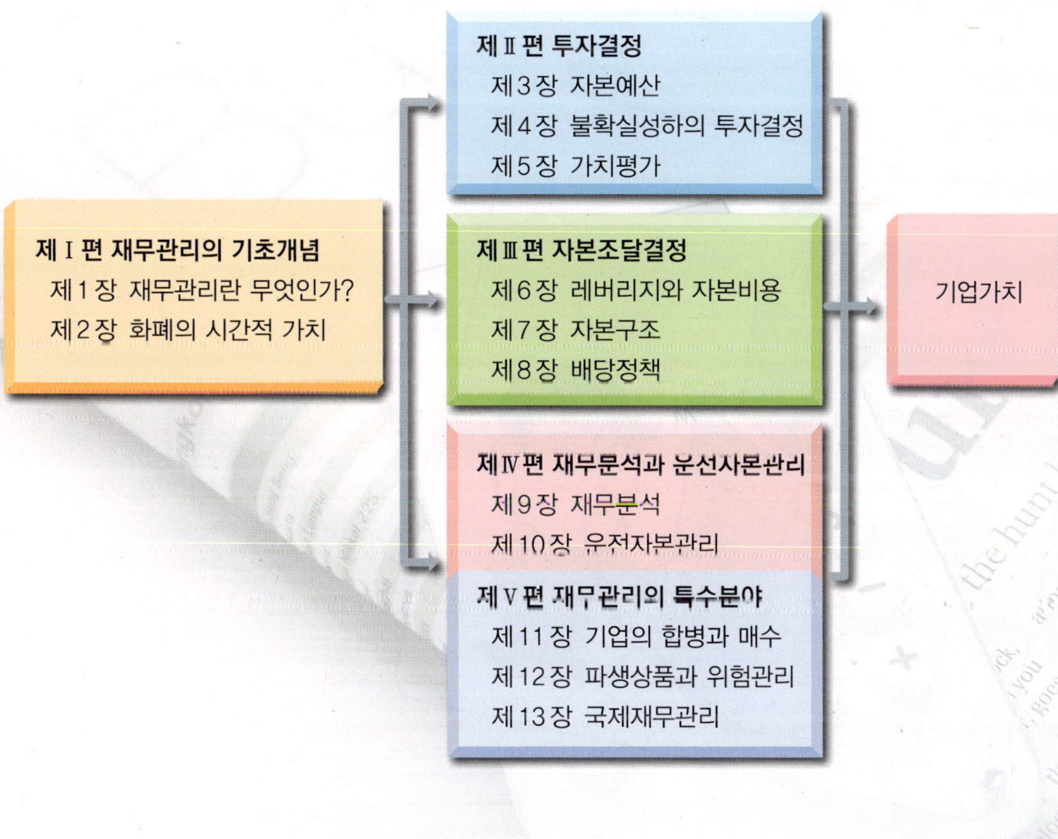

제9장

재무분석

1. 재무제표
2. 재무비율분석

보론 재무비율의 종합적 평가방법

재무분석은 기업의 재무적 건강상태를 파악하기 위한 수단이다.

Chapter

09

Financial Analysis

제9장의 개요

재무제표(financial statements: F/S)는 기업이 회계기간 동안에 수행한 경영활동의 결과를 간결하게 요약한 재무보고서이다. 재무제표의 작성목적은 기업이 이해관계자들에게 다양한 형태의 재무정보를 제공하는 데 있다. 기업의 이해관계자들이 요구하는 정보욕구를 충족시켜 주기 위하여 작성되고 있는 가장 보편적인 재무보고서로 재무상태표, 손익계산서 등이 있다. 재무제표에는 기업의 재무상태, 경영성과, 현금흐름 등 기업의 재무의사결정에 필요한 유용한 정보가 포함되어 있다.

본장에서는 먼저 주요 재무제표인 재무상태표, 손익계산서에 대해서 살펴본 후, 기업의 재무상태와 경영성과를 평가하는 주요 수단인 재무비율분석에 대하여 설명하고자 한다.

01 재무제표

재무제표는 기업의 이해관계자에게 재무정보를 제공하기 위해 작성되는 회계 보고서로서 재무상태에 대한 정보를 제공하는 재무상태표, 경영성과에 대한 정보를 제공하는 손익계산서, 현금흐름에 대한 정보를 제공하는 현금흐름표 등으로 구성된다.

1.1 재무상태표

재무상태표는 결산기 말에서 기업의 자산, 부채와 자본에 관한 정보를 제공한다.

재무상태표(statement of financial position)는 일정시점(결산기 말)에서 기업의 자산, 부채, 자본에 관한 정보를 제공하는 재무보고서로서 대차대조표(balance sheet: B/S)라고도 한다. 재무상태표의 양식은 계정식과 보고식이 있다. 계정식에서는 차변에 자산이, 대변에 부채와 자본이 기재된다. 보고식에서는 위에서 아래 방향으로 자산, 부채, 자본의 순서로 기재된다.

재무상태표는 자금의 운용상태(자산)와 조달원천(부채와 자본)의 관계, 즉 재무상태를 나타낸다. 재무상태표에서 자산항목은 기업이 조달한 자금을 어떻게 활용하고 있는가 하는 자금의 운용상태(투자활동)를 나타내며, 부채와 자본항목은 기업이 자금을 어떻게 조달하였는가 하는 자금의 조달원천, 즉 자본구조(자금조달활동)를 나타내고 있다. 따라서 재무상태표는 기업의 투자활동과 자금조달활동의 결과를 한 시점에서 정리한 보고서를 의미한다. 〈표 9-1〉은 디지털미디어, 정보통신, 반도체 등의 사업을 하고 있는 가상의 기업인 한국전자(주)의 보고식 재무상태표를 예시한 것이다.

> **재무상태표**
> 일정시점(결산기 말)에서 기업의 자산, 부채와 자본에 관한 정보를 제공하는 재무보고서이다.

재무상태표에 기재되는 자산의 항목은 일반적으로 유동성이 높은 순서에 따라 배열한다. 유동성(liquidity)은 자산의 현금화 정도를 의미한다. 따라서 현금화가 용이한 자산을 유동성이 높은 자산이라고 한다. 〈표 9-1〉에서 볼 수 있는 바와 같이 자산항목으로 유동자산과 비유동자산이 배열되어 있다. 유동자산은 유동성의 정도에 따라 현금및현금성자산, 단기금융자산, 매출채권, 재고자산의 순으로 배열되며,

비유동자산은 투자자산, 유형자산, 무형자산, 기타비유동자산의 순으로 배열된다.[1]

표 9-1 재무상태표

한국전자(주) (단위: 백만원)

과 목	20×0년 12월 말	20×1년 12월 말	20×2년 12월 말
유동자산	14,714	16,621	17,791
당좌자산	11,495	13,283	13,973
현금및현금성자산	978	2,027	2,360
단기금융자산	8,675	9,475	8,523
매출채권	1,842	1,781	3,090
재고자산	3,219	3,338	3,818
비유동자산	43,095	48,604	54,728
투자자산	12,645	17,122	21,653
유형자산	28,820	29,777	31,250
무형사산	523	568	653
기타비유동자산	1,107	1,137	1,172
보증금	611	701	861
장기선급비용	496	436	311
자 산 총 계	57,809	65,225	72,519
유동부채	9,635	10,803	11,721
매입채무	1,869	1,936	2,388
단기차입금	3,623	3,487	4,352
기타유동부채	4,143	5,380	4,981
비유동부채	2,977	2,861	2,684
사채	1,222	1,508	1,194
장기차입금	787	584	608
퇴직급여채무	432	439	508
기타비유동부채	536	330	374
(부 채 총 계)	12,612	13,664	14,405
사본금	898	898	898
자본잉여금	6,367	6,575	6,590
자본조정	−6,981	−8,747	8,597
기타포괄손익누계액	557	1,873	3,807
이익잉여금	44,356	50,962	55,416
(자 본 총 계)	45,197	51,561	58,114
부채와 자본총계	57,809	65,225	72,519

1 현금성자산은 현금의 단기적인 운용을 목적으로 취득한 유동성이 가장 높은(만기가 3개월 이내) 금융자산을 의미한다. 그리고 단기금융자산은 기업이 여유자금의 활용 목적으로 보유하는 단기예금, 단기대여금, 그리고 유동자산으로 분류되는 금융자산 등의 단기보유목적 금융자산을 총칭하는 개념이다.

유동자산(current assets)은 보고기간 말로부터 1년 이내에 현금으로 전환되거나 전환이 예상되는 자산을 말하며, 현금화의 용이성에 따라 당좌자산(quick assets), 재고자산(inventories)으로 분류된다.

비유동자산(non-current assets)은 정상적인 영업활동에 투자되어 1년 이내 현금화하기 어려운 자산으로서 그 사용형태가 급격하게 변하지 않는 자산이다. 비유동자산은 투자자산, 유형자산, 무형자산, 기타비유동자산으로 분류되며, 토지를 제외한 대부분의 유 · 무형자산은 감가상각(depreciation) 또는 상각(amortization)이라는 절차를 통해 장기간에 걸쳐 비용으로 처리된다. 투자자산(long-term investments)은 장기적인 투자수익을 목적으로 보유하는 채권 및 주식 등의 금융자산, 영업활동에 사용되지 않는 투자부동산(토지 및 건물), 특정목적(퇴직금 지급, 설비확장, 채무상환 등)의 장기성 예금, 그리고 다른 기업에 대한 중대한 영향력 행사나 지배를 목적으로 장기간 보유하는 주식(관계기업투자주식)을 포함한다. 투자자산은 기업의 고유한 영업목적에 사용되지 않는다는 점에서 유형자산과 구분되며, 장기적으로 보유하고 있다는 점에서 단기투자 목적의 유동자산과 구분된다. 유형자산(property, plant and equipment)은 제품의 생산, 서비스의 제공, 타인에 대한 임대 또는 자체적으로 사용할 목적으로 장기간(1년 이상) 보유하는 물리적 형체가 있는 자산을 말하며, 토지, 건물, 비품, 기계장치, 건설중인자산 등을 포함한다. 무형자산(intangible assets)은 물리적 형체는 없지만 독자적으로 식별가능한 비화폐성자산으로서 특허권이나 실용신안권 등을 포함한 산업재산권, 저작권, 개발비, 영업권 등이 있다.[2] 기타비유동자산은 비유동자산 중 투자자산, 유형자산, 무형자산으로 분류될 수 없는 자산으로 임차보증금, 장기선급비용 등을 포함한다.

일반적으로 부채(liabilities)는 상환만기가 빠른 순으로 기록되며, 상환기간이 1년 이내인 유동부채와 1년 이상인 비유동부채로 구분된다. 유동부채(current liabilities)는 일상적인 상거래에서 발생하는 영업상의 채무와 만기가 1년 이내인 지급채무로 구성된다. 비유동부채(non-current liabilities)는 만기가 1년 이상인 장기성 부채로서 사채, 장기차입금 등이 포함된다.

자본(stockholders' equity)은 기업의 소유자인 주주에게 귀속될 소유자지분을 의미한다. 자산총액에서 부채총액을 차감한 잔여지분인 자본은 자본금, 자본잉여금, 자본조정, 기타포괄손익누계액, 이익잉여금으로 분류된다. 자본금(capital stock)은 1주당 액면금액에 발행주식총수를 곱하여 산출되며, 우선주 자본금(preferred stock), 보통주 자본금(common stock)으로 구분된다. 자본잉여금(capital surplus)은 자본거래(증자, 감자 등)에서 발생된 잉여금이며, 이익잉여금 또는 유보이익(retained earnings)

2 이효익 · 최관 · 백원선 · 최영수, 제9판 IFRS 회계원리(신영사, 2019), p. 48.

은 기업의 이익 중 사외에 유출되거나 자본금계정에 대체되지 않고 사내에 유보된 부분이다. 자본조정(capital adjustment)은 자본의 성격이 결정되지 않은 임시항목으로서 자본총계에 가감하는 형식으로 기재되며, 회사가 발행한 주식을 소각, 재매각 또는 임직원에게 상여금으로 줄 목적으로 임시취득한 자기주식(treasury stock)이 대표적인 예이다. 그리고 기타포괄손익누계액은 당기순손익을 제외한 기타포괄손익(other comprehensive income)의 누계잔액을 의미하며, 이에 해당되는 과목으로는 매도가능금융자산평가손익, 해외사업외화환산손익, 자산재평가잉여금 등이 있다.[3]

손익계산서 1.2

손익계산서(income statement: I/S)는 일정기간 동안 기업에서 발생한 수익과 비용을 대응시켜 당해기간의 손익을 표시한 보고서로서 기업의 종합적인 경영성과를 나타내는 재무제표이다. 가상의 기업인 한국전자(주)의 손익계산서를 예시하면 〈표 9-2〉와 같다.[4]

손익계산서
일정기간 동안 기업에서 발생한 수익과 비용을 대응시켜 당해기간의 손익을 표시한 보고서로서 기업의 종합적인 경영성과를 나타내는 재무제표이다.

매출액(sales)은 주된 영업활동을 통하여 재화 또는 용역을 제조 · 판매한 대가로 발생하는 수익을 말한다. 매출원가(cost of sales)는 재화 또는 용역을 생산하는 과정에서 발생하는 비용으로 재화 또는 용역의 취득원가를 의미한다. 매출총이익(gross profit)은 매출액에서 매출원가를 차감한 것이며 생산효율성을 측정하는 근거가 된다. 영업이익(operating income)은 영업활동의 결과 발생된 이익으로 매출총이익에서 판매비와 관리비를 차감하여 산출된다. 법인세비용차감전순이익(earnings before taxes)은 영업이익에 금융수익 및 기타수익을 가산한 후 금융비

손익계산서는 기업이 종합적인 경영성과를 나타내는 재무제표이다.

3 포괄손익이란 증 · 감자나 이익배당과 같은 주주와의 거래가 아닌 거래나 사건으로 인해 일정 회계기간 동안 발생한 순자산의 변동을 총칭하는 것으로서, 이는 당기순손익과 기타포괄손익으로 구분된다.

4 2011년부터 적용되고 있는 한국채택국제회계기준(Korean International Financial Reporting Standards: K-IFRS)에서는 재무제표의 일부로 〈표 9-2〉와 같이 전통적 손익항목만 표시하는 별개의 손익계산서를 작성할 경우, 기업은 손익을 자본에 직접 반영하는 기타포괄손익거래를 포함시킨 포괄손익계산서를 추가로 작성하도록 요구하고 있다. 한국전자(주)의 포괄손익계산서를 예시하면 다음과 같다.

포괄손익계산서

회사명 : 한국전자(주) (단위: 백만원)

과 목	20X1년도	20X2년도
당기순이익	7,425	5,526
기타포괄손익	1,316	1,934
매도가능금융자산평가이익	1,026	1,790
해외사업외화환산이익	290	144
당기총포괄이익	8,741	7,460

용 및 기타비용을 차감하여 산출된다. 당기순이익(net income)은 최종적인 경영활동의 결과로서 주주에게 귀속되는 이익이며, 법인세비용차감전순이익에서 법인세비용을 차감하여 측정된다.[5]

표 9-2
손익계산서

한국전자(주) (단위: 백만원)

과 목	20×0년도	20×1년도	20×2년도
매출액	58,973	63,176	72,953
매출원가	42,360	46,847	55,381
매출총이익	16,613	16,329	17,572
판매비와 관리비	9,679	10,386	13,438
영업이익	6,934	5,943	4,134
금융수익	1,768	1,674	5,727
이자수익	1,239	1,279	1,401
외환차익	404	347	4,050
외화환산이익	125	48	276
금융비용	724	835	5,116
이자비용	303	332	284
외환차손	392	457	4,202
외화환산손실	29	46	630
기타수익	1,642	2,488	1,883
기타비용	404	640	720
법인세비용차감전순이익	9,216	8,630	5,908
법인세비용	1,300	1,205	382
당기순이익	7,916	7,425	5,526
주당이익			
기본주당순이익	5,282원	4,953원	3,768원
희석주당순이익*	5,206원	4,895원	3,734원

*) 발행주식수를 증가시킬 수 있는 전환사채, 신주인수권부사채 등의 전환을 고려하여 산출함.

5 기업이 특정 사업부문을 폐기 또는 처분할 경우 이 사업부문을 중단사업이라 하고, 여기서 발생한 중단사업손익을 계속사업부문의 손익과 별도로 표시한다. 〈표 9-2〉에서 법인세비용차감전순이익 이하는 다음과 같이 표시된다.

법인세비용차감전계속사업이익
－계속사업이익법인세비용
계속사업이익
±중단사업손익 (법인세효과 차감 후)
당기순이익

현금흐름표 1.3

현금흐름표
기업의 현금흐름을 나타낸 표로서 일정한 기간에 속하는 현금의 유입과 유출에 관한 내용을 정리한 보고서이다.

현금흐름표(statement of cash flows)는 기업의 현금흐름을 나타낸 표로서 일정한 기간에 속하는 현금의 유입과 유출에 관한 내용을 정리한 보고서이다. 현금흐름표에서는 현금의 변동내용을 명확하게 보고하기 위하여 당해 회계기간에 속하는 현금유입과 현금유출의 내용을 영업활동, 투자활동, 재무활동 등 세 가지 활동부문으로 구분하여 표시하고 있다. 따라서 현금흐름표를 통하여 일정한 기간 동안에 일어난 현금흐름의 변동원인, 미래의 현금흐름창출능력 및 현금결제능력 등에 관한 유용한 정보를 얻을 수 있다.

현금흐름표는 직접법과 간접법 등 두 가지 방법으로 작성된다. 두 방법은 영업활동으로 인한 현금흐름의 표시방법에 차이가 있다. 〈표 9-3〉은 간접법으로 작성된 한국전자(주)의 현금흐름표를 예시한 것이다.

간접법에 의한 경우 영업활동 현금흐름은 손익계산서항목과 관련하여 나타나는 것으로서 먼저 당기순이익에 조정항목 및 영업활동으로 인한 자산 · 부채의 변동을 가감하여 영업활동에서 창출된 현금을 계산한 후, 이자수취, 이자지급, 법인세 납부 등을 반영하여 구한다.[6] 영업활동 현금흐름은 기업의 정상적인 경영활동의 성과를 측정하는 것으로 수익력과 위험을 나타내는 척도가 된다.

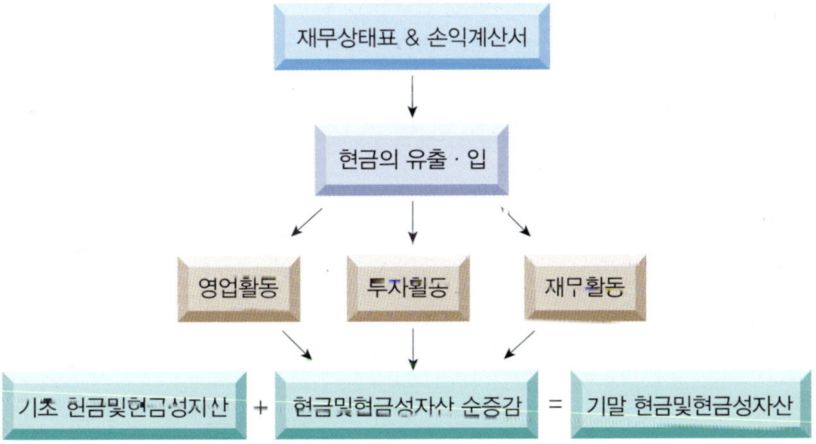

현금흐름표는 일정한 기간에서 기업이 조성한 현금과 사용한 현금의 내역을 정리한 보고서이다.

투자활동 현금흐름은 기업의 수익창출을 위해 장기간에 걸쳐 그 효과가 나타날 것으로 기대되는 재무상태표의 투자자산, 유형자산 및 무형자산 등과 관련하여 발생하는 현금흐름으로서, 투자활동

6 당기순이익의 조정항목:
+ 현금유출이 없는 비용(감가상각비, 유가증권평가손실 등)
− 현금유입이 없는 수익(유가증권평가이익, 외화환산이익 등)
+ 투자와 재무활동으로 인한 비용(유형자산처분손실, 사채상환손실 등)
− 투자와 재무활동으로 인한 수익(유형자산처분이익, 사채상환이익 등)
+ 이자비용 − 이자수익 + 법인세비용

현금유입에서 현금유출을 차감하여 측정된다.

그리고 재무활동 현금흐름은 기업의 자금을 조달한 방법과 자금상환 내역 및 재무자산의 취득과 처분에 대한 현금흐름으로 재무상태표의 장 · 단기 대여금, 비유동부채 및 자본, 그리고 일부 단기부채의 항목들과 관련하여 발생하며, 재무활동 현금유입에서 현금유출을 차감하여 측정된다.

표 9-3
현금흐름표

회사명 : 한국전자(주) (단위: 백만원)

과 목	20X0년도	20X1년도	20X2년도
영업활동 현금흐름	12,874	13,264	10,633
영업에서 창출된 현금흐름	13,238	13,522	9,898
당기순이익	7,916	7,425	5,526
조정	5,437	6,604	6,805
영업활동으로 인한 자산 · 부채의 변동	−115	−507	−2,433
이자의 수취	1,239	1,279	1,401
이자의 지급	−303	−332	−284
법인세 납부액	−1,300	−1,205	−382
투자활동 현금흐름	−10,481	−9,688	−9,290
투자활동 현금유입액	4,780	4,030	5,639
투자활동 현금유출액	−15,261	−13,718	−14,929
재무활동 현금흐름	−2,469	−2,527	−1,010
재무활동 현금유입액	176	118	166
재무활동 현금유출액	−2,645	−2,645	−1,176
현금및현금성자산의 증가(감소)	−76	1,049	333
기초 현금및현금성자산	1,054	978	2,027
기말 현금및현금성자산	978	2,027	2,360

뉴스 속 재무

재무제표만 제대로 봐도 기업분석력 Upgrade

주식에 투자할 때는 먼저 자신이 투자하려는 기업이 튼튼한지(안정성), 이익을 많이 내는지(수익성), 앞으로 더 커질 가능성이 있는지(성장성)를 파악해야 한다. 이 같은 것들을 알아내기 위해 기업분석에 쓰이는 자료가 바로 재무제표(財務諸表)다. 재무제표에는 재무상태표, 손익계산서, 현금흐름표 등이 있다. 재무제표는 기업이 해마다 한 번씩 금융감독원에 제출하는 사업보고서에 포함돼 있다. 대부분의 기업은 우리가 쓰는 달력과 마찬가지로 1월 1일부터 12월 31일까지를 한 회계연도(12월 결산법인)로 삼고 있다. 그러나 일부 기업들은 4월, 7월, 10월을 회계연도의 시작으로 삼기도 한다. 사업보고서는 금융감독원 전자공시시스템(dart.fss.or.kr)에서 찾아볼 수 있다.

손익계산서에는 기업실적이 보인다

손익계산서(income statement)란 기업이 1년 동안 사업을 하면서 얼마나 벌었는지, 얼마나 손해를 봤는지를 기록한 표다. 손익계산서는 한 회사가 물건이나 서비스를 팔고 받은 돈에서 각종 비용을 빼는 방식으로 작성된다. 손익계산서의 제일 뒷부분에 있는 당기순이익을 보면 회사가 그 사업 연도에 흑자를 냈는지, 손해를 봤는지 알 수 있다. 그러나 당기순이익에는 영업 외적인 요인이 많이 반영돼 있기 때문에 영업이익, 법인세비용차감전순이익 등 이전 단계의 이익들을 함께 살펴볼 필요가 있다. 어느 해 회사의 당기순이익이 크게 증가한 것으로 나타났는데, 알고 보니 영업이익은 줄어들었고 갖고 있던 땅을 구입가격보다 높은 값에 팔아 이익을 낸 것이라면 회사가 본업인 장사를 잘했다고 볼 수 없다. 이 같은 이익은 일회성이기 때문에 다음 해에도 순이익이 좋아질 것으로 기대하기 힘들다.

재무상태표는 재무상태를 파악하는 기초 자료

재무상태표(statement of financial position)는 회사의 재무상태를 일목요연하게 보여 주는 표다. 결산시점을 기준으로 기업이 어떻게 자금을 조달(부채와 자본)해서 운용(자산)했는지를 보여 준다. 모든 자산은 차변(왼쪽)에, 모든 부채와 자본은 대변(오른쪽)에 적어 넣기 때문에 대차대조표라고도 불린다. 재무상태표에서 자산은 언제나 부채와 자본의 합계와 일치한다. 자산은 1년 내에 현금화가 가능한 유동자산(현금, 예금, 매출채권, 재고자산 등)과 1년 안에 현금화가 어려운 비유동자산(토지, 건물, 기계장치 등)이 있다. 부채도 마찬가지로 1년 이내에 갚아야 하는 유동부채와 1년 뒤 갚아도 되는 비유동부채로 나뉜다. 자본은 주주들이 출자한 자본금 외에 자본잉여금, 이익잉여금 등으로 구성된다.

현금흐름이 나쁘면 부도날 수도

손익계산서는 '발생주의' 원칙에 따라 제품이나 서비스의 경제적 효익이 제공되는 시점에 기록되는 반면, 현금흐름표(statement of cash flows)는 실제로 현금이 들어오는 시점을 기준으로 작성된다. 외상으로 제품을 팔았을 경우 현금흐름은 없지만 매출로 기록된다. 물품을 외상으로 구입하는 경우도 마찬가지다. 현금지출은 없지만 비용으로 처리된다. 회사가 외상으로 장사를 한 후 계속 대금을 회수하지 못한다면 손익계산서상으로는 이익이 났더라도 빌린 돈을 제때 갚지 못해 부도가 날 수 있다. '흑자도산'이라는 말이 생겨난 이유다. 장부상에는 분명히 흑자인데, 현금이 없어 부도를 낼 수 있다. 현금흐름표는 영업활동 현금흐름, 투자활동 현금흐름, 재무활동 현금흐름 등으로 구분된다. 영업활동 현금흐름은 제품판매나 원재료 구입 등 일상적인 영업활동에 따른 현금 유출 · 입을 나타낸다. 투자활동 현금흐름은 비유동자산 취득 등 회사가 미래에 수익을 얻기 위해 돈을 얼마나 투자했는지를 나타낸다. 재무활동 현금흐름은 은행에서 돈을 빌린다든지, 주식을 발행한다든지 하는 기업의 자금조달과 관련된 현금흐름을 나타낸다.

〈한국경제신문, 2005. 8. 1 수정〉

재무 산책

금융감독원의 전자공시시스템

기업의 재무제표를 신속하고 저렴하게 수집할 수 있는 방법은 금융감독원(www.fss.or.kr)의 전자공시시스템(data analysis, retrieval and transfer system: DART)을 이용하는 것이다. 전자공시시스템은 우리나라 기업이 금융감독원 등 관계기관에 제출하는 신고서 또는 보고서 등을 인터넷을 통하여 전자문서로 제출하고 그 내용을 실시간으로 일반인에게 공시함으로써 공시의 신속성과 기업경영의 투명성을 제고하기 위한 종합적인 공시시스템이다. 기존의 공시는 서면에 의한 공시로서 제출대상회사가 금융감독원, 한국거래소 등을 직접 방문하여 다량의 공시서류를 제출하였으나, 전자공시시스템은 금융감독원이 제공하는 전자문서 소프트웨어를 이용하여 공시서류를 작성하고 인터넷을 통하여 한 번만 제출하면 모든 공시의무가 완료된다. 따라서 방문에 따른 불편과 다량의 서면문서 작성으로 인한 자원의 낭비를 막을 수 있을 뿐만 아니라 일반인(투자자, 학생, 기타 이해관계인)들로 하여금 실시간으로 인터넷을 통해 해당 회사의 정보를 얻을 수 있게 한다.

재무분석에 필요한 자료를 얻기 위해서는 먼저 전자공시시스템(dart.fss.or.kr)에 접속하여 분석하고자 하는 회사의 사업보고서(정기공시) 등을 검색한다. 그 다음 검색된 기업의 사업보고서의 우측 상단에 있는 '다운로드'를 선택하여 재무제표자료(엑셀파일)를 다운로드받으면 재무비율분석에 필요한 자료를 쉽게 얻을 수 있다.

| 전자공시시스템(dart.fss.or.kr) |

재무비율분석 02

재무비율분석의 의의 2.1

재무상태표, 손익계산서 등과 같은 재무제표를 분석하여 기업의 재무상태와 경영성과를 파악할 수 있다. 그러나 재무제표의 내용이 매우 복잡하기 때문에 재무제표를 직접 분석하여 의사결정에 필요한 정보를 얻는 것은 쉬운 일이 아니다. 따라서 재무제표에 포함된 유용한 정보를 쉽게 파악할 수 있는 수단이 필요하니, 이를 위해 고안된 것이 재무비율이다.

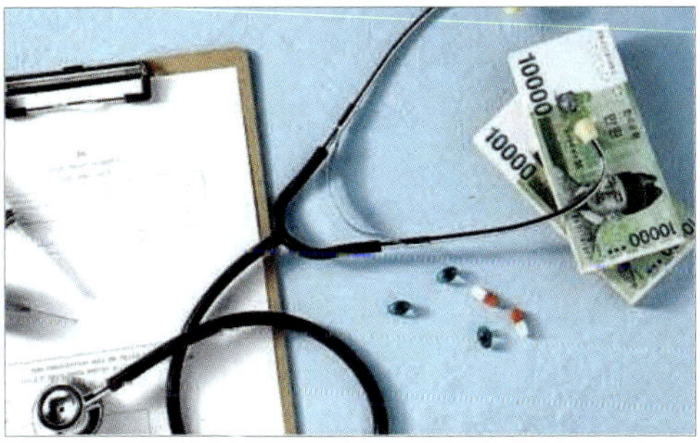

재무비율분석을 통해 기업의 건강을 진단할 수 있다.

재무비율(financial ratio)은 경제적 의미와 논리적 관계가 분명한 재무제표의 두 항목을 상대적 비율로 나타낸 것이다. 따라서 재무비율분석은 재무비율의 경제적 의미를 분석하여 기업의 재무상태와 경영성과를 평가하는 기법이라 할 수 있다. 재무비율분석의 기본목적은 기업의 다양한 이해관계자에게 목적적합한 정보를 제공하는 데 있다.

재무비율
경제적 의미와 논리적 관계가 분명한 재무제표의 두 항목을 상대적 비율로 나타낸 것이다.

재무 산책

기업의 건강진단

경기 포천에 있는 영진산업은 수성접착제와 계면활성제 등을 만드는 중소기업이다. 이 회사가 위기를 맞은 때는 2013년이다. 새 공장을 지어 입주했는데, 불량률이 증가하는 등 품질관리가 제대로 안 됐다. 주요 고객사인 섬유업체와 건축 관련 업체들의 영업이 잘 안 돼 여기에 납품하는 물량도 감소하는 '이중고'를 겪었다. 이러나 보니 수익성이 떨어지고 생산성도 떨어졌다. 이미사 영진산업 대표가 중소기업진흥공단(중진공) 경기북부지부에 도움을 청한 시기는 2014년 7월이다.

중소벤처기업진흥공단은 영진산업에 대한 기업진단에 들어갔다. 먼저 수익성이 악화된 원인을 분석했다. 생산성이 어떤 수준인지 파악했다. 수출 영업을 어떻게 확대할 수 있는지 진단했다. 몇 달에 걸친 분석 끝에 몇 가지 문제점이 나왔다. 이 회사는 매출채권을 회수하기까지 시간이 너무 오래 걸렸다. 팔아도 남는 게 없는 제품도 있었다. 품목은 많은데, 물량이 적으니 규모의 경제도 안 됐다. 수출을 하면서도 전담부서가 없었다. 문제 해결을 위해 중진공은 우선 다품종 소량생산 체제에 맞는 전략부터 세웠다. 인력관리 프로그램도 다시 만들었다. 핵심 인력에 대해서는 성과보상공제에 가입시켰다. 생산성 향상과 원가 절감을 주제로 한 직원 교육을 했다. 해외시장에 대한 정보도 제공했다. 이 과정을 통해 영진산업의 작년 매출은 전년 대비 10%가량 증가한 100억원을 넘었다. 올해는 120억원을 목표로 잡았다. 이 대표는 "기업진단을 통해 위기를 극복할 수 있었고 회사의 근본적인 체질도 개선할 수 있었다"고 말했다.

기업진단은 사람이 건강진단을 받는 것과 비슷하다. 건강진단을 받을 때 다양한 검사를 통해 종합적인 진단을 내리듯 기업진단은 기업이 갖고 있는 문제점을 파악한 뒤 근본적인 처방을 제시하는 것을 목표로 한다. 중진공의 기업진단사업은 기술 · 경영 전문가가 기업을 방문해 상태를 진단한 뒤 이에 맞는 처방전을 제시하는 방식으로 진행된다. 여기서 그치는 것이 아니라 치료에 도움이 되는 각종 정책을 연계 지원하고 사후에도 코칭을 한다. 이는 '신청-평가-지원' 방식으로 진행된 기존 정부 지원 방식에서 발전된 형태다. 이를 통해 중소기업의 안정적인 성장을 돕는다.

중소벤처기업진흥공단은 2023년 2월 빅데이터 기반 인공지능(artificial intelligence : AI)진단 시스템 '비즈브레인'(BIZBRAIN)을 도입했다. AI진단은 기업 데이터와 약 1,000만건 산업별 데이터를 AI가 자동 연동시켜 외부환경과 경영성과, 내부역량 등을 분석하고 맞춤 사업을 연계해주는 시스템이다. 기존 비대면 진단에서 기업이 정보를 직접 입력하는 불편을 해소했다. 또 PC 웹 기반 진단에서 모바일 앱을 활용한 진단시스템을 추가로 구축, 고객 접근성을 강화했다. 다양한 기업맞춤 정보도 실시간으로 제공한다. 최근 2개년 표준재무제표를 보유하고 있는 중소기업이면 누구나 AI진단 누리집에 접속하거나 모바일 앱을 내려받아 이용할 수 있다. 진단 신청 1분 이내 약 14페이지의 진단보고서를 무료로 받아볼 수 있다.

중진공은 AI진단을 완료한 기업을 대상으로 2023년 4월부터 진단보고서 상세 해석과 경영애로사항에 대한 전문가 화상코칭 서비스를 제공할 계획이다. 김학도 중진공 이사장은 "AI진단은 장소와 시간, 횟수에 제한 없이 언제 어디서든 무료로 이용이 가능한 것이 장점"이라며 "빅데이터를 적극 활용해 스스로 기업 수준을 진단하고 관리할 수 있도록 중소 · 벤처기업 마이데이터 활성화를 지원하겠다"고 말했다.

재무비율의 분류와 표준비율 2.2

재무비율의 분류

재무비율을 〈표 9-4〉와 같이 경제적 의미에 따라 유동성비율, 자본구조비율, 효율성비율, 수익성비율, 성장성비율, 생산성비율, 시장가치비율 등으로 분류할 수 있다.

표 9-4 재무비율의 분류 및 경제적 의미

분 류	경제적 의미	관련 비율
유동성비율	단기채무지급능력을 측정	유동비율, 당좌비율, 순운전자본구성비율 등
자본구조비율	부채의존도를 나타내는 것으로 기업의 장기채무지급능력을 측정	부채비율, 자기자본비율, 비유동비율, 이자보상비율 등
효율성비율	보유자산의 이용효율성을 측정	매출채권회전율, 재고자산회전율, 유형자산회전율, 총자산회전율 등
수익성비율	매출 또는 투자에 대한 수익성을 나타내는 것으로 경영의 총괄적 효율성을 측정	총자산순이익률, 자기자본순이익률, 매출액순이익률 등
성장성비율	외형 및 수익의 성장가능성을 측정	총자산증가율, 매출액증가율, 순이익증가율 등
생산성비율	생산요소의 성과를 측정	부가가치율, 노동생산성, 자본생산성 등
시장가치비율	주식시장에서의 평가를 측정	주가수익비율, 주가장부가치비율, 토빈의 q비율 등

표준비율

재무비율을 이용하여 기업의 재무상태와 경영성과를 평가할 때 비교 · 평가의 기준이 되는 재무비율이 필요하게 된다. 비교 · 평가의 기준이 되는 재무비율을 **표준비율**(standard ratio)이라 한다. 표준비율로는 분석기업의 과거비율, 경험적 재무비율, 산업평균비율, 경쟁기업의 재무비율 등이 있다.

표준비율
재무비율을 이용하여 기업의 재무상태와 경영성과를 평가할 때 비교 · 평가의 기준이 되는 재무비율이다.

■ 분석기업의 과거비율

현재 개별기업의 재무비율을 계산한 후 이에 대한 경영상태를 평가하고자 할 때 그 기업의 과거 재무비율을 표준비율로 선택할 수 있다. 과거비율을 표준비율로 사용하는 경우에는 기업의 각종 재무비율을 기간별로 비교하여 경영성과 등의 변동추이뿐만 아니라 특정비율의 변동원인도 쉽게 파악할 수 있다.

■ 경험적 재무비율

경험적 재무비율은 오랜 기간에 걸쳐 체험적으로 터득된 이상적인 재무비율을 의미한다. 예를 들어 자금을 대출해 준 기업이 파산하여 금융기관이 원리금을 회수할 목적으로 유동자산을 처분할 때 절반 정도의 값을 받을 수 있다는 사실은 경험을 통해서 알려져 있다. 따라서 금융기관에서는 기업의 유동비율이 200% 이상 되어야 유동성이 양호하다고 평가한다. 또한 당좌비율이 100% 이상, 자기자본비율이 50% 이상, 비유동비율이 100% 이하 등도 경험적으로 설정된 비율이다.[7]

그러나 경험적 비율은 특정국가의 정치 · 경제적 특성, 사회 · 문화적 특성, 금융환경, 그 국가의 특정기업이 속해 있는 산업, 기업규모 등에 따라 영향을 받을 수 있다. 그리고 분석자의 입장에 따라 경험적 비율의 적정수준이 다를 수 있기 때문에 절대적인 기준에 따라 경험적 비율을 설정하는 것이 오히려 적합하지 않을 수도 있다.

■ 산업평균비율

산업평균비율
표준산업분류와 같은 일정한 기준에 따라 산업을 분류한 후, 그 산업에 속해 있는 기업들의 재무비율을 평균한 값이다.

산업평균비율은 표준산업분류와 같은 일정한 기준에 따라 산업을 분류한 후, 그 산업에 속해 있는 기업들의 재무비율을 평균한 값이다. 산업평균비율은 재무비율의 비교기준인 표준비율로 가장 널리 사용되고 있다. 산업평균비율을 표준비율로 이용하는 경우 재무비율을 산업평균비율과 비교함으로써 양호한지 또는 불량한지를 평가할 수 있다.

우리나라의 산업별 평균비율은 한국은행의 「기업경영분석」에서 얻을 수 있다. 「기업경영분석」에 수록된 산업평균비율은 기업규모에 따라 가중평균된 비율이다. 〈표 9-5〉는 한국은행의 「기업경영분석」에 수록된 '전자부품, 컴퓨터, 영상, 음향 및 통신장비(대기업)'의 산업평균비율 자료에서 추출한 것이다.[8]

---

7 이와 같은 경험적 비율은 미국 실무계에서 경험적으로 설정되어 온 것으로 한국은행, 「기업경영분석」에서도 동일한 경험적 비율을 제시하고 있다.

8 「기업경영분석」 자료는 한국은행 홈페이지(www.bok.or.kr)에 접속하여 '조사 · 연구-간행물-발행주기별 검색-연간-기업경영분석'에서 다운로드받거나, 경제통계시스템(ecos.bok.or.kr)에 접속하여 검색할 수 있다.

표 9-5 전자부품, 컴퓨터, 영상, 음향 및 통신장비(대기업) 산업평균비율

재무비율	20×1년도	20×2년도
1. 유동성비율		
유동비율(%)	136.63	113.59
당좌비율(%)	109.13	90.16
순운전자본구성비율(%)	7.76	3.38
2. 자본구조비율		
부채비율(%)	52.25	60.17
자기자본비율(%)	65.68	62.43
비유동비율(%)	108.20	114.92
이자보상비율(배)	8.27	5.78
3. 효율성비율		
매출채권회전율(회)	14.08	14.45
매출채권회수기간(일)	25.92	25.26
재고자산회전율(회)	17.48	19.23
재고기간(일)	20.88	18.98
유형자산회전율(회)	2.29	2.57
총자산회전율(회)	1.06	1.12
4. 수익성비율		
총자산순이익률(%)	7.37	1.15
자기자본순이익률(%)	11.45	1.80
매출액순이익률(%)	6.93	1.03
5. 성장성비율		
총자산증가율(%)	9.28	10.84
매출액증가율(%)	5.48	15.56
순이익증가율(%)*	13.26	−81.64
6. 생산성비율		
부가가치율(%)	25.85	22.36
노동생산성(백만원)	85.23	74.12
총자본투자효율(%)	24.27	21.43

*) 「기업경영분석」에 수록되지 않는 재무비율로 산업종합재무제표를 이용하여 직접 계산한 것임.

■ 경쟁기업의 재무비율

경쟁기업의 재무비율 또는 산업 내 대표적인 기업의 재무비율을 표준비율로

이용할 수 있다. 다양한 업종의 사업부를 운영하고 있는 기업의 경우 특정산업의 평균비율을 표준비율로 이용하는 데 어려움이 있다. 이와 같은 경우 산업평균비율보다 영업활동의 특성이나 규모면에서 유사한 경쟁업체의 재무비율을 표준비율로 이용하는 것이 바람직할 것이다.

한편 산업을 선도하는 대표적인 기업의 재무비율을 표준비율로 이용할 수 있다. 기업들은 산업을 선도하는 기업으로 성장하기를 원한다. 따라서 선도기업의 재무비율을 기준으로 자사의 재무비율을 분석하여 취약한 부분과 우위에 있는 부분을 파악할 수 있으며, 선도기업으로 성장하는 데 필요한 경영전략 수립에 대한 정보를 얻을 수 있다.

2.3 주요 재무비율의 경제적 의미

유동성비율

Part Ⅳ

유동성비율
단기채무를 상환할 수 있는 능력을 측정하는 재무비율로 단기채무지급능력비율이라고도 한다.

유동성비율(liquidity ratios)은 단기채무를 상환할 수 있는 능력을 측정하는 재무비율로 단기채무지급능력비율(short-term solvency ratios)이라고도 한다. 유동성은 단기간에 자산을 현금화시킬 수 있는 정도를 의미한다. 여기서 단기(short-term)란 기업의 정상적인 영업주기(operating cycle), 즉 원재료구입, 생산, 판매, 대금회수가 이루어지는 기간으로서 통상 1년의 기간을 의미한다.

단기채무를 상환할 수 있는 능력을 나타내는 유동성비율에 가장 많은 관심을 갖는 이해관계자는 운영자금을 대출해 주는 금융기관, 신용으로 원재료 등을 판매하는 공급업체 등이다. 그러나 현금및현금성자산, 단기금융자산, 매출채권, 재고자산 등과 같은 유동자산은 판매활동을 지원하기 위하여 보유하는 자산이기 때문에 수익성이 아주 낮고, 유동성이 높은 자산이다. 따라서 유동성을 높이기 위해서 유동자산을 과다하게 보유하는 경우에는 기업의 수익성이 낮아지게 됨을 유의해야 한다. 그러므로 기업은 유동성 부족으로 인한 손실과 높은 유동성 확보로 인한 수익성 감소의 두 측면을 충분히 고려하여 적절한 수준에서 유동성을 유지하도록 하여야 한다.

유동비율
유동자산을 유동부채로 나눈 비율로 기업의 단기채무지급능력을 측정하는 재무비율이며, 은행가비율이라고도 한다.

■ 유동비율

유동비율(current ratio)은 유동자산을 유동부채로 나눈 비율로 기업의 단기채무지급능력을 측정하는 재무비율이며, 은행가비율(banker's ratio)이라고도 한다. 즉 유동비율은 단기채권자의 청구권이 유동자산에 의해 어느 정도 충당될 수 있는지를 나타내는 지표로서 다음과 같이 계산된다.

$$유동비율(\%)=\frac{유동자산}{유동부채}\times 100$$

유동비율이 높을수록 단기채무지급능력이 양호하다고 평가되며, 일반적인 기준으로 유동비율이 200% 이상이면 바람직한 것으로 평가된다. 그러나 유동비율의 적정수준에 대한 판단은 분석주체에 따라 상이할 수 있다. 채권자, 특히 공급업체와 같은 단기채권자의 입장에서 보면 유동비율이 높을수록 청구권의 회수가능성이 높아짐을 의미하기 때문에 좋다.[9] 그러나 경영자의 입장에서 보면 높은 유동비율은 유동성을 나타내기도 하지만 현금이나 단기자산을 비효율적으로 운용하고 있다는 의미도 된다.

앞에서 제시한 한국전자(주)의 재무제표를 이용하여 유동비율을 구하면 〈표 9-6〉과 같다. 한국전자(주)의 경우 유동비율이 20×1년, 20×2년 모두 산업평균비율에 비해 상당히 양호한 것으로 나타났다. 따라서 이 회사의 단기채무지급능력에 문제는 없는 것으로 판단된다.

표 9-6 한국전자(주)의 유동비율(%)

연 도	한국전자(주)	산업평균
20×1	$\frac{16,621}{10,803}\times 100=153.86$	136.63
20×2	$\frac{17,791}{11,721}\times 100=151.79$	113.59

당좌비율
유동자산에서 재고자산을 차감한 당좌자산을 유동부채로 나눈 비율로 재고자산의 처분을 고려하지 않은 상황에서 단기채무를 상환할 수 있는 능력을 측정하는 재무비율이며, 산성시험비율이라고도 한다.

■ 당좌비율

당좌비율(quick ratio)은 산성시험비율(acid-test ratio)이라고도 하며, 유동자산에서 재고자산을 차감한 당좌자산을 유동부채로 나눈 비율로 다음과 같이 계산된다.

$$당좌비율(\%)=\frac{당좌자산}{유동부채}\times 100$$

9 기업의 차입능력이 상당히 남아 있는 경우에는 낮은 유동비율에도 불구하고 단기채무지급능력에 문제가 없을 수도 있음을 유의해야 한다.

재고자산은 판매과정을 통해서 현금으로 전환되는 속도가 비교적 늦을 뿐만 아니라 현금화되지 못할 가능성도 있으며, 또한 청산(liquidation)시 손실의 발생위험이 가장 큰 자산이다. 따라서 당좌비율은 재고자산의 처분을 고려하지 않은 상황에서 단기채무를 상환할 수 있는 능력을 측정하는 비율이기 때문에 유동비율보다 유동성 측면을 더 강조하는 비율이라 할 수 있다.

당좌비율이 높을수록 단기채무지급능력이 양호하다고 평가되며, 일반적인 기준으로 당좌비율이 100% 이상이어야 바람직한 것으로 평가된다. 당좌비율은 유동비율의 보조비율로서 중요하며, 특히 경기에 민감한 재고자산 또는 진부화 위험이 높은 재고자산을 보유하는 기업의 단기채무지급능력을 평가하는 데 유용한 지표이다. 유동비율은 양호한 데도 불구하고 당좌비율이 불량한 경우에는 그 원인이 주로 재고자산의 과다한 보유 때문인 것으로 추정해 볼 수 있다.

한국전자(주)의 당좌비율을 구하면 〈표 9-7〉과 같다. 한국전자(주)의 경우 당좌비율도 유동비율과 마찬가지로 산업평균비율에 비해 상당히 양호한 것으로 나타났다.

표 9-7
한국전자(주)의 당좌비율(%)

연 도	한국전자(주)	산업평균
20×1	$\frac{13,283}{10,803} \times 100 = 122.96$	109.13
20×2	$\frac{13,973}{11,721} \times 100 = 119.21$	90.16

■ 순운전자본구성비율

순운전자본(net working capital)은 유동자산에서 유동부채를 차감한 금액으로 측정된다. 따라서 순운전자본이 양(+)의 값을 갖는다는 것은 유동자산으로 유동부채를 상환한 후 여유가 있다는 것을 의미한다. 순운전자본이 음(−)의 값을 갖는다는 것은 유동자산으로 유동부채를 충분히 상환할 수 없음을 나타낸다.

기업규모에 따라 필요한 순운전자본의 크기가 달라질 수 있기 때문에 총자산에서 순운전자본이 차지하는 비율인 **순운전자본구성비율**(net working capital to total assets)로 단기유동성을 측정할 수 있다. 순운전자본구성비율은 주로 기업의 파산예측에서 많이 이용되고 있는 재무비율이다. 순운전자본구성비율은 다음과 같이 계산된다.

순운전자본구성비율
총자산에서 순운전자본이 차지하는 비율로 기업의 단기유동성을 측정하는 재무비율이다.

$$순운전자본구성비율(\%) = \frac{순운전자본}{총자산} \times 100$$

한국전자(주)의 순운전자본구성비율을 구하면 〈표 9-8〉과 같다. 한국전자(주)의 경우 순운전자본구성비율은 20×1년, 20×2년 모두 산업평균비율에 비해 양호한 것으로 나타났다.

표 9-8 한국전자(주)의 순운전자본구성비율 (%)

연 도	한국전자(주)	산업평균
20×1	$\frac{16,621-10,803}{65,225} \times 100 = 8.92$	7.76
20×2	$\frac{17,791-11,721}{72,519} \times 100 = 8.37$	3.38

자본구조비율

자본구조비율(capital structure ratios)은 기업의 장기채무지급능력을 나타내는 비율로 타인자본의존도에 의해 측정된다. 부채를 이용하는 것을 레버리지(leverage)라 하기 때문에 자본구조 비율을 레버리지비율(leverage ratios)이라고도 한다. 부채의 비중이 높을수록 채무에 대한 원리금상환능력이 낮아진다. 따라서 채권자의 입장에서 보면 기업의 부채의존도는 채권회수에 대한 위험부담의 정도를 나타내기 때문에 기업의 부채의존도가 낮을수록 안전하다고 평가하게 된다. 즉 자본구조비율은 기업의 장기채무에 대한 안전도를 평가하는 데 유용한 정보를 제공한다.

자본구조비율
기업의 장기채무지급능력을 나타내는 비율로 타인자본의존도에 의해 측정되며, 레버리지비율이라고도 한다.

한편 주주 입장에서 보면 타인자본의 비중이 커질수록 적은 자본으로 기업지배권을 행사할 수 있으며, 이자비용으로 인한 법인세 절감효과를 얻을 수 있다는 이점이 있다.

■ 부채비율

부채비율(debt ratio or debt to equity ratio)은 기업의 부채(부채총계)를 자기자본(자본총계)으로 나누어 다음과 같이 계산된다.

부채비율
기업의 부채(부채총계)를 자기자본(자본총계)으로 나눈 비율로 기업의 장기채무지급능력을 측정하는 재무비율이다.

$$부채비율(\%) = \frac{부채}{자기자본} \times 100$$

부채비율이 낮을수록 장기채무지급능력이 양호하며, 일반적인 기준으로 부채비율이 100% 이하이어야 바람직한 것으로 평가된다. 채권자 입장에서는 부채비율이 낮을수록 채권회수의 안전도가 높아지기 때문에 낮은 부채비율을 선호한다. 그러나 주주 입장에서는 높은 부채비율을 선호할 수도 있다. 왜냐하면 경기가 호전되어 투자수익이 이자비용을 초과할 것으로 예상되는 경우에는 주주들의 몫이 확대되는 효과를 기대할 수 있으며, 보통주 발행은 기존 주주들의 기업지배권을 약화시킬 우려가 있으나 부채사용은 기업지배권에 영향을 미치지 않기 때문이다.

한국전자(주)의 부채비율을 구하면 〈표 9-9〉와 같다. 한국전자(주)의 경우 부채비율은 20×2년에 약간 감소하여 개선되었으며, 산업평균에 비해서 20×1년, 20×2년 모두 매우 낮게 나타나고 있다. 따라서 이 회사의 장기채무지급능력은 상당히 양호하다고 평가할 수 있다.

표 9-9

한국전자(주)의 부채비율(%)

연 도	한국전자(주)	산업평균
20×1	$\frac{13,664}{51,561} \times 100 = 26.50$	52.25
20×2	$\frac{14,405}{58,114} \times 100 = 24.79$	60.17

■ 자기자본비율

가장 대표적인 자본구조비율은 부채비율과 자기자본비율(stockholders' equity to total assets)이다. **자기자본비율**은 총자본(부채와 자본총계) 중에서 자기자본이 차지하는 비중을 나타내는 비율로 다음과 같이 계산된다.

> **자기자본비율**
> 총자본(부채와 자본총계) 중에서 자기자본이 차지하는 비중을 나타내는 비율로 기업의 재무안정성을 측정하는 재무비율이다.

$$\text{자기자본비율(\%)} = \frac{\text{자기자본}}{\text{총자본}} \times 100$$

자기자본은 금융비용을 부담하지 않고 이용할 수 있는 자본이다. 따라서 자기자본비율이 높을수록 기업의 재무안정성이 높아진다고 볼 수 있으며, 일반적으로 50% 이상일 경우 바람직한 것으로 평가된다.

한국전자(주)의 자기자본비율을 구하면 〈표 9-10〉과 같다. 한국전자(주)의 경우 자기자본비율은 20×2년에 약간 증가하였으며, 산업평균에 비해서도 20×1년, 20×2년 모두 높게 나타나고 있다.

연 도	한국전자(주)	산업평균
20×1	$\frac{51,561}{65,225}\times 100=79.05$	65.68
20×2	$\frac{58,114}{72,519}\times 100=80.14$	62.43

표 9–10 한국전자(주)의 자기자본비율(%)

재무산책

금융기관의 BIS비율

금융기관의 경우 일반제조업과는 다른 영업특성을 가지고 있기 때문에 금융기관의 안정성(대출업체의 부도 등으로 영업과정에서 손실이 발생하더라도 이를 잘 감당하고, 예금자의 지급청구에 충분히 응할 수 있는 능력)을 측정하는 비율로 국제결제은행(Bank for International Settlements: BIS)기준 자기자본비율(이하 BIS비율이라 함)을 사용한다. 금융기관의 BIS비율은 금융기관의 자본적정성(capital adequacy) 여부를 평가하는 것으로 다음과 같이 계산된다.

$$\text{BIS비율(\%)}=\frac{\text{BIS기준 자기자본}}{\text{위험가중자산}}\times 100$$

BIS기준 자기자본(분자 부분)은 기본자본(자본금, 자본준비금, 이익잉여금 등)에 보완자본(재평가적립금, 대손충당금, 후순위채무 등)을 더한 후, 공제항목(주식할인발행차금, 영업권상당액, 자기주식 등)을 차감하여 산출된다. 그리고 자산별로 거래상대방의 신용도, 담보, 보증의 유무 등 위험도를 고려하여 가중치가 부여되고, 그 위험가중치에 의해 가중평균된 자산이 위험가중자산(분모 부분)이다. 예를 들어 현금의 경우 위험이 전혀 없으므로 0%, 공공기관에 대한 채권에는 10%, OECD 국가의 은행에 대한 채권에는 20%, 주거용주택에 대한 저당권이 설정된 채권에는 50%, 기타 민간부문에 대한 채권이나 주식에는 100% 등의 위험가중치를 부여하게 된다.

국제결제은행 산하 바젤은행감독위원회는 1988년 7월 '은행 자기자본비율 규제에 관한 국제적 통일기준'을 만들어 회원국 은행으로 하여금 1992년 말부터 BIS비율을 8% 이상 유지하도록 의무화하였다. 이에 따라 BIS비율이 8%에 미치지 못하는 은행 등은 해외차입이 곤란하거나 차입을 하더라도 높은 자금조달비용을 부담해야 한다.

우리나라는 BIS비율 준수제도를 1992년에 도입하여 은행이 1995년 말부터 동 비율을 8% 이상 유지하도록 하고 있으며, 은행 경영평가제도상 BIS비율 목표수준을 10%로 정해 놓고 있다. 2022년 12월 말 국내은행의 BIS비율은 15.25%로 전년(15.53%) 대비 0.28%p 하락하였다.

〈한국은행, 알기쉬운 경제지표해설(2004) 참조〉

Chapter 9

■ 비유동비율

비유동비율
비유동자산을 자기자본으로 나눈 비율로 기업자산의 고정화 위험을 측정하는 대표적인 재무비율이다.

비유동비율(non-current ratio)은 기업자산의 고정화 위험을 측정하는 대표적인 비율로서 자기자본이 비유동자산에 어느 정도 투입되어 운용되고 있는가를 나타내는 지표이다. 비유동비율은 비유동자산을 자기자본으로 나눈 비율이다.

$$\text{비유동비율(\%)} = \frac{\text{비유동자산}}{\text{자기자본}} \times 100$$

비유동비율이 낮을수록 기업의 장기적 재무안정성이 좋은 것으로 평가된다. 일반적으로 비유동비율이 100% 이하이면 양호한 것으로 보고 있다. 그 이유는 비유동자산은 기업활동에서 계속 사용되는 자산이기 때문에 상환부담이 없는 자기자본으로 투자하는 것이 재무안정성 측면에서 바람직하다고 판단되기 때문이다.

한국전자(주)의 비유동비율을 구하면 〈표 9-11〉과 같다. 한국전자(주)의 경우 20×1년, 20×2년 모두 비유동비율이 산업평균비율보다 낮기 때문에 산업 내 타기업에 비해서 재무안정성이 양호하며, 20×2년에는 약간 더 개선된 것으로 평가된다. 또한 고정설비에 대한 대규모 투자가 소요되는 산업의 특성에도 불구하고 경험적 비율인 100%보다 낮은 수준을 보이고 있다.

표 9-11 한국전자(주)의 비유동비율(%)

연 도	한국전자(주)	산업평균
20×1	$\frac{48,604}{51,561} \times 100 = 94.27$	108.20
20×2	$\frac{54,728}{58,114} \times 100 = 94.17$	114.92

■ 이자보상비율

이자보상비율
영업이익을 이자비용으로 나눈 비율로 기업의 지급부담능력을 판단하는 데 유용한 재무비율이다.

이자보상비율(times interest earned or interest coverage ratio)은 영업이익을 이자비용으로 나눈 비율로 다음과 같이 계산된다.[10]

10 영업이익 대신에 법인세비용차감전순이익과 이자비용을 합한 금액, 즉 이자비용및법인세비용차감전순이익(earnings before interest and taxes: EBIT)을 사용하기도 한다. 그리고 감가상각비 등 비현금지출비용은 이자비용을 충당하는 데 사용될 수 있다. 이와 같은 점을 반영하여 EBIT에 감가상각비와 무형자산상각비를 더한 금액, 즉 EBITDA(earnings before interest, taxes, depreciation and amortization)를 이자비용으로 나누어 이자보상비율을 계산할 수도 있다.

$$이자보상비율(배) = \frac{영업이익}{이자비용}$$

이자보상비율은 이자지급에 필요한 수익을 창출할 수 있는 능력을 측정하기 위한 지표로 기업의 이자지급능력을 판단하는 데 유용한 비율이다. 즉 이자보상비율은 영업이익으로 이자비용의 몇 배까지 지급할 수 있는가를 측정하는 비율이기 때문에 적정 수준 이상의 이자보상비율을 유지해야만 이자비용의 지급능력이 양호한 것으로 평가받게 된다. 이 비율이 1보다 작을 경우 채권자들의 법적 대응으로 인하여 기업이 파산할 수도 있다.

한국전자(주)의 이자보상비율을 구하면 〈표 9-12〉와 같다. 영업이익의 감소로 인해 20×2년도 한국전자(주)의 이자보상비율이 전년도에 비해 감소하였으나, 산업평균비율과 비교하면 20×1년, 20×2년 모두 매우 높게 나타나고 있다. 따라서 한국전자(주)의 장기채무지급능력은 상당히 양호한 것으로 평가된다.

표 9-12 한국전자(주)의 이자보상비율(배)

연 도	한국전자(주)	산업평균
20×1	$\frac{5,943}{332} = 17.90$	8.27
20×2	$\frac{4,134}{284} = 14.56$	5.78

뉴스 속 재무

상장사 5곳 중 1곳, 돈 벌어 이자도 못내… '한계기업' 6년새 8.2%P 늘었다

국내 상장사 17%가 이익으로 이자를 갚기도 버거운 '한계기업' 상태인 것으로 나타났다. 경기 악화, 금리 인상 등으로 6년 만에 한계기업 비중이 무려 8.2%포인트나 늘었다. 전국경제인연합회는 코스피 · 코스닥 상장사의 한계기업 비중이 지난해 말 기준으로 17.5%에 달했다고 22일 밝혔다. 2016년 9.3%였던 이 비율은 6년 만에 무려 8.2%포인트 증가했다.

한계기업은 3년 연속으로 영업이익을 이자비용으로 나눈 이자보상배율이 1 미만인 기업을 말한다. 벌어들인 돈으로 이자비용조차 갚지 못하는 회사라는 의미다.

특히 코스닥 기업들의 부진이 뚜렷했다. 코스피

와 코스닥 상장사의 한계기업 비율은 2016년 9.3%로 같았지만 지난해에는 코스피 11.5%, 코스닥 20.5%로 격차가 크게 벌어졌다. 코스피의 한계기업이 2.2%포인트 느는 동안 코스닥은 11.2%포인트나 늘었다. 코로나와 고(高)금리라는 외부 충격에 코스닥 기업이 더 취약했기 때문으로 해석된다.

전체 상장사 중 3분이 1에 가까운 30.8%는 '일시적 한계기업' 상태인 것으로 나타났다. 일시적 한계기업은 당해 연도 이자보상배율이 1 미만인 기업이다.

일시적 한계기업 비율은 코로나 확산 전인 2018년까지는 20%대에 머물렀으나 2019년 31.9%로 높아진 후 2020년 최대치인 34.6%까지 치솟았다. 이후 코로나 위기가 잦아들면서 점차 안정을 찾았지만 여전히 30%대를 유지하고 있다.

한계기업 비율이 가장 높은 업종은 지난해 기준 사설 시설 관리 · 사업 지원 · 임대 서비스업(30.4%)이었고 이어 운수 및 창고업(25.8%), 전문, 과학 및 기술 서비스업(25.0%), 도매 및 소매업(23.2%), 정보통신업(16.8%), 제조업(16.4%), 건설업(15.5%), 금융 및 보험업(3.5%) 순이었다. 운수 및 창고업은 2016년 6.5%에서 지난해 25.8%로 19.3%포인트 올라 가장 가파른 상승세를 보였다. 건설업의 경우 2016년 이후 계속 감소세를 보이다가 지난해 6.9%포인트(8.6%→15.5%) 급등했다.

한국은 주요 5개국(G5, 미국 · 일본 · 영국 · 독일 · 프랑스)에 중국을 더한 전 세계 핵심 7개국 중 상장사 한계기업 비율이 세 번째로 높았다. 2021년 기준 한국(16.5%)은 7개국 중 미국(20.9%), 프랑스(19.2%)에 이어 3위였다. 같은 해 기준으로 일시적 한계기업 비중(30.7%) 또한 미국(33.5%) 다음으로 높았다. 2016~2021년 한계기업 비율 상승 폭으로는 미국(12%포인트)에 이어 두 번째였다.

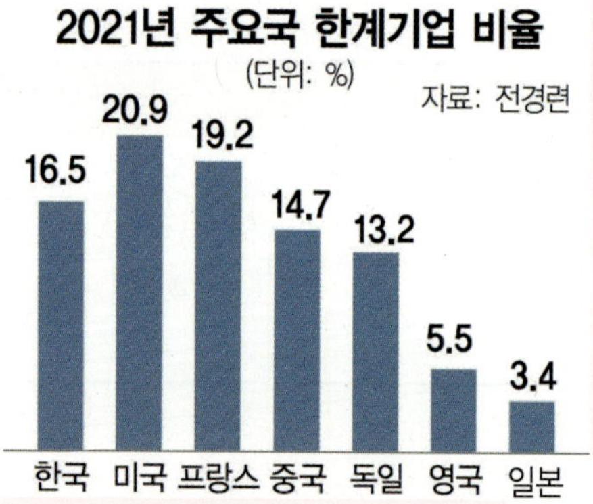

추광호 전경련 경제산업본부장은 "2020년부터 확산한 코로나19, 급격한 금리 인상, 최근의 경기 악화 등이 한계기업의 증가 요인으로 분석된다"며 "안정적 금융정책 기조를 유지하고 업종별 특성을 고려한 맞춤형 정책이 필요하다"고 말했다.

〈서울경제 2023. 5. 22〉

효율성비율

효율성비율(efficiency ratios)은 자산의 효율적 이용도를 측정하는 비율로 회전율에 의해 측정되며, 활동성비율(activity ratios) 또는 자산관리비율(asset management ratios)이라고도 한다. 수익의 발생원천이 매출액이기 때문에 자산의 이용도는 매출액을 기준으로 측정된다. 효율성비율은 자산을 몇 번 회전시켜 매출액을 달성했느냐를 나타내는 것으로서 매출액을 자산항목으로 나누어 계산된다.[11]

효율성비율
자산의 효율적 이용도를 측정하는 비율로 회전율에 의해 측정되며, 활동성비율 또는 자산관리비율이라고도 한다.

$$\text{회전율(회)} = \frac{\text{매출액}}{\text{자산항목}}$$

회전율이 높을수록 투자자산에 비하여 매출액이 상대적으로 높다는 것을 의미한다. 이는 적은 자산을 투입하여 많은 매출을 실현하고 있다는 것을 의미하기 때문에 판매활동이 잘 이루어지고 있거나 자산을 효율적으로 이용하고 있다는 증거가 된다.

■ 매출채권회전율, 매출채권회수기간

매출채권회전율(receivables turnover)은 매출액을 매출채권으로 나눈 비율로 매출채권의 현금화 속도를 측정하는 지표이다. 매출채권회전율은 매출채권이 1년 동안 몇 번 회전되었는가를 나타내기 때문에 매출채권관리의 효율성을 측정하는 데 이용된다.

매출채권회전율
매출액을 매출채권으로 나눈 비율로 매출채권의 현금화 속도를 측정하는 지표이며, 매출채권관리의 효율성을 측정하는 데 이용된다.

$$\text{매출채권회전율(회)} = \frac{\text{매출액}}{\text{매출채권}}$$

매출채권회전율이 높을수록 매출채권의 현금화 속도가 빠르다는 것을 의미한다. 그러나 과다한 신용판매 확대, 고객의 지급불능, 매출채권의 회수부진 등이 매출채권회전율을 떨어뜨리는 원인이 되기도 한다.

매출채권의 현금화 속도는 매출채권회수기간(receivables collection period)에 의

매출채권회수기간
매출채권을 회수하는 데 걸리는 기간으로 매출채권회전율의 역수에 365를 곱하거나, 매출채권을 1일 평균 매출액으로 나누어 계산된다.

11 재무상태표항목은 일정시점에서의 측정치인 반면, 손익계산서항목은 일정기간 동안의 측정치이다. 그러므로 이와 같은 두 항목을 이용하여 재무비율을 계산할 때 재무상태표항목의 경우 연중가중평균값을 사용하는 것이 합리적이지만 실무에서는 편의성 차원에서 기초와 기말의 평균값을 사용한다.

해서도 측정된다. **매출채권회수기간**은 매출채권을 회수하는 데 걸리는 평균기간으로 매출채권회전율의 역수에 365를 곱하거나, 매출채권을 1일 평균매출액으로 나누어 다음과 같이 계산된다.

$$\text{매출채권회수기간(일)} = \frac{365}{\text{매출채권회전율}} = \frac{\text{매출채권}}{\text{1일 평균매출액}}$$

$$\text{1일 평균매출액} = \frac{\text{매출액}}{365}$$

일반적으로 매출채권회수기간이 짧을수록 매출채권이 효율적으로 관리되고 있다고 말할 수 있다. 그러나 보다 객관적인 평가를 위하여 기업의 목표 매출채권회수기간이나 판매조건 등을 함께 고려하는 것이 합리적이다.

한국전자(주)의 매출채권회전율을 구하면 〈표 9-13〉과 같다. 한국전자(주)의 경우 매출채권회전율은 20×2년에 감소하였으나, 산업평균에 비해서는 20×1년, 20×2년 모두 높게 나타나고 있다. 그러므로 이 회사는 매출채권을 효율적으로 관리하고 있는 것으로 판단된다.

표 9-13
한국전자(주)의 매출채권회전율(회)

연 도	한국전자(주)	산업평균
20×1	$\frac{63,176}{(1,842+1,781)/2}=34.87$	14.08
20×2	$\frac{72,953}{(1,781+3,090)/2}=29.95$	14.45

주) 매출채권회수기간(20×1년) $= \frac{365}{34.87} = 10.47$일

매출채권회수기간(20×2년) $= \frac{365}{29.95} = 12.19$일

■ 재고자산회전율, 재고기간

재고자산회전율
매출액을 재고자산으로 나눈 비율로서 재고자산의 회전속도, 즉 재고자산이 당좌자산으로 변화하는 속도를 나타내는 지표이다.

재고자산회전율(inventories turnover)은 매출액을 재고자산으로 나눈 비율로서 재고자산의 회전속도, 즉 재고자산이 당좌자산으로 변화하는 속도를 나타내는 지표이다.

$$\text{재고자산회전율(회)} = \frac{\text{매출액}}{\text{재고자산}}$$

재고자산회전율이 낮다는 것은 매출에 비해 재고자산이 과다하다는 것을 의미하며, 재고자산회전율이 높다는 것은 적은 재고자산으로 생산 및 판매활동을 효율적으로 수행하고 있다는 것을 의미한다. 그러나 재고자산회전율이 과도하게 높고 그 원인이 적정재고수준을 유지하지 못한 결과라면, 재고부족으로 인한 기회비용(재고부족으로 인한 판매기회 및 고객의 상실, 생산계획의 차질 등에 의하여 발생하는 손실)이 문제가 될 수 있다.

재고기간(days to sell inventories)은 재고자산을 판매하는 데 걸리는 기간으로 재고자산회전율의 역수에 365를 곱하거나 재고자산을 1일 평균매출액으로 나누어 구할 수 있다.

재고기간
재고자산을 판매하는 데 걸리는 기간으로 재고자산회전율의 역수에 365를 곱하거나 재고자산을 1일 평균매출액으로 나누어 구할 수 있다.

$$\text{재고기간(일)} = \frac{365}{\text{재고자산회전율}} = \frac{\text{재고자산}}{\text{1일 평균매출액}}$$

한국전자(주)의 재고자산회전율을 구하면 〈표 9-14〉와 같다. 한국전자(주)의 경우 재고자산회전율은 20×2년에 약간 증가하였으며, 산업평균에 비해서도 20×1년, 20×2년 모두 높게 나타나고 있다. 그러므로 이 회사는 재고자산을 효율적으로 관리하고 있는 것으로 판단된다.

표 9-14 한국전자(주)의 재고자산회전율(회)

연 도	한국전자(주)	산업평균
20×1	$\frac{63,176}{(3,219+3,338)/2} = 19.27$	17.48
20×2	$\frac{72,953}{(3,338+3,818)/2} = 20.39$	19.23

주) 재고기간(20×1년) $= \frac{365}{19.27} = 18.94$일

재고기간(20×2년) $= \frac{365}{20.39} = 17.90$일

■ 유형자산회전율

유형자산회전율
유형자산이 1년 동안 몇 번 회전되어 매출을 실현하고 있느냐를 측정하는 것으로서 매출액을 유형자산으로 나누어 계산되며, 유형자산의 이용효율성을 측정하는 지표이다.

유형자산회전율(property, plant and equipment turnover)은 유형자산이 1년 동안 몇 번 회전되어 매출을 실현하고 있느냐를 측정하는 것으로서 매출액을 유형자산으로 나누어 계산된다.

$$\text{유형자산회전율(회)} = \frac{\text{매출액}}{\text{유형자산}}$$

유형자산회전율은 유형자산의 이용효율성을 측정하는 지표이다. 유형자산회전율이 높다는 것은 보유하고 있는 유형자산에 비해 높은 매출을 실현하고 있음을 의미하므로 유형자산이 효율적으로 이용되고 있다고 해석할 수 있다. 그러나 고정설비의 장기간 이용에 따른 과다한 감가상각 때문에 유형자산이 낮게 계상되어 유형자산회전율이 높게 나타날 수도 있다. 그러므로 이 비율이 높은 원인이 어디에 있는지를 면밀히 검토한 후 유형자산에 대한 이용효율성을 평가해야 한다.

한국전자(주)의 유형자산회전율을 구하면 〈표 9-15〉와 같다. 한국전자(주)의 경우 유형자산회전율은 20×1년, 20×2년 모두 산업평균비율에 비해서 약간 낮게 나타나고 있다. 그러므로 이 회사는 유형자산에 대한 투자규모가 적정한지를 점검해 볼 필요가 있는 것으로 판단된다.

표 9-15 한국전자(주)의 유형자산회전율(회)

연 도	한국전자(주)	산업평균
20×1	$\frac{63,176}{(28,820+29,777)/2}=2.16$	2.29
20×2	$\frac{72,953}{(29,777+31,250)/2}=2.39$	2.57

■ 총자산회전율

총자산회전율
매출액을 총자산(자산총계)으로 나누어 구하는 비율로 기업이 보유하고 있는 전체 자산의 효율적 이용도를 측정하는 지표이다.

총자산회전율(total assets turnover)은 매출액을 총자산(자산총계)으로 나누어 구하는 비율로 기업이 보유하고 있는 전체 자산의 효율적 이용도를 측정하는 지표이다.[12]

12 기업의 영업활동에 직접 투입하여 활용되고 있는 경영자산의 효율성을 평가하는 지표로 다음과 같

$$총자산회전율(회) = \frac{매출액}{총자산}$$

총자산회전율이 높을수록 총자산에 비하여 상대적으로 높은 매출을 실현하고 있음을 뜻하므로 총자산이 효율적으로 이용됨을 의미한다. 반면에 총자산회전율이 낮을수록 자산규모에 비하여 매출액이 상대적으로 낮다는 것을 의미하기 때문에 자산이 비효율적으로 이용되고 있음을 의미한다. 이 경우에는 매출액을 증대시키는 방안을 모색하거나 불필요한 자산을 매각하여 총자산 규모를 줄일 필요가 있다.

한국전자(주)의 총자산회전율을 구하면 〈표 9-16〉과 같다. 한국전자(주)의 경우 유형자산회전율과 마찬가지로 총자산회전율도 20×1년, 20×2년 모두 산업평균비율에 비해서 약간 낮게 나타나고 있다. 그러므로 이 회사는 유형자산을 포함한 총자산에 대한 투자규모가 적정한지를 점검해 볼 필요가 있는 것으로 판단된다.

표 9-16 한국전자(주)의 총자산회전율(회)

연 도	한국전자(주)	산업평균
20×1	$\frac{63,176}{(57,809+65,225)/2}=1.03$	1.06
20×2	$\frac{72,953}{(65,225+72,519)/2}=1.06$	1.12

수익성비율

수익성비율(profitability ratios)은 기업의 이익창출능력을 나타내는 지표로서 기업활동의 결과를 집약한 경영성과를 측정하는 재무비율이다. 수익성비율은 기업이 주주와 채권자로부터 조달한 자본을 영업활동, 투자활동, 재무활동 등에 투자하여 얼마나 효율적으로 이용하였는가를 나타내므로 이해관계자들이 의사결정에서 중요한 정보원으로 이용된다. 경영자는 사업확장이나 신규사업 참여에 대한 의사결정을 위한 정보로, 투자자는 투자종목의 선택기준으로, 채권자는 장기적 안정성의 판단기준으로, 종업원은 임금교섭의 기준으로, 세무당국은 조세부담능력 평가의

수익성비율
기업의 이익창출능력을 나타내는 지표로서 기업활동의 결과를 집약한 경영성과를 측정하는 재무비율이다.

은 경영자산회전율을 이용할 수 있다.

$$경영자산회전율(회) = \frac{매출액}{총자산 - 건설중인자산 - 투자자산}$$

표 9-17 한국전자(주)의 총자산순이익률(%)

연 도	한국전자(주)	산업평균
20×1	$\frac{7,425}{(57,809+65,225)/2}\times 100=12.07$	7.37
20×2	$\frac{5,526}{(65,225+72,519)/2}\times 100=8.02$	1.15

기준으로 활용한다.

그러나 수익성비율은 손익계산서상의 회계이익에 기초하여 측정되기 때문에 기업의 실질적인 현금흐름에 관한 정보가 반영되지 않고 있다는 단점이 있다. 순이익이 큰 경우에도 일시적인 유동성의 부족으로 흑자도산이 발생할 수 있으나 수익성분석을 통하여 이와 같은 징후를 발견하기 어렵다. 따라서 단기채무지급능력을 나타내는 유동성분석, 현금흐름분석 등을 병행함으로써 기업의 수익성에 대해 균형 있는 판단을 해야 한다.

■ 총자산순이익률

총자산순이익률
총자산을 수익창출에 얼마나 효율적으로 이용하고 있는가를 측정하는 비율로서 순이익을 총자산으로 나누어 구한다.

총자산순이익률(return on total assets)은 총자산을 수익창출에 얼마나 효율적으로 이용하고 있는가를 측정하는 비율로서 순이익을 총자산으로 나누어 구한다.

$$총자산순이익률(\%)=\frac{순이익}{총자산}\times 100$$

한국전자(주)의 총자산순이익률을 구하면 〈표 9-17〉과 같다. 한국전자(주)의 경우 총자산순이익률은 20×2년에 큰 폭으로 감소하고 있으나, 산업평균비율에 비해서는 20×1년, 20×2년 모두 상당히 높게 나타나고 있다. 또한 대외적인 여건 악화로 인하여 산업전반에 걸쳐 큰 폭으로 이익이 감소하였으나 한국전자(주)는 다른 회사에 비해 이익이 적게 감소했음을 알 수 있다. 그러므로 이 회사는 산업평균에 비해 상대적으로 총자산을 수익창출에 효율적으로 활용하고 있는 것으로 판단된다.

자기자본순이익률
자기자본의 성과를 나타내는 비율로서 순이익을 자기자본으로 나누어 계산된다.

■ 자기자본순이익률

자기자본순이익률(return on equity)은 자기자본의 성과를 나타내는 비율로서 순

이익을 자기자본으로 나누어 계산된다.[13]

$$자기자본순이익률(\%) = \frac{순이익}{자기자본} \times 100$$

자기자본순이익률은 주주들이 요구하는 투자수익률을 의미하며, 자기자본순이익률이 높다는 것은 자기자본이 효율적으로 운용되고 있음을 의미한다. 자기자본순이익률이 주주들의 기대에 미치지 못하는 경우 주주들이 자금을 더 이상 기업에 투자하지 않을 것이기 때문에 기업의 경영활동이 위축되어 주가를 하락시키는 원인으로 작용하게 된다. 그러므로 자기자본순이익률은 기업이나 주주 모두의 입장에서 수익성을 측정하는 중요한 지표라 할 수 있다.

한국전자(주)의 자기자본순이익률을 구하면 〈표 9-18〉과 같다. 한국전자(주)의 경우 자기자본순이익률은 20×2년에 감소하였으나, 산업평균에 비해서는 20×1년, 20×2년 모두 높게 나타나고 있다. 그러므로 이 회사는 자기자본을 수익창출에 효율적으로 활용하고 있는 것으로 판단된다.

표 9-18 한국전자(주)의 자기자본순이익률(%)

연 도	한국전자(주)	산업평균
20×1	$\frac{7,425}{(45,197+51,561)/2} \times 100 = 15.35$	11.45
20×2	$\frac{5,526}{(51,561+58,114)/2} \times 100 = 10.08$	1.80

■ 매출액순이익률

매출액순이익률(return on sales)은 순이익과 매출액의 관계를 나타내는 비율로 다음과 같이 측정된다.

매출액순이익률
순이익과 매출액의 관계를 나타내는 비율로서 기업의 경영성과를 총괄적으로 나타내는 지표이며, 이 비율이 높을수록 경영성과가 양호하다.

13 보통주 소유주에 의해서 출자된 자기자본의 효율성을 측정하기 위해서 자기자본순이익률을 계산할 때 우선주에 대한 부분을 제거하여 다음과 같이 계산하기도 한다.

$$자기자본(보통주)순이익률(\%) = \frac{순이익-우선주배당금}{자기자본(보통주)} \times 100$$

$$\text{매출액순이익률(\%)} = \frac{\text{순이익}}{\text{매출액}} \times 100$$

매출액순이익률은 기업의 경영성과를 총괄적으로 나타내는 지표이며, 이 비율이 높을수록 경영성과가 양호하다.

한국전자(주)의 매출액순이익률을 구하면 〈표 9-19〉와 같다. 한국전자(주)의 경우 매출액순이익률이 20×2년에 감소하였으나, 산업평균에 비해서는 20×1년, 20×2년 모두 높게 나타나고 있다. 그러므로 이 회사의 경영성과는 양호한 것으로 판단된다.

표 9-19 한국전자(주)의 매출액순이익률(%)

연 도	한국전자(주)	산업평균
20×1	$\frac{7,425}{63,176} \times 100 = 11.75$	6.93
20×2	$\frac{5,526}{72,953} \times 100 = 7.57$	1.03

성장성비율

성장성비율
기업의 경영규모와 경영성과가 얼마나 증대되었는가를 나타내는 비율로서, 재무제표 각 항목에 대한 일정기간 동안의 증가율로 측정된다.

성장성비율(growth ratios)은 기업의 경영규모와 경영성과가 얼마나 증대되었는가를 나타내는 비율로서, 재무제표 각 항목에 대한 일정기간 동안의 증가율로 측정된다. 성장률을 측정하는 대표적인 항목으로는 총자산, 매출액, 순이익 등이 있다.

산업의 성장률은 그 산업이 성장산업인지 또는 사양산업인지에 대한 통찰력을 제공하고, 기업의 외형적 성장과 실질적 성장에 관한 정보는 산업 내의 상대적 지위와 경쟁력을 나타낸다. 성장성비율을 분석할 때 유의하여야 할 사항은 물가상승시에는 명목성장률보다 실질성장률이 더 의미가 있으며, 일반적으로 성장성이 높은 기업은 유동성이 부족하므로 성장성과 유동성의 상반관계를 적절하게 고려해야 한다는 것이다.

총자산증가율
일정기간 동안 총자산이 얼마나 증가하였는가를 나타내는 비율로 기업의 전체적인 성장규모를 측정하는 지표이다.

■ 총자산증가율

총자산증가율(growth rate of total assets)은 일정기간 동안 총자산이 얼마나 증가하였는가를 나타내는 비율로 기업의 전체적인 성장규모를 측정하는 지표이다.

$$\text{총자산증가율(\%)} = \frac{\text{기말총자산} - \text{기초총자산}}{\text{기초총자산}} \times 100$$

총자산증가율이 높다는 것은 투자활동이 적극적으로 이루어져 기업규모가 빠른 속도로 증가하고 있다는 것을 의미한다. 그러나 자산재평가가 이루어진 경우에는 새로운 자산의 취득 없이도 자산규모가 증가됨을 유의하여야 한다.

한국전자(주)의 총자산증가율을 구하면 〈표 9-20〉과 같다. 한국전자(주)의 경우 총자산증가율은 20×2년에는 전년도에 비해 약간 낮게 나타나고 있으나, 산업평균비율에 비해서는 20×1년, 20×2년 모두 높게 나타나고 있다. 따라서 국내·외 경제전망의 불투명성 등으로 인해 20×2년 한국전자(주)의 성장추세가 다소 둔화된 것으로 볼 수 있으나, 산업평균에 비해서는 성장성이 양호한 것으로 판단된다.

표 9-20 한국전자(주)의 총자산증가율(%)

연 도	한국전자(주)	산업평균
20×1	$\frac{65,225-57,809}{57,809} \times 100 = 12.83$	9.28
20×2	$\frac{72,519-65,225}{65,225} \times 100 = 11.18$	10.84

■ 매출액증가율

매출액증가율(growth rate of sales)은 일정기간 동안 매출액이 얼마나 증가하였는가를 나타내는 비율로 기업의 외형적인 신장세를 나타내는 대표적인 지표이다.

> **매출액증가율**
> 일정기간 동안 매출액이 얼마나 증가하였는가를 나타내는 비율로 기업의 외형적인 신장세를 나타내는 대표적인 지표이다.

$$\text{매출액증가율(\%)} = \frac{\text{당기매출액} - \text{전기매출액}}{\text{전기매출액}} \times 100$$

판매단가의 인상이나 판매량의 증가에 따라 매출액이 증가하기 때문에 증가원인에 대한 분석이 필요하며, 매출액이 증가하여도 순이익이 감소하는 경우가 있으므로 실질적인 성장지표인 순이익증가율에 대한 분석이 병행되어야 한다.

한국전자(주)의 매출액증가율을 구하면 〈표 9-21〉과 같다. 한국전자(주)의 경우 매출액증가율은 20×2년에 증가하였으며, 산업평균에 비해서 20×1년에는 높으나 20×2년에는 약간 낮은 수준으로 나타나고 있다. 따라서 한국전자(주)의 외형적 신장세는 대체로 양호한 것으로 판단된다.

표 9-21
한국전자(주)의 매출액증가율(%)

연 도	한국전자(주)	산업평균
20×1	$\frac{63,176-58,973}{58,973}\times 100=7.13$	5.48
20×2	$\frac{72,953-63,176}{63,176}\times 100=15.48$	15.56

■ 순이익증가율

순이익증가율
일정기간 동안 순이익이 얼마나 증가하였는가를 나타내는 비율로 실질적인 성장의 지표가 된다.

순이익증가율(growth rate of net income)은 일정기간 동안 순이익이 얼마나 증가하였는가를 나타내는 비율로 실질적인 성장의 지표가 된다. 그러나 일정기간 동안 자본금의 변화가 있는 경우에는 순이익증가율이 왜곡될 수 있다. 따라서 주주에게 귀속되는 주당순이익의 증가율이 더 바람직한 실질적인 성장지표라 할 수 있다.

$$\text{순이익증가율(\%)}=\frac{\text{당기순이익}-\text{전기순이익}}{\text{전기순이익}}\times 100$$

$$\text{주당순이익증가율(\%)}=\frac{\text{당기주당순이익}-\text{전기주당순이익}}{\text{전기주당순이익}}\times 100$$

한국전자(주)의 순이익증가율을 구하면 〈표 9-22〉와 같다. 국내 · 외 경제침체로 인해 한국전자(주)의 순이익은 20×1년, 20×2년 모두 감소하고 있다. 이 회사의 순이익증가율은 산업평균비율에 비해 20×1년에는 좋지 않으나, 20×2년에는 상대적으로 적게 감소한 것으로 나타나고 있다. 그러나 한국전자(주)의 경우 순이익의 변동성이 상당히 크게 나타나고 있기 때문에 보다 안정적인 성장추세를 유지하기 위한 전략(다양한 사업포트폴리오의 구축 등)을 검토해 보아야 할 것으로 판단된다.

표 9-22
한국전자(주)의 순이익증가율(%)

연 도	한국전자(주)	산업평균
20×1	$\frac{7,425-7,916}{7,916}\times 100=-6.20$	13.26
20×2	$\frac{5,526-7,425}{7,425}\times 100=-25.58$	−81.64

뉴스 속 재무

경기침체시기에 눈여겨봐야 할 재무비율 세 가지

경기침체가 오면 기업의 재무제표에서도 중요해지는 재무비율이 있는데, 그 중에서도 손쉽게 살펴볼 수 있는 지표는 이자보상비율이다. 영업이익을 이자비용으로 나눠 구하는데, 회사가 본업으로 벌어들인 영업이익이 이자비용의 몇 배가 되는지를 의미한다. 예를 들어 이자보상비율이 1인 기업은 회사가 본업으로 벌어들인 돈을 금융기관에 이자로 지불하고 나면 남는 게 없다는 의미로, 주주나 투자자의 입장에서는 경기침체가 우려될 경우에는 긍정적인 신호로는 해석하지 않는다. 또 돈을 빌려준 금융기관의 입장에서는 매출이 조금만 감소하면 이자도 못 받는 회사라는 의미로 받아들일 수 있다. 그러므로 이자보상비율이 추세적으로 감소하는 회사의 이해관계자는 경기침체시기에 긴장의 끈을 놓지 말아야 한다.

기업들은 소비자를 직접 상대하는 경우를 제외하고는 대부분 신용거래를 한다. 그러므로 매출이 발생하더라도 채권을 회수하지 못하면 자금 흐름에 문제가 생겨 극단적인 경우에는 흑자도산이 될 수도 있다. 왜냐하면 회계에서는 이미 인식한 매출로 인해 이익이 발생하지만, 채권을 회수하지 못하는 경우 지급해야 할 채무를 갚지 못해 부도가 발생할 수 있기 때문이다. 그러므로 경기침체시기에 회계상 이익이 있다고 안심할 것이 아니라, 매출채권이 정상적으로 회수되고 있는가 살펴봐야 한다. 이럴 때 흔하게 사용하는 재무비율이 매출채권회전율이라는 재무비율이다. 매출채권회전율은 매출액을 매출채권으로 나눠 계산하는데, 분모는 연평균 매출채권을 사용한다. 재무비율을 직관적으로 이해하려면, 숫자를 활용하는 것이 가장 편하다. 1년에 딱 한 번 매출을 일으키는 회사가 있다고 가정해보자. 연초에 매출액이 100억원 발생했는데, 기말 현재 매출채권이 100억원이 남아 있다면, 매출채권 회전율은 1이 될 것이다. 이는 연초에 발생한 채권을 연도말까지 전혀 회수하지 못했다는 의미로 회사의 잉여자금이 없다면 채무를 갚지 못할테니 부도 위험을 의미하는 것으로 해석될 수 있다. 이에 반해 연도 초에 매출액 100억원 발생 시 99억원을 현금으로 받고, 기말 현재 매출채권이 1억원이 남아 있다면, 매출채권 회전율은 100이 되는데, 이처럼 매출채권 회전율은 크면 클수록 채권회수에 전혀 문제가 없다는 의미를 가진다.

재고자산회전율도 경기침체 시기에 눈여겨봐야 하는 재무비율이다. 매출액을 연평균 재고자산으로 나눠 구하는데 앞선 매출채권 회전율과 동일하게, 매출액과 연평균 재고자산이 같다면 회전율은 1이 될 것이다. 이는 매출액과 같은 금액의 재고를 회사가 연중 유지시키는 경우인데, 거대한 재고를 회사가 연중 유지하면 어떠한 일이 벌어질까? 우선 재고자산을 생산하거나 구입하는 데 들어가는 자금이 만만치 않을 것이다. 그리고 재고자산의 손망실을 예방하기 위해 물리적인 보관창고 및 인원 등의 유지비용이 추가로 발생하게 될 것이다. 여기에 재고자산을 연중 유지하는 이유가 재고가 잘 안 팔리는 것이라면 문제는 심각해진다. 그러므로 특정기업의 재고자산회전율이 추세적으로 1에 가까워진다면, 재고자산 진부화를 포함한 재고자산관리의 비효율을 의심해 볼 수 있다. 이를 경기침체와 맞물려 생각하면 재고와 관련된 매출 부진과 그로 인한 자금 경색의 위험을 살펴야 한다. 이에 반해 재고자산 회전율이 점차 커진다면 효율적인 재고자산 관리의 신호로 받아들일 수 있다. 다만 회전율이 극단적으로 커진다면 예상치 못한 고객의 요청에 대응이 힘들 수 있으므로, 추가적인 수요가 있을 수 있는 경기 상황인지, 해당 산업의 공급망은 원활한지 등을 살펴 해당 기업의 매출기회 상실의 위험이 존재하는지 판단해봐야 한다.

〈세계비즈, 2022. 12. 26 수정, 최정욱(KB은행)〉

생산성비율

생산성비율
기업활동의 성과 및 효율을 측정하여 개별 생산요소의 기여도 및 성과배분의 합리성 여부를 평가하는 지표이다.

생산성비율(productivity ratios)은 기업활동의 성과 및 효율을 측정하여 개별 생산요소의 기여도 및 성과배분의 합리성 여부를 평가하는 지표이다. 그러므로 생산성에 관한 지표는 경영합리화의 척도라 할 수 있으며, 생산성 향상으로 얻은 성과에 대한 분배기준이 된다. 생산성이란 투입량(input)에 대한 산출량(output)의 정도를 의미하는 것으로 기업의 자본, 노동, 경영 등의 생산요소를 결합하는 방법에 따라 산출량이 어느 정도 달성되었는지를 측정하는 데 이용된다. 생산성을 측정하는 지표로는 매출액에 대한 부가가치의 비율을 나타내는 부가가치율과 생산요소별로 생산성을 측정하는 노동생산성, 자본생산성 등이 사용된다.

생산성비율의 분석시 유의해야 할 점은 부가가치율이 증가한 경우에도 이익은 변하지 않고 임금, 금융비용, 감가상각비 등이 더 증가하였다면 생산성의 증가로 기업의 성과가 향상되었다고 보기는 어렵다. 따라서 수익성과 연계해서 분석해야 생산성에 대한 보다 명확한 평가를 할 수 있을 것이다.

■ 부가가치율

부가가치
최종생산자가 중간생산자로부터 구입한 원재료에 자본과 노동 등의 생산요소를 투입하여 새로이 창출한 증식된 가치이다.

부가가치(value added)는 최종생산자가 중간생산자로부터 구입한 원재료에 자본과 노동 등의 생산요소를 투입하여 새로이 창출한 증식된 가치이다. 한국은행의 「기업경영분석」에서는 분배측면에서 접근하여 부가가치를 다음과 같이 산출하고 있다.[14]

부가가치 = 영업잉여 + 인건비 + 이자비용 + 세금과공과 + 감가상각비

14 '영업잉여 = 영업이익 + 대손상각비 − 이자비용'이다.

부가가치율(value added ratio)은 일정기간 동안 기업이 창출한 부가가치를 같은 기간의 매출액으로 나눈 비율이다. 이 비율은 매출액 중 생산활동에 투입된 생산요소에 귀속되는 소득의 비율을 나타내므로 소득률이라고도 한다.[15]

부가가치율
일정기간 동안 기업이 창출한 부가가치를 같은 기간의 매출액으로 나눈 비율로서 매출액 중 생산활동에 투입된 생산요소에 귀속되는 소득의 비율을 나타내므로 소득률이라고도 한다.

$$\text{부가가치율(\%)} = \frac{\text{부가가치}}{\text{매출액}} \times 100$$

한국전자(주)의 부가가치율을 구하면 〈표 9-23〉과 같다. 한국전자(주)의 경우 20×2년에 부가가치율이 감소하였으나, 산업평균에 비해 20×1년, 20×2년에 모두 높게 나타났다. 그러므로 이 회사의 부가가치 창출능력은 양호하다고 평가할 수 있다.

표 9-23 한국전자(주)의 부가가치율(%)

연 도	한국전자(주)	산업평균
20×1	$\frac{19,055}{63,176} \times 100 = 30.16$	25.85
20×2	$\frac{18,112}{72,953} \times 100 = 24.83$	22.36

주) 부가가치(20×1년) = (5,943 + 1 − 332) + 5,814 + 332 + 240 + 7,057 = 19,055백만원
부가가치(20×2년) = (4,134 + 17 − 284) + 6,103 + 284 + 238 + 7,620 = 18,112백만원

■ 노동생산성

노동생산성(productivity of labor)은 노동력의 단위당 성과를 나타내는 지표로 종업원 1인당 부가가치(value added per employee)를 의미한다.

노동생산성
노동력의 단위당 성과를 나타내는 지표로 종업원 1인당 부가가치를 의미한다.

$$\text{노동생산성(원)} = \frac{\text{부가가치}}{\text{종업원수}}$$

노동생산성이 높다는 것은 노동력이 효율적으로 이용되어 부가가치를 보다 많이 창출했음을 의미하며, 나아가 경영합리화를 통한 생산성 향상이 경쟁력 제고에 중요한 역할을 한 것으로 평가할 수 있다.

15 한국은행의 「기업경영분석」에서는 부가가치율을 계산할 때 분모의 매출액 대신에 산출액(매출액 + 당기 중 재고증감 − 외주가공비)을 사용한다.

한국전자(주)의 노동생산성(종업원 1인당 부가가치)은 〈표 9-24〉와 같다. 한국전자(주)의 경우 20×2년에 노동생산성이 약간 감소하였으나, 산업평균에 비해 20×1년, 20×2년에 모두 높게 나타났다. 그러므로 이 회사의 노동생산성은 여전히 양호하다고 평가할 수 있다.

표 9-24
한국전자(주)의 노동생산성(백만원)

연 도	한국전자(주)	산업평균
20×1	$\frac{19,055}{200}=95.28$	85.23
20×2	$\frac{18,112}{200}=90.56$	74.12

■ 자본생산성

자본생산성
생산요소의 하나인 자본의 단위당 투자효율을 나타내는 것으로서 가장 대표적인 자본생산성비율은 총자본투자효율이다.

자본생산성(productivity of capital)은 생산요소의 하나인 자본의 단위당 투자효율을 나타내는 것으로서 가장 대표적인 자본생산성비율은 총자본투자효율이다. 총자본투자효율(gross value-added to total assets)은 기업에 투자된 총자본이 1년 동안 어느 정도의 부가가치를 창출하였는가를 나타내는 비율로 다음과 같이 계산된다.

$$총자본투자효율(\%)=\frac{부가가치}{총자본}\times 100$$

자본생산성이 높다는 것은 총자본이 효율적으로 운용되었음을 의미하며, 이 경우에는 대체로 노동생산성도 높게 나타난다.

한국전자(주)의 총자본투자효율은 〈표 9-25〉와 같다. 한국전자(주)의 경우 20×2년에 총자본투자효율이 감소하였으나, 산업평균에 비해 20×1년, 20×2년 모두 높게 나타나고 있다. 그러므로 이 회사의 자본생산성은 양호하다고 평가할 수 있다.

표 9-25
한국전자(주)의 총자본투자효율(%)

연 도	한국전자(주)	산업평균
20×1	$\frac{19,055}{(57,809+65,225)/2}\times 100=30.98$	24.27
20×2	$\frac{18,112}{(65,225+72,519)/2}\times 100=26.30$	21.43

시장가치비율

시장가치비율(market value ratios)은 기업의 시장가치를 나타내는 주가와 주당순이익, 장부가치 등의 관계를 분석하는 비율로 시장에서 특정기업의 과거성과 및 미래전망이 어떻게 평가되고 있는지를 보여 주는 지표이다. 기업의 유동성, 안정성, 효율성, 수익성, 성장성 등에 대한 과거성과가 양호하다면 시장가치비율도 높아지기 때문에 주가상승과 더불어 기업가치도 높아질 것으로 기대할 수 있다.

시장가치비율
기업의 시장가치를 나타내는 주가와 주당순이익, 장부가치 등의 관계를 분석하는 비율로 시장에서 특정기업의 과거성과 및 미래전망이 어떻게 평가되고 있는지를 보여 주는 지표이다.

▪ 주가수익비율

주가수익비율(price-earnings ratio: PER)은 주가를 주당순이익(earnings per share: EPS)으로 나눈 것으로 P/E비율이라고도 한다. PER은 주가가 주당순이익의 몇 배인가를 나타내는 것으로서 기업의 주당순이익 1원에 대한 질적인 가치 또는 시장에서의 평가를 의미한다.[16]

주가수익비율(PER)
주가를 주당순이익으로 나눈 것으로 주가가 주당순이익의 몇 배인가를 나타내며, 기업의 주당순이익 1원에 대한 질적인 가치 또는 시장에서의 평가를 의미한다.

$$\text{주가수익비율} = \frac{\text{주가}}{\text{주당순이익}}$$

일반적으로 PER은 성장성이 높거나 위험이 낮을수록 높아진다. 또한 회계처리방법에 의해서도 영향을 받을 수 있다. 회계이익을 가능한 한 적게 계상하려는 보수적인 회계처리를 하는 기업의 PER이 높게 나타날 수 있다.

▪ 주가장부가치비율

주가장부가치비율(price-book value ratio: PBR)은 주가를 주당순자산(장부가치)으로 나눈 비율로 주가순자산비율이라고도 한다.[17]

주가장부가치비율(PBR)
주가를 주당순자산(장부가치)으로 나눈 비율로 주가순자산비율이라고도 한다.

$$\text{주가장부가치비율} = \frac{\text{주가}}{\text{주당순자산}}$$

기업의 미래 수익전망이 밝고 경영이 효율적일수록 주식의 장부가치와 시장가

---

16 $\text{주당순이익} = \frac{\text{순이익} - \text{우선주배당금}}{\text{평균발행주식수(보통주)}}$

17 $\text{주당순자산} = \frac{\text{자본총계} - \text{무형자산}}{\text{기말발행주식수(보통주} + \text{우선주)}}$

치 사이의 차이가 커져서 주가장부가치비율이 높아진다. 따라서 주식의 장부가치보다 시장가치가 훨씬 높게 평가되고 있는 기업은 시장에서 그 기업의 성장전망이 클 것으로 기대하고 있다는 증거로 해석할 수 있다. 그러나 물가상승으로 장부가치가 낮게 평가되어 있는 경우에도 이 비율이 커질 가능성이 있다.

■ 토빈의 q비율

토빈의 q비율
기업이 보유하고 있는 자산의 시장가치를 그 자산에 대한 대체원가로 나눈 비율이다.

토빈의 q비율(Tobin's q ratio)은 기업이 보유하고 있는 자산의 시장가치를 그 자산에 대한 대체원가(replacement cost)로 나눈 비율이다.

$$q비율 = \frac{자산의\ 시장가치}{자산의\ 대체원가}$$

토빈의 q비율은 주가장부가치비율과 유사하다. 그러나 q비율의 경우 분자가 주식과 부채 모두를 시장가격으로 평가한 값이며, 분모는 그 기업의 보유자산을 장부상의 취득원가가 아닌 대체원가로 측정한 것이라는 점에서 주가장부가치비율과 다르다. 인플레이션을 고려한다면 대체원가가 취득원가를 초과하게 되며, 이 경우 대체원가를 추정하는 것이 중요하게 된다.

일반적으로 q비율이 1보다 큰 경우에는 자본설비(capital equipment)의 시장가치가 대체원가보다 큰 가치를 가지므로 기업들이 투자하려는 유인(incentive)을 갖게 되며, q비율이 1보다 작으면 투자유인이 없다고 할 수 있다. 이는 q비율을 투자결정 기준으로 활용할 수 있음을 시사한다.

■ 한국전자(주)의 시장가치비율

한국전자(주)의 시장가치비율을 예시하면 〈표 9-26〉과 같다. 이 표에서 볼 수 있는 바와 같이 20×1년 중반부터 시작된 국내 · 외 경제침체위기에도 불구하고 주가가 크게 하락하지 않고 있음을 알 수 있다. 그러나 한국전자(주)의 주가에 비해 순이익 감소폭이 상대적으로 크기 때문에 20×2년도의 PER은 전년도에 비해 증가하고 있다. 이는 큰 폭의 순이익 하락에도 불구하고 한국전자(주)의 미래 성장가능성을 반영한 결과라 볼 수 있다.

(단위: 원, 배)

표 9-26
한국전자(주)의 시장가치비율

항 목		20×0년도	20×1년도	20×2년도
주 가	최 고	74,000	68,700	76,400
	최 저	54,900	50,700	40,700
주 당	순이익	5,282	4,953	3,768
	매출액	38,446	41,985	48,413
	순자산	26,259	29,972	33,774
PER	최 고	14.01	13.87	20.27
	최 저	10.39	10.24	10.81
PBR	최 고	2.82	2.29	2.26
	최 저	2.09	1.69	1.21
EVA(백만원)		4,093	2,849	674

종합적 평가

〈표 9-27〉은 한국전자(주)의 재무비율과 산업평균비율을 비교하여 요약한 표이다. 한국전자(주)는 효율성비율에 다소 문제가 있는 것을 제외하고는 유동성비율, 자본구조비율, 수익성비율, 성장성비율, 생산성비율 등 거의 모든 재무비율이 양호한 것으로 판단된다. 그러나 이 회사는 유형자산을 포함한 총자산에 대한 투자규모가 적정한지를 점검해 볼 필요가 있다.

표 9-27

한국전자(주)의 재무비율과 산업평균 비율의 비교

재무비율	20×1년도	20×2년도
1. 유동성비율		
유동비율(%)	+	+
당좌비율(%)	+	+
순운전자본구성비율(%)	+	+
2. 자본구조비율		
부채비율(%)*	+	+
자기자본비율(%)	+	+
비유동비율(%)*	+	+
이자보상비율(배)	+	+
3. 효율성비율		
매출채권회전율(회)	+	+
재고자산회전율(회)	+	+
유형자산회전율(회)	−	−
총자산회전율(회)	−	−
4. 수익성비율		
총자산순이익률(%)	+	+
자기자본순이익률(%)	+	+
매출액순이익률(%)	+	+
5. 성장성비율		
총자산증가율(%)	+	+
매출액증가율(%)	+	−
순이익증가율(%)	−	+
6. 생산성비율		
부가가치율(%)	+	+
노동생산성(천원)	+	+
총자본투자효율(%)	+	+

주) 1. +: 양호, −: 불량

2. *: 산업평균에 비해 작을수록 양호함.

비율분석의 한계점 2.4

비율분석은 재무제표를 이용하여 기업의 이해관계자들이 합리적 의사결정을 내리는 데 유용한 정보를 제공하기 때문에 가장 널리 이용되는 분석방법이다. 이용자의 분석목적에 따라 재무제표상의 두 항목을 선택하여 다양한 종류의 비율구성이 가능하다. 그리고 분석자료로 이용되는 재무제표는 수집이 용이할 뿐만 아니라 계산방법과 이해가 쉽다는 장점이 있는 반면에, 다음과 같은 한계점을 가지고 있다.

첫째, 비율분석은 역사적 자료인 재무제표를 근거로 하여 과거 일정기간의 경영성과와 재무상태가 미래에도 계속될 것이라는 가정하에서 분석된다. 경영분석의 실질적인 목적은 정책수행의 결과로 나타나는 미래의 재무상태와 경영성과를 예측하는 데 있다. 그러나 미래의 상황이 불확실할 뿐만 아니라 경영환경이 빠른 속도로 변하기 때문에 과거자료를 이용하여 미래를 예측하는 것은 여러 가지 점에서 한계가 있다.

둘째, 개별기업마다 회계처리방법이 서로 다르기 때문에 비율분석을 통하여 상호비교하는 것만으로 충분하지 않다. 비교기업간에 감가상각방법 및 재고자산평가방법이 다르게 적용되는 경우에는 정확한 정보를 얻기가 어렵다.

셋째, 비율분석은 재무제표를 근간으로 하여 분석되는데, 이 중 재무상태표는 일정시점을 기준으로 작성되어 회계기간 동안의 계절적 변동에 따른 영향이 큰 산업에 대한 고려뿐만 아니라 인플레이션에 의한 가치변동 등이 반영되지 않기 때문에 이를 기계적으로 적용한다면 비율분석이 왜곡될 수 있다.

넷째, 특정한 재무비율이 양호한지 또는 불량한지의 여부를 일반화하기가 어렵다. 예를 들어 한 기업이 유동비율이 높다는 것은 유동성 측면에서는 양호한 상태로 평가될 수 있으나, 과도한 현금의 보유는 수익성 측면에서 오히려 비효율적일 수도 있다. 마찬가지로 자산회전율이 높다는 것은 그 기업이 사산을 효율적으로 사용한다는 것을 의미하지만, 한편으로는 자산에 대한 추가적인 투자가 어려운 기업임을 의미하기도 한다.

다섯째, 특정기업에 있어서 일부 재무비율은 양호하고 다른 재무비율은 불량한 경우 그 결과를 종합적으로 판단하기가 어렵다. 이 경우에 재무비율들의 순효과(net effects)를 분석하기 위해서는 다른 추가적인 분석방법을 이용하여야 한다.[18]

여섯째, 비율분석에서 비교기준이 되는 표준비율로 어느 것을 선택하느냐에

18 재무비율의 종합적 평가방법으로는 듀폰의 ROI분석, 지수법 등이 있다. 이에 대한 내용은 본장의 보론을 참조.

따라 평가가 달라질 수 있다. 그러나 선택된 표준비율이 특정기업에 가장 적합한 최선의 비교기준이라고 판단할 근거가 없다. 또한 서로 다른 산업에 속하는 사업부를 운영하는 경우에는 특정산업의 평균비율을 적용할 수 없기 때문에 이에 적합한 산업평균값을 산출하기가 어렵다.

일곱째, 기업의 유동성, 안정성, 효율성, 수익성, 성장성, 생산성 외에도 기업가치평가에 영향을 미치는 요인으로 경영자의 자질, 조직의 효율성, 시장점유율, 기업의 신용, 종업원의 기술 정도 등을 들 수 있다. 이러한 질적인 요인들은 재무제표상에 수치화될 수 없으므로 비율분석만으로 평가를 한다는 것은 한계가 있다.

재무 산책

중진공, 중소기업 재무분석 서비스 '비즈패스파인더' 공개

중소벤처기업진흥공단은 2022년 12월 30일 중소벤처기업을 위한 빅데이터 · 인공지능(AI) 기반 분석 서비스 '비즈패스파인더'를 공개한다고 밝혔다. 비즈패스파인더(BizPathFinder)는 중소벤처기업 통계, 동종업종 간 재무성과 비교, 성장경로 예측 등 분석 정보를 실시간으로 제공하는 서비스다. 고금리, 고환율, 고물가의 3고(高) 복합위기와 ESG경영 요구 등 대내외 환경변화에 기업들이 선제적으로 대응할 수 있도록 돕기 위해 구축됐다.

특히 '성장경로 예측서비스'는 중진공이 축적한 중소벤처기업 분야 빅데이터와 AI 기술을 접목해 고객과 유사한 성장경로를 갖는 기업집단을 판별한 뒤 향후 재무 성장방향을 제시한다. 서비스 이용 중소기업은 분석결과를 바탕으로 미래 변화 방향을 예측하거

| 중진공 빅데이터 · 인공지능 기반 분석 서비스 '비즈패스파인더' 메인화면

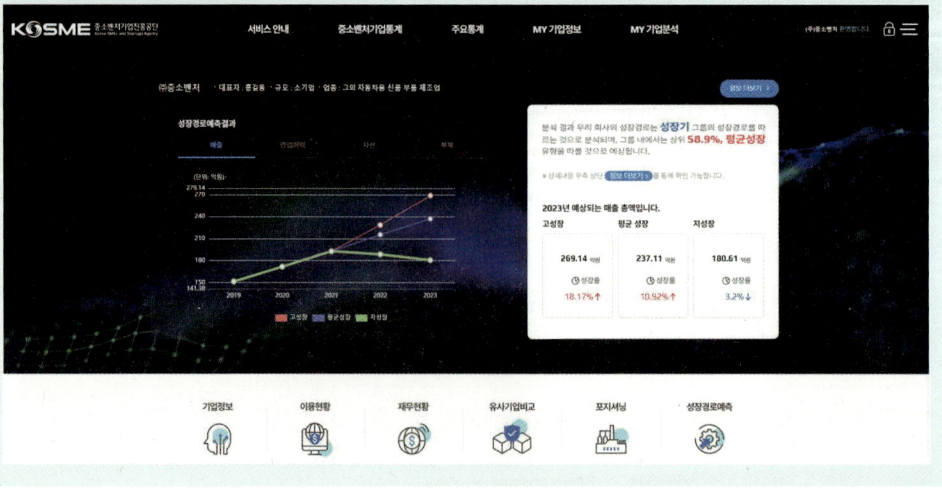

나 경영방식을 개선하는 등 경영 의사결정에 활용 가능할 것으로 기대된다. 김학도 중진공 이사장은 "급변하는 디지털시대에 중소벤처기업이 살아남고 혁신하기 위해서는 정보력이 기업경영에 있어 핵심요소 중 하나"라며, "빅데이터와 AI 기술을 활용한 중소벤처기업 전문 분석서비스가 정보 사각지대에 놓여있는 중소기업의 경영에 새로운 전환점이 되기를 기대한다"고 말했다. 중진공은 비즈패스파인더를 데이터 기반 의사결정 등 중소벤처기업의 경영 참고서로 활용할 수 있도록 지속적으로 고도화하고, 수출, 거래정보 분석 등 서비스 영역을 단계적으로 확장해 나갈 계획이라고 밝혔다. 비즈패스파인더는 공식 누리집(bigdata.kosmes.or.kr) 접속 후 중진공 기존 계정 또는 신규 회원가입을 통해 이용 가능하다.

뉴스 속 재무

한국기업 건강상태는 … "성장성 · 수익성 · 안정성 · 활동성 모두 경고등"

2022년 기업건강도 분석 결과

구분	항목	수치	구분	항목	수치
성장성	① 매출액증가율(전년동기대비) *전분기 대비 성장세는 정체	12.1%	안정성	① 총부채증가율(전년말대비)	10.4%
성장성	② 총자산증가율(전년말대비)	6.5%	안정성	② 부채비율(연말기준) *괄호안: 전년말대비	79.9% (+4.8%p)
성장성	③ 영업이익증가율(전년동기대비)	-34.2%	안정성	③ 자기자본비율(연말기준) *괄호안: 전년말대비	55.6% (-1.5%p)
수익성	① 매출액영업이익률(연말기준) *괄호안: 전년말대비	4.5% (-3.2%p)	안정성	④ 차입금의존도(연말기준) *괄호안: 전년말대비	19.2% (+0.5%p)
수익성	② 매출액당기순이익률(연말기준) *괄호안: 전년말대비	3.6% (-3.0%p)	활동성	① 재고자산비중(연말기준) *괄호안: 전년말대비	7.7% (+1.0%p)
수익성	③ 이자비용증가율(전년동기대비)	31.9%	활동성	② 재고자산회전율(연간) *괄호안: 전년대비	10.6회 (-1.1회)
수익성	④ 이자보상배율(연말기준)	5.1배	활동성	③ 총자산회전율(연간) *괄호안: 전년대비	0.77회 (+0.05회)

2022년도 국내 기업의 건강검진 결과, 성장성 · 수익성 · 안정성 · 활동성 지표가 악화된 것으로 조사됐다. 특히 영업이익은 전년대비 3분의 1이 줄었지만, 이자비용은 같은 기간 3분의 1이 늘었고, 이에 따라 기업의 부채상환능력을 나타내는 이자보상배율은 절반 수준으로 떨어졌다. 기업의 안정성, 활동성 지표도 코로나가 한창이었던 2020년, 2021년보다 악화됐다. 대한상공회의소는 최근 한국평가데이터(KoDATA)와 함께 1천612개 상장사(대기업 159개, 중견기업 774개, 중소기업 679개)의 2022년 말까지의 재무상황을 각각 성장성, 수익성, 안정성, 활동성 등 4개 부문별로 구분하여 분석한 결과 이같이 조사됐다고 12일 밝혔다.

[성장성] 2년 연속 매출순성장(12.1%), 영업이익은 3분의 1 줄어(-34.2%)

대한상공회의소에 따르면 이번 조사대상 상장기업들의 2022년 매출액은 전년대비 12.1% 증가하며 2021년에 이어 2년 연속 순성장을 기록했다. 다만 성장세는 분기를 거치며 둔화 양상을 보였다. 분기별로 구분한 매출액 추이를 보면 지난 2020년 2분기부터 6분기 연속 성장해오다가 2021년 4분기부터 정체하고 있다. 총자산은 전년 말 대비 6.5%, 3분기 말 대비

0.1% 증가했다. 반면 같은 기간 총부채는 전년 말 대비 10.4%, 3분기 말 대비 1.0% 늘어나 총자산의 증가폭을 앞질렀다. 영업이익증감률은 전년대비 -34.2%로 크게 후퇴했다. 이는 코로나 기간인 2020년과 2021년에 각각 22.7%와 60.8%의 성장을 보인 것과 대조된다. 기업규모별로 보면 대기업이 -44.1%, 중견기업이 9.2%, 중소기업이 -3.1%로, 대기업의 낙폭이 큰 것으로 나왔다. 대한상공회의소는 "2022년 4월 이후 무역수지가 15개월 연속적자를 기록하는 등 수출이 매우 좋지 않은 상황에서 수출의 최전선에 있는 대기업들을 중심으로 기업들의 영업이익이 크게 줄어든 것으로 보인다"고 분석했다.

[수익성] 이자비용 31.9% 증가, '이자빚 갚을 능력(이자보상배율)' 반토막

영업이익이 줄어들면서 기업의 수익성을 나타내는 지표들도 동반 하락했다. 매출액영업이익률(영업이익/매출액)은 4.5%로 전년대비 3.2%p 하락했고, 매출액당기순이익률(당기순이익/매출액)은 3.6%로 전년대비 3.0%p 내려앉았다. 기업이 부담해야 할 이자비용은 전년대비 31.9% 증가한 것으로 조사됐다. 이에 대해 대한상공회의소는 "2022년 급격히 오른 금리 때문인 것"으로 해석했다. 2022년 대상기업에게 발생한 이자비용 14조2천억원을 분기별로 나눠보면 각각 2조6천억원, 2조9천억원, 3조4천억원, 5조2천억원으로 점점 증가하는데, 이는 기준금리의 상승추세와 유사한 흐름을 보인다. 기업이 벌어들인 영업이익으로 이자를 갚을 수 있는 능력을 나타내는 이자보상배율(영업이익/이자비용)은 전년대비(10.1배) 절반 수준인 5.1배로 나왔다.

[안정성] 부채비율 전년대비 4.8%p 상승. 자기자본비율 최근 4년래 최저 수준

기업의 안정성도 악화된 것으로 나왔다. 대상기업의 부채비율은 79.9%로 전년대비 4.8%p 상승했다. 기업규모별로 보면, 대기업은 전년대비 4.6%p 오른 77.5%를, 중견기업은 6.2%p 오른 96.2%를, 중소기업은 0.4%p 오른 44.5%를 각각 나타냈다. 기업의 차입금의존도(19.2%)는 전년대비 0.5%p 올랐다. 대한상공회의소는 "한국은행에 따르면, 2022년 기업의 은행대출은 104조6천억원 증가했고 회사채 발행은 5조9천억원 감소했다"며, "원자재 가격상승으로 운전자금 수요가 많이 올랐지만 회사채 시장이 얼어붙어 기업들의 자금확보 및 부채관리에 어려움을 더했다"고 밝혔다. 2022년 기업의 총자본에서 부채를 제외한 자기자본의 비중을 나타내는 자기자본비율(자기자본/총자본)은 전년대비 1.5%p 떨어진 55.6%를 기록했다. 2019년 58.2%, 2020년 58.3%, 2021년 57.1%로 최근 4년 중 가장 낮은 수치다.

[활동성] 코로나 끝났지만, 기업만 여전히 자가격리중? 적극적 인센티브 필요

기업의 활동성을 측정하는 지표도 하락했다. 총자산에서 재고자산이 차지하는 비중은 최근 4년 중 가장 높은 수준인 7.7%로 나타났다. 2019년 6.3%, 2020년 5.9%, 2021년 6.7%로 조사됐다. 재고자산이 매출로 이어지는 속도를 나타내는 지표인 재고자산회전율도 10.6회로, 2019년 11.2회, 2020년 11.1회, 2021년 11.7회보다 크게 떨어졌다. 재고자산의 비중이 높고 재고자산회전율이 낮을수록 기업의 활동성이 약화된다는 것을 감안하면, 2022년 우리기업은 전국적으로 자가격리에 들어간 2020년, 2021년보다 더욱 위축됐다고 해석할 수 있다.

〈대한상공회의소 배포자료, 2023. 6. 12 수정〉

주요 용어

- **재무상태표(statement of financial position)**

일정시점(결산기 말)에서 기업의 자산, 부채와 자본에 관한 정보를 제공하는 재무보고서이다.

- **손익계산서(income statement)**

일정기간 동안 기업에서 발생한 수익과 비용을 대응시켜 당해기간의 손익을 표시한 보고서로서 기업의 종합적인 경영성과를 나타내는 재무제표이다.

- **재무비율(financial ratios)**

경제적 의미와 논리적 관계가 분명한 재무제표의 두 항목을 상대적 비율로 나타낸 것이다.

- **재무비율의 분류 및 경제적 의미**

분 류	경제적 의미	관련 비율
유동성비율	단기채무지급능력을 측정	유동비율, 당좌비율, 순운전자본구성비율 등
자본구조비율	부채의존도를 나타내는 것으로 기업의 장기채무지급능력을 측정	부채비율, 자기자본비율, 비유동비율, 이자보상비율 등
효율성비율	보유자산의 이용효율성을 측정	매출채권회전율, 재고자산회전율, 유형자산회전율, 총자산회전율 등
수익성비율	매출 또는 투자에 대한 수익성을 나타내는 것으로 경영의 총괄적 효율성을 측정	총자산순이익률, 자기자본순이익률, 매출액순이익률 등
성장성비율	외형 및 수익의 성장가능성을 측정	총자산증가율, 매출액증가율, 순이익증가율 등
생산성비율	생산요소의 성과를 측정	부가가치율, 노동생산성, 자본생산성 등
시장가치비율	주식시장에서의 평가를 측정	주가수익비율, 주가장부가치비율, 토빈의 q비율 등

- **표준비율(standard ratios)**

재무비율을 이용하여 기업의 재무상태와 경영성과를 평가할 때 비교 · 평가의 기준이 되는 재무비율이다.

연습 문제

Ⅰ. 완성/선택형 문제

01 재무제표는 기업의 이해관계자에게 재무정보를 제공하기 위해 작성되는 회계보고서로서 재무상태에 대한 정보를 제공하는 (　　　　), 경영성과에 대한 정보를 제공하는 (　　　　) 등으로 구성된다.

02 손익계산서에서 (　　　　)은 매출액에서 매출원가를 차감한 잔액을 말하며, (　　　　)은 영업활동의 결과 발생한 이익으로 매출총이익에서 판매비와 관리비를 차감하여 산출된다. (　　　　)은 영업이익에 금융수익 및 기타수익을 가산한 후 금융비용 및 기타비용을 차감하여 산출된다. (　　　　)은 최종적인 경영활동의 결과로서 주주에게 귀속되는 이익이며, 법인세비용차감전순이익에서 법인세비용을 차감하여 측정된다.

03 재무비율을 경제적 의미에 따라 (　　　　), (　　　　), (　　　　), (　　　　), (　　　　), (　　　　), (　　　　) 등으로 분류할 수 있다.

04 다음 중 경영의 총괄적 효율성을 측정하는 재무비율은?

① 유동성비율　　② 레버리지비율
③ 수익성비율　　④ 효율성비율
⑤ 생산성비율

05 다음의 재무비율 중 장기채무지급능력의 측정과 거리가 먼 것은?

① 유동비율　　② 부채비율
③ 자기자본비율　　④ 비유동비율
⑤ 이자보상비율

06 표준비율로 사용될 수 있는 비율과 거리가 먼 것은?

① 분석기업의 과거비율 ② 대기업의 재무비율
③ 일반적인 경험비율 ④ 산업평균비율
⑤ 경쟁기업의 비율

07 재무비율의 이름과 경제적 의미를 짝지은 내용이 가장 적절하지 않은 것은?
(CPA 1차 2014)

① 주가수익비율 – 수익성 ② 매입채무회전율 – 활동성
③ 이자보상비율 – 레버리지 ④ 당좌비율 – 유동성
⑤ 총자본투자효율 – 생산성

08 다음 자료에서 당좌비율(quick ratio: Q)을 계산했을 때 가장 적절한 것은? (단, 1년은 365일이고 회전율은 매출액에 대하여 계산한다.) (CPA 1차 2012)

매출채권 120억원	재고자산회전율 10회
유동부채 140억원	매출채권회수기간 60일
유동비율 150%	

① $Q \leq 50\%$ ② $50\% < Q \leq 75\%$
③ $75\% < Q \leq 100\%$ ④ $100\% < Q \leq 125\%$
⑤ $Q > 125\%$

09 주가수익비율(PER)에 대한 다음의 설명 중 잘못된 것은?

① PER은 현재의 주가를 주당순이익으로 나누어 구한다.
② PER은 주가가 주당순이익의 몇 배가 되는가를 나타낸 것으로서 주당순이익 1원의 실적인 가치를 의미한다.
③ 보수적인 회계처리방법을 사용하는 경우 상대적으로 PER이 낮아진다.
④ 성장성이 높을수록 기업의 PER이 높게 나타난다.
⑤ 위험도가 낮은 기업의 경우 PER이 높게 나타난다.

10 다음 중 재무제표를 이용한 비율분석의 한계점과 거리가 먼 것은?

① 재무비율은 과거자료를 이용하여 측정된 것으로서 이를 미래의 재무의사결정에 이용하는 데는 문제가 있다.

② 개별기업간 회계처리방법의 상이성으로 인하여 재무분석만으로 상호비교한다는 것은 불합리하다.

③ 비교기준이 되는 표준비율을 합리적으로 도출하기 어렵다.

④ 수치화할 수 없는 질적인 경영정보를 반영하지 못한다.

⑤ 손익계산서에 의해 기업의 현금흐름상태를 파악할 수 있지만, 이는 계절적 변동 및 인플레이션에 의한 가치변동을 무시하고 있다.

11 재무비율에 관한 설명으로 가장 적절하지 않은 것은? (CPA 1차 2017)

① 회계적 이익을 가능한 한 적게 계상하는 회계처리방법을 사용하는 기업의 경우 주가수익비율(PER)은 상대적으로 높게 나타날 수 있다.

② 자산의 시장가치가 그 자산의 대체원가보다 작은 경우 토빈의 q (Tobin's q)는 1보다 작다.

③ 매출액순이익률이 2%, 총자산회전율이 3.0, 자기자본비율이 50%일 경우 자기자본순이익률(ROE)은 3%이다.

④ 유동비율이 높은 기업은 유동성이 양호한 상태라고 판단될 수 있으나, 과도하게 높은 유동비율은 수익성 측면에서 비효율적일 수 있다.

⑤ 주가장부가치비율(PBR)은 일반적으로 수익전망이 높은 기업일수록 높게 나타난다.

Ⅱ. 서술/계산형 문제

01 재무비율분석의 의의를 설명하라.

02 재무비율분석의 한계점을 설명하라.

03 **| 재무비율분석 |**

(주)청운의 재무상태표와 손익계산서는 다음과 같다.

재무상태표

(주)청운 20×1년 12월 31일 현재 (단위: 천원)

자 산	금 액	부채 · 자본	금 액
유동자산	1,028,500	(부 채)	
현금및현금성자산	10,000	유동부채	557,600
단기금융자산	7,000	매입채무	493,000
매출채권	323,000	단기차입금	64,600
재고자산	688,500	비유동부채	30,000
		사채	15,000
비유동자산	192,100	장기차입금	15,000
토지	102,000	부채총계	587,600
건물	55,000		
기계장치	30,000	(자 본)	
기타유형자산	5,100	자본금	200,000
		자본잉여금	106,000
		이익잉여금	327,000
		자본총계	633,000
자산총계	1,220,600	부채 · 자본총계	1,220,600

손익계산서

(주)청운 20×1년 1월 1일~20×1년 12월 31일 (단위: 천원)

과 목	금 액
매출액	2,380,000
매출원가	1,904,000
매출총이익	476,000
판매비와 관리비	394,000
영업이익	82,000
이자비용	64,000
법인세비용차감전순이익	18,000
법인세비용(50%)	9,000
당기순이익	9,000

다음의 표를 완성하여 (주)청운의 단기채무지급능력, 장기채무지급능력, 효율성, 수익성을 평가하라.

재무비율	실제비율	표준비율
유동비율		126%
당좌비율		68%
부채비율		225%
비유동비율		120%
이자보상비율		2.4배
재고자산회전율		4.2회
매출채권회전율		3.5회
유형자산회전율		4.1회
총자산회전율		1.2회
매출액순이익률		4.74%
총자산순이익률		6.43%
자기자본순이익률		10.24%

04 | 재무비율과 재무제표의 관계 |

다음의 자료를 이용하여 재무상태표와 손익계산서를 완성하라.

재무비율	실제비율
유동비율	120%
당좌비율	80%
부채비율	150%
매출채권회수기간	40일
총자산회전율	2.92회
매출액순이익률	10%

재무상태표

(단위: 만원)

자 산	금 액	부채 · 자본	금 액
유동자산	(　　)	(부　채)	
현금및현금성자산	(　　)	유동부채	(　　)
매출채권	(　　)	매입채무	(　　)
재고자산	(　　)	단기차입금	20,000
		비유동부채	30,000
비유동자산	(　　)	사채	15,000
		장기차입금	15,000
		부채총계	(　　)
		(사　본)	
		자본금	60,000
		자본잉여금	20,000
		이익잉여금	20,000
		자본총계	100,000
자산총계	(　　)	부채 · 자본총계	(　　)

손익계산서

(단위: 만원)

과 목	금 액
매출액	(　　)
매출원가	(　　)
매출총이익	(　　)
판매비와 관리비	94,000
영업이익	(　　)
이자비용	64,000
법인세비용차감전순이익	(　　)
법인세비용(50%)	(　　)
당기순이익	(　　)

보론 재무비율의 종합적 평가방법

1. ROI분석

ROI분석
기업의 경영성과를 여러 부분의 재무요인으로 분해하여 경영성과의 변동원인을 분석하는 것으로서 재무활동을 통제하는 수단으로 이용되며, 듀폰시스템이라고도 한다.

ROI분석은 1950년대 미국의 듀폰(DuPont)사에 의하여 개발된 재무통제를 위한 관리시스템으로 듀폰시스템(DuPont system)이라고도 부른다. ROI분석은 기업의 경영성과를 여러 부분의 재무요인으로 분해하여 경영성과의 변동원인을 분석하는 것으로서 재무활동을 통제하는 수단으로 이용된다. 경영성과는 기업이 경영활동을 통하여 창출한 이익으로 투자액에 대한 상대적인 크기에 의해 측정된다. ROI(return on investment: ROI)는 투자수익률을 나타내며 경영성과를 종합적으로 측정하는 데 이용되는 가장 대표적인 재무비율이다.

ROI분석은 ROI의 구성요인을 여러 재무요인별로 분해하고 경영성과의 변동원인을 찾아내어, 재무통제가 필요한 부문이 어느 부문인가를 파악하는 데 이용되고 있다. ROI를 총자산(총자본)순이익률로 정의하느냐, 자기자본순이익률로 정의하느냐에 따라 그 내용이 다소 달라진다.

ROI를 총자산순이익률(return on total assets: ROA)로 정의하는 경우 다음과 같이 수익성비율과 효율성비율로 분해된다.

$$\text{총자산순이익률} = \frac{\text{순이익}}{\text{매출액}} \times \frac{\text{매출액}}{\text{총자산}}$$

$$= \underset{(\text{수익성비율})}{\text{매출액순이익률}} \times \underset{(\text{효율성비율})}{\text{총자산회전율}}$$

한편 ROI를 자기자본순이익률(return on equity: ROE)로 정의하는 경우 다음과 같이 수익성비율, 효율성비율과 자본구조비율로 분해된다.

$$\text{자기자본순이익률} = \frac{\text{순이익}}{\text{매출액}} \times \frac{\text{매출액}}{\text{총자산}} \times \frac{\text{총자산}}{\text{자기자본}}$$

$$= \text{매출액순이익률} \times \text{총자산회전율} \times \frac{1}{\text{자기자본비율}}$$

$$= \underset{(\text{수익성비율})}{\text{매출액순이익률}} \times \underset{(\text{효율성비율})}{\text{총자산회전율}} \times \underset{(\text{자본구조비율})}{(1+\text{부채비율})}$$

이와 같이 ROI를 여러 개의 구성요인별로 분해하여 이들 요인에 영향을 미치는 세부항목을 분석함으로써 경영성과를 종합적으로 평가할 수 있으며, 경영성과의 변동원인이 어느 항목과 연관되어 있는가를 판단할 수 있다.

ROI는 경영성과의 종합적인 지표로서 다음과 같은 점에서 중요한 의미를 갖는다.

첫째, ROI는 경영관리의 효율성을 나타내는 지표이다. 일정한 자본으로 적정수준 이상의 이익을 실현하고 있는가는 무엇보다도 경영관리기법, 경영전략, 동기유발 등에 따라 좌우된다. 따라서 ROI는 경영관리의 질을 평가하는 중요한 정보를 제공하기 때문에 중요한 의미를 갖는다.

둘째, ROI는 기업이 추구하는 달성가능한 기업목표에 대한 지표이다. 장기적인 ROI의 수준은 경영관리의 유효성에 대한 지표로서 중요한 의미를 갖지만, 그 밖에 기업의 장기적인 재무건전성에 대한 정보를 제공하기 때문에 장기채권자와 주주들에게 특히 중요한 의미를 갖는다.

셋째, ROI는 내부의사결정과 통제수단으로 이용된다. ROI는 개개의 투자결정뿐만 아니라 경영활동 및 경영성과에 대한 계획, 예산편성, 조정, 평가, 통제에서도 중요한 역할을 한다. 기업의 경영성과는 여러 사업부문의 성과로 구성되어 있다. 따라서 각 사업부문의 성과를 분석하여 어느 사업부문의 성과가 우수한지를 평가할 수 있으며, 이와 같은 부문성과에 따라 부문관리자에 대한 보상을 결정할 수 있다. 또한 성과가 좋지 않은 사업부문을 파악하여 통제함으로써 기업전체의 경영성과를 높일 수 있다.

[그림 9A-1]에서 한국전자(주)에 대한 ROI분석의 기본체계를 보여 주고 있다. ROI의 첫 번째 분석단계는 수익성비율과 효율성비율의 상호관계를 분석하는 단계이다. 두 번째 단계는 수익성비율과 효율성비율에 영향을 미치는 요인에 대한 세부적인 분석단계이다. 이와 같은 분석체계에 의해 한국전자(주)의 총자산순이익률(ROA)을 보다 향상시킬 수 있는 방안을 모색할 수 있을 것이다. 한국전자(주)는 높은 매출액순이익률로 인해 수익성이 상당히 양호하지만, 총자산회전율은 1.06회로 높지 않기 때문에 개선할 여지가 있는 것으로 판단된다. 특히 이 회사는 생산과 직접 관련이 없는 투자유가증권 등 투자자산의 규모를 줄임으로써 총자산회전율을 개선할 수 있을 것으로 보인다.

그림 9A-1

ROI분석의 기본체계: 한국전자(주)의 20×2년도 경우

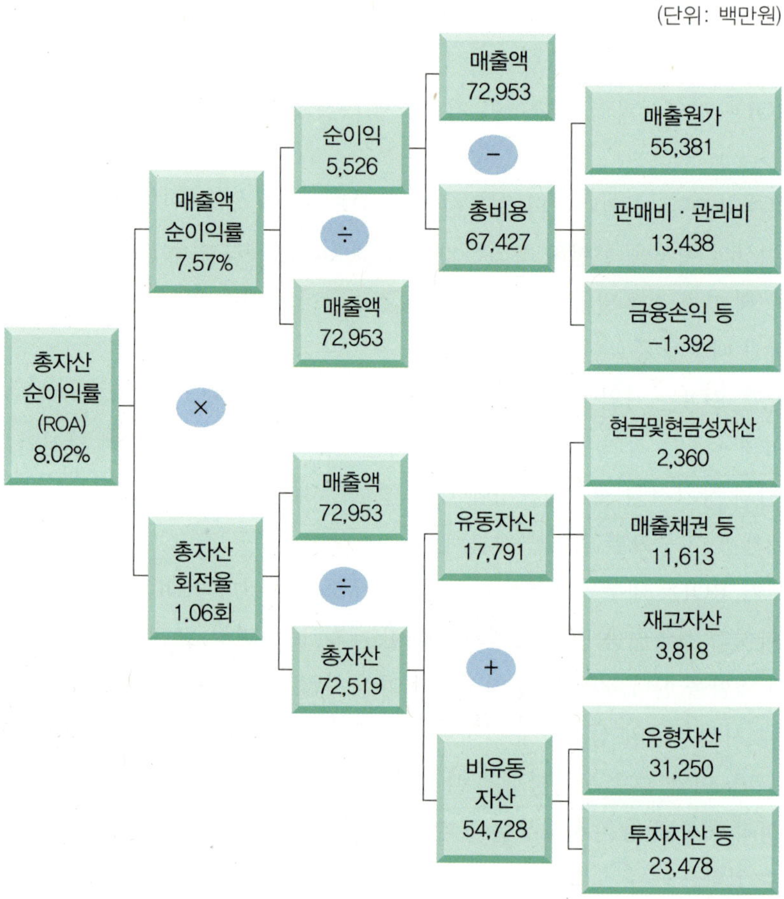

2. 지수법

지수법
여러 재무비율을 동시에 고려하여 기업의 재무상태와 경영성과를 종합적으로 평가하는 데 이용되는 분석방법으로서, 각 재무비율에 가중치를 부여하여 지수를 산출하기 때문에 가중비율종합법이라고도 한다.

재무비율에 기초하여 기업의 재무상태나 경영성과를 평가하는 경우에 문제가 되는 것은 각 재무비율의 평가결과가 상이한 경우 종합적으로 평가하기가 곤란하다는 점이다. 따라서 하나의 단일지표로서 평가근거가 되는 종합지수가 필요하게 된다. **지수법**(index method)은 여러 재무비율을 동시에 고려하여 기업의 재무상태와 경영성과를 종합적으로 평가하는 데 이용되는 분석방법으로서, 각 재무비율에 가중치를 부여하여 지수를 산출하기 때문에 가중비율종합법(weighted ratio method)이라고도 한다.

분석목적에 따라 주요 재무비율의 선정, 가중치의 크기, 표준비율에 차이가 있

지만, 다음과 같은 절차를 거쳐 종합지수를 계산할 수 있다.

① 주요 재무비율의 선정: 여러 종류의 재무비율 중에서 분석목적에 적합한 재무비율을 선정한다.

② 가중치의 부여: 선정된 주요 재무비율의 중요도에 따라 각각 가중치를 부여한다.

③ 관계비율의 계산: 실제 재무비율을 표준비율(산업평균 등)로 나누어 관계비율을 계산한다. 관계비율이 1보다 높다는 것은 기업의 재무비율이 표준비율보다 양호하고, 1보다 낮다는 것은 표준비율보다 불량함을 의미한다.

④ 종합지수의 산출: 관계비율에 가중치를 곱하여 비율별 평점을 계산한 후 이들을 합산하여 종합지수를 구한다.

⑤ 종합평가: 종합지수가 100 이상이면 기업의 재무상태 및 경영성과가 양호한 것으로, 100 이하이면 불량한 것으로 평가한다.

지수법은 월(A. Wall)의 지수법, 트랜트(J. B. Trant)의 지수법 등으로 구분된다. 〈표 9A−1〉에서 월의 지수법, 트랜트의 지수법을 비교하여 보여 주고 있다. 이 표에서 볼 수 있는 바와 같이 월의 지수법에서는 정태비율인 유동비율, 부채비율, 비유동비율 등 세 개의 재무비율에 65%의 가중치를 부여하고 있는 한편, 매출채권회전율, 재고자산회전율, 비유동자산회전율, 자기자본회전율 등 네 개의 효율성비율에 35%의 가중치를 부여하고 있다. 그러나 트랜트의 지수법에서는 자기자본회전율 대신에 매입채무회전율로 대체한 효율성비율에 65%의 높은 가중치를 부여하고 있는 한편, 정태비율에 35%의 가중치를 부여하고 있다. 월의 지수법은 재무안정성을 중시하는 채권자 입장에서의 분석인 반면, 트랜트의 지수법은 기업자산의 활용정도, 즉 효율성을 중시하는 경영자 입장에서의 분석이라 할 수 있다.

〈표 9A−2〉에서는 한국전자(주)에 대한 지수법의 적용결과를 보여 주고 있다. 월의 지수법에 의하면 한국전자(주)의 20×2년 종합지수는 156.50으로서 경영상태, 특히 채무지급능력이 양호한 것으로 볼 수 있다. 한편 트랜트의 지수법에 의하면 한국전자(주)의 20×2년 종합지수는 145.15로 나타나 월의 지수법과 유사한 결과를 얻을 수 있음을 알 수 있다.

그러나 월 또는 트랜트의 지수법에 의한 분석결과를 해석하는 경우 주요 재무비율의 구성이 유동성, 자본구조, 효율성비율 중심이며 수익성 등 다른 요인들이 고려되지 않고 있다는 점을 유의해야 한다. 그리고 지수법은 다음과 같은 몇 가지 문제점을 가지고 있다.

표 9A-1
지수법의 주요 비율과 가중치

(단위: %)

주요 비율	월의 지수법	트랜트의 지수법
유동비율	25	15
부채비율	25	10
비유동비율	15	10
매출채권회전율	10	10
재고자산회전율	10	20
비유동자산회전율	10	20
자기자본회전율	5	-
매입채무회전율	-	15
합계	100	100

첫째, 주요 재무비율의 선정과 가중치가 체계적 이론이나 실증적 증거 없이 분석자의 경험에 의해서 임의로 결정되기 때문에 매우 주관적이라 할 수 있다.

표 9A-2
한국전자(주)의 평점표(20×2년도)

주요 비율	재무비율 (A)	표준비율 (B)	관계비율 (C=A/B)	가중치(D)		평점(E=C×D)	
				Wall	Trant	Wall	Trant
유동비율	151.79	113.59	1.3363	25	15	33.41	20.04
부채비율	24.79	60.17	2.4272	25	10	60.68	24.27
비유동비율	94.17	114.92	1.2203	15	10	18.30	12.20
매출채권회전율	29.95	14.45	2.0727	10	10	20.73	20.73
재고자산회전율	20.39	19.23	1.0603	10	20	10.60	21.21
비유동자산회전율	1.41	1.57	0.8981	10	20	8.98	17.96
자기자본회전율	1.33	1.75	0.7600	5	-	3.80	-
매입채무회전율	33.74	17.61	1.9160	-	15	-	28.74
합계						156.50	145.15

주) 1. 비유동비율과 부채비율은 낮을수록 양호하므로, 표준비율을 재무비율로 나누어 관계비율($C=B/A$)을 구한다.
2. 비유동자산회전율＝매출액/비유동자산, 자기자본회전율=매출액/자본총계, 매입채무회전율＝매출액/매입채무

둘째, 평가의 기준이 되는 표준비율의 선정에 대한 명확한 기준이 없다. 일반적으로 산업평균비율을 이용하지만 상황에 따라 경쟁기업의 재무비율, 목표 재무비율 등이 보다 적절한 표준비율이 될 수 있다.

셋째, 분석대상이 되는 비율이 한정되기 때문에 재무분석에서 고려하여야 할 지표들이 모두 반영되지 못하고 있다.

제10장

운전자본관리

1. 운전자본정책
2. 현금관리
3. 신용관리

운전자본관리는 기업의 유동성에 중요한 영향을 미치는 단기재무의사결정에 속한다.

Chapter

10

Working Capital Management

제10장의 개요

단기적 재무의사결정(short-term financial decision making)은 주로 1년 이내 기업에 영향을 미치는 것으로서 순운전자본(net working capital), 즉 유동자산에서 유동부채를 차감한 부분에 관한 의사결정이다. 본장에서는 단기적 재무의사결정에 속하는 운전자본정책, 현금 및 신용관리에 관한 사항을 소개하기로 한다. 운전자본정책은 기업의 단기 재무정책으로 유동자산의 투자규모와 자금조달방법 등에 의해 결정된다. 현금 및 신용관리는 기업활동을 원활하게 수행하기 위해 현금 및 매출채권을 어느 정도 보유하는 것이 적정한지를 정하는 의사결정이다.

01 운전자본정책

1.1 단기적 재무의사결정과 순운전자본

단기적 재무의사결정
주로 1년 이내에 기업에 영향을 미치는 것으로서 순운전자본, 즉 유동자산에서 유동부채를 차감한 부분에 관한 의사결정이다.

단기적 재무의사결정은 주로 1년 이내 발생되는 현금의 유입과 유출에 관련된 의사결정을 말한다. 예를 들면 [그림 10-1]에서 볼 수 있는 바와 같이 원재료의 주문 및 대금지급, 1년 이내의 기간에 현금회수가 가능한 제품의 판매 등과 관련되어 있다.

주요 단기적 재무의사결정은 다음과 같은 사항에 관한 것이다.

- 주기적인 대금결제를 위해 얼마만큼의 현금(또는 예금)을 보유해야 하는가?
- 원재료의 적정 주문규모는 얼마인가?
- 고객에게 외상판매를 얼마나 허용해야 하는가?

단기적 재무의사결정은 순운전자본에 관한 의사결정이다. 순운전자본의 두 가지 구성요소 중 첫 번째 요소인 유동자산은 현금이나 1년 이내에 현금화가 가능한 유동성(liquidity)이 높은 자산을 말한다. 유동성이 높다는 것은 적정한 가격으로 신속하게 현금화될 수 있다는 것을 의미한다. 이들 유동자산은 일반적으로 재무상태표의 좌측 상단에 표시되는 항목들로서 현금및현금성자산, 단기금융자산, 매출채권(외상매출금, 받을어음), 그리고 재고자산 등을 의미한다. 순운전자본의 또 다른 항목인 유동부채는 1년 또는 영업주기 내에 지급하여야 하는 채무를 의미한다. 유동부채의 항목들은 단기차입금, 매입채무(외상매입금, 지급어음), 미지급비용 등으로서 재무상태표의 우측 상단에 표시된다.

순운전자본
유동자산에서 유동부채를 차감한 것으로서 기업의 유동성, 단기채무지급능력을 나타낸다.

순운전자본은 기업의 유동성, 단기채무지급능력을 나타내는 것으로서 순운전자본이 증가하면 단기채무에 대한 지급능력이 보다 양호해졌음을 의미한다. 운전자본관리는 재무관리자의 일상적이고 반복적인 업무라 할 수 있지만, 기업의 총자

그림 10-1
단기적 재무의사결정

재무 산책

운전자본관리의 중요성

운전자본관리는 일상적 · 반복적으로 이루어지기 때문에 그 의사결정의 많은 부분이 하위 경영자에게 위임되며, 그 중요성이 상대적으로 낮게 인식되고 있다. 그러나 운전자본관리는 기업의 매출과 영업비용에 영향을 미칠 뿐만 아니라 기업 현금흐름의 변동성(위험)에도 영향을 미치기 때문에 중요하게 다루어져야 한다.

특히 상대적으로 입지 및 신용도가 약한 중소기업의 경우에는 운전자본관리가 기업의 생존을 결정한다고 해도 틀린 말이 아닐 것이다. 우리나라에서 중소기업이 겪고 있는 가장 큰 어려움 중 하나는 원재료 구입시에는 대부분 현금으로 결제해야 하는 반면, 판매대금은 몇 개월짜리 어음으로 받게 되는 현실이라 할 수 있다. 이와 같은 현실하에서는 수익성이 높은 중소기업이라도 운영자금을 마련하지 못해 상당수가 흑자도산에 직면할 수 있다. 따라서 우리나라에서 중소기업의 경우 효율적 운전자본관리는 기업의 생존과 직결되는 매우 중요한 문제일 것이다.

산 중에서 유동자산이 차지하는 비중이 높기 때문에 자산의 효율적 이용측면에서도 중요하다. 특히 중소기업의 경우 비유동자산에 대한 투자는 리스(lease)나 할부구입을 통해서 그 지출을 줄일 수 있지만, 유동자산에 대한 투자지출은 회피하기 어렵다. 또한 중소기업이 금융시장을 통한 장기적 자본조달원천을 이용하기란 대기업에 비해 상대적으로 어렵기 때문에 유동부채에 크게 의존하지 않을 수 없다. 따라서 중소기업의 경우 유동성을 유지하면서 수익성을 높이기 위해서는 운전자본의 효율적 관리가 필수적이라 할 수 있다.

영업주기와 현금주기 1.2

운전자본관리는 기업의 단기영업활동(short-run operating activities)과 관련된 것이다. 일반적으로 제조업체의 전형적인 단기영업활동은 〈표 10-1〉과 같이 구성된다.

〈표 10-1〉과 같은 단기영업활동은 일관성이 없거나 불확실한 현금의 유입과 유출을 발생시킨다. 그 이유는 원재료 구입시의 현금지급과 제품 판매시의 현금회수의 시점이 일치하지 않거나, 미래의 매출이나 매출원가의 수준과 발생시점을 사전에 정확히 예측할 수 없기 때문이다.

표 10-1
단기영업활동

구 분	의사결정
1. 원재료 구입	1. 원재료를 얼마나 주문할 것인가?
2. 원재료 구입대금 지급	2. 현금지급 또는 외상으로 할 것인가?
3. 제품의 제조과정	3. 어떤 생산기법을 사용할 것인가?
4. 제품 판매	4. 현금판매 또는 외상판매를 할 것인가?
5. 판매대금 회수	5. 판매대금 회수를 어떻게 할 것인가?

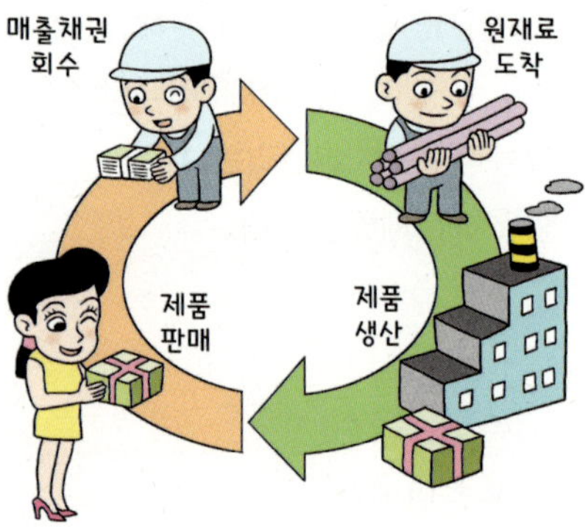

영업주기는 원재료의 도착에서 매출채권이 현금으로 회수되기까지의 기간을 의미한다.

[그림 10-2]는 현금흐름 발생시기(cash flow time line)에 따라 제조업체의 전형적인 단기영업활동과 현금흐름을 나타낸 것이다. **영업주기**(operating cycle)는 원재료의 도착에서 매출채권이 현금으로 회수되기까지의 기간으로 재고기간과 매출채권회수기간(또는 매출채권평균회수기간)을 합한 것과 같다.[1]

$$영업주기 = 재고기간 + 매출채권회수기간$$

영업주기
원재료의 도착에서 매출채권이 현금으로 회수되기까지의 기간으로 재고기간과 매출채권회수기간을 합한 것과 같다.

그리고 **현금주기**(cash cycle)는 원재료의 구입대금 지급(현금유출)으로부터 제품의 판매대금이 회수(현금유입)되기까지의 기간으로 영업주기에서 매입채무지급기간을 뺀 것과 같다.[2]

$$현금주기 = 영업주기 - 매입채무지급기간$$

현금주기
원재료의 구입대금 지급(현금유출)으로부터 제품의 판매대금이 회수(현금유입)되기까지의 기간으로 영업주기에서 매입채무지급기간을 뺀 것과 같다.

운전자본관리가 필요한 이유는 현금유출(원재료 구입대금 지급)과 현금유입(제

---

1 $재고자산회전율(회) = \frac{매출액}{재고자산}$, $재고기간(일) = \frac{365}{재고자산회전율}$

$매출채권회전율(회) = \frac{매출액}{매출채권}$, $매출채권회수기간(일) = \frac{365}{매출채권회전율}$

회전율을 계산할 때, 기초와 기말 사이의 변동을 반영해 주기 위해서는 평균액을 사용하는 것이 좋다. 그리고 재고자산은 원가로 계산되는 반면, 매출액은 시장가치로 계산된다. 따라서 양쪽의 항목을 동일기준으로 비교하기 위해 재고자산회전율을 계산할 때 분자의 매출액 대신 매출원가를 사용하는 것이 합리적일 것이다.

2 $매입채무회전율(회) = \frac{매출원가}{매입채무}$, $매입채무지급기간(일) = \frac{365}{매입채무회전율}$

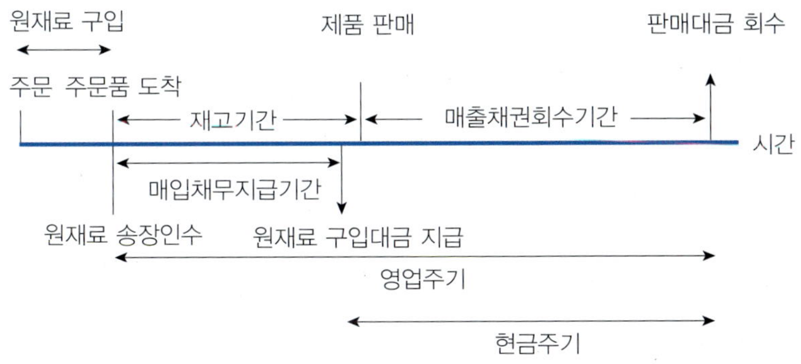

그림 10-2
현금흐름 발생시기와 단기영업활동

품 판매대금 회수)의 발생시점이 서로 일치하지 않기 때문이다. 현금유출과 현금유입간의 간격(gap), 즉 현금주기는 영업주기 및 매입채무지급기간과 관련이 있다. 이 간격은 단기차입에 의존하거나 유동성이 높은 유가증권을 보유함으로써 메울 수 있다. 그리고 재고기간 또는 매출채권회수기간을 단축하거나(영업주기를 단축하거나), 매입채무지급기간을 길게 함으로써 그 간격을 줄일 수 있을 것이다. 현금주기가 단축됨으로써 기업은 추가적인 운전자본을 조달하지 않고도 유동성을 증가시킬 수 있게 된다.

예제 10-1 영업주기와 현금주기

희망(주)의 재무자료는 다음과 같다.

(단위: 만원)

항 목	20×1년	20×2년
매출채권	10,000	12,000
재고자산	14,000	16,000
매입채무	6,000	8,000
매 출 액	110,000	120,000
매출원가	80,000	84,000

이상의 자료를 이용하여 다음의 물음에 답하라.

(1) 희망(주)의 재고기간은?

(2) 희망(주)의 매출채권회수기간과 매입채무지급기간은?

(3) 희망(주)의 영업주기와 현금주기는?

해설

(1) 희망(주)의 재고기간은 다음과 같은 절차에 의해 구할 수 있다.

$$\text{재고자산회전율} = \frac{\text{매출원가}}{\text{평균재고}} = \frac{84{,}000\text{만원}}{(14{,}000\text{만원} + 16{,}000\text{만원})/2} = 5.6\text{회}$$

재고자산회전율(매출원가기준)이 5.6회라는 것은 재고자산이 1년에 5.6번 현금 또는 매출채권으로 전환됨을 의미한다. 따라서 재고자산이 1번 현금 또는 매출채권으로 전환되는데 소요되는 기간, 즉 재고기간은 다음과 같이 구할 수 있다.

$$\text{재고기간} = \frac{365}{5.6} = 65.2\text{일}$$

(2) 물음 (1)과 같은 방법으로 매출채권회수기간과 매입채무지급기간을 구하면 다음과 같다.

- $\text{매출채권회전율} = \frac{\text{매출액}}{\text{평균매출채권}} = \frac{120{,}000\text{만원}}{(10{,}000\text{만원} + 12{,}000\text{만원})/2} = 10.9\text{회}$

  $\rightarrow \text{매출채권회수기간} = \frac{365}{10.9} = 33.5\text{일}$

- $\text{매입채무회전율} = \frac{\text{매출원가}}{\text{평균매입채무}} = \frac{84{,}000\text{만원}}{(6{,}000\text{만원} + 8{,}000\text{만원})/2} = 12\text{회}$

  $\rightarrow \text{매입채무지급기간} = \frac{365}{12} = 30.4\text{일}$

(3) 위의 물음 (1)과 (2)의 결과를 이용하여 영업주기와 현금주기를 구하면 다음과 같다.

- 영업주기 = 재고기간 + 매출채권회수기간 = 65.2일 + 33.5일 = 98.7일
- 현금주기 = 영업주기 − 매입채무지급기간 = 98.7일 − 30.4일 = 68.3일

희망(주)의 현금주기는 68.3일이다. 즉 현금유출과 현금유입 사이에는 약 68.3일의 시간간격이 존재한다.

재무 산책

리틀의 법칙과 현금주기

A식당은 1시간에 20명꼴로 손님이 방문한다. A식당 안에서 식사하고 있는 손님은 평균 30명이다. 그렇다면 손님 한 명이 A식당 안에서 머무는 시간은 얼마나 될까? 정답은 1시간 30분이다. 이 문제는 간단히 계산으로 풀 수도 있겠지만 자세히 살펴보면 생산관리, 재고관리, 공급체인 등 경영학 · 과학 분야의 토대를 제공한 '리틀의 법칙(Little's Law)'이 적용된 사례이다.

리틀의 법칙이란 MIT 교수였던 존 리틀이 만든 것으로 '공간 내 머무는 객체 수(I)=객체의 공간 유입량(R)×객체의 공간 내 머무는 시간(T)'이다. 직관적으로 보자면 식당에 들어오는 손님이 늘어나고, 손님이 식당 안에 머무는 시간 역시 늘어나면 당연히 식당 안에 머무는 손님의 수가 곱으로 늘어난다는 뜻이다. 위 문제의 경우 식당 내 머무는 손님(30명)=방문하는 손님(20명/시간)×식당 내 손님이 머무르는 시간(1.5시간)이다.

리틀의 법칙이 중요한 이유는 적용범위가 넓기 때문이다. 리틀의 법칙을 응용하면 '재고량(I)=재고의 유입량(R)×재고 체류시간(T)', 즉 재고창고에 쌓여 있는 재고량은 재고가 들어오는 유입량과 재고로 머무는 시간의 곱과 같음을 알 수 있다. 이는 리틀의 법칙이 손님뿐만 아니라 재고흐름을 파악할 수도 있음을 시사한다.

현금흐름에도 적용된다. 예컨대 B회사가 지난해 15억원의 매출을 기록했고, 매출채권(외상매출 및 받을 어음)은 3억원이라고 하자. 이 경우 리틀의 법칙을 적용해 3억원(I)=15억원/년(R)×0.2년(T)으로 표현할 수 있다. 달리 말해 B회사가 물건을 판 뒤 결제 받기까지 평균 0.2년(2.4달) 기다렸음을 알 수 있다.

사업을 하는 사람이라면 "줄 돈(현금)은 최대한 늦게 주고, 받을 돈(현금)은 최대한 빨리 받는다"는 원칙을 가지고 있는 사람이 많다. 수중에 현금흐름을 많이 확보하고 있어야 금융비용을 줄일 수 있고, 현금이 급히 필요할 때 신속하게 사용할 수 있기 때문이다. 이 원칙은 개인 사업자는 물론 글로벌 대기업에도 무차별적으로 적용될 정도로 확고한 경영원칙이다. 이와 관련된 경영학 용어가 '현금주기(cash cycle)'다.

현금주기는 생산에서 판매에 이르는 일련의 과정을 거치는 동안 현금의 유입이 얼마나 지체되는지 혹은 빠른지 알려주는 바로미터다. 대개 현금주기만큼 운전자금을 준비해야 하기 때문에 그 크기가 늘어날수록 기업엔 부담이다.

예를 들어 삼성전자 TV가 재고창고에 평균 10일 보관된다고 가정하자. 보통 재고창고에 10일을 머무른 뒤에야 판매된다는 뜻이다. 이때 제품이 재고창고에 머무는 기간을 재고기간이라고 하는데, 이 기간이 늘어날수록 삼성전자에 유입되는 현금흐름은 지체된다. 또 이 TV가 판매됐는데 현금이 아니라 어음 등 매출채권으로 판매됐다면 매출채권이 현금 등으로 전환되는 데 걸리는 기간인 매출채권회수기간만큼 유입 현금흐름은 더 지체된다. 마지막으로 삼성전자가 TV를 만드는 데 사용한 부품을 어음 등 매입채무로 산 뒤 이 매입채무를 현금 등으로 전환시켜주는 데 걸리는 기간인 매입채무지급기간만큼 유입 현금흐름은 빨라진다. 결론적으로 현금주기는 「재고기간+매출채권회수기간−매입채무지급기간」으로 정의된다.

미시간대 MBA스쿨에서 생산 · 재고 관리 및 공

급체인 등을 가르치는 로만 카푸신스키 교수는 "쉽게 말해 받을 현금은 최대한 빨리 받고, 줘야 할 현금은 최대한 늦게 주면 현금주기(운전자금)가 짧아지고(줄어들고), 기업엔 이익이 된다"며 "기업이 현금주기를 간과할 경우 실제 금융부담을 무시하는 꼴"이라고 말했다.

예를 들어 C회사 매출이 10억원이고 재고기간이 50일, 매출채권회수기간이 70일, 매입채무지급기간이 40일이라면, 현금주기는 80일(=50일+70일−40일)이다. 이때 필요한 운전자금은 2억1,918만원(=10억원×80÷365)이 된다. 하지만 카푸신스키 교수는 "현금주기가 금융비용을 져야 하는 부담이 아닌 오히려 이익이 되는 매우 드문 기업도 있는데 바로 애플이 대표적인 사례"라고 소개했다.

〈애플 2011년 실적〉

매출	1,082억5,000만달러
매출원가	644억3,000만달러
순이익	259억2,000만달러
재고자산	7억7,600만달러
매출채권	53억7,000만달러
매입채무	146억3,000만달러

- 재고기간 $= \dfrac{365일}{매출원가/재고자산} = \dfrac{365}{644.3/7.76}$ $=4.4일$
- 매출채권회수기간 $= \dfrac{365일}{매출액/매출채권} = \dfrac{365}{1,082.5/53.7}$ $=18.1일$
- 매입채무지급기간 $= \dfrac{365일}{매출원가/매입채무} = \dfrac{365}{644.3/146.3}$ $=82.9일$

애플이 한창 잘나가던 2011년 회계연도 재무제표를 이용하여 현금주기를 계산해 보자. 애플의 재고기간은 4.4일, 매출채권회수기간은 18.1일, 매입채무지급기간은 82.9일이고, 이를 이용한 현금주기는 −60.4일(=4.4일+18.1일−82.9일)이다. 즉 현금으로 전환하는 데 시간이 걸리기는커녕 오히려 현금유입이 정상적인 수준보다 훨씬 더 빨리 이뤄짐을 알 수 있다. 따라서 애플이 필요한 운용자금은 −179.1억달러(=1,082.5억달러×(−60.4)÷365)가 된다. 즉 운용자금이 필요하지 않고 179.1억달러만큼 추가 현금이 들어온 것이다. 카푸신스키 교수는 "애플은 현금주기를 최소화하는 수준을 넘어 현금을 미리 확보하는 수준까지 실현했다"며 "이는 애플이 강력한 구매력을 바탕으로 자신들에게 유리한 결제조건을 달성했기 때문"이라고 분석했다.

〈매일경제, 2017. 3. 24 수정〉

단기재무정책 1.3

기업의 단기재무정책은 유동자산의 투자규모와 자금조달방법 등에 의해서 결정된다. 유동자산의 투자규모는 매출액에 대한 유동자산의 비율(유동자산/매출액)로 측정된다. **보수적 단기재무정책**(conservative short-term financial policy)은 이 비율을 높게 유지하는 것인 반면, **공격적 단기재무정책**(aggressive short-term financial policy)은 이 비율을 낮게 유지하는 것이다.[3] 그리고 유동자산의 자금조달방법은 비유동부채에 대한 유동부채의 비율(유동부채/비유동부채)로 측정된다. 보수적 단기재무정책은 유동부채보다 비유동부채에 의해 상대적으로 많은 자금을 조달하는 정책인 반면, 공격적 단기재무정책은 비유동부채보다 유동부채에 의해 상대적으로 많은 자금을 조달하는 정책이다.

기업의 단기재무정책은 유동자산의 투자규모와 자금조달방법 등에 의해서 설정된다.

표 10-2 단기재무정책의 구분

구　　분	측정비율	보수적 단기재무정책	공격적 단기재무정책
유동자산의 투자규모	$\frac{\text{유동자산}}{\text{매출액}}$	높　　다	낮　　다
유동자산의 자금조달방법	$\frac{\text{유동부채}}{\text{비유동부채}}$	낮　　다	높　　다

유동자산에 대한 투자규모는 유동자산의 증가에 따라 증가하는 비용과 감소하는 비용 사이의 상반관계에 의해 결정된다. 유동자산에 대한 투자규모의 증가에 따라 증가하는 비용을 유지비용(carrying cost)이라 하며, 반대로 감소하는 비용을 부족비용(shortage cost)이라 한다. **유지비용**은 유동자산의 경제적 가치를 보존하기 위해 지출하는 비용(예를 들어 재고의 창고보관비용 등)과 상대적으로 수익성이 높은 비유동자산에 대한 투자를 포기하기 때문에 발생되는 손실(기회비용)로 구성된다. 그리

유지비용
유동자산에 대한 투자규모의 증가에 따라 증가하는 비용으로서 유동자산의 경제적 가치를 보존하기 위해 지출하는 비용(예 재고의 창고보관비용 등)과 상대적으로 수익성이 높은 비유동자산에 대한 투자를 포기하기 때문에 발생되는 손실(기회비용)로 구성된다.

3 비유동자산에 비해 유동자산은 상대적으로 수익성이 낮다. 따라서 유동자산에 대한 투자규모를 증가시키는 보수적 단기재무정책하에서는 단기채무지급능력이 높아져 안정성은 높아지나(위험은 낮아지나) 수익성이 낮아지게 된다. 이와는 반대로 유동자산에 대한 투자규모를 감소시키는 공격적 단기재무정책하에서는 안정성은 떨어지나(위험은 높아지나) 수익성이 높아지게 된다. 보수적 단기재무정책을 탄력적 단기재무정책(flexible short-term financial policy)이라 하며, 공격적 단기재무정책을 긴축적 단기재무정책(restrictive short-term financial policy)이라 하기도 한다.

그림 10-3

유동자산의 최적투자 규모 결정

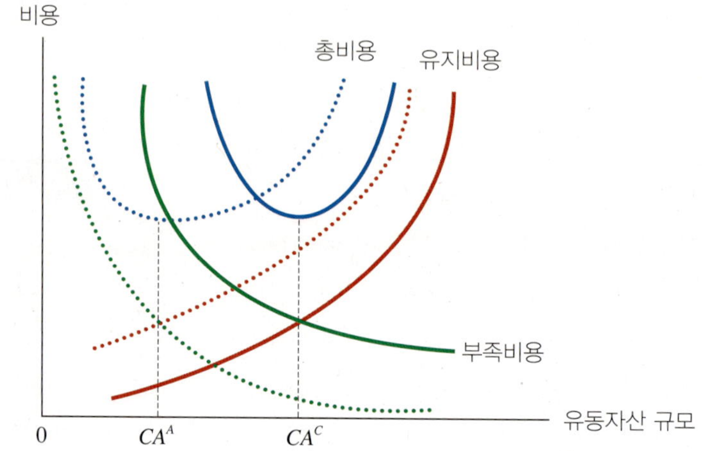

부족비용
유동자산에 대한 투자 규모가 적을 때 발생되는 비용으로서 현금잔고 부족시 현금확보를 위해 지출하는 추가적 거래비용과 외상매출의 축소로 인한 매출감소 손실, 그리고 재고부족으로 인한 기회비용 등이다.

고 **부족비용**은 유동자산에 대한 투자규모가 적을 때 발생되는 비용이다. 예를 들어 이 비용은 현금잔고 부족(cash-out)시 현금확보를 위해 지출하는 추가적 거래비용(긴급히 유가증권을 매각하거나 현금을 차입함으로써 발생될 수 있는 추가적 비용 등)과 외상매출의 축소로 인한 매출감소 손실, 그리고 재고부족(stock-out)으로 인한 기회비용(재고부족으로 인한 판매기회의 상실, 이로 인한 고객으로부터의 신용저하, 생산계획의 차질 등에 따른 비용) 등이다.

유동자산에 대한 최적투자규모는 [그림 10-3]에서 볼 수 있는 바와 같이 유지비용과 부족비용을 합한 총비용이 최소가 되는 점에서 결정된다. 유지비용이 낮고, 부족비용이 높은 경우(실선으로 표시)에는 높은 수준의 유동자산을 보유하는 보수적 단기재무정책(CA^C)이 적절하다. 반대로 유지비용이 높고, 부족비용이 낮은 경우(점선으로 표시) 낮은 수준의 유동자산을 보유하는 공격적 단기재무정책(CA^A)이 바람직하다.

1.4 현금예산과 단기재무계획

현금은 기업이 원활한 경영활동을 수행하는 데 반드시 필요하다. 그러므로 기업의 미래 현금상태를 예측하고 계획하는 것은 기업의 미래활동을 위해 필수적이다. **현금예산**(cash budget)은 미래 일정기간의 현금유출과 현금유입을 추정하여 기록한 것이다. 재무관리자는 현금예산을 통해 현금흐름의 규모와 시기를 파악하여 단

현금예산
미래 일정기간의 현금유출과 현금유입을 추정하여 기록한 것이다.

기재무계획을 수립할 수 있다. 현금예산은 주별, 월별, 분기별 또는 연도별로 작성될 수 있다. 현금예산의 수립기간은 기업의 경영환경과 예산제도에 의해 결정된다. 일반적으로 현금흐름이 매우 불규칙하고 변동이 심한 기업의 경우 짧은 기간의 현금예산을 수립하는 것이 좋으며, 현금흐름이 비교적 안정적인 기업의 경우 다소 긴 기간의 현금예산을 수립하는 것이 바람직하다.[4]

현금예산을 수립하기 위해서는 먼저 매출액에 대한 추정이 선행되어야 한다. 매출액 추정의 정확성은 현금예산의 정확성에 직접적인 영향을 미친다. 다음으로 현금유입과 유출을 예측하고, 이를 상호비교하여 최종적인 현금예산을 완성하게 된다.

현금예산의 수립과정을 설명하기 위해 다음과 같은 (주)서울완구의 사례를 생각해 보자. (주)서울완구의 20×1년 1월 1일 현재 분기별 매출액의 추정치는 다음과 같다.

	20×1. 1분기	20×1. 2분기	20×1. 3분기	20×1. 4분기
매출액	10,000만원	20,000만원	15,000만원	10,000만원

(주)서울완구는 모든 매출을 외상으로 판매하고 매출채권회수기간은 90일이다. 예를 들어 1분기의 매출액은 2분기에 전액 현금으로 회수된다. 그리고 20×0년도의 4분기 매출액(매출채권)은 1억원으로 가정한다. 분기 말의 매출채권잔액은 다음과 같이 구할 수 있다.

> 분기 말 매출채권액 = 분기 초 매출채권액 + 당분기 매출액
> − 당분기 현금회수액

(주)서울완구의 다음 4분기 동안의 현금회수와 기초, 기말의 매출채권 내역은 〈표 10-3〉과 같다.[5]

현금유출은 〈표 10-4〉에 나타난 바와 같이 주로 다음의 네 가지 사항으로 인하여 발생하게 된다.

---

4 현금예산의 수립기간이 길수록 현금예산의 정확도는 낮아지지만, 현금흐름이 안정적인 기업의 경우 그 수립기간이 길어도 어느 정도의 정확성을 기할 수 있다.

5 현금유입은 매출뿐만 아니라 자산매각, 투자수입, 그리고 장기자금조달 등에 의해서도 발생될 수 있음을 유의하여야 한다.

표 10-3

현금유입액 추정

(단위: 만원)

	20×1. 1분기	20×1. 2분기	20×1. 3분기	20×1. 4분기
매출액	10,000	20,000	15,000	10,000
현금회수액	10,000	10,000	20,000	15,000
분기 초 매출채권액	10,000	10,000	20,000	15,000
분기 말 매출채권액	10,000	20,000	15,000	10,000
총현금유입액	10,000	10,000	20,000	15,000

표 10-4

현금유출액 추정

(단위: 만원)

	20×1. 1분기	20×1. 2분기	20×1. 3분기	20×1. 4분기
매출액	10,000	20,000	15,000	10,000
원재료구입액(외상)	10,000	7,500	5,000	5,000*
현금지출:				
매입채무 상환액	5,000	10,000	7,500	5,000
임금, 세금, 제경비	2,000	4,000	3,000	2,000
자본적 지출액	0	0	0	10,000
이자비용과 배당금	1,000	1,000	1,000	1,000
총현금유출액	8,000	15,000	11,500	18,000

*) 20×2년도 1분기의 예상 매출액은 10,000만원임.

**) 임금, 세금, 제경비는 매출액의 20%로 추정하였음.

● 매입채무의 상환

원재료를 외상으로 구입하여 일정기간이 지난 후에 현금으로 지급한다. 매입액은 예상매출액에 의해 결정되며, (주)서울완구의 경우에는 다음과 같이 가정한다.

- 매입채무의 현금상환액 = 전분기의 원재료 구입액
- 원재료 구입액 = 다음 분기 예상매출액의 1/2

● 임금, 세금 및 기타 비용

영업활동의 수행과정에서 발생되는 모든 정상적 현금지출비용을 포함한다.[6]

6 감가상각비 등 비현금지출비용은 현금유출에 포함시키지 않아야 한다.

표 10-5 현금예산

(단위: 만원)

	20×1. 1분기	20×1. 2분기	20×1. 3분기	20×1. 4분기
총현금유입액	10,000	10,000	20,000	15,000
총현금유출액	8,000	15,000	11,500	18,000
순현금흐름	2,000	−5,000	8,500	−3,000
누적현금잔고	2,000	−3,000	5,500	2,500
최소현금잔고	500	500	500	500
누적현금과부족	1,500	−3,500	5,000	2,000

● 자본적 지출

유형자산 등의 구입대금을 현금으로 지급하는 것이며, (주)서울완구의 경우 4분기에 주요한 자본적 지출이 발생하는 것으로 가정하였다.

● 장기자본조달로 인한 지출

현존하는 비유동부채의 원리금 지급과 주주에 대한 현금배당금 등을 포함한다.

현금유입과 현금유출이 추정되면, 이를 비교하여 순현금흐름을 계산할 수 있다. 이와 같이 작성된 현금예산은 〈표 10-5〉와 같다. 현금예산을 살펴보면 2분기에 큰 음(−)의 순현금흐름, 즉 현금부족이 나타나는데, 이는 당분기의 매출액에 대한 현금회수가 지연된 결과라 할 수 있다.

(주)서울완구는 일상적 거래, 예측불가능한 돌발 사태, 그리고 은행계좌의 최소잔고 유지 등에 대비할 목적으로 500만원의 **최소현금잔고**(minimum operating cash balance)가 필요하다고 한다. 이로 인해 2분기의 누적현금부족액은 총 3,500만원이다. 이와 같은 2분기의 현금부족분은 기업의 내부자금으로 조달될 수 없기 때문에 금융기관 등을 이용하여 단기차입하여야 할 것이다.

현금예산은 여러 가지 가정하에서 추정된 것으로서 미래의 실제상황은 이와 다르게 나올 수 있다. 그러므로 여러 가지 발생가능한 상황(낙관적 상황 또는 비관적 상황 등)을 고려하여 현금예산을 각각의 상황별로 작성한 후, 이를 대비함으로써 부정확한 예측에서 오는 기회비용을 줄일 수 있을 것이다.

최소현금잔고
일상적 거래, 예측불가능한 돌발 사태, 그리고 은행계좌의 최소잔고 유지 등에 대비할 목적으로 보유하는 현금을 의미한다.

02 현금관리

현금관리의 목적은 기업활동을 효율적으로 수행하기 위하여 보유해야 하는 최소한의 현금수준을 유지하는 데 있다. 여기서는 현금보유수준의 결정, 현금흐름(현금유입과 현금유출)의 효율적 관리, 여유현금의 투자 등에 관하여 차례로 설명하고자 한다.

2.1 현금보유수준의 결정

현금보유동기

일반적으로 다음과 같은 이유 때문에 현금을 보유한다. 첫째, 거래적 동기(transactions motive)를 위해 현금을 보유한다. **거래적 동기**는 기업이 정상적인 영업활동을 유지하기 위하여 현금을 보유하는 경우를 말한다. 임금이나 급료, 세금, 매입채무, 배당금 등의 지급시점(현금유출시점)과 매출, 자산매각, 신규차입 등에 의한 현금유입시점이 서로 일치하지 않기 때문에 현금보유가 필요하게 된다. 그리고 현금보유량이 너무 적으면 조만간 현금이 고갈될 우려가 있으며, 이를 보전하기 위해 유가증권을 매각하거나 추가로 차입함으로써 거래비용이 발생하게 된다.

둘째, 투기적 동기(speculative motive) 또는 예비적 동기(precautionary motive)에 의해 현금을 보유하기도 한다. **투기적 동기**는 할인구매, 유리한 이자율 등과 같이 추가적인 투자기회의 이점을 살리기 위해 현금을 보유하는 것이며, **예비적 동기**는 예상하지 못한 상황에 대비하기 위해 여유현금을 보유하는 것이다.

거래적 동기
기업이 정상적인 영업활동을 유지하기 위하여 현금을 보유하는 것이다.

투기적 동기
할인구매, 유리한 이자율 등과 같이 추가적인 투자기회의 이점을 살리기 위해 현금을 보유하는 것이다.

예비적 동기
예상하지 못한 상황에 대비하기 위해 여유현금을 보유하는 것이다.

최적현금보유수준

최적현금보유수준은 과다한 현금을 보유했을 때 발생하는 기회비용과 너무 적게 보유했을 때 발생하는 거래비용의 상반관계에 의해 결정된다. 현금보유량이 지나치게 적을 때는 유가증권을 자주 팔거나 추가적인 차입이 필요하므로 거래비용

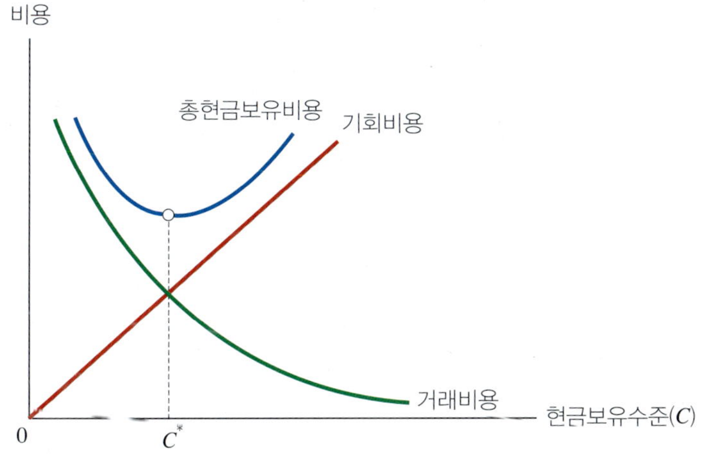

그림 10-4
최적현금보유수준의 결정

이 증가하게 된다. 그러나 현금보유량이 많을 때는 거래비용은 적어지지만, 수익성이 높은 다른 자산에 투자하지 못함으로써 잃게 되는 손실, 즉 미실현이자수입에 대한 기회비용이 증가하게 된다. [그림 10-4]에서 C^*는 거래비용과 기회비용의 합인 총비용이 최소가 되는 점으로서 최적현금보유수준을 나타낸다. 일반적으로 거래비용이 높거나 기회비용(유가증권 이자율)이 낮을수록 최적현금보유수준은 높아진다.

현금보유수준에 영향을 미치는 기타 요인

▪ 차입금

현금을 확보하기 위해 유가증권을 매각하는 것 이외에 은행으로부터의 차입을 활용할 수 있다. 그러나 차입은 다음의 몇 가지 특성을 가진다.

첫째, 일반적으로 차입비용은 유가증권의 거래에 따른 비용보다 높기 때문에 차입은 유가증권의 매각보다 불리하다.

둘째, 차입에 대한 필요성은 현금잔고를 낮게 유지하려는 경영자의 성향에 달려 있다. 특히 현금흐름의 변동성이 크고 유가증권에 대한 투자가 적을수록, 기업은 예상하지 못한 현금흐름 변동에 대응하기 위하여 차입의 필요성이 더 커진다.

▪ 보상잔고

대부분의 기업은 다음과 같은 이유 때문에 최적현금보유수준 이상으로 더 많은 현금을 보유하는 경향이 있다.

첫째, 일반적으로 기업은 은행에서 제공하는 금융서비스를 받기 위하여 최소한의 예금잔액, 즉 보상잔고(compensating balance)를 유지하여야 한다.[7]

둘째, 기업이 여러 은행에 많은 계좌를 개설하고 있는 경우 매일매일 많은 계좌의 현금을 개별적으로 관리하는 것은 아주 번거로운 일이므로 적당한 수준의 현금을 그대로 계좌에 둔다.

2.2 현금흐름의 효율적 관리

현금흐름을 효율적으로 관리하기 위해서는 현금유입은 가능한 한 신속하게 처리하도록 하고, 그 반면 현금유출은 가능한 한 지연시켜야 한다.

현금흐름을 효율적으로 관리하기 위해서는 현금유입은 가능한 한 신속하게 처리하도록 하고, 그 반면 현금유출은 가능한 한 지연시켜야 한다. 화폐의 시간적 가치 때문에 현금을 받는 입장에서는 되도록 빨리 받는 것이 유리하며, 현금을 지급하는 입장에서는 현금지급을 지연시킴으로써 실제 지급되는 가치를 감소시킬 수 있다.

일반적으로 공급업자에게 원재료 구입대금을 지급하거나 고객으로부터의 판매대금 회수시 수표를 이용하게 된다. 이 경우 수표의 지급 또는 회수에 따른 절차에 의해 다소간의 시간적 차이가 발생하고, 그 결과 기업 장부상의 당좌예금과 은행이 관리하고 있는 해당 기업계좌의 당좌예금잔액이 일치하지 않게 되며, 그 차이를 **표류**(float)라 한다.

표 류
기업 장부상의 당좌예금과 은행이 관리하고 있는 해당 기업계좌의 당좌예금잔액이 일치하지 않을 경우, 그 차이를 의미한다.

먼저 현금유출을 통제하기 위해서는 거래처에 수표로 대금을 지불한 시점과 그 수표가 결제되어 기업의 은행당좌계좌의 잔액을 감소시키는 시점 사이의 시간적 차이를 늘여야 한다. 이와 같은 시간적 차이를 **지급표류**(disbursement float)라고 한다. 예를 들어 현재 부산은행에 1억원의 잔고를 갖고 있는 청운실업이 원자재를 구입하고 2월 8일에 당좌수표 1억원을 발행하여 거래처에 지급하였다고 하자. 이때 청운실업의 장부상 당좌예금은 이미 0으로 수정되었으나, 부산은행 계좌상에는 거래처가 자신의 거래은행인 광주은행에 당좌수표를 예치한 후, 부산은행으로 추심되는 2월 13일까지 1억원이 남아 있게 된다.

지급표류
거래처에 수표로 현금을 지불한 시점과 그 수표가 결제되어 기업의 은행당좌계좌의 잔액을 감소시키는 시점 사이의 시간적 차이를 의미한다.

7 은행이 기업에 자금을 대출해 줄 때 일정금액을 예금 또는 적금형식으로 예치하도록 하는 경우가 많은데, 이 경우 기업은 대출의 일부를 예금으로 보유하게 되는 것이다.

- 2월 8일 이전의 상태:
  표류 = 은행당좌계좌 잔고 – 장부상 당좌예금 = 1억원 – 1억원 = 0
- 2월 8일에서 2월 13일까지 상태:
  지급표류 = 은행당좌계좌 잔고 – 장부상 당좌예금 = 1억원 – 0 = 1억원

기업이 수표를 발행하여 거래은행의 계좌에서 결제되기까지, 기업은 지급표류 1억원을 얻을 수 있다. 이것은 유가증권 등에 단기간 투자되어 수익을 창출하는 투자재원이 될 수 있다.

지급표류 = 은행당좌계좌 잔고 – 장부상 당좌예금 > 0

그리고 기업이 현금유입을 촉진시키기 위해서는 고객으로부터 수표로 대금을 받은 시점과 그 수표가 은행당좌계좌에 입금되어 그 현금을 이용할 수 있는 시점 사이의 시간적 차이를 단축하여야 한다. 이와 같은 시간적 차이를 **회수표류**(collection float)라 한다. 예를 들어 현재 부산은행의 당좌예금계좌에 1억원의 잔고를 가진 청운실업이 3월 10일 제품을 판매한 후, 고객으로부터 서울은행에서 발행된 수표로 매출대금 1억원을 받아서 그 즉시 당좌예금한 경우를 생각해 보자. 청운실업의 장부상 당좌예금은 이미 2억원으로 수정되었으나, 부산은행 계좌상의 잔고는 그 수표가 서울은행에 제시되어 결제시스템을 통해 부산은행으로 예금되는 3월 15일까지 여전히 1억원으로 남아 있게 된다. 이 경우 3월 10일 이후부터 3월 15일까지 회수표류가 된다.

회수표류
고객으로부터 수표로 대금을 받은 시점과 그 수표가 은행당좌계좌에 입금되어 그 현금을 이용할 수 있는 시점 사이의 시간적 차이를 의미한다.

- 3월 10일 이전 상태:
  표류 = 은행당좌계좌 잔고 – 장부상 당좌예금 = 1억원 – 1억원 = 0
- 3월 10일에서 3월 15일까지 상태:
  회수표류 = 은행당좌계좌 잔고 – 장부상 당좌예금 = 1억원 – 2억원 = –1억원

고객이 발행한 수표를 거래은행에 예입한 후 실제로 그 돈을 사용할 수 있기까지, 1억원의 회수표류가 발생된다.

지급표류와 회수표류의 합을 순표류(net float)라 하며, 이것이 0보다 크다면 기업은 추가적인 현금의 투자 없이 순표류만큼의 유동성을 확보할 수 있게 된다.[8]

8 지급표류는 양(+)인 반면, 회수표류는 음(–)의 부호를 가진다.

회수표류 = 은행당좌계좌 잔고 − 장부상 당좌예금 < 0

하루에도 수백억원의 현금을 지급하거나 회수해야 하는 대기업은 순표류를 증가시켜 이를 유가증권의 투자 등에 이용함으로써 추가적인 수익을 올릴 수 있다. 현금흐름관리의 기본원칙은 순표류를 증가시키기 위해 가능한 한 현금유출을 지연시켜 지급표류를 늘리는 반면, 현금유입을 촉진시켜 회수표류를 줄이는 것이다. 그러나 이와 같은 현금흐름관리는 공급자와 고객의 희생을 전제로 한다. 따라서 지나치게 순표류를 증가시키는 현금관리정책을 채택함으로써 발생될 수 있는 공급자 및 고객과의 관계 악화로 인한 기회비용과 추가 현금이용기회로 인한 이득의 상반관계를 고려하여 지급과 회수의 완급을 조절해야 할 것이다.

재무 산책

유동성 위험관리

경기가 침체에서 불황으로 전이되면 신용 경색 현상이 빚어진다. 돈은 더 돌지 않게 되고 리스크 프리미엄이 높아져 유동성 위험관리는 더욱 중요해진다. 얼마 전 집을 15채나 가진 부자가 부채의 덫에 걸려 낭패를 당했다는 보도가 있었다. 유동성 위험관리를 등한히 하다가는 뜻밖의 사태를 겪을 수 있다는 메시지다. 일취월장 뻗어나가던 대기업들의 부도사태도, 1997년 아시아 외환금융위기도, 2008년 세계금융위기도 모두 유동성 위험관리 부재가 원인이며 도화선이 되었다.

유동성(또는 환금성)이란 어떤 자산을 시간과 비용을 들이지 않고 현금 같은 교환의 매개수단으로 바꿀 수 있는 정도를 의미한다. 유동성이 높은 자산은 비용 없이 곧바로 현금화할 수 있고, 반대로 유동성이 낮은 자산은 현금화하는 데 시간이 걸리거나 비용을 들여야 한다. 현금이나 수시입출금식 예금은 유동성 그 자체이며, 부동산(不動産)은 글자 그대로 유동성이 낮은 부동자산이다. 가계나 기업이나 수입과 지출 사이에는 시차가 존재하므로 일상 활동에 필요한 거래자금과 함께 돌발 사태에 대비한 예비자금을 확보하려고 한다. 이 같은 거래동기(transactions motive)와 예비동기(precautionary motive)에 의한 유동성 보유, 즉 활성자금(active money) 수요는 대체로 소비성향이나 사업규모가 클수록 늘어난다.

운용자금 외에 나머지 자금은 유동성이 낮더라도 수익성 있는 자산에 투자하는 것이 경제적 선택이다. 그럼에도 불구하고 사람들이 수익성이 약하더라도 유동성을 보유하고자 하는 이유는 향후에 수익률이 보다 높은 자산에 투자하여 이윤을 추구할 수 있다는 점을 들 수 있다. 투기동기(speculative motive)의 유동성 보유, 즉 대기성 유휴자금(idle money) 수요는 금리수준이 낮을수록 늘어난다. 여기서 말하는 저금리는 절대수준이 아니라 거시경제 여건에 비하여 상대적 수준이 낮다는 의미다. 예컨대, 향후 성장률과 물가상승률이 높아질 것으로 예상된다면 가까운 미래에 금리상승을 기대할 수 있으므로 현재 금리는 상대적 저금리가 된다.

유동성이 높은 자산은 대체로 수익성이 낮기 마련이다. 쉽게 말해, 현금을 그대로 보유할 경우 돈의 기회비용이 되는 이자수익을 포기하여야 한다. 또 유동성을 선호하여 장기채권 대신 단기채권을 보유할 경우에는 장기채에 적용되는 고금리, 즉 유동성 프리미엄(liquidity premium)이 없어진다. 반대로 유동성이 낮은 자산의 보유비중이 과다할 경우, 경제환경 변화에 능동적으로 대응할 수 없게 된다.

수익성 높은 신규 사업에 진입하고 싶어도 유동성을 확보하지 못하여 기회를 놓치기 쉽다. 비록 순자산이 많더라도 부채가 있을 경우, 돈을 제때 갚지 못하여 고금리로 급전을 써야 하기도 하고 지불불능 사태를 맞게 될 위험도 있다. 경기침체기에 땅을 처분하려면 헐값에 급매물로 처분해야 하기 때문에 유동성 확보에 큰 비용이 소요된다.

자산은 물론 부채관리에 있어서도 부채의 만기구조와 미래의 현금흐름 분석 같은 유동성관리가 더욱 중요하다. IMF 구제금융 사태 직전 어떤 금융 대기업은 자금조달비용이 저렴하다면서, 콜머니 같은 초단기자금에 의존하여 몇 백 년 동안 사용할 초고층빌딩을 짓기 시작하였다. 한국 경제 전반에 걸쳐 신용경색(credit crunch) 상황이 벌어지자 순식간에 자금줄이 끊어지고 결국 도산하고 말았다. 단기운용은 단기자금을, 중장기 프로젝트에 필요한 자금은 장기자금을 이용해야 한다는 평범한 이치를 외면한 결과다.

미래의 현금흐름을 예상하고 적정수준의 유동성을 확보하는 일은 가계운용이나 기업경영에 필수사항이다. 수익성 자산과 무수익 유동성을 보유하는 데 대한 비용과 편익을 넓은 시각으로 분석하고 조화를 이루는 일이 필요하다. 유동성 위험관리에는 자산과 부채, 그리고 수익률에 대한 계량적 요인 못지않게 거시경제 흐름을 읽는 시각도 절대 필요하다. 산업구조 변화의 속도가 빨라질수록, 그리고 경기가 침체되어 돈이 돌지 않을수록 유동성 위험도 커지기 때문이다.

〈비즈니스워치, 2015. 1. 27 수정〉

예제 10-2 현금의 표류

글로리아문구는 매월 다음의 두 가지 항목에 대한 현금회수를 아래와 같이 한다.

	금 액		지연일수		표류현금
항목 1	5,000만원	×	3일	=	15,000만원
항목 2	3,000만원	×	5일	=	15,000만원
	8,000만원				30,000만원

위 자료를 이용하여 다음의 물음에 답하라.

(1) 글로리아문구의 1일 평균표류액(average daily float)은?

(2) 연간 부채비용이 10%인 경우 글로리아문구의 지연된 현금회수액의 현재가치와 순현재가치를 구하라.

해설

(1) $1\text{일 평균표류액} = \dfrac{\text{총표류액}}{\text{총일수}} = \dfrac{30{,}000\text{만원}}{30\text{일}} = 1{,}000\text{만원}$

※1일 평균표류액은 다음과 같은 방법으로도 구할 수 있다.

- $1\text{일 평균회수액} = \dfrac{\text{총회수액}}{\text{총일수}} = \dfrac{8{,}000\text{만원}}{30\text{일}} = 266.67\text{만원}$
- $\text{가중평균지연일수} = \left(\dfrac{5{,}000\text{만원}}{8{,}000\text{만원}}\right) \times 3\text{일} + \left(\dfrac{3{,}000\text{만원}}{8{,}000\text{만원}}\right) \times 5\text{일} = 3.75\text{일}$

→ 1일 평균표류액 = 1일 평균회수액 × 가중평균지연일수
= 266.67만원 × 3.75일 = 1,000만원

(2) 글로리아문구의 경우 1일 평균회수액 266.67만원으로서 이것이 평균적으로 3.75일 지연된다. 따라서 지연된 현금회수액의 현재가치는 1일 평균회수액을 3.75일 동안의 이자율로 할인하여 구할 수 있다.

3.75일간의 이자율 = 0.1 × (3.75일/365일) = 0.00103

$\rightarrow PV = \dfrac{266.67\text{만원}}{1 + 0.00103} = 266.40\text{만원}$

그리고 지연된 현금회수의 순현재가치(1일)는 다음과 같이 구할 수 있다.[9]

$$NPV = 266.40\text{만원} - 266.67\text{만원} = -0.27\text{만원}$$

뉴스 속 재무

재고 쌓인 50대 상장사, 현금흐름 막혔다

2023년 1분기 국내 증시(코스피 · 코스닥 포함) 시가총액 상위 50개 종목의 재고 규모가 지난해 동기 대비 증가한 것으로 나타났다. 주로 반도체 · 2차전지(배터리) 업계의 재고자산 증가 폭이 컸다. 재고가 늘면서 시가총액 상위 종목들의 현금 흐름은 악화됐다.

2023년 5월 21일 매일경제신문이 1분기 국내 증시 시가총액 상위 50개 상장사들의 분기보고서를 종합한 결과 올해 1분기 재고자산은 223조2,855억원으로 전년 동기(183조9,422억원) 대비 21.4% 증가한 것으로 나타났다. 매출채권은 162조7,711억원으로 전년 동기(162조1,076억원) 수준과 유사했다.

재고자산이 늘어나면서 기업의 실질적인 현금창출력 지표인 영업활동현금흐름은 악화됐다. 시가총액 상위 50개사의 올해 1분기 영업활동현금흐름은 18조2,224억원으로 전년 동기(22조5,946억원)에 비해 19.4% 감소했다.

보통 재고가 늘게 되면 관리 비용 등으로 인해 현금 흐름에 악영향을 미친다. 기업들도 연초 대비 연말 재고자산 증가분만큼을 현금 흐름에서 빼 회계 처리를 한다. 재고자산이 증가했다는 건 제품이 안 팔려 재고로 쌓아둔 자산이 늘었다는 해석이 가능하다. 이 때문에 시장의 수요가 위축됐다는 지표로 활용되며 재고자산이 증가하는 기업의 주가는 하락하는 모습을 보이곤 한다. 늘어난 재고를 털기 위해 할인 판매를 하는 등 수익성도 악화될 우려가 있다.

특히 정보기술(IT) 업계 수요 침체로 인해 메모리 반도체 기업들의 재고자산 증가 폭이 컸다. 삼성전자와 SK하이닉스의 올 1분기 재고자산은 54조4,195억원, 17조1,822억원으로 각각 전년 동기보다 14.3%, 65.3% 증가했다. 삼성전자의 영업활동현금흐름은 작년 3월 10조4,530억원에서 올해 6조2,917억원으로 39.8% 감소했다. 종합 반도체 기업인 삼성전자 대비 메모리에 특화돼 이익 체력이 약한 SK하이닉스는 영

9 이 경우 연간 순현가는 다음과 같다.
$NPV = -0.27\text{만원} \times 365\text{일} = -98.55\text{만원}$

업활동현금흐름이 작년 5조1,412억원에서 올해 2조 원 규모 순유출(마이너스)로 전환됐다.

다만 증권업계에서는 2~3분기 반도체 업계 재고가 감소세로 돌아설 것으로 보고 있다. 김동원 KB증권 연구원은 "올해 4~5월 감산을 시작한 삼성전자 메모리 재고는 2분기 정점을 찍은 이후 3분기부터 감소세가 기대된다"고 밝혔다.

고성장 분야인 2차전지 업체들의 재고자산도 증가세다. 삼성SDI(3조3,041억원), 포스코퓨처엠(1조1,583억원)의 올해 재고자산은 전년 동기 대비 각각 25.6%, 140.8% 늘었다. 에코프로비엠과 에코프로의 재고자산도 각각 135.5%, 122.6% 증가한 것으로 나타났다. 에코프로 형제들의 영업활동현금흐름은 1분기 3,000억원 규모 순유출을 기록 중이다.

김용구 삼성증권 연구원은 "중국 내수 회복의 가능성은 배터리 재고 정상화, 신규 재료 수요로 이어질 수 있다고" 말했다.

만성 적자인 한국전력의 재고자산도 25.6% 늘었다. 한국전력의 영업활동현금흐름 순유출 규모는 3조 4,500억원으로 전년 동기와 유사한 것으로 나타났다. LG디스플레이의 영업활동현금흐름도 6,953억원 순유입에서 5,735억원 순유출로 전환됐다.

한편 최근 주가 흐름이 긍정적인 일부 종목은 영업활동현금흐름이 대폭 개선되는 모습을 보이고 있다. 대표적으로 LG화학은 영업활동현금흐름이 작년 1분기 1,561억원에서 올해 초 5,032억원으로 훌쩍 뛰었다. LG전자는 1,376억원에서 1조7,93억원으로 8배가량 늘었다.

다만 올해 재고자산은 작년 말(217조2,887억원)과 비교해 2.8% 증가하는 데 그쳤다. 증가폭이 둔화되면서 업계에서는 재고자산이 조만간 감소 추세로 접어들 것이란 지적도 나온다.

〈매일경제 2023. 5. 21.〉

03 신용관리

대부분의 기업은 제품이나 서비스를 현금 또는 외상으로 판매하고 있다. 외상판매는 제품이나 서비스의 판매대금을 일정한 기간이 경과한 후에 결제하는 조건으로 판매하는 것이며, 이를 흔히 신용판매(credit sales)라고도 한다. 고객에게 신용을 허용하는 경우에 발생하는 채권을 매출채권(trade receivables)이라 하며, 이는 매출을 증대시키기 위하여 기업자금을 투자한 것으로 볼 수 있다.

매출채권에 대한 투자규모는 신용판매의 규모와 매출채권회수기간에 의해 결정된다. 예를 들어 하루 1,000만원의 외상매출이 있고 매출채권회수기간이 30일이라면, 매출채권에 대한 투자규모는 3억원(1,000만원×30일)이 된다. 따라서 기업의 매출채권에 대한 투자는 신용판매와 회수기간에 영향을 미치는 요인들에 의해 좌우되며, 이와 같은 요인들에 대한 기업의 정책을 신용정책(credit policy)이라 한다. 여기에서는 매출조건, 신용분석, 회수정책 등 신용정책에 관해 설명하고자 한다.

매출조건 3.1

매출조건은 신용이 허용되는 기간, 현금할인, 그리고 신용수단(credit instrument)의 유형을 말한다. 예를 들어 「3/10, net 30」이라는 조건으로 신용판매한다고 하자. 이 경우 고객은 상품이 발송된 후 30일 이내에 결제하여야 하며, 10일 이내에 결제한다면 3%의 현금할인을 받을 수 있다.

매출조건
신용이 허용되는 기간, 현금할인, 그리고 신용수단의 유형을 말한다.

신용기간

신용기간(credit period)은 고객에게 허용된 매출채권의 상환기간이다. 신용기간은 업종에 따라 다양하다. 예를 들어 고가의 전자제품을 판매하는 회사의 신용기간은 「5/30, net 6개월」로 비교적 길며, 식품 도매업자는 7일 이내 정가판매, 즉 「net 7」로 짧을 수 있다. 신용기간을 연장하면, 실질적으로 고객에게 가격을 낮춘 것과 같은 효과를 제공하므로 매출이 증가될 수 있다. 일반적으로 기업은 다음과 같은 사항들을 고려하여 신용기간을 결정한다.

① 대손가능성: 신용상태가 좋지 못한 고객에 대해서는 신용기간을 짧게 한다.
② 매출채권의 규모: 금액이 작을 경우 신용기간을 짧게 한다. 소액의 매출채권은 관리하는 데 비용이 많이 들고 고객의 중요성도 낮기 때문이다.
③ 제품의 특성: 제품의 담보가치가 작고 수명이 짧다면, 신용 기간을 짧게 한다.

현금할인

기업이 고객에게 현금할인을 제공하는 이유는 외상매출금의 현금회수를 앞당기기 위해서이다. 기업은 현금할인으로 인한 이득과 할인으로 인한 손실의 상반관계를 고려하여 할인조건을 결정해야 한다.

예제 10-3

현금할인

금영사(주)는 단골고객인 갑이 10,000만원의 상품을 구입하고 20일 이내에 결제를 마치는 경우에 3%의 할인을 고려하고 있다. 지금까지 이 고객은 현금할인 없이 30일 이내에 결제를 하였다. 금영사(주)의 부채비용은 연간 10%라고 한다. 금영사(주)는 갑에게 현금할인을 허용하여야 하는가?

해설

두 정책의 현금흐름과 그 현재가치(PV)는 다음과 같다.

- 현재정책: 「net 30」

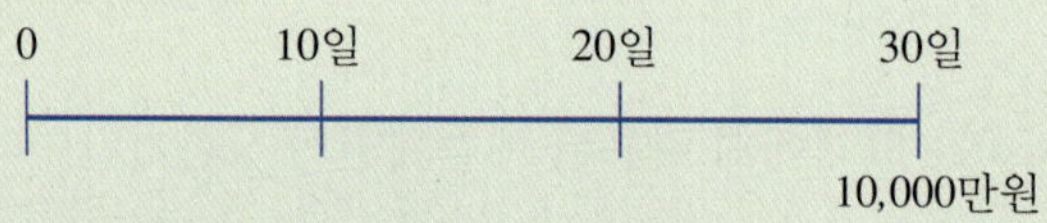

$$\rightarrow PV = \frac{10{,}000\text{만원}}{1+(0.1\times 30/365)} = 9{,}918.48\text{만원}$$

- 할인정책: 「3/20, net 30」

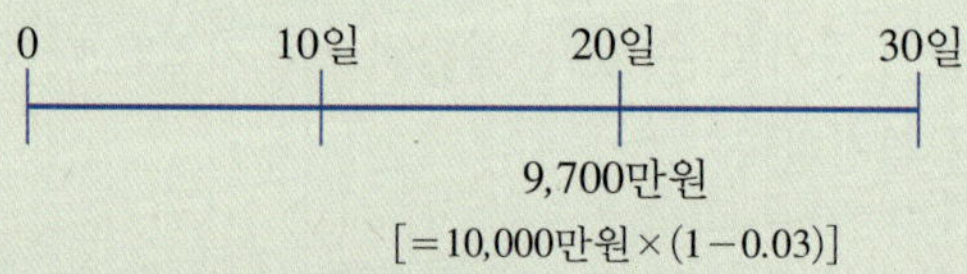

$$\rightarrow PV = \frac{9{,}700\text{만원}}{1+(0.1\times 20/365)} = 9{,}647.14\text{만원}$$

현재정책이 할인정책에 비해 271.34만원(9,918.48만원−9,647.14만원) 높은 가치를 제공하므로 금영사(주)는 갑에게 현금할인을 허용하지 않아야 한다.

신용수단

신용판매의 대부분은 물건이 배달될 때 송장(invoice)도 동시에 전달되어 고객이 물건을 수령하고 이에 서명하는 외상계정(open account) 형태로 제공된다. 그러나 고객의 채무변제가 의심스럽거나 고액거래인 경우, 판매자는 약속어음(promissory note)을 발행해 줄 것을 요구하는 경향이 있다.

약속어음이 안고 있는 문제는 제품이 인도된 후에 발행된다는 점이다. 고객에게 제품을 인도하기 전에 제품대금 지급을 확인받는 방법으로는 상업환어음(commercial draft)이 있다. 전형적으로 기업은 고객이 특정일자에 상품대금을 지급하도록 요구하는 상업환어음을 발행한다. 그 환어음은 송장과 함께 고객의 은행으로 보내진다. 은행은 고객이 서명을 한 후에 송장을 고객에게 넘겨주면, 제품이 고객에게 인도된다. 상품이 인도되기 전 즉각적인 지급이 요구되면, 이를 일람불어음(sight draft)이라 부른다.

고객이 어음에 서명을 하는 것으로 충분하지 않은 경우에 기업은 은행이 상품대금을 지급하고, 그 대금을 고객으로부터 회수하도록 요구하게 된다. 은행이 이러한 조건을 받아들여 서류에 시명하는 경우 이 서류를 은행인수어음(banker's acceptance)이라 부른다. 즉 은행이 상품대금 지급에 대한 책임을 지는 것이다. 은행인수어음은 공신력 있는 은행으로부터의 지급보증을 받은 것이기 때문에 기업은 유통시장에서 할인하여 이를 매각할 수 있다.

기업은 또한 조건부판매계약(conditional sales contract)을 맺어 고객이 현금지급을 완료하기까지 물건에 대한 법적 소유권을 지닐 수 있다. 이와 같은 계약은 항상 이자를 포함한 할부지급의 형태로 체결된다.

신용분석 3.2

최적신용정책

최적신용수준은 기회비용(opportunity cost)과 유지비용(carrying cost)을 합한 총비용이 최소인 점에서 결정된다. 기회비용은 신용을 허용하지 않음으로써 발생될 수 있는 매출감소에 따른 손실을 말하며, 이 비용은 신용을 확대할수록 작아진다. 유지비용은 신용을 허용하는 경우에 발생하는 비용으로서 현금회수의 지연, 회수불능으로 인한 손실(대손상각비용), 신용관리비용 등이 포함된다. 유지비용은 신용을 확대할수록 커진다. 기업의 최적신용수준을 그림으로 나타내면 [그림 10-5]와 같다.

최적신용정책은 특정기업의 특성에 의해서 영향을 받는다. 가격에 비해 신용정책에 상대적으로 융통성을 가진 기업을 가정한다면, 초과생산능력의 존재, 낮은 변동비, 단골고객 등에 의해 신용은 훨씬 확대될 수 있다.

그림 10-5

최적신용수준의 결정

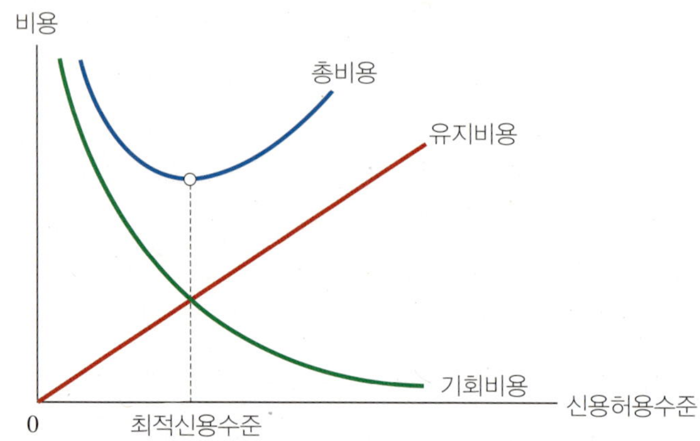

신용분석

신용거래를 고려할 때 이용가능한 정보를 이용하여 고객의 파산가능성을 다각도로 분석하여야 한다. 이와 같이 고객의 파산가능성을 측정하기 위해서 기업은 고객의 신용도에 대한 점수를 부과할 수 있다. 일반적으로 이 점수는 고객의 성격이나 행동양상을 관찰하여 부과된다.

■ 신용정보

고객의 신용을 확인하기 위해 사용하는 정보에는 다음과 같은 것이 있다.

① 고객의 재무제표: 고객의 재무제표는 가장 쉽게 구할 수 있는 정보의 원천이다. 재무제표를 근거로 유동성비율 등을 살펴봄으로써 고객의 유동성을 어느 정도 확인할 수 있다.

② 금융기관조회: 은행, 단기금융회사 등의 금융기관을 통해 고객의 신용상태를 조사할 수 있다.[10]

③ 기업간의 정보교환: 고객이 동일한 기업들은 고객에 대한 신용정보를 상호 교환할 수 있다.

10 그러나 우리나라의 경우 금융실명제가 실시된 이후, 금융기관을 통해 고객의 신용도를 관찰하는 것은 거의 불가능하다.

④ 고객의 지급내역에 관한 과거 자료: 과거 매출채권의 변제내용에 관한 자료를 활용하는 것으로 상당히 신빙성 있는 정보를 제공할 수 있다.

▪ 신용평가

고객의 신용과 관련된 각종 정보가 수집되면, 다음 **신용의 5C**로 불리는 정보에 의거하여 신용허용 여부를 확정지어야 한다.

① 인격(character): 고객이 상품대금을 상환하려고 하는 의지로서 고객의 과거신용을 살펴보거나 고객과의 대면접촉 등을 통해 알아볼 수 있다.
② 능력(capacity): 고객의 매입채무 상환능력(현금동원능력)으로서 고객의 재무제표에 대한 분석과 예측을 통해 기대현금흐름을 추정하여 판단한다.
③ 자본(capital): 고객의 순재산규모(자산−부채)로서 이는 장기적으로 대금상환을 보증해 준다.[11]
④ 담보(collateral): 고객의 채무불이행시 확보할 수 있는 자산으로서 물적 담보가 여의치 않을 경우 인적 보증(personal guarantees)으로 대체할 수 있다.
⑤ 상황(condition): 일반적 경제상황이나, 고객의 매입채무 상환능력에 영향을 줄 수 있는 특별한 상황변화를 의미하는 것으로서 고객의 상환능력에 대하여 몇 가지의 가능한 시나리오를 가정해 보고 최악의 상황에 대비해야 한다.

신용의 5C
인격(character), 능력(capacity), 자본(capital), 담보(collateral), 상황(condition)

이상의 다섯 개 신용요인을 고려하여 고객의 신용도를 측정할 수 있다. 기업은 고객의 신용도를 객관적으로 평가할 수 있도록 다섯 개의 신용평가요인을 계량화하는 것이 좋다. 예를 들어 신용카드회사처럼 고객의 신용도를 철저히 조사할 필요가 있는 경우, 복잡한 통계모형을 활용하여 신용허용 여부를 결정하기도 한다.

회수정책 3.3

회수정책은 매출채권을 회수하는 정책을 말한다. 매출채권을 회수하기 위하여 우편 또는 전화를 이용하거나, 수금원이 직접 방문하여 회수하거나, 수금대행기

11 장부가치와 시장가치가 현저하게 다를 경우 자본은 시장가치에 의해 측정되어야 한다.

그림 10-6

회수비용과 대손상각비용의 관계

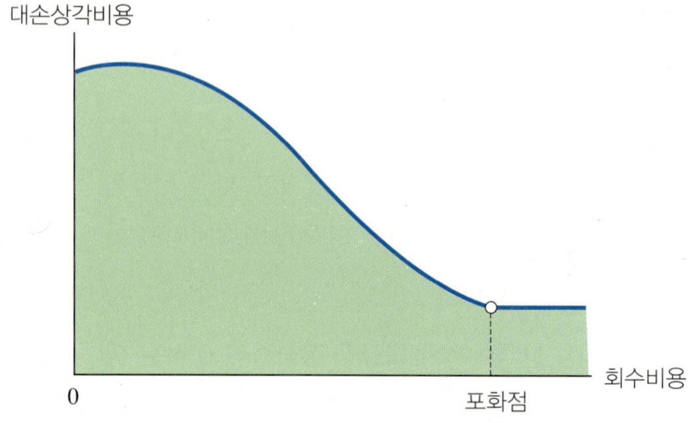

관에 수금을 의뢰하거나, 또는 대금체납에 대한 법적 조치를 취할 수 있다. 이와 같은 방법들은 모두 회수비용을 발생시킨다. 따라서 회수정책을 결정할 때 회수비용과 대손상각비용을 고려하여야 한다. 매출채권의 회수를 촉진시키면, 회수비용은 증가하지만 대손상각비용은 감소하게 된다. 그러나 회수비용의 증가에 따라 대손상각비용은 비례하여 계속 감소하지는 않는다. [그림 10-6]에서 볼 수 있는 바와 같이 회수비용이 증가함에 따라 대손상각비용이 계속 감소하다가 어느 점에 이르면, 회수비용이 증가하더라도 더 이상 대손상각비용은 감소하지 않는다. 이러한 점을 **포화점**(saturation point)이라고 한다. 포화점에 이르러서는 회수비용을 증가시키더라도 아무런 한계효과가 없기 때문에 더 이상 회수비용을 지출하지 않아야 한다.

> **포화점**
> 매출채권의 회수비용이 증가함에 따라 대손상각비용이 계속 감소하다가 어느 점에 이르면, 회수비용이 증가하더라도 더 이상 대손상각비용은 감소하지 않게 되는 점을 의미한다.

재무관리자는 매출채권의 회수상태를 정기적으로 점검하여 적절한 회수대책을 강구하여야 한다. 매출채권회수기간(receivables collection period)과 경과기간표(aging schedule) 등을 이용하여 대금회수를 통제할 수 있다.

매출채권회수기간

기쁜소리사는 개당 300원씩 하는 테이프를 연간 100,000개씩 판매하고 있으며, 판매조건은 「2/20, net 60」이다. 고객의 80%는 현금할인을 택하여 20일 후에 대금을 상환하며, 나머지 20%는 60일 후에 상환한다. 매출채권회수기간은 매출채권을 회수하는 데 소요되는 평균기간을 의미한다. 기쁜소리사의 매출채권회수기간은 28일이 된다.

$$\text{매출채권회수기간} = 0.8 \times 20\text{일} + 0.2 \times 60\text{일} = 28\text{일}$$

이상의 예는 고객이 매출채권을 두 날짜(20일 후, 또는 60일 후) 중 하나에 상환한다는 이상적인 경우를 전제로 한다. 그러나 매출채권의 실제 지급은 거의 무작위적으로 일어난다. 따라서 매출채권회수기간도 다르게 계산되어야 할 것이다.

매출채권회수기간을 계산하기 위해서는 먼저 1일 평균매출액을 구해야 하는데, 이는 연간 매출액을 365일로 나누어서 구한다.

$$\text{1일 평균매출액} = \frac{\text{연간 매출액}}{365\text{일}} = \frac{300\text{원} \times 100{,}000\text{개}}{365\text{일}} = 82{,}192\text{원}$$

현재의 매출채권잔액이 2,301,376원이라면 매출채권회수기간을 다음과 같이 구할 수 있다.[12]

$$\text{매출채권회수기간} = \frac{\text{매출채권}}{\text{1일 평균매출액}} = \frac{2{,}301{,}376\text{원}}{82{,}192\text{원}} = 28\text{일}$$

실제로 기업은 매출과 매출채권잔액 상황을 일별 기준으로 관찰할 수 있기 때문에 매출채권회수기간을 신용조건과 수시로 비교할 수 있다. 예를 들어 여러 주 동안의 기쁜소리사 매출채권회수기간이 40일로 계산되었다면, 이는 판매조건 「2/20, net 60」과 비교해서 일부 고객에 대한 매출채권의 회수가 지연된 결과라 할 수 있다.

그러나 계절적 상품을 판매하는 기업의 경우 성수기 직후 매출채권회수기간이 아주 높아질 수 있다. 이와 같이 매출채권회수기간은 계절성이나 경기변동에 따라 변하기 때문에 이를 보완할 수 있도록 매출채권의 경과기간을 확인할 필요가 있다.

경과기간표

경과기간표는 신용을 제공한 시점부터 경과일수에 따라 매출채권을 분류한 표이다. 다음은 고객의 75%는 정해진 기간 내에 상품대금을 상환하지만, 60일 이상 경과된 매출채권의 비중도 25%나 됨을 보여 준다.

경과기간표
신용을 제공한 시점부터 경과일수에 따라 매출채권을 분류한 표이다.

12 매출채권회수기간을 다음과 같이 구할 수도 있다.

$$\text{매출채권회수기간(일)} = \frac{365}{\text{매출채권회전율}}$$

경과기간표

매출채권의 경과기간	매출채권의 구성비
0~20일	50%
21~60일	25%
61~80일	20%
80일 이상	5%
	100%

기업의 경우 경과기간에 따라 서로 다른 회수조치를 취할 수 있다.

팩토링

팩토링
매출채권의 관리를 전담하는 전문기관, 즉 팩터가 기업의 매출채권을 할인매입하여 매출채권 만기일에 고객으로부터 대금을 직접 회수하는 것을 말한다.

팩토링(factoring)은 매출채권의 관리를 전담하는 전문기관, 즉 팩터(factor)가 기업의 매출채권을 할인매입하여 매출채권 만기일에 고객으로부터 대금을 직접 회수하는 것을 말한다. 이 경우 팩터는 고객의 지급불능위험을 부담하게 된다. 팩토링에 의한 거래절차를 요약하면 [그림 10-7]과 같다. 기업이 팩토링제도를 이용하는 목적은 매출채권관리를 팩터에게 맡김으로써 매출채권의 회수를 촉진하고 대손의 위험을 줄이기 위해서이다.

그림 10-7
팩토링에 의한 거래절차

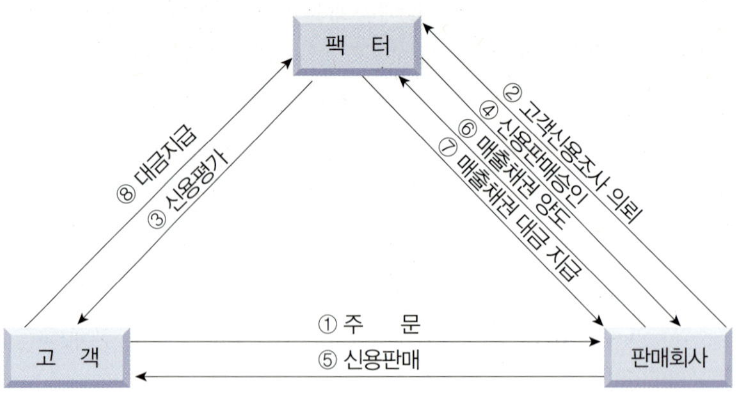

Part Ⅳ

재무 산책

고객중심의 신용관리

미디어 커뮤니케이션 회사인 미디어테크사는 더 이상 대규모 매출채권을 유지할 수 없음을 알게 되었다. 경기부진으로 매출채권의 경과일수가 연장되었고, 주요 시장에서의 가격경쟁으로 일별 현금흐름의 규모가 크게 감소되었기 때문에 경영진은 매출채권의 회수방법을 개선해야 한다고 인식하게 되었다.

회사의 최고재무관리자(CFO)는 고객에게 독촉장을 보내고, 대금회수기관을 활용하고, 연체된 채권을 처분하는 등의 '전통적 방법'이 고객과의 관계를 손상시킨다는 것을 오래 전부터 알고 있었다. 이제 모두가 대금회수의 중요성을 깨닫게 됨에 따라 CFO는 프로세스를 연구 개선하기 위한 범부서적 차원의 노력을 이끌 수 있었다. 회사와 지속적으로 거래해 온 장기고객과의 관계를 손상시키지 않기 위하여 사내에 '특별취급'에 대한 절차를 마련하여 회수문제를 자체적으로 해결하기로 하였다.

우선 각 부서(영업, 고객서비스, 자료처리, 재무 등)의 직원으로 팀을 구성하고 그 팀으로 하여금 매출채권을 경과일수와 금액에 따라 분류하여 일련의 보고서를 작성하게 하였다. 1만달러 이상의 채권은 영업부에 할당하여 담당영업사원으로 하여금 계속 상황을 파악하게 하였다. 그보다 적은 채권은 고객서비스부서의 직원에게 맡겨서 고객과 잦은 접촉을 통해 사후관리를 시켰다. 이렇게 함으로써 고객들은 그들의 문제를 이해하고 양측에 무난한 방법으로 대금을 지불할 수 있었다. 이것은 아주 점잖은 방법이면서도 효과가 있었다. 미디어테크사는 여러 부서가 참여하는 고객중심의 접근법을 사용하여 변화하는 환경에 성공적으로 대처할 수 있었다.

주요 용어

단기적 재무의사결정(short-term financial decision making)

주로 1년 이내에 기업에 영향을 미치는 것으로서 순운전자본, 즉 유동자산에서 유동부채를 차감한 부분에 관한 의사결정이다.

영업주기(operating cycle)

원재료의 도착에서 매출채권이 현금으로 회수되기까지의 기간으로 재고기간과 매출채권회수기간을 합한 것과 같다.

현금주기(cash cycle)

원재료의 구입대금 지급(현금유출)으로부터 제품의 판매대금이 회수(현금유입)되기까지의 기간으로 영업주기에서 매입채무지급기간을 뺀 것과 같다.

보수적 단기재무정책과 공격적 단기재무정책

구 분	측정비율	보수적 단기재무정책	공격적 단기재무정책
유동자산의 투자규모	$\frac{유동자산}{매출액}$	높 다	낮 다
유동자산의 자금조달방법	$\frac{유동부채}{비유동부채}$	낮 다	높 다

유지비용(carrying cost)

유동자산에 대한 투자규모의 증가에 따라 증가하는 비용으로서 유동자산의 경제적 가치를 보존하기 위해 지출하는 비용(예를 들어 재고의 창고보관비용 등)과 상대적으로 수익성이 높은 비유동자산에 대한 투자를 포기하기 때문에 발생되는 손실(기회비용)로 구성된다.

부족비용(shortage cost)

유동자산에 대한 투자규모가 적을 때 발생되는 비용으로서 현금잔고 부족시 현금확보를 위해 지출하는 추가적 거래비용과 외상매출의 축소로 인한 매출감소 손실, 그리고 재고부족(stock-out)으로 인한 기회비용 등이다.

현금예산(cash budget)

미래 일정기간의 현금유출과 현금유입을 추정하여 기록한 것이다.

최소현금잔고(minimum operating cash balance)

일상적 거래, 예측불가능한 돌발 사태, 그리고 은행계좌의 최소잔고 유지 등에 대비할 목적으로 보유하는 현금을 의미한다.

거래적 동기(transactions motive)

기업이 정상적인 영업활동을 유지하기 위하여 현금을 보유하는 것이다.

투기적 동기(speculative motive)

할인구매, 유리한 이자율 등과 같이 추가적인 투자기회의 이점을 살리기 위해 현금을 보유하는 것이다.

예비적 동기(precautionary motive)

예상하지 못한 상황에 대비하기 위해 여유현금을 보유하는 것이다.

표류(float)

기업 장부상의 당좌예금과 은행이 관리하고 있는 해당 기업계좌의 당좌예금잔액이 일치하지 않을 경우, 그 차이를 의미한다.

지급표류(disbursement float)

거래처에 수표로 현금을 지불한 시점과 그 수표가 결제되어 기업의 은행당좌계좌의 잔액을 감소시키는 시점 사이의 시간적 차이를 의미한다.

회수표류(collection float)

고객으로부터 수표로 대금을 받은 시점과 그 수표가 은행당좌계좌에 입금되어 그 현금을 이용할 수 있는 시점 사이의 시간적 차이를 의미한다.

매출조건

신용이 허용되는 기간, 현금할인, 그리고 신용수단의 유형을 말한다.

신용의 5C

인격(character), 능력(capacity), 자본(capital), 담보(collateral), 상황(condition)

포화점(saturation point)

매출채권의 회수비용이 증가함에 따라 대손상각비용이 계속 감소하다가 어느 점에 이르면, 회수비용이 증가하더라도 더 이상 대손상각비용은 감소하지 않게 되는 점을 의미한다.

경과기간표(aging schedule)

신용을 제공한 시점부터 경과일수에 따라 매출채권을 분류한 표이다.

팩토링(factoring)

매출채권의 관리를 전담하는 전문기관, 즉 팩터(factor)가 기업의 매출채권을 할인매입하여 매출채권 만기일에 고객으로부터 대금을 직접 회수하는 것을 말한다.

연습 문제

Ⅰ. 완성/선택형 문제

01 운전자본관리가 필요한 이유는 현금유출과 현금유입의 ( )이 서로 일치하지 않기 때문이다.

02 ( )는 재고기간 또는 매출채권회수기간을 단축하거나, 매입채무지급기간을 길게 함으로써 줄일 수 있다.

03 유동자산에 대한 투자규모의 증가에 따라 증가하는 비용을 ( )이라 하며, 반대로 감소하는 비용을 ( )이라 한다.

04 유지비용이 낮고, 부족비용이 높은 경우에는 높은 수준의 유동자산을 보유하는 ( )이 적절한 반면, 유지비용이 높고, 부족비용이 낮은 경우에는 낮은 수준의 유동자산을 보유하는 ( )이 바람직하다.

05 일반적으로 기업은 은행에서 제공하는 금융서비스를 받기 위하여 최소한의 예금잔액, 즉 ( )를 유지하여야 한다.

06 현금흐름을 효율적으로 관리하기 위해서는 ( )은 가능한 한 신속하게 처리하도록 하는 반면, ( )은 가능한 한 지연시켜야 한다.

07 「3/10, net 30」이라는 조건으로 신용판매하는 경우, 고객은 상품이 발송된 후 ( )일 이내에 결제하여야 하며, ( )일 이내에 결제한다면 ( )%의 현금할인을 받을 수 있다.

08 매출채권의 회수정책을 결정할 때 ( )과 ( )을 고려하여야 한다.

09 다음 중 기업의 단기영업활동과 거리가 먼 것은?

① 원재료 구입 및 구입대금 지급 ② 제조방법의 선택

③ 재고관리 ④ 제품판매 및 판매대금 회수

⑤ 채권발행

10 영업주기와 현금주기에 관한 다음의 설명 중 잘못된 것은?

① 영업주기는 재고기간과 매출채권회수기간을 합한 것과 같다.

② 현금주기는 영업주기에서 매입채무지급기간을 뺀 것과 같다.

③ 운전자본관리가 필요한 이유는 현금유출과 현금유입의 발생시점이 서로 일치하지 않기 때문이다.

④ 재고기간을 길게 하거나 매입채무지급기간을 짧게 함으로써 현금주기를 줄일 수 있다.

⑤ 현금주기를 단축시킴으로써 기업은 추가적인 운전자본을 조달하지 않고도 유동성을 증가시킬 수 있다.

11 다음의 기업활동 중 영업주기와 현금주기 모두를 짧게 하는 것은?

① 원재료의 구입시 공급자에 의해 제시되는 할인율이 감소됨.

② 원재료 구입대금 중 현금지급비율을 높임.

③ 고객에게 보다 좋은 할인조건을 제시함.

④ 가격하락으로 보다 많은 원재료를 구입함.

⑤ 많은 고객이 현금 대신에 외상으로 제품을 매입함.

12 다음 사항 중 보수적 단기재무정책에 해당하는 것을 적절하게 묶은 것은?

> A. 유가증권에 대한 투자규모를 줄임.
> B. 재고자산에 대한 투자규모를 확대함.
> C. 외상매출조건을 완화함.
> D. 현금잔고를 높임.
> E. 비유동부채보다 유동부채에 의한 자금조달을 선호

① B, C, D ② A, B, C ③ A, D, E

④ B, C, E ⑤ A, C, E

13 현금예산에 대한 다음의 설명 중 가장 적절치 못한 것은?

① 현금예산은 미래 일정기간의 현금유출과 현금유입을 추정하여 기록한 것이다.

② 현금예산은 주별, 월별, 분기별 또는 연도별로 작성될 수 있으나, 그 수립기간은 기업의 경영환경과 예산제도에 의해 결정된다.

③ 현금흐름의 안정성이 높은 기업일수록 장기간보다 단기간의 현금예산을 수립하는 것이 좋다.

④ 현금예산을 수립하기 위해서는 반드시 매출액에 대한 추정이 선행되어야 하며, 매출액 추정의 정확성은 현금예산의 정확성에 직접적인 영향을 미친다.

⑤ 여러 가지 발생가능한 상황(낙관적 상황 또는 비관적 상황 등)을 고려하여 현금예산을 각각의 상황별로 작성한 후, 이를 대비함으로써 부정확한 예측에서 발생될 수 있는 기회비용을 줄일 수 있다.

14 현금의 표류에 관한 설명 중 타당하지 못한 것은?

① 원재료 구입대금을 지급하거나 고객으로부터의 판매대금 회수시 기업 장부상의 당좌예금과 은행이 관리하고 있는 해당 기업계좌의 당좌예금잔액이 일치하지 않게 되며, 그 차이를 표류라 한다.

② 지급표류는 거래처에 수표로 대금을 지불한 시점과 그 수표가 결제되어 기업의 은행당좌계좌의 잔액을 감소시키는 시점 사이의 시간적 차이를 말한다.

③ 지급표류와 회수표류의 합을 순표류(net float)라 한다.

④ 순표류가 0보다 크다면 기업은 추가적인 현금의 투자 없이 순표류만큼의 유동성을 확보할 수 있게 된다.

⑤ 순표류의 증가는 기업에게 항상 이득만 제공하므로 효율적인 현금관리를 위해선 순표류를 최대로 만들어야 한다.

15 다음 사항 중 기업의 현금잔고를 증가시킬 수 있는 것을 적절하게 묶은 것은?

A. 단기금융시장에서 거래되는 증권의 이자율 상승
B. 유가증권의 매매수수료 상승
C. 은행의 보상잔고 요구액이 하향 조정됨.
D. 차입비용의 감소
E. 기업의 신용등급이 하락함.

① A, B　② B, C　③ C, D
④ B, E　⑤ D, E

16 매출채권에 대한 설명으로 옳지 않은 것은?

① 매출채권회전율이 높을수록 기업은 유리하다.

② 매출채권이 증가하더라도 추가적인 자금부담은 없다.

③ 단기성 매출채권이 기업에게 항상 유리한 것은 아니다.

④ 비용-편익분석(cost-benefit analysis)을 통해 적절한 매출채권을 유지한다.

⑤ 매출채권 회수정책의 고려시 기업의 이미지에 손상이 없도록 할 필요가 있다.

17 고객의 신용을 확인하기 위해 사용하는 정보 중 거리가 가장 먼 것은?

① 고객의 가족관계 ② 고객의 재무제표

③ 금융기관 조회 ④ 기업간의 정보교환

⑤ 고객의 지급내역에 관한 과거 자료

18 신용관리에 대한 다음의 설명 중 잘못된 것은?

① 매출채권에 대한 투자규모는 신용판매의 규모와 매출채권평균회수기간에 의해 결정된다.

② 매출조건은 신용이 허용되는 기간, 현금할인, 그리고 신용수단의 유형을 말한다.

③ 제품의 담보가치가 높거나 수명이 길다면, 신용기간을 짧게 한다.

④ 현금할인의 이득과 손실의 상반관계를 고려하여 할인조건을 결정해야 한다.

⑤ 가격보다 신용정책에 상대적으로 융통성을 가진 기업을 가정한다면, 초과생산능력의 존재, 낮은 변동비, 단골고객 등에 의해 신용은 보다 더 확대될 수 있다.

Ⅱ. 서술/계산형 문제

01 영업주기와 현금주기에 대해서 설명하라.

02 다음을 설명하라.

(1) 보수적 단기재무정책

(2) 공격적 단기재무정책

(3) 보수적 또는 공격적 단기재무정책은 각각 어느 경우에 유리한가?

03 최적현금보유수준의 결정 원리에 대하여 설명하라.

04 현금 표류를 활용한 현금흐름의 효율적 관리방법에 대하여 설명하라.

05 최적신용수준의 결정 원리에 대하여 설명하라.

06 신용분석시 고려하는 신용의 5C를 설명하라.

07 **| 영업주기와 현금주기 |**

소망(주)의 재무비율자료는 다음과 같다.

- 재고자산회전율 = 6회
- 매출채권회전율 = 8.5회
- 매입채무회전율 = 10회

위 자료를 이용하여 다음의 물음에 답하라.

(1) 소망(주)의 재고기간은?

(2) 소망(주)의 매출채권회수기간과 매입채무지급기간은?

(3) 소망(주)의 영업주기와 현금주기는?

08 **| 현금예산 |**

경민상사는 향후 3개월 동안(1월, 2월, 3월)의 현금예산을 수립하기 위하여 다음과 같은 자료를 수집하였다.

① 월별 매출액에 대한 실적치 및 추정치는 다음과 같다.

(단위: 만원)

	12월	1월	2월	3월	4월
매출액	800	900	1,000	850	900

② 매출액 중 40%는 당월에 수금되고, 나머지 60%는 다음 달에 수금된다.

③ 매월 원재료구입비는 다음 달 매출액의 60% 수준이며, 그 대금은 구입 후 1개월이 지나서 전액 현금으로 결제된다.

④ 노무비는 1월에 120만원, 2월에 150만원, 3월에 110만원이 각각 지출될 것으로 예상된다.

⑤ 판매비와 관리비, 각종 세금 등 제경비로 매월 130만원씩 지출된다.

⑥ 2월에 200만원의 시설투자가 이루어질 예정이다.

이상의 자료를 이용하여 다음의 물음에 답하라.

(1) 1월부터 3월까지의 순현금흐름을 구하라.

(2) 매월의 최소현금잔고가 50만원일 경우, 향후 3개월 동안의 현금예산을 수립하라.

09 | 매출조건 |

청운교역의 기존 신용판매에 관한 자료는 다음과 같다.

연간 신용판매액	7,300만원
매출채권평균회수기간	30일
신용조건	net 20
연간 이자율	10%

청운교역은 새로운 신용조건 「2/10, net 20」을 고객에게 제시하는 것을 고려중이다. 그리고 새로운 신용조건을 채택하는 경우 고객의 50%가 할인조건을 선택할 것으로 예상되며, 그 결과 매출채권의 평균회수기간은 20일로 줄어들 것이다. 청운교역은 새로운 신용조건을 고객에게 제시하여야 하는가?

10 | 매출채권의 투자 |

광성전자는 개당 1,000원에 전구를 연간 80,000개 팔고 있다. 모든 매출은 신용이며, 현재의 신용조건은 「3/15, net 40」이다. 그리고 현금할인은 고객의 40%가 채택한다고 한다.

(1) 이 회사의 매출채권에 대한 투자는 얼마인가?

(2) 이 회사가 경쟁사에 대항하기 위해 현금할인율을 3%에서 5%로 증가시킨다면, 즉 신용조건을 「5/15, net 40」으로 변경한다면, 이로 인해 매출채권의 투자가 어떠한 영향을 받는지를 설명하라.

제 V 편

재무관리의 특수분야

Special Topics

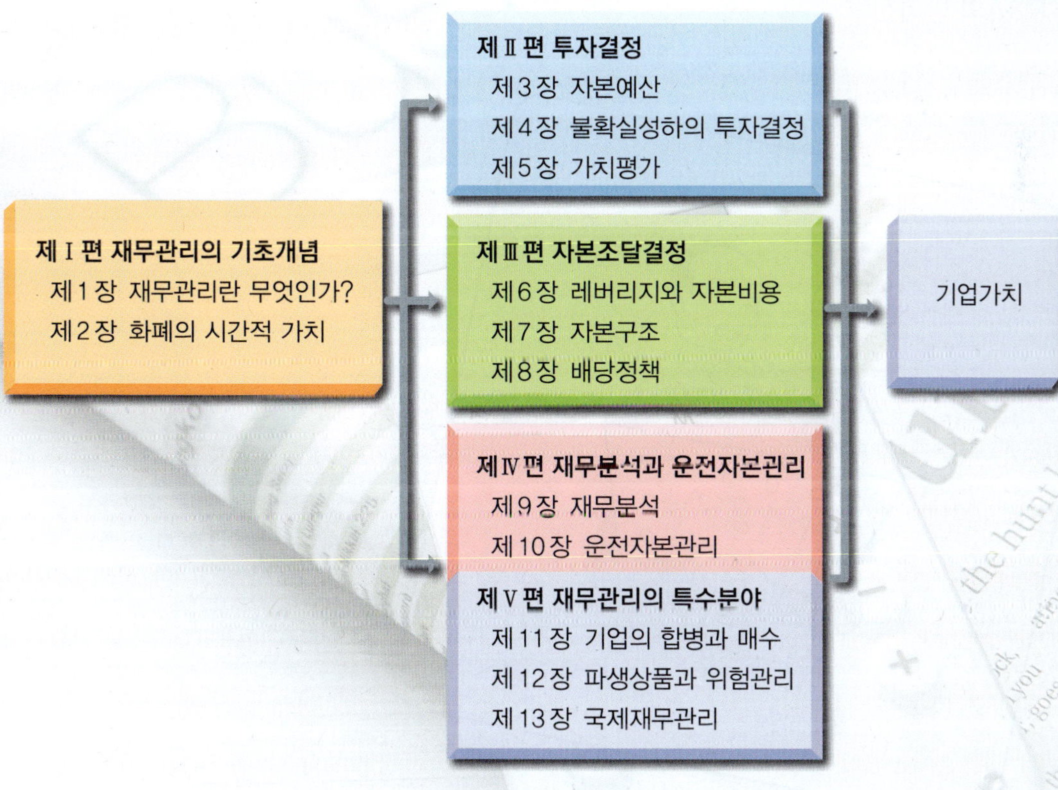

제 11 장

기업의 합병과 매수

1. M&A의 의의와 유형
2. M&A의 시너지효과
3. M&A의 평가
4. M&A의 방어전략

M&A는 한 기업이 다른 기업을 합병(merger)하거나 매수(acquisition)하는 것으로서, 일반적으로 신규사업의 진출이나 기업확장의 수단으로 이용된다.

Chapter

11

Mergers and Acquisitions

제11장의 개요

기업은 급변하는 환경 속에서 살아남기 위하여 지속적으로 성장을 추구하여야 한다. 기업의 성장은 합리적인 투자결정, 자본조달결정 등을 통하여 기존 사업을 점진적으로 확대해 나가는 내적성장과 타기업을 합병하거나 매수함으로써 일시에 사업영역을 확대하려는 외적성장으로 구분된다. 기업의 합병과 매수(mergers and acquisitions: 이하 M&A라 약칭함)는 외적성장의 주요한 수단으로 최근 국내·외에서 그 관심이 높아지고 있다.

본장에서는 M&A의 의의와 유형, M&A의 시너지효과, M&A의 평가, 적대적 M&A에 대한 방어전략 등에 관하여 설명하고자 한다.

01 M&A의 의의와 유형

1.1 M&A의 의의

2014년 5월 26일 다음과 카카오는 전격 합병결정을 발표하였다. 영국 파이낸셜타임스(FT)는 "다음과 카카오의 합병은 한국에서 가장 지배력 있는 포털사이트 운영업체인 네이버를 상대할 경쟁력을 얻게 되었다"는 긍정적인 평가를 내렸다.
자료: 케이벤치

기업의 합병과 매수(M&A)
한 기업이 다른 기업을 합병하거나 매수하는 것으로서, 일반적으로 신규사업의 진출이나 기업확장의 수단으로 이용된다.

기업의 합병과 매수(M&A)는 한 기업이 다른 기업을 합병(merger)하거나 매수(acquisition)하는 것으로서, 일반적으로 신규사업의 진출이나 기업확장의 수단으로 이용된다. M&A는 불확실성하에서 이루어진 투자결정이라 할 수 있다. 따라서 M&A의 기본적인 평가원칙은 인수기업(acquiring firm)의 주주에게 양(+)의 순현가(NPV)를 가져다주는 인수대상기업 또는 피인수기업(target firm or acquired firm)을 인수하여야 한다는 것이다.

그러나 인수대상기업의 순현가를 결정하는 것은 매우 어려운 일이기 때문에 M&A는 그 자체로서 흥미있는 과제라 할 수 있으며, 다음과 같은 몇 가지 특징을 가지고 있다.

첫째, M&A로부터 얻을 수 있는 이득을 시너지(synergy)라 하며, 이를 정확히

추정하기는 어렵다.[1]

둘째, M&A에 의해 복잡한 회계, 세무, 법적인 효과가 발생한다.

셋째, M&A는 주주들이 기업에 대해 취할 수 있는 주요한 통제수단이다. 현재의 경영자와 주주 사이의 이해관계가 서로 상충될 때 M&A가 이루어질 수도 있다. 예를 들어 주주들은 불편한 관계에 있는 경영자를 해임시키기 위하여 나른 기업이 자신의 기업을 인수하도록 할 수 있다.

넷째, M&A분석은 주로 기업가치에 초점을 맞추어 이루어지나, M&A는 기업가치뿐만 아니라 주식과 부채의 상대적 가치에도 영향을 미친다.

다섯째, M&A는 때때로 비우호적인 거래를 포함하기 때문에 인수대상기업들에 의해 방어전략이 사용되기도 한다.

M&A의 유형 1.2

M&A는 협의의 개념으로 흡수합병(merger) 또는 신설합병(consolidation), 주식매수(acquisition of stock), 자산매수(acquisition of assets) 등 세 가지에 의해서 이루어지는 기업매수(acquisition)로 볼 수 있으나, 광의의 개념으로 기업매수뿐만 아니라 위임장투쟁(proxy contest), 비공개기업화(going private) 등도 포함하는 기업인수(takeover)로 볼 수 있다.[2] [그림 11-1]에서 기업인수의 형태를 보여 주고 있다.

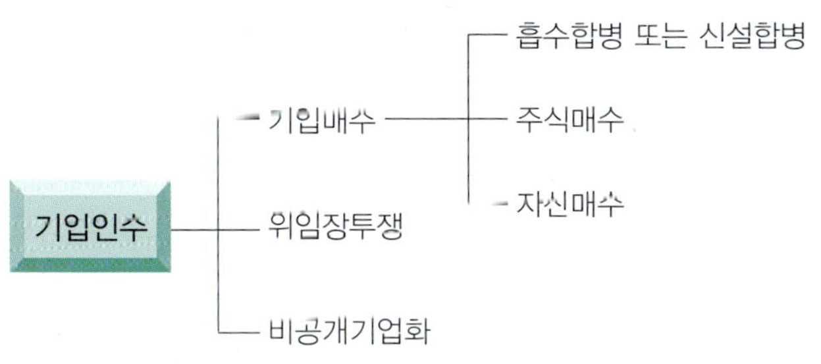

그림 11-1 기업인수의 형태

1 시너지는 1+1>2가 되는 것을 의미하며, 이를 상승효과라 하기도 한다.
2 기업인수는 기업의 지배권행사에 충분한 지분을 매입하는 모든 행위를 의미한다.

흡수합병 또는 신설합병

흡수합병
한 기업(합병회사)이 다른 기업(피합병회사)을 흡수하여 결합하는 것으로서 합병회사가 피합병회사의 모든 자산과 채무를 인수하여 피합병회사가 없어지고 하나의 회사로 결합된다.

신설합병
다수의 기업들이 새로운 하나의 기업으로 결합되는 것으로서 결합되는 기업은 모두 해산되고 새로운 하나의 기업이 설립되어 이 신설기업에게 해산된 기업들의 모든 자산과 부채가 승계된다.

흡수합병은 한 기업(합병회사)이 다른 기업(피합병회사)을 흡수하여 결합하는 것을 의미한다. 이 경우 합병회사가 피합병회사의 모든 자산과 채무를 인수함으로써 피합병회사가 없어지고 하나의 회사로 결합된다. **신설합병**은 다수의 기업들이 새로운 하나의 기업으로 결합되는 것을 의미한다. 이 경우 결합하려고 하는 기업은 모두 해산되고 새로운 하나의 기업이 설립되어, 이 신설기업에 해산된 기업들의 모든 자산과 부채가 승계된다.

흡수합병과 신설합병은 법률적인 관계에서 차이가 있지만, 경제적인 측면에서는 두 개 이상의 기업이 하나의 기업으로 합쳐지는 것으로 차이가 없다. 새로운 회사설립에는 시간과 경비가 소요되고, 세법상으로 불리한 경우가 많기 때문에 실제로 신설합병은 거의 이용되지 않는다. 따라서 일반적으로 합병은 흡수합병을 의미한다.

결합되는 기업의 형태별로 분류하면 합병은 동종기업간에 이루어지는 수평적 합병(horizontal merger), 생산 및 유통과정의 수직적 흐름에 있어서 인접한 단계에 있는 기업간에 이루어지는 수직적 합병(vertical merger), 수평적 또는 수직적 관계가 없는 이종기업간에 이루어지는 다각적 합병(conglomerate merger) 등으로 나눌 수 있다.

주식매수

주식매수
인수기업이 현금, 주식, 다른 증권 등을 이용하여 인수대상기업의 의결권주식을 매입함으로써 인수대상기업의 지배권을 획득하는 것을 의미한다.

공개매수
단기간에 의도한 가격으로 인수대상기업의 주식을 주주들로부터 공개적으로 매입하는 행위이다.

주식매수는 인수기업이 현금, 주식, 다른 증권 등을 이용하여 인수대상기업의 의결권주식을 매입함으로써 인수대상기업의 지배권을 획득하는 것을 의미한다. 주식매수의 방법으로 대주주 주식지분의 매입, 주식시장을 통한 매입 및 공개매수(tender offer or takeover bid: TOB) 등이 있다.

공개매수는 단기간에 의도한 가격으로 인수대상기업의 주식을 주주들로부터 공개적으로 매입하는 행위이다. 인수대상기업의 경영진과의 합의에 따라 공개매수가 이루어지는 경우도 있으나, 대부분의 경우 경영진의 의사와 관계없이 주주들로부터 직접 주식을 매입하는 적대적인 인수의 형태를 취하고 있다.

주식매수는 다음과 같은 몇 가지 점에서 합병과 다르다.

첫째, 주식매수는 주주총회의 승인 또는 인수대상기업의 경영진이나 이사회를 거치지 않고 직접 주주들을 대상으로 이루어진다.

둘째, 대부분의 경우 주식매수는 인수대상기업 경영자의 저항 속에서 이루어지므로 합병보다 많은 비용이 소요된다.

셋째, 공개매수에 대한 소액주주들의 반발 때문에 인수대상기업을 완전히 인수하기 어려울 때가 많다.

넷째, 주식매수는 인수기업이 인수대상기업의 주식을 매입하여 인수대상기업을 지배하는 형태로서 인수대상기업의 법률적인 실체는 계속 유지된다.[3]

자산매수

자산매수는 인수기업이 인수대상기업의 경영지배권을 획득하기 위하여 인수대상기업의 전부 또는 일부 주요 자산(영업)을 매입하는 것을 말한다. 자산매수는 인수대상기업의 경영진과 협의하에 이루어지는 경우가 대부분이기 때문에 소액주주들의 반발을 피할 수 있다는 장점은 있으나, 자산소유권의 이전에 따른 법적절차가 번거롭고 법률적인 비용이 크다는 단점이 있다.[4]

자산매수
인수기업이 인수대상기업의 경영지배권을 획득하기 위하여 인수대상기업의 전부 또는 일부 주요 자산(영업)을 매입하는 것을 말한다.

위임장투쟁

위임장투쟁은 일부의 주주집단이 주로 자기가 지지하는 이사를 선임하여 기업의 지배권을 획득하기 위한 것으로서, 다른 주주들로부터 의결권을 위임받아 주주총회에서 선임권을 대리행사하는 것을 의미한다.[5] 이와 같은 위임장투쟁은 현재의 경영진에게 기업을 보다 효율적으로 경영할 수 있도록 압력을 가하는 수단이 될 수 있다.

위임장투쟁
일부의 주주집단이 주로 자기가 지지하는 이사를 선임하여 기업의 지배권을 획득하기 위한 것으로서 다른 주주들로부터 의결권을 위임받아 주주총회에서 선임권을 대리행사하는 것을 의미한다.

비공개기업화

비공개기업화(또는 사기업화)는 일부 주주가 상장된 주식의 대부분을 매입함으

비공개기업화
일부 주주가 상장된 주식의 대부분을 매입함으로써 사실상의 개인기업으로 만들고, 그 결과 상장이 폐지되어 비공개기업으로 전락시키는 것을 의미한다.

---

3 인수대상기업의 완전한 흡수는 합병에 의해서 이루어지므로 대부분의 주식매수는 결국 형식적인 절차를 거쳐 합병에 이르게 된다.

4 우리나라의 경우 인수대상기업의 자산매각이 그 기업의 영업에 중요한 영향을 미칠 수 있을 때, 이에 반대하는 주주들은 해당기업에 주식매수청구권을 행사할 수 있다.

5 미국 등에서는 통상적으로 제2, 3대주주 등이 소액주주의 의결권을 모아 제1대주주에 대항하여 경영권을 장악하는 수단으로 활용하고 있다. 그러나 우리나라의 경우 의결권대리행사의 권유를 엄격히 규제하고 있으며, 또한 실질적으로 주식이 제대로 분산되어 있지 않기 때문에 위임장투쟁에 의한 기업지배권획득은 어렵다. 2003년 하나로통신(주)(현, SK브로드밴드(주))이 주주총회에서 소액주주의 절반이 넘는 26% 이상의 위임장을 확보하여 외자유치권을 통과시킴으로써 LG그룹에 의한 경영권인수 시도를 좌절시킨 것이 위임장투쟁의 대표적인 사례이다.

로써 사실상의 개인기업으로 만들고, 그 결과 상장이 폐지되어 비공개기업으로 전락시키는 것을 의미한다. 비공개기업이 되면 우호적인 경우 외에는 M&A가 원칙적으로 일어날 수 없기 때문에 적대적 M&A로부터 벗어날 수 있다. 또한 공개회사에 대해서 요구되는 각종 보고의무 등에서도 면제되어 경영진은 경영에만 주력할 수 있다.[6]

차입매수
회사자산을 담보로 채권을 발행하여 조달한 자금에 의해 주식을 인수하는 것으로서 이때 발행되는 채권은 위험도가 아주 높은 저등급사채로 정크본드라 한다.

비공개기업화를 위해서는 상장된 대부분의 주식을 매입하여야 하기 때문에 대규모의 자금이 필요하게 된다. 따라서 이 경우 회사자산을 담보로 채권을 발행하여 조달한 자금에 의해 주식을 인수하는 **차입매수**(leveraged buyout: LBO)가 자주 사용된다. LBO를 위해 발행되는 채권은 위험도가 아주 높은 저등급사채로 정크본드(junk bond)라 한다. 특히 LBO가 현재의 경영자에 의해 주도될 때, 이를 경영자매수(management buyout: MBO)라고 한다.

뉴스 속 재무

카카오의 SM엔터테인먼트 공개매수

에스엠 주가가 공개매수 가격을 웃돌면서 하이브 공개매수가 실패로 돌아갔다.
사진은 SM엔터테인먼트 사옥. [사진: 연합뉴스]

SM엔터테인먼트(에스엠)를 둘러싸고 공개매수 대전이 벌어진 가운데 에스엠 주가 흐름이 초미의 관심사다. 공개매수 성공 여부가 주가에 달려 있기 때문이다. 하이브의 에스엠 공개매수가 실패로 돌아가고, 카카오가 15만원에 공개매수에 나서면서 에스엠 주가는 요동치고 있다. 한국거래소에 따르면 하이브의 에스엠 실질적인 공개매수 가능 마지막 날인 2023년 2월 28일 에스엠은 12만 7,600원으로 거래를 마쳤다. 분쟁 내내 주가가 오르락내리락했지만 결국은 공개매수 가격을 넘겼다. 공개매수가 시작되기 직전일

6 기업을 공개하여 불특정 다수의 주주로부터 자금조달하는 것을 지향하는 기업공개(going public)에는 역행되지만, 1980년대에 들어서 미국에서는 비우호적인 기업매수가 빈번하게 이루어지면서 상장회사의 경영자가 기업을 비공개화하는 경우가 많았다.

인 지난달 9일 9만8,500원이었던 주가는 공개매수 시작 나흘 만에 매수가인 12만원을 넘어섰다. 이후 줄곧 이 가격대를 유지해왔다. 결과는 실패였다. 주관사인 삼성증권에 따르면 지난달 10일부터 28일까지 진행된 하이브의 에스엠 공개매수 결과 공개매수 청약주식 수는 23만3,817주에 그쳤다. 지난 2일 하이브 공개매수에 응한 갤럭시아에스엠의 양도 물량(23만3,813주)을 빼면 단 4주 만이 공개매수에 응한 것이다. 하이브는 공개매수로 에스엠 주식 0.98%를 확보했다.

빈응이 뜨뜻미지근했던 것은 주가가 공개매수 가격을 대체로 웃돌았기 때문이라는 분석이 나온다. 공개매수로 파는 것보다 시장에서 팔면 더 이익이니 응할 유인이 전혀 없었던 것이다. 실제 사모펀드 운용사 MBK파트너스와 유니슨캐피탈코리아(UCK) 컨소시엄은 공개매수를 통해 오스템임플란트 인수에 성공했다. 당시 오스템임플란트 주가는 공개매수 기간(2023년 1월 25일~2월 24일) 동안 18만원선에서 등락하면서 공개매수가인 19만원을 넘지 않았다. 공개매수 승패 여부가 주가에 달렸다는 점을 방증한 사례다.

하이브와 카카오 진영이 에스엠 경영권을 두고 지분확보전에 돌입한 상황이 이렇다 보니 에스엠 주가를 둘러싼 의혹이 끊이질 않았다. 카카오가 시장에서 대량으로 주식을 사들이면서 일부러 주가를 끌어올렸다는 의견도 있다. 실제 카카오가 2023년 3월 7일 제출한 공개매수신고서에 따르면 카카오는 지난 2월 28일부터 3월 3일까지 카카오엔터테인먼트와 함께 116만7,400주를 장내 매수했다고 밝혔다. 이는 SM 발행주식 수의 4.9%로, 이 기간 카카오가 투입한 자금은 1,443억원에 달한다. 또 지난 16일 '기타 법인'으로 분류된 특정계좌를 통해 에스엠 주식 68만3,398주(상장주식 수의 2.73%) 매수 주문이 이뤄졌다. 이는 이날 거래된 SM 주식 전체 거래량(444만720주)의 15.8%다. 카카오 본사가 위치해 있는 판교 지역의 IBK투자증권 지점을 통해 거래가 이뤄졌다는 점에서 이 역시 카카오가 사들인 것 아니냐는 분석이 나왔지만 사모펀드 등이 매수주체였던 것으로 드러났다. 하이브는 에스엠 공개매수를 방해하는 비정상 거래가 있다고 주장하면서 금융감독원에 조사를 의뢰한 상황이다.

증권가에선 당초 하이브 공개매수가 실패할 것이란 분석이 우세했다. 에스엠 주가가 2월 15일부터 12만원 위에서 움직였고 16일과 17일엔 13만원을 넘겼다. 또 10~14일에 공개매수에 응한 투자자가 있더라도 이후 자유롭게 청약 취소가 가능해서다. 공개매수 절차가 복잡한 점도 한 몫 했다. 공개매수는 장외거래로 무조건 증권사 지점에 방문해야 한다. 처분한 주식의 차익이 250만원을 넘는 경우 22% 양도세를 내야 하는 점도 소액 주주들에겐 부담이다.

하이브 공개매수는 예견된 실패?

투자자별 매매 동향을 봐도 2023년 2월 내내 매도세가 이어지면서 사실상 미리 차익을 실현한 투자자들이 대다수였다. 한국거래소에 따르면 지난 2월 1일부터 공개매수 종료일인 28일까지 기관 투자자들은 3,141억원, 연기금 등은 1,521억원 각각 팔아치웠다. 이 기간 개인은 634만원 사들이는데 그쳤다. '큰 손'인 국민연금도 에스엠 지분 절반가량을 팔아치웠다. 국민연금은 지난달 4거래일에 걸쳐 에스엠 주식 110만4,513주를 장내매도했다. 특히 하이브가 공개매수를 시작해 주가가 12만원에 근접했던 2월 13일에는 24만993주를, 12만원을 넘은 2월 21일엔 24만6,313주를 매도했다. 국민연금 에스엠 지분율은 기존 8.96%에서 4.32%로 감소했다.

카카오가 SM엔터테인먼트(에스엠)를 놓고 경영권 분쟁을 벌이던 하이브와 2023년 3월 12일 전격 합의를 이루면서 난항을 겪던 SM엔터 공개매수가 순항하게 됐다. 카카오는 공개매수를 계획대로 완료하면

SM엔터 지분율이 40%에 달해 안정적 경영권을 확보한다. 하이브도 보유 중인 지분을 공개 매수에 응하며 일부 매각할 것으로 전망된다. 2023년 3월 말 격돌이 예상됐던 SM엔터 주주총회에서도 하이브가 사내이사 후보 추천을 철회해 카카오는 SM엔터 이사회도 장악하게 된다. SM엔터를 놓고 카카오와 하이브가 이전투구를 벌여 '승자의 저주'에 대한 공포가 커지자 김범수 카카오 창업자와 방시혁 하이브 이사회 의장이 결단을 내렸다는 분석이다.

〈이코노미스트, 2023. 3. 8 수정〉

02 M&A의 시너지효과

기업이 M&A를 하는 주된 이유는 M&A로부터 얻을 수 있는 시너지효과 때문일 것이다. 여기서는 M&A의 시너지효과와 그 원천에 대하여 살펴보고자 한다.

2.1 M&A의 시너지효과

시너지효과
두 기업이 하나의 기업으로 합병되는 경우 합병 이후의 기업가치가 합병 이전 개별기업가치의 합계보다 더 커지는 효과로서 상승효과라고도 한다.

시너지효과(synergy effect)는 두 기업이 하나의 기업으로 합병되는 경우 합병 이후의 기업가치가 합병 이전 개별기업가치의 합계보다 더 커지는 효과로서 상승효과라고도 한다. 예를 들어 기업 A가 기업 B를 인수하여 합병하는 경우 시너지는 다음과 같다.

$$\text{시너지} = PV(\text{A}+\text{B}) - [PV(\text{A}) + PV(\text{B})] \quad (11\text{–}1)$$

여기서 $PV(\text{A}+\text{B})$: 합병 후의 기업가치
$PV(\text{A}), PV(\text{B})$: 합병 전 A, B의 기업가치

M&A로 인한 시너지효과는 현금흐름할인모형을 이용하여 측정될 수 있으며, 이는 식 (11–2)와 같다.

$$\text{시너지} = \sum_{t=1}^{n} \frac{\Delta CF_t}{(1+r)^t} \quad (11\text{–}2)$$

여기서 ΔCF_t: 합병으로 인한 t시점의 증분현금흐름[7]
r: 증분현금흐름에 적합한 위험조정할인율[8]

식 (11-2)에서 증분현금흐름은 다음과 같이 네 개의 부분으로 분해된다.

$$\Delta CF_t = \Delta R_t - \Delta C_t - \Delta T_t - (\Delta WC_t + \Delta CI_t) \tag{11-3}$$

여기서 ΔR_t: 합병으로 인한 t시점의 증분수익
ΔC_t: 합병으로 인한 t시점의 증분비용
ΔT_t: 합병으로 인한 t시점의 세금의 증분
ΔWC_t: 합병으로 인한 t시점의 순운전자본의 증분
ΔCI_t: 합병으로 인한 t시점의 자본적 지출의 증분

시너지효과의 원천 2.2

M&A에 의한 시너지효과는 수익증대, 비용절감, 세금절감 등을 통하여 합병으로 인한 증분현금흐름을 증가시키든가 또는 자본비용(할인율)을 감소시킴으로써 증대된다.[9]

M&A에 의한 시너지효과의 원천을 수익증대, 비용절감, 세금절감, 자본비용의 감소 등으로 구분하여 살펴보기로 하자.

수익증대에 의한 시너지효과

합병의 가장 중요한 이유 중의 하나는 합병 후 기업수익이 합병 전 개별기업의 수익을 합한 것보다 크게 된다는 것이다. 합병으로 인한 수익증대는 마케팅이득(marketing gains), 전략적 이득(strategic benefits), 시장 또는 독점적 지배력(market or monopoly power) 등으로부터 발생한다.

---

7 ΔCF_t=(합병 후 현금흐름)−(합병 전 개별기업 현금흐름의 합)=$CF_t(A+B)-[CF_t(A)+CF_t(B)]$

8 합병시 증분현금흐름의 할인율은 자금의 원천이 아니라 사용과 관련된 위험을 반영하여야 한다. 따라서 합병시 증분현금흐름의 적절한 할인율은 인수기업 또는 합병 이후 결합기업의 자본비용이 아닌 인수대상기업의 요구수익률임을 유의하여야 한다.

9 수익의 증대, 비용의 절감, 세금의 절감 등에 의한 시너지는 기업의 운영상 나타나는 것으로서 이를 운영시너지(operating synergy)라 하며, 할인율의 감소에 의한 시너지는 기업의 재무정책, 즉 자본구조와 관련된 것으로서 재무시너지(financial synergy)라 한다.

■ 마케팅이득

합병에 의해서 마케팅능력을 향상시킬 수 있으며, 이를 통해 보다 큰 영업이익을 창출할 수 있다. 예를 들어 합병을 통해 비효율적인 광고전략을 개선할 수 있고, 빈약한 유통채널을 강화할 수 있으며, 불균형상태의 제품믹스(product mix)를 개선할 수 있다.

■ 전략적 이득

합병으로 인하여 경쟁기업에 비해 전략적 우위를 확보할 수 있다. 예를 들어 출판사가 컴퓨터회사를 인수하는 경우 경쟁출판사에 비하여 컴퓨터를 이용한 전자출판에 있어서의 전략적 우위를 점할 수 있다. 특히 유 · 무형의 진입장벽이 가로막고 있는 경우 M&A를 통하여 새로운 사업에 쉽게 진출할 수 있다.[10]

■ 시장 또는 독점적 지배력

동종산업에 속하는 다른 기업을 인수함으로써 경쟁적 위치를 높일 수 있으며, 극단적으로 독점적 지위를 확보할 수도 있다. 이 경우 합병기업은 제품가격을 선도할 수 있으며, 독점적 이윤을 획득할 수 있다. 그러나 단순히 경쟁을 억제하기 위한 합병은 사회적으로 이득이 없으며, 정부의 규제를 받는 대상이 되기도 한다.

비용절감에 의한 시너지효과

합병의 가장 기본적인 이유 중의 하나는 두 개의 기업을 독자적으로 운영하는 것보다 합병을 통한 운영효율성을 높임으로써 운영비용을 크게 절감할 수 있다는 점이다. 비용절감에 의한 시너지효과는 규모의 경제(economies of scale), 수직적 통합의 경제(economies of vertical integration), 기술의 이전(transfer of technology), 자원의 상호보완(complementary resources), 비효율적인 경영의 제거(elimination of inefficient management) 등을 통해서 나타난다.

■ 규모의 경제

최적규모(optimal size)에 도달할 때까지 평균생산비용은 생산량의 증가에 따라

10 우리나라의 경우 진입장벽이 높은 금융산업에의 진출을 위한 M&A가 빈번하게 이루어졌다. 한솔그룹의 동해종금인수(1994. 11), 쌍용그룹의 인천투금인수(1995. 8) 등이 이 경우에 속한다. 그러나 이와 같은 무리한 금융산업에의 진출은 동해종금, 인천투금 등이 퇴출됨으로써 모두 실패로 끝났다.

점점 감소하게 된다. 따라서 최적규모에 도달하지 못한 기업이 다른 기업을 인수함으로써 최적규모에 도달할 수 있다면, 합병으로 인해 단위당 생산비용을 감소시킬 수 있다. 이와 같은 규모의 경제에 의한 비용절감은 수평적 합병에서 나타난다.

■ 수직적 통합의 경제

생산과정의 전 단계 또는 다음 단계에 있는 기업을 통합하여 협조적인 생산 또는 판매단계를 갖추고, 품질관리와 가격 등 거래조건의 협상을 효과적으로 함으로써 거래비용을 절감시킬 수 있다. 예를 들어 저렴하고 안정적인 자동차부품의 확보를 위해 자동차회사가 자동차부품회사를 인수하거나, 적극적인 PC판매망의 확보를 위해 PC제조업체가 PC판매회사를 인수하기도 한다.

■ 기술의 이전

기술의 이전은 합병의 또 다른 이유라 할 수 있다. 예를 들어 제약회사가 생명공학과 관련된 기술을 이전받아 신약개발에 활용하기 위하여 생명공학회사를 인수할 수 있다.

■ 자원의 상호보완

기업은 현존하는 자원을 효과적으로 이용하거나 성공적인 영업에 필요한 요소를 확보하기 위하여 다른 기업을 인수한다. 예를 들어 스키용품 상점이 테니스용품 상점을 인수함으로써 겨울과 여름에 걸쳐 보다 안정된 판매를 할 수 있으며, 상점의 활용도를 높일 수 있을 것이다.

■ 비효율적인 경영의 제거

합병을 통해 비효율적인 기업의 경영진을 제거할 수 있으며, 중복되는 경영진의 수를 감소시킴으로써 기업의 운영비용을 줄일 수 있다.[11]

세금절감에 의한 시너지효과

합병은 세금을 절감할 수 있는 하나의 수단이 될 수 있다. 이는 인수대상기업의 영업손실(net operating losses), 부채수용능력의 향상(unused debt capacity), 잉여자금

11 M&A는 전문경영자가 주주의 이익과 배치된 행위(예를 들어 특권적 소비, 무사안일주의 등)를 함으로써 발생하게 되는 지분의 대리인문제를 해결하기 위한 수단으로 사용될 수 있다.

(surplus fund)의 이용 등에 의해서 발생된다.

■ 영업손실

누적된 영업손실로 인하여 이월결손금을 갖고 있는 회사를 인수하는 경우, 합병회사는 그 이월결손금을 승계하여 법인세를 절감할 수 있다.

■ 부채수용능력의 향상

기업의 최적자본구조는 부채사용으로 인한 한계이익(부채의 법인세 절감효과)과 한계비용(파산비용)이 같아지는 점에서 이루어진다. 두 개의 기업이 합병하는 경우 합병 전 개별기업의 채무에 대하여 공동으로 지급보증하는 것이 되므로 파산위험이 감소하게 된다. 이와 같이 합병으로 인하여 **공동보험효과**(coinsurance effect)가 발생하기 때문에 파산비용은 두 개의 개별기업으로 존재할 때보다 합병한 이후에 상대적으로 작게 나타날 것이다. 따라서 인수회사는 합병 이후 부채비율을 높일 수 있으며, 이로 인하여 추가적인 세금혜택을 얻을 수 있기 때문에 새로운 가치를 창출할 수 있다.

공동보험효과
두 개의 기업이 합병하는 경우 합병 전 개별기업의 채무에 대하여 공동으로 지급보증하는 것이 되므로 파산위험이 감소하게 된다.

■ 잉여자금의 이용

현실적으로 배당소득세율이 자본이득세율보다 높다. 기업이 충분한 잉여현금흐름(free cash flow)을 갖고 있을 때, 이를 배당으로 지급하지 않고 기업을 인수하는데 이용하는 경우 주주들은 배당소득 대신 주가의 상승에 따른 자본이득을 얻을 수 있다. 따라서 주주들은 배당소득세 대신 낮은 자본이득세를 부담함으로써 세금을 절감할 수 있다.

자본비용의 감소에 의한 시너지효과

두 기업이 합병될 때 증권발행비용 측면에서 규모의 경제가 발생하기 때문에 자본비용을 감소시킬 수 있다. 일반적으로 주식 또는 채권의 발행비용은 소규모기업보다 대규모기업에서 더 작게 나타난다.[12]

12 합병으로 인해 분산효과가 발생하게 되어 자본비용이 감소하는 것으로 생각하기 쉬운데, 이는 CAPM이 성립하는 경우 불가능한 일이다. 왜냐하면 합병으로 인해 감소되는 위험은 비체계적 위험이기 때문이다.

자본소요액의 감소에 의한 시너지 효과

합병을 통해 불필요한 시설 및 장비 등을 처분함으로써 자본적 지출을 줄일 수 있다. 또한 기업규모가 증가함에 따라 규모의 경제가 실현되어 현금, 매출채권, 재고자산 등을 효율적으로 관리할 수 있으므로 운전자본에 대한 지출이 줄어들게 된다.

뉴스 속 재무

국경 넘나들며 불꽃 튄 M&A 열기...금리 한파마저 녹였다

천문학적인 기업 인수합병(M&A) 자금이 바다를 건너고 있다. 어두침침하기만 했던 지난해 분위기를 생각하면 분위기가 몰라보게 바뀌었다. 이럴 때면 해외자본이 국내 자본시장을 정조준하고 뭉칫돈을 풀어냈을 것으로 생각하기 쉽다. 그러나 최근에는 그렇지 않다. 오히려 국내기업이 해외기업을 적극적으로 인수하는 움직임이 두드러지고 있다. 국내 큰 손들이 주도하는 형태로 국경을 넘나드는 M&A가 잇따르고 있다는 점이 고무적이라는 평가다. 최근 시장 분위기가 달아오른 데는 이러한 크로스보더(cross border, 국경을 자유롭게 넘나드는 활동) 빅딜(big deal)이 적잖은 영향을 미쳤다는 분석이다. 그간 업계에서는 메가딜(Mega Deal)이 발생한 뒤 중소형 M&A가 연쇄적으로 일어나며 전체 시장규모가 커지는 것을 이상적으로 봤다. 다만 그 시점이 현재라는 점에서는 의외라는 평가를 한다. 반대로 생각하면 자본력을 갖춘 원매자들이 조기에 자금을 풀고 있음을 인지할 수 있는 대목이다. 원하는 매물 인수를 위해 반 박자, 아니 한 박자 빠르게 치고 나가고 있다는 것이다.

K자본, 바다 건너 해외기업을 인수하다

2023년 3월 7일 자본시장에 따르면 올 들어 발생한 4,000억원 이상 크로스보더 딜(계약 체결 · 잔금 납입 완료 포함)은 총 6건에 7조896억원에 달한다. 현재 매각작업을 진행 중인 한국 맥도날드 매각 결과에 따라 다가오는 1분기 매각 규모는 8조원에 육박할 가능성도 배제할 수

올해 주요 크로스보더 M&A 현황 (자료: 업계)

	매물	업종	인수자	인수자
국내 자본의 해외 기업 인수	포쉬마크	중고거래플랫폼	네이버	1조 5000억원
	메리디언바이오사이언스	의료장비 제소	에스디바이오센서	2조원
	아베오 파마슈티컬스	신약 제조	LG화학	7072억원
	유니매트	노인 의료서비스	MBK파트너스	4000억원
외국 자본의 국내 기업 인수	SK쉴더스	IT보안 서비스	EQT파트너스	2조원
	태웅메디칼	소화기 스텐트 제조	올림푸스	4824억원

Chapter 11

없다. 주목할 점은 국내기업이 외국기업 인수에 들인 자금이 4조6,072억원으로 전체 크로스보더 딜의 3분의 2(64.9%)를 차지한다는 것이다. 네이버가 연초 약 12억 달러(한화 약 1조5,000억원)에 포쉬마크 인수를 마무리했고 에스디바이오센서의 메리디언바이오사이언스 인수(2조원)도 조 단위 규모로 관심을 끌었다. 이밖에 LG화학이 미국식품의약국(FDA) 승인 항암 신약을 보유한 기업 아베오 파마슈티컬스를 7,072억원에 인수를 완료했고, 경영참여형 사모펀드(PEF) 운용사인 MBK파트너스가 일본 노인 의료서비스 기업인 유니매트 인수에 4,000억원을 투자하며 불을 지폈다.

국내 자본시장 투자를 호시탐탐 노리던 해외 투자자들도 거액을 베팅하면서 눈길을 끌고 있다. 대표적으로 스웨덴 최대 기업집단인 발렌베리 그룹 계열 PEF 운용사인 EQT파트너스(EQT)가 SK쉴더스에 2조원을 베팅하면서 화제다. EQT는 SK스퀘어가 보유한 지분 일부와 맥쿼리 자산운용 컨소시엄 지분 전체인 36.9%를 약 2조원에 인수하고, 추가로 신주를 취득해 SK쉴더스의 최대 주주(68.0%)에 오를 전망이다. EQT는 스웨덴 최대 재벌가인 발렌베리 그룹 내 투자 지주회사인 인베스터AB가 1994년 설립했다. 2022년 기준 총 운용자산(AUM)이 900억유로(약 126조원)에 달하는 PEF 운용사다. 규모 면에서 충분히 영향력 있는 투자를 이어갈 수 있는 기반을 갖추고 있다.

큰 변곡점 뒤에 기회가…열기 이어진다

EQT는 특히 유럽 · 미국 등 글로벌 보안 서비스 분야에 각별한 관심을 보였다. 스웨덴 최대 보안회사 시큐리타스의 가정 보안부문 자회사 시큐리타스 다이렉트를 2008년 인수해 2011년 투자금 회수에 성공했으며 이스라엘의 사이버 보안회사 CYE의 경영권도 보유하고 있다. 앞선 상황을 미뤄볼 때 이번 SK쉴더스 지분 인수도 글로벌 보안 기업들과 시너지를 노릴 것이라는 관측이 나온다. 글로벌 의료기기 기업인 올림푸스도 지난달 국내 소화기내과 금속 스텐트 전문 의료기업인 태웅메디칼 인수에 3억7,000만달러(4,824억원)를 투자했다. 내시경 치료 솔루션 제품의 포트폴리오 강화를 위해 5,000억원에 육박하는 자금을 베팅한 것이다.

이러한 적극적인 투자 움직임은 하나의 크고도 유사한 흐름을 보인다. 코로나19 여파를 막 털어냈을 2021년 하반기, 대기업을 중심으로 신사업 동력 확보를 위해 M&A에 나서는 사례가 급증했다. 예기치 못한 큰 변곡점을 겪으며 밸류에이션이 주춤해진 기업을 노리는 큰 손들의 행보가 눈길을 끄는 이유다. 예상보다 뜨거워진 M&A 시장 분위기는 상반기 내 이어질 것으로 보는 시각이 지배적이다. 수조원대 몸값이 점쳐지는 HMM 매각이 진행 중이며, 보령바이오파마나 넥스플렉스도 수천억원 몸값이 점쳐지는 시장 매물로 꼽힌다. 현재 시장에서 새 주인 찾는 매물만 총 13조원에 육박하는 상황이다. 한 PEF 운용사 관계자는 "노리던 매물이 시장에 나올 경우 인수와 동시에 시장을 이끌 수 있다는 점이 예상 밖 열기로 이어졌다"며 "오랜 기간 시장에서 눈길을 끌지 못하던 매물들도 이번 기회를 모멘텀 삼아 매각 작업에 나설 가능성도 있다"고 말했다.

〈이데일리, 2023. 3. 8 수정〉

재무 산책

M&A 사이클 이론

M&A의 역사는 꽤 오래전으로 거슬러 올라간다. 남이 만들어 놓은 사업을 넘겨받는 것을 M&A라고 한다면 아마도 그런 현상은 고대부터 있었을 것이다. 여기서 말하는 M&A는 현대적 의미다. 넓게는 회사 형태, 좁게는 주식회사 형태의 사업을 합치거나 넘겨받는 것이다. 그런 의미의 M&A와 경영권 분쟁은 19세기에 흔한 것이었고 그 내용도 지금의 시장에서 볼 수 있는 수준의 상당히 진보된 것이다. 그러나 경제학자들과 역사학자들은 M&A의 역사를 1890년대에 시작된 것으로 본다. 그것도 주기적으로 붐이 일어나면서 진행되어 왔다고 본다. 역사적으로 M&A는 다섯 번의 사이클을 따라 발생했다. 그 이후에는 일상화 되어서 특별한 주기를 말하기 어렵지만 여섯 번째 주기를 말하는 전문가들도 있다. 각 주기가 시작된 시점은 애매하다. 그러나 경제위기로 한 주기가 종결되는 패턴은 일정하게 나타난다.

첫 번째 M&A 주기는 1893~1904년이다. 셔먼법이 카르텔을 엄격하게 규제하기 시작하자 투자은행들의 주도 하에 철강, 석유, 광산, 철도 등 산업에서 대형 수평결합이 성행했다. 4,277개의 회사가 257개로 재편되었다. 록펠러, 카네기 같은 이름들이 여기서 부각된다. 국내에서도 정부가 기업집단 내 내부거래를 엄격히 통제하기 시작하자 한 그룹 회장이 사장단 회의에서 계열사간 합병을 검토하라고 한 일화가 있는데 같은 맥락이다. 이 시기의 대표적인 M&A 사례가 1901년 8개의 철강회사가 합병해서 탄생한 유에스스틸(U.S. Steel)이다. 유에스스틸은 당시 세계 최대의 회사였다. 이 과정은 JP모건이 주도했다. 8개의 경쟁회사가 하나의 거대기업으로 합쳐지는 과정에서 자연스럽게 소유가 분산되었는데 이는 다른 거대 기업들의 경우에도 마찬가지다. 이 시기는 1904년에 미국 연방대법원이 독점금지법을 엄격히 집행하면서 종료되었다. 학자에 따라서는 이 시기가 1차 대전까지 지속되었다고 보기도 한다.

두 번째 주기는 1919~1929년이다. 이 시기에는 다수의 수직적 결합이 발생했다. 이 시기에 미국의 주요 자동차 회사들이 성숙단계에 접어들었다. 포드자동차의 경우 철강제련소에서 완성차 제조공장까지 수직계열화를 이루었다. 이 시기는 1929년에 발생한 대공황으로 종료된다.

세 번째 주기는 1955~1969/73년이다. 이 시기에 복합기업그룹의 개념이 정착되었다. 관련, 비관련 다각화를 위한 M&A가 성행했다. 우리나라에서 재벌그룹들이 형성되기 시작한 시기도 이 시기다. 복합그룹의 창시자들은 비전을 보유한 영웅들로 존경받았다. 그러나 미국에서는 해당 기업들의 주가가 1969년에서 1970년에 하락해서 다각화에서 발생한 시너지를 향유하지는 못한 채 이 시기가 끝났다.

네 번째 주기는 1974/1980~89년이다. 이 시기에는 적대적 M&A가 본격적으로 선보였다. 레이더들도 등장했다. 정크본드 시장이 활성화 되어서 LBO가 증가했다. 적대적 M&A에 대한 방어수단들도 도입되었지만 M&A 붐을 잠재우지는 못했다. 1989/90년에 정크본드 시장이 몰락하고 저축대부조합들이 대거 도산하면서 이 시기는 막을 내린다. 상업은행들이 부실화 되었던 시기다. 유럽에서는 이 시기에 유럽경제통합에 대비하는 수평결합이 성행했다.

다섯 번째 주기는 1993~2000년이다. 이 시기는 자본시장의 활황에 힘입은 대형 M&A의 시기다. 엔론을 포함한 몇몇 대형 기업들의 지배구조 문제가 불거져 버블이 붕괴하면서 종료되었다. 이 시기에는 자본시장이 강세를 보이면서 기업들의 주가가 치솟았고 높아진 주가가 M&A를 견인했다. 미국 정부의 독점금지 정책이 다소 이완된 것도 M&A 시장 활성화에 기여했다. 종래에는 상상하기 어려웠던 초대형 기업들 간의 M&A가 속출했다. 씨티와 트래블러, 크라이슬러와 다임러, 엑슨과 모빌의 합병, 보다폰의 만네스만 적대적 인수가 그 예다. 사상 최대 M&A 10건 중 9건이 발생했다. 다수의 딜은 주식교환의 방식으로 집행되었다.

여섯 번째 주기는 2003년부터 본격화된 글로벌 M&A의 시기라고 일컬어진다. 2002년 1조2천억달러였던 M&A시장은 2006년에 3조4천억달러가 된다. 세계화 조류가 큰 요인이 되었고 프랑스, 러시아 등 일부 국가의 정부가 이른바 '내셔널 챔피언' 정책을 채택해 자국 기업 대형화를 견인했다. 2008년 글로벌 금융위기 이후부터 초저금리 시대가 계속되고 있기도 하다. 또 헤지펀드 행동주의와 사모펀드의 급성장도 M&A 증가에 기여했다. 특히 요즘은 다수의 딜이 사모펀드에 의한 딜이다.

지금이 여섯 번째 주기인지 아니면 다른 특징으로 규정지을 수 있는 일곱 번째 주기인지는 시간이 더 경과해야 분명해 질 것이다. 그러나 주기 이론은 현실적으로는 더 이상 큰 의미를 갖지 못한다. 경제와 자본시장의 상황에 따라 다소의 변동은 있을 수 있으나 M&A는 이제 모든 기업들의 성장전략으로 자리잡았고 무수히 많은 신생기업들이 그를 염두에 두고 창업되어 성장하고 있다. 특히 디지털 경제는 M&A를 종래와는 다른 양상과 집중도로 활성화 시키고 있다.

〈더벨, 2018. 12. 10, 김화진교수(서울대 법학대학원)〉

03 M&A의 평가

M&A는 본질적으로 투자결정문제와 연관이 있다. 따라서 M&A의 평가는 전형적으로 순현가법에 의해 이루어진다.[13] 예를 들어 기업 A가 기업 B의 인수를 고

13 M&A의 기본적 평가원칙을 무시한 기업인수로 인해 오히려 위험에 빠지게 되거나 커다란 후유증을 겪을 수 있으며, 이와 같은 상황을 '승자의 저주'(winner's curse)라 한다. 대우건설, 대한통운 등을

려하고 있다고 하자. 이 경우 인수기업 A가 인수대상기업 B를 M&A함으로써 얻을 수 있는 순현가(NPV)는 기업 B를 인수함으로써 얻을 수 있는 이득의 현재가치(시너지)에서 기업 B를 인수한 대가로 지불한 비용(프리미엄)을 차감하여 구할 수 있다. 이를 관계식으로 나타내면 식 (11−4)와 같다.

$$\begin{aligned} NPV &= \text{시너지} - \text{프리미엄} \\ &= [PV(\text{A}+\text{B}) - (PV(\text{A}) + PV(\text{B}))] \\ &\quad - [\text{기업 B의 매수가격} - PV(\text{B})] \end{aligned} \quad (11\text{-}4)$$

무리한 기업인수로 인해 어려움을 겪을 수도 있다.

또는 M&A에 따른 NPV는 합병으로 인한 인수기업의 증분가치로서 식 (11−5)와 같이 구할 수 있다.

$$\begin{aligned} NPV &= \text{합병 후 기업 A의 가치} - \text{합병 전 기업 A의 가치} \\ &= [PV(\text{A}+\text{B}) - \text{기업 B의 매수가격}] - PV(\text{A}) \end{aligned} \quad (11\text{-}5)$$

기업 B를 M&A하는 것에 대한 평가는 식 (11−4) 또는 식 (11−5)에 의해 계산된 NPV에 의해서 이루어진다. NPV가 양(+)의 값을 가지면 기업 A는 기업 B를 인수하여야 하고, NPV가 음(−)의 값을 가지면 기업 A는 기업 B를 인수하지 않아야 한다. 이와 같은 분석은 현금에 의한 M&A일 경우에는 비교적 단순하나, 보통주에 의한 M&A일 경우에는 복잡해진다.

현금에 의한 M&A 3.1

예를 들어 현재 기업 A와 기업 B의 가치가 각각 800억원, 100억원이며, 두 기업은 모두 부채 없이 자기자본에 의해 자본이 조달된다고 가정하자. 그리고 만약 기업 A가 이이잉여금(유보이익)을 이용하여 기업 B를 인수하는 경우 100억원의 시너지효과가 나타나서 합병 후 결합기업가치는 1,000억원이 된다. 기업 B의 이사회는 현금으로 140억원을 준다면 기업 B를 매각할 수 있다는 의사를 제시하였다. 이와 같은 경우 기업 A는 기업 B를 인수하여야 하는가?

기업 A가 기업 B를 인수하는 경우 얻을 수 있는 순현가는 식 (11−4) 또는 식

인수한 후 유동성 위기로 인해 재매각한 금호아시아나그룹은 '승자의 저주'의 대표적 사례다.

표 11-1
현금에 의한 M&A의 평가

구 분	합병 전		합병 후
	기업 A	기업 B	
시장가치	800억원	100억원	860억원
총발행주식수	200만주	50만주	200만주
주 가	40,000원	20,000원	43,000원

(11-5)에 의해 다음과 같이 구할 수 있다.

$$NPV = [PV(\text{A}+\text{B}) - (PV(\text{A}) + PV(\text{B}))] - [\text{기업 B의 매수가격} - PV(\text{B})]$$
$$= [1{,}000\text{억원} - (800\text{억원} + 100\text{억원})] - (140\text{억원} - 100\text{억원})$$
$$= 100\text{억원} - 40\text{억원} = 60\text{억원}$$

또는

$$NPV = \text{합병 후 기업 A의 가치} - \text{합병 전 기업 A의 가치}$$
$$= [PV(\text{A}+\text{B}) - \text{기업 B의 매수가격}] - PV(\text{A})$$
$$= (1{,}000\text{억원} - 140\text{억원}) - 800\text{억원}$$
$$= 860\text{억원} - 800\text{억원} = 60\text{억원}$$

기업 A가 기업 B를 인수하는 경우의 순현가는 60억원이므로 기업 A는 기업 B를 인수하여야 한다. 그리고 만약 기업 A의 총발행주식수가 200만주라고 한다면, 합병 전 기업 A의 주가는 40,000원(800억원/200만주)이나, 합병 후 기업 A의 주가는 43,000원(860억원/200만주)으로 상승하게 된다. 이와 같은 계산과정은 〈표 11-1〉에 나타나 있다.

3.2 보통주에 의한 M&A

이제 기업 A가 현금 대신 보통주를 발행하여 기업 B를 인수하는 경우를 생각해 보자. 예를 들어 기업 B의 총발행주식수는 50만주이며, 합병시 기업 A는 기업 B

표 11-2
보통주에 의한 M&A의 평가

구 분	합병 전		합병 후	
	기업 A	기업 B	(1) 보통주교환비율 (0.7 : 1)	(2) 보통주교환비율 (0.651 : 1)
시장가치	800억원	100억원	1,000억원	1,000억원
총발행주식수	200만주	50만주	235만주	232.558만주
주 가	40,000원	20,000원	42,553원	43,000원

의 주식 50만주에 대하여 자사주식 35만주를 교환해 준다고 하자. 즉 기업 A와 기업 B의 주식교환비율은 0.7:1이다. 합병 후 기업 A의 총발행주식수는 235만주(200만주+35만주)가 되므로, 기업 B 주주들의 합병 후 합병기업에 대한 지분비율은 약 14.89%(35만주/235만주)가 된다. 따라서 합병 후 기업 B 주주들의 지분가치는 148.9억원(1,000억원×0.1489)이 된다.[14] 즉 기업 B의 실제 매수가격은 148.9억원이다.[15] 이는 〈표 11-2〉의 (1)열에 나타나 있다.

기업 B를 현금매수가격 140억원과 동일한 가격으로 인수하기 위해서는 기업 A는 기업 B의 주주에게 몇 주를 발행해 주어야 하겠는가? 기업 B 주주들의 합병 후 합병기업에 대한 지분비율을 α라 하면, 합병 후 기업 B 주주들의 지분가치는 다음과 같다.

$$\text{합병 후 기업 B 주주들의 지분가치} = \alpha \times 1{,}000\text{억원}$$

여기서 합병 후 기업 B 주주들의 지분가치를 현금매수가격과 동일한 140억원으로 놓으면 α는 14%(140억원/1,000억원)가 된다. 이 경우 기업 B의 주주에게 발행해 주어야 할 주식수는 다음과 같이 계산할 수 있다.

14 흔히 합병 전 기업 A의 주가가 40,000원이므로 기업 B를 140억원(40,000원×35만주)에 매입한 것과 같다고 생각하기 쉽다. 그러나 합병 후 기업 A의 주가가 42,553원(1,000억원/235만주)으로 상승하므로 기업 B의 실제 매수가격은 현금매수가격 140억원보다 큰 148.9억원이 됨을 유의하여야 한다.

15 이 경우 M&A에 의한 순현가는 기업 B를 140억원에 현금매수할 때보다 다음과 같이 약간 감소한다.

$$\begin{aligned} NPV &= [PV(\mathrm{A+B}) - (PV(\mathrm{A}) + PV(\mathrm{B}))] - [\text{기업 B의 매수가격} - PV(\mathrm{B})] \\ &= [1{,}000\text{억원} - (800\text{억원} + 100\text{억원})] - (148.9\text{억원} - 100\text{억원}) \\ &= 100\text{억원} - 48.9\text{억원} = 51.1\text{억원} \end{aligned}$$

$$\alpha=\frac{\text{신주발행수}}{\text{구주식수}+\text{신주발행수}} \rightarrow 0.14=\frac{\text{신주발행수}}{200\text{만주}+\text{신주발행수}}$$

위의 식을 풀어 신주발행수, 즉 기업 B의 주주에게 발행해 주어야 할 주식수를 구하면 다음과 같다.

$$\text{신주발행수}=\frac{0.14\times 200\text{만주}}{1-0.14}=32.558\text{만주}$$

따라서 합병 후 총발행주식수는 232.558만주(200만주+32.558만주)가 된다. 기업 A의 주식 32.558만주가 기업 B의 주주에게 교부되므로, 이는 기업 B 주식 1주에 대해 기업 A 주식 0.651주를 교환해 주는 것이다. 즉 기업 A와 기업 B의 주식교환비율은 0.651 : 1이다. 이와 같이 기업 B의 이사회가 기업을 140억원에 매각하기로 하였다면, 주식의 공정교환비율은 0.651 : 1이 된다. 이 계산과정은 〈표 11-2〉의 (2)열에 나타나 있다.

M&A를 할 때 현금 또는 보통주 중 어느 방법에 의한 것이 더 유리한지는 다음과 같은 몇 가지 요인에 달려 있다.

첫째, 인수기업의 주식이 과대평가되어 있다면, 주식에 의한 방법이 현금에 의한 방법보다 비용이 더 저렴할 것이다.

둘째, 현금에 의한 인수는 과세대상이 되는 반면, 보통주에 의한 인수는 과세되지 않으므로 보통주에 의한 인수가 더 유리할 수 있다.

셋째, 현금에 의한 인수의 경우 인수대상기업의 주주들은 합병의 성과여부에 따라 영향을 받지 않는다. 그러나 보통주에 의한 인수의 경우 인수대상기업의 주주들은 합병으로 인한 이득 또는 손실을 같이 공유하게 된다. 따라서 인수기업의 입장에서는 합병의 성과가 좋게 나타날 가능성이 높을 경우에는 현금에 의한 인수가 유리하나, 합병의 성과가 나쁘게 나타날 가능성이 높을 경우에는 보통주에 의한 인수가 유리할 것이다.

뉴스 속 재무 혁신기업 합병 쉬워진다…M&A때 기업가치 산정 방식 자율로

성장동력을 확보하기 위한 기업합병(merger)이 쉬워진다. 그동안 한국 인수합병(merger and acquisitions : M&A) 시장에는 인수(acquisition)만 있고 합병은 없었다. 합병 기업의 '몸값' 산정방식을 법으로 정해놓은 영향이다. 정부는 이 같은 M&A 규제를 풀어 기업의 사업구조 재편과 신성장동력 확보를 적극 지원하기로 했다. 금융위원회는 거래 당사자가 합의를 통해 비계열사 간 합병가액을 결정할 수 있도록 연내 자본시장법 시행령을 개정하겠다고 2023년 5월 7일 발표했다. 금융위는 틀에 박힌 합병가액 산정 방식이 합병 거래를 위축시킨다는 지적을 받아들여 제도를 개선하기로 했다. 현행 자본시장법에서 상장법인은 기준 시점의 시가를 기준으로 10~30%를 할인 또는 할증해 합병가액을 산정하고, 비상장법인은 자산가치와 수익가치를 1 대 1.5로 가중 평균해 정해야 한다.

출처: 게티이미지뱅크

합병이 기형적으로 적은 이유

한국 M&A 시장에는 합병 사례가 기형적으로 적다. 2021년 기준 M&A 전체 거래 건수 기준으로 주식양수도(84.3%) 및 영업 양수도(13.8%)에 비해 합병은 1.9%에 불과하다. 합병은 인수와 달리 두 회사를 하나로 합치는 방식이다. 구글이나 페이스북 같은 글로벌 기업은 기술 기반의 동종업체를 합병하면서 회사를 키웠다. 기업 구조조정 과정에서도 주로 합병을 사용한다. 2002년 일본의 항공사 구조조정 과정에서 일본항공(JAL)과 일본에어시스템(JAS)은 합병을 택했다. 한국에서는 합병 목적으로 설립한 스팩(special purpose

기업결합 유형별 비중 (단위: %)

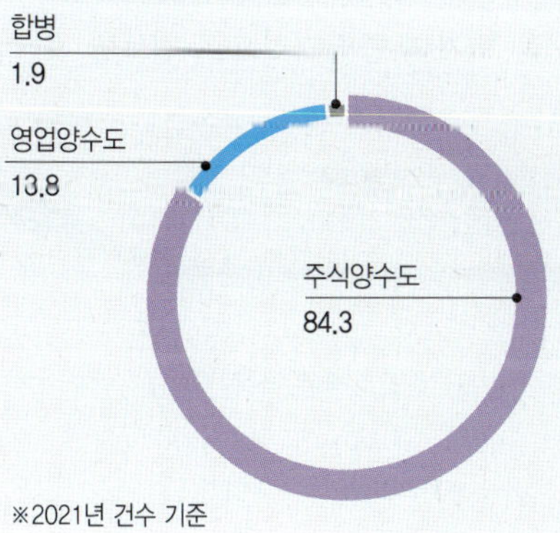

※2021년 건수 기준

바뀌는 M&A 관련제도

개정(안)	시기
비계열사간 합병 시 합병가액 산정 자율화	연내
합병 관련 공시항목 구체화	연내
계열사간 합병 시 제삼자 외부평가 의무화 검토	연내
의무공개매수 예외사유 인정	제도도입후
분할 · 분할합병 시 CB 등 전환처리 온라인으로 가능	올 상반기
종투사 M&A 리파이낸싱 대출을 추가신용공여 적용대상으로 인정	올 상반기

자료: 금융위원회

acquisition company : SPAC)을 제외하고는 사례를 찾기가 어렵다. 합병 당사자 간 이해관계를 반영하지 않은 획일화한 합병가액 산정 방법 때문이라는 게 전문가들의 설명이다. 미국과 유럽, 일본 등에서는 합병가액을 자유롭게 결정하도록 허용한다. 한 M&A 전문가는 "합병가액 산정이 자유로워지면 성장성이 높은 벤처기업의 합병이나 구조조정 과정에서 성장 활로를 찾는 데 큰 도움이 될 것"이라고 말했다.

성장기업 활로 뚫린다

한국에서 합병을 기피한 이유는 제대로 몸값을 평가받기 어렵기 때문이다. 대기업도 합병을 통해 잘나가는 스타트업을 '원팀'으로 흡수하려고 해도 양측이 만족하는 적정 가치를 반영할 수 없었다. 미국 등 글로벌 벤처캐피털은 기업공개(initial public offering : IPO)보다 M&A 방식으로 투자금을 회수하지만 한국에선 IPO에만 의존하는 배경이다. IPO 시장이 침체되면서 스타트업의 성장도 같이 막히자 합병 관련 규제를 풀어야 할 필요성이 높아졌다. 의무공개매수 제도를 도입하는 것도 시장에서 합병에 대한 관심이 늘어난 이유로 꼽는다. 내년부터 상장사의 경영권을 인수할 때 50%+1주를 의무적으로 사야 하는 의무공개매수 제도 도입이 공식화된다. 한 M&A 관계자는 "의무공개제도가 시행되면 인수비용 증가로 다른 거래 방법을 찾을 수밖에 없다"며 "자금 없이 신주 발행만으로 회사를 살 수 있는 합병도 각광받을 것"이라고 말했다. 합병이 증가하면 소액주주들이 대주주의 경영권 프리미엄을 공유할 수 있는 기회도 늘어날 것으로 관측된다. 합병은 100% 지분 거래가 동반되기 때문에 소액주주 역시 대주주와 동일하게 지분을 처분할 기회가 생기기 때문이다.

우회상장 부작용 우려도

비계열사 간 합병 규제를 풀어주면 부작용도 있을 수 있다. 황세운 자본시장연구원 연구위원은 "M&A를 활성화한다는 긍정적인 측면이 있는 반면 가격 평가가 합리적일 수 있느냐에 대해선 의문점이 남는다"며 "정부가 시행하기로 한 규제책이 부작용을 막을 수 있을지가 관건"이라고 말했다. 금융위는 합병가액 산정 부작용을 막기 위해 제3자 외부평가를 의무화하기로 했다. 합병 관련 공시 항목도 구체화한다. 합병 추진의 경위나 타당성, 합병비율에 대한 적정성 등에 대한 이사회 의견 등을 주요사항 보고서나 증권신고에서 반영해 공시하기로 했다.

상장법인과 비상장법인 합병 시 우회상장 기준도 강화한다. 무자본 M&A 세력들이 합병가액을 이용해 부당이득을 취하는 것을 막겠다는 취지다. 그간 코스닥시장에서의 간이합병은 우회상장 심사 대상에서 제외했지만 앞으로는 포함하기로 했다. 또 계열사 간 합병 규제 완화는 규제 완화 대상이 아니다. 금융위 관계자는 "계열사 간 합병의 경우 대주주 위주 의사결정 등으로 인한 일반주주 피해 우려가 있다"며 "비계열사 간 합병가액 산정 방법 자율화에 따른 시장 영향 등을 봐가며 중장기적으로 검토할 것"이라고 말했다.

〈한국경제, 2023. 5. 7 수정〉

재무 산책

M&A와 승자의 저주

금호아시아나가 2006년 M&A한 대우건설은 '승자의 저주'의 대표적인 사례로 꼽힌다. [사진=뉴시스]

'승자의 저주'는 경쟁에서는 이겼지만 이를 위해 과도한 비용을 치르면서 위험에 빠지는 상황을 일컫는 말이다. 이 표현은 1950년대 미국 텍사스의 해양 석유채굴권 경매가 과도하게 달아오르면서 낙찰가가 실제 가치보다 과도해 낙찰자가 큰 손해를 입은 사례에서 유래됐다. 1950년대 미국 석유 기업들은 멕시코만의 석유 시추권 공개입찰에 참여했으나 당시 석유매장량을 정확히 측정할 기술이 부족했던 탓에 적정 입찰가는 추측에 의존할 수밖에 없었다. 입찰자들은 제각기 석유 매장량을 추정해 입찰가격을 써냈지만 과도한 경쟁이 벌어졌다. 결국 2천만 달러를 제시한 기업이 시추권을 땄지만 실제 매장량의 가치는 1천만 달러에 불과했다. 1971년 석유회사에서 근무한 케이펜과 클랩, 캠벨 (Capen, Clapp, and Campbell)이 발표한 논문에 처음 등장한 개념으로, 2017년 노벨경제학상 수상자인 리처드 세일러(Richard H. Thaler)가 1992년 '승자의 저주'(The Winner's Curse)라는 책을 발간하면서 하나의 장을 할애해 자세한 내용을 설명했다.

기업인수·합병(M&A)은 '양날의 칼'과 같다. 성공적인 M&A는 경쟁자를 단숨에 압도하는 기회가 된다. 하지만 자칫 잘못하면 기업의 목을 조이는 올가미가 될 수 있다. '승자의 저주'라는 무서운 덫이 숨어 있어서다. 승자의 저주에 빠지는 이유는 크게 세 가지다. 첫째, 실제가치보다 터무니없이 높은 가격으로 기업을 인수한 경우다. 둘째는 기업이 감당할 수 있는 자금 조달 범위를 벗어난 무리한 인수에 나설 때다. 마지막은 기존의 사업과 전혀 다른 사업에 진출했다가 낭패를 보는 경우다. 그중 첫째와 둘째 이유가 합쳐져 '승자의 저주'에 휩싸이는 경우가 가장 흔하다.

국내에서는 2000년대 금호아시아나 그룹이 벌였던 공격적인 인수합병 사례가 승자의 저주 사례로 자주 언급된다. 금호아시아나 그룹은 2006년에 대우건설, 2008년에 대한통운을 인수합병하며 재계 7위로 올라섰으나 2008년 미국발 금융위기에서 시작된 유동성 위기로 재무구조가 나빠지며 그룹 전체가 흔들렸다. 당시 금호아시아나그룹은 인수했던 대우건설, 대한통운은 물론 금호렌터카, 금호고속 등 다른 계열사들까지 매물로 내놓아야 했다. 그리고 2019년 말 그룹의 가장 중요한 기업인 금호아시아나마저 매물로 내놓아 경쟁상대인 대한항공에 의해 인수되었다.

〈매일신문, 2019. 4. 4 수정〉

04 M&A의 방어전략

인수기업과 인수대상기업의 경영자 사이에서 합의가 이루어지지 않는 적대적 M&A가 시도될 경우 인수대상기업의 저항을 받게 된다. 일반적으로 적대적 M&A에 대한 저항은 경영자의 입장을 공시 또는 우편 등을 통하여 주주들에게 전달하는 것으로 시작되며, 궁극적으로 가능한 법적인 행동을 취하도록 유도하거나 경쟁적인 입찰에 의한 주식매도를 권유하게 된다.

기업인수를 저지하려는 경영자의 행동이 인수기업 또는 다른 기업으로부터 높은 프리미엄을 얻어낼 수 있는 경우 인수대상기업의 주주들에게 유리할 수 있다. 그러나 인수대상기업의 경영자는 주주의 이익에 관계없이 단순히 자신의 직위를 유지하기 위해서 M&A에 저항할지도 모른다.

일반적으로 인수기업측에서는 공개매수 또는 위임장투쟁 등을 통해 적대적 M&A를 시도한다. 이에 대해 인수대상기업의 경영자가 취할 수 있는 전략은 매우 다양하나 여기서는 일반적으로 알려진 몇 가지 방어전략을 소개하기로 한다.

4.1 정관수정

초다수결수정
주주총회에서 80% 이상의 찬성을 얻어야 합병이 가능하도록 정관을 수정함으로써 적대적 M&A를 어렵게 하는 것을 의미한다.

정관을 수정하여 적대적 M&A를 어렵게 만들 수 있다. 예를 들어 일반적으로 주주총회에서 합병이 승인되기 위해서는 주주들로부터 2/3 이상의 찬성을 얻도록 되어 있는데, 이를 상향조정하여 80% 이상의 찬성을 얻어야 합병이 가능하도록 정관을 수정함으로써 적대적 M&A를 어렵게 할 수 있다. 이와 같은 정관수정을 **초다수결수정**(super-majority amendment)이라 한다. 또 다른 방법으로 신속하게 신규이사를 선출하는 것이 어렵도록 이사의 선출시기를 지연시킬 수도 있다.[16]

4.2 재매입정지협정

재매입정지협정
적대적 인수를 시도할 것으로 예상되는 특정 주주와 앞으로 일정기간 동안 자사주를 매입하지 않도록 약정을 맺는 것을 의미한다.

재매입정지협정(repurchase standstill agreement)은 적대적 인수를 시도할 것으로

16 이에 대한 구체적인 전략으로 이사들의 임기만료 시점을 다르게 하는 것이다. 이 경우 인수자는 빠른 시일 내에 인수대상기업의 경영진을 자신이 원하는 경영진으로 모두 교체하기 어렵게 된다. 따라서 인수자가 실질적으로 기업의 지배권을 행사하는 데는 상당한 시일이 걸린다.

예상되는 특정주주와 앞으로 일정기간 동안 자사주를 매입하지 않도록 약정을 맺는 것을 의미한다. 이를 통해 인수대상기업은 적대적 인수가 시도되지 않음을 보장받을 수 있지만, 그 대가로 시가에 프리미엄이 더해진 높은 가격을 지불하여 특정주주가 그동안 매집한 주식을 매입하여야 한다. 이와 같이 목표기업의 주식을 매집한 후, 그 기업으로 하여금 프리미엄가격에 그 주식을 되사게 만들어 이익을 얻는 것을 **그린메일**(greenmail)이라 한다.[17]

> **그린메일**
> 목표기업의 주식을 매집한 후, 그 기업으로 하여금 프리미엄가격에 그 주식을 되사게 만들어 이익을 얻는 것을 말한다.

비공개기업화와 차입매수 4.3

비공개기업화는 일부 주주가 상장주식의 대부분을 매입함으로써 사실상의 개인기업으로 만들고, 그 결과 상장이 폐지되어 비공개기업으로 전락시키는 것을 의미한다. 비공개기업이 되면 우호적인 경우 외에는 M&A가 원칙적으로 일어날 수 없게 된다. 이와 같은 비공개기업화는 대개의 경우 회사자산을 담보로 채권을 발행하여 조달한 자금에 의해 주식을 인수하는 차입매수(LBO)가 사용된다. LBO로 인하여 기업가치가 증가할 수 있는데, 그 이유는 다음의 두 가지로 요약될 수 있다. 첫째, 추가적인 부채사용으로 인한 세금절감효과에 의해 기업가치가 증가한다. 둘째, 일반적으로 경영자가 대부분의 지분을 인수하여 소유자가 되므로 보다 효율적인 경영활동에 대한 인센티브를 가져 열심히 일하려 할 것이다. 이로 인해 기업의 가치가 증가한다.

> **황금낙하산**
> 기업이 매수되어 경영자가 해임될 경우에 그에게 거액의 퇴직금 또는 일정기간의 보수를 지급해야 한다는 내용을 고용계약에 규정하여 M&A에 대한 시도를 어렵게 하는 것을 의미한다.

기타 방어전략 4.4

황금낙하산

황금낙하산(golden parachute)은 기업이 매수되어 경영자가 해임될 경우 그에게 거액의 퇴직금 또는 일정기간의 보수를 지급해야 한다는 내용을 고용계약에 규정하는 것을 의미한다. 이는 직접적으로 경영자의 신분을 보장하는 동시에 매수비용을 상승시키는 원인이 되기 때문에 M&A의 시도를 어렵게 한다. 또한 합병시 인수대상기업의 경영자에게 지급되는 보상금은, 경영자가 인수기업의 매수제의를 고려할 때

17 그린메일은 공갈(blackmail)을 풍자한 것으로 그린은 초록색의 달러지폐를 의미한다.

자신의 이익보다는 주주의 부에 보다 더 관심을 가지고 협상에 임할 수 있도록 하는 보상으로 볼 수 있다.

왕관보석

왕관보석
인수대상기업이 가지고 있는 가장 중요한 자산을 의미하는 것으로, 기업이 M&A될 위험에 처할 때 이를 사전에 매각함으로써 타기업에 의한 적대적 M&A의 시도를 와해시킬 수 있다.

왕관보석(crown jewel)은 인수대상기업이 가지고 있는 가장 중요한 자산을 의미하는 것으로, 기업이 M&A될 위험에 처할 때 이를 사전에 매각함으로써 타기업에 의한 적대적 M&A의 시도를 와해시킬 수 있다. 이는 기업을 빈껍데기로 만들어 적대적 M&A에 대응하는 전략으로 초토화전략(scorched earth strategy)이라고도 한다.

독 약

독 약
독약이라고 불리는 증권(신주인수권 또는 전환사채 등 특수한 권리가 부여된 증권)을 보통주주에게 배당의 형태로 나누어줌으로써 인수기업에 큰 손실을 입히는 전략을 의미한다.

독약(poison pill)은 적대적 M&A의 시도에 대한 가장 강력한 방어전략의 하나로 이 전략을 취하는 기업은 독약이라고 불리는 증권(신주인수권 또는 전환사채 등 특수한 권리가 부여된 증권)을 보통주주에게 배당의 형태로 나누어준다. 그 증권은 합병시 자기회사 또는 합병회사의 주식을 극히 낮은 가격으로 인수할 수 있는 권리를 나타낸 것으로 인수기업에 큰 손실을 입히게 된다.

황금주

황금주
정부 등이 M&A 거부권을 행사할 수 있는 특별주식을 의미한다.

황금주(golden share)는 정부 등이 M&A 거부권을 행사할 수 있는 특별주식을 의미한다. 1984년 영국의 통신사업자 브리티시텔레콤(British Telecom)을 민영화할 때, 영국정부가 처음으로 채택했다. 이는 공공성이 강하고 네트워크로 연결된 거대한 독점기업을 민영화하면서 민영화 독점으로 인한 소비자 피해와 공익의 손실이 우려되지만, 그러한 우려만으로 민영화를 중단할 수 없다는 대처리즘의 산물이다. 이후 유럽 전역에서 황금주를 도입하였다.

차등의결권주

차등의결권주
차등의결권주는 적대적 M&A에 대한 기업의 경영권 방어수단 가운데 하나로서 최대주주나 경영진이 실제 보유한 지분보다 많은 의결권을 행사할 수 있도록 하는 것을 의미한다.

차등의결권주(dual class stock)는 적대적 M&A에 대한 기업의 경영권 방어수단 가운데 하나로 최대주주나 경영진이 실제 보유한 지분보다 많은 의결권을 행사할 수 있도록 하는 것을 의미하며 복수의결권주라고도 한다. 이 제도는 적은 지분으로 적대적 M&A로부터 경영권을 방어하는 효과가 있지만, 적대적 M&A와 무관한 상황에서는 의사결정이 왜곡될 수 있다는 단점이 있다. 이 제도가 도입되면 한 주만으로도 주주총회 의결사항에 대해 절대적 거부권을 행사할 수 있는 황금주 등을 발행할 수 있다. 미국과 유럽 등지에서 도입하고 있지만, 현재 한국은 '1주 1의결권'의 상법 규정에 따라 허용되지 않고 있다.

백기사

적대적 M&A의 대상이 된 기업이 적당한 방어수단이 없을 경우 우호적인 제3의 매수희망기업을 찾아서 매수결정에 필요한 정보 등을 제공해 주고 매수오퍼를 내도록 하는데, 이때 인수대상기업의 경영자에게 우호적인 제3자 매수측을 **백기사**(white knight)라고 한다.[18]

백기사
인수대상기업의 경영자에게 우호적인 제3자 매수측을 의미한다.

역공개매수

역공개매수(counter tender offer)는 적대적 인수기업이 공개매수를 해 올 때 여기에 맞서 인수대상기업이 오히려 적대적 인수기업의 주식을 매수함으로써 정면 대결을 하는 적대적 M&A 방어전략이다. 팩맨방어(pac man defense)라고도 하는데, 이것은 두 편이 서로 잡아먹기 시합을 벌이는 일본 비디오 전자게임에서 나온 용어이다. 역공개매수는 두 회사가 상호 10% 이상의 주식을 보유하는 경우 상호 보유한 주식의 의결권이 제한되는 상법 규정을 이용한 방어수단으로, 즉 M&A를 시도하는 회사가 상장법인 등일 경우 상대 회사의 주식을 10% 이상 매집함으로써 상호 의결권을 행사할 수 없게 하는 것이다. 이를 통해 인수대상기업은 매수 희망기업이 자사에 대한 적대적 M&A를 포기하도록 유도하게 된다. 그러나 이 전략은 양 기업의 전면전 성격을 띠므로 상호간에 깊은 상처를 입을 수밖에 없다.

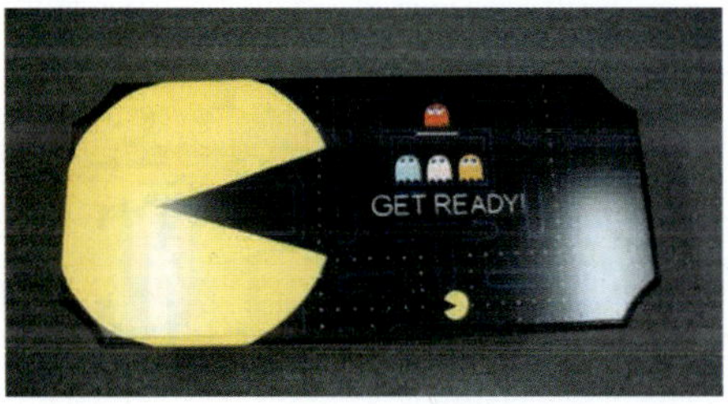

역공개매수
적대적 인수기업이 공개매수를 해 올 때 여기에 맞서 인수대상기업이 오히려 적대적 인수기업의 주식을 매수함으로써 정면 대결을 하는 적대적 M&A 방어전략이다.

18 경영권 인수에 관심을 가지고 대규모의 주식을 매수하는 백기사와 달리 경영권에 관심이 없고 투자 목적으로 소규모의 주식을 매수하는 우호세력을 백지주(white squire)라 한다.

재무 산책

알고 보면 더 재미진 경영권 방어수단

최근 현대차 지배구조 개편안이 무산되었다. 그 뒤에는 엘리엇 매니지먼트 등 주주들의 반대가 있었는데, 이른바 주주행동주의 펀드의 위력을 다시 한 번 실감한 사례였다. 현대차의 지배구조 개편은 오랫동안 이어진 순환출자 해소와 정의선 부회장의 후계승계 완성을 위한 초석이 될 것으로 여겨졌던 만큼 아쉬움을 남겼다. 그렇다고 엘리엇 매니지먼트가 반대한 이유 또한 분명하다는 측면에서 주주 행동주의 펀드를 마냥 탓할 순 없다. 다만 최근 2,000여 개 상장회사를 대표하는 한국상장회사협의회와 코스닥협회는 주주행동주의 펀드의 과도한 경영 간섭 가능성에 우려를 표시하고 경영권 방어제도 도입 촉구를 위한 호소문을 발표했다. 기업들이 지배구조를 개선하는 과정에서 일부 행동주의 펀드의 경영 간섭과 경영권 위협이 반복되고 있는 만큼 주요 선진국 수준의 경영권 방어수단 도입이 시급하다는 것이 요지이다. 이들은 '차등의결권 주식'과 '포이즌 필(poison pill)'처럼 세계 주요국에서 이미 보편화된 경영권 방어수단을 도입해야 한다고 했다.

가장 일반적인 경영권 방어수단은 자기주식 취득이다. 말 그대로 자기주식 보유 비율을 늘려 경영권 행사력을 높이는 것이다. 자사주 취득의 경우 자본의 공동화나 불공정 거래 가능성 측면에서 상법상 금지되지만 자본시장법상 상장법인에 대해서는 배당가능이익 범위 내에서 장내매수나 공개매수 등의 형태로 가능하다. 대신 시장 왜곡을 방지하기 위해 시기나 수량 등 방법이 제한되어 있다. 적대적 인수합병(M&A)을 방어하는 대표적인 전략은 황금낙하산(golden parachute)이며, 이는 과거 M&A가 활발했던 1980년

대 미국 월가에서 나온 말이다. 인수대상기업의 최고경영자(CEO)에게 일정 기간 스톡옵션이나 보너스 등을 두둑이 줘서 기업의 안정성을 추구하고 M&A 비용을 높여 인수가 어렵게 만드는 방법이다. 다만 무능한 경영진이라면 오히려 무임승차 기회가 될 수 있으니 잘 사용해야 한다. 경영자가 아닌 일반 직원에게 많은 퇴직금을 지급하는 규정 등으로 M&A 의욕을 떨어뜨리는 주석 낙하산(tin parachute)도 있다. 시차임기제란 경영권 방어수단은 매년 전체 이사 중 일부만 선임하게 해서 이사 전체가 교체되는 시점을 지연시키는 제도인데, 이사들의 임기가 분산되면 M&A를 하려는 입장에서는 경영권을 장악하는 시간이 오래 걸릴 수밖에 없다. 다만 부작용도 있다. 소액주주 입장에서는 2명 이상의 이사 선임을 목적으로 열리는 집중투표제를 통해 사외이사를 바꿀 수 있는데, 시차임기제로 교체되는 사외이사 숫자가 1명으로 제한되면 집중투표제 효력을 기대하기 어려울 수 있다.

여기까지는 미국, 일본, 프랑스 등 선진국과 함께 국내에서도 이미 도입돼 있는 경영권 방어 수단이고, 초다수결의제, 차등의결권주식, 포이즌 필 등은 아직 도입되지 않은 경영권 방어수단이다. 초다수의결제는

주요 국가의 경영권 방어수단 도입 현황

구분	한국	미국	일본	영국	프랑스
자기주식 취득(stock repurchase)	O	O	O	O	O
황금낙하산(golden parachute)	O	O	O	O	O
시차임기제(staggered board)	O	O	O	×	O
초다수결의제(supermajority voting)	×	O	O	×	O
차등의결권주식(dual-class share)	×	O	O	O	O
포이즌필(poison pill)	×	O	O	×	O

일부 안건에 대해 주총 통과 여건을 강화시킨 제도를 말한다. 정관 변경이나 이사 및 감사 해임, 회사 해산 같은 특별 안건의 경우 주총 통과 요건을 훨씬 더 어렵게 만들어놓는 것이다. 차등의결권주식은 말 그대로 주식의 의결권을 차등화하는 것으로 일반 주식보다 의결권이 몇 배 높은 주식을 발행해서 경영권을 지키도록 한다. 국내는 허용되지 않고 있지만 미국에서는 구글이 2004년 상장 당시 창업주들에게 보통주보다 의결권이 10배나 많은 주식을 발행해 경영권을 강화한 사례가 있다. 미국 포드사도 대주주는 3.7%의 지분으로 40%의 의결권을 갖고 있다고 한다. 포이즌필은 적대적 M&A 시도가 활발했던 1980~1990년대에 나온 말이다. 기존 주주들에게 시가보다 싼 가격에 지분을 살 수 있도록 미리 권리를 부여해서 M&A를 시도하려고 할 때 지분 확보를 어렵게 만드는 것이다. M&A를 시도하려는 사람 입장에서는 이름처럼 '독약'을 삼키게 되는 것이다.

기업 입장에서는 가능한 다양한 방법으로 경영권을 방어하고 싶은 것이 당연지사다. 실제로 국내에서는 이런 경영권 방어장치 도입 논의가 활발히 이뤄지고 있는 중이다. 다만 국내의 경우 적대적 M&A가 빈번한 외국과는 상황이 분명 다르며, 역으로 소액주주의 권리를 침해하면서 시대 흐름에 역행할 수 있다는 지적도 나오고 있는 만큼 도입 전까지 신중하고 꼼꼼한 검토 작업이 필요하다.

〈비즈니스워치, 2018. 5. 27 수정〉

주요 용어

- **기업의 합병과 매수(mergers and acquisitions: M&A)**

  한 기업이 다른 기업을 합병(merger)하거나 매수(acquisition)하는 것으로서, 일반적으로 신규사업의 진출이나 기업확장의 수단으로 이용된다.

- **흡수합병(merger)**

  한 기업(합병회사)이 다른 기업(피합병회사)을 흡수하여 결합하는 것으로서 합병회사가 피합병회사의 모든 자산과 채무를 인수하여 피합병회사가 없어지고 하나의 회사로 결합된다.

- **신설합병(consolidation)**

  다수의 기업들이 새로운 하나의 기업으로 결합되는 것으로서 결합되는 기업은 모두 해산되고 새로운 하나의 기업이 설립되어 이 신설기업에게 해산된 기업들의 모든 자산과 부채가 승계된다.

- **주식매수(acquisition of stock)**

  인수기업이 현금, 주식, 다른 증권 등을 이용하여 인수대상기업의 의결권주식을 매입함으로써 인수대상기업의 지배권을 획득하는 것을 의미한다.

- **공개매수(tender offer or takeover bid: TOB)**

  단기간에 의도한 가격으로 인수대상기업의 주식을 주주들로부터 공개적으로 매입하는 행위이다.

- **자산매수(acquisition of assets)**

  인수기업이 인수대상기업의 경영지배권을 획득하기 위하여 인수대상기업의 전부 또는 일부 주요 자산(영업)을 매입하는 것을 말한다.

- **위임장투쟁(proxy contest)**

  일부의 주주집단이 주로 자기가 지지하는 이사를 선임하여 기업의 지배권을 획득하기 위한 것으로서 다른 주주들로부터 의결권을 위임받아 주주총회에서 선임권을 대리행사하는 것을 의미한다.

- **비공개기업화(going private)**

  일부 주주가 상장된 주식의 대부분을 매입함으로써 사실상의 개인기업으로 만들고, 그 결과 상장이 폐지되어 비공개기업으로 전락시키는 것을 의미한다.

- **차입매수(leveraged buyout: LBO)**

  회사자산을 담보로 채권을 발행하여 조달한 자금에 의해 주식을 인수하는 것으로서 이때 발행되는 채권은 위험도가 아주 높은 저등급사채로 정크본드(junk bond)라 한다.

- **시너지효과(synergy effect)**

  두 기업이 하나의 기업으로 합병되는 경우 합병 이후의 기업가치가 합병 이전 개별기업가치의 합계보다 더 커지는 효과로서 상승효과라고도 한다.

- **M&A의 평가**

$$NPV = \text{시너지} - \text{프리미엄}$$

- **초다수결수정(super-majority amendment)**

주주총회에서 80% 이상의 찬성을 얻어야 합병이 가능하도록 정관을 수정함으로써 적대적 M&A를 어렵게 하는 것을 의미한다.

- **재매입정지협정(repurchase standstill agreement)**

적대적 인수를 시도할 것으로 예상되는 특정주주와 앞으로 일정기간 동안 자사주를 매입하지 않도록 약정을 맺는 것을 의미한다.

- **그린메일(greenmail)**

목표기업의 주식을 매집한 후, 그 기업으로 하여금 프리미엄가격에 그 주식을 되사게 만들어 이익을 얻는 것을 말한다

- **황금낙하산(golden parachute)**

기업이 매수되어 경영자가 해임될 경우에 그에게 거액의 퇴직금 또는 일정기간의 보수를 지급해야 한다는 내용을 고용계약에 규정하여 M&A에 대한 시도를 어렵게 하는 것을 의미한다.

- **왕관보석(crown jewel)**

인수대상기업이 가지고 있는 가장 중요한 자산을 의미하는 것으로, 기업이 M&A될 위험에 처할 때 이를 사전에 매각함으로써 타기업에 의한 적대적 M&A의 시도를 와해시킬 수 있다.

- **독약(poison pill)**

적대적 M&A의 시도에 대한 가장 강력한 방어전략의 하나로 이 전략을 취하는 기업은 독약이라고 불리는 증권(신주인수권 또는 전환사채 등 특수한 권리가 부여된 증권)을 보통주주에게 배당의 형태로 나누어줌으로써 인수기업에 큰 손실을 입히게 된다.

- **황금주(golden share)**

정부 등이 M&A 거부권을 행사할 수 있는 특별주식을 의미한다.

- **차등의결권주(dual class stock)**

적대적 M&A에 대한 기업의 경영권 방어수단 가운데 하나로서 최대주주나 경영진이 실제 보유한 지분보다 많은 의결권을 행사할 수 있도록 하는 것을 의미한다.

- **백기사(white knight)**

인수대상기업의 경영자에게 우호적인 제3자 매수측을 의미한다.

- **역공개매수(counter tender offer)**

적대적 인수기업이 공개매수를 해 올 때 여기에 맞서 인수대상기업이 오히려 적대적 인수기업의 주식을 매수함으로써 정면 대결을 하는 적대적 M&A 방어전략이다.

연습 문제

Ⅰ. 완성/선택형 문제

01 M&A의 기본적인 평가원칙은 인수기업의 주주에게 (   )의 순현가(NPV)를 가져다 주는 인수대상기업을 인수하여야 한다는 것이다.

02 합병은 동종기업간에 이루어지는 (   ), 생산 및 유통과정의 수직적 흐름에 있어서 인접한 단계에 있는 기업간에 이루어지는 (   ), 수평적 또는 수직적 관계가 없는 이종기업간에 이루어지는 (   ) 등으로 나눌 수 있다.

03 차입매수(LBO)가 현재의 경영자에 의해 주도될 때 이를 (   )라고 한다.

04 M&A에 의한 시너지효과는 (   ), (   ), (   ) 등을 통하여 합병으로 인한 증분현금흐름을 증가시키든가 또는 (   )을 감소시킴으로써 증대된다.

05 M&A에 대한 다음의 설명 중 잘못된 것은?

① M&A는 불확실성하에서 이루어진 투자결정이라 할 수 있다.
② M&A로부터 얻을 수 있는 이득을 시너지라 하며, 이를 정확히 추정하기는 어렵다.
③ M&A에 의해 복잡한 회계, 세무, 법적인 효과가 발생한다.
④ M&A는 주주들이 기업에 대해 취할 수 있는 주요한 통제수단이다.
⑤ M&A분석은 주로 기업가치에 초점을 맞추어 이루어지며, M&A는 주식과 부채의 상대적 가치에 영향을 미치지 않는다.

06 다음 중 M&A에 의한 시너지효과의 원천으로 적절치 못한 것은?

① 전략적 이득　　② 규모의 경제
③ 자원의 상호보완　　④ 분산효과로 인한 자본비용의 감소
⑤ 부채수용능력의 향상

07 A사는 B사와의 인수합병을 추진중이며, 두 회사의 현재 재무자료는 다음의 표와 같다. 피인수기업인 B사의 현재 이익성장률 및 배당성장률은 매년 5%로 일정하나, 합병의 효과로 인해 추가적인 자본투자 없이 합병 후 배당성장률은 매년 7%로 높아질 것으로 기대된다. A사가 B사의 주식에 대해 주당 1,350원을 지급한다면 A사가 합병으로부터 얻을 수 있는 순현가(NPV)와 가장 가까운 것은? (CPA 1차 2011)

	A사	B사
발행주식수	1,000주	650주
순 이 익	150,000원	58,500원
배 당 금	50,000원	29,250원
주 가	1,500원	900원

① 85,475원 ② 87,922원 ③ 90,659원
④ 92,022원 ⑤ 94,659원

08 M&A의 방어전략에 대한 다음의 설명 중 거리가 먼 것은?

① 정관을 수정하여 적대적 M&A를 어렵게 만들 수 있다.
② 차입매수(LBO)에 의해 세금 및 대리인비용을 감소시킬 수 있기 때문에 이는 기업가치를 증가시키기 위해 사용되나, M&A와는 무관하다.
③ 기업의 중요한 자산, 즉 왕관보석을 매각함으로써 적대적 M&A에 대응하는 전략을 초토화전략이라 한다.
④ 독약이라 불리는 증권은 합병시 자기회사 또는 합병회사의 주식을 극히 낮은 가격으로 인수할 수 있는 권리를 나타낸 것으로 인수기업에 큰 손실을 입힌다.
⑤ 적대적 M&A의 대상이 된 기업이 적당한 방어수단이 없을 경우 사용할 수 있는 것이 백기사이다.

09 기업의 합병과 매수(M&A)에 관한 다음 서술 중 가장 타당하지 않은 것은? (CPA 1차 2001)

① 적대적 M&A의 경우 피인수기업 주주는 손실을 본다.
② 보유지분이 불충분하더라도 백지위임장투쟁(proxy fight)을 통해 경영권을 획득할 수 있다.
③ 공개매수제의(tender offer)시 피인수기업 주주들의 무임승차현상(free riding)은 기업매수를 어렵게 한다.

④ M&A 시장의 활성화는 주주와 경영자간 대리인문제를 완화시키는 역할을 한다.
⑤ 우리사주조합의 지분율을 높이는 것은 M&A 방어를 위한 수단이 된다.

10 목표기업의 주식을 매집한 후, 그 기업으로 하여금 프리미엄가격에 그 주식을 되사게 만들어 이익을 얻는 것은?

① 황금낙하산(golden parachute)
② 초다수결수정(super-majority amendment)
③ 그린메일(greenmail)
④ 왕관보석(crown jewel)
⑤ 독약(poison pill)

11 적대적 M&A에 대응하기 위하여 기존 보통주 1주에 대해 저렴한 가격으로 한 개 또는 다수의 신주를 매입하거나 전환할 수 있는 권리를 부여하는 방어적 수단은? (CPA 1차 2008)

① 독약조항(poison pill) ② 역매수전략 ③ 황금주
④ 그린메일(greenmail) ⑤ 백지주 옵션

12 동해기업이 남해기업을 흡수합병하려고 한다. 두 기업은 모두 100% 자기자본으로만 구성되어 있는 기업이며 합병 전 재무자료는 다음과 같다.

	동해기업	남해기업
1주당 주가	10,000원	8,000원
발행주식수	50만주	35만주

합병 후의 기업가치는 100억원으로 예상된다. 만약 동해기업이 남해기업 주주에게 45억원의 현금을 지불하고 합병한다면, 동해기업 입장에서 합병의 순현가(NPV)는 얼마인가? (CPA 1차 2013)

① 5.0억원 ② 7.0억원 ③ 9.2억원
④ 12.1억원 ⑤ 13.2억원

13 A기업은 신주를 발행해서 주식교환방식으로 B기업을 합병할 예정이다. 다음은 두 기업의 합병 전 자료이다.

구분	A기업	B기업
주당순이익	2,500원	2,000원
주가수익비율(PER)	20	15
총발행주식수	10,000주	10,000주

합병 후 합병기업의 당기순이익은 합병 전 두 기업의 당기순이익의 합과 같으며, 합병 후 PER은 20으로 예상된다. 주가 기준으로 주식교환비율이 결정된다면 B기업 주주가 수용할 수 있는 최소 주식교환비율에 가장 가까운 것은? (CPA 1차 2022)

① 0.50 ② 0.45 ③ 0.40
④ 0.35 ⑤ 0.30

14 M&A 시장에 관한 다음 설명 중 가장 적절하지 않은 것은? (CPA 1차 2023)

① 인수대상기업의 주식을 내량 매입하기 이전에 일부의 주식을 매입하는 것을 발판매입(toehold acquisitions)이라고 한다.

② 수기업 입장에서 합병의 성과가 좋게 나타날 가능성이 높을 경우 현금에 의한 인수가 보통주에 의한 인수보다 유리하다.

③ 공개매수(tender offer) 시 피인수기업 주주들의 무임승차문제(free riding problem)가 발생할 수 있다.

④ 적대적 M&A는 지분의 대리인문제를 완화시키는 수단으로 사용될 수 있다.

⑤ 인수를 시도하는 투자자들로부터 프리미엄이 붙은 높은 가격으로 자사주식을 재매입하는 것을 LBO(leveraged buyout)라고 한다.

15 적대적 M&A 위협에 대한 방어 전략에 포함될 수 있는 적절한 항목은 모두 몇 개인가? (CPA 1차 2016)

a. 독약 조항(poison pill)
b. 이사진의 임기분산
c. 황금 낙하산(golden parachute)
d. 초다수결조항
e. 백기사(white knight)

① 1개 ② 2개 ③ 3개
④ 4개 ⑤ 5개

Ⅱ. 서술/계산형 문제

01 M&A로 인한 시너지의 원천을 설명하라.

02 최근에 발생된 M&A 사례를 조사해 보고, 이를 바탕으로 M&A의 효과에 대해서 논하라.

03 **| 합병과 EPS |**

홍성산업(주)은 통신산업에 진출하기 위하여 소리통신(주)의 인수를 고려하고 있으며, 두 회사에 관한 정보는 다음과 같다.

구 분	홍성산업(주)	소리통신(주)
주 가	30,000원	12,000원
주당순이익(EPS)	2,000원	1,000원
총발행주식수	100만주	50만주

홍성산업(주)이 주식의 시장가치를 기준으로 주식을 교부하여 소리통신(주)을 인수한다면, 합병 후 EPS는 얼마인가? 또한 EPS의 변화가 합병 후 홍성산업(주)의 기존 주주들에게 미치는 영향을 설명하라.

04 **| 현금에 의한 M&A |**

청산실업(주)은 현재 녹수전자(주)의 인수를 고려하고 있다. 녹수전자(주)를 합병할 경우 청산실업(주)은 매년 말 다음과 같은 추가적인 현금흐름을 얻을 수 있을 것으로 예상하고 있다.

시 점	현금흐름
1년도 말	1,500만원
2년도 말	2,000만원
3년도 말	2,000만원
4년도 말 이후	매년 4%의 성장률

현재 녹수전자(주)의 베타는 1.2이고, 부채시장가치는 1억5,000만원이다. 그리고 무위험이자율은 6%, 시장수익률은 10%라 할 때 다음의 물음에 답하라.

(1) 청산실업(주)이 녹수전자(주)의 주주들에게 지불할 수 있는 최대금액은?

(2) 만약 녹수전자(주)의 총주식가치가 1억원이고 이 회사의 주주들이 인수시 20%의 프리미엄을 추가로 요구한다면, 이 회사를 인수하여야 하는가?

05 | 보통주에 의한 M&A | (CPA 1차 2008)

시장가치가 27억원인 A기업은 시장가치가 8억원인 B기업을 인수하려 한다. A기업의 현재 주가는 9,000원이며 B기업의 현재 주가는 4,000원이다. A기업이 추정하는 합병의 시너지(synergy)효과는 5억원이며, 인수프리미엄은 2억원이다. A기업이 신주를 발행해서 B기업의 주식과 교환하는 방식으로 B기업을 인수하고자 할 경우, 몇 주를 발행해야 하는가?

06 | 주식교환비율 | (CPA 1차 2010)

기업 A는 기업 B를 주식교환방식으로 흡수합병하고자 하며 주주는 주당순이익(EPS)에 근거하여 의사결정을 행한다. 다음 자료에 근거하여 물음에 답하라.

구 분	기업 A	기업 B
당기순이익	30억원	5억원
주 식 수	1,000,000주	500,000주

규모의 경제로 인한 시너지효과로 합병 후 당기순이익이 합병 전 두 기업의 당기순이익의 합보다 10억원이 증가할 때, 기업 A 주주 입장에서 최대교환비율은 얼마인가? (단, 교환비율은 기업 B 주식 1주당 교환되는 기업 A의 주식수이다.)

07 | 주식교환비율과 합병 후 EPS | (CPA 1차 2019)

X기업은 신주를 발행하여 Y기업의 주식과 교환하는 방식으로 Y기업을 흡수합병하고자 한다. 두 기업의 합병 전 재무자료는 다음 표와 같다. 주식교환비율이 합병 전 주가를 기준으로 정해질 경우, 합병 후 주당순이익(EPS)은? 단, 합병에 의한 시너지 효과는 없다.

	X기업	Y기업
주 가	20,000원	8,000원
EPS	2,000원	1,000원
발행주식수	3,000,000주	1,200,000주

08 | 주식교환비율과 합병 후 PER | (CPA 1차 2023)

㈜알파는 ㈜감마를 주식교환방식으로 흡수합병하고자 하며, 두 기업의 합병 전 재무자료는 다음과 같다.

항목	㈜알파	㈜감마
주당순이익	1,000원	400원
발행주식수	100주	50주
주가수익비율(PER)	10	20

두 기업은 모두 자기자본만을 사용하며, 합병에 의한 시너지효과는 없다. 자본시장이 효율적이고 주식교환비율이 합병 전 주가를 기준으로 정해질 경우, 합병 후 PER은?

제 12 장

파생상품과 위험관리

1. 옵션과 위험관리
2. 선물과 위험관리

보론 보유비용모형의 증명

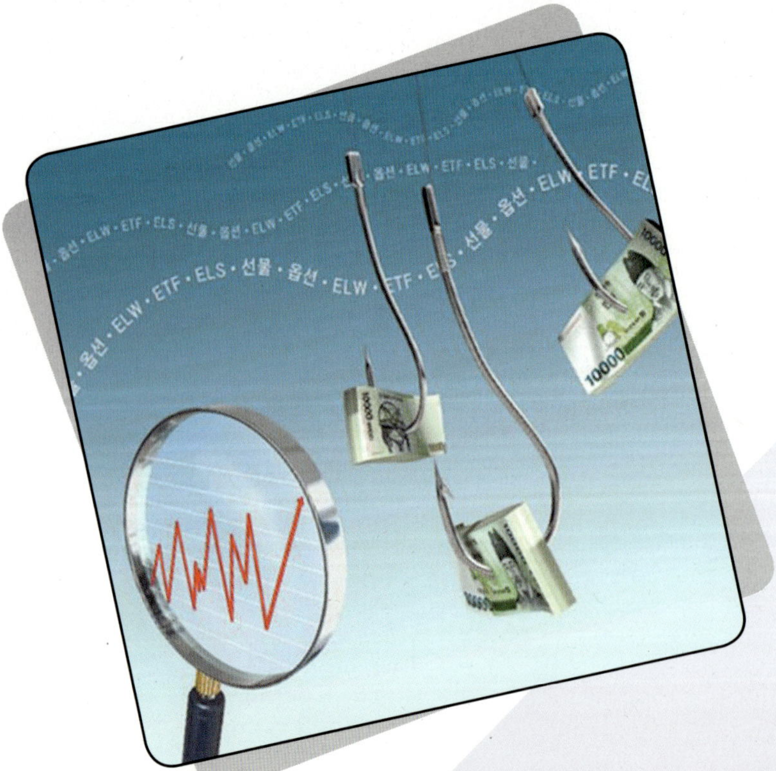

운칠기삼? 천만에! 딱 아는 만큼 돈이 보인다…선물 · 옵션…ELW…ETF…ELS…
자료: 한국경제

Chapter

12

Derivatives and Risk Management

제12장의 개요

옵션(options), 선물(futures) 등 파생상품(derivatives)은 자산의 가격변동위험을 제거, 즉 헤징(hedging)할 필요에 따라 성장 · 발전되었다. 그러나 2007년 미국 서브프라임 모기지(subprime mortgage, 비우량 주택담보대출) 부실사태로 불거진 신용위기로 인해 미국의 유수 투자은행인 베어스턴스(Bear Stearns), 리먼브러더스홀딩스(Lehman Brothers Holdings, Inc.) 등이 무너진 사례를 접하면서, 파생상품은 매우 위험한 상품이라는 인식을 가질 수 있다. 그러나 이와 같은 사례는 파생상품이 위험관리라는 본래의 목적과 달리 투기적인 목적으로 사용되었기 때문에 나타난 부작용이라 할 수 있다. 이와 같은 부작용에도 불구하고 기업의 투자위험에 대한 효율적인 관리를 위해서는 파생상품의 이용이 필수적이다.

본장에서는 옵션과 선물거래의 기초적인 개념, 옵션과 선물을 이용한 위험관리 등에 대해서 설명하고자 한다.

01 옵션과 위험관리

시카고옵션거래소(CBOE)

옵션에 대한 거래는 1973년 미국의 조직화된 거래소인 시카고 옵션거래소(Chicago Board Options Exchange: CBOE)에서 주식옵션에 대한 거래가 이루어진 이후 급성장하고 있다. 그리고 현재 한국거래소(Korea Exchange: KRX)의 파생상품시장에서 코스피200옵션, 미니 코스피200옵션, 개별주식옵션, 미국달러옵션 등이 거래되고 있다.[1]

1.1 옵션의 기초개념

옵션의 의의

특정자산(주로 주식)을 미리 약정된 가격으로 살 수 있는 권리는 콜옵션이며, 팔 수 있는 권리는 풋옵션이다.

옵션은 특정자산(주로 주식)을 지정된 날짜 또는 그 이전에 미리 약정된 가격으로 사거나 팔 수 있는 권리를 그 소유자에게 주는 계약을 의미한다. 옵션은 반드시 이행할 의무는 없으며 유리할 경우에만 그 권리를 행사할 수 있는 독특한 형태의 재무적 계약이다.

옵 션
특정자산(주로 주식)을 지정된 날짜 또는 그 이전에 미리 약정된 가격으로 사거나 팔 수 있는 권리를 그 소유자에게 주는 계약을 의미한다.

옵션거래에서 옵션을 매입한 사람을 매입자 또는 소유자(buyer, owner, holder)라 하며, 그 거래상대방, 즉 옵션을 매도한 사람을 매도자 또는 발행자(seller, writer)라 한다. 옵션거래는 기초자산인 주식의 발행자(해당기업)와 관계없이 옵션거래소(한국거래소의 파생상품시장)를 통해 옵션의 매입자와 매도자간에 이루어진 특별한 계약이다. 옵션의 매입자는 향후 옵션을 행사할 권리를 가지는 대가로서 일정한 금액(옵션가격 또는 옵션프리미엄)을 옵션의 매도자에게 지불하게 된다. 이와 달리 옵션을 매도한 사람은 일정한 금액을 받게 되나, 향후 옵션의 매입자가 옵션을 행사할 때 반드시 이를 이행하여야 할 의무를 지게 된다. 이와 같은 관계는 [그림 12-1]에 나타나 있다.[2]

---

1 코스피(KOSPI)200은 한국거래소의 유가증권시장에 상장된 주권 200종목의 시가총액기준으로 산출된 주가지수(기준시점: 1990년 1월 3일)로서 1994년 6월 15일부터 발표되었다.

2 옵션의 매입자와 매도자간의 손익관계는 매입자(또는 매도자)가 얻게 되는 이익만큼 매도자(또는

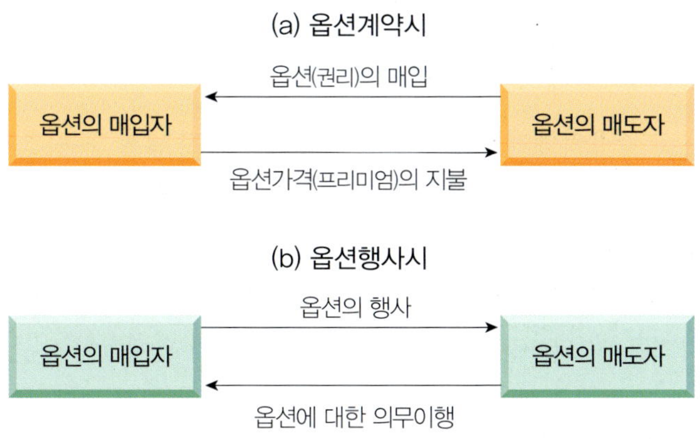

그림 12-1 옵션의 매입자와 매도자간의 권리-의무관계

재무산책 옵션관련 용어

- 옵션의 행사(exercising the option): 옵션의 행사는 옵션계약을 통해 기초자산을 사거나 파는 행위를 의미한다.
- 기초자산(underlying asset): 기초자산이란 옵션계약의 대상이 되는 자산으로서 주식옵션일 경우 기초자산은 해당 주식이 된다.
- 행사가격(striking or exercise price): 행사가격이란 옵션계약시 약정된 기초자산의 매입 또는 매도가격을 의미한다.
- 만기일(expiration date): 옵션의 만기일은 옵션을 행사하여야 하는 최종일로서 만기일이 지나면 그 옵션은 사라지게 된다.
- 미국형 옵션(American option)과 유럽형 옵션(European option): 미국형 옵션은 만기일 이내 언제든지 행사가 가능하나, 유럽형 옵션은 만기일에만 행사할 수 있다.
- 콜옵션(call option)과 풋옵션(put option): 콜옵션은 기초자산을 살 수 있는 권리가 부여된 옵션이고, 풋옵션은 기초자산을 팔 수 있는 권리가 부여된 옵션이다.

매입자)에게 손실이 발생하는 제로섬게임(zero-sum game)의 관계라 할 수 있다.

만기일에서의 옵션가치

■ 콜옵션

콜옵션
기초자산(주식 등)을 지정된 날짜 또는 그 이전에 미리 약정된 가격으로 살 수 있는 권리를 의미한다.

콜옵션은 그 소유자에게 기초자산(주식 등)을 지정된 날짜 또는 그 이전에 미리 약정된 가격으로 살 수 있는 권리를 준다. 예를 들어 어떤 사람이 옵션거래소를 통해 3개월 후 또는 그 이전에 A기업 주식 1주를 30,000원에 살 수 있는 콜옵션을 매입하였다고 생각해 보자.[3] 이 경우 콜옵션의 기초자산은 'A주식 1주', 만기일은 '3개월 후', 행사가격은 '30,000원'으로서 이는 A기업과 전혀 관계없이 옵션거래소를 통해 개개인들간, 즉 콜옵션의 매입자와 매도자 사이에 이루어진 계약이다.

만기일에서의 옵션의 가치는 기초자산인 보통주의 만기일 가치에 의해 결정된다. 만기일(T)에 보통주의 가치(S_T)가 행사가격(X)보다 크다면, 콜옵션의 소유자가 보통주의 가격보다 낮은 행사가격으로 주식을 구입할 수 있기 때문에 콜옵션의 가치는 그 차이인 (S_T-X)가 된다. 이와 같이 $S_T>X$라면, 콜옵션을 '가치가 있다' 또는 '내가격'(in the money: ITM)이라고 한다. 예를 들어 만기일에 행사가격이 30,000원이며 기초자산인 보통주의 가격이 35,000원인 콜옵션이 있다면, 그 소유자는 콜옵션을 행사하여(콜옵션의 매도자에게 30,000원을 지불하여) 35,000원의 가치를 가진 보통주를 취득할 것이다. 따라서 만기일에서의 콜옵션의 가치는 그 차액인 5,000원(35,000원−30,000원)이 된다.

그러나 만기일(T)에 보통주의 가치(S_T)가 행사가격(X)보다 작다면, 콜옵션의 소유자는 보통주의 가격보다 높은 행사가격을 가진 콜옵션을 행사하여 주식을 구입하기보다는 직접 주식시장에서 그 주식을 구입하는 것이 더 유리하기 때문에 콜옵션을 행사하지 않을 것이다. 따라서 그 옵션의 가치는 0이 된다. 이와 같이 $S_T<X$라면, 콜옵션을 '가치가 없다' 또는 '외가격'(out of the money: OTM)이라고 한다.[4] 예를 들어 만기일에 행사가격이 30,000원이며 기초자산인 보통주의 가격이 25,000원인 콜옵션이 있다면, 그 소유자는 콜옵션을 행사하여(콜옵션의 매도자에게 30,000원을 지불하여) 25,000원의 가치를 가진 보통주를 취득하지는 않을 것이다. 즉 콜옵션의 소유자는 그 권리를 포기하게 되므로 그 콜옵션의 가치는 0이 된다.

따라서 만기일에서의 보통주의 가치에 따라 콜옵션의 가치는 다음과 같다.

---

3 한국거래소에서 개별주식옵션의 거래단위는 10주이다.

4 $S_T=X$일 경우 콜옵션의 행사여부에 관계없이 그 가치는 0이며, 이를 '등가격'(at the money: ATM)이라고 한다.

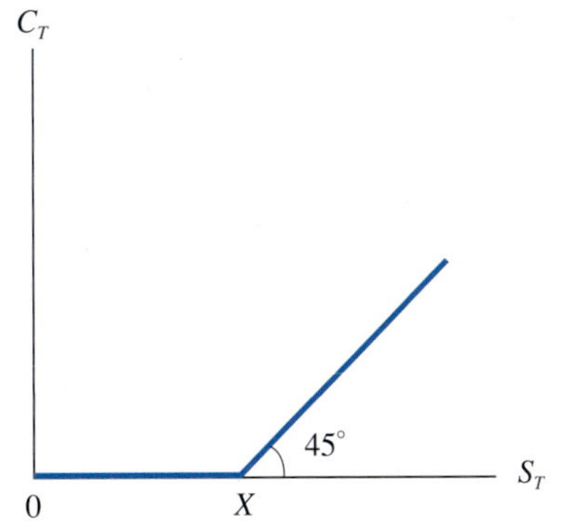

그림 12-2 콜옵션의 만기일 가치

$$C_T \begin{cases} S_T - X, & \text{만약 } S_T > X\text{라면} \\ 0, & \text{만약 } S_T \leq X\text{라면} \end{cases} \tag{12-1}$$

여기서 C_T: 만기일(T)에서의 콜옵션의 가치

앞의 식 (12-1)을 수학적 기호를 사용하여 하나의 식으로 나타내면 다음과 같다.[5]

$$C_T = \text{Max}[S_T - X, 0] \tag{12-2}$$

이상에서 살펴본 만기일에서의 콜옵션의 가치를 그림으로 나타내면 [그림 12-2]와 같다. 이 그림에서 볼 수 있는 바와 같이 콜옵션의 가치는 결코 0보다 작을 수 없다는 점을 유의하여야 한다. 이는 콜옵션이 유한책임증권(limited-liability instrument)임을 나타내는 것으로 옵션매입자의 손실은 콜옵션의 매입가격에 한정되는 것이다. 즉 옵션의 매입자(소유자)는 옵션의 행사가 자신에게 불리할 경우 그 권리를 포기하면 된다.

Chapter 12

■ 풋옵션

풋옵션은 콜옵션과 상반되는 것으로서 그 소유자에게 기초자산(주식 등)을 지정된 날짜 또는 그 이전에 미리 약정된 가격으로 팔 수 있는 권리를 준다. 예를 들어

풋옵션
기초자산(주식 등)을 지정된 날짜 또는 그 이전에 미리 약정된 가격으로 팔 수 있는 권리를 의미한다.

5 Max$[S_T - X, 0]$는 수학적 기호로서 괄호 안의 두 값 중 큰 것을 취한다는 것을 의미한다. $S_T > X$인 경우 $(S_T - X) > 0$ 이므로 $(S_T - X)$가 되며, 반대로 $S_T \leq X$인 경우 $(S_T - X) \leq 0$이므로 0이 된다.

어떤 사람이 옵션거래소를 통해 3개월 후 또는 그 이전에 A기업 주식 1주를 30,000원에 팔 수 있는 풋옵션을 매입하였다고 생각해 보자. 이 경우 풋옵션의 기초자산은 'A주식 1주', 만기일은 '3개월 후', 행사가격은 '30,000원'으로서 이는 A기업과 전혀 관계없이 옵션거래소를 통해 개개인들간, 즉 풋옵션의 매입자와 매도자 사이에 이루어진 계약이다.

만기일에서의 풋옵션의 가치를 결정하는 상황은 콜옵션의 경우와 상반된다. 만기일에 보통주의 가치(S_T)가 행사가격(X)보다 작다면, 풋옵션의 소유자가 보통주의 가격보다 높은 행사가격으로 풋옵션의 발행자(또는 매도자)에게 주식을 매도할 수 있기 때문에 풋옵션의 가치는 그 차이인 ($X-S_T$)가 된다. 이와 같이 $S_T<X$라면, 풋옵션을 '가치가 있다' 또는 '내가격'이라고 한다. 예를 들어 만기일에 행사가격이 30,000원이며 기초자산인 보통주의 가격이 25,000원인 풋옵션이 있다면, 그 소유자는 풋옵션을 행사하여(풋옵션의 매도자로부터 30,000원을 받고서) 25,000원의 가치를 가진 보통주를 매도할 수 있다. 따라서 만기일에서 풋옵션의 가치는 그 차액인 5,000원(30,000원−25,000원)이 된다. 그러나 만기일(T)에 보통주의 가치(S_T)가 행사가격(X)보다 크다면, 풋옵션의 소유자는 보통주의 가격보다 낮은 행사가격을 가진 풋옵션을 행사하여 주식을 매도하기보다는 직접 주식시장에서 그 주식을 매도하는 것이 더 유리하기 때문에 풋옵션을 행사하지 않을 것이다. 따라서 그 옵션의 가치는 0이 된다. 이와 같이 $S_T>X$라면, 풋옵션을 '가치가 없다' 또는 '외가격'이라고 한다. 예를 들어 만기일에 행사가격이 30,000원이며 기초자산인 보통주의 가격이 35,000원인 풋옵션이 있다면, 그 소유자는 풋옵션을 행사하여(풋옵션의 매도자로부터 30,000원을 받고서) 35,000원의 가치를 가진 보통주를 매도하지는 않을 것이다. 즉 풋옵션의 소유자는 그 권리를 포기하게 되므로 그 풋옵션의 가치는 0이 된다.

따라서 만기일에서의 보통주의 가치에 따라 풋옵션의 가치는 다음과 같이 나타낼 수 있다.

$$P_T \begin{cases} X-S_T, & \text{만약 } S_T<X\text{라면} \\ 0, & \text{만약 } S_T\geq X\text{라면} \end{cases} \tag{12-3}$$

여기서 P_T: 만기일(T)에서의 풋옵션의 가치

식 (12−3)을 앞의 식 (12−2)와 같이 수학적 기호를 사용하여 하나의 식으로 나타내면 다음과 같다.[6]

6 콜옵션과 마찬가지로 풋옵션의 가치도 역시 0보다 작을 수 없다. 즉 풋옵션도 유한책임증권이다.

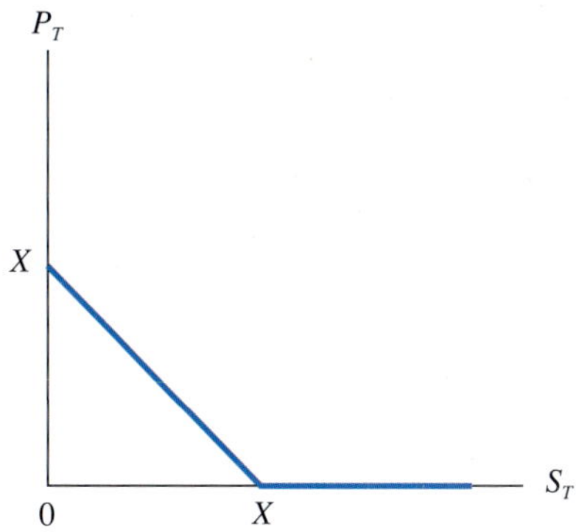

그림 12-3
풋옵션의 만기일 가치

$$P_T = \text{Max}[X - S_T, 0] \tag{12-4}$$

이상에서 살펴본 만기일에서의 풋옵션의 가치를 그림으로 나타내면 [그림 12-3]과 같다. 이 그림을 앞의 [그림 12-2]와 비교해 보면, 콜옵션은 주가가 행사가격보다 높을 때 가치가 있으나, 풋옵션은 주가가 행사가격보다 낮을 때 가치가 있음을 알 수 있다. 즉 콜옵션은 향후 주가가 행사가격보다 높을 가능성이 있을 때 매입하는 반면, 풋옵션은 주가가 행사가격보다 낮을 가능성이 있을 때 매입하게 된다.

▪ 옵션의 매도

콜옵션을 매도한 사람은 콜옵션 소유자가 그 옵션을 행사할 때 옵션계약상의 기초자산인 주식을 행사가격으로 인도할 의무를 져야 한다. 만기에 보통주의 가격(S_T)이 행사가격(X)보다 낮으면, 콜옵션은 행사되지 않을 것이며 매도자의 의무는 없어진다. 그러나 만기에 보통주의 가격(S_T)이 행사가격(X)보다 높으면, 콜옵션은 행사될 것이며 이 경우 매도자는 매입자가 얻게 되는 이익인 ($S_T - X$)만큼의 손실을 입게 된다.

반면 풋옵션을 매도한 사람은 풋옵션 소유자가 그 옵션을 행사할 때 옵션계약상의 기초자산인 주식을 행사가격으로 인수할 의무를 져야 한다. 만기에 보통주의 가격(S_T)이 행사가격(X)보다 높으면, 풋옵션은 행사되지 않을 것이며 매도자의 의무는 없어진다. 그러나 만기에 보통주의 가격(S_T)이 행사가격(X)보다 낮으면, 풋옵션은 행사될 것이며 이 경우 매도자는 매입자가 얻게 되는 이익인 ($X - S_T$)만큼의 손

표 12-1
콜옵션과 풋옵션 매도자의 만기일 성과

	만기일 성과	
	$S_T < X$	$S_T \geq X$
콜옵션의 매도자	0	$-(S_T - X)$
풋옵션의 매도자	$-(X - S_T)$	0

그림 12-4
콜옵션과 풋옵션 매도자의 만기일 성과

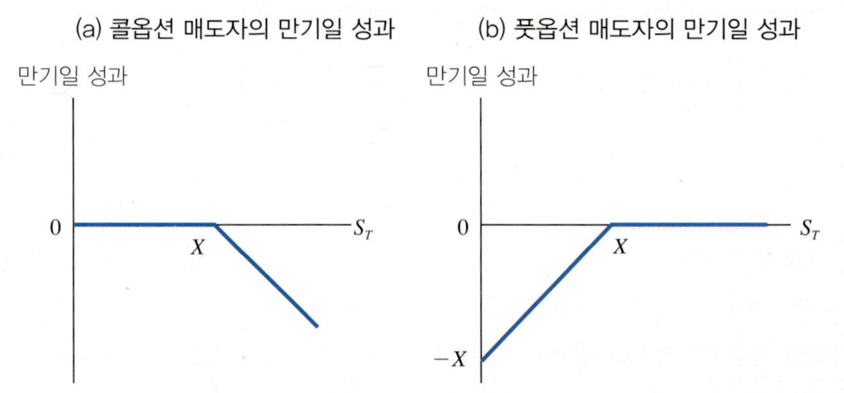

실을 입게 된다.

이상에서 설명한 콜옵션과 풋옵션 매도자의 만기일에서의 성과를 요약하면, 〈표 12-1〉과 같다.[7] 그리고 콜옵션과 풋옵션 매도자의 만기일에서의 성과를 그림으로 나타내면 [그림 12-4]와 같다.

우리나라의 주가지수 옵션거래

코스피200옵션
실물이 없는 추상적인 주가지수, 즉 코스피200을 기초자산으로 만들어진 옵션이다.

1997년 7월 7일부터 거래되고 있는 **코스피200옵션**은 실물이 없는 추상적인 주가지수를 대상으로 하고 있다. 코스피200옵션의 경우 실체가 없는 주가지수를 거래대상으로 하고 있기 때문에 권리행사시에 기초자산(주가지수)을 주고받을 수 없고, 당사자간에 사전 설정된 주가지수(행사가격)와 만기일에서의 주가지수와의 차이에 거래승수(1포인트당 25만원)를 곱한 금액으로 결제가 이루어진다. 코스피200옵션에 대한 거래제도의 개요는 다음과 같다.

7 옵션의 매도자는 옵션소유자가 옵션을 행사할 때 그 상대방으로서 의무를 이행해야 할 책임을 져야 한다. 따라서 옵션매도자의 만기일에서의 성과는 항상 0보다 작은 값을 가지게 된다.

- 대상지수: 코스피200
- 옵션의 종류: 콜옵션, 풋옵션
- 옵션의 유형: 유럽형
- 거래승수: 1포인트당 25만원
- 상장결제월: 분기월 7개(3, 9월: 각 1개, 6월: 2개, 12월 3개) 및 미분기월 4개
- 최종거래일: 각 결제월의 두 번째 목요일(공휴일인 경우는 순차적으로 앞당김)
- 결제방법: 현금결제

〈표 12-2〉는 주가지수 옵션시세표 일부를 예시한 것이다. 종가는 당일의 마지막 거래에 적용된 옵션가격으로 다음 날 거래의 기준가격이 된다. 시가는 당일의 첫 거래에 적용된 옵션가격이며, 고가와 저가는 각각 당일 거래 중 가장 높은 가격과 낮은 가격을 의미한다. 여기서 행사가격이 255.0포인트인 20×1년 3월물 콜옵션 1계약을 종가로 매입하는 경우 매입금액은 1,262,500만원(5.05×25만원)이며, 풋옵션 1계약을 종가로 매입하는 경우 매입금액은 1,250,000만원(5.00×25만원)이 된다. 그리고 미결제약정수량은 현재 만기일이 되지 않았거나 반대매매에 의해서 청산되지 못한 옵션의 계약수를 의미한다.

표 12-2 코스피200옵션 시세표(20×1년 3월 2일 현재)

(단위: 포인트, 계약)

구 분	결제월	행사가격	종 가	전일대비	시 가	고 가	저 가	거래량	미결제약정수량
콜	20×103	255.0	5.05	−0.65	6.20	6.50	4.65	10,824	8,138
풋	20×103	255.0	5.00	+0.45	4.00	5.75	3.95	10,407	5,683

재무 산책

옵션의 종류

옵션은 주식을 대상으로 하는 주식옵션이 가장 보편적이지만, 주가지수에 대한 옵션(주가지수옵션), 외환에 대한 옵션(통화옵션), 채권에 대한 옵션(금리옵션), 선물계약에 대한 옵션(선물옵션) 등 특수한 형태의 옵션도 존재한다. 현재 우리나라의 한국거래소에서는 코스피200옵션, 미니코스피200옵션, 개별주식옵션(주식시장에 상장되어 있고 유통주식수가 200만주 이상, 소액주주수가 2,000명 이상, 1년간 총거래대금이 5,000억원 이

상인 보통주식 중에서 시가총액과 재무상태 등을 감안하여 선정한 기업이 발행한 주식을 기초자산으로 하는 상품) 등이 거래되고 있다. 그리고 개별주식옵션과 유사한 주식워런트(equity linked warrant: ELW)도 거래되고 있는데, 이는 만기에 정해진 가격으로 주식을 사거나(call) 팔(put) 수 있는 권리로서 금융기관에 의해 발행된다. 따라서 한국거래소에 의해 결제가 보증되는 옵션과 달리 주식워런트는 발행자(금융기관)에 따라 결제위험이 존재할 수 있다.

뉴스 속 재무

美 긴축 유지에 커지는 공포… 빅테크株 풋옵션 몸값 급등

미국 연방준비제도(연준)의 금리인상 기조와 대형 기술주 폭락을 활용한 풋옵션 투자가 인기를 끌고 있다. 2023년 1월 9일(현지시간) 데이터 정보업체 스폿감마에 따르면 지난해 4·4분기 주간 평균 신규 풋옵션 구매 및 판매 금액이 400억달러를 넘어섰다. 이는 직전 분기의 주간 평균치와 비교할 때 4배 이상 늘어난 규모다. 풋옵션은 특정 상품을 매도할 수 있는 권리다. 특정 상품에 대한 풋옵션을 매수한 경우 가격이 하락하면 권리를 행사해 이익을 얻을 수 있다. 풋옵션 권리를 매도하는 사람에게 일정한 돈을 미리 지불해야 하는데 '프리미엄'이라고 부른다.

2022년 연준의 강력한 금리인상 기조에 대형 기술주들의 주가가 반 토막 나면서 풋옵션 프리미엄이 콜옵션(매입 권리)을 앞질렀다. 인기 기술주들은 투자자들이 베팅한 것보다 더 가파르게 주가가 하락해 풋옵션 프리미엄도 커졌다. 엔비디아의 경우 지난 2023년 1월 6일 종가가 148.59달러이지만 향후 몇 주 내 만료될 예정인 수만 건의 풋옵션 계약의 경우 170달러 이상에서 행사될 수 있다. 브렌트 코추바 스폿감마 설립자는 "이는 대형 월가 기업들 간의 차익 거래"라며 "대형 기술주들이 지난해 큰 타격을 입고 기준금리가 상승하자 시장 조성자들이 몰려들면서 풋옵션 몸값이 높아졌다"고 설명했다. 월스트리트저널(WSJ)은 "빠른 수익을 기대하는 투자자들이 매력적인 수익을 제공하는 매우 안전한 단기 투자처에 프리미엄을 재투자하기 위해 풋옵션 계약을 매도하고 있다"고 분석했다.

최근 몇 년 동안 옵션시장은 호황을 이어가고 있다. 적은 비용과 잠재적인 보상에 매력을 느낀 개인 투자자들이 옵션 투자에 뛰어들고 있다는 분석이다. 2022년 옵션거래는 하루 평균 4,100만건을 넘어서며 사상 최고치를 기록했다. 특히 단기 옵션투자에 관심이 급증하고 있다. 인게이지먼트 글로벌에 따르면 전체 스톡옵션 거래량에서 내거래(in the money : ITM) 계약 규모가 차지하는 비중이 지난해 4·4분기 11%까지 치솟았다. 이는 최근 수년간의 평균치(5%)보다 두 배 이상 높은 수치다. ITM은 현재의 주식가가 콜옵션 행사가격보다 높거나 풋옵션 행사가격보다 낮을 때의 옵션 계약을 말한다. 콜옵션의 경우 ITM 상태에서는 옵션매입자가 현재 주식가격보다 낮은 가격으로 매입할 수 있어 이익이기 때문에 옵션을 행사하게 된다.

시장조성자 옵티버의 미국 트레이딩 책임자는

"기업들이 다양한 목표를 갖고 약간 다른 익스포저(exposure)로 다양한 거래를 시도하고 있지만 결국에는 모두 내가격 풋옵션을 추구하고 있다"고 말했다. 코추바 설립자는 "일반적으로 시카고옵션거래소(CBOE) 주식 풋-콜 비율이 높은 것은 투자자들이 많은 풋옵션을 구매하고 있다는 뜻"이라며 "시장에 두려움이 만연하고 있다는 의미"라고 해석했다.

〈파이낸셜뉴스, 2023. 1. 10 수정〉

옵션의 결합: 풋–콜 패리티 1.2

콜옵션과 풋옵션을 이용하면 보다 다양한 형태의 금융상품을 만들 수 있다. 예를 들어 주식을 1주 매입하고 동시에 그 주식에 대한 풋옵션을 1개 매입하여 새로운 금융상품(또는 포트폴리오)을 하나 만든다고 생각해 보자. 만약 만기일에서의 주가(S_T)가 행사가격(X)보다 더 크다면, 풋옵션은 가치가 없게 되어 주식과 풋옵션을 결합하여 만든 새로운 금융상품의 가치는 주식의 가치(S_T)와 동일하게 된다. 그러나 만약 만기일에서의 주가(S_T)가 행사가격(X)보다 작다면 풋옵션의 가치는 $(X-S_T)$가 되므로, 이것과 주식의 가치(S_T)를 합하여 새로운 금융상품의 가치를 구하면 행사가격(X)과 같게 된다. $S_T<X$인 경우 주식과 풋옵션의 결합가치가 항상 일정한 값, 즉 행사가격을 갖게 되는 것은 주식가치의 하락이 풋옵션의 가치상승에 의해서 정확히 상쇄되기 때문이다. 이상의 결과를 요약하면 〈표 12–3〉과 같다.

그리고 이와 같은 관계를 그림으로 나타내면 [그림 12–5]와 같다. 이 그림에서 주식과 풋옵션의 결합가치는 앞의 [그림 12–2]의 콜옵션 매입가치와 같은 형태이니, [그림 12–4] (a)의 콜옵션 매도가치와는 정반대 형태를 가지고 있다. 이는 옵션을 이용함으로써 위험을 제거할 수 있는 가능성을 보여 준다.[8] 즉 주식과 풋옵션을 각각 하나씩 매입하고, 콜옵션을 하나 매도함으로써 무위험포트폴리오 또는 헤

표 12–3 주식과 풋옵션의 결합

포트폴리오	만기일 가치	
	$S_T<X$	$S_T\geq X$
(1) 주식매입	S_T	S_T
(2) 풋옵션매입	$X-S_T$	0
(1)+(2)	X	S_T

8 정반대로 움직이는 두 자산을 결합함으로써 위험을 완전히 제거할 수 있다.

그림 12-5

주식과 풋옵션의 결합

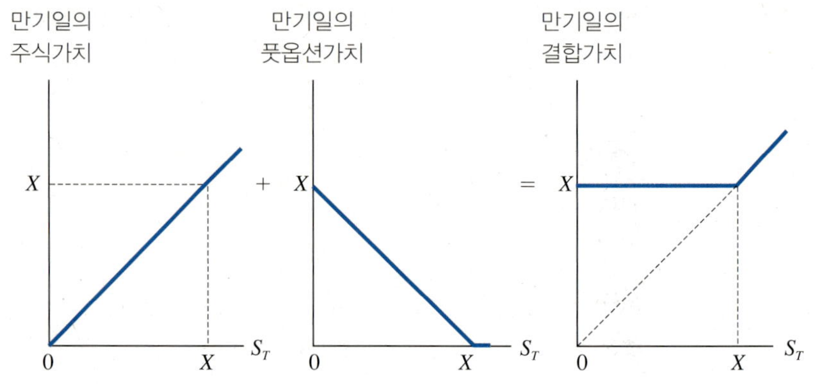

표 12-4

무위험포트폴리오의 구성

포트폴리오	투자액	만기일(T)의 성과	
		$S_T < X$	$S_T \geq X$
(1) 주식매입	S	S_T	S_T
(2) 풋옵션매입	P	$X - S_T$	0
(3) 콜옵션매도	$-C$	0	$-(S_T - X)$
(1)+(2)+(3)	$S+P-C$	X	X

주) S: 주식의 현재가치, P: 풋옵션의 현재가치, C: 콜옵션의 현재가치

지포트폴리오(hedge portfolio)를 구성할 수 있다. 이 경우 콜옵션과 풋옵션은 유럽형 옵션으로서 동일한 주식에 대하여 설정되며, 그 행사가격과 만기가 모두 같아야 한다. 이와 같이 구성된 포트폴리오의 성과는 〈표 12-4〉에 나타나 있다. 이 표에서 포트폴리오의 만기일 성과(또는 가치)는 미래의 주가변동에 관계없이 항상 일정한 값, 즉 행사가격(X)을 가지기 때문에 이 포트폴리오는 무위험포트폴리오이다. 무위험포트폴리오의 구성을 위한 현재의 투자액은 $(S+P-C)$이며, 그것에 대한 만기일(T)에서의 투자성과는 행사가격(X)으로서 위험이 없다.

따라서 균형상태하에서(차익거래이익이 존재하지 않는 상황하에서)는 다음과 같은 관계가 성립한다.

$$S+P-C=\frac{X}{1+r_T} \tag{12-5}$$

여기서 r_T: 현재부터 만기일인 T시점까지 기간의 무위험이자율

식 (12−5)를 **풋−콜 패리티**(put-call parity)라 하며, 이는 동일한 행사가격과 만기를 가진 유럽형 풋옵션과 콜옵션의 가치 사이의 균형관계를 말한다. 식 (12−5)를 약간 변형하면 다음과 같다.

풋−콜 패리티
동일한 행사가격과 만기를 가진 유럽형 풋옵션과 콜옵션의 가치 사이의 균형관계를 말한다.

$$P=C-S+\frac{X}{1+r_T} \tag{12–5)′$$

콜옵션의 현재가치가 구해지면, 식 (12−5)′를 이용하여 풋옵션의 현재가치도 구할 수 있다.

예제 12−1

옵션의 결합: 풋−콜 패리티

A기업의 주식에 대한 콜옵션과 풋옵션의 행사가격이 모두 33,000원으로 동일하며, 두 옵션은 유럽형 옵션으로 만기일 전에 행사할 수 없다고 가정하자. 그리고 만기일은 1년 후이며, 현재의 주가는 28,000원으로서 만기일에 주가가 24,000원 또는 35,000원이 된다고 한다. 또한 1년간의 무위험이자율은 10%로 알려져 있다.

(1) 주식, 풋옵션, 콜옵션을 이용하여 무위험포트폴리오를 구성하라.

(2) 콜옵션의 현재가격이 1,124원일 경우 풋옵션의 현재가치는 얼마인가?

해설

(1) 주식과 풋옵션을 각각 하나씩 매입하고, 콜옵션을 하나 매도함으로써 주가에 관계없이 만기일의 성과가 행사가격인 33,000원으로 일정한 무위험포트폴리오를 구성할 수 있다.

포트폴리오	투자액	만기일(T)의 성과	
		$S_T=24,000$	$S_T=35,000$
(1) 주식매입	28,000	24,000	35,000
(2) 풋옵션매입	P	9,000(=33,000−24,000)	0
(3) 콜옵션매도	$-C$	0	−2,000[=−(35,000−33,000)]
(1)+(2)+(3)	28,000+$P-C$	33,000	33,000

(2) 풋−콜 패리티를 이용하면, 다음과 같이 풋옵션의 가격을 구할 수 있다.

$$P=1,124-28,000+\frac{33,000}{1+0.1}=3,124\text{원}$$

Chapter 12

1.3 옵션가치의 결정요인

지금까지 만기일에서의 옵션가치에 대해서 살펴보았다. 그러면 현재시점에서의 옵션가치는 어떻게 결정되는가? 여기서는 현재시점에서의 옵션가치가 어떠한 요인들에 의해서 결정되는지를 살펴보도록 하자.[9]

콜옵션가치의 결정요인

■ 행사가격

행사가격은 콜옵션을 행사하여 주식을 매입할 때 지불하여야 하는 금액이다. 따라서 다른 모든 것이 일정하다면, 행사가격이 높을수록 콜옵션의 가치가 하락하게 된다.

■ 만 기

미국형 콜옵션은 만기일 이전에 언제든지 옵션의 행사가 가능하다. 따라서 미국형 콜옵션의 경우 만기가 길면 길수록 옵션을 행사할 수 있는 기회를 보다 더 많이 가지게 되므로 옵션의 가치가 상승하게 된다.[10]

■ 주식가격

콜옵션은 주가가 행사가격보다 높을 때 가치를 가진다. 따라서 현재의 주식가격이 높을수록 만기일에 주가가 행사가격 이상일 가능성이 높아지기 때문에 콜옵션의 가치가 상승하게 된다.

■ 주식의 변동성

주식의 변동성이 커지면, 콜옵션의 가치가 상승하게 된다. 앞에서 이미 설명하였듯이 옵션은 유한책임증권으로서 주식가격이 큰 폭으로 변동한다 하더라도 옵션가치가 있는 부분(주가가 행사가격보다 큰 경우)만 옵션의 가치에 영향을 미친다. 따라서 주식의 변동성이 증가하는 경우 주가가 크게 상승 또는 하락할 수 있으나, 크게 상승하는 부분만이 옵션의 가치에 영향을 미치게 되어 콜옵션의 가치가 상승하

9 구체적인 옵션평가모형에 대해서는 본장의 보론 1을 참조할 것.
10 옵션의 경우 현금배당이 조정되지 않기 때문에 이러한 관계는 유럽형 콜옵션에서는 성립하지 않을 수 있다.

게 된다.

이는 기초자산에 대한 옵션을 보유하는 것과 기초자산 그 자체를 보유하는 것이 근본적으로 다름을 의미하는 것으로서 위험회피형 투자자의 경우 주식에 직접 투자할 경우 위험이 작은 주식을 선택할 것이나, 콜옵션을 매입할 경우 변동성이 더 높은 주식에 대한 콜옵션을 선택하게 된다.

■ 무위험이자율

콜옵션가격은 이자율의 수준에 의해서도 영향을 받는다. 콜옵션의 매입자는 옵션을 행사할 때까지 행사가격을 지불하지 않을 것이다. 이와 같이 행사가격의 지불을 연기하는 것은 이자율이 낮을 때보다 높을 때 훨씬 큰 가치를 가진다.[11] 그러므로 콜옵션의 가치는 이자율과 정(+)의 상관관계를 가진다.

풋옵션가치의 결정요인

앞에서 설명한 콜옵션가치의 결정요인을 이용하여 풋옵션가치의 결정요인에 대해서도 설명해 보기로 하자.

■ 행사가격

행사가격은 풋옵션을 행사하여 주식을 매도할 때 받게 되는 금액이다. 따라서 다른 모든 것이 일정하다면, 행사가격이 높을수록 풋옵션의 가치가 상승하게 된다.

■ 만　기

미국형 풋옵션은 만기일 이전에 언제든지 옵션의 행사가 가능하다. 따라서 미국형 풋옵션의 경우 만기가 길면 길수록 옵션을 행사할 수 있는 기회를 보다 더 많이 가지게 되므로 옵션의 가치가 상승하게 된다.[12]

■ 주식가격

풋옵션은 주가가 행사가격보다 낮을 때 가치를 가진다. 따라서 현재의 주식가격이 높을수록 만기일에 주가가 행사가격 이하일 가능성이 낮아지기 때문에 풋옵

11 이자율이 높을수록 콜옵션 행사가격의 현재가치는 작아진다.

12 유럽형 풋옵션의 경우 만기가 길수록 행사가격의 현재가치가 낮아지기 때문에 이러한 관계가 성립하지 않을 수 있다.

션의 가치는 하락한다.

■ 주식의 변동성

주식의 변동성이 커지면, 풋옵션의 가치가 상승하게 된다. 풋옵션도 콜옵션과 마찬가지로 유한책임증권으로서 주식가격이 큰 폭으로 변동한다 하더라도 옵션가치가 있는 부분(주가가 행사가격보다 낮은 경우)만 옵션의 가치에 영향을 미친다. 따라서 주식의 변동성이 증가하는 경우 주가가 크게 상승 또는 하락할 수 있으나, 크게 하락하는 부분만이 옵션의 가치에 영향을 미치게 되어 풋옵션의 가치가 상승하게 된다.

■ 무위험이자율

풋옵션의 매입자는 옵션이 행사될 때까지 행사가격을 받지 못할 것이다. 이자율이 높을 때 풋옵션의 매입자가 받게 되는 행사가격의 현재가치가 작아지기 때문에 풋옵션의 가치는 하락하게 된다. 그러므로 풋옵션의 가치는 이자율과 음(−)의 상관관계를 가진다.

지금까지 설명한 옵션가치에 영향을 미치는 다섯 가지 요인들이 옵션가치에 어떤 영향을 미치는지를 요약하면 〈표 12-5〉와 같다. 이 표에서 볼 수 있는 바와 같이 다섯 가지 요인 중 행사가격, 기초자산의 가치 및 무위험이자율이 콜옵션가치와 풋옵션가치에 미치는 영향은 서로 상반됨을 알 수 있다.

표 12-5 옵션가치에 영향을 미치는 요인

요　인	콜옵션	풋옵션
행사가격	−	+
만기*	+	+
기초자산의 가치(주식가격)	+	−
기초자산(주식)의 변동성	+	+
무위험이자율	+	−

*) 이 관계는 유럽형 옵션의 경우에는 성립하지 않을 수 있음.

옵션가격결정모형 1.4

가장 기본적인 옵션가격결정모형(option pricing model: OPM)으로 콕스, 로스, 루빈스타인(J. Cox, S. Ross, and M. Rubinstein)에 의해서 개발된 **이항옵션가격결정모형**(binomial option pricing model)이 있다.[13] 이항옵션가격결정모형은 주가가 이산적(discrete)으로 변하며 그 변동은 두 가지로 한정된다는 가정, 즉 주가변동이 이항분포(binomial distribution)를 따른다는 가정하에서 도출된 모형이다.[14]

이항옵션가격결정모형
주가가 이산적으로 변하며 그 변동은 두 가지로 한정된다는 가정, 즉 주가변동이 이항분포를 따른다는 가정하에서 도출된 모형이다.

예를 들어 현재 주가(S)가 20,000원인 주식이 콜옵션의 만기일(T)에 24,000원으로 상승하거나 또는 18,000원으로 하락할 것이라고 가정하자. 그리고 주가가 상승할 확률은 70%이며 하락할 확률은 30%라고 하자. 이를 요약하여 그림으로 나타내면 [그림 12-6]과 같다.[15] [그림 12-6]에서 u는 주가의 상승계수(24,000/20,000=1.2), d는 주가의 하락계수(18,000/20,000=0.9)를 의미한다.[16]

이제 행사가격(X)이 21,000원인 콜옵션을 생각해 보자. 만기일에 주가가 24,000원으로 상승하면, 콜옵션의 가치(C_u)는 3,000원(24,000원−21,000원)이 된다. 그리고 주가가 18,000원으로 하락하면, 콜옵션은 행사되지 않으므로 콜옵션의 가치(C_d)는 0원이 된다. 이와 같이 주가변화에 따른 콜옵션의 가치는 [그림 12-7]에 나타나 있다.

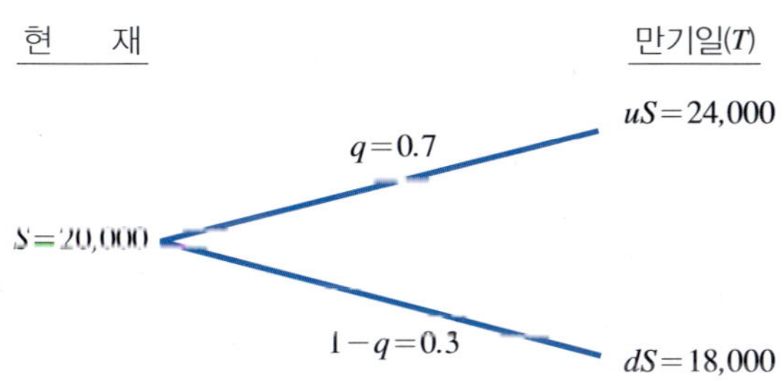

그림 12-6 콜옵션 만기일(T)에서의 주가변동

13 J. Cox, S. Ross, and M. Rubinstein, "Option Pricing: A Simplified Approach," *Journal of Financial Economics*, Vol. 7(September 1979), pp. 229~263.

14 보다 복잡한 현실적인 모형으로 블랙과 숄즈(F. Black and M. Scholes)에 의해서 개발된 블랙-숄즈 옵션가격결정모형(Black-Scholes option pricing model)이 있다.
F. Black and M. Scholes, "The Pricing of Option and Corporate Liabilities," *Journal of Political Economy*, Vol. 81(May-June 1973), pp. 637~659.

15 여기에서는 단순화를 위하여 주가가 만기일에 단 한 번 변한다고 가정한다.

16 $u>(1+\text{무위험이자율})>d$

그림 12-7
주가변화에 따른 콜옵션의 가치

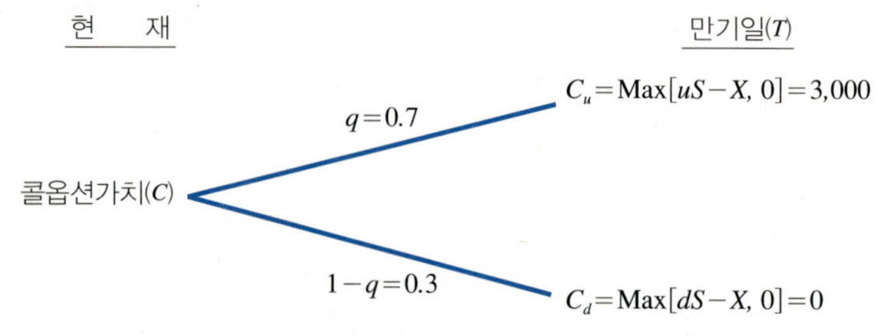

[그림 12-7]에서 볼 수 있는 바와 같이 콜옵션의 가치가 만기일에서 3,000원(70%의 확률) 또는 0원(30%의 확률)이 될 때, 이 콜옵션의 현재가치(C)는 얼마인가? 이에 대한 해답을 얻기 위하여, 주식을 α주 매입하고 그 주식에 대한 콜옵션 1개를 매도하는 포트폴리오를 구성해 보자. 이와 같이 구성한 포트폴리오의 성과는 [그림 12-8]과 같다.

[그림 12-8]에서 $(\alpha S-C)$는 주식을 α주 매입하고 그 주식에 대한 콜옵션 1개를 매도하는 포트폴리오를 구성하기 위하여 필요한 금액(투자액)이며, $(\alpha uS-C_u)$와 $(\alpha dS-C_d)$는 각각 주가가 상승하거나 하락하였을 때의 포트폴리오의 만기일에서의 성과를 의미한다.

위험이 없는 무위험포트폴리오, 즉 헤지포트폴리오(hedge portfolio)를 구성하기 위해서는 주가의 상승 또는 하락과 관계없이 만기일에서의 포트폴리오의 성과가 항상 일정해야 한다.

$$\alpha uS-C_u=\alpha dS-C_d \qquad (12\text{-}6)$$

그림 12-8
포트폴리오의 성과

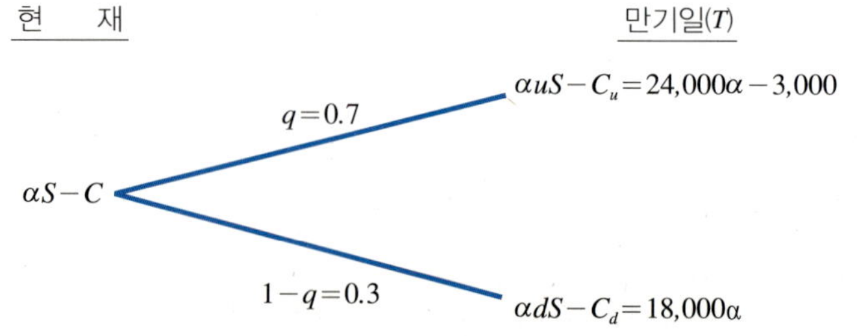

식 (12−6)을 α에 관해서 풀면 다음과 같다.

$$\alpha = \frac{C_u - C_d}{(u-d)S} \qquad (12\text{-}7)$$

식 (12−7)에서 α는 **헤지비율**(hedge ratio)로서 무위험포트폴리오를 구성하기 위해 콜옵션 1개를 매도(매입)할 때 매입(매도)하여야 하는 주식의 수를 의미한다. 이상의 예에서 헤지비율 α를 구하면 다음과 같다.

헤지비율
무위험포트폴리오(헤지포트폴리오)를 구성하기 위해 콜옵션 1개를 매도(매입)할 때 매입(매도)하여야 하는 주식의 수를 의미한다.

$$24{,}000\alpha - 3{,}000 = 18{,}000\alpha \rightarrow \alpha = 0.5$$

20,000원하는 주식 0.5주를 매입하고 이 주식에 대한 콜옵션 1개를 매도하여 구성한 포트폴리오의 만기성과는 주가의 변동에 관계없이 9,000원($24{,}000 \times 0.5 - 3{,}000 = 18{,}000 \times 0.5$)으로 항상 일정하게 된다.[17]

이와 같이 구성한 헤지포트폴리오의 수익률은 무위험이자율 r_T가 되어야 할 것이다. 따라서

$$(\alpha S - C)(1 + r_T) = \alpha uS - C_u = \alpha dS - C_d \qquad (12\text{-}8)$$

만기까지의 무위험이자율이 10%라고 한다면, 앞의 예에서 콜옵션의 가격을 구하면 다음과 같다.

$$(0.5 \times 20{,}000 - C)(1 + 0.1) = 0.5 \times 24{,}000 - 3{,}000$$
$$\therefore C = 1{,}818.18\text{원}$$

한편 식 (12−7)과 식 (12−8)을 이용하여 콜옵션의 가격 C를 구하면 다음과 같다.

$$C = \left[C_u \left(\frac{(1+r_T) - d}{u-d} \right) + C_d \left(\frac{u - (1+r_T)}{u-d} \right) \right] \left(\frac{1}{1+r_T} \right) \qquad (12\text{-}9)$$

17 또는 주식 1주를 매입하고 동시에 콜옵션 2주를 매도하는 경우에도 헤지포트폴리오를 구성할 수 있다.

여기서

$$p=\frac{(1+r_T)-d}{u-d}, \quad 1-p=\frac{u-(1+r_T)}{u-d}$$

로 놓는다면, 식 (12−9)를 다음과 같이 간단히 표현할 수 있다.

$$C=\frac{pC_u+(1-p)C_d}{1+r_T} \tag{12-10}$$

식 (12−10)에서 p는 확률과 유사한 성격을 가지는 것으로서 위험중립확률(risk-neutral probability) 또는 헤지확률(hedge probability)이라 한다.

만기일까지의 무위험이자율이 10%라고 한다면, 앞의 예에서 콜옵션의 가격은 식 (12−10)을 이용하여 다음과 같이 구할 수 있다.

$$p=\frac{(1+0.1)-0.9}{1.2-0.9}=\frac{2}{3}, \quad 1-p=\frac{1.2-(1+0.1)}{1.2-0.9}=\frac{1}{3}$$

$$\therefore C=\frac{1}{1+0.1}\left(\frac{2}{3}\times 3{,}000+\frac{1}{3}\times 0\right)=1{,}818.18\text{원}$$

재무 산책

옵션이 로또보다 100배 낫다

옵션을 공부할 때, 복권과 자주 비교한다. 이해를 돕기 위해서다. 그러나 그러한 비유는 이해를 돕기는커녕 방해가 된다. 옵션이 복권과 다른 점은 너무나 많고, 다르다는 사실은 자명하다. 옵션이 복권과 같은 점이 없는 것은 아니다. "그거 해서 돈 벌기 힘들다. 그거 사서 성공했다는 사람 주변에는 없다." 강력한 공통점이다. 그러나 그 정도 공통점은 경마에도 있고, 고스톱에도 있으니 별로 특별할 것은 없다. 로또는 가장 진화한 형태의 복권이다. 로또 발행자는 '땅 짚고 헤엄치기'로 돈을 번다. 로또는 인간이 생각해 낼 수 있는 가장 완벽한 형태의 사기다. 로또의 환급률은 50%다. 로또 발행자는 리스크가 전무한 상황에서 매출액의 50%를 수익으로 올린다. 일반 추첨식 복권은 생각보다 리스크가 크다. 복권을 10만 장 발행했는데, 딱 한 장만 팔릴 수 있다. 그리고 그 팔린 한 장이 1등에 당첨될 수 있다. 실수로 같은 번호가 2장 인쇄되었는데, 마침 그 번호가 1등에 당첨될 수도 있다. 로또는 그런 위험이 없다. 1등이 수없이 나와도 아무런 위험이 없다.

가장 완벽한 형태의 복권인 로또와 옵션은 질적으로 다르다.

첫째, 발행자의 의무에서 다르다. 로또 발행자는 모든 위험을 통제한다. 환급률을 발행자가 통제한다. 리스크는 없다. 옵션 발행자(즉 옵션 매도자)는 어떤 위험도 통제하지 못한다. 시장을, 최대 손실가능액을 옵션 발행자가 통제하지 못한다. 옵션 발행자도 시장가격의 순응자일 뿐이다.

둘째, 옵션의 가격은 변한다. 옵션은 남아 있는 시간의 길이(잔존기간), 시장의 변동성, 이자율, 기초자

산의 가격 등의 영향을 받아 가격이 변한다. 한 번 발행하면 어떠한 변화에도 영향을 받지 않는 복권과는 다르다. 옵션의 가격변화가 옵션을 어렵게 만든다. 조금만 이익을 보면 팔고 싶고, 손해가 나면 좌불안석이다. 그런 면에서 옵션이 복권에 비해 불리하다. 너무 많은 심리적 스트레스에 노출된다. 그 스트레스 때문에 스스로 무너지는 것이 옵션이란 게임이다.

셋째, 옵션은 제로섬게임이다. 옵션의 수수료와 제반 비용은 아주 낮은 수준이다(투자자의 입장에서는 적지 않다). 그러나 경마의 30% 구전, 로또의 50% 구전에 비하면, 힐아버지다.

로또가 발행자 입장에서 완벽한 사기라면, 옵션은 매수자 입장에서 가장 유리한 도박이다. 공통점을 찾아보자. 첫째는 맨 처음에 지적한 '돈 벌기 힘들다'는 점이다. 둘째는 대박의 신화다. 큰 돈을 빨리 벌 수 있다는 신화다. 꿈을 가지고 복권을 사듯이 꿈을 가지고 옵션을 한다. 그 점에서 많이 닮았다. 인간의 나약한 허상을 노리는 사기가 복권이라면, 옵션도 그런 면이 없지 않다.

옵션이 로또에 비해 유리함에도 불구하고, 옵션으로 성공하기는 복권으로 성공하는 것만큼 어렵다. 복권은 구조적으로 매수자를 파멸시키지만, 옵션은 심리적으로 매수자, 매도자를 모두 파멸시킨다. 쉽게 흔들리는 자, 돈에 욕심을 내는 자 모두 스스로 파멸하는 심리 게임이다. 돈을 놓고 게임을 하면서, 돈을 탐하지 말아야 한다는 사실을 어떻게 받아들일 수 있고, 그것이 어떻게 가능하겠는가? 그래서 옵션은 스스로 무너지는 게임이다. 옵션에서 성공하기 위해서는 복권이 아닌 것처럼 하면 된다. 즉 타워팰리스를, 렉서스를, 해외여행을, 멋진 인생 역전을 머릿속에 그리지 말라. 욕심 없이, 겸손한 마음가짐으로 옵션 매도도 해 보고, 다양한 옵션 합성전략을 짜보라. 옵션에서 성공하기 위해서는 복권인 것처럼 하면 된다. 복권 사서 망했다는 사람 없지만, 옵션으로 망했다는 사람은 부지기수다. 왜 유리한 게임을 하는데 매번 실패하나? 베팅을 잘 못하기 때문이다. 복권 1,500만원 사는 사람 있나? 돈 생기는 족족 복권 사는 사람 있나? 없다. 옵션을 사되 복권처럼 조금씩만 사면, 로또보다 100배 훌륭한 상품이다.

〈머니투데이, 2004. 7. 28 수정〉

02 선물과 위험관리

시카고상품거래소(CBOT)

선물의 역사는 아주 오래 전으로 거슬러 올라가야 되겠지만, 현재와 같이 조직화된 선물거래는 1848년에 설립된 미국의 시카고상품거래소(Chicago Board of Trade: CBOT)에서 시작되었다고 할 수 있다. 그리고 시카고상업거래소(Chicago Mercantile Exchange: CME)의 부속거래소로 1972년 설립된 국제통화시장(International Monetary Market: IMM)에 금융선물이 도입되면서 선물거래는 획기적인 발전의 전기를 맞게 된다. 2007년 7월에 시카고상품거래소(CBOT)와 시카고상업거래소(CME)가 CME그룹(www.cmegroup.com)으로 통합되었다. 그리고 2008년 8월에는 CME그룹이 뉴욕상업거래소(New York Mercantile Exchange: NYMEX)를 인수하여 미국 최대 파생상품거래소가 되었다. 우리나라에서도 코스피200에 대한 주가지수선물시장이 1996년 5월 3일에 처음 개설되면서 급속하게 발전하고 있다. 현재 한국거래소의 파생상품시장에서 주가지수선물(코스피200선물, 코스피200섹

타지수선물, 배당지수선물, 미니코스피200선물, 스타지수선물), 코스피200변동성지수선물, 개별주식선물, 3년(5년, 10년) 국채(KTB)선물, 통화선물(미국달러선물, 엔선물, 유로선물, 위안선물), 상품선물(금(gold)선물, 미니금선물, 돈육선물) 등이 거래되고 있다.

선물거래의 기초개념 2.1

선물거래의 의의

선물거래
품질과 가격 등이 표준화된 일정량의 상품(현물)을 현재시점에서 약정된 가격으로 미래의 일정시점에 매입 또는 매도하기로 조직화된 거래소 내에서 약정하는 거래이다.

선물거래(futures trading)란 품질과 가격 등이 표준화된 일정량의 상품(현물)을 현재시점에서 약정된 가격으로 미래의 일정시점에 매입 또는 매도하기로 조직화된 거래소 내에서 약정하는 거래이다. 선물거래의 대상이 되는 특정상품을 기초자산(underlying asset), 시장에서 거래되고 있는 기초자산의 현재가격을 현물가격(spot price), 선물계약이 이행(결제)되는 미래의 일정시점을 만기일(maturity date) 또는 인도일(delivery date), 만기일의 약정된 가격을 선물가격(futures price)이라고 한다. 여기서 선물가격은 만기일에 기초자산을 거래하기로 약정한 가격을 의미하는 것이지, 선물계약 자체의 가치(내재가치)를 의미하는 것은 아니다. 다시 말하면 선물가격은 현재시점에서 약정된 만기일에서의 상품 인수 · 도가격으로 앞 절에서 설명한 옵션의 행사가격과 유사한 개념이라 할 수 있다.

선물거래는 매매계약의 체결과 동시에 매매대상물(상품)의 인수 · 도와 대금결제가 이루어지는 현물거래(spot trading)와 대비되는 개념이다.[18] 선물거래와 현물거래의 차이를 그림으로 나타내면 [그림 12-9]와 같다.

선도거래(forward trading)는 기초자산을 현재시점에서 약정된 가격으로 미래의 일정시점에 매입 또는 매도하기로 약정하는 거래라는 점에서 본질적으로 선물거래와 같다고 할 수 있다. 그러나 선물거래와 선도거래는 다음과 같은 몇 가지 점에서 서로 구분된다. 첫째, 선도거래는 특정한 장소 없이 장외시장(over-the-counter market)에서 당사자간 직접 계약에 의해 이루어지는 반면, 선물거래는 조직화된 공식적인 시장, 즉 선물거래소(futures

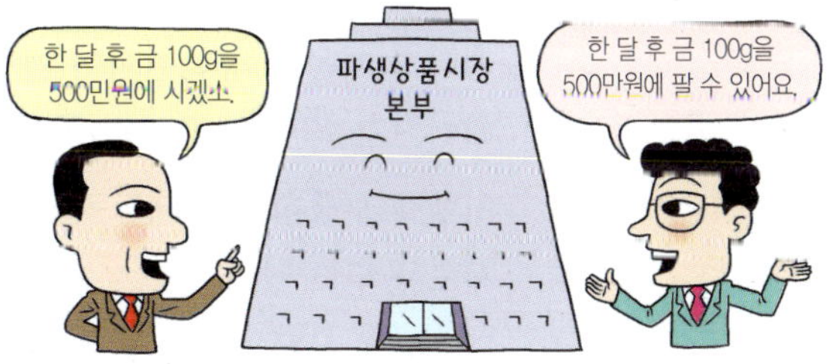

선물거래는 선물거래소를 통해 나중에 거래하기로 오늘 약속하는 것이다.

18 현재시점에 상품을 인수 · 도하고 일정한 기간이 지난 후 대금을 결제하는 거래를 외상거래 또는 신용거래라 하며, 이는 현물거래에 포함된다.

그림 12-9

선물거래와 현물거래

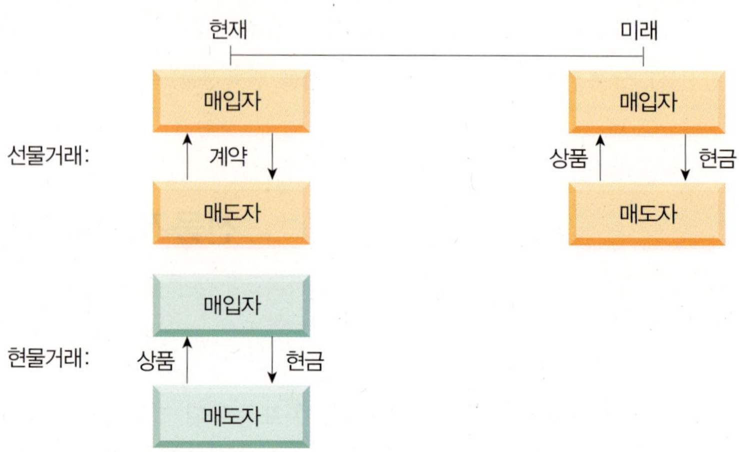

배추를 재배하는 농부가 수확기의 가격하락위험을 제거하기 위하여 배추도매상과 미리 정해진 가격으로 계약을 맺어 배추를 판매하는 방법, 속칭 '밭떼기' 등이 선도거래의 좋은 예라고 할 수 있다.

exchange)에서 공개입찰을 통해 이루어진다. 둘째, 선물계약은 거래소가 정한 계약조건(거래상품, 거래단위, 만기일 등)에 의해 표준화되어 있지만, 선도계약은 거래당사자간 합의에 의해 거래조건이 결정된다. 선물거래는 거래조건을 표준화함으로써 계약체결을 용이하게 하고 거래 자체의 유동성을 높여, 만기일 이전이라도 언제든지 필요한 시점에서 계약을 제3자에게 양도할 수 있게 한다. 셋째, 선물거래에서는 결제소(clearing house)가 거래의 상대방으로서 모든 선물계약의 청산에 대하여 책임을 지며 계약의 이행을 보증하는 역할을 수행하기 때문에 청산위험이 거의 없으나, 선도거래의 경우 계약자 쌍방간의 직접거래이므로 계약당사자의 신용도에 따른 위험이 존재한다. 선물거래에서는 계약의 이행을 보증하려는 제도적 장치로 일일정산(marking to market), 증거금(margin) 등의 제도를 두고 있다.

한편 선물거래를 통해서 이루어진 선물계약은 계약쌍방이 그 계약을 이행하여야 할 의무가 있다는 점에서 권리를 나타내고 있는 옵션과 근본적으로 다르다. 즉 옵션의 소유자(매입자)는 옵션의 행사가 자신에게 불리한 경우 그 옵션의 행사를 포기할 수 있지만, 선물계약은 계약당사자가 임의적으로 그 계약을 파기할 수 없다.

재무 산책

일일정산과 증거금

선물거래는 선도거래와 달리 시장에서 매일매일 거래가 이루어지고 그 가격이 변하게 된다. 따라서 결제소는 매일매일 형성되는 정산가격(settlement price)을 기준으로 모든 거래참여자들의 미결제약정(open interest)에 대한 손익을 계산하여 반영하며, 이를 일일정산이라 한다. 선물의 정산가격은 시장마감 직전에 거래된 선물계약을 대표하는 가격(종가 등)이며, 미결제약정은 반대매매 또는 만기일의 인수 · 도 등에 의해서 청산되지 않고 남아 있는 선물계약을 의미한다. 이와 같은 일일정산을 통해 당일의 모든 선물 미결제약정에 대하여 매일 당일의 정산가격으로 재평가함으로써 실질적으로 매일 결제를 하는 것과 같은 효과를 볼 수 있다. 즉 결제소의 일일정산제도에 의해 선물가격변동으로 인한 손실이 누적되지 않고 매일매일 정산되기 때문에 계약당사자들의 계약불이행위험을 줄일 수 있다.

한국거래소(KRX)의 파생상품시장본부가 선물거래소 및 결제소의 역할을 모두 하고 있다.

증거금은 일일정산시 발생될 수 있는 계약불이행을 방지하기 위한 수단으로, 예치해야 하는 현금 또는 현금성자산(유동성이 높은 유가증권 등)을 의미한다. 증거금에는 고객이 선물중개회사에 납부하는 위탁증거금(customer margin)과 결제소회원인 선물중개회사가 결제소에 납부하는 거래증거금(clearing margin)이 있다. 위탁증거금은 고객이 신규 또는 추가적으로 선물을 매수하거나 매도할 때 선물중개회사에 예치해야 하는 증거금인 개시증거금(initial margin)과 고객이 자신의 선물거래포지션을 유지하는 데 필요한 최소한의 증거금인 유지증거금(maintenance margin)으로 구분된다. 증거금이 일정한 수준(유지증거금) 이하로 떨어지게 되면, 선물중개회사는 고객에게 증거금을 당초의 개시증거금 수준까지 현금으로 충당하도록 요구하며, 이를 마진콜(margin call)이라 한다. 이와 같이 증거금이 유지증거금 수준 이하로 떨어지는 경우 개시증거금 수준으로 회복시키기 위하여 고객이 추가적으로 납부해야 하는 증거금을 추가증거금(variation margin)이라 한다. 만일 고객이 요구받은 증거금(추가증거금)을 충당하지 않을 경우 선물중개회사는 개시증거금 부족분에 해당하는 고객의 미결제약정을 임의로 반대매매한다. 한편 증거금이 개시증거금 수준을 초과하는 경우, 그 초과분을 초과증거금(excess margin)이라 한다. 이와 같은 초과증거금에 대한 인출은 일부 선물거래소에서 허용되고 있다.

선물거래의 손익

뉴욕상업거래소(NYMEX)의 원유선물 거래 모습

선물거래는 선물의 매입(long position)과 매도(short position)로 구분된다. 선물의 매입은 만기일에 약정된 가격(선물가격)으로 기초자산을 매입할 것을 계약한 것이며, 선물의 매도는 만기일에 선물가격으로 기초자산을 매도할 것을 계약한 것이다. 선물의 매입자가 그 상태를 벗어나기 위해서는 만기일에 기초자산을 실제로 인수하거나, 만기일 이전에 매입했던 선물을 다시 매도하여야 한다. 반면에 선물의 매도자가 그 상태를 벗어나기 위해서는 만기일에 기초자산을 실제로 인도하거나, 만기일 이전에 매도했던 선물을 다시 매입하여야 한다. 선물포지션(futures position)을 마감하기 위하여 매입했던 선물을 만기일 이전에 재매도하는 것을 전매(轉賣) 또는 재매도청산(liquidation or long covering)이라 하고, 매도했던 선물을 만기일 이전에 재매입하는 것을 환매(還買) 또는 재매입청산(short covering)이라 한다. 이와 같이 반대매매에 의해서 선물거래자가 선물포지션을 없애고 선물시장에서 빠져나오는 것을 '선물포지션을 청산(close out)한다'라고 표현한다.

선물의 매입자는 기초자산의 가격이 오를수록 선물가격이 상승하여 이익을 보게 되는 반면, 선물의 매도자는 기초자산의 가격이 하락할수록 선물가격이 하락하여 이익을 보게 된다. 선물의 청산일에서의 선물거래에 따른 이익은 다음과 같다.

- 선물매입거래의 이익 = 청산일에서의 선물가격 − 선물계약일의 선물가격
- 선물매도거래의 이익 = 선물계약일의 선물가격 − 청산일에서의 선물가격

예를 들어 선물가격이 배럴(barrel)당 150,000원인 원유선물의 매입자와 매도자를 생각해 보자. 선물의 청산일에 원유의 선물가격이 배럴당 160,000원으로 상승하는 경우 원유선물 매입자와 매도자의 이익(배럴당)은 다음과 같이 계산될 수 있다.

원유선물 매입자의 이익 = 160,000원 − 150,000원 = 10,000원

원유선물 매도자의 이익 = 150,000원 − 160,000원 = −10,000원

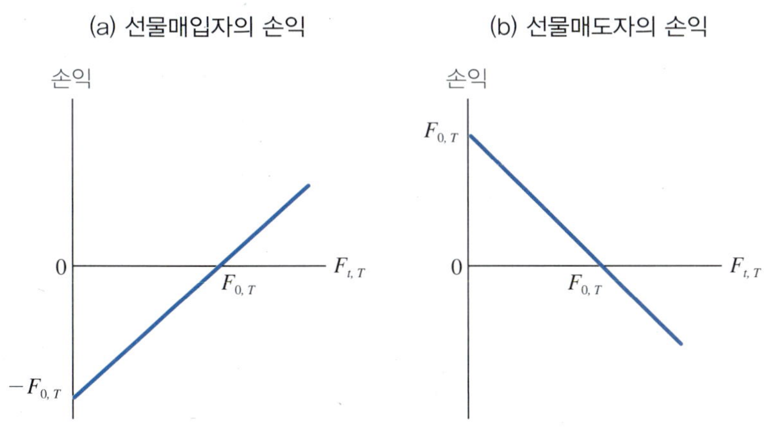

여기서 $F_{0,T}$: 선물계약일(0)의 선물가격, $F_{t,T}$: 청산일(t)에서의 선물가격

그림 12-10
선물거래 종료일, 즉 청산일(t)에서의 선물거래에 따른 손익

원유선물의 매입자는 배럴당 160,000원인 선물을 150,000원에 매입할 수 있기 때문에 10,000원의 이익을 얻을 수 있다. 그러나 원유선물의 매도자는 배럴당 160,000원인 선물을 150,000원에 매도해야 하기 때문에 10,000원의 손실을 보게 된다. 한편 선물가격이 하락하는 경우에는 정반대로 원유선물의 매입자가 손실을 입는 만큼 원유선물의 매도자는 이익을 보게 된다.

이상에서 보는 바와 같이 선물거래의 매입포지션에 따른 이익(또는 손실)과 매도포지션에 따른 손실(또는 이익)은 그 크기가 항상 동일하기 때문에 모든 선물거래의 손익은 정확하게 상쇄되어 0이 된다.[19] 따라서 선물거래를 제로섬게임(zero-sum game)이라고 할 수 있다. 선물거래에 따른 손익을 그림으로 나타내면 [그림 12-10]과 같다.

상품선물
원자재인 원유, 구리, 금, 은, 옥수수, 밀, 대두 등 일반 상품을 기초자산으로 만들어진 선물이다.

금융선물
주가지수, 금리, 통화 등을 기초자산으로 만들어진 선물이다.

선물거래의 종류

선물계약은 그 기초자산의 종류에 따라 크게 두 가지로 분류된다. 주요 원자재인 원유, 구리, 금, 은, 옥수수, 밀, 대두 등 일반 상품을 기초자산으로 거래하는 **상품선물**(commodity futures)과 주가지수, 금리, 통화 등을 기초자산으로 거래하는 **금융선물**(financial futures)로 구분될 수 있다. 선물계약에 대한 자세한 분류는 〈표 12-6〉과 같다.

미국 시카고상업거래소(CME)에서 트레이너들이 거래를 위한 수(手) 신호를 보내고 있다. 이 거래소는 2007년 7월 시카고상품거래소(CBOT)와 합병해 세계 최대 규모의 선물 · 파생상품거래소로 거듭났다.
자료: 블룸버그

19 선물거래의 이익 = 선물매입거래의 이익 + 선물매도거래의 이익 = 0

Chapter 12

표 12-6 선물계약의 분류

분류			기초자산
상품선물	농림산물선물		옥수수, 밀, 대두, 설탕, 고무, 원면, 목재 등
	축산물선물		생우, 생돈, 냉동삼겹살 등
	귀금속선물		금, 은, 백금 등
	비철금속선물		구리, 알루미늄, 납, 아연, 주석 등
	에너지선물		원유, 천연가스, 가솔린, 난방유, LPG 등
금융선물	금리선물	장기금리	미국 T-bonds 등
		중기금리	미국 T-notes, 한국국채 등
		단기금리	Eurodollars 등
	통화선물		미국 달러, 유럽연합 유로, 일본 엔, 영국 파운드, 중국 위안, 호주 달러, 캐나다 달러 등
	주가지수선물		코스피200, 코스닥150, S&P500, Dow Jones Industral Average, NASDAQ 100, EURO STOXX50, Nikkei225 등

재무 산책

세계 선물시장의 유래

사진자료: 경인일보

미국: 시카고상품거래소

현대적 의미의 선물거래소는 1848년 미국의 시카고에서 시작되었다. 미국의 동부지방에 위치하고 있는 시카고는 19세기 중반 일리노이와 미시간의 운하 개통으로 미국 중서부 곡창지대의 중심지인 동시에 곡물의 집산지가 되어 밀, 옥수수, 그리고 커피 등 곡물거래가 활발히 일어났다. 곡물거래의 중심지가 된 시카고에는 여러 문제가 발생하기 시작했다.

1842년에는 브라질에 허리케인이 발생했는데, 그로 인해 커피농장이 모두 쑥대밭이 되어 버렸다. 통신수단이 부족했던 그 시절 미국의 커피업자는 그 사실도 모른 채 원두커피 가공시설을 마구 늘려 놓았다. 커피 수확기가 되어도 브라질에서 원두커피가 오지 않자 시설투자를 늘린 사람은 대부분 망하게 되었다.

또한 곡물거래물량에 비해 창고나 운송시설이 부족한 시카고는 겨울이 되면 운하에 얼음이 얼어 수송수단이 부족하게 되어 시카고에 발이 묶인 곡물은 아주 낮은 가격에 거래되었고, 얼음이 녹으면 재고부족으로 매우 비싼 가격에 곡물이 거래되기도 하였다. 이러한 폐단을 막기 위해 상인들은 고민 끝에 선물시장을 고안해 내었다. 미리 가격을 정해서 사고팔자는 취지였다. 즉 곡물생산이 급격이 늘거나 줄어도 미리 가격을 정해 놓았기 때문에 뒤늦게 낭패를 보는 사람이 줄게 되었다. 사업을 하는 사람들은 원료를 미리 구매하여 가격이 크게 오르는 것을 방지할 수 있었고, 농부들은 미리 팔아 버려서 수확한 다음에 물건이 팔리지 않아 손해를 보는 일이 적어졌다.

시간이 흐르면서 파생상품거래는 날로 활성화되기 시작했고 처음에는 곡물만 거래되었으나 금, 은, 동, 그리고 원유 등 다양한 상품으로 확대되었다. 1970년대부터는 주가지수 등 금융상품이 발달하기 시작하여 오늘날 전 세계 파생상품의 대부분을 이 금융상품이 차지하게 되었다.

일본: 도지마 쌀 거래소

17세기경 일본의 도쿠가와 막부시절 막부정부는 지방 제후들의 세력확장을 막기 위해 이들을 매년 6개월 동안 강제로 오사카에 살도록 하였다. 이렇게 오사카에 거주하게 된 제후들 중 일부는 경비가 부족하여 가을에 수확 예정인 쌀을 담보로 물표(物標)를 발행하여 경비를 조달하곤 했다. 물표는 상인들 사이에서 거래가 되었는데, 상인들은 그 해에 풍년이 예상되면 쌀 가격이 하락할 것이므로 물표를 매도하고 흉년이 예상되면 반대로 물표를 사두어 이익을 취하였다. 상인들 중 오사카 근교 도지마 지역의 요도야라는 거상(巨商)의 집은 항상 많은 상인이 몰려들어 정보를 교환하고 물표를 매매하는 장소로 이용되었다. '도지마 쌀 거래소'로 이름이 알려진 일본 최초의 상품거래소는 현재 일본 선물거래소와 유사한 기능을 갖추고 있었다.

〈알기 쉬운 증권 · 파생상품시장 지표 해설(한국거래소, 2009)〉

우리나라의 주가지수 선물거래

우리나라의 경우 1996년부터 주가지수선물을 시작하였는데, 이는 주식시장에 상장된 200개의 종목을 선정하여 구한 주가지수(코스피200)를 그 거래대상으로 한다. **코스피200선물**에 대한 거래제도의 개요는 다음과 같다.

코스피200선물
실물이 없는 추상적인 주가지수, 즉 코스피200을 기초자산으로 만들어진 선물이다.

- 대상지수: 코스피200
- 거래승수: 1포인트당 25만원
- 상장결제월: 3년 이내 7개 결제월(3, 9월: 각 1개, 6월: 2개, 12월: 3개)
- 최종거래일: 각 결제월의 두 번째 목요일(공휴일인 경우는 순차적으로 앞당김)
- 결제방법: 현금결제

〈표 12-7〉은 주가지수 선물시세표를 예시한 것이다. 이 표에서 종가는 당일의 마지막 거래에 적용된 선물가격으로서 다음에 설명한 일일정산의 기준이 되며, 다음 날 거래의 기준가격이 된다. 시가는 당일의 첫 거래에 적용된 선물가격이며, 고가와 저가는 각각 당일 거래 중 가장 높은 가격과 낮은 가격을 의미한다. 여기서 종가로 산출된 20×1년 3월물 선물의 1계약금액은 6,257.5만원(250.30×25만원)이 된다. 그리고 미결제약정수량은 반대매매 또는 만기일의 인수 · 도 등에 의해서 청산되지 않고 남아 있는 선물계약수를 의미한다.

표 12-7 코스피200선물 시세표(20×1년 3월 2일 현재)

(단위: 포인트, 계약)

종 목	종 가	전일대비	시 가	고 가	저 가	거 래 량	미결제약정
20×1년 3월물	250.30	-0.50	249.30	250.60	248.70	175,202	121,790
20×1년 6월물	249.30	-0.45	248.05	249.40	247.65	512	2,453
20×1년 9월물	249.55	-1.55	249.55	249.55	249.55	1	1,176
20×1년 12월물	0.00	0.00	0.00	0.00	0.00	0	183
20×2년 3월물	0.00	0.00	0.00	0.00	0.00	0	85
20×2년 12월물	0.00	0.00	0.00	0.00	0.00	0	36
20×3년 12월물	0.00	0.00	0.00	0.00	0.00	0	0

2.2 선물거래자의 유형과 선물시장의 경제적 기능

선물거래자의 유형

선물거래의 동기에 따라 선물거래자는 헤저(hedger), 투기자(speculator), 차익거래자(arbitrageur) 등 세 가지 유형으로 구분될 수 있다.

■ 헤 저

위험이 높은 파생상품을 투기적으로 거래할 경우 돈을 모두 날릴 수 있다.

헤저는 선물의 매입 또는 매도를 통해서 예상하지 못한 현물의 가격변동으로 인하여 발생될 수 있는 손실을 최소화시킬 목적으로 선물거래를 하는 사람을 의미한다. 헤저의 선물거래 목적은 현물의 가격변동에 따른 위험을 최소화하는 데 있다. 이 과정에서 헤저는 기회손실을 입을 수 있으나, 이는 현물포지션으로부터의 손실을 방어하기 위해 지불하는 대가로 보아야 할 것이다.

헤 저
선물의 매입 또는 매도를 통해서 예상하지 못한 현물의 가격변동으로 인하여 발생될 수 있는 손실을 최소화시킬 목적으로 선물거래를 하는 사람을 의미한다.

■ 투기자

투기자는 현물시장에서의 포지션과 관계없이 선물가격변동에 따른 시세차익을 얻기 위하여 선물거래를 하는 사람을 의미한다. 투기자의 선물거래 목적은 향후 기초자산 가격이 오를 것으로 전망되는 경우 선물 매입포지션을 취하는 반면, 기초자산 가격이 내릴 것으로 예상되는 경우 선물 매도포지션을 취해 높은 투기적 이익을 얻는 데 있다. 그러나 예상이 빗나갈 경우 큰 손해를 볼 수도 있다. 이와 같이 투기자들은 보호되지 않은 포지션(uncovered position)을 보유함으로써 선물가격변동에 따른 위험을 감수하더라도 높은 투기적 이익을 얻고자 한다. 투기자는 선물시장에서 헤저의 위험을 떠맡을 뿐만 아니라 선물시장의 안정을 도모하는 중요한 경제적인 기능을 수행한다.[20]

투기자
투기자는 현물시장에서의 포지션과 관계없이 선물가격변동에 따른 시세차익을 얻기 위하여 선물거래를 하는 사람을 의미한다.

■ 차익거래자

차익거래자는 현물가격과 선물가격간의 일시적인 불균형을 이용하여 무위험이익을 얻을 목적으로 선물거래를 하는 사람을 의미한다. 현물가격 또는 선물가격이 균형에서 이탈하여 차익거래이익(arbitrage profit)이 존재하는 경우 이를 얻기 위하여 차익거래가 발생하게 되며, 이와 같은 차익거래과정에 의해 현물가격과 선물가격이 균형상태로 되돌아가게 된다.

차익거래자
현물가격과 선물가격간의 일시적인 불균형을 이용하여 무위험수익을 얻을 목적으로 선물거래를 하는 사람을 의미한다.

선물시장의 경제적 기능

선물시장은 다음과 같은 몇 가지 중요한 기능을 수행한다.

20 투기와 도박은 위험을 대가로 수익을 얻고자 하는 점에서는 유사하지만, 투기는 사회적으로 유익한 기능을 수행하는 반면에 도박은 백해무익한 것이라는 점에서 다르다.

■ 가격변동위험의 관리

시장에서는 미래의 가격변동에 따른 위험이 항상 존재한다. 예를 들어 특정 원재료를 계속적으로 필요로 하는 제조업자의 경우에는 원재료의 가격상승에 따른 위험에 직면하게 되는 반면, 농산물을 생산하는 농부의 경우에는 수확기 농산물의 가격하락에 따른 위험에 직면하게 된다.

선물시장은 예상하지 못한 가격변동으로 인한 손실위험을 사전에 방지할 수 있는 수단을 제공한다. 현물시장에서의 포지션과 반대되는 포지션(예를 들어 현물: 매입(또는 매도) ↔ 선물: 매도(또는 매입))을 선물시장에서 취함으로써 위험을 회피할 수 있다. 이 경우 위험을 회피하려는 거래자, 즉 헤저로부터 위험을 부담하여 보다 큰 투기적 이익을 추구하려는 거래자, 즉 투기자에게로 위험이 전가된다. 이와 같이 선물시장은 가격변동에 따른 위험을 관리할 수 있는 수단을 제공함으로써 기업경영자는 경영계획과 투자계획을 보다 안정적으로 수립할 수 있고 한정된 투자자금을 훨씬 효율적으로 활용할 수 있다.

■ 가격의 예시

선물가격은 미래 특정시점에 있어서 현물의 수요 · 공급에 대한 예상에 의해 결정되기 때문에 이것에 의해서 미래 현물가격의 동향을 사전에 예측할 수 있다. 이와 같은 선물시장의 가격예시기능(price discovery)으로 인하여 현물시장의 생산자나 투자자가 미래에 대한 일정한 예측을 할 수 있게 되어 장기적으로 현물시장의 안정을 가져온다.

■ 시장효율성의 제고

선물시장은 전문적으로 시장정보를 수집하고 평가하는 다수의 투기자를 시장에 참여시킴으로써 시장정보의 양과 질을 높이고 거래비용을 절감시킨다. 즉 선물거래는 시장효율성을 높이고 이에 따라 경제 전체의 자원배분 효율성을 증대시킨다.

■ 자본형성의 촉진

선물시장은 투기자의 부동자금을 헤저의 산업자금으로 이전시키는 자본형성기능(capital formation function)을 간접적으로 수행한다. 선물시장이 효율적인 투자장소로 운영되면 투기자의 부동자금이 금융시장으로 유입되고, 이 자금은 다시 건전한 산업자금으로 활용될 수 있다.

특히 금융선물은 은행, 증권회사, 투자신탁 등 금융기관이 직면하는 주가변동위험과 이자율변동위험을 관리하는 데 있어 중요한 수단을 제공함으로써 저축과 투자의 흐름을 개선시킨다. 선물시장을 이용하여 주가와 이자율변동위험을 효과적으로 관리함으로써 주식과 채권 등 증권에 대한 수요가 증가하여 저축을 증대시킬 수 있다. 이 경우 기업의 자금조달이 용이해지고 자금조달비용이 감소하게 되기 때문에 투자가 촉진되어 궁극적으로 국가 전체의 부를 증진시킬 수 있다.

뉴스 속 재무

주식시장의 빅쇼트! 주식선물과 옵션

2023년 실리콘밸리은행(Silicon Valley Bank : SVB)과 크레디트스위스(Credit Suisse : CS) 등 글로벌 은행의 파산으로 2007년 금융위기 전개 과정을 회고하게 된다. 2016년 개봉된 영화 '빅쇼트(The Big Short)'는 글로벌 금융위기 당시 부실한 주택대출로 촉발된 대형은행의 파산과 경제적 파급 과정을 설명한 논픽션 영화이다. 대략적인 줄거리는 다음과 같다. 펀드운용자인 마이클 버리(크리스찬 베일 역), 마크 바움(스티브 카렐 역)과 트레이더인 벤 리커트(브래드 피트 역)는 주택시장 활황기에 대출된 주택담보대출(모기지)의 부실 가능성을 예상한다. 담보주택에 대한 저당채권들을 모아서 증권화한 모기지증권(mortgage backed securities : MBS)과 이를 재그룹하여 증권화한 부채담보부증권(collateralized debt obligation : CDO)에 대해 매도(short) 포지션을 취하고자 한다. 이들 모기지증권의 공매도가 불가능하여 대체재로 새로운 장외파생상품인 신용부도스왑(credit default swap : CDS) 계약을 대형은행과 체결한다. CDS계약으로 펀드운용자들은 기초자산인 모기지증권 부도 시 증권 전액(일종의 보험금)을 보상받고 대신 정기적으로 대형은행에 액면의 4~10% 프리미엄(일종의 보험료)을 납부한다. 2007년 하반기부터 주택가격이 하락하면서 대출 부도율이 점차 증가했고, 이들 대출에 연관된 모기지증권(MBS, CDO)의 가치도 하락했다. 반면 모기지증권에 기초한 CDS 가치는 급상승했다. 이로 인해 주택시장에 매도포지션을 취한 영화 속 펀드운용자들은 투자 원금(프리미엄) 대비 엄청난 수익을 얻었으나, 대형은행은 대규모 손실을 보았고 일부는 파산했다.

이들 펀드운용자처럼 자산 가치 하락 시 해당 자산을 매도하는 것을 영화 제목처럼 쇼트(short)라 하고 매수하는 것을 롱(long)이라 한다. '쇼트'는 증권시장의 쇼트 셀링(short selling, 공매도)에서 유래돼 금융시장에서 널리 사용되고 있다. 공매도는 주가 하락 예상 시 매도할 보유주식이 없는 경우 타인의 주식을 빌려서 파는 거래다. 이런 거래는 17C 유럽에서 시작돼 현재까지 글로벌 주식시장에서 활발히 이루어지고 있다.

국내 주식시장에서는 공매도거래의 허용 여부가 매우 큰 이슈다. 정부는 코로나 발생으로 주가가 급락한 2020년 3월에 모든 주식에 대해 공매도거래를 금지했다. 글로벌 선진 주식시장에서도 2020년 상반기에 단기간 공매도거래를 금지했다가 전면 허용한 바 있다. 국내는 해외 선진시장에 비해 늦은 2021년 5월 초에 대형주 위주로 부분적으로 공매도거래를 허용했다. 선진국과 달리 국내 주식시장에서 공매도를 금지한 배경에는 외국 기관투자자들과 개인투자자 간의 주식 차입 여건에 기인한다. 신용도가 높아 주식 차입이 용이한 외국 투자자들에 의해 대부분의 공매도거래가 이루어지고, 개인투자자들의 참여는 미미하기 때문이다. 또한 공매도거래가 증가할수록 주가 하락을 우려하는 투자자 심리를 반영한 결과이기도 하다. 하지만 공매도거래는 과도하게 주가가 높아지는 버블현상을 방지하고 주가 하락의 위험관리 수단이기도 하다. 공매도로 인한 주가 하락 효과가 크지 않음을 입증한 논문도 다수 발표됐고, 공매도거래를 금지하는 선진 주식시장도 거의 없다.

공매도가 어려운 개인투자자들은 영화 속 펀드 운용자처럼 대체상품으로 매도포지션을 취하는 것이 현명한 투자방법이라 생각된다. 주식선물과 주식옵션은 개인투자자에게 매우 유용한 공매도 대체상품이다. 이들 상품은 공매도에 필요한 주식 차입 없이 바로 주식을 팔(short) 수 있다. 국내 파생상품시장에는 현재 삼성전자 등 대형주를 포함하여 177개 주식선물과 42개 주식옵션이 거래되고 있다. 3월 말 공매도 비중이 높은 주식인 OCI, HMM, 아모레퍼시픽, 호텔신라, 카카오뱅크, 위메이드 등의 주식도 보유나 차입 없이 주식선물로 매도할 수 있다. 코로나 팬데믹 이후 선진국 시장에서는 주식선물과 주식옵션을 이용하는 개인투자자들이 급증하고 있다. 실물 주식 거래나 공매도거래에 비해 10% 내외의 낮은 금액으로 직접 온라인 거래할 수 있기 때문이다.

〈국제신문, 2023. 4. 10 수정, 박찬수(한국거래소)〉

2.3 선물의 가격결정

보유비용모형
이론적 선물가격은 현물가격에 만기일까지 발생한 모든 보유비용(carry costs)을 합한 후, 보유수익(carry returns)을 차감한 값이라 할 수 있다.

선물의 이론적 가격은 차익거래기회가 존재하지 않는다는 전제하에서 도출되며, 이와 같은 선물가격결정모형을 **보유비용모형**(cost-of-carry model)이라 한다.

기본적인 보유비용모형을 도출하기 위하여 필요한 완전시장가정은 다음과 같다.

첫째, 거래비용(예를 들어 위탁수수료, 거래소 수수료, 매수-매도호가 차이 등)과 세금이 존재하지 않는다.

둘째, 공매도(short selling)에 대한 제한이 없고, 공매도에 의해 취득한 자금을 전액 사용할 수 있다.[21]

셋째, 모든 투자자들은 무위험이자율로 얼마든지 자금을 차입하거나 대출할 수 있으며, 차입이자율과 대출이자율이 같다.

21 공매도(空賣渡)는 소유하지 않은 현물을 빌려서 매도하는 것으로 우리나라 주식시장에서의 대주(貸株)와 거의 같은 개념이다.

이론적 선물가격은 현물가격에 만기일까지 발생한 모든 보유비용(carry costs)을 합한 후, 보유수익(carry returns)을 차감한 값이라 할 수 있다.

선물가격 = 현물가격 + 보유비용 − 보유수익

이를 보다 구체적인 식으로 나타내면 다음과 같다.[22]

$$F_{0,T} = S_0(1 + r_T) + C_T - D_T \tag{12-11}$$

여기서 $F_{0,T}$: 현재시점에서의 만기일이 T인 선물가격

S_0: 현재시점에서의 현물가격

r_T: 현재시점에서 만기일인 T시점까지 기간의 무위험이자율

C_T: 현물보유비용(보험료, 창고료, 수송비, 진부화 및 파손으로 인한 손실 등)의 T시점에서의 가치

D_T: 현물보유수익(이자수익, 배당금 등)의 T시점에서의 가치

기초자산이 금융상품인 경우에는 보유수익은 발생될 수 있으나, 보험료, 창고료, 수송비, 진부화 및 파손으로 인한 손실 등의 보유비용은 발생되지 않는다. 반면에, 기초자산이 실물상품인 경우에는 보험료, 창고료, 수송비, 진부화 및 파손으로 인한 손실 등의 보유비용이 발생될 수 있으나, 보유수익은 발생되지 않는다.

예제 12-3 선물의 가격결정

최매입은 현재 만기가 3개월 남아 있는 코스피200선물 1계약을 매입하려고 한다. 현재 코스피200지수는 270포인트, 무위험이자율은 연 4%, 그리고 코스피200지수에 포함되어 있는 주식들의 가중평균배당수익률은 연 2%이다. (단, 배당은 연중 균등하게 지급되며, 1개월은 30일이라고 가정한다.)

---

22 식 (12−11)에서는 편의상 차입금에 대한 이자비용과 현물보유비용을 구분했지만, 이자비용도 현물보유에 따른 기회비용의 성격을 가지고 있으므로 현물보유비용에 포함된다고 할 수 있다.

최매입이 현재 매입하려고 하는 3개월 만기인 코스피200선물 1계약의 이론적 가격은? (단, 코스피200선물의 거래승수는 ₩250,000임.)

해설

$$F_{0,T}=S_0(1+r_T)-D_T=S_0(1+r_T-d_T)$$

$$=270\times ₩250{,}000\times\left[1+(0.04-0.02)\left(\frac{90일}{360일}\right)\right]=₩67{,}837{,}500$$

여기서 d_T = 현재시점에서 만기일까지의 가중평균배당률

2.4 선물거래에 의한 위험의 헤징

헤지
현물시장에서의 가격위험을 줄이는 것을 의미한다.

헤지(hedge)는 현물시장에서의 가격위험(price risk)을 줄이는 것을 의미한다. 선물을 이용함으로써 현물시장에서의 예측하지 못한 가격변동에 따른 위험을 저렴하고 효율적으로 제거할 수 있다. 이는 선물의 주요한 존재이유 중의 하나이다.

선물시장을 이용한 헤지는 현물시장에서의 가격위험을 제거하기 위해 현물시장에서의 포지션과 반대되는 포지션을 선물시장에서 취하는 것을 의미한다. 헤지를 선물시장에서 취하는 포지션에 따라 매입헤지(long hedge)와 매도헤지(short hedge)로 나눈다.

매입헤지
미래에 구입할 예정인 현물의 가격상승으로 인한 손실을 방지하기 위하여 선물을 매입하는 것을 의미한다.

매입헤지는 미래에 구입할 예정인 현물의 가격상승으로 인한 손실을 방지하기 위하여 선물을 매입하는 것을 의미한다. 매입헤지로 인하여 미래 현물가격의 변동에 관계없이 미래에 구입할 현물의 가격을 현재시점에서 고정시킬 수 있다. 예를 들어 정유회사가 원유가격변동으로 인한 위험을 제거하기 위하여 앞으로 구입할 원유에 대하여 선물계약을 맺는 경우, 이를 매입헤지라 한다. 그러나 원재료인 원유가격의 변동에 따라 생산제품인 석유제품의 판매가격이 연동하여 변할 경우 원재료(원유)에 대한 헤지를 함으로써 오히려 제품(석유제품)의 가격변동에 따른 위험에 노출될 수 있다. 따라서 제품의 판매가격이 안정되어 있을 때 미래에

헤지를 선물시장에서 취하는 포지션에 따라 매입헤지와 매도헤지로 나눈다.

구입할 원재료에 대한 선물을 매입, 즉 매입헤지함으로써 위험을 제거할 수 있음을 유의해야 한다.

한편 **매도헤지**는 현재 보유하고 있는 현물의 미래 판매가격 하락으로 인한 손실을 방지하기 위하여 선물을 매도하는 것을 의미한다. 매도헤지로 인하여 미래 현물가격의 변동에 관계없이 미래에 판매될 현물의 가격을 현재시섬에서 고정시킬 수 있다. 예를 들어 농부가 농산물 가격변동으로 인한 위험을 제거하기 위하여 앞으로 수확할 농산물을 매도하는 선물계약을 맺는 경우, 이를 매도헤지라 한다.

매도헤지
미래에 판매할 예정인 현물의 가격하락으로 인한 손실을 방지하기 위하여 선물을 매도하는 것을 의미한다.

선물을 이용한 헤지의 목적은 미래의 불확실한 현물가격을 현재시점에서 고정시키는 것이지, 보다 많은 이익을 보장받는 것은 아니라는 점을 유의해야 한다. 현물가격이 불리하게 변동했을 때는 선물의 이익으로 인하여 현물에서의 손실을 상쇄할 수 있지만, 현물가격이 유리하게 변동했을 때는 선물의 손실이 오히려 현물에서의 이익을 상쇄시킬 수 있다.

재무 산책

헤지(hedge)의 어원

파생상품의 주요 기능 중 하나가 바로 보유자산에 대한 위험관리이다. 이러한 기능을 헤지라고 표현한다. 헤지라는 말은 본래 '가축을 보호하기 위해 낮은 키의 나무로 만든 울타리'를 뜻하는 고대 그리스어 'hecke'에서 유래했다.

헤지의 사전적 의미는 '도박이나 투자를 할 때 위험을 줄여주는 수단이나 행위'를 말한다. 따라서 헤지는 어떤 외부의 위험에 대한 대비책이라는 의미로 해석될 수 있다. 선물, 옵션 등의 파생상품을 이용한 헤지거래는 현재 보유하고 있는 현물의 불확실한 가치에 대하여 파생상품시장에서 반대되는 포지션으로 울타리를 침으로써 가격변동에 따르는 위험을 축소 또는 회피하기 위한 거래이다.

〈알기 쉬운 증권 · 파생상품시장 지표 해설(한국거래소, 2009)〉

뉴스 속 재무

중년들의 위험한 투자, 선물 · 옵션

불혹(不惑)을 넘긴 초등학교 동창들. 그들이 흔들리는 게 보였다. "재테크는 역시 땅이지" "아니야, 달러를 사야 돼" "무슨 소리, 금이 제일이야"…. 중구난방으로 떠들어대다 정신이 번쩍 든 건 '똘똘이 스머프'라는 별명을 가진 동창이 만기도래한 적금 2,000만원으로 선물 · 옵션 투자를 시작했다는 폭탄발언을 불쑥 꺼냈을 때였다. 테 굵은 안경에 백과사전을 끼고 다녀 만화 속 캐릭터로 불렸던 동창의 논리는 그럴듯했다. "세계적인 초저금리 시대에 은행에 묻어두는 투자로는 노후 대비는 절대 안 된다, 외국인과 기관이 선물 · 옵션하는 것 보면 매력이 있기 때문 아니겠느냐? 잘만 하면 수십, 수백 배 차익을 낼 수 있다. 보기에 어렵지 해 보면 쉽다." 그가 하도 자신감 있게 말하는 바람에 주식에 또 투자하면 성을 갈겠다던 일부 동창들까지 솔깃해 하는 눈치였다. 다음 날 아침 증권사 문이 열리자마자 선물 · 옵션 계좌라도 만들 태세였다. 하지만 파생금융상품인 선물(先物)은 생일 때 주는 선물(膳物)과 성격이 반대다. 축복이 아니라 재앙이 될 수 있다. 여기서 잠깐 선물투자에 대해 설명하고 넘어가자.

'강남 스타일'이 대히트를 친 2012년. 가수 싸이와 음반제작사는 '1년 뒤 나올 새 음반도 빅 히트를 칠 수 있을까?' 하는 똑같은 고민을 했을 것이다. 고민 끝에 싸이와 음반제작사는 1년 뒤 나오는 음반 100만장을 100억원에 발매하는 계약을 했다고 해 보자. 1년 뒤 싸이의 인기가 더 높아져서 음반 100만장 발매가격이 150억원이 되면 싸이는 수입 면에서 50억원의 손해를 보게 된다. 하지만 음반제작사는 150억원이 들었을 음반 발매비를 100억원으로 줄였으니 50억원

의 이익을 본 셈이다. 반대로 1년 뒤 음반발매가격이 50억원으로 떨어진다면 싸이는 100억원을 그대로 벌어 50억원만큼 이익(음반제작사는 50억원 손해)을 본다.

거래대상을 음반 대신 주식으로 바꾸면 이게 바로 주식시장에서 말하는 선물거래가 된다. A씨가 현대차 주식 1,000만원어치를 가지고 있다고 하자. 주식가격이 떨어지리라 예상한 그는 현대차 주식선물을 만기일에 현재 가격인 1,000만원으로 팔아(선물 매도) 가격하락의 위험을 줄이기로 했다. 3개월 뒤 주가가 20% 하락해 800만원이 됐다 해도 A씨는 이미 1,000만원에 팔았기 때문에 손해를 보지 않게 된다. 하지만 3개월 뒤 주가가 올랐다면 손해를 보게 된다. 주식선물거래는 주가지수선물과 개별주식선물 두 가지가 있다. 주가지수선물거래는 코스피200이 미래에 오를 것으로 보는 사람과 내릴 것으로 보는 사람이 매매하는 거래다. 이에 비해 개별주식선물거래는 삼성전자나 현대차 같은 개별 우량주 가격이 오르거나 내리는 쪽에 '베팅'하는 것이다.

선물과 비슷한 파생상품으로 옵션이라는 것도 있다. 선물거래와 다른 점은 만기일에 옵션을 사들인 투자자가 예측한 것과 다른 방향으로 가격이 움직여서 손실이 커졌을 때 일정 비용(프리미엄)을 지불하고 거래를 포기할 수 있다는 것이다. 만기일에 주식을 정해진 가격과 수량대로 살 수 있는 콜옵션과 만기일에 팔 수 있는 풋옵션이 있다. 콜옵션의 콜은 전화(call)로 주문해서 산다는 의미이고, 풋옵션의 풋은 마트 진열대에 놓고(put) 판다는 의미라고 생각하면 쉽다.

외국인이나 기관투자가들은 이런 선물이나 옵션을 위험의 크기를 줄이는 수단으로 이용한다. 굴리는 자금이 많기 때문에 대규모 투자가 한쪽 방향으로 쏠리면 자칫 큰 손실을 볼 수 있어 투자금의 극히 일부를 떼어 보험에 들어두는 것이다. 반면 개인은 어디 그런가? 자기 돈을 은행이나 증권사 등에 고루 투자해 둔 상태에서 남는 돈으로 선물에 투자하는 게 아니라 인생 역전을 노리며 전 재산을 몽땅 집어넣는 경우가 많다. 주식은 주가가 떨어져도 다음 날 오를 수 있다. 재기의 기회가 있는 셈이다. 하지만 선물이나 옵션은 만기일이 지나면 상품 자체가 사라져버린다. 그만큼 위험하다. 오죽하면 선물 · 옵션에서 극단적인 방향으로 투자하는 개인을 두고 북방에서 부는 찬바람 앞에 발가벗고 서 있는 상태, 즉 네이키드 포지션(naked position)이라고 했을까. 은행 금리가 사실상 0%이니 정상적인 투자로는 노후 자금을 공무원연금만큼 안정적 수준으로 불릴 자신이 없는 많은 중년들의 심정은 이해가 간다. 하지만 중년들이 간과하고 있는 것은 선물이나 옵션 같은 파생상품 투자에서 개인이 큰 돈을 번다는 것은 순전히 운(luck)이라는 점이다. 실제 2001년 9 · 11테러 때 주가가 폭락하면서 주가하락에 베팅했던 개인들이 원금의 수백 배를 벌었는데, 이들은 주식전문가들이 아니었다.

선물 · 옵션 거래는 시장에 대한 정보와 그 정보를 해석하는 능력이 중요하다. 개인의 정보력이 팀 단위로 움직이는 기관투자가를 능가할 수 없다. 싸이의 음반에서 보듯 선물 · 옵션은 누가 이익을 보면 반대쪽이 꼭 손해를 보는 제로섬게임이다. '똘똘이 스머프'의 게임상대방은 보통 외국인이거나 기관투자가다. 누구에게 승산이 있겠는가? 이 게임은 시작하지 않는 게 좋겠다.

〈동아일보, 2014. 6. 9 수정〉

주요 용어

옵션(options)

특정자산(주로 주식)을 지정된 날짜 또는 그 이전에 미리 약정된 가격으로 사거나 팔 수 있는 권리를 그 소유자에게 주는 계약을 의미한다.

콜옵션(call option)

기초자산(주식 등)을 지정된 날짜 또는 그 이전에 미리 약정된 가격으로 살 수 있는 권리를 의미한다.

$$C_T = \text{Max}[S_T - X,\ 0]$$

풋옵션(put option)

기초자산(주식 등)을 지정된 날짜 또는 그 이전에 미리 약정된 가격으로 팔 수 있는 권리를 의미한다.

$$P_T = \text{Max}[X - S_T,\ 0]$$

풋-콜 패리티(put-call parity)

동일한 행사가격과 만기를 가진 유럽형 풋옵션과 콜옵션의 가치 사이의 균형관계를 말한다.

$$S + P - C = \frac{X}{1 + r_T}$$

옵션가치의 결정요인

요 인	콜옵션	풋옵션
행사가격	−	+
만기*	+	+
기초자산의 가치(주식가격)	+	−
기초자산(주식)의 변동성	+	+
무위험이자율	+	−

*) 유럽형 옵션의 경우에는 성립하지 않을 수 있다.

옵션가격결정모형(option pricing model)

$$C = \frac{pC_u + (1-p)C_d}{1 + r_T}$$

여기서 $p = \dfrac{(1+r_T) - d}{u - d}$, $1 - p = \dfrac{u - (1+r_T)}{u - d}$

선물거래(futures trading)

품질과 가격 등이 표준화된 일정량의 상품(현물)을 현재시점에서 약정된 가격으로 미래의 일정시점에 매입 또는 매도하기로 조직화된 거래소 내에서 약정하는 거래이다.

상품선물(commodity futures)

원자재인 원유, 구리, 금, 은, 옥수수, 밀, 대두 등 일반 상품을 기초자산으로 만들어진 선물이다.

금융선물(financial futures)

주가지수, 금리, 통화 등을 기초자산으로 만들어진 선물이다.

헤저(hedger)

선물의 매입 또는 매도를 통해서 예상하지 못한 현물의 가격변동으로 인하여 발생될 수 있는 손실을 최소화시킬 목적으로 선물거래를 하는 사람을 의미한다.

투기자(speculator)

투기자는 현물시장에서의 포지션과 관계없이 선물가격변동에 따른 시세차익을 얻기 위하여 선물거래를 하는 사람을 의미한다.

차익거래자(arbitrageur)

현물가격과 선물가격간의 일시적인 불균형을 이용하여 무위험수익을 얻을 목적으로 선물거래를 하는 사람을 의미한다.

이론적 선물가격: 보유비용모형(cost-of-carry model)

현물가격에 만기일까지 발생한 모든 보유비용(carry costs)을 합한 후, 보유수익(carry returns)을 차감한 값이라 할 수 있다.

$$F_{0,T} = S_0(1+r_T) + C_T - D_T$$

헤시(hedge)

현물시장에서의 가격위험을 줄이는 것을 의미한다.

매입헤지(long hedge)

미래에 구입할 예정인 현물의 가격상승으로 인한 손실을 방지하기 위하여 선물을 매입하는 것을 의미한다.

매도헤지(short hedge)

미래에 판매할 예정인 현물의 가격하락으로 인한 손실을 방지하기 위하여 선물을 매도하는 것을 의미한다.

연습 문제

Ⅰ. 완성/선택형 문제

01 만기일에서의 옵션의 가치는 기초자산인 보통주의 (　　　)에 의해 결정된다.

02 주식과 풋옵션을 각각 하나씩 매입하고, 콜옵션을 하나 매도함으로써 (　　　)를 구성할 수 있다.

03 선물의 대상이 되는 특정상품을 (　　　), 시장에서 거래되고 있는 대상자산의 현재가격을 (　　　), 선물계약이 이행(결제)되는 미래의 일정시점을 (　　　), 미래 일정시점에서의 약정된 가격을 (　　　)이라고 한다.

04 (　　　)에 의해서 선물거래자가 선물포지션을 없애고 선물시장에서 빠져 나오는 것을 선물포지션을 청산한다고 표현한다.

05 선물거래는 주요 원자재인 원유, 구리, 금, 은, 옥수수, 밀, 대두 등 일반 상품을 기초자산으로 거래하는 (　　　)과 주가지수, 금리, 통화 등을 기초자산으로 거래하는 (　　　)로 구분될 수 있다.

06 헤지를 선물시장에서 취하는 포지션에 따라 (　　　)와 (　　　)로 나눈다.

07 옵션에 대한 다음의 설명 중 잘못된 것은?

① 옵션거래는 기초자산인 주식의 발행자(해당기업)와 관계없이 옵션거래소를 통해 옵션의 매입자와 매도자간에 이루어진 특별한 계약이다.

② 미국형 옵션은 만기일 이내 언제든지 행사가 가능하나, 유럽형 옵션은 만기일에만 행사할 수 있다.

③ 보통주의 가치가 행사가격보다 작다면, 콜옵션을 '가치가 있다'(in the money)라고 한다.

④ 옵션은 유한책임증권으로서 옵션매입자의 손실은 옵션의 매입가격에 한정된다.

⑤ 콜옵션은 향후 주가가 행사가격보다 높을 가능성이 있을 때 매입하는 반면, 풋옵션은 주가가 행사가격보다 낮을 가능성이 있을 때 매입하게 된다.

08 풋-콜 패리티에 대한 다음의 설명 중 잘못된 것은?

① 옵션을 이용함으로써 위험을 제거할 수 있는 가능성을 보여 준다.

② 콜옵션과 풋옵션은 미국형 옵션으로서 동일한 주식에 대하여 설정되며, 그 행사가격과 만기가 모두 같아야 한다.

③ 동일한 행사가격과 만기를 가진 유럽형 풋옵션과 콜옵션의 가치 사이의 균형관계를 말한다.

④ 콜옵션의 현재가치가 구해지면, 풋-콜 패리티를 이용하여 풋옵션의 현재가치도 구할 수 있다.

⑤ 주식의 가격에 풋옵션의 가격을 더하고 콜옵션의 가격을 차감한 값은 무위험이자율로 할인된 행사가격의 현재가치와 같다.

09 옵션가치의 결정요인에 대한 다음의 설명 중 잘못된 것은?

① 행사가격이 높을수록 콜옵션의 가치는 낮아지게 된다.

② 주식의 변동성이 커지면, 콜옵션의 가치는 증가하게 된다.

③ 미국형 콜옵션과 풋옵션의 경우 모두 만기가 길면 길수록 항상 옵션의 가치는 증가하게 된다.

④ 주식의 변동성이 커지면, 풋옵션의 가치는 감소하게 된다.

⑤ 풋옵션의 가치는 이자율과 음(-)의 상관관계를 가진다.

10 시장은 완전하며 차익거래의 기회가 없다고 가정할 경우, 주식을 기초자산으로 하는 유럽식 옵션에 관한 다음 설명 중 가장 적절하지 않은 것은? (단, 문항에서 제시한 조건 이외에 다른 조건은 모두 동일하다.) (CPA 1차 2006)

① 주식의 가격이 증가하면 풋옵션의 가격은 하락한다.

② 행사가격이 클수록 콜옵션의 가격은 낮게 형성된다.

③ 잔존만기가 길수록 풋옵션의 가격은 높게 형성된다.

④ 무위험이자율이 증가하면 콜옵션의 가격은 증가한다.

⑤ 예상배당이 클수록 풋옵션의 가격은 높게 형성된다.

11 다음 표는 어느 특정일의 코스피200주가지수 옵션시세표 중 일부이다. 다음의 설명 중 가장 적절하지 않은 것은? (단, 만기 전 배당, 거래비용, 세금은 없다고 가정한다. 1포인트는 25만원이다.) (CPA 1차 2010 수정)

(단위: 포인트, 계약)

종　목	종　가	전일 대비	고　가	저　가	거래량	미결제 약정수량
코스피200	213.44	3.71	213.56	212.09	-	-
C 20×103 217.5	1.99	0.78	2.17	1.43	597,323	73,427
C 20×103 215.0	3.05	1.15	3.25	2.31	265,900	63,076
C 20×103 212.5	4.55	1.70	4.55	3.40	57,825	44,939
C 20×103 210.5	5.85	1.85	6.15	4.80	34,650	30,597
P 20×103 215.0	4.55	−2.95	6.10	4.35	24,324	26,032
P 20×103 212.5	3.30	−2.55	4.85	3.20	39,636	21,824
P 20×103 210.5	2.40	−2.15	3.50	2.34	253,298	49,416
P 20×103 207.5	1.73	−1.67	2.60	1.69	329,762	33,767

① 등가격(ATM)에 가장 가까운 종목 중 행사가격이 동일한 콜과 풋옵션의 경우 콜옵션 가격이 풋옵션 가격보다 비싸다.

② 행사가격이 210.5인 풋옵션 10계약을 장중 최저가에 매입한 후 최고가에 매도하였다면 290만원의 매매차익을 얻었을 것이다.

③ 외가격(OTM)이 심한 종목일수록 거래량이 많았다.

④ 콜옵션의 경우 내가격(ITM)이 심한 종목일수록 청산되지 않고 남아 있는 수량이 적었다.

⑤ 풋−콜 패리티(put-call parity)를 통한 계산결과, 행사가격이 212.5인 풋옵션은 과소평가되어 있다. 단, $(1+\text{무위험수익률})^{\text{잔존기간}}$은 1.002이다.

12 현재 (주)가나 주식의 가격은 10,000원이고 주가는 1년 후 80%의 확률로 20% 상승하거나 20%의 확률로 40% 하락하는 이항모형을 따른다. (주)가나의 주식을 기초자산으로 하는 만기 1년, 행사가격 9,000원의 유럽형 콜옵션이 현재 시장에서 거래되고 있다. 무위험이자율이 연 5%일 때 모든 조건이 이 콜옵션과 동일한 풋옵션의 현재가격에 가장 가까운 것은? (CPA 1차 2014)

① 715원　② 750원　③ 2,143원
④ 2,250원　⑤ 3,000원

13 현재 주가는 10,000원이고, 무위험이자율은 연 3%이다. 1년 후 주가는 15,000원으로 상승하거나 7,000원으로 하락할 것으로 예상된다. 이 주식을 기초자산으로 하는 유럽형 옵션의 만기는 1년이고 행사가격은 10,000원이며 주식은 배당을 지급하지 않는다. 1기간 이항모형을 이용하는 경우, 주식과 옵션으로 구성된 헤지포트폴리오(hedge portfolio)로 적절한 항목만을 모두 고르면? (단, 주식과 옵션은 소수 단위로 분할하여 거래가 가능하다.) (CPA 1차 2013)

(가) 주식 1주 매입,	콜옵션 $\frac{8}{5}$개 매도
(나) 주식 $\frac{5}{8}$주 매도,	콜옵션 1개 매입
(다) 주식 1주 매입,	풋옵션 $\frac{8}{3}$개 매입
(라) 주식 $\frac{3}{8}$주 매도,	풋옵션 1개 매도

① (가), (다) ② (나), (라) ③ (가), (나), (다)
④ (가), (나), (라) ⑤ (가), (나), (다), (라)

14 다음의 표는 잔존만기와 기초자산이 동일한 유럽형 옵션의 시장가를 정리한 것이다. 잔존만기와 무위험이자율이 양수라고 가정할 때, 다음 중 차익거래가 나타날 수 있는 포지션은? (단, 괄호 안은 행사가격을 나타낸다.) (CPA 1차 2018)

행사가격	콜가격	풋가격
100	9.0	3.0
105	5.2	6.0
110	2.0	11.5

① 콜(100) 1개 매수, 콜(105) 1개 매도
② 풋(105) 1개 매수, 풋(110) 1개 매도
③ 콜(100) 1개 매수, 콜(105) 2개 매도, 콜(110) 1개 매수
④ 풋(100) 1개 매수, 풋(105) 2개 매도, 풋(110) 1개 매수
⑤ 콜(100) 1개 매수, 풋(100) 1개 매수

15 다음 상황에 관한 설명으로 가장 적절하지 않은 것은? (CPA 1차 2020)

(투자자 갑은 현재 주가가 45,000원인 주식 A 1주를 보유하고 있다. 투자자 갑은 "만기일인 한 달 후에 주식 A의 가격이 50,000원 이상이면 1주를 50,000원에 투자자 갑으로부터 매입할 수 있고 50,000원 미만이면 매입하지 않아도 되는 옵션"을 투자자 을에게 7,000원에 매도하였다.

① 투자자 갑은 투자자 을에게 콜옵션을 매도하였다.
② 이 옵션은 현재 외가격상태에 있다.
③ 이 옵션의 내재가치(intrinsic value)는 5,000원이다.
④ 이 옵션의 시간가치(time value)는 7,000원이다.
⑤ 이 옵션의 행사가격은 50,000원이다.

16 선물거래와 선도거래에 대한 다음의 설명 중 잘못된 것은?

① 선도거래는 본질적으로 선물거래와 유사하다.
② 선도거래는 장외시장에서 당사자간 직접 계약에 의해 이루어지는 반면, 선물거래는 선물거래소에서 공개입찰을 통해 이루어진다.
③ 선물계약은 표준화되어 있지만, 선도계약은 거래당사자간 합의에 의해 거래조건이 결정된다.
④ 선물거래에서는 청산위험이 거의 없으나, 선도거래의 경우 계약자 쌍방간의 직접거래이므로 계약당사자의 신용도에 따른 위험이 존재한다.
⑤ 선물거래와 선도거래 모두 계약의 이행을 보증하려는 제도적 장치로 일일정산, 증거금 등의 제도를 두고 있다.

17 선물시장의 경제적 기능에 대한 다음의 설명 중 거리가 먼 것은?

① 가격변동위험의 관리 ② 가격의 예시 ③ 시장효율성의 제고
④ 자본형성의 촉진 ⑤ 투기적 거래의 방지

18 배당을 지급하지 않는 주식 A의 현재 가격은 10달러이다. 현재 환율은 1달러 당 1,100원이고, 달러화에 대한 무위험이자율은 1%이며, 원화에 대한 무위험이자율은 3%이다. 주식 A를 1년 후에 원화로 구입하는 선도계약이 가능할 때, 선도가격에 가장 가까운 것은? (단, 무위험이자율로 차입과 대출이 가능하고, 공매도가 허용되며, 거래비용과 차익거래기회가 없다.) (CPA 1차 2021)

① 10,786원 ② 11,000원 ③ 11,110원

④ 11,330원 ⑤ 11,443원

19 주식 A는 현재 주가가 30,000원이고 주식 A를 기초자산으로 하는 만기 2년인 선물계약이 37,000원에 거래되고 있다. 주식 A는 배당금을 지급하지 않으며, 현물 및 선물의 거래에 따른 거래비용 또는 보유비용이 없다. 무위험이자율 10%로 대출과 차입을 할 수 있을 때 (a) 차익거래 전략과 (b) 차익거래 이익에 가장 가까운 것은?

(CPA 1차 2023)

	(a) 차익거래 전략	(b) 차익거래 이익
①	주식매입 + 선물매도 + 차입	700원
②	주식매입 + 선물매도 + 대출	4,000원
③	주식매입 + 선물매도 + 차입	4,000원
④	주식매입 + 선물매도 + 대출	700원
⑤	주식공매 + 선물매입 + 대출	4,000원

20 헤지에 대한 다음의 설명 중 거리가 먼 것은?

① 선물을 이용함으로써 현물시장에서의 예측하지 못한 가격변동에 따른 위험을 저렴하고 효율적으로 제거할 수 있다.

② 선물시장을 이용한 헤지는 현물시장에서의 가격위험을 제거하기 위해 현물시장에서의 포지션과 동일한 포지션을 선물시장에서 취하는 것을 의미한다.

③ 매입헤지로 인하여 미래 현물가격의 변동에 관계없이 미래에 구입할 현물의 가격을 현재시점에서 고정시킬 수 있다.

④ 매도헤지로 인하여 미래 현물가격의 변동에 관계없이 미래에 판매할 현물의 가격을 현재시점에서 고정시킬 수 있다.

⑤ 선물을 이용한 헤지의 목적은 미래의 불확실한 현물가격을 현재시점에서 고정시키는 것이지, 보다 많은 이익을 보장받는 것은 아니다.

Ⅱ. 서술/계산형 문제

01 행사가격, 만기일, 기초자산가격, 기초자산의 변동성, 무위험이자율 등이 콜옵션과 풋옵션의 가격에 미치는 영향을 설명하라.

02 선물거래와 선도거래를 비교하여 설명하라.

03 선물거래에 의한 위험의 헤징에 대해서 사례를 들어 설명하라.

04 **| 콜옵션의 만기일 가치와 손익 |**

박매입은 행사가격이 255.0포인트이고, 1달 후에 만기가 되는 코스피200콜옵션 10계약을 계약당 5포인트의 가격으로 매입하였다. (단, 거래승수는 1포인트당 25만원임.)

(1) 만기일의 코스피200이 265포인트일 경우, 콜옵션의 만기일 가치와 손익은?

(2) 만기일의 코스피200이 250포인트일 경우, 콜옵션의 만기일 가치와 손익은?

05 **| 풋-콜 패리티와 차익거래 |** (CPA 1차 2019 수정)

배당을 지급하지 않는 주식 E를 기초자산으로 하는 유럽형 옵션을 가정한다. 주식 E의 1주당 시장가격은 현재 10,000원이다. 잔존만기 1년, 행사가격 11,000원인 유럽형 콜옵션과 풋옵션의 1계약 당 프리미엄은 현재 각각 1,500원과 500원으로 차익거래기회가 존재한다. 차익거래포지션의 만기일의 현금흐름을 0으로 할 때, 현재의 차익거래이익을 구하라. 단, 무위험수익률은 연 10%이며 무위험수익률로 차입과 예금이 가능하다. 옵션 1계약당 거래단위(승수)는 1주이며, 차익거래포지션은 주식 E의 1주를 기준으로 구성한다.

06 **| 콜옵션의 가격결정 |** (CPA 1차 2020)

1기간 이항모형을 이용하여 기업 A의 주식을 기초자산으로 하는 유럽형 콜옵션의 이론적 가격을 평가하고자 한다. 현재 이 콜옵션의 만기는 1년이고, 행사가격은 10,000원이다. 기업 A의 주식은 배당을 하지 않으며, 현재 시장에서 10,000원에 거래되고 있다. 1년 후 기업 A의 주가가 12,000원이 될 확률은 60%이고, 8,000원이 될 확률은 40%이다. 현재 무위험이자율이 연 10%라고 할 때, 이 콜옵션의 이론적 가격은?

07 **| 일일정산이익과 총이익 |**

이매입은 3월 13일 현재, 3월 만기인 코스피200선물 10계약을 252.30포인트에 매입하였다. 반면 박매도는 3월 13일, 3월 만기인 코스피200선물 10계약을 252.30포인트에 매도하였다. 거래 후 3월물 코스피200선물의 가격(종가)은 다음과 같다.

(단위: 포인트)

일 자	코스피200선물가격 (3월물)
3월 13일	250.40
14일	251.20

일일정산의 결과에 따른 이매입과 박매도의 일자별 손익, 그리고 3월 14일 거래종료 후 선물거래로 인한 총손익을 계산하라. (단, 선물 1계약의 크기는 「코스피200선물지수×25만원」이다.)

08 | 선물의 가격결정 |

최매입은 현재 만기가 3개월 남아 있는 코스피200선물 1계약을 매입하려고 한다. 현재 코스피200은 260.20포인트, 무위험이자율은 연 12%, 그리고 코스피200에 포함되어 있는 주식들의 가중평균배당수익률은 연 4%이다. 최매입이 현재 매입하려고 하는 3개월 만기인 코스피200선물 1계약의 이론적 가격은? (단, 거래승수는 1포인트당 25만원임.)

보론 보유비용모형의 증명

보유비용모형을 도출하기 위하여 다음과 같은 두 거래를 고려해 보자.

- 거래 Ⅰ: 현재시점에서 만기일이 T인 선물을 $F_{0,T}$로 매입함.
- 거래 Ⅱ: 현재시점에서 현금을 S_0만큼 차입한 후, 그 자금으로 현물(기초자산)을 매입함.

이상과 같은 두 거래로 인한 현재 및 만기일에서의 현금흐름을 살펴보면 〈표 12A-1〉과 같다.

거래 Ⅰ과 Ⅱ 모두 현재시점에서 추가적인 자금의 지출 없이 만기에 현물을 보유하는 동일한 거래이다. 따라서 차익거래기회가 존재하지 않기 위해서는 만기일의 현금흐름이 같아야 한다.

$$S_T - F_{0,T} = S_T - S_0(1+r_T) - C_T + D_T \qquad (12A-1)$$

그러므로 보유비용모형, 즉 식 (12A-2)가 성립함을 알 수 있다.

$$F_{0,T} = S_0(1+r_T) + C_T - D_T \qquad (12A-2)$$

표 12A-1
거래 Ⅰ과 Ⅱ의 현금흐름

거래		현금흐름: 현재(0시점)	현금흐름: 만기일(T시점)
거래 Ⅰ	선물을 $F_{0,T}$로 매입	0	$F_{T,T} - F_{0,T} = S_T - F_{0,T}$
거래 Ⅱ	현물을 S_0로 매입	$-S_0$	$S_T - C_T + D_T$
	현금 S_0 차입	S_0	$-S_0(1+r_T)$
	합 계	0	$S_T - S_0(1+r_T) - C_T + D_T$

단, S_0: 현재시점에서의 현물가격, S_T: 만기일에서의 현물가격
$F_{0,T}$: 현재시점에서 만기일이 T인 선물가격, $F_{T,T}$: 만기일에서의 선물가격
r_T: 현재시점에서 만기일인 T시점까지 기간의 무위험이자율
C_T: 현물보유비용(보험료, 창고료, 수송비, 진부화 및 파손으로 인한 손실 등)의 T시점 가치
D_T: 현물보유수익(이자수익, 배당금 등)의 T시점 가치

표 12A-2
「$F_{0,T}>S_0(1+r_T)+C_T-D_T$」일 경우의 차익거래: 매수차익거래

차익거래	현금흐름	
	현재(0시점)	만기일(T시점)
선물을 $F_{0,T}$로 매도	0	$F_{0,T}-S_T$
현물을 S_0로 매입	$-S_0$	$S_T-C_T+D_T$
현금 S_0 차입	S_0	$-S_0(1+r_T)$
차익거래이익	0	$F_{0,T}-S_0(1+r_T)-C_T+D_T$

선물가격이 식 (12A−2)의 이론적 선물가격과 다른 경우에는 차익거래가 발생하게 된다. 먼저 선물가격이 이론적 선물가격보다 높은 경우, 즉 「$F_{0,T}>S_0(1+r_T)+C_T-D_T$」인 경우에는 과대평가된(overpriced) 선물을 매도하고, 과소평가된(underpriced) 현물을 매입하여 보유하는 차익거래에 의해서 「$F_{0,T}-S_0(1+r_T)-C_T+D_T>0$」의 차익거래이익을 얻을 수 있다. 이와 같은 차익거래를 **매수차익거래** 또는 현물보유차익거래(cash-and-carry arbitrage)라 하며, 그 차익거래과정을 요약하면 〈표 12A−2〉와 같다.

매수차익거래
차익거래이익을 얻기 위하여 과대평가된 선물을 매도하고, 과소평가된 현물을 매입하여 보유하는 차익거래를 의미한다.

〈표 12A−2〉와 같이 양(+)의 차익거래이익이 존재하는 경우에 모든 차익거래자들은 매수차익거래에 참여할 것이기 때문에, 선물매도가 증가하여 선물가격이 하락하고 현물매입이 증가하여 현물가격이 상승하게 된다. 매수차익거래는 선물가격이 이론적 선물가격과 같아질 때까지 지속적으로 발생하게 될 것이다.

한편 선물가격이 이론적 선물가격보다 낮은 경우, 즉 「$F_{0,T}<S_0(1+r_T)+C_T-D_T$」인 경우에는 과소평가된 선물을 매입하고, 과대평가된 현물을 공매도하는 차익거래에 의해서 「$S_0(1+r_T)+C_T-D_T-F_{0,T}>0$」의 차익거래이익을 얻을 수 있다. 이와 같은 차익거래를 **매도차익거래** 또는 역현물보유차익거래(reverse cash and-carry arbitrage)라 하며, 그 차익거래과정을 요약하면 〈표 12A−3〉과 같다.

매도차익거래
차익거래이익을 얻기 위하여 과소평가된 선물을 매입하고, 과대평가된 현물을 공매도하는 차익거래를 의미한다.

〈표 12A−3〉과 같이 양(+)의 차익거래이익이 존재하는 경우에 모든 차익거래자들은 매도차익거래에 참여할 것이기 때문에, 선물매입이 증가하여 선물가격이 상승하고 현물공매도가 증가하여 현물가격이 하락하게 된다. 매도차익거래는 선물가격이 이론적 선물가격과 같아질 때까지 지속적으로 발생하게 될 것이다.

이상에서 설명한 바와 같이 선물가격이 이론적 선물가격과 다른 경우에는 차익거래가 발생하여 식 (12A−2)가 성립하게 됨을 알 수 있다.

표 12A-3
「$F_{0,T} < S_0(1+r_T) + C_T - D_T$」일 경우의 차익거래: 매도차익거래

차익거래	현금흐름	
	현재(0시점)	만기일(T시점)
선물을 $F_{0,T}$로 매입	0	$S_T - F_{0,T}$
현물을 S_0로 공매도	S_0	$-S_T + C_T - D_T$
현금 S_0 대출	$-S_0$	$S_0(1+r_T)$
차익거래이익	0	$S_0(1+r_T) + C_T - D_T - F_{0,T}$

제 13 장

국제재무관리

1. 외환시장과 환율
2. 환위험관리
3. 국제자본예산
4. 국제자금조달

국제재무관리에서 가장 중요한 요소는 환율이다. 환율은 국제기업이 재무의사결정을 내릴 때 중요한 정보와 기회를 제공한다.

Chapter

13

International Financial Management

제13장의 개요

지금까지는 한 국가 내에서의 재무관리에 관하여 설명하였다. 그러나 오늘날 대부분의 기업들은 한 나라 이상의 국가에서 경영활동을 하는 국제기업(international firm)의 형태를 취하고 있다. 따라서 기업의 국제경영활동에 있어서의 자금의 조달과 운용을 다루는 국제재무관리에 관한 관심이 점점 높아지고 있는 실정이다. 재무관리의 기본원칙, 즉 NPV의 원칙은 국내기업뿐만 아니라 국제기업에도 여전히 성립한다. 그러나 국제기업은 환율, 국가간의 이자율 차이, 해외영업에 대한 복잡한 회계처리방법, 국제조세, 그리고 외국정부의 개입 등 국내기업에는 전혀 영향을 미치지 않는 여러 가지 재무적 요인들을 추가적으로 고려하여야 할 것이다. 그러므로 본장에서는 국제재무관리의 기본적 문제인 외환시장과 환율, 환위험관리, 국제자본예산, 국제자금조달 등을 차례로 설명하고자 한다.

01 외환시장과 환율

1.1 외환시장

외환시장(foreign exchange market)은 한 국가의 통화와 다른 국가의 통화가 서로 교환되는 시장, 즉 외환의 수요와 공급을 연결하는 기능적 의미에서의 시장 또는 거래메커니즘을 말한다. 국제무역과 다국적 기업의 활동이 활발해지면서 외환시장의 규모가 크게 증가되어, 외환시장은 세계최대의 금융시장으로 성장하였다. 외환거래의 대부분은 미국 달러(USD, $), 유럽연합 유로(EUR, €), 영국 파운드스털링(GBP, £), 일본 엔(JPY, ¥), 캐나다 달러(CAD, C$), 호주 달러(AUD, A$), 스위스 프랑(CHF) 등 몇 개의 통화에 의해 이루어지고 있다.

> **외환시장**
> 한 국가의 통화와 다른 국가의 통화가 서로 교환되는 시장, 즉 외환의 수요와 공급을 연결하는 기능적 의미에서의 시장 또는 거래메커니즘을 말한다.

외환시장에는 은행, 기업, 개인, 정부 등이 참가한다. 외환시장은 거래당사자에 따라 외국환은행과 고객(기업, 개인, 정부 등) 사이에 외환거래가 이루어지는 대고객시장(customer market)과 외국환은행간에 거래가 이루어지는 은행간시장(inter-bank market)으로 구분되는데, 일반적으로 외환시장이라 할 때에는 은행간시장을 지칭한다. 은행간시장에서의 외환거래는 외국환은행의 딜러(dealer)들이 직접 거래하는 장외 직접거래시장과 외국환중개회사를 통한 장내 거래소시장을 통해 이루어진다. 중개회사를 통한 장내 거래소시장은 대부분의 외국환은행이 참가하며 매일 오전 9시에서 오후 4시 30분까지 거래가 이루어진다. 장외시장(over-the-counter market)은 딜러들이 주로 전화나 로이터 딜링머신(Reuters dealing machine)(외환거래 전용 채팅기계)을 통해 사거나 팔려고 하는 외국 돈의 가격을 제시하여 제시가격이 서로 일치하는 상대와 거래를 하는데, 이렇게 거래가 이루어질 때마다 환율은 시시각각 변동하는 것이다.

> **환율**
> 한 나라의 통화가 다른 나라의 통화로 교환되는 비율을 의미한다.

환율(exchange rate)은 한 나라의 통화(currency)가 다른 나라의 통화로 교환되는 비율을 의미한다. 환율은 자국통화와 외국통화 둘 중 어느 하나를 기준으로 표시할 수 있는데, 어느 통화를 기준으로 하느냐에 따라 직접표시환율(direct quotation) 또는 자국통화표시환율(지급환율), 간접표시환율(indirect quotation) 또는 외국통화표시환율(수취환율)로 구분된다. **직접표시환율**은 외국통화 한 단위의 가격을 자국통화로 표시하는 방법이며, 이와 반대로 **간접표시환율**은 자국통화 한 단위의 가격을 외국통화로 표시하는 방법이다. 예를 들어 우리나라의 경우 1달러=1,000원 또는 ₩1,000/$은 직접표시환율이며, 1원=0.001달러 또는 $0.001/₩은 간접표시환율이다.[1] 일반적으로 환율은 직접표시방법에 의해 표시된다. 직접표시환율을 사용하는 우리나라의 경우 달러환율의 절대치가 커지는 경우(예 달러당 1,000원에서 1,200원), 환율이 상승하였다고 한다.[2] 이것은 달러가치가 원화에 비해 상승한 반면, 원화가치는 달러에 비해 하락하였음을 뜻한다.

직접표시환율
외국통화 한 단위의 가격을 자국통화로 표시하는 방법으로 자국통화표시환율 또는 지급환율이라고도 한다.

간접표시환율
자국통화 한 단위의 가격을 외국통화로 표시하는 방법으로 외국통화표시환율 또는 수취환율이라고도 한다.

그러나 외환시장에서는 여러 나라의 통화가 거래되므로 자국통화와 외국통화의 교환비율뿐만 아니라 외국통화 상호간의 교환비율도 나타낼 수 있다. 일반적으로 외국통화 1단위에 대한 미달러화의 교환비율을 나타내는 방법, 즉 £1=$1.50 또는 $1.50/£를 미국식(American terms)이라 하며, 미국 달러 1단위에 대한 외국통화의 교환비율인 $1=£0.67 또는 £0.67/$를 유럽식(European terms)이라고 한다. 미달러화가 세계 기축통화(vehicle currency)의 역할을 담당하면서부터 국제외환거래의 대부분은 미달러화와의 매매거래를 통하여 이루어지고 있어, 국제외환시장에서 환율은 대부분 미달러화 1단위에 대한 외국통화의 비율인 유럽식으로 표시되고 있다. 그러나 영국 파운드화와 호주 달러화 등 몇 개 통화는 미국식으로 표시되기도 한다.

외환시장에서의 거래는 크게 현물환거래(spot exchange trade), 선물환거래(forward exchange trade), 스왑거래(swap trade) 등 세 가지로 구분된다. **현물환거래**는 외환거래계약 후 통상 2영업일 이내에 현금결제(cash settlement)가 이루어지는 거래를 말하며, 이때 적용되는 환율을 현물환율(spot exchange rate)이라 한다.[3] 일반적으로 환율이라 하면 현물환율을 말한다.

현물환거래
외환거래계약 후 통상 2영업일 이내에 현금결제가 이루어지는 거래를 말하며, 이때 적용되는 환율을 현물환율이라 한다.

그리고 **선물환거래**는 외환매매계약 체결일로부터 일정기간(통상 2영업일) 경과 후 특정일에 외환을 결제하기로 약정한 거래를 말하며, 이와 같은 거래에 적용되는 환율을 선물환율(forward exchange rate)이라 한다.[4] 선물환거래와 유사한 것으로서

선물환거래
외환매매계약 체결일로부터 일정기간(통상 2영업일) 경과 후 특정일에 외환을 결제하기로 약정한 거래를 말하며, 이와 같은 거래에 적용되는 환율을 선물환율이라 한다.

1 직접표시환율과 간접표시환율은 상호 역수의 관계를 가진다.

2 환율의 변동을 나타낼 때 통화의 상대적 가치상승과 가치하락을, 고정환율제도하에서는 각각 평가절상(revaluation), 평가절하(devaluation)라는 표현을 사용하나, 변동환율제도하에서는 환율상승(appreciation), 환율하락(depreciation)이라고 표현한다.

3 현물환거래에 따른 지불지시(수표 등)가 은행제도를 통해서 결제되는 데는 보통 2영업일이 소요된다.

4 본서에서는 실무에서 일반적으로 사용되는 용어인 '선물환거래'와 '선물환율'을 사용하고 있으나 이들의 정확한 명칭은 '선도환거래'와 '선도환율'이라 할 수 있다.

통화선물거래(foreign currency futures)가 있다. 통화선물거래는 선물환거래와 마찬가지로 미래의 일정시점에서 외환을 인도 또는 인수하겠다는 계약이지만, 세계주요 통화에 대해서만 표준화되어 조직화된 시장에서 거래되고 만기 이전에 청산이 가능하다는 점에서 다르다.

선물환율은 현물환율보다 높을 수도 있고 낮을 수도 있다. 만약 선물환율이 현물환율보다 높다면, 외국통화의 선물환이 할증(premium)되어 거래된다고 말한다.[5] 반대로 만약 선물환율이 현물환율보다 낮으면, 외국통화의 선물환이 할인(discount)되어 거래된다고 말한다. 선물환할증(또는 선물환할인)은 현물환율에 대한 선물환율의 변화율(보통 연율)로 다음과 같이 나타낼 수 있다.

$$\text{선물환할증(또는 할인)} = \frac{\text{선물환율} - \text{현물환율}}{\text{현물환율}} \times \frac{12}{\text{선물계약기간(월)}} \times 100\%$$

예를 들어 대미달러화 현물환율이 ₩1,000/$이고 3개월 선물환율이 ₩1,020/$인 경우, 선물환할증은 다음과 같이 구할 수 있다.

$$\text{선물환할증} = \frac{1,020 - 1,000}{1,000} \times \frac{12}{3} \times 100(\%) = 8\%$$

즉 미달러화의 선물환은 현물환에 비해 8% 할증거래됨을 알 수 있다.[6]

스왑거래
미래의 일정시점에서 재매입(재매도)한다는 계약을 체결하면서 외환을 매도(매입)하는 거래를 말하며, 이때 재매입가격(선물환율)과 매도가격(현물환율)의 차이를 스왑률이라 한다.

스왑거래는 미래의 일정시점에서 재매입(재매도)한다는 계약을 체결하면서 외환을 매도(매입)하는 거래를 말하며, 이때 재매입가격(선물환율)과 매도가격(현물환율)의 차이를 스왑률(swap rate)이라 한다. 스왑거래의 핵심은 결제일을 달리하는 실제로 두 개인 거래(현물환거래와 선물환거래)를 하나의 거래로 묶어서 체결한다는 것이다. 예를 들어 은행 A가 은행 B로부터 100만달러를 원화로 매입하고, 은행 B와 3개월 만기의 선물환 100만달러를 매도하는 계약을 동시에 체결하는 것이 스왑거래이다. 이 경우 은행 A는 지금 필요한 100만달러를 확보하고, 나중에 이를 되팔 수 있다.

5 이는 선물환거래시 자국통화가 할인(discount)됨을 의미한다.

6 반면 원화의 선물환은 7.84% 할인거래된다.

$$\frac{(1/1,020) - (1/1,000)}{(1/1,000)} \times \frac{12}{3} \times 100(\%) = -7.84\%$$

예제 13-1

재정환율

현재 한국 외환시장에서의 대미달러화 환율은 ₩1,140/$이며, 일본 외환시장에서의 대미달러화 환율은 ¥82/$이다. 외환시장은 효율적이고, 거래비용이 존재하지 않는다.

(1) ¥100에 대한 원화환율, 즉 재정환율(arbitrage rate)은 어떻게 되겠는가?

(2) 물음 (1)에서 구한 재정환율과 실제환율이 일치하지 않을 경우 어떻게 되겠는가?

해설

(1)

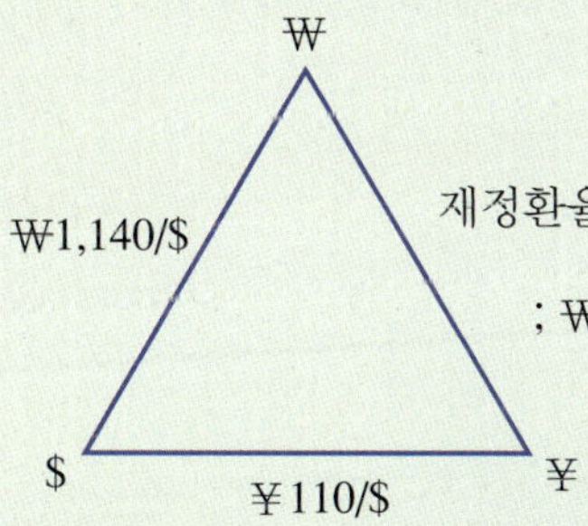

$$재정환율 = \frac{₩1,140/\$}{¥110/\$} = ₩10.3636/¥$$

; ₩1,036.36/¥100

※ 재정환율을 계산하기 위하여 사용된 미달러화와 엔화의 환율을 교차환율(cross rate)이라 한다.

(2) 외환시장이 효율적이고 거래비용이 존재하지 않을 경우, 재정환율이 실제환율과 서로 상이하다면 시장간 삼각차익거래(intermarket triangular arbitrage)가 발생되어 재정환율과 실제환율이 같아지게 될 것이다.

일물일가의 법칙과 구매력평가 1.2

현물환율의 결정에 관한 가장 단순한 이론으로서 일물일가의 법칙(law of one price)을 들 수 있다. 이는 동일한 상품은 어느 나라에서 구매하는가에 관계없이 그 가격이 같아야 한다는 주장이다.

$$P_0 - S_0 \times P_0^F \qquad (13\text{-}1)$$

여기서 S_0: 현재시점의 현물환율(자국통화표시환율)

P_0: 현재시점의 특정상품의 국내가격

P_0^F: 현재시점의 동일한 특정상품에 대한 외국에서의 외국통화표시가격

일물일가의 법칙은 자유롭고 완전한 국제적 상품 차익거래를 통하여 이루어진다. 국제적 상품 차익거래란 두 나라간에 있어서의 특정상품의 가격 차이가 있는 경우, 가격이 낮은 나라에서 그 특정상품을 매입한 후 가격이 높은 나라에서 매각함으로써 이익을 얻는 것을 말하며, 이와 같은 거래는 일물일가의 법칙이 성립할 때까지 계속될 것이다. 일물일가의 법칙은 운송비 및 기타 거래비용이 없고, 관세 등의 무역장벽이 존재하지 않으며, 양국에서 거래되는 특정상품이 완전히 동질적이어야 성립될 것이다. 그러나 현실적으로 운송비 및 기타 거래비용, 관세, 제품의 차별성 등으로 인하여 실제환율은 일물일가의 법칙에 의해 산출되는 환율과 차이가 난다.

소비자들은 여러 상품을 구매하기 때문에 앞에서 설명한 일물일가의 법칙을 하나의 상품뿐만 아니라 다수의 상품에 적용시킨 것을 구매력평가이론(purchasing-

재무 산책

빅맥지수

일물일가의 법칙을 적용한 대표적인 사례로는 전 세계 각국에서 판매되고 있는 맥도날드사 햄버거인 빅맥(Big Mac)의 가격을 기준으로 계산된 환율, 즉 「빅맥지수」를 들 수 있는데, 이는 영국의 경제전문지 「이코노미스트」(The Economist)가 매분기마다 한 번씩 발표하고 있다. 예를 들어 빅맥의 가격이 국내에서는 개당 4,000원이고, 미국에서는 개당 4달러라고 하자. 이 경우 빅맥의 가격을 기준으로 환산된 미달러화에 대한 원화의 환율, 즉 빅맥지수를 구하면 다음과 같다.

$$S_0 = \frac{P_0}{P_0^F} = \frac{₩4,000}{\$4.00} = ₩1,000/\$$$

한편 애플의 스마트폰인 아이폰을 이용하여 산출된 「아이폰지수」(iPhone index)도 발표되고 있다. 이는 빅맥지수와 마찬가지로 각 국가별 구매력과 물가를 쉽게 비교할 수 있게 해 준다. 맥도날드의 빅맥 햄버거는 각국에서 그 나라의 원료를 이용해 만들기 때문에 국가별 물가비교에 오류가 있을 수 있다는 지적을 받아 왔다. 이러한 빅맥지수의 단점을 보완한 것이 바로 아이폰지수다. 아이폰지수는 캐나다 CBC 뉴스가 2008년 7월 기준으로 21개국 27개 통신업체의 아이폰가격을 비교하면서 발표되기 시작하였다. 이외에도 스타벅스 커피가격에 기초해 작성되는 「카페라테지수」(Caffe Latte index) 등도 주요 국가의 물가수준과 적정 환율을 비교하는 지수로 사용되고 있다.

power parity theorem)이라 한다. 즉 구매력평가이론은 구매되는 나라에 관계없이 다수의 상품으로 구성된 상품의 시장바스켓(market basket) 가격이 동일하도록 환율이 조정된다는 것을 의미한다.[7] 또한 구매력평가를 상대적인 개념으로 발전시킨 것을 **상대적 구매력평가이론**(relative purchasing-power parity theorem)이라 하는데, 이는 양국간 물가상승률의 상대적인 차이가 양국간 환율의 변화율을 결정한다는 것이다.

상대적 구매력평가이론
양국간 환율의 변화율은 양국간 물가상승률의 상대적인 차이에 의해 결정된다.

$$\frac{P_1}{P_0}=\frac{S_1}{S_0}\times\frac{P_1^F}{P_0^F} \tag{13-2}$$

여기서 S_1: 1기간 후 현물환율(자국통화표시환율)
P_1: 1기간 후 특정상품의 국내가격
P_1^F: 1기간 후 동일한 특정상품에 대한 외국에서의 외국통화표시가격

또는

$$1+\pi=(1+s)\times(1+\pi^F) \tag{13-3}$$

여기서 s: 자국통화표시환율의 변화율
π: 국내의 물가상승률
π^F: 외국의 물가상승률

식 (13–3)에 의해 자국통화표시환율의 변화율 s를 구하면 다음과 같다.

$$s=\frac{1+\pi}{1+\pi^F}-1 \tag{13-4}$$

그리고 $s \cdot \pi^F$가 무시할 정도로 아주 작다면, 식 (13–3)은 다음과 같은 근사식으로 나타낼 수 있다.

$$\pi \fallingdotseq s+\pi^F \tag{13-5}$$

그러므로 식 (13–5)에 의해 s는 다음과 같이 나타낼 수 있다.

$$s \fallingdotseq \pi-\pi^F \tag{13-6}$$

근사식인 식 (13–6)에 의하면 자국통화표시환율의 변화율은 국내와 외국의 물가상승률의 차이와 같게 됨을 알 수 있다. 상대적 구매력평가이론에 의하면 국내의 물가상승률이 외국에 비해 높은 경우, 자국통화표시환율의 변화율이 증가(환율

7 이를 절대적 구매력평가이론이라 하기도 한다.

이 상승)하여 자국통화의 가치가 감소하게 됨을 알 수 있다.

구매력평가가 성립한다는 것은 동일한 어떤 자산에 대한 실질수익률이 어느 나라의 투자자들에게나 모두 같음을 의미한다. 예를 들어 미국의 어떤 자산이 달러로 연 12%의 수익률을 나타내고 있으며, 연간 물가상승률이 미국과 한국에서 각각 6%, 10%라고 하자. 또한 양국간에 구매력평가가 성립하여 연간 달러화가 원화에 비해 4% 정도 가치가 상승하였다고 하자. 그러면 이 자산에 대한 원화표시의 연간 수익률은 약 16%(12%+4%)가 될 것이다. 이 경우 물가상승률을 감안한 연간 실질수익률은 약 6%로 미국의 투자자(12%−6%) 또는 한국의 투자자(16%−10%) 모두 동일할 것이다. 이와 같이 환율변동은 단지 양국의 물가상승률의 차이를 반영하여 양국간의 실질수익률을 동일하게 만드는 데 불과하므로 동일한 자산에 대한 투자결정에 어떠한 영향도 미치지 않는다.

예제 13-2 구매력평가이론

향후 1년 동안 국내의 물가상승률은 10%, 미국의 물가상승률은 6%가 되리라 예상된다. 현재 대미달러화 환율이 1달러당 1,000원이라고 할 때, 1년 후 대미달러화 환율은 어떻게 되겠는가?

해설

$$s=\frac{S_1}{S_0}-1=\frac{1+\pi}{1+\pi^F}-1=\frac{1+0.1}{1+0.06}-1=0.0377$$

$$\frac{S_1}{1{,}000}=1.0377$$

따라서 1년 후 대미달러화 환율 S_1은 다음과 같이 구할 수 있다.[8]

$$S_1=₩1{,}000/\$\times 1.0377=₩1{,}037.7/\$$$

즉 1년 후 대미달러화 환율이 1달러당 1,037.7원으로 상승하여 원화가치가 하락할 것으로 예상된다.

8 근사식에 의해 1년 후 대미달러화 환율 S_1을 구하면 다음과 같다.

$$s\fallingdotseq\pi-\pi^F=0.1-0.06=0.04 \rightarrow S_1\fallingdotseq ₩1{,}000/\$\times 1.04=₩1{,}040/\$$$

이자율과 환율: 이자율평가이론 1.3

일물일가의 법칙을 금융시장에도 적용할 수 있는데, 이는 동일한 금융상품의 가격은 완전한 금융시장을 가정할 때 국제적으로 동일한 가격(환율을 조정한 이자율)을 가지게 됨을 의미한다.[9] 이와 같은 전제하에서 **이자율평가이론**(interest rate parity theorem)은 선물환율의 할증(또는 할인)이 두 국가간의 상대적 이자율 차이에 의해 결정된다는 것이다. 이 이론은 국내 이자율이 외국의 이자율보다 높다면 외국통화의 선물환이 할증거래되며, 그리고 국내 이자율이 외국의 이자율보다 낮다면 외국통화의 선물환이 할인거래된다는 것을 의미한다.

이자율평가이론
선물환율의 할증(또는 할인)은 두 국가간의 상대적 이자율 차이에 의해 결정된다.

이자율평가이론을 설명하기 위하여 다음의 두 투자를 생각해 보자.

- 투자 1: 국내통화 1단위를 국내에 기간당 이자율 r로 1기간 투자함.

0 ——————————————— 1기간 말

-1 ——————————————— $(1+r)$

- 투자 2:

① 외국통화로 환전한 자금 $(1/S_0)$을 해외에 이자율 r^F로 1기간 투자함.[10]

0 ——————————————— 1기간 만

$-(1/S_0)$ ——————————————— $(1/S_0)(1+r^F)$

② 동시에 1기간 후 상환받는 투자의 원리금 $(1/S_0)(1+r^F)$를 자국통화로 환전하기 위하여 선물환율 $F_{0,1}$로 1기간 후에 만기가 되는 선물환 매도계약을 체결함.

0 ——————————————— 1기간 말

선물환 매도 ——————————————— 외국통화지급: $(1/S_0)(1+r^F)$
자국통화수취: $(1/S_0)(1+r^F)F_{0,1}$

---

9 동일한 금융상품이란 만기와 위험이 동일함을 의미한다.

10 S_0는 자국통화표시 현물환율이며, 자국통화 1단위에 대한 외국통화의 교환비율은 그 역수인 $1/S_0$이 된다.

금융시장에서의 일물일가의 법칙에 의해 1기간 후 국내투자와 해외투자의 성과는 같아야 한다.

$$\text{국내 투자성과} = \text{해외 투자성과}$$
$$1+r = (1/S_0)(1+r^F)F_{0,1}$$

그러므로

$$\frac{F_{0,1}}{S_0} = \frac{1+r}{1+r^F} \qquad (13\text{-}7)$$

또는

$$\frac{F_{0,1}-S_0}{S_0} = \frac{1+r}{1+r^F} - 1 \qquad (13\text{-}8)$$

그리고 식 (13−8)을 근사식으로 표현하면 다음과 같다.

$$\frac{F_{0,1}-S_0}{S_0} \fallingdotseq r - r^F \qquad (13\text{-}9)$$

식 (13−9)에 의하면, 선물환율의 할증(또는 할인)은 국내의 이자율에서 외국의 이자율을 차감한 값임을 알 수 있다. 국내의 이자율이 외국의 이자율보다 높을 때 ($r-r^F>0$) 외국통화의 선물환은 할증거래되며, 반대로 국내의 이자율이 외국의 이자율보다 낮을 때($r-r^F<0$) 외국통화의 선물환은 할인거래된다. 이자율평가이론에 의하면 금융시장과 외환시장이 서로 상충관계에 있음을 알 수 있다. 상대적으로 명목금리가 낮은 통화에 투자하는 경우 단기금융시장에서는 금리 차이만큼 수익률이 낮으나, 외환시장에서의 선물환할증에 의해 보상을 받게 된다. 반대로 금리가 높은 통화에 투자하여 단기금융시장에서 상대적으로 높은 수익률을 얻게 되는 경우에는 외환시장에서 그만큼 선물환할인으로 상쇄된다.

예제 13-3 **이자율평가이론**

대미달러화 현물환율은 ₩1,140/$이고, 국내 이자율은 연리 4%이며, 미국 내 이자율은 연리 3%이다. 1년 만기 선물환율을 구하라.

해설

$$\frac{F_{0,1}-S_0}{S_0}=\frac{1+r}{1+r^F}-1 \rightarrow \frac{F_{0,1}-1,140}{1,140}=\frac{1+0.04}{1+0.03}-1$$

위의 식을 풀어 1년 만기 선물환율 $F_{0,1}$을 구하면 다음과 같다.

$$F_{0,1}=₩1,151.07/\$$$

피셔효과와 국제피셔효과 1.4

피셔효과

피셔효과(Fisher effect)에 의하면 국내의 명목이자율은 실질이자율과 예상물가상승률의 합과 같다.[11]

$$r \fallingdotseq R+\pi \qquad (13\text{-}10)$$

여기서 r: 국내의 명목이자율
R: 국내의 실질이자율
π: 국내의 예상물가상승률

그리고 외국에 있어서의 명목이자율(r^F), 실질이자율(R^F), 예상물가상승률(π^F)의 관계도 또한 피셔효과에 의해 다음과 같이 나타낼 수 있다.

$$r^F \fallingdotseq R^F+\pi^F \qquad (13\text{-}11)$$

11 이 식은 근사식이며, 정확한 식은 다음과 같다.

$$r=R+\pi+R\cdot\pi$$

식 (13−10)에서 식 (13−11)을 빼면 다음과 같은 식을 얻을 수 있다.

$$r-r^F \fallingdotseq (R-R^F)+(\pi-\pi^F) \tag{13-12}$$

식 (13−12)는 국내와 해외의 명목이자율의 차이는 국내와 해외의 실질이자율의 차이와 예상물가상승률의 차이를 합한 것과 같다는 것을 말해 준다. 그런데 장기에 있어서는 국내와 해외의 실질이자율이 서로 같아지는, 즉 $R-R^F=0$이 되는 경향이 있다. 따라서 장기적으로 국내와 해외의 명목이자율의 차이는 국내와 해외의 예상물가상승률의 차이와 같게 된다.

$$r-r^F \fallingdotseq \pi-\pi^F \tag{13-13}$$

국제피셔효과

국제피셔효과(international Fisher effect)는 상대적 구매력평가이론, 즉 식 (13−6)에 피셔효과, 즉 식 (13−13)을 대입하여 다음과 같이 구할 수 있다.[12]

$$\frac{E(S_1)-S_0}{S_0} \fallingdotseq r-r^F \tag{13-14}$$

여기서 $E(S_1)$: 1기간 후 현물환율의 기대치

국제피셔효과
예상되는 현물환율의 변화율은 양국간 명목이자율의 차이와 같다.

식 (13−14)는 근사식이며, 왼쪽 항 $\left(\frac{E(S_1)-S_0}{S_0}\right)$은 현재(0시점)로부터 1기간 후(1시점)의 자국통화표시환율의 예상변화율(s)을 나타낸다. 식 (13−14)에서 볼 수 있는 바와 같이 **국제피셔효과**는 예상되는 현물환율의 변화율이 양국간 명목이자율의 차이와 같다는 것이다. 국내의 이자율이 외국의 이자율보다 높을 때($r-r^F>0$) 미래의 예상현물환율이 상승하며(국내 통화가치가 감소하며), 국내의 이자율이 외국의 이자율보다 낮을 때($r-r^F<0$) 미래의 예상현물환율이 하락하게(국내 통화가치가 증가하게) 된다. 국제피셔효과에 의해서도 금융시장과 외환시장이 서로 상충관계에 있음을 알 수 있다. 다시 말하면, 단기금융시장에서의 이자율 차이가 현물환시장에서의 예상환율변화에 의해 정확히 상쇄된다는 것이다.[13]

---

12 이 식을 보다 정확한 관계식으로 표현하면 다음과 같다.

$$\frac{E(S_1)-S_0}{S_0}=\frac{1+r}{1+r^F}-1$$

13 이것이 성립하지 않으면, 이자율 차이에 따른 초과이득을 얻기 위하여 차익거래를 실시할 것이다.

예제 13-4 국제피셔효과

1년 만기 정부채의 수익률이 국내와 미국에서 각각 12%, 8%이며, 대미달러화 현물환율이 ₩1,000/$라고 할 때, 1년 후의 대미달러화 현물환율수준은 어떻게 되리라고 예상할 수 있는가?

해설

$$\frac{E(S_1)-S_0}{S_0}=r-r^F \rightarrow \frac{E(S_1)-1{,}000}{1{,}000}=0.12-0.08=0.04$$

위의 식을 풀어 1년 후의 대미달러화 예상현물환율 $E(S_1)$을 구하면 다음과 같다.

$$E(S_1)=₩1{,}040/\$$$

선물환율은 미래의 현물환율의 기대값과 밀접한 관계를 가지고 있다. 선물환계약의 매입 및 매도 의사결정은 미래의 현물환율의 기대에 달려 있다. 따라서 외환시장이 균형상태에 있다고 할 때, 선물환율은 미래 현물환율에 대한 불편추정치가 될 수 있을 것이다. 이자율평가이론을 나타내는 식 (13-9)와 국제피셔효과를 나타내는

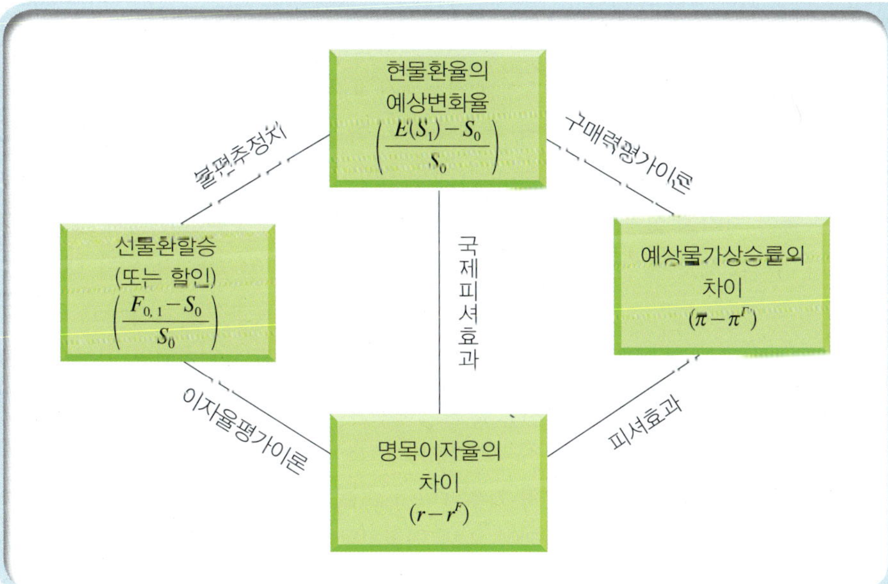

그림 13-1 환율결정이론

Chapter 13

식 (13−14)를 비교해 보면, 선물환율과 미래 예상현물환율이 같아짐을 알 수 있다.

지금까지 설명한 환율결정이론들의 관계를 그림으로 나타내면 [그림 13−1]과 같다.

재무 산책

직업의 세계, 외환딜러

KDB 산업은행 트레이딩센터 내부 모습

직무개요

외환딜러는 외환중개인이라고 불리기도 하며, 달러화($)를 비롯해서 유로화, 엔화, 파운드화 등 국제금융시장에서 통용되는 외환과 파생상품을 가장 싼 시점에 사들여서 가장 비쌀 때에 팔아 그 차액을 많이 남기는 일을 수행한다. 즉 국제금융시장에서 통용되는 외환과 파생상품의 매매거래를 통한 차익을 실현함으로써 은행이나 기업에게 최대의 이익을 제공한다.

수행직무

- 국내 · 외 경제 및 금융 관련 정보를 수집하여 국제금융시장의 동향을 예측한다.
- 주요 통화 및 파생상품을 대상으로 한 매매거래(매수 또는 매도 주문)를 수행한다.
- 기업 및 개인 고객이 맡긴 환거래를 수행한다.

교육/자격/훈련

외환딜러가 되기 위해서는 경영, 경제, 회계, 무역, 통계학 등의 학과가 개설된 4년제 대학 이상을 졸업하는 것이 일반적이다. 최근에는 경영(MBA), 경제, 회계분야 석사 이상의 학위 소유자를 점차 많이 요구하고 있다. 한국금융연수원이 금융사무원을 대상으로 국제금융 전반에 관한 교육과정을 개설하고 있으며, 이 외에도 일부 사설기관에서 외환딜러 양성교육 프로그램을 마련하고 있다. 외환딜러가 되기 위해서는 국내은행이나 증권사, 선물회사, 대기업 등의 공채시험에 합격하여 금융실무능력을 쌓은 후 테스트나 추천에 의해 외환업무를 담당하는 것이 일반적이다. 한편 은행간 딜러가 아닌 대고객 딜러의 경우 파생상품 투자 관련 자격증이 있어야 업무수행이 가능하다.

일자리 전망

외환딜러의 고용은 금융시장 환경의 변화에 민감하게 반응하며, 특히 국제금융시장의 움직임에 따라 국내경기도 연동되어 나타난다. 2008년 글로벌 금융위기와 그 이후 유럽발 재정위기 등은 고스란히 국내 증권 및 외환시장에도 부담으로 다가왔다. 금융시장의 개방과 변동환율제도의 도입으로 기업들은 환율변동에 따른 손실을 관리하기 위한 전문인력으로 외환딜러를 필요로 하고 있다. 특히 과거 외환시장에서의 위기가 경제파탄의 시발점이었기에 정부에서도 외환보유액을 꾸준히 확충하여 긴급시 대외지급 수요에 대비하고 있다. 이러한 외환시장에 대한 각종 지원과 관심 덕분에 외환거래가 증가하고 있다. 특히 외국으로의 수출이 경제활동에서 상당부분을 차지하는 만큼 우리나라 외환시장의 거래규모는 더욱 확대될 것으로 전망되고 있다. 또 금융시장이 더욱 복잡해지고 확대되는 상황에서 업무영역이 점차 세분화되고 전문화되고 있어 더 많은 전문인력을 필요로 할 것이다.

〈워크넷 www.work.go.kr〉

환위험관리 02

기업들은 국내뿐만 아니라 외국에서도 영업활동을 하기 때문에 기업의 재무상태 및 경영성과는 환율변동에 따라 영향을 받을 수 있다. 따라서 재무관리자의 주요한 역할은 환위험을 측정한 후, 기업가치가 극대화될 수 있도록 이에 대한 관리를 하는 것이다.

환위험의 의의 및 측정 2.1

환위험(foreign exchange risk)이란 환율이 변동함으로써 기업의 재무적 성과가 변동할 가능성을 말하며, 흔히 환노출(foreign exchange exposure)이라 하기도 한다.

> **환위험**
> 환율이 변동함으로써 기업의 재무적 성과가 변동할 가능성을 말하며, 흔히 환노출이라 하기도 한다.

환노출의 의의와 종류

환노출은 환율변동으로 인한 기업의 수익성, 순현금흐름, 그리고 시장가

환율이 하락할 경우 수출기업의 수익성이 악화될 수 있다.

치의 변동가능성을 측정하는 것으로서, 거래노출(transaction exposure), 환산노출(translation exposure), 경제적 노출(economic exposure) 등 세 가지로 구분된다. 이들을 비교하여 나타내면 [그림 13-2]와 같다.

[그림 13-2]에서 볼 수 있는 바와 같이 환산노출은 환율변동 이전에 완료된 거래에 의해서 나타나며, 거래노출은 환율변동 이전에 거래가 발생되었으나 대금결제가 이루어지지 않은 경우에 나타난다. 그리고 경제적 노출은 환율변동 이후의 거래와 관련된 것이다.

환노출의 측정

■ 거래노출의 측정

거래노출
환율변동 이전에 거래가 발생되었으나, 환율변동 이후에 결제가 이루어지는 외화표시 자산 또는 부채의 가치변동을 측정하는 것이다.

거래노출은 환율변동 이전에 거래가 발생되었으나, 환율변동 이후에 결제가 이루어지는 외화표시 자산 또는 부채의 가치변동을 측정하는 것이다. 이와 같은 거래노출은 외화표시 매출채권 또는 매입채무, 외화표시 자금의 차입 또는 대출 등을 발생시키는 거래에 의해서 나타난다. 기업은 외화표시 채무(매입채무 또는 차입금)를 보유하는 경우 환율상승시 손실을 보는 반면, 외화표시 채권(매출채권 또는 대출금)을 보유하는 경우 환율하락시 손실을 보게 된다.

그림 13-2

환노출의 종류

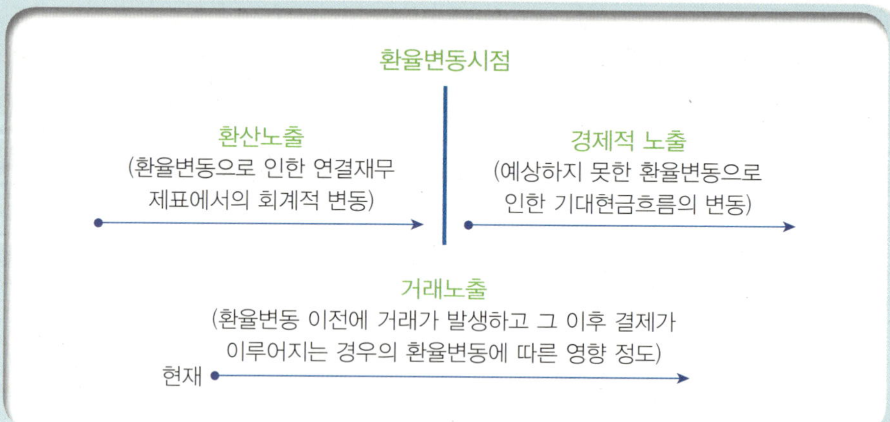

■ 환산노출의 측정

환산노출은 다국적 연결재무제표 작성시 외국 자회사의 외화표시 재무제표를 보고통화(reporting currency), 즉 모기업 국가통화로 환산해야 하기 때문에 발생되는 소유주 지분의 회계적 변동가능성으로서, 환율변동으로 인해 가치의 변동이 초래되는 외화표시 자산과 부채의 차이로 측정된다. 이와 같은 의미에서 환산노출을 회계적 노출(accounting exposure)이라 하기도 한다.

> **환산노출**
> 다국적 연결재무제표 작성시 외국 자회사의 외화표시 재무제표를 보고통화, 즉 모기업 국가통화로 환산해야 하기 때문에 발생되는 소유주 지분의 회계적 변동가능성으로서, 환율변동으로 인해 가치의 변동이 초래되는 외화표시 자산과 부채의 차이로 측정된다.

■ 경제적 노출의 측정

경제적 노출은 예상하지 못한 환율변동으로 인하여 기업의 미래 영업현금흐름이 변동하게 되며, 그 결과 발생하는 기업 현재가치에서의 변동을 측정하는 것이다. 이와 같은 경제적 노출을 운영적 노출(operating exposure), 경쟁적 노출(competitive exposure), 또는 전략적 노출(strategic exposure)이라고도 한다. 환율변동이 미래 매출량, 판매가격, 또는 원가에 미치는 영향에 의해 기업가치의 변동 정도가 결정된다고 할 수 있다.

> **경제적 노출**
> 예상하지 못한 환율변동으로 인하여 기업의 미래 영업현금흐름이 변동하게 되며, 그 결과 발생하는 기업 현재가치에서의 변동을 측정하는 것이다.

2.2 환위험의 관리

환노출에 의해 기업의 재무성과가 불확실하게 되기 때문에 기업은 여러 가지 다양한 환위험관리기법을 동원하여 환율변동에 따른 불확실성을 줄이려고 노력하게 된다. 그러나 환위험을 감소 또는 제거시키는 데는 비용이 수반될 수 있으며, 환위험관리의 궁극적인 목표는 환위험 최소화기 이니라 기업가치 극대화임을 유의해야 한다.

거래노출, 환산노출, 경제적 노출 등 환노출을 측정한 후, 그 환위험을 관리하기 위한 다양한 전략이 사용될 수 있다. 거래노출은 기업이 다양한 변화를 줄 수 있는 여지가 있으므로 전략적인 환위험관리가 가능한 반면, 환산노출 또는 경제적 노출은 적극적으로 대응하기에는 여러 가지 한계가 있다.

거래노출의 관리

■ 대내적 환노출관리방법

대내적 환노출관리방법
네팅(netting), 매칭(matching), 리딩(leading)과 래깅(lagging) 등이 사용된다.

대내적 환노출관리방법으로는 네팅(netting), 매칭(matching), 리딩(leading)과 래깅(lagging) 등이 사용된다. 네팅은 다국적기업의 본사 및 현지자회사들간에 발생하는 채권과 채무의 차액만을 일정한 기간마다 결제하는 방법으로서, 각 채권 · 채무의 이행비용을 절감하고, 자금결제의 효율성을 제고할 수 있다. 매칭은 다국적기업의 사내거래뿐만 아니라 제3자와의 거래에도 이용할 수 있는 것으로서, 통화별로 현금흐름의 규모 및 시기를 의도적으로 일치시키는 방법이다. 리딩과 래깅은 각종 대금지급시기를 인위적으로 앞당기거나 지연시키는 방법이다. 예를 들어 자국통화의 평가절하가 예상되는 경우 외화채권의 수취는 늦추고, 외화부채의 지급은 가급적 빨리 하는 반면, 자국통화의 평가절상이 예상되는 경우 외화채권의 수취는 빨리 하고, 외화부채의 지급은 가급적 늦게 한다. 이 방법은 주로 본사와 현지자회사간에 많이 이용되며, 제3자와의 거래에서는 당사자간의 이해대립으로 인해 이용되기 어렵다.

■ 대외적 환노출관리방법

대외적 환노출관리방법
선물환 또는 통화선물시장을 이용하는 방법, 금융시장을 이용하는 방법 등이 있다.

대외적으로 환노출을 관리하는 대표적인 방법으로는 선물환 또는 통화선물시장을 이용하는 방법, 금융시장을 이용하는 방법 등이 있다.

선물환시장을 이용한 헤징은 선물환매매계약에 의해 미래 일정시점의 불확실한 미래 현물환율을 현재시점의 선물환율로 고정시킴으로써 환율변동에 따른 위험을 없애는 방법이다. 즉 외화표시 채권을 보유하고 있는 경우 현재시점에서 선물환을 매도하는 반면, 외화표시 채무를 보유하고 있는 경우 현재시점에서 선물환을 매입하는 전략이다.[14]

금융시장을 이용한 헤징은 외화자산이 있는 경우에는 외화부채를 조달하여 환위험을 없애고, 외화부채가 있는 경우에는 외화자산을 취득하여 환위험을 제거하는 방법이다. 예를 들어 외화표시 채무(채권)를 보유하고 있는 경우 국내금융시장에서 원화로 자금을 차입(대출 또는 예금)하고, 동시에 국제금융시장에서 외화로 대출 또는 예금(차입)함으로써 환위험을 제거하는 방법이다. 이 방법은 금융계약에 의해

14 통화선물은 선물환과는 달리 미래의 외화자금 결제일이 불확정적인 거래에 이용될 수 있고, 환율변동의 추이에 따라 결제일 이전이라도 유리한 시점에서 쉽게 반대매매를 할 수 있으며, 거래비용이 저렴하다는 장점이 있다. 그러나 통화선물시장에서 제시된 몇 개의 통화에 대해서만 거래가 가능하며, 거래형태도 표준화되어 있기 때문에 개별적인 요구를 충족시키기 어렵다는 단점이 있다.

환위험을 없앤다는 점에서 원칙적으로 선물환시장을 이용하는 방법과 차이가 없으나, 이용시장이 국내 · 외 금융시장이라는 점에서 서로 다르다. 이 방법은 선물환시장을 이용하는 방법보다 장기계약체결이 가능하며, 선물환시장이 발달하지 못한 지역과의 거래에 대해 사용될 수 있다. 그러나 금융시장을 이용한 헤징은 상대적으로 비용이 많이 든다. 금융시장이 효율적이고 일체의 거래비용이 존재하지 않는 경우에는 이자율평가이론이 성립하기 때문에 선물환시장을 이용한 헤징과 금융시장을 이용한 헤징은 동일한 효과를 가져다 줄 수 있다.

이상에서 설명한 방법 외에 통화옵션시장 또는 통화스왑시장 등을 이용할 수도 있다.

환산노출의 관리

환산노출을 관리하는 대표적인 기법은 **재무상태표 헤지**(statement of financial position hedge)로서, 이는 다국적기업의 연결재무상태표상의 항목 중 환위험에 노출된 특정 외화표시 자산항목들의 합계가 동일 통화표시 부채항목들의 합계와 일치하도록 하는 방법이다. 이와 같은 경우 순환산노출액은 0이 되며, 특정 외국통화의 가치가 변하더라도 환차손 또는 환차익이 발생하지 않게 된다. 재무상태표 헤지를 하려면 재무상태표상의 항목들의 표시통화를 변경시켜야 하는데, 이는 자금차입비용 또는 영업활동의 효율성 측면에서 부담이 될 수 있다.

재무상태표 헤지
다국적기업의 연결재무상태표 항목 중 환위험에 노출된 특정 외화표시 자산항목들의 합계가 동일 통화표시 부채항목들의 합계와 일치하도록 하는 방법이다.

경제적 노출의 관리

경제적 환노출을 관리하는 가장 효율적인 방법은 영업활동 및 자본조달원천을 다변화하여 분산효과를 도모하는 것이다. 즉 수출시장, 수입선, 생산거점, 차입통화 등을 다변화할 경우 환율이 변동하더라도 손실과 이익이 서로 상쇄되어 안정적인 기업가치를 유지할 수 있다.

뉴스 속 재무

약달러땐 '환헤지'로 방어 ... 강달러땐 '환노출'로 차익

한 · 미 간 기준금리 역전 현상과 대외 변동성이 심화되면서 환율이 계속 요동치고 있다. 해외 주식투자에 나선 투자자들이 많아진 최근에는 이런 환율 변동이 투자자들에게 리스크 요인으로 다가온다. 환율 변화에 따라 수익의 크기도 달라지기 때문에 투자의 셈법도 복잡하다. 금융회사들은 변동성이 큰 시기 환율 변동에 따른 리스크를 피하는 '환헤지(換+hedge · 수익에 환율변화가 영향을 끼치지 않음)' 상품을 내놓기도 하고, 환율의 상승 또는 하락에 맞춘 투자상품도 출시한다.

오락가락하는 환율 … 환헤지형 상품으로 방어 가능할까

환율 변동성이 큰 시기 이런 영향에서 벗어나고 싶다면 '환헤지' 상품을 활용해 볼 만하다. 환헤지 상품은 투자 시 환율 변동에 따르는 위험을 피하기 위해 환율을 고정시켜 놓고 투자자산의 가격 변동에만 수익률이 연동되는 경우다. 환헤지 펀드나 상장지수펀드(exchange traded fund : ETF)는 환차익이나 환차손이 발생하지 않고 투자자산의 가격만 변동된다.

환헤지 상품은 환율의 영향을 피하는 것이 본래 취지이지만 주로 환율 하락이 예상될 경우 활용하는 게 더 유리하다. 달러가치가 떨어지면 투자자의 해외자산 가치도 하락하는데, 이럴 때 환차손의 위험을 피하는 방법이다. 다만 환헤지 상품은 환율 변동에 따른 리스크를 피하기 위해 장내 · 외 파생상품을 활용하기에 증거금과 수수료가 발생한다. '환헤지 비용'이라고 표현하는데, 일반적인 상품보다 운용수수료가 높아 투자 시에는 세심한 주의가 필요하다.

앞으로 환율이 '우상향'한다면 '환노출형' 상품 유리

시장의 방향을 예단할 수는 없지만 환율이 장기적으로 상승할 것으로 본다면 '환노출' 상품을 활용해 자산을 늘릴 수 있다. 환노출은 환율 변화가 수익에 그대로 반영되는 상품을 뜻한다. 강(强)달러 시기에는 환차익을 투자수익에 더할 수 있어 환노출 상품이 인기를 끈다. 증권사에서 판매하는 달러 환매조건부채권(repurchase agreements : RP), 달러가치에 직접 연동해 가격이 움직이는 '달러 ETF' 등이 매우 적극적으로 환차익을 노리는 상품이다.

금융투자 상품 외에도 달러화 예금을 통해 환율 상승의 영향을 내 통장으로 반영시킬 수도 있다. 이 때문에 환율이 줄곧 오르던 지난해 5대 시중은행(신한 · KB국민 · 하나 · 우리 · NH농협은행)의 달러화 예금이 증가 추세를 보였다.

전문가들 "장기적 안목에서 접근이 중요"

전문가들은 당장 눈앞에서 요동치는 환율의 뒤를 쫓기보다 장기적인 관점의 투자가 중요하다고 강조한다. 예컨대 달러 예금의 경우 달러 값이 저렴할 때 가입해 비싸진 시기에 털고 나가는 것이 수익을 극대화하기 좋다. 2018년 달러 약(弱)세장에서도 달러 예금이 늘어난 것이 대표적이다. 반면 최근 달러 값이 이미 높아진 상황에서 추가적인 상승을 바라고 가입할 시 수익을 내기 어려울 가능성이 크다. 이 때문에 전문가들은 일시적 반등보다는 평소 금융자산의 일부를 선진국 통화로 보유하는 방안을 권유한다. 한 투자 전문가는 "자산가들은 금융자산의 10% 이상을 달러로 보유한다"며 "자산 관리에 있어 통화 배분을 하는 것이 리스크를 줄이는 길"이라고 전했다.

또 다른 투자전문가는 "특정 환율을 기준으로 삼아 달러를 사고파는 것이 좋다"며 "일시적 환율의 움직임에 쫓기듯 사고팔면 오히려 손실을 볼 수도 있다"고 주의를 당부했다.

〈문화일보, 2023. 2. 22 수정〉

재무 산책

키코(KIKO)

"은행 말 안 듣자니…" 중소기업 울린 파생상품 덫
자료: 한국일보

키코(knock in-knock out: KIKO) 상품은 선진국에서 환위험 헤지목적으로 개발된 통화옵션상품의 일종으로, 우리나라에는 2005년에 도입되어 2008년까지 약 700개의 수출입업체들에게 환위험을 헤지하기 위해 선물환 상품과 함께 널리 이용되었다. 2006년과 2007년에 원/달러 환율이 900~970원 사이에서 대단히 안정적으로 움직였다. 원/달러 선물환 가격이 한국과 미국의 금리 역전으로 인해 현물환보다 더 낮게 형성되자 기존의 통화옵션 상품의 행사가격이 떨어져 과거 대비 고객만족도가 낮아졌다. 또한 헤지 이후에 환율이 예상과 달리 상승하면서 헤지거래 손실이 발생함으로써 기업체 헤지담당자들의 고민이 커졌다. 따라서 고객의 매도가격이 현물환보다 더 높고 헤지 이후에 환율이 반대로 상승하여도 일정구간에는 손실이 발생하지 않는 상품인 키코 상품이 태어나게 되었다.

키코는 환율변동에 따른 피해를 최소화하기 위한 일종의 위험회피(헤지) 통화옵션이다. 기업과 은행 간에 원/달러 환율변동의 상 · 하한선을 정한 뒤 실제 환율변동이 계약범위 안에서 변동할 때 기업에 수익이 나는 형태이다. 즉 계약한 환율범위 내에서 환율이 움직일 경우에는 기업에 유리한 가격으로 달러를 거래할 수 있지만 환율이 한 번이라도 하한선 아래로 내려가면(녹 아웃) 계약이 무효화된다. 또 환율이 상한선에 도달하면(녹 인) 기업이 계약금액의 2배에 달하는 달러화를 매입해서 오히려 시장가보다 낮은 약정환율로 은행에 팔아야 한다. 녹 인의 경우 기업은 큰 손실을 보게 된다. 이와 같이 환율이 하한과 상한 사이에서 변동한다면 기업에게 어느 정도 이익을 안겨줄 수 있지만, 궁극적으로는 얻을 수 있는 이익에 비하여 손실의 위험성이 훨씬 크다. 2008년 9월 미국 투자은행 리먼브러더스의 파산신청으로 한국에서 환율이 급등하였을 때, 은행과 키코 계약을 맺은 중소기업들이 큰 손실을 보았으며, 견실한 중견기업체가 환차손으로 흑자도산한 사례도 있다.

예제 13-5

환위험관리: 선물환시장 또는 금융시장을 이용한 헤징

한국의 D전자는 5월 1일 현재 미국에 TV를 수출하고, 6개월 후인 10월 30일에 1,000만달러를 받기로 하였다. 5월 1일 현재 환율 및 이자율에 관한 자료는 다음과 같다.

> 현물환율 = ₩1,150/$
> 6개월물 선물환율 = ₩1,200/$
> 한국의 이자율 = 8%
> 미국의 이자율 = 6%

D전자의 재무관리자는 환율변동에 따른 위험을 제거하기 위하여 다음과 같은 두 가지 방안을 고려하고 있다.

- 제1안: 6개월물 선물환을 매도함.
- 제2안: 미국 내 은행에서 차입하여 조달한 자금을 국내통화로 환전하여 국내은행에 예금함.

(1) 두 가지 방안 중 어느 것이 더 유리한가?

(2) 두 방안이 무차별하려면, 6개월 만기 선물환율은 얼마가 되어야 하는가?

해설

(1) 두 안에 의해 6개월 후 받을 수 있는 TV 판매대금을 계산하면 다음과 같다.

① 제1안: 6개월물 미달러화 선물환 1,000만달러 매도

6개월 후 총수입액 = 1,000만달러 × ₩1,200/$ = 1,200,000만원

② 제2안:

- $(\text{미국 내 은행에서의 차입금액}) \times \left(1+\dfrac{0.06}{2}\right) = 1{,}000\text{만달러}$

  → 미국 내 은행에서의 차입금액 = 970.87만달러
- 국내 은행에서의 예금액 = 970.87만 달러 × ₩1,150/$ = 1,116,500.5만원

∴ 6개월 후 총수입액(국내은행 예금액의 원리합계)

$$= 1{,}116{,}500.5\text{만원} \times \left(1+\frac{0.08}{2}\right) = 1{,}161{,}160.52\text{만원}$$

따라서 6개월 후 총수입액이 더 많은 제1안을 선택하는 것이 유리하다.

(2) 두 안이 차이가 나는 것은 선물환율이 국내와 미국간의 이자율 차이를 완전히 반영하지

못하기 때문이다. 따라서 이자율평가이론에 의해 6개월물의 선물환율을 구하면 다음과 같다.

$$\frac{F_{0,\,6\text{개월}}-1,150}{1,150}=\frac{1+0.04}{1+0.03}-1=0.009709$$

$$\therefore F_{0,\,6\text{개월}}=₩1,161.17/\$$$

뉴스 속 재무

갑작스런 환율변동에 '속수무책'인 중소기업 … 적극적으로 환헤지 나서야

환율 상승	=	$1 = ₩1,100 → ₩1,500	=	원화 평가절하
환율 하락	=	$1 = ₩1,500 → ₩1,100	=	원화 평가절상

최근 달러 강세와 원화 가치 하락으로 인한 환율 변동이 기업들의 재무상태에 악영향을 주고 있다는 경고가 나온다. 특히 수입 비중이 높고 환율 변동 대응력이 낮은 중소기업이 이러한 환리스크에 제대로 대응하지 못한다는 우려가 크다. 이에 핀테크 업체들은 해외 송금 리스크와 비용을 줄일 수 있는 솔루션을 중소기업들이 적극적으로 활용하는 게 좋다고 전한다.

환리스크란 예상 못한 환율 변동으로 원화가 아닌 다른 통화로 표시된 자산의 가치가 감소하거나 부채가 증가하는 현상을 말한다. 자동차 부품을 미국에 판매하고 한 달 뒤 100만달러를 받기로 계약을 한 B사는 환율 하락에 따라 큰 손해를 입을 수 있다. 계약 당일 환율이 1달러당 1,000원이었다면, B사는 원화로 10억 원을 받을 것이라 기대할 수 있다. 하지만, 돈을 받을 때 환율이 하락해 1달러당 900원이 되면 B사는 9억 원을 받게 된다. 이렇게 손실되는 1억 원을 환차손이라고 한다. 반대로 환율이 올라서 이익을 얻게 된다면 이를 환차익이라고 한다. 환율 변동을 개별 기업이 예측하는 건 사실상 불가능에 가깝다. 환율은 해당국 통화에 대한 수요와 공급에 의해서 결정되기 때문. 이를 정확하게 예측하는 건 불가능하지만, 환리스크를 줄일 수 있는 '환리스크 관리'를 시도하는 기업이 많다.

다만, 문제는 국내 중소기업들의 환리스크 관리가 상당히 취약하다는 것이다. 지난 2020년에 발간된 한국무역협회의 수출기업 환율 인식과 영향 보고서에 따르면, 규모가 작은 중소기업일수록 환리스크에

기업규모별 환리스크 관리기법 응답률

단위: %

	관리하지 않음	대내적 관리기법	대외적 관리기법	환변동보험 가입	기타
대기업	8.9	28.9	33.3	22.2	6.7
중견기업	33.9	27.6	24.0	11.5	3.1
중소기업	61.1	13.0	13.2	8.3	4.4
전체	**51.7**	**17.4**	**16.9**	**9.8**	**4.2**

〈출처 : 한국무역협회〉

취약한 것으로 나타났다. 중소기업은 응답자 61.1%가 환리스크 관리를 하지 않았지만, 중견기업과 대기업은 그 비율이 각각 33.9%, 8.9%으로 기업 규모별 환리스크 관리 차이가 상당히 컸다.

금융업계 관계자들에 따르면, 중소기업은 수출 규모가 크지 않고 외환거래가 부정기적으로 발생하다 보니 환 위험을 전담하는 부서나 인력을 두지 않는 경우가 많다. 또한, 거래 규모도 작아서 은행에서 환율 우대 혜택을 받는 것도 어렵다고 한다. 그런데도 많은 중소기업은 환리스크 관리를 못해 손해를 보고 있다는 게 금융업계의 분석이다.

일반적으로, 기업이 환리스크 관리에 사용할 수 있는 방법에는 내부적인 것과 외부 시장을 이용하는 것이 있다. 내부 방식에는 상계, 매칭 등이 있다. 상계는 기업의 외화 부채와 외화 자산을 개별적으로 결제하지 않고 상계한 후 차액만 결제하는 방식이다. 수입으로 지불한 돈이 2천만 달러, 수출로 받을 돈이 천만 달러라면 차액인 천만 달러만 결제하는 것이다. 주로 다국적 기업의 본사와 지사, 지사와 지사에서 활용되는데, 이 방법은 다국적 기업 외에는 사용하기 어렵다.

매칭은 거래에 사용하는 통화를 일치시켜서 환리스크를 원천적으로 제거하는 기법이다. 가령, A회사가 B회사로부터 수출대금으로 1만 달러를 받았으면 이를 원화로 환전하지 않고 C회사에게 지불할 수입대금을 이 1만 달러에서 결제하는 것이다. 통화를 환전해서 리스크에 노출할 필요가 없다. 다만, 이 역시 중소기업들은 사용하기 쉽지 않다는 말이 나온다.

내부적으로 환리스크를 관리할 여력이 없다면 기업들은 외부 시장을 이용해서 이를 관리한다. 대표적으로 외화를 일정 시기에 매매하기로 계약하고, 결제 당일의 환율에 관계없이 미리 약정한 환율에 맞춰서 외화를 구매하는 선물환이 있다. 계약 이후로 환율이 올랐다면 이익을 보지만, 환율이 내려갔다면 손해를 보게 된다. 선물환과 유사한 방식이지만 이를 표준화한 방식이 통화선물이다. 선물환은 사적계약으로 조건을 개별적으로 설정할 수 있지만, 통화선물은 거래소에서 진행되는 거래로 계약 조건이 정형화돼 있다.

최근 핀테크 기업들은 기존 금융기관에서 제공하던 환헤지(위험 회피) 관련된 솔루션들을 제공하고 있다. 환리스크 관리 능력이 없는 중소기업들도 환 리스크의 규모를 확인하고, 이러한 리스크를 줄이는 서비스에 접근할 수 있게 된 것. 해외송금 핀테크 기업 아이씨비는 송금 서비스의 무역 대금을 원화로 정산하는 디벙크비탁스(DEBUNKBtoX)로 환리스크를 줄이고 있다. 디벙크비탁스는 중국 관련 사업을 하는 한국 수입 기업을 대상으로 제공된다.

센트비는 '자동외환헤징시스템'(automated FX hedge system : AHS)을 활용해 환 손실을 제거한다. 이는 기존 금융권에서 통화선물 거래로 환헤지하던 걸 알고리즘으로 자동화한 기술이라고 보면 된다. AHS의 작동 방식은 이렇다. A 기업이 이체를 신청하면 AHS가 이체 신청일 날 송금액에 맞게 달러를 사 놓는다. 이런 경우라면 환율이 오르더라도 A기업은 이체를 신청한날 고정한 환율에 맞춰서 송금을 할 수 있게 된다. 센트비 관계자는 "고객으로부터 송금요청이 오면 수취 화폐별 환율, 수수료율, 송금 속도 등을 모니터링해 최적의 송금 방식을 찾을 수 있다"면서 "중소기업이 관리하기 어려운 부분인 법률 부문도 해외송금 핀테크 업체가 도움을 줄 수 있다"고 전했다. 센트비의 경우 해외송금 관련 모든 위험을 관리하는 사내 법무 · 컴플라이언스 팀을 보유하고 있다.

한편 환 리스크를 줄이는 것에서 더 나아가, 해외송금 핀테크들의 저렴한 송금 수수료를 적극적으로 활용해야 한다는 이야기도 나온다. 와이어바알리와 센트비 등 해외송금 핀테크 업체의 강점은 기존 은행 대비 저렴한 송금 수수료이다. 핀테크 업체들은 은행권에서 환율 우대를 받기 어려운 중소기업도 환전 수수료를 크게 절감해, 해외 송금에 따른 비용도 줄일 수 있다고 전한다. 기존 은행권에서 해외로 송금을 할 땐 중개은행 수수료, 수취은행 수수료가 발생하지만 해외송금 업체들은 돈을 한 번에 모아서 보내기 때문에 이러한 수수료가 건별로 발생하지 않는다. 와이어바알리는 거래 금액에 따라 수수료를 받지 않기도 한다. 와이어바알리 관계자는 "해외 송금 시 돈을 미리 해외 지사에 보내놓고 전송이 될 때마다 여기서 차감을 해 송금 건별로 수수료가 붙지 않는다. 또한, 홍콩에 트레저리(treasury) 센터를 두고서 돈이 전송되는 거리를 줄이기 때문에 수수료 절감이 가능하다"고 말했다.

〈IT동아, 2022. 12. 23 수정〉

재무 산책

환리스크 관리 5계명

1. 환율변동 방향을 단정하지 말자. 누구나 틀린다.

확신의 함정에 빠지면 기업을 위험에 빠뜨리게 된다. 누구도 미래를 정확히 예측할 수 없다.

2. 헤지 규모는 미리 정한다.

미래의 확실한 현금흐름은 충분한 헷지 비율을, 반대로 불확실한 현금흐름에 대해서는 보다 낮은 헤지비율을 미리 정하고 이를 안정되게 지켜나가야 한다. 이를 정하는 과정에는 기업 고유의 경영철학과 경험칙, 그리고 은행전문가의 조력이 중요하다. 헷지 비율의 잦은 변경은 후행성 조치로 역효과가 나게 되며, 오버헤지(over-hedge) 역시 금물이다.

3. 위험관리의 목적을 잊지말자. 절대 '수익창출수단'이 아니다.

헤지거래에서 이익을 기대하는 투기적 의사결정

은 금물이다. 위험이 존속하는 한, 헷지 거래에서 수익이 났다고 해서 섣불리 차익 실현해서는 안된다. 그리고 예정대로 관리되었다면 '하지 않았다면 더 좋았다'고 생각하지 않는다.(보험과 같다)

4. 금융상품 운용은 기업의 본업(本業)이 아니다.

복잡한 금융상품 투자로 손쉬운 차익을 얻으려 하지 말자. 금융시장리스크를 제거하고 고유의 사업위험에 집중해야 한다. 금융상품은 이해되는 범위에서만, 분명한 위험관리 목적을 가지고, 본업을 보호하기 위해서만 사용한다.

5. 은행의 전문적 조력을 받는다.

거래은행에는 RM(relation manager)과 기업고객을 담당하는 딜러, 그리고 전문 컨설턴트가 있다. 개별사안의 헤지방안으로부터 기업 전체의 대외경영 방안을 아우르는 컨설팅에 이르기까지, 외로운 결정을 내리기보다 전문적 조력을 받아야 한다.

〈시사저널, 2018. 10. 17. 이제희(산업은행)〉

03 국제자본예산

해외투자안의 경제성 평가는 기본적으로 국내 투자안과 같은 방법으로 이루어진다. 그러나 해외투자안을 평가할 때 환율변동에 따른 위험, 정치적 위험, 송금제한 등의 각종 해외투자위험과 현지정부가 제공하는 보조금, 조세특혜 등 여러 가지 요인을 추가적으로 고려하여야 할 것이다.

3.1 해외투자안의 평가

해외투자안은 앞에서 설명한 순현가법(NPV법)에 의해 평가되며, 그 평가는 통상 다음과 같은 세 단계를 거쳐 이루어진다.[15]

15 해외투자안을 평가할 때 다음과 같은 외국통화접근법에 의해서도 동일한 결과를 얻을 수 있다.
첫째, 해외투자안의 모든 미래 현금흐름을 현지통화(외국통화)로 추정한다.
둘째, 외국통화로 추정된 현금흐름을 외국의 적절한 할인율로 할인하여 NPV(외국통화)를 계산한다.
셋째, 외국통화로 계산된 NPV를 현물환율에 의해 국내통화로 환산한다.

첫째, 해외투자안의 모든 미래 현금흐름을 현지통화로 추정한다.

둘째, 예상환율을 이용하여 국내통화로 환산한다.

셋째, 국내의 적절한 자본비용을 사용하여 NPV를 계산한다.

예를 들어 국내의 (주)한성전자가 미국현지에 반도체공장을 설립하는 것을 검토하고 있다고 하자. 이 회사가 반도체공장을 설립할 때의 총투자액은 8,000만달러이고, 이 투자로 인하여 향후 3년간 매년 3,000만달러의 순현금흐름이 예상된다. 이 경우 (주)한성전자는 미국현지에 반도체공장을 설립하여야 하는가?

이와 같은 해외투자안을 평가하기 위해서는 현지통화로 추정된 미래 현금흐름을 국내통화로 환산하여야 한다. 이를 위해서는 미래의 기대현물환율을 추정하여야 하는데, 이는 전절에서 설명한 환율결정이론을 이용할 수 있다. 현재의 대미달러화 환율은 ₩1,200/$이고, 향후 3년간 국내와 미국의 연평균 물가상승률이 각각 10%, 6%일 것으로 예상된다고 하자. 이 경우 향후 3년간의 대미달러화의 기대현물환율은 구매력평가이론을 이용하여 다음과 같이 추정될 수 있다.

- 1년도 말 대미달러화의 기대현물환율: $E(S_1)$

$$\frac{E(S_1)}{S_0}=\frac{1+\pi}{1+\pi^F}=\frac{1+0.1}{1+0.06}$$

$$E(S_1)=S_0\left(\frac{1+0.1}{1+0.06}\right)=1{,}200\times\left(\frac{1+0.1}{1+0.06}\right)=₩1{,}245.28/\$$$

- 2년도 말 대미달러화의 기대현물환율[16]: $E(S_2)$

$$\frac{E(S_2)}{E(S_1)}=\frac{1+\pi}{1+\pi^F}=\frac{1+0.1}{1+0.06}$$

$$E(S_2)=E(S_1)\left(\frac{1+0.1}{1+0.06}\right)=1{,}245.28\times\left(\frac{1+0.1}{1+0.06}\right)=₩1{,}292.27/\$$$

- 3년도 말 대미달러화의 기대현물환율[17]: $E(S_3)$

$$\frac{E(S_3)}{E(S_2)}=\frac{1+\pi}{1+\pi^F}=\frac{1+0.1}{1+0.06}$$

$$E(S_3)=E(S_2)\left(\frac{1+0.1}{1+0.06}\right)=1{,}292.27\times\left(\frac{1+0.1}{1+0.06}\right)=₩1{,}341.03/\$$$

---

16 $E(S_2)=S_0\left(\frac{1+0.1}{1+0.06}\right)^2=1{,}200\times\left(\frac{1+0.1}{1+0.06}\right)^2=₩1{,}292.27/\$$

17 $E(S_3)=S_0\left(\frac{1+0.1}{1+0.06}\right)^3=1{,}200\times\left(\frac{1+0.1}{1+0.06}\right)^3=₩1{,}341.03/\$$

표 13-1
(주)한성전자의 현금흐름

항 목	0	1년도 말	2년도 말	3년도 말
현금흐름(만달러)	−8,000	3,000	3,000	3,000
기대현물환율(₩/$)	1,200	1,245.28	1,292.27	1,341.03
현금흐름(만원)	−9,600,000	3,735,840	3,876,810	4,023,090

(주)한성전자의 해외투자로부터 발생하는 현금흐름을 대미달러화 기대현물환율에 의해 원화로 환산하면 〈표 13−1〉과 같다.

투자안의 자본비용이 15%라면, (주)한성전자가 고려하고 있는 미국현지의 반도체공장설립안의 순현가를 다음과 같이 계산할 수 있다.

$$NPV = -9{,}600{,}000 + \frac{3{,}735{,}840}{1.15} + \frac{3{,}876{,}810}{1.15^2} + \frac{4{,}023{,}090}{1.15^3}$$

$$= -774{,}771.17\text{만원}$$

순현가가 0보다 작으므로 (주)한성전자는 미국현지에 반도체공장을 설립하지 않아야 한다.

해외투자안의 순현가를 계산할 때 반드시 시장에서 추정된 환율을 사용해야 한다는 것을 유의하여야 한다. 예를 들어 (주)한성전자의 재무관리자는 시장에서 예상하는 것보다 달러화가 훨씬 더 강세를 보일 것으로 생각하고 이를 이용하여 달러화를 원화로 환산한다면, 해외투자안의 원화기준 현금흐름이 증가하여 순현가가 0보다 커질 수도 있다. 그러나 (주)한성전자는 자체의 환율예상을 해외투자안 평가에 이용하지 않아야 한다. 이 경우 (주)한성전자가 자체의 달러화 강세라는 환율전망에 의해서 취할 수 있는 현명한 행동은 선물환시장에서 달러화를 보다 많이(투기적으로) 매입하는 것이다. 기업은 선물환시장 등을 이용하여 현재시점에서 미래의 환율을 고정시킬 수 있기 때문에 해외투자결정과 미래 환율변동에 관한 전망은 독립적이라 할 수 있다. 즉 현재시점에서 투자안으로부터 발생되는 미국 달러화의 현금흐름을 선물환계약을 체결하여 선물환율로 고정시키면, 원화로 환산된 현금흐름은 대미달러화 환율변동에 관계없이 확실한 값을 가질 수 있다.

3.2 국제기업의 자본비용

해외투자안의 평가에 사용해야 하는 자본비용은 유사한 국내투자안과 다소 차이가 있는데, 그 차이는 국제금융시장의 분리(국제분산투자의 가능성)와 재산몰수, 외환통제, 세금 등 정치적 위험에 의해 발생한다.

국제분산투자

포트폴리오이론에 의하면 개별주식의 위험은 분산투자로 제거가 가능한 비체계적 위험과 분산투자로도 제거될 수 없는 체계적 위험으로 나누어진다. 그러나 체계적 위험이라고 해서 더 이상 제거가 불가능한 것이 아니며, 투자대상을 외국증권으로 확대하여 국제적으로 분산투자할 경우에는 체계적 위험도 상당부분이 제거될 수 있다. 즉 개별국가에 위치한 기업에 전반적인 영향을 미치는 요인이 국가간에 서로 상이하여 국제적으로 분산투자할 경우 개별국가 특유의 요인이 서로 상쇄된다. 따라서 국내주식에만 분산투자할 경우 제거할 수 없는 체계적 위험도 어느 정도 제거할 수 있을 것이다. 예를 들어 특정국가에 국한된 전쟁, 내란, 정변 등의 정치적 위험이나 각국의 독립적인 금융 · 재정정책, 자연자원의 편재, 상이한 산업기반, 상이한 경기변동주기 등 여러 가지 요인으로 인한 특정국가의 체계적 위험은 국제분산투자에 의해 부분적으로 제거될 수 있다. 솔닉(B. H. Solnik)의 연구에 의하면 [그림 13-3]에서 볼 수 있는 바와 같이 미국 내의 주식만으로 분산투자를 했을 경우에는 제거할 수 없는 체계적 위험이 27.0%이던 것이, 국제분산투자를 했을 경우 체계

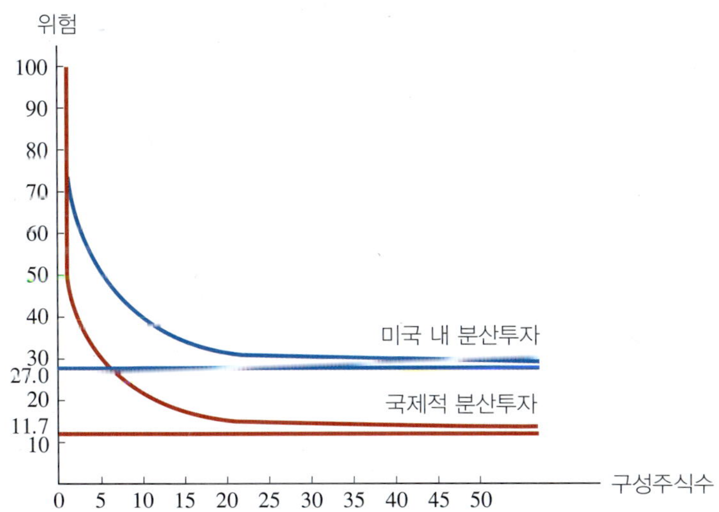

그림 13-3 국제분산투자의 위험감소효과

적 위험은 50% 이상 감소된 11.7%로 하락하였다.[18] 그러나 국제금융시장이 분리되어 있는 경우 일반투자자는 직접 외국 주식을 취득할 수 없기 때문에 국제분산투자의 효과를 얻을 수 없다. 이 경우 기업의 해외투자는 국내투자자에게 간접적인 국제분산투자기회를 제공하기 때문에 해외투자의 자본비용을 감소시킬 수 있다.

정치적 위험

재산몰수, 과실송금제한 등의 외환통제, 그리고 불리한 세금정책 등의 정치적 위험이 증가할수록 해외투자안의 자본비용은 증가할 것이다. 앞에서 설명한 (주)한성전자의 투자안에서는 세금을 제외한 모든 현금흐름이 본국으로 송금되는 것을 가정하였다. 그러나 현지정부는 과실송금에 매우 민감하게 반응하며, 실제로 과실송금에 대하여 제약을 가할 수 있다. 또한 해외투자를 할 경우 대부분 양국정부 사이에 이중과세방지협정을 맺어 세금이 이중으로 부과되지 않도록 하지만, 경제 및 문화제도 등의 차이로 인한 여러 가지 제약요인이 존재할 수 있다. 이와 같은 정치적 위험으로 인해 해외투자안의 자본비용은 국내투자안의 자본비용보다 클 수 있다.

04 국제자금조달

국제기업은 해외투자자금을 조달하기 위하여 다음과 같은 세 가지 기본적 방법을 사용할 수 있다.

첫째, 국내에서 해외투자자금을 조달하여 해외현지에 송금한다.

둘째, 해외현지에서 투자소요자금을 차입한다.

셋째, 부채비용이 가장 낮은 제3국에서 투자소요자금을 차입한다.

국내에서 해외투자자금을 조달할 경우 환율변동에 따른 위험이 나타날 수 있다. 그리고 해외투자자금을 현지에서 차입하여 조달할 수 있는데, 이는 환위험을 피할 수 있는 방법이다. 또 다른 대안으로 제3국에서 차입하여 조달할 경우 명목이자율 이외에도 물가상승률을 감안한 실질이자율을 고려해야 함을 유의하여야 한다.

국제자금조달이 가능한 국제금융시장은 자금조달방법상 역내금융인가 역외금융인가, 또는 간접금융인가 직접금융인가에 따라 〈표 13-2〉와 같은 분류가 가

18 B. H. Solnik, "Why Not Diversify Internationally Rather Than Domestically?," *Financial Analysts Journal*, Vol. 30(July-August 1974), pp. 48~54.

표 13-2 국제자금조달방법의 분류

금융방법 \ 금융시장	역내시장	역외시장
간접금융	현지금융시장	유로금융시장
직접금융	현지자본시장	유로자본시장

능하다. **역내시장**(internal market or foreign market)이란 외국의 금융시장에서 그 나라 통화표시의 자금을 조달하는 방법을 말하며, **역외시장**(external market or offshore market)이란 일국의 자금조달자가 일정통화표시의 자금을 표시통화국 이외의 나라에서 조달하는 방식을 말한다. 그리고 간접금융은 은행 등 금융중개기관을 통해서 자금을 조달하는 것이며, 직접금융은 주식, 채권 등을 발행하여 자본시장에서 투자자로부터 직접 자금을 조달하는 것을 말한다.

역내시장
외국의 금융시장에서 그 나라 통화표시의 자금을 조달하는 방법을 말한다.

역외시장
일국의 자금조달자가 일정통화표시의 자금을 표시통화국 이외의 나라에서 조달하는 방식을 말한다.

현지금융시장 4.1

현지금융시장은 외국에 있는 은행 등을 통해 그 나라의 통화로 자금을 차입하는 시장을 말한다. 예를 들어 한국기업의 미국지사가 미국 내 은행으로부터 미달러화를 차입하거나, 또는 한국기업의 일본지사가 일본 내 은행으로부터 엔을 차입하는 경우 등은 현지금융시장에서의 간접자금조달에 속한다.

현지금융시장
외국에 있는 은행 등을 통해 그 나라의 통화로 자금을 차입하는 시장을 말한다.

현지자본시장 4.2

현지자본시장은 외국에서 그 나라 통화표시의 채권이나 주식을 발행하여 자금을 조달하는 시장을 말한다. 현지자본시장에서 발행되는 채권, 즉 외국인이 현지국 통화로 통화의 발행국에서 발행한 채권을 외국채권(foreign bond)이라 한다. 예를 들어 한국기업이 미국시장에서 미달러표시로 채권을 발행하였을 경우 이를 외국채권이라 할 수 있다. 특히 미국에서 발행된 미달러표시 외국채권을 양키본드(yankee bond), 일본에서 발행된 일본 엔화표시 외국채권을 사무라이본드(samurai bond), 영국에서 발행되는 파운드표시 외국채권을 불독본드(bulldog bond), 중국에서 발행되는 위안화표시 외국채권을 판다본드(panda bond), 한국에서 발행된 원화표시 외국채권을 아리랑본드(arirang bond)라 부른다.

현지자본시장
외국에서 그 나라 통화표시의 채권이나 주식을 발행하여 자금을 조달하는 시장을 말하며, 이 시장에서 발행되는 채권, 즉 외국인이 현지국통화로 통화의 발행국에서 발행한 채권을 외국채권이라 한다.

4.3 유로금융시장

유로금융시장
통화의 발행국 이외의 지역에서 금융거래가 이루어지는 시장을 말하며, 이곳에서 거래되는 통화를 유로통화라 한다.

유로금융시장이란 통화의 발행국 이외의 지역에서 금융거래가 이루어지는 시장을 말한다. 예를 들어 미국 이외(특히 유럽) 지역에 있는 은행에 미달러화를 예치하거나 미국 이외 지역에 있는 은행으로부터 미달러화를 차입하는 거래가 이루어지는 시장을 들 수 있다. 미국 이외 지역에 있는 은행에서 거래가 이루어지는 미달러화를 유로달러(Eurodollar), 일본 이외 지역에 있는 은행에서 거래가 이루어지는 엔화를 유로엔(Euroyen), 영국 이외 지역에 있는 은행에서 거래가 이루어지는 파운드화를 유로파운드(Europound)라 하며, 이들을 통칭해서 유로통화(Eurocurrency)라고 부른다.

유로통화를 거래하는 유로통화시장은 세계의 다국적은행들로 구성되어 있으며, 대부분의 차입자들은 각국의 대기업이나 정부이다.[19] 이 유로통화시장에서 제공되는 대출은 중기자금으로서 3년 내지 8년의 만기를 가지고 있다. 유로통화시장이 갖는 중요한 특징은 대출이 변동금리 조건으로 이루어지고 있다는 점이다. 일반적으로 유로통화의 이자율은 대출기간, 표시통화 및 차입자의 신용도에 따라 **런던은행간대출금리**(London inter-bank offered rate: LIBOR)에 일정률의 가산금리인 스프레드(spread)를 합하여 결정된다.

런던은행간대출금리(LIBOR)
런던시장에서 거래하는 국제은행 중 가장 신용도가 높은 은행들 간에 자금을 대출할 때 적용되는 기준금리이다.

유로달러 중 싱가포르에서 거래되는 것을 특히 아시아달러(Asiadollar)라고 한다.[20] 그러나 아시아달러는 약간 특이한 성격을 갖는데, 즉 아시아달러는 역외자금(offshore fund)이라는 것이다. **역외금융**(offshore banking)이란 금융기관이 어느 특정 나라에 물리적으로 위치하고 있으나, 그 나라의 금융제도와는 아무 관계를 가지지 않고 금융기능을 수행하는 것을 말한다. 즉 이것은 한 나라의 예금취급기관이 비거주자(외국인 등)로부터 외화자금을 받아 비거주자에게만 대출할 수 있고 그 외화자금이 국내로 유입되는 것을 금지하는 금융방식이다. 이때의 외화자금을 역외자금이라 한다. 세계적으로 유명한 역외금융센터(offshore banking unit: OBU)로는 룩셈부르크, 홍콩, 싱가포르 등이 있다.

역외금융
금융기관이 어느 특정 나라에 물리적으로 위치하고 있으나, 그 나라의 금융제도와는 아무 관계를 가지지 않고 금융기능을 수행하는 것을 말한다.

19 우리나라 차관의 대부분은 유로달러시장을 통해서 들어온다.
20 아시아달러시장에서 차입자에게 적용되는 이자율은 보통 싱가포르은행간대출금리(Singapore inter-bank offered rate: SIBOR)라고 하는 기준금리에 일정률의 가산금리인 스프레드를 합해서 결정된다.

유로자본시장 4.4

유로자본시장은 일국의 차입자가 일정통화표시의 주식 또는 채권을 표시통화국 이외의 나라에서 발행하여 자금을 조달하는 시장을 말한다. 유로자본시장에서 거래되는 채권을 유로채권(Eurobond)이라 한다.[21] 유로채권에는 미달러표시로 발행되어 미국 이외의 나라에서 상장 · 거래되는 채권인 유로달러채권(Eurodollar bond), 유럽금융시장에서 엔화표시로 발행된 채권인 유로엔채권(Euroyen bond) 등이 있다. 유로채권의 인수단 및 판매그룹은 수개국의 은행, 증권회사 등으로 구성되고 수개국의 투자자들에게 판매된다.

유로자본시장
일국의 차입자가 일정통화표시의 주식 또는 채권을 표시통화국 이외의 나라에서 발행하여 자금을 조달하는 시장을 말한다. 유로자본시장에서 거래되는 채권을 유로채권이라 한다.

재무산책 아리랑본드와 김치본드

기업이 다른 나라에서 발행하는 채권을 국제채권(international bond)이라고 하는데, 이는 발행국가의 현지통화로 발행되는 외국채권과 발행하는 국가의 통화가 아닌 제3국의 통화로 발행되는 유로채권으로 구성된다. 외국채권이든 유로채권이든 모두 자국기업이 아닌 해외기업이 발행한다는 점에서 동일하지만, 외국채권은 발행지역 통화로 발행되는 반면, 유로채권은 발행지역 이외 통화로 발행되는 것이 다르다.

아리랑본드는 외국기업이 국내에서 원화로 발행되는 채권이다. 아리랑본드와 같은 외국채권의 예로는 미국에서 외국기업이 달러로 발행하는 '양키본드', 일본에서 엔화로 발행하는 '사무라이본드', 중국 본토에서 위안화로 발행하는 '판다본드', 호주에서 호주달러로 발행하는 '캥거루본드', 뉴질랜드에서 뉴질랜드달러로 발행하는 '키위본드' 등이 있다.

김치본드 발행 · 거래 흐름도

자료: 서울경제

김치본드(kimchi bond)는 외국기업이 국내에서 원화 외의 다른 국가의 통화로 발행하는 외화표시채권으로서 아리랑본드에 대비된다. 김치본드의 용어는 2006년 미국 투자은행 베어스턴스(Bear Stearns)가 국

---

21 유로주식(Euroequity)은 국제적인 유통시장의 부재로 활발하게 거래되지 못하고 있는 실정이다.

내 채권시장에서 달러화로 회사채를 발행하면서 처음으로 사용되었다. 김치본드는 달러 유동성이 풍부해 조달금리가 원화보다 낮을 경우 발행수요가 많아지며, 달러 등 외화를 필요로 하는 기업이 달러를 직접 차입할 수 있게 도와준다. 또한 우리나라에 달러 유동성이 풍부할 경우 외국기업은 김치본드를 발행하여 달러 등 외화를 빌려 쓸 수 있다. 김치본드와 같은 유로채권의 예로는 유럽지역에서 미국 달러로 발행되는 '유로달러본드', 홍콩에서 홍콩 달러가 아닌 위안화로 발행되는 '딤섬본드', 일본에서 엔화가 아닌 다른 국가의 통화로 발행되는 '쇼군본드', 대만에서 대만 달러 이외의 다른 국가의 통화로 발행되는 '포모사본드' 등이 있다.

이상과 같이 국제채권의 이름에는 채권의 국적, 즉 한 나라를 대표하는 뜻이 담긴 용어가 사용된다.

뉴스 속 재무 은행, 가산금리 1% 더 주더라도 ... 사무라이 · 캥거루본드 쫓는 까닭은

국내 금융기관들이 한동안 자취를 감췄던 사무라이본드(엔화표시채권)에 이어 캥거루본드(호주달러표시채권) 발행에 나서는 등 자금 확보를 위한 틈새시장 찾기에 골몰하고 있다. 예적금 금리 인상 경쟁으로 자금 조달 비용은 늘어난 데 반해 레고랜드 사태로 촉발된 자금시장 경색 완화를 위해 금융당국이 은행채 발행 축소 등을 권고하는 등 국내 시장에서 돈 끌어 모으기가 어려워졌기 때문이다. 금리와 달러가치가 동시에 오르면서, 리스크를 줄일 수 있는 투자처가 절실해진 때문도 있다. 엔화와 호주달러 등 이종통화는 달러채 대비 상승 속도가 느리다.

킹달러 · 고금리 겹친 달러채 대신 새 투자처

2022년 11월 14일 금융권에 따르면 올해 5대 시중은행(KB국민 · 신한 · 하나 · 우리 · NH농협)이 발행한 공모 외화채는 약 5조3,000억원 규모다. 시장도 점차 다양해지는 추세다. 2분기 이후 발행된 다섯 종류의 외화채 중 달러채는 두 곳에 불과했다. KB국민은행은 지난 6월 5억유로(6,800억원)의 유로화 채권을 발행했다. 신한은행은 이달 4억달러(3,500억원) 규모의 캥거루본드 발행에 성공했으며, 지난달에는 320억엔 규모의 사무라이본드를 발행했다. 특히 한일관계가 악화된 이후 뚝 끊겼던 사무라이본드는 지난달 신한은행과 현대캐피탈이 나란히 공백을 깼다. 일본은 기준금리가 여전히 마이너스고 환율 상황도 나쁘지 않아 자금조달에 유리하다. 양국 간 정치적 기류가 달라진 점도 일본 시장 문을 두드리기에 우호적이다.

국내 시장이 막히고 달러채 시장 불확실성이 커진 만큼 은행들의 이종통화 외화채 발행 수요는 계속될 것으로 보인다. 김명실 하이투자증권 연구원은 "당국의 조치로 은행채 발행이 적어도 2023년도 1분기까지는 줄어들 것으로 보인다"며 "유동성커버리지비율(liquidity coverage ratio : LCR)이 85%로 완화됐지만 결국 정상화 수순을 밟아야 하고, 기본적인 만기 차환 등의 자금은 필요하기 때문에 외화 채권밖에는 조달 방법이 없다"고 말했다.

한국물 투자 심리 악화 … 비용 더 줘야

문제는 조달비용이다. 신한은행의 캥거루본드 발행은 3개월물 호주달러 스왑금리(bank bill swap rate : BBSW)에 가산금리 195베이시스포인트(bp, 1bp=0.01%)를 더한 수준으로 확정됐다. 올해 초 발행한 채권 가산금리가 90~100bp로 책정된 것을 고려하면, 리스크 비용이 두 배가량 늘어난 셈이다. 금리를 더 주지 않으면 두자사 모십이 안 된다는 얘기로 볼 수 있다. 신한은행 관계자는 "이번 채권 발행을 통해 한국물에 대한 투지 심리가 위축된 것을 온몸으로 느꼈다"고 말했다. 통상 채권 발행을 위한 맨데이트(mandate) 발표 후부터 발행까지 1주일 안팎이 걸리지만, 최근 들어서는 2주 이상 소요되는 상태다.

실제 최근 달러채의 대체제로 취급되던 호주시장도 '차이나 런(중국의 투자자 이탈)' 현상이 발생하며 시장 경색이 가중되고 있다. 캥거루본드의 경우 아시아 기관 투자 비중이 높은데, 하나은행은 지난달 캥거루본드 발행을 추진하며 가산금리를 100bp 초중반대로 제시해 투자자 모집에 고배를 마셨다. 이에 시중은행 관계자는 "흥국생명 콜옵션 미이행 발표 이후에 적어도 50~70bp의 리스크 비용이 가중되고 있다"며 "악재가 계속되는 상황에서 한국물 외화채에 대한 투자 심리는 쉽사리 회복되지 않을 것"이라고 했다.

또 다른 시중은행 관계자는 "은행들은 해외 채권 발행이 실패했을 때의 리스크와 꽤 높은 수준으로 올라온 외화채 금리 등을 고려하지 않을 수 없다"며 "국내 조달이 힘들다고 해서 무작정 해외 채권의 문을 두드리기는 쉽지 않을 것"이라고 말했다.

〈헤럴드경제, 2022. 11. 14 수정〉

주요 용어

외환시장(foreign exchange market)

한 국가의 통화와 다른 국가의 통화가 서로 교환되는 시장, 즉 외환의 수요와 공급을 연결하는 기능적 의미에서의 시장 또는 거래메커니즘을 말한다.

환율(exchange rate)

한 나라의 통화(currency)가 다른 나라의 통화로 교환되는 비율을 의미한다.

직접표시환율(direct quotation) 또는 자국통화표시환율(지급환율)

외국통화 한 단위의 가격을 자국통화로 표시하는 방법이다.

1달러 = 1,000원 또는 ₩1,000/$

간접표시환율(indirect quotation) 또는 외국통화표시환율(수취환율)

자국통화 한 단위의 가격을 외국통화로 표시하는 방법이다.

1원 = 0.001달러 또는 $0.001/₩

현물환거래(spot exchange trade)

외환거래계약 후 통상 2영업일 이내에 현금결제(cash settlement)가 이루어지는 거래를 말하며, 이때 적용되는 환율을 현물환율(spot-exchange rate)이라 한다.

선물환거래(forward exchange trade)

외환매매계약 체결일로부터 일정기간(통상 2영업일) 경과 후 특정일에 외환을 결제하기로 약정한 거래를 말하며, 이와 같은 거래에 적용되는 환율을 선물환율(forward-exchange rate)이라 한다.

$$\text{선물환할증(또는 할인)} = \frac{\text{선물환율} - \text{현물환율}}{\text{현물환율}} \times \frac{12}{\text{선물계약기간(월)}} \times 100(\%)$$

스왑거래(swap trade)

미래의 일정시점에서 재매입(재매도)한다는 계약을 체결하면서 외환을 매도(매입)하는 거래를 말하며, 이때 재매입가격(선물환율)과 매도가격(현물환율)의 차이를 스왑률(swap rate)이라 한다.

상대적 구매력평가이론(relative purchasing-power parity theorem)

양국간 환율의 변화율은 양국간 물가상승률의 상대적인 차이에 의해 결정된다.

$$s = \frac{1+\pi}{1+\pi^F} - 1 \text{ 또는 } s \fallingdotseq \pi - \pi^F$$

- **이자율평가이론**(interest rate parity theorem)

선물환율의 할증(또는 할인)은 두 국가간의 상대적 이자율 차이에 의해 결정된다.

$$\frac{F_{0,1} - S_0}{S_0} = \frac{1+r}{1+r^F} - 1 \text{ 또는 } \frac{F_{0,1} - S_0}{S_0} \fallingdotseq r - r^F$$

- **국제피셔효과**(international Fisher effect)

예상되는 현물환율의 변화율은 양국간 명목이자율의 차이와 같다.

$$\frac{E(S_1) - S_0}{S_0} = \frac{1+r}{1+r^F} - 1 \text{ 또는 } \frac{E(S_1) - S_0}{S_0} \fallingdotseq r - r^F$$

- **환위험**(foreign exchange risk)

환율이 변동함으로써 기업의 재무적 성과가 변동할 가능성을 말하며, 흔히 환노출(foreign exchange exposure)이라 하기도 한다.

- **거래노출**(transaction exposure)

환율변동 이전에 거래가 발생되었으나, 환율변동 이후에 결제가 이루어지는 외화표시 자산 또는 부채의 가치변동을 측정하는 것이다.

- **환산노출**(translation exposure)

다국적 연결재무제표 작성시 외국 자회사의 외화표시 재무제표를 보고통화(reporting currency), 즉 모기업 국가통화로 환산해야 하기 때문에 발생되는 소유주 지분의 회계적 변동가능성으로서, 환율변동으로 인해 가치의 변동이 초래되는 외화표시 자산과 부채의 차이로 측정된다.

- **경제적 노출**(economic exposure)

예상하지 못한 환율변동으로 인하여 기업의 미래 영업현금흐름이 변동하게 되며, 그 결과 발생하는 기업 현재가치에서의 변동을 측정하는 것이다.

- **대내적 환노출관리방법**

네팅(netting), 매칭(matching), 리딩(leading)과 래깅(lagging) 등이 사용된다.

- **대외적 환노출관리방법**

선물환 또는 통화선물시장을 이용하는 방법, 금융시장을 이용하는 방법 등이 있다.

- **재무상태표 헤지**(balance sheet hedge)

다국적기업의 연결재무상태표상의 항목 중 환위험에 노출된 특정 외화표시 자산항목들의 합계가 동일 통화표시 부채항목들의 합계와 일치하도록 하는 방법이다.

역내시장(internal market or foreign market)

외국의 금융시장에서 그 나라 통화표시의 자금을 조달하는 방법을 말한다.

역외시장(external market, offshore market)

일국의 자금조달자가 일정통화표시의 자금을 표시통화국 이외의 나라에서 조달하는 방식을 말한다.

현지금융시장

외국에 있는 은행 등을 통해 그 나라의 통화로 자금을 차입하는 시장을 말한다.

현지자본시장

외국에서 그 나라 통화표시의 채권이나 주식을 발행하여 자금을 조달하는 시장을 말하며, 이 시장에서 발행되는 채권, 즉 외국인이 현지국통화로 통화의 발행국에서 발행한 채권을 외국채권(foreign bond)이라 한다.

유로금융시장

통화의 발행국 이외의 지역에서 금융거래가 이루어지는 시장을 말하며, 이곳에서 거래되는 통화를 유로통화(Eurocurrency)라 한다.

런던은행간대출금리(London inter-bank offered rate: LIBOR)

런던시장에서 거래하는 국제은행 중 가장 신용도가 높은 은행들간에 자금을 대출할 때 적용되는 기준금리이다.

역외금융(offshore banking)

금융기관이 어느 특정 나라에 물리적으로 위치하고 있으나, 그 나라의 금융제도와는 아무 관계를 가지지 않고 금융기능을 수행하는 것을 말한다.

유로자본시장

일국의 차입자가 일정통화표시의 주식 또는 채권을 표시통화국 이외의 나라에서 발행하여 자금을 조달하는 시장을 말한다. 유로자본시장에서 거래되는 채권을 유로채권(Eurobond)이라 한다.

연습 문제

Ⅰ. 완성/선택형 문제

01 (　　　　)은 한 국가의 통화와 다른 국가의 통화가 서로 교환되는 시장, 즉 외환의 수요와 공급을 연결하는 기능적 의미에서의 시장 또는 거래메커니즘을 말한다.

02 (　　　　)는 외환매매계약 체결일로부터 일정기간(통상 2영업일) 경과 후 특정일에 외환을 결세하기로 약정한 거래를 말하며, 이와 같은 거래에 적용되는 환율을 (　　　　)이라 한다.

03 (　　　　)은 선물환율의 할증(또는 할인)이 두 국가간의 상대적 이자율 차이에 의해 결정된다는 것이다.

04 (　　　　)은 환율변동 이전에 거래가 발생되었으나, 환율변동 이후에 결제가 이루어지는 외화표시 자산 또는 부채의 가치변동을 측정하는 것이다.

05 (　　　　)은 통화의 발행국 이외의 지역에서 금융거래가 이루어지는 시장을 말하며, 이곳에서 거래되는 통화를 (　　　　)라 한다.

06 (　　　　)는 금융기관이 어느 특정나라에 물리적으로 위치하고 있으나, 그 나라의 금융세노와는 아무 관계를 가지지 않고 금융기능을 수행하는 것을 말한다.

07 외환시장과 환율에 관한 다음의 설명 중 적절하지 않은 것은?

① 외환시장은 거래당사자에 따라 외국환은행과 고객(기업, 개인, 정부 등) 사이에 외환거래가 이루어지는 대고객시장과 외국환은행간에 거래가 이루어지는 은행간시장으로 구분된다.

② 직접표시환율(또는 자국통화표시환율)을 사용하는 우리나라의 경우 환율이 상승하였다는 것은 달러가치가 원화에 비해 하락한 반면, 원화가치는 달러에 비해 상승하였음을 뜻한다.

③ 일반적으로 외국통화 1단위에 대한 미달러화의 교환비율을 나타내는 방법, 즉 £1 = $1.50 또는 $1.50/£를 미국식(American terms)이라 하며, 미국 달러 1단위에 대한 외국통화의 교환비율인 $1 = £0.67 또는 £0.67/$를 유럽식(European terms)이라고 한다.

④ 현물환거래는 외환거래계약 후 통상 2영업일 이내에 현금결제가 이루어지는 거래를 말하며, 이때 적용되는 환율을 현물환율이라 한다.

⑤ 스왑거래는 미래의 일정시점에서 재매입(재매도)한다는 계약을 체결하면서 외환을 매도(매입)하는 거래를 말하며, 이때 재매입가격(선물환율)과 매도가격(현물환율)의 차이를 스왑률(swap rate)이라 한다.

08 환율결정이론에 관한 다음 설명 중 가장 타당하지 않은 것은? (CPA 1차 2000)

① 피셔효과가 성립하면, 양국간 명목이자율의 차이는 기대인플레이션율의 차이와 같게 된다.

② 구매력평가이론(PPP)에 따르면, 양국 통화간 현물환율의 기대변동률은 양국간 기대인플레이션율의 차이와 같게 된다.

③ 양국 통화간 현물환율의 기대변동률이 양국간 명목이자율의 차이와 같게 되는 현상을 국제피셔효과라고 한다.

④ 이자율평가이론(IRP)에 따르면, 양국간 실질이자율의 차이는 선물환율의 할증률(혹은 할인율)과 같게 된다.

⑤ 이자율평가이론과 국제피셔효과가 성립하면, 선물환율은 미래 현물환율의 불편추정치가 된다.

09 대미달러화 현물환율이 ₩1,100/$이고 3개월 선물환율이 ₩1,080/$인 경우, 미달러화의 선물환은 현물환에 비해 얼마나 할증 또는 할인 거래되고 있는가?

① 7.27% 할증　② 7.27% 할인　③ 7.41% 할증
④ 7.41% 할인　⑤ 7.52% 할증

10 한국의 90일 만기 국채의 만기수익률은 연 5%이며 180일 만기 국채의 만기수익률은 연 6%이다. 미국의 90일 만기 국채의 만기수익률은 연 5%이며 180일 만기 국채의 만기수익률은 연 5.5%이다. 이자율평가설(interest rate parity theory)이 성립한다고 가정하면 다음 중 가장 옳은 것은? (CPA 1차 2007)

① 현물환율과 90일 선물환율이 동일하다.

② 현물환율과 180일 선물환율이 동일하다.

③ 90일 선물환율과 180일 선물환율이 동일하다.

④ 주어진 정보로는 현물환율과 선물환율의 크기를 비교할 수 없다.

⑤ 한국 국채의 수익률곡선은 우하향 모양을 띠게 된다.

11 현재 미국의 $1에 대해서 현물환율은 1,000원이고 1년 만기 선물환율은 1,020원이다. 무위험이자율은 한국에서 연 5%이고 미국에서는 연 2%이다. 무위험이자율로 차입과 대출이 가능하고 거래비용이 없을 때, 차익거래의 방법으로 가장 적절한 것은? (CPA 1차 2017)

① 선물 매수, 달러 차입, 원화로 환전, 원화 대출

② 선물 매수, 원화 차입, 달러로 환전, 달러 대출

③ 선물 매도, 달러 차입, 원화로 환전, 원화 대출

④ 선물 매도, 원화 차입, 달러로 환전, 달러 대출

⑤ 선물 매도, 원화 차입, 달러로 환전, 원화 대출

12 미국에 물품을 수출하고 6개월 후에 대금 100만달러를 받기로 한 무역업자가 있다. 이 무역업자가 사용하기에 가장 적절한 환위험 헤지 방법은? (CPA 1차 2004)

① 6개월 만기의 달러 콜옵션을 매수한다.

② 6개월 만기의 달러 풋옵션을 매도한다.

③ 6개월 만기의 선물환 계약에서 달러 매수포지션을 취한다.

④ 동일한 행사가격의 만기 6개월짜리 달러 콜옵션과 달러 풋옵션을 동시에 매수한다.

⑤ 6개월 만기 달러 대출을 받아 달러를 외환시장에서 매각한다.

13 (주)청운은 3개월 후에 미국기업에 대한 수입내금 100만달러를 지급해야 한다. 다음 중 환위험을 헤지하기 위해 이 기업이 취할 수 있는 환위험관리전략으로 가장 적절한 것은?

① 3개월 만기의 달러 콜옵션을 매도한다.

② 스왑딜러를 통해 원화 수입이 주된 소득원인 미국 현지의 A기업과 달러를 지급하고 원화를 수취하는 원-달러 통화스왑계약을 체결한다.

③ 3개월 만기의 달러화 선물환 매입계약을 체결한다.

④ 국내 유로은행에서 달러를 차입하여 이를 외환시장에서 매도한다.

⑤ 3개월 만기의 달러 풋옵션을 매입한다.

14 국제기업의 해외투자자금 조달과 관련된 다음의 설명 중 가장 적절하지 않은 것은?

① 현지자본시장에서 발행되는 외국채권 중에는 양키본드, 사무라이본드, 불독본드, 판다본드, 아리랑본드 등이 있다.

② 유로통화를 거래하는 유로통화시장은 세계의 다국적은행들로 구성되어 있으며, 대부분의 차입자들은 각국의 대기업이나 정부이다.

③ 일반적으로 유로통화의 이자율은 대출기간, 표시통화 및 차입자의 신용도에 따라 런던은행간대출금리(LIBOR)에 일정률의 가산금리인 스프레드(spread)를 합하여 결정된다.

④ 역외금융은 한 나라의 예금취급기관이 비거주자(외국인 등)로부터 외화자금을 받아 비거주자에게 대출할 수 있을 뿐만 아니라 그 외화자금이 국내로 유입되는 것도 허용하는 금융방식이다.

⑤ 유로채권에는 미달러표시로 발행되어 미국 이외의 나라에서 상장 · 거래되는 채권인 유로달러채권, 유럽금융시장에서 엔화표시로 발행된 채권인 유로엔채권 등이 있다.

15 기업이 다른 나라에서 발행하는 채권을 국제채권(international bond)이라고 하는데, 이는 발행국가의 현지통화로 발행되는 외국채권과 발행하는 국가의 통화가 아닌 제3국의 통화로 발행되는 유로채권으로 구성된다. 다음 중 외국채권이 아닌 것은?

① 김치본드(kimchi bond) ② 양키본드(yankee bond)
③ 불독본드(bulldog bond) ④ 키위본드(kiwi bond)
⑤ 캥거루본드(kangaroo bond)

Ⅱ. 서술/계산형 문제

01 외환거래의 종류를 열거하고, 이들을 각각 설명하라.

02 환위험관리방법에 대해서 설명하라.

03 다음의 용어를 설명하라.

(1) 외국채권(foreign bond)

(2) 유로통화(Eurocurrency)

(3) 역외금융(offshore banking)

(4) 유로채권(Eurobond)

04 **| 재정환율과 삼각차익거래 |**

현물환 시장에서 환율이 다음과 같이 형성되어 있다.

> 서울: $1 = ₩1,260.00
>
> 동경: $1 = ¥120.00

외환시장은 효율적이며, 거래비용이 존재하지 않는다고 가정한다.

(1) 일본 엔화에 대한 원화환율, 즉 재정환율(arbitrage rate)을 구하라.

(2) 현재 서울에서 일본 엔화에 대한 원화환율이 ₩10.0/¥으로 형성되어 있다. 차익거래가 가능한가? 가능하다면 당신이 지금 ₩10,000,000을 가지고 있다고 가정하고 얼마만큼의 이익을 얻을 수 있는지 계산해 보라.

05 **| 구매력평가이론 |**

향후 1년 동안 국내의 물가상승률은 10%, 일본의 물가상승률은 6%가 되리라 예상된다. 현재 대일엔화 환율이 100엔당 1,040원이라고 할 때, 1년 후 대일엔화 환율은 어떻게 되겠는가?

06 **| 환위험관리: 선물환시장 또는 금융시장에 의한 방법의 비교 |**

한국의 H종합상사는 7월 1일 현재 미국으로부터 옥수수를 수입하고, 3개월 후인 9월 30일에 2,000만달러를 지급하기로 하였다. 7월 1일 현재 환율 및 이자율에 관한 자료는 다음과 같다.

> 현물환율 = ₩1,200/$
>
> 3개월물 선물환율 = ₩1,240/$
>
> 한국의 이자율 = 12%
>
> 미국의 이자율 = 8%

H종합상사의 재무관리자는 환율변동에 따른 위험을 제거하기 위하여 다음과 같은 두 가지 방안을 고려하고 있다.

• 제1안: 3개월물 선물환을 매입하여 대금을 지급함.
• 제2안: 국내은행에서 차입하여 환전한 후, 미국 내 은행에 예금하여 대금을 지급함.

(1) 두 가지 방안 중 어느 것이 더 유리한가?
(2) 두 방안이 무차별하려면, 3개월 만기 선물환율은 얼마가 되어야 하는가?

07 **| 국제자본예산 |**

국내의 K자동차(주)는 미국현지에 자동차부품공장을 설립하는 것을 검토하고 있다. 이 회사가 자동차부품공장을 설립할 때 총투자액은 5,000만달러이고, 이 투자로 인하여 향후 3년간 매년 2,000만달러의 순현금흐름이 예상된다. 그리고 현재의 대미달러화 환율은 ₩1,200/$이고, 향후 3년간 국내와 미국의 연평균 이자율은 각각 10%, 6%일 것으로 예상된다고 하자. 또한 이 투자안에 대한 할인율은 10%가 타당한 것으로 분석되었다.

(1) 이 경우 K자동차(주)는 미국현지에 자동차부품공장을 설립하여야 하는가?
(2) K자동차(주)의 재무관리자는 향후 달러화 가치가 시장에서 예상하는 것보다 약세를 보일 것으로 예상한다면, 물음 (1)의 결과는 어떻게 달라지는가?

Appendix

부 록

| 부표-1 | 복 리 표

| 부표-2 | 연금의 복리표

| 부표-3 | 현 가 표

| 부표-4 | 연금의 현가표

| 연습문제 풀이 |

| 부표 – 1 | 복 리 표

기간	이 자 율									
	1%	2%	3%	4%	5%	6%	7%	8%	9%	10%
1	1.0100	1.0200	1.0300	1.0400	1.0500	1.0600	1.0700	1.0800	1.0900	1.1000
2	1.0201	1.0404	1.0609	1.0816	1.1025	1.1236	1.1449	1.1664	1.1881	1.2100
3	1.0303	1.0612	1.0927	1.1249	1.1576	1.1910	1.2250	1.2597	1.2950	1.3310
4	1.0406	1.0824	1.1255	1.1699	1.2155	1.2625	1.3108	1.3605	1.4116	1.4641
5	1.0510	1.1041	1.1593	1.2167	1.2763	1.3382	1.4026	1.4693	1.5386	1.6105
6	1.0615	1.1262	1.1941	1.2653	1.3401	1.4185	1.5007	1.5869	1.6771	1.7716
7	1.0721	1.1487	1.2299	1.3159	1.4071	1.5036	1.6058	1.7138	1.8280	1.9487
8	1.0829	1.1717	1.2668	1.3686	1.4775	1.5938	1.7182	1.8509	1.9926	2.1436
9	1.0937	1.1951	1.3048	1.4233	1.5513	1.6895	1.8385	1.9990	2.1719	2.3579
10	1.1046	1.2190	1.3439	1.4802	1.6289	1.7908	1.9672	2.1589	2.3674	2.5937
11	1.1157	1.2434	1.3842	1.5395	1.7103	1.8983	2.1049	2.3316	2.5804	2.8531
12	1.1268	1.2682	1.4258	1.6010	1.7959	2.0122	2.2522	2.5182	2.8127	3.1384
13	1.1381	1.2936	1.4685	1.6651	1.8856	2.1329	2.4098	2.7196	3.0658	3.4523
14	1.1495	1.3195	1.5126	1.7317	1.9799	2.2609	2.5785	2.9372	3.3417	3.7975
15	1.1610	1.3459	1.5580	1.8009	2.0789	2.3966	2.7590	3.1722	3.6425	4.1772
16	1.1726	1.3728	1.6047	1.8730	2.1829	2.5404	2.9522	3.4259	3.9703	4.5950
17	1.1843	1.4002	1.6528	1.9479	2.2920	2.6928	3.1588	3.7000	4.3276	5.0545
18	1.1961	1.4282	1.7024	2.0258	2.4066	2.8543	3.3799	3.9960	4.7171	5.5599
19	1.2081	1.4568	1.7535	2.1068	2.5270	3.0256	3.6165	4.3157	5.1417	6.1159
20	1.2202	1.4859	1.8061	2.1911	2.6533	3.2071	3.8697	4.6610	5.6044	6.7275
21	1.2324	1.5157	1.8603	2.2788	2.7860	3.3996	4.1406	5.0338	6.1088	7.4002
22	1.2447	1.5460	1.9161	2.3699	2.9253	3.6035	4.4304	5.4365	6.6586	8.1403
23	1.2572	1.5769	1.9736	2.4647	3.0715	3.8197	4.7405	5.8715	7.2579	8.9543
24	1.2697	1.6084	2.0328	2.5633	3.2251	4.0489	5.0724	6.3412	7.9111	9.8497
25	1.2824	1.6406	2.0938	2.6658	3.3864	4.2919	5.4274	6.8485	8.6231	10.835
30	1.3478	1.8114	2.4273	3.2434	4.3219	5.7435	7.6123	10.063	13.268	17.449
40	1.4889	2.2080	3.2620	4.8010	7.0400	10.286	14.974	21.725	31.409	45.259
50	1.6446	2.6916	4.3839	7.1067	11.467	18.420	29.457	46.902	74.358	117.39
60	1.8167	3.2810	5.8916	10.520	18.679	32.988	57.946	101.26	176.03	304.48

* $CVIF > 99,999$

부록

복리이자요소$(CVIF_{r,n})=(1+r)^n$

기간	이 자 율									
	12%	14%	15%	16%	18%	20%	24%	28%	32%	36%
1	1.1200	1.1400	1.1500	1.1600	1.1800	1.2000	1.2400	1.2800	1.3200	1.3600
2	1.2544	1.2996	1.3225	1.3456	1.3924	1.4400	1.5376	1.6384	1.7424	1.8496
3	1.4049	1.4815	1.5209	1.5609	1.6430	1.7280	1.9066	2.0972	2.3000	2.5155
4	1.5735	1.6890	1.7490	1.8106	1.9388	2.0736	2.3642	2.6844	3.0360	3.4210
5	1.7623	1.9254	2.0114	2.1003	2.2878	2.4883	2.9316	3.4360	4.0075	4.6526
6	1.9738	2.1950	2.3131	2.4364	2.6996	2.9860	3.6352	4.3980	5.2899	6.3275
7	2.2107	2.5023	2.6600	2.8262	3.1855	3.5832	4.5077	5.6295	6.9826	8.6054
8	2.4760	2.8526	3.0590	3.2784	3.7589	4.2998	5.5895	7.2058	9.2170	11.703
9	2.7731	3.2519	3.5179	3.8030	4.4355	5.1598	6.9310	9.2234	12.166	15.917
10	3.1058	3.7072	4.0456	4.4114	5.2338	6.1917	8.5944	11.806	16.060	21.647
11	3.4785	4.2262	4.6524	5.1173	6.1759	7.4301	10.657	15.112	21.199	29.439
12	3.8960	4.8179	5.3503	5.9360	7.2876	8.9161	13.215	19.343	27.983	40.037
13	4.3635	5.4924	6.1528	6.8858	8.5994	10.699	16.386	24.759	36.937	54.451
14	4.8871	6.2613	7.0757	7.9875	10.147	12.839	20.319	31.691	48.757	74.053
15	5.4736	7.1379	8.1371	9.2655	11.974	15.407	25.196	40.565	64.359	100.71
16	6.1304	8.1372	9.3576	10.748	14.129	18.488	31.243	51.923	84.954	136.97
17	6.8660	9.2765	10.761	12.468	16.672	22.186	38.741	66.461	112.14	186.28
18	7.6900	10.575	12.375	14.463	19.673	26.623	48.039	85.071	148.02	253.34
19	8.6128	12.056	14.232	16.777	23.214	31.948	59.568	108.89	195.39	344.54
20	9.6463	13.743	16.367	19.461	27.393	38.338	73.864	139.38	257.92	468.57
21	10.804	15.668	18.822	22.574	32.324	46.005	91.592	178.41	340.45	637.26
22	12.100	17.861	21.645	26.186	38.142	55.206	113.57	228.36	449.39	866.67
23	13.522	20.362	24.891	30.376	45.008	66.247	140.83	292.30	593.20	1178.7
24	15.179	23.212	28.625	35.236	53.109	79.497	174.63	374.14	783.02	1603.0
25	17.000	26.462	32.919	40.874	62.669	95.396	216.54	478.90	1033.6	2180.1
30	29.960	50.950	66.212	85.850	143.37	237.38	634.82	1645.5	4142.1	10143.
40	93.051	188.88	267.86	378.72	750.38	1469.8	5455.9	19427.	66521.	*
50	289.00	700.23	1083.7	1670.7	3927.4	9100.4	46890.	*	*	*
60	897.60	2595.9	4384.0	7370.2	20555.	56348.	*	*	*	*

부록

| 부표 - 2 | 연금의 복리표

기간	이 자 율									
	1%	2%	3%	4%	5%	6%	7%	8%	9%	10%
1	1.0000	1.0000	1.0000	1.0000	1.0000	1.0000	1.0000	1.0000	1.0000	1.0000
2	2.0100	2.0200	2.0300	2.0400	2.0500	2.0600	2.0700	2.0800	2.0900	2.1000
3	3.0301	3.0604	3.0909	3.1216	3.1525	3.1836	3.2149	3.2464	3.2781	3.3100
4	4.0604	4.1216	4.1836	4.2465	4.3101	4.3746	4.4399	4.5061	4.5731	4.6410
5	5.1010	5.2040	5.3091	5.4163	5.5256	5.6371	5.7507	5.8666	5.9847	6.1051
6	6.1520	6.3081	6.4684	6.6330	6.8019	6.9753	7.1533	7.3359	7.5233	7.7156
7	7.2135	7.4343	7.6625	7.8983	8.1420	8.3938	8.6540	8.9228	9.2004	9.4872
8	8.2857	8.5830	8.8932	9.2142	9.5491	9.8975	10.260	10.637	11.028	11.436
9	9.3685	9.7546	10.159	10.583	11.027	11.491	11.978	12.488	13.021	13.570
10	10.462	10.950	11.464	12.006	12.578	13.181	13.816	14.487	15.193	15.937
11	11.567	12.169	12.808	13.486	14.207	14.972	15.784	16.645	17.560	18.531
12	12.683	13.412	14.192	15.026	15.917	16.870	17.888	18.977	20.141	21.384
13	13.809	14.680	15.618	16.627	17.713	18.882	20.141	21.495	22.953	24.523
14	14.947	15.974	17.086	18.292	19.599	21.015	22.550	24.215	26.019	27.975
15	16.097	17.293	18.599	20.024	21.579	23.276	25.129	27.152	29.361	31.772
16	17.258	18.639	20.157	21.825	23.657	25.673	27.888	30.324	33.003	35.950
17	18.430	20.012	21.762	23.698	25.840	28.213	30.840	33.750	36.974	40.545
18	19.615	21.412	23.414	25.645	28.132	30.906	33.999	37.450	41.301	45.599
19	20.811	22.841	25.117	27.671	30.539	33.760	37.379	41.446	46.018	51.159
20	22.019	24.297	26.870	29.778	33.066	36.786	40.995	45.762	51.160	57.275
21	23.239	25.783	28.676	31.969	35.719	39.993	44.865	50.423	56.765	64.002
22	24.472	27.299	30.537	34.248	38.505	43.392	49.006	55.457	62.873	71.403
23	25.716	28.845	32.453	36.618	41.430	46.996	53.436	60.893	69.532	79.543
24	26.973	30.422	34.426	39.083	44.502	50.816	58.177	66.765	76.790	88.497
25	28.243	32.030	36.459	41.646	47.727	54.865	63.249	73.106	84.701	98.347
30	34.785	40.568	47.575	56.085	66.439	79.058	94.461	113.28	136.31	164.49
40	48.886	60.402	75.401	95.026	120.80	154.76	199.64	259.06	337.88	442.59
50	64.463	84.579	112.80	152.67	209.35	290.34	406.53	573.77	815.08	1163.9
60	81.670	114.05	163.05	237.99	353.58	533.13	813.52	1253.2	1944.8	3034.8

* *CVIF*>99,999

연금의 복리이자요소$(CVIFA_{r,n})=\frac{(1+r)^n}{r}-\frac{1}{r}$

기간	이자율									
	12%	14%	15%	16%	18%	20%	24%	28%	32%	36%
1	1.0000	1.0000	1.0000	1.0000	1.0000	1.0000	1.0000	1.0000	1.0000	1.0000
2	2.1200	2.1400	2.1500	2.1600	2.1800	2.2000	2.2400	2.2800	2.3200	2.3600
3	3.3744	3.4396	3.4725	3.5056	3.5724	3.6400	3.7776	3.9184	4.0624	4.2096
4	4.7793	4.9211	4.9934	5.0665	5.2154	5.3680	5.6842	6.0156	6.3624	6.7251
5	6.3528	6.6101	6.7424	6.8771	7.1542	7.4416	8.0484	8.6999	9.3983	10.146
6	8.1152	8.5355	8.7537	8.9775	9.4420	9.9299	10.980	12.136	13.406	14.799
7	10.089	10.730	11.067	11.414	12.142	12.916	14.615	16.534	18.696	21.126
8	12.300	13.233	13.727	14.240	15.327	16.499	19.123	22.163	25.678	29.732
9	14.776	16.085	16.786	17.519	19.086	20.799	24.712	29.369	34.895	41.435
10	17.549	19.337	20.304	21.321	23.521	25.959	31.643	38.593	47.062	57.352
11	20.655	23.045	23.349	25.733	28.755	32.150	40.238	50.398	63.122	78.998
12	24.133	27.271	29.002	30.850	34.931	39.581	50.895	65.510	84.320	108.44
13	28.029	32.089	34.352	36.786	42.219	48.497	64.110	84.853	112.30	148.47
14	32.393	37.581	40.505	43.672	50.818	59.196	80.496	109.61	149.24	202.93
15	37.280	43.842	47.580	51.660	60.965	72.035	100.82	141.30	198.00	276.98
16	42.753	50.980	55.717	60.925	72.939	87.442	126.01	181.87	262.36	377.69
17	48.884	59.118	65.075	71.673	87.068	105.93	157.25	233.79	347.31	514.66
18	55.750	68.394	75.836	84.141	103.74	128.12	195.99	300.25	459.45	700.94
19	63.440	78.969	88.212	98.603	123.41	154.74	244.03	385.32	607.47	954.28
20	72.052	91.025	102.44	115.38	146.63	186.69	303.60	494.21	802.86	1298.8
21	81.699	104.77	118.81	134.84	174.02	225.03	377.46	633.59	1060.8	1767.4
22	92.503	120.44	137.63	157.41	206.34	271.03	469.06	812.00	1401.2	2404.7
23	104.60	138.30	159.28	183.60	244.49	326.24	582.63	1040.4	1850.6	3271.3
24	118.16	158.66	184.17	213.98	289.49	392.48	723.46	1332.7	2443.8	4450.0
25	133.33	181.87	212.79	249.21	342.60	471.98	898.09	1706.8	3226.8	6053.0
30	241.33	356.79	434.75	530.31	790.95	1181.9	2640.9	5873.2	12941.	28172.3
40	767.09	1342.0	1779.1	2360.8	4163.2	7343.9	22729.	69377.	*	*
50	2400.0	4994.5	7217.7	10436.	21813.	45497.	*	*	*	*
60	7471.6	18535.	29220.	46058.	*	*	*	*	*	*

| 부표 – 3 | 현 가 표

기간	이자율									
	1%	2%	3%	4%	5%	6%	7%	8%	9%	10%
1	0.9901	0.9804	0.9709	0.9615	0.9524	0.9434	0.9346	0.9259	0.9174	0.9091
2	0.9803	0.9612	0.9426	0.9246	0.9070	0.8900	0.8734	0.8573	0.8417	0.8264
3	0.9706	0.9423	0.9151	0.8890	0.8638	0.8396	0.8163	0.7938	0.7722	0.7513
4	0.9610	0.9238	0.8885	0.8548	0.8227	0.7921	0.7629	0.7350	0.7084	0.6830
5	0.9515	0.9057	0.8626	0.8219	0.7835	0.7473	0.7130	0.6806	0.6499	0.6209
6	0.9420	0.8880	0.8375	0.7903	0.7462	0.7050	0.6663	0.6302	0.5963	0.5645
7	0.9327	0.8706	0.8131	0.7599	0.7107	0.6651	0.6227	0.5835	0.5470	0.5132
8	0.9235	0.8535	0.7894	0.7307	0.6768	0.6274	0.5820	0.5403	0.5019	0.4665
9	0.9143	0.8368	0.7664	0.7026	0.6446	0.5919	0.5439	0.5002	0.4604	0.4241
10	0.9053	0.8203	0.7441	0.6756	0.6139	0.5584	0.5083	0.4632	0.4224	0.3855
11	0.8963	0.8043	0.7224	0.6496	0.5847	0.5268	0.4751	0.4289	0.3875	0.3505
12	0.8874	0.7885	0.7014	0.6246	0.5568	0.4970	0.4440	0.3971	0.3555	0.3186
13	0.8787	0.7730	0.6810	0.6006	0.5303	0.4688	0.4150	0.3677	0.3262	0.2897
14	0.8700	0.7579	0.6611	0.5775	0.5051	0.4423	0.3878	0.3405	0.2992	0.2633
15	0.8613	0.7430	0.6419	0.5553	0.4810	0.4173	0.3624	0.3152	0.2745	0.2394
16	0.8528	0.7284	0.6232	0.5339	0.4581	0.3936	0.3387	0.2919	0.2519	0.2176
17	0.8444	0.7142	0.6050	0.5134	0.4346	0.3714	0.3166	0.2703	0.2311	0.1978
18	0.8360	0.7002	0.5874	0.4936	0.4155	0.3503	0.2959	0.2502	0.2120	0.1799
19	0.8277	0.6864	0.5703	0.4746	0.3957	0.3305	0.2765	0.2317	0.1945	0.1635
20	0.8195	0.6730	0.5537	0.4564	0.3769	0.3118	0.2584	0.2145	0.1784	0.1486
21	0.8114	0.6598	0.5375	0.4388	0.3589	0.2942	0.2415	0.1987	0.1637	0.1351
22	0.8034	0.6468	0.5219	0.4220	0.3418	0.2775	0.2257	0.1839	0.1502	0.1228
23	0.7954	0.6342	0.5067	0.4057	0.3256	0.2618	0.2109	0.1703	0.1378	0.1117
24	0.7876	0.6217	0.4919	0.3901	0.3101	0.2470	0.1971	0.1577	0.1264	0.1015
25	0.7798	0.6095	0.4776	0.3751	0.2953	0.2330	0.1842	0.1460	0.1160	0.0923
30	0.7419	0.5521	0.4120	0.3083	0.2314	0.1741	0.1314	0.0994	0.0754	0.0573
40	0.6717	0.4529	0.3066	0.2083	0.1420	0.0972	0.0668	0.0460	0.0318	0.0221
50	0.6080	0.3715	0.2281	0.1407	0.0872	0.0543	0.0339	0.0213	0.0134	0.0085

* 소수 넷째 자리까지 0임.

현가이자요소$(PVIF_{r,n})=\frac{1}{(1+r)^n}$

기간	이자율									
	12%	14%	15%	16%	18%	20%	24%	28%	32%	36%
1	0.8929	0.8772	0.8696	0.8621	0.8475	0.8333	0.8065	0.7813	0.7576	0.7353
2	0.7972	0.7695	0.7561	0.7432	0.7182	0.6944	0.6504	0.6104	0.5739	0.5407
3	0.7118	0.6750	0.6575	0.6407	0.6086	0.5787	0.5245	0.4768	0.4348	0.3975
4	0.6355	0.5921	0.5718	0.5523	0.5158	0.4823	0.4230	0.3725	0.3294	0.2923
5	0.5674	0.5194	0.4972	0.4761	0.4371	0.4019	0.3411	0.2910	0.2495	0.2149
6	0.5066	0.4556	0.4323	0.4104	0.3704	0.3349	0.2751	0.2274	0.1890	0.1580
7	0.4523	0.3996	0.3759	0.3538	0.3139	0.2791	0.2218	0.1776	0.1432	0.1162
8	0.4039	0.3506	0.3269	0.3050	0.2660	0.2326	0.1789	0.1388	0.1085	0.0854
9	0.3606	0.3075	0.2843	0.2630	0.2255	0.1938	0.1443	0.1084	0.0822	0.0628
10	0.3220	0.2697	0.2472	0.2267	0.1911	0.1615	0.1164	0.0847	0.0623	0.0462
11	0.2875	0.2366	0.2149	0.1954	0.1619	0.1346	0.0938	0.0662	0.0472	0.0340
12	0.2567	0.2076	0.1869	0.1685	0.1372	0.1122	0.0757	0.0517	0.0357	0.0250
13	0.2292	0.1821	0.1625	0.1452	0.1163	0.0935	0.0610	0.0404	0.0271	0.0184
14	0.2046	0.1597	0.1413	0.1252	0.0985	0.0779	0.0492	0.0316	0.0205	0.0135
15	0.1827	0.1401	0.1229	0.1079	0.0835	0.0649	0.0397	0.0247	0.0155	0.0099
16	0.1631	0.1229	0.1069	0.0930	0.0708	0.0541	0.0320	0.0193	0.0118	0.0073
17	0.1456	0.1078	0.0929	0.0802	0.0600	0.0451	0.0258	0.0150	0.0089	0.0054
18	0.1300	0.0946	0.0808	0.0691	0.0508	0.0376	0.0208	0.0118	0.0068	0.0039
19	0.1161	0.0829	0.0703	0.0596	0.0431	0.0313	0.0168	0.0092	0.0051	0.0029
20	0.1037	0.0728	0.0611	0.0514	0.0365	0.0261	0.0135	0.0072	0.0039	0.0021
21	0.0926	0.0638	0.0531	0.0443	0.0309	0.0217	0.0109	0.0056	0.0029	0.0016
22	0.0826	0.0560	0.0462	0.0382	0.0262	0.0181	0.0088	0.0044	0.0022	0.0012
23	0.0738	0.0491	0.0402	0.0329	0.0222	0.0151	0.0071	0.0034	0.0017	0.0008
24	0.0659	0.0431	0.0349	0.0284	0.0188	0.0126	0.0057	0.0027	0.0013	0.0006
25	0.0588	0.0378	0.0304	0.0245	0.0160	0.0105	0.0046	0.0021	0.0010	0.0005
30	0.0334	0.0196	0.0151	0.0116	0.0070	0.0042	0.0016	0.0006	0.0002	0.0001
40	0.0107	0.0053	0.0037	0.0026	0.0013	0.0007	0.0002	0.0001	*	*
50	0.0035	0.0014	0.0009	0.0006	0.0003	0.0001	*	*	*	*

| 부표 – 4 | 연금의 현가표

기간	이 자 율									
	1%	2%	3%	4%	5%	6%	7%	8%	9%	10%
1	0.9901	0.9804	0.9709	0.9615	0.9524	0.9434	0.9346	0.9259	0.9174	0.9091
2	1.9704	1.9416	1.9135	1.8861	1.8594	1.8334	1.8080	1.7833	1.7591	1.7355
3	2.9410	2.8839	2.8286	2.7751	2.7232	2.6730	2.6243	2.5771	2.5313	2.4869
4	3.9020	3.8077	3.7171	3.6299	3.5460	3.4651	3.3872	3.3121	3.2397	3.1699
5	4.8534	4.7135	4.5797	4.4518	4.3295	4.2124	4.1002	3.9927	3.8897	3.7908
6	5.7955	5.6014	5.4172	5.2421	5.0757	4.9173	4.7665	4.6229	4.4859	4.3553
7	6.7282	6.4720	6.2303	6.0021	5.7864	5.5824	5.3893	5.2064	5.0330	4.8684
8	7.6517	7.3255	7.0197	6.7327	6.4632	6.2098	5.9713	5.7466	5.5348	5.3349
9	8.5660	8.1622	7.7861	7.4353	7.1078	6.8017	6.5152	6.2469	5.9952	5.7590
10	9.4713	8.9826	8.5302	8.1109	7.7217	7.3601	7.0236	6.7101	6.4177	6.1446
11	10.3676	9.7868	9.2526	8.7605	8.3064	7.8869	7.4987	7.1390	6.8052	6.4951
12	11.2551	10.5753	9.9540	9.3851	8.8633	8.3838	7.9427	7.5361	7.1607	6.8137
13	12.1337	11.3484	10.6350	9.9856	9.3936	8.8527	8.3577	7.9038	7.4869	7.1034
14	13.0037	12.1062	11.2961	10.5631	9.8986	9.2950	8.7455	8.2442	7.7862	7.3667
15	13.8651	12.8493	11.9379	11.1184	10.3797	9.7122	9.1079	8.5595	8.0607	7.6061
16	14.7179	13.5777	12.5611	11.6523	10.8378	10.1059	9.4466	8.8514	8.3126	7.8237
17	15.5623	14.2919	13.1661	12.1657	11.2741	10.4773	9.7632	9.1216	8.5436	8.0216
18	16.3983	14.9920	13.7535	12.6593	11.6896	10.8276	10.0591	9.3719	8.7556	8.2014
19	17.2260	15.6785	14.3238	13.1339	12.0853	11.1581	10.3356	9.6036	8.9501	8.3649
20	18.0456	16.3514	14.8775	13.5903	12.4622	11.4699	10.5940	9.8181	9.1285	8.5136
21	18.8570	17.0112	15.4150	14.0292	12.8212	11.7641	10.8355	10.0168	9.2922	8.6487
22	19.6604	17.6580	15.9369	14.4511	13.1630	12.0416	11.0612	10.2007	9.4424	8.7715
23	20.4558	18.2922	16.4436	14.8568	13.4886	12.3034	11.2722	10.3741	9.5802	8.8832
24	21.2434	18.9139	16.9355	15.2470	13.7986	12.5504	11.4693	10.5288	9.7066	8.9847
25	22.0232	19.5235	17.4131	15.6221	14.0939	12.7834	11.6536	10.6748	9.8226	9.0770
30	25.8077	22.3965	19.6004	17.2920	15.3725	13.7648	12.4090	11.2578	10.2737	9.4269
40	32.8347	27.3555	23.1148	19.7928	17.1591	15.0463	13.3317	11.9246	10.7574	9.7791
50	39.1961	31.4236	25.7298	21.4822	18.2559	15.7619	13.8007	12.2335	10.9617	9.9148

연금의 현가이자요소$(PVIFA_{r,n}) = \frac{1}{r} - \frac{1}{r(1+r)^n}$

기간	이 자 율								
	12%	14%	15%	16%	18%	20%	24%	28%	32%
1	0.8929	0.8772	0.8696	0.8621	0.8475	0.8333	0.8065	0.7813	0.7576
2	1.6901	1.6467	1.6257	1.6052	1.5656	1.5278	1.4568	1.3916	1.3315
3	2.4018	2.3216	2.2832	2.2459	2.1743	2.1065	1.9813	1.8684	1.7663
4	3.0373	2.9137	2.8550	2.7982	2.6901	2.5887	2.4043	2.2410	2.0957
5	3.6048	3.4331	3.3522	3.2743	3.1272	2.9906	2.7454	2.5320	2.3452
6	4.1114	3.8887	3.7845	3.6847	3.4976	3.3255	3.0205	2.7594	2.5342
7	4.5638	4.2883	4.1604	4.0386	3.8115	3.6046	3.2423	2.9370	2.6775
8	4.9676	4.6389	4.4873	4.3436	4.0776	3.8372	3.4212	3.0758	2.7860
9	5.3282	4.9464	4.7716	4.6065	4.3030	4.0310	3.5655	3.1842	2.8681
10	5.6502	5.2161	5.0188	4.8332	4.4941	4.1925	3.6819	3.2689	2.9304
11	5.9377	5.4527	5.2337	5.0286	4.6560	4.3271	3.7757	3.3351	2.9776
12	6.1944	5.6603	5.4206	5.1971	4.7932	4.4392	3.8514	3.3868	3.0133
13	6.4235	5.8424	5.5831	5.3423	4.9095	4.5327	3.9124	3.4272	3.0404
14	6.6282	6.0021	5.7245	5.4675	5.0081	4.6106	3.9616	3.4587	3.0609
15	6.8109	6.1422	5.8474	5.5755	5.0916	4.6755	4.0013	3.4834	3.0764
16	6.9740	6.2651	5.9542	5.6685	5.1624	4.7296	4.0333	3.5026	3.0882
17	7.1196	6.3729	6.0472	5.7487	5.2223	4.7746	4.0591	3.5177	3.0971
18	7.2497	6.4674	6.1280	5.8178	5.2732	4.8122	4.0799	3.5294	3.1039
19	7.3658	6.5504	6.1982	5.8775	5.3162	4.8435	4.0967	3.5386	3.1090
20	7.4694	6.6231	6.2593	5.9288	5.3527	4.8696	4.1103	3.5458	3.1129
21	7.5620	6.6870	6.3125	5.9731	5.3837	4.8913	4.1212	3.5514	3.1158
22	7.6446	6.7429	6.3587	6.0113	5.4099	4.9094	4.1300	3.5558	3.1180
23	7.7184	6.7921	6.3988	4.0442	5.4321	4.9245	4.1371	3.5592	3.1197
24	7.7843	6.8351	6.4338	6.0726	5.4509	4.9371	4.1428	3.5619	3.1210
25	7.8431	6.8729	6.4641	6.0971	5.4669	4.9476	4.1474	3.5640	3.1220
30	8.0552	7.0027	6.5660	6.1772	5.5168	4.9789	4.1601	3.5693	3.1242
40	8.2438	7.1050	6.6418	6.2335	5.5482	4.9966	4.1659	3.5712	3.1250
50	8.3045	7.1327	6.6605	6.2463	5.5541	4.9995	4.1666	3.5714	3.1250

부록

연습문제 풀이

Exercise Answer

제1장 재무관리란 무엇인가?

완성/선택형 문제

1. 재무관리 *2.* 투자결정, 자본조달결정 *3.* 기업가치 *4.* 대리인문제 *5.* ④ *6.* ⑤ *7.* ② *8.* ⑤ *9.* ⑤ *10.* ①

제2장 화폐의 시간적 가치

완성/선택형 문제

1. 화폐의 시간적 가치 *2.* 자본의 생산성 *3.* 이자율 *4.* 복리계산과정 *5.* 현가이자요소 *6.* ① *7.* ⑤ *8.* ③ *9.* ② *10.* ① *11.* ⑤ *12.* ② *13.* ① *14.* ② *15.* ① *16.* ④ *17.* ⑤

계산형 문제

2. (1) $FV_5 = 1{,}000(1+0.12)^5 = 1{,}762.3$만원

(2) $PV = \dfrac{1{,}000}{(1+0.1)^3} = 751.3$만원

3. 각 출판사들이 제시하고 있는 저작료의 현재가치를 계산하면 다음과 같다.

- $PV(\text{출판사 1}) = \dfrac{1{,}800}{(1+0.12)^5}$

$= 1{,}800 \times PVIF_{0.12,\,5} = 1{,}800 \times 0.5674 = 1{,}021.32$만원

- $PV(\text{출판사 2}) = \dfrac{120}{0.12} = 1{,}000$만원

- $PV(\text{출판사 3}) = 190\left[\dfrac{1}{0.12} - \dfrac{1}{0.12(1+0.12)^{10}}\right]$

$= 190 \times PVIFA_{0.12,\,10} = 190 \times 5.6502 = 1{,}073.54$만원

• $PV(\text{출판사 4}) = \dfrac{60}{1+0.12} + \dfrac{130}{0.12(1+0.12)} = 1{,}020.83$만원

그러므로 K씨는 저작료의 현재가치가 가장 높은 출판사 3을 선택하여야 한다.

4. $PV(\text{연금}) = 450\left[\dfrac{1}{0.12} - \dfrac{1}{0.12(1+0.12)^5}\right]$

$= 450 \times PVIFA_{0.12,\,5} = 450 \times 3.6048 = 1{,}622.16$만원

5. 연금의 현금흐름유형을 나타내면 다음과 같다.

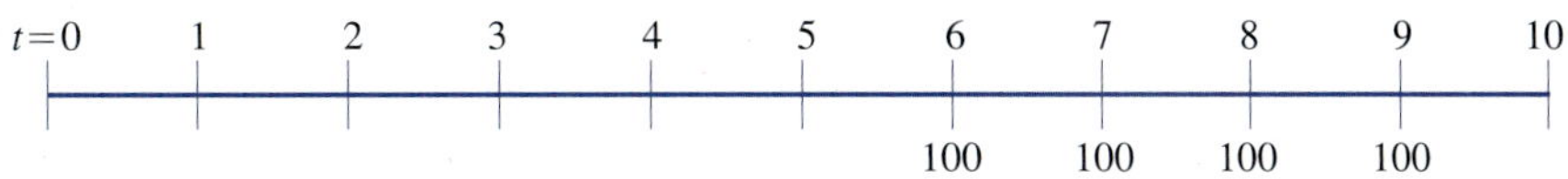

먼저 5년도 말에서의 연금의 가치를 구하면 다음과 같다.

$PV(\text{연금, 5년도 말}) = 100\left[\dfrac{1}{0.1} - \dfrac{1}{0.1(1+0.1)^4}\right]$

$= 100 \times PVIFA_{0.1,\,4} = 100 \times 3.1699 = 316.99$만원

이상에서 구한 연금의 가치는 5년도 말 시점에서의 가치이므로 이를 다시 할인하여 연금의 현재가치를 구하면 다음과 같다.

$PV(\text{연금}) = \dfrac{316.99}{(1+0.1)^5}$

$= 316.99 \times PVIF_{0.1,\,5} = 316.99 \times 0.6209 = 196.82$만원

이와 같은 계산과정을 나타내면 다음과 같다.

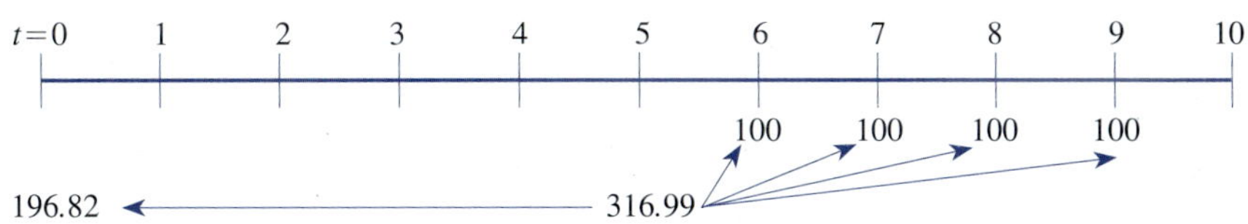

6. $FV_5(\text{연금}) = 200\left[\dfrac{(1+0.1)^5}{0.1} - \dfrac{1}{0.1}\right]$

$= 200 \times CVIFA_{0.1,\,5} = 200 \times 6.1051 = 1{,}221.02$만원

7. 매년 말에 일정금액 C를 10년 동안 적립하는 경우 그 현금흐름유형은 다음과 같이 나타낼 수 있다.

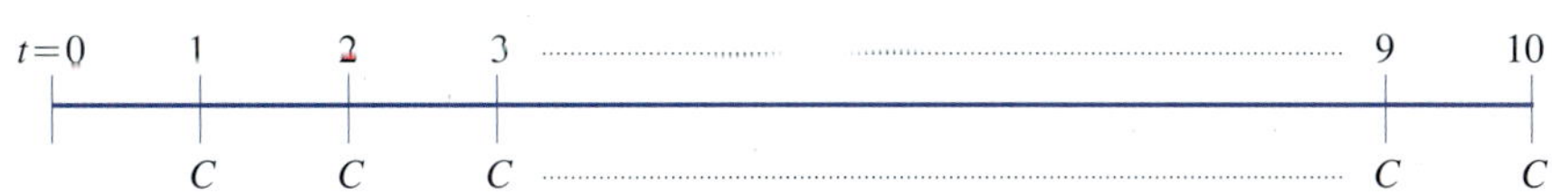

$FV_{10}(\text{연금}) = C\left[\dfrac{(1+0.1)^{10}}{0.1} - \dfrac{1}{0.1}\right]$

$= C \times CVIFA_{0.1,\,10} = C \times 15.937 = 10{,}000$만원

$$\therefore C = \frac{10,000}{15.937} = 627.47\text{만원}$$

8. a : $3,200 = 800 \times PVIFA(10\%, 5) + X \times PVIF(10\%, 6)$

$\therefore X = 296.47$원

b : $PV(\text{연금}) = 110 \times PVIFA(10\%, 5) \times PVIF(10\%, 3)$

$= 110 \times 3.7908 \times 0.7513 = 313.28$원

c : $PV(\text{연금}) = 70 \times PVIFA(10\%, 5) \times 1.1 = 70 \times 3.7908 \times 1.1 = 291.89$원

9. 1안 : 매년 이자지급액 = 20억원 × 0.1 = 2억원/년

2안 :

- 매년 균등상환액 $= \dfrac{20\text{억원}}{PVIFA(10\%, 30)} = \dfrac{20\text{억원}}{9.4269} = 212,158,822$원
- 1차년도: 이자지급액 = 20억원 × 0.1 = 2억원
  원금상환액 = 212,158,822원 − 2억원 = 12,158,822원
- 2차년도: 이자지급액 = (20억원 − 12,158,822원) × 0.1 = 198,784,118원
  원금상환액 = 212,158,822원 − 198,784,118원 = 13,374,704원

∴ 2차년도 이자지급액 차이 = 2억원 − 198,784,118원 = 1,215,882원

제3장 자본예산

완성/선택형 문제

1. 자본예산 2. 독립적 투자안, 상호배타적 투자안 3. 증분기준 4. 순현가 5. 자본비용, 내부수익률 6. ② 7. ③ 8. ② 9. ④ 10. ④ 11. ⑤ 12. ② 13. ③ 14. ⑤ 15. ① 16. ⑤ 17. ② 18. ② 19. ⑤ 20. ② 21. ② 22. ②

계산형 문제

4. (1)

(단위: 만원)

과 목	금 액
매출액	216,000
영업비용	127,000
감가상각비	22,000
법인세(세율 = 40%)[1]	(26,800)
순이익[2]	(40,200)

주) 1. 법인세 = (216,000 − 127,000 − 22,000) × 0.4 = 26,800만원

2. 순이익 = 216,000 − 127,000 − 22,000 − 26,800 = 40,200만원

(2) 영업현금흐름 = (매출액 − 영업비용)(1 − 법인세율) + 법인세율 × 감가상각비
= (216,000 − 127,000)(1 − 0.4) + 0.4 × 22,000 = 62,200만원

5. (1) 현금흐름의 추정

(단위: 만원)

구 분	0	1	2	3
영업현금흐름[1]		49,000	49,000	49,000
생산설비투자[2]	−140,000			20,000
운전자본	−10,000			10,000
현금흐름	−150,000	49,000	49,000	79,000

주) 1. 영업현금흐름 = (매출액 − 변동영업비용 − 고정현금지출비용)(1 − 법인세율)
+ 법인세율 × 감가상각비
= (5,000대 × 30만원 − 5,000대 × 15만원 − 20,000만원)(1 − 0.4)
+ 0.4 × 40,000만원
= 49,000만원 [※ 감가상각비 = (140,000만원 − 20,000만원)/3년
= 40,000만원]

2. 새 기계설비의 구입비용 및 부대시설비용 = 120,000만원 + 20,000만원 = 140,000만원
내용연도 말의 세후 처분가치 = 20,000 − (20,000 − 20,000) × 0.4 = 20,000만원

(2) 순현가법에 의한 정수기사업 평가

$$NPV = \frac{49,000}{1+0.1} + \frac{49,000}{(1+0.1)^2} + \frac{79,000}{(1+0.1)^3} - 150,000 = -5,604.81\text{만원}$$

정수기사업의 순현가가 0보다 작기 때문에 (주)청운은 정수기사업을 기각해야 함.

6. (1) 현금흐름의 추정

① 영업현금흐름 = (매출액 − 영업비용)(1 − 법인세율) + 감가상각비 × 법인세율
= (20,000,000 − 5,000,000) × (1 − 0.3) + (30,000,000/3) × 0.3
= 13,500,000원

② 소요자본

- 현재시점의 소요자본 = − 기계 구입비용 − 운전자본 지출액
= − 30,000,000 − 3,000,000 = − 33,000,000원
- 내용연도 말(3년도 말)의 소요자본 = 기계 세후 처분가치 − 운전자본 회수액
= 5,000,000 − (5,000,000 − 0) × 0.3 + 3,000,000
= 6,500,000원

③ 현금흐름(잉여현금흐름) = 영업현금흐름 + 소요자본

(단위: 원)

구 분	0	1	2	3
영업현금흐름		13,500,000	13,500,000	13,500,000
소요자본	33,000,000			6,500,000
현금흐름	33,000,000	13,500,000	13,500,000	20,000,000

(2) 순현가법에 의한 투자안 평가

$$NPV = 1,350,000 \times PVIFA(10\%, 3) + 6,500,000 \times PVIF(10\%, 3) - 33,000,000$$
$$= 13,500,000 \times 2.4868 + 6,500,000 \times 0.7513 - 33,000,000 = 5,455,250\text{원}$$

투자안의 순현가가 5,455,250원으로 0보다 크므로 K사는 기계설비 도입을 추진하여야 한다.

7. (1) 영업현금흐름＝(매출액－변동영업비용－고정현금지출비용)(1－법인세율)＋법인세율×감가상각비

$$= (70 \times 100 - 30 \times 100 - 1,500)(1 - 0.4) + 0.4 \times 1,000 = 1,900\text{만원}$$

$$\therefore NPV = 1,900 \times PVIFA_{0.1,\ 10} - 10,000 = 1,900 \times 6.1446 - 10,000 = 1,674.74\text{만원}$$

(2) $NPV = [(70 \times Q - 30 \times Q - 1,500)(1 - 0.4) + 0.4 \times 1,000] \times 6.1446 - 10,000 = 0$

$\therefore Q = 88.6436$대

8. 투자안의 $NPV > 0$ → 투자안 채택

$$NPV = -\text{구입비용} + [(6,000 - 3,000) \times (1 - 0.3) + 0.3 \times \text{구입비용}/3] \times PVIFA_{0.1,\ 3} + [1,000 - (1,000 - 0) \times 0.3] \times PVIF_{0.1,\ 3}$$
$$= -\text{구입비용} + [(6,000 - 3,000) \times (1 - 0.3) + 0.3 \times \text{구입비용}/3] \times 2.4869 + [1,000 - (1,000 - 0) \times 0.3] \times 0.7513 > 0$$

$\therefore$ 구입비용 $< 7,651.17$만원

9. 내부수익률은 순현가가 0이 될 때의 할인율을 의미한다. 따라서 다음의 식을 이용하여 투자액 x와 y를 각각 구할 수 있다.

$$-x + \frac{280}{1.5} + \frac{30}{1.5^2} = 0 \rightarrow x = 200$$

$$-y + \frac{280}{1.33} + \frac{y/2}{1.33^2} = 0 \rightarrow y = 293.50$$

10. (1) $NPV_1 = \frac{400}{1+0.25} - 100 = 220$만원, $NPV_2 = \frac{650}{1+0.25} - 250 = 270$만원

투자안 1의 순현가(220만원)는 투자안 2의 순현가(270만원)보다 작으므로 순현가법에 의하면 투자안 2가 선택된다.

(2) $\frac{400}{1+IRR_1} - 100 = 0 \rightarrow IRR_1 = 300\%$

$\frac{650}{1+IRR_2} - 250 = 0 \rightarrow IRR_2 = 160\%$

투자안 1의 내부수익률(300%)이 투자안 2의 내부수익률(160%)보다 크므로 내부수익률법에 의하면 투자안 1이 선택된다.

(3) $PI_1 = \frac{400/(1+0.25)}{100} = 3.2,\ PI_2 = \frac{650/(1+0.25)}{250} = 2.08$

투자안 1의 수익성지수(3.2)가 투자안 2의 수익성지수(2.08)보다 크므로 수익성지수법에 의하면 투자안 1이 선택된다.

(4) 순현가법과 내부수익률법 또는 수익성지수법의 상반된 평가결과는 투자규모의 차이, 즉 150만원(250만원−100만원)에 대한 투자수익률의 가정이 서로 다르기 때문이다. 상대적으로 투자규모가 작은 투자안에 투자하고 남은 여유자금에 대해 순현가법은 자본비용으로 투자할 수 있다고 가정하는 반면, 내부수익률법과 수익성지수법은 현재 선택된 투자안과 동일한 투자수익률(내부수익률)을 얻을 수 있는 투자안에 투자할 수 있다는 가정을 하고 있다. 이와 같은 내부수익률법과 수익성지수법의 가정은 치열한 경쟁으로 인하여 한계투자수익률이 체감하는 현실에 비추어 볼 때 비현실적인 가정이라 할 수 있다. 따라서 현실적인 투자수익률(자본비용) 가정하에서 가치개념에 근거하고 있는 순현가법이 가장 합리적인 평가방법이라 할 수 있다.

11. (1) 현금흐름(증분현금흐름)의 추정

① 영업현금흐름 = (매출액 − 영업비용)(1 − 법인세율) + 법인세율 × 감가상각비

$= [200-(-300)] \times (1-0.4) + 0.4 \times 200 = 380$만원

* 감가상각비는 증분개념으로서 신기계의 감가상각비 dep^N에서 구기계의 감가상각비 dep^O를 차감하여 구한다.

• $dep^N = \frac{\text{취득원가} - \text{잔존가치}}{\text{내용연수}} = \frac{2{,}000-0}{4} = 500$만원

• $dep^O = \frac{\text{현재 장부가치} - \text{잔존가치}}{\text{내용연수}} = \frac{1{,}200-0}{4} = 300$만원

→ 감가상각비 $= dep^N - dep^O = 500 - 300 = 200$만원

② 소요자본

• 현재시점의 소요자본 = −신기계의 구입비용 + 구기계의 세후 처분가치

= −2,000 + 500 − (500 − 1,200) × 0.4 = −1,220만원

* 대체투자안일 경우 새로운 투자안(신기계 구입)을 채택함으로써 필요 없어진 구기계설비의 처분으로 인한 현금흐름(구기계의 세후 처분가치)이 발생됨.

• 내용연도 말(4년도 말)의 소요자본 = 기계의 세후 처분가치(증분)

= 100 − (100 − 0) × 0.4 = 60만원

• 기계의 처분가치(증분) = 신기계의 처분가치 − 구기계의 처분가치

= 100 − 0 = 100만원

• 기계의 장부가치(증분) = 신기계의 장부가치 − 구기계의 장부가치

= 0 − 0 = 0

③ 현금흐름(잉여현금흐름) = 영업현금흐름 + 소요자본

(단위: 만원)

구 분	0	1	2	3	4
영업현금흐름		380	380	380	380
소요자본	−1,220				60
현금흐름	−1,220	380	380	380	440

(2) 순현가법에 의한 평가

$$NPV = \frac{380}{1+0.15} + \frac{380}{(1+0.15)^2} + \frac{380}{(1+0.15)^3} + \frac{440}{(1+0.15)^4} - 1,220$$

$$= -100.8\text{만원}$$

이 투자안은 순현가가 −100.8만원으로서 0보다 작다. 따라서 (주)한경은 기존의 기계설비를 그대로 사용하여야 한다.

12. 영업현금흐름 = (매출액 − 영업비용)(1 − 법인세율) + 법인세율 × 감가상각비

= (28 − 0) × (1 − 0.3) + 0.3 × 24 = 26.8억원

증분현금흐름의 추정

(단위: 억원)

	0	1	2	3
영업현금흐름		26.8	26.8	26.8
신기계 구입	−72			
신기계 처분				6 − 6 × 0.3
순운전자본	−3			3
현금흐름	−75	26.8	26.8	34

13. (1) 현금흐름의 추정

① 영업현금흐름 = (매출액 − 영업비용)(1 − 법인세율) + 감가상각비 × 법인세율

= 200 × (1 − 0.4) + (P/5 − 250/5) × 0.4 = 0.08P + 3,100만원

* 감가상각비(증분)=신기계의 감가상각비−구기계의 감가상각비=P/5−250/5

여기서 P: 신기계 구입가

② 소요자본

- 현재시점의 소요자본 = 신기계 구입가 + 구기계의 세후 처분가치

= −P+250−(250−250) × 0.4=−P+250만원

- 내용연도 말(5년도 말)의 소요자본 = 기계 세후 처분가치(증분)

= 500 − (500 − 0) × 0.4 = 300만원

* 기계 처분가치(증분) = 신기계의 처분가치 − 구기계의 처분가치 = 500 − 0 = 500만원

* 기계 장부가치(증분) = 신기계의 장부가치 − 구기계의 장부가치 = 0 − 0 − 0원

③ 현금흐름(잉여현금흐름) = 영업현금흐름 + 소요자본

(단위: 만원)

구 분	0	1	…	4	5
영업현금흐름		0.08P+100	0.08P+100	0.08P+100	0.08P+100
소요자본	−P+250				
현금흐름	−P+250	0.08P+100	0.08P+100	0.08P+100	0.08P+400

(2) 새로운 기계의 구입가격

대체투자안의 순현가가 0보다 클 경우 새로운 기계를 도입할 수 있으므로 새로운 기계의 구입가격은 다음과 같다.

$NPV = (0.08\text{P}+100) \times PVIFA(10\%, 5) + 300 \times PVIF(10\%, 6) - P + 250 > 0$

$= (0.08\text{P}+100) \times 3.7908 + 300 \times 0.6209 - P + 250 > 0$

$\rightarrow$ P < 1,170.24만원

따라서 ㈜종로가 설비를 교체하기 위해 지불할 수 있는 새로운 기계의 최대가격은 1,170.24만원보다 작아야 한다.

제4장 불확실성하의 투자결정

완성/선택형 문제

1. 확률분포표 2. 포트폴리오 3. 상관계수, 구성자산 수 4. 비체계적 위험, 체계적 위험 5. 자본시장선, 증권시장선 6. 공격적 주식, 방어적 주식 7. ① 8. ② 9. ③ 10. ③ 11. ③ 12. ② 13. ③ 14. ① 15. ① 16. ① 17. ① 18. ③ 19. ② 20. ③ 21. ④ 22. ③ 23. ④ 24. ② 25. ② 26. ② 27. ② 28. ④ 29. ④ 30. ⑤ 31. ④ 32. ④ 33. ① 34. ③

계산형 문제

4. (1) 자산 A의 기대수익률과 분산, 표준편차:

- 자산 A의 기대수익률$=0.6\times0.40+0.4\times(-0.05)=0.22$
- 자산 A의 분산$=0.6\times(0.40-0.22)^2+0.4\times(-0.05-0.22)^2=0.0486$
- 자산 A의 표준편차$=\sqrt{0.0486}=0.22045$

자산 B의 기대수익률과 분산, 표준편차:

- 자산 B의 기대수익률$=0.6\times0.15+0.4\times0.20=0.17$
- 자산 B의 분산$=0.6\times(0.15-0.17)^2+0.4\times(0.20-0.17)^2=0.0006$
- 자산 B의 표준편차$=\sqrt{0.0006}=0.0245$

(2) $E(r_p)=W_AE(r_A)+W_BE(r_B)=0.5\times0.22+0.5\times0.17=0.195$

$$Cov(r_A,\ r_B)=0.6\times(0.40-0.22)(0.15-0.17)+0.4\times(-0.05-0.22)(0.20-0.17)$$
$$=-0.0054$$

$$Var(r_p)=W_A^2Var(r_A)+W_B^2Var(r_B)+2W_AW_BCov(r_A,\ r_B)$$
$$=(0.5)^2(0.0486)+(0.5)^2(0.0006)+2(0.5)(0.5)(-0.0054)=0.0096$$

$\sigma_p=\sqrt{0.0096}=0.09798$

5. (1) $\rho_{AB}=0.5$인 경우, 공분산은 다음과 같다.

$Cov(r_A,\ r_B)=\sigma_A\sigma_B\rho_{AB}=\sqrt{0.1}\sqrt{0.2}\times0.5=0.07071$

그러므로

- $E(r_p)=W_AE(r_A)+W_BE(r_B)$
  $=0.6\times0.2+0.4\times0.3=0.24$
- $Var(r_p)=W_A^2Var(r_A)+W_B^2Var(r_B)+2W_AW_BCov(r_A,\ r_B)$
  $=(0.6)^2(0.1)+(0.4)^2(0.2)+2(0.6)(0.4)(0.07071)=0.10194$

• $\sigma_p = \sqrt{0.10194} = 0.31928$

(2) $\rho_{AB} = -0.5$인 경우, 공분산은 다음과 같다.

$Cov(r_A, r_B) = \sigma_A \sigma_B \rho_{AB} = \sqrt{0.1}\sqrt{0.2} \times (-0.5) = -0.07071$

그러므로

• $E(r_p) = W_A E(r_A) + W_B E(r_B)$

$= 0.6 \times 0.2 + 0.4 \times 0.3 = 0.24$

• $Var(r_p) = W_A^2 Var(r_A) + W_B^2 Var(r_B) + 2W_A W_B Cov(r_A, r_B)$

$= (0.6)^2(0.1) + (0.4)^2(0.2) + 2(0.6)(0.4)(-0.07071)$

$= 0.03406$

• $\sigma_p = \sqrt{0.03406} = 0.18455$

(3) 두 주식간의 상관계수가 0.5에서 −0.5로 감소함에 따라 포트폴리오의 분산은 0.10194에서 0.03406으로 감소하였다. 즉 상관계수가 작아질수록 포트폴리오의 위험이 감소됨을 알 수 있다.

6. (1) SML : $E(r_j) = r_f + [E(r_M) - r_f]\beta_j$

$= 0.04 + (0.12 - 0.04)\beta_j = 0.04 + 0.08\beta_j$

(2) $E(r_j) = 0.04 + 0.08\beta_j = 0.04 + 0.08 \times 1.5 = 0.16$ (또는 16%)

(3) 먼저 SML에 의해서 투자안의 균형기대수익률, 즉 요구수익률을 구하면 다음과 같다.

$E(r_j) = 0.04 + 0.08 \times 0.8 = 0.104$ (또는 10.4%)

투자안의 실제 기대수익률은 9.8%로서 투자안의 요구수익률 10.4%보다 작으므로 이 투자안은 기각하여야 한다. 즉 이 투자안의 순현가(NPV)는 음(−)의 값을 가질 것이다.

(4) $E(r_X) = 0.04 + 0.08\beta_X = 0.112 \quad \therefore \beta_X = 0.9$

7. 투자안의 자본비용(위험조정할인율)을 구하면 다음과 같다.

$E(r) = r_f + [E(r_M) - r_f]\beta$

$= 0.08 + (0.16 - 0.08)(1.5) = 0.2$ (또는 20%)

위험조정할인율 20%로 할인하여 순현가를 구하면 다음과 같다.

$$NPV = \frac{40}{1+0.2} + \frac{60}{(1+0.2)^2} + \frac{70}{(1+0.2)^3} - 100 = 15.51\text{만원}$$

8. 기금의 베타는 세 개의 프로젝트의 가중평균 베타이다.

$$\beta_p = w_A\beta_A + w_B\beta_B + w_C\beta_B$$

$$= \frac{1.4\text{억원}}{5\text{억원}} \times 0.5 + \frac{2\text{억원}}{5\text{억원}} \times 1.6 + \frac{1.6\text{억원}}{5\text{억원}} \times 2.0 = 1.42$$

시장수익률의 확률분포를 이용하여 시장포트폴리오의 기대수익률을 구하면 다음과 같다.

$$E(r_M) = 0.2 \times 0.09 + 0.6 \times 0.12 + 0.2 \times 0.15 = 0.12$$

증권시장선을 이용하여 기금의 기대수익률을 구하면 다음과 같다.

$$E(r_p) = r_f + [E(r_M) - r_f]\beta_p$$

$$= 0.05 + (0.12 - 0.05) \times 1.42 = 0.1494 \ (14.94\%)$$

제5장 가치평가

완성/선택형 문제

1. 위험도 2. 액면가, 액면이자율, 만기 3. 순수할인채권 4. 투자수익률 5. 경제적 부가가치 6. ② 7. ③ 8. ① 9. ② 10. ② 11. ③ 12. ① 13. ④ 14. ③ 15. ③ 16. ① 17. ① 18. ① 19. ⑤ 20. ③ 21. ②

계산형 문제

5. 현금흐름(액면이자)이 발생하는 시점을 기준으로 기간과 이자율을 조정하여야 한다. 매분기 말(연간 4회) 지급되는 액면이자는 20원(1,000 × 0.08 ÷ 4)이 된다.

(1) 분기간 시장이자율 = 10% ÷ 4 = 2.5%, 기간 = 1년 × 4 = 4분기

$$PV = \frac{20}{1+0.025} + \frac{20}{(1+0.025)^2} + \frac{20}{(1+0.025)^3} + \frac{20+1,000}{(1+0.025)^4} = 981.19\text{원}$$

(2) 분기간 시장이자율 = 8% ÷ 4 = 2%, 기간 = 1년 × 4 = 4분기

$$PV = \frac{20}{1+0.02} + \frac{20}{(1+0.02)^2} + \frac{20}{(1+0.02)^3} + \frac{20+1,000}{(1+0.02)^4} = 1,000\text{원}$$

(3) 분기간 시장이자율 = 6% ÷ 4 = 1.5%, 기간 = 1년 × 4 = 4분기

$$PV = \frac{20}{1+0.015} + \frac{20}{(1+0.015)^2} + \frac{20}{(1+0.015)^3} + \frac{20+1,000}{(1+0.015)^4} = 1,019.27\text{원}$$

(4) 시장이자율과 사채의 발행가격 사이의 관계는 다음과 같다.

- 시장이자율 > 액면이자율: 할인발행

• 시장이자율 = 액면이자율: 액면발행
• 시장이자율 < 액면이자율: 할증발행

6. 1년도 말까지의 현물이자율과 2년도 말까지의 현물이자율을 구하면 다음과 같다.

$$909.09=\frac{1,000}{1+r_1}\rightarrow r_1=0.1,\quad 783.15=\frac{1,000}{(1+r_2)^2}\rightarrow r_2=0.13$$

따라서 이 회사채의 발행가격은 다음과 같다.

$$\therefore B_0=\frac{100}{1+0.1}+\frac{1,100}{(1+0.13)^2}=952.37\text{원}$$

7. ① 처음 5년 동안 배당금의 현재가치 계산:

1년도 말부터 5년도 말까지의 배당금의 현재가치는 다음과 같다.

연도 말	성장률	기대배당금(원)	현재가치(원)
1	–	1,150	1,000
2	0.15	1,323	1,000
3	0.15	1,521	1,000
4	0.15	1,749	1,000
5	0.15	2,011	1,000
		1~5년 사이의 배당의 현재가치 =	5,000

② 6년도 말부터 시작되는 배당금의 현재가치 계산:

먼저 5년도 말의 주식가격 P_5를 구하면 다음과 같다.

$$P_5=\frac{D_6}{r-g}=\frac{2,011(1+0.10)}{0.15-0.10}=44,242\text{원}$$

그러므로 6년도 말부터 시작되는 배당금의 현재가치는 다음과 같다.

$$\frac{P_5}{(1+r)^5}=\frac{44,242}{(1+0.15)^5}=21,996.09\text{원}$$

③ 가나주식회사 주식의 현재가치는 모든 배당금의 현재가치로서 다음과 같다.

P_0 = ① + ② = 5,000 + 21,996.09 = 26,996.09원

연습문제 풀이

8. 각 연도별 배당금은 다음과 같다.

연도 말	성장률	배당금
1	14%	114.00원 [$=100(1.14)$]
2	14	129.96 [$=100(1.14)^2$]
3	14	148.15 [$=100(1.14)^3$]
4	5	155.56 [$=148.15(1.05)$]
5	5	163.34 [$=148.15(1.05)^2$]
6	5	171.50 [$=148.15(1.05)^3$]
7	5	180.08 [$=148.15(1.05)^4$]
⋮	⋮	⋮

그러므로

$$P_0=\frac{114.00}{1+0.15}+\frac{129.96}{(1+0.15)^2}+\frac{148.15}{(1+0.15)^3}+\left(\frac{155.56}{0.15-0.05}\right)\frac{1}{(1+0.15)^3}=1{,}317.64\text{원}$$

9. (1) 새로운 투자를 하지 않는 경우 순이익은 모두 배당된다. 그러므로 1년도 말의 주당배당금은 다음과 같이 구할 수 있다.

$$D_1=\frac{5\text{억원}}{20\text{만주}}=2{,}500\text{원}$$

순이익이 매년 3%씩 증가하므로 배당도 매년 3%씩 증가하게 된다. 그러므로 일정성장배당평가모형을 이용하여 주가를 구하면 다음과 같다.

$$P_0=\frac{D_1}{r-g}=\frac{2{,}500}{0.13-0.03}=25{,}000\text{원}$$

(2) $NPVGO=\dfrac{3.2}{0.13-0.03}-10=22\text{억원}$

(3) 주당 $NPVGO=\dfrac{22\text{억원}}{20\text{만주}}=11{,}000\text{원}$

$\therefore\ P_0=25{,}000+11{,}000=36{,}000\text{원}$

제6장 레버리지와 자본비용

완성/선택형 문제

1. 레버리지 2. 경영위험, 재무위험 3. 자본비용 4. (1－법인세율) 5. 체계적 위

험 6. ⑤ 7. ① 8. ④ 9. ④ 10. ⑤ 11. ④ 12. ① 13. ① 14. ② 15. ③ 16. ⑤ 17. ④ 18. ③ 19. ①

계산형 문제

4. (1) $DOL=\frac{(P-V)Q}{(P-V)Q-FC}=\frac{(2{,}000-1{,}500)(100{,}000)}{(2{,}000-1{,}500)(100{,}000)-25{,}000{,}000}=2.0$

(2) DOL의 정의에 의해서, 영업이익의 증가율을 구하면 다음과 같다.

$$\frac{\Delta EBIT}{EBIT}=DOL\left(\frac{\Delta R}{R}\right)=2.0\times 1\%=2\%$$

그러므로 매출액이 1% 증가할 경우, 영업이익은 2% 증가하게 된다.

(3) $DFL=\frac{(P-V)Q-FC}{(P-V)Q-FC-Int}=\frac{25{,}000{,}000}{25{,}000{,}000-5{,}000{,}000}=1.25$

(4) DFL의 정의에 의해서, 주당순이익의 증가율을 구하면 다음과 같다.

$$\frac{\Delta EPS}{EPS}=DFL\left(\frac{\Delta EBIT}{EBIT}\right)=1.25\times 1\%=1.25\%$$

그러므로 영업이익이 1% 증가할 경우, 주당순이익은 1.25% 증가하게 된다.

(5) $DCL=DOL\times DFL=2\times 1.25=2.5$

5. (1) 먼저 (주)청운의 전기 말 주당배당금(D_0)과 성장률(g)을 구하면 다음과 같다.

- g = 유보비율 × 재투자수익률 = $(1-0.6)\times 0.15=0.06$
- $D_0=\frac{1\text{억원}\times 0.6}{10\text{만주}}=600$원

그러므로 보통주의 자본비용은 항상성장모형을 이용하여 다음과 같이 추정될 수 있다.

$$r_S=\frac{D_1}{P_0}+g=\frac{600(1+0.06)}{10{,}000}+0.06=0.1236$$

(2) $r_S=0.1236=0.06+0.06\beta_S\rightarrow\beta_S=1.06$

(3) 회사채는 액면발행되었기 때문에 액면이자율이 만기수익률이 된다. 그러므로 (주)청운의 부채 자본비용은 10%이다.

(4) 자기자본(보통주)과 부채(채권)의 가치를 다음과 같이 산출할 수 있다.

- 자기자본의 가치 = 주가 × 총발행주식수 = 10,000원 × 10만주 = 10억원
- 부채의 가치 = 채권의 시장가치 = 5억원

이상의 결과를 이용하여 (주)청운의 가중평균자본비용을 구하면 다음과 같다.

$$WACC=\left(\frac{10}{10+5}\right)(0.1236)+\left(\frac{5}{10+5}\right)(0.10)(1-0.4)=0.1024$$

6. (1) 증권시장선을 이용하여 자기자본비용 r_S와 부채의 자본비용 r_B를 각각 구하면 다음과 같다.

- $r_S=0.08+[0.15-0.08]\beta_S=0.08+0.07\times2.0=0.22$
- $r_B=0.08+[0.15-0.08]\beta_B=0.08+0.07\times0.2=0.094$

(2) 이 회사의 WACC를 구하면 다음과 같다.

$$WACC=\left(\frac{S}{S+B}\right)r_S+\left(\frac{B}{S+B}\right)r_B(1-T_C)$$
$$=0.4\times0.22+0.6\times0.094\times(1-0.4)=0.12184$$

7. (1) $r_S=\dfrac{1{,}000\times1.02}{10{,}000}+0.02=0.122\ (12.2\%)$

(2) $$WACC=\left(1-\frac{B}{S+B}\right)r_S+\left(\frac{B}{S+B}\right)r_B(1-T_C)$$
$$=\left(1-\frac{B}{S+B}\right)\times0.122+\left(\frac{B}{S+B}\right)\times0.05(1-0.4)$$
$$=0.0898$$

$$\rightarrow\left(\frac{B}{S+B}\right)=0.35,\ \left(\frac{S}{S+B}\right)=0.65$$

그러므로 N기업의 부채비율은 다음과 같다.

$$\frac{B}{S}=0.35/0.65=0.5385\ \ (53.85\%)$$

8. (1) 증권시장선에 의해서 각 투자안의 자본비용을 구하면 다음과 같다.

$E(r_j)=r_f+[E(r_M)-r_f]\beta_j=0.07+(0.15-0.07)\beta_j=0.07+0.08\beta_j$

- 투자안 A: $E(r_A)=0.07+0.08\beta_A=0.07+0.08\times0.5=0.11$ (또는 11%)
- 투자안 B: $E(r_B)=0.07+0.08\beta_B=0.07+0.08\times0.6=0.118$ (또는 11.8%)
- 투자안 C: $E(r_C)=0.07+0.08\beta_C=0.07+0.08\times1.2=0.166$ (또는 16.6%)
- 투자안 D: $E(r_D)=0.07+0.08\beta_D=0.07+0.08\times2.0=0.23$ (또는 23%)

(2) 독립적 투자안의 평가기준을 요약하면, 다음과 같다.

• 투자안의 실제 기대수익률 > 투자안의 자본비용 (∵ $NPV>0$)
  → 투자안 채택
• 투자안의 실제 기대수익률 < 투자안의 자본비용 (∵ $NPV<0$)
  → 투자안 기각

그러므로 앞의 물음 (1)에서 구한 각 투자안의 자본비용과 실제 기대수익률을 비교하여 투자안을 평가하면 다음과 같다.

투자안	실제 기대수익률		투자안의 자본비용	평 가
A	0.12	>	0.110	채 택
B	0.14	>	0.118	채 택
C	0.16	<	0.166	기 각
D	0.20	<	0.230	기 각

(3) 기업의 자본비용과 투자안의 실제 기대수익률을 비교하여 투자안을 평가하면 다음과 같다.

투자안	실제 기대수익률		기업의 자본비용	평 가
A	0.12	<	0.15	기 각
B	0.14	<	0.15	기 각
C	0.16	>	0.15	채 택
D	0.20	>	0.15	채 택

이상의 결과는 투자안의 자본비용에 의해서 평가된 물음 (2)의 평가결과와 정반대의 결과를 나타내고 있다. 이는 투자안의 체계적 위험이 기업의 체계적 위험과 서로 다르기 때문이다. 이와 같은 경우 기업의 자본비용은 투자안의 체계적 위험을 정확히 반영하지 못한다. 그러므로 기업의 체계적 위험과 투자안의 체계적 위험이 서로 다를 경우에, 투자안은 그 자체의 체계적 위험을 정확히 반영하여 측정된 투자안의 자본비용에 의해서 평가되어야 한다.

제7장 자본구조

완성/선택형 문제

1. 외부금융, 내부금융 *2.* 차익거래이익 *3.* 차익거래과정 *4.* 법인세 절감효과 *5.* 증가, 감소, 감소 *6.* ⑤ *7.* ③ *8.* ① *9.* ③ *10.* ② *11.* ⑤ *12.* ④ *13.* ② *14.* ④ *15.* ① *16.* ③ *17.* ① *18.* ① *19.* ⑤ *20.* ⑤ *21.* ③ *22.* ④ *23.* ⑤

계산형 문제

5. (1) 새로운 공장을 건설하는 경우, 바다식품(주)의 연간 이익은 다음과 같다.

연간 이익 = 현재의 연간 이익 + 추가적인 연간 이익
= 25억원 + 5억원 = 30억원

그러므로 기업의 총가치는 다음과 같다.

$$V=\frac{30\text{억원}}{0.1}=300\text{억원}$$

(2) ① 법인세가 없는 완전자본시장하에서는 자금조달방법에 의해서 기업의 가치가 달라지지 않는다는 MM의 명제Ⅰ이 성립하게 된다. 그러므로 부채를 발행하여 소요자금을 조달하는 경우에도 기업의 가치는 변하지·않고 여전히 300억원이 된다.

② MM의 명제Ⅱ에 의해서 자기자본비용은 다음과 같이 구할 수 있다.

$$r_S=r_U+(r_U-r_B)\left(\frac{b}{S_L}\right)=0.1+(0.1-0.08)\left(\frac{20\text{억원}}{280\text{억원}}\right)=0.1014$$

부채를 발행하여 소요자금을 조달하는 경우, 증가된 레버리지로 인하여 자기자본의 위험이 증가하므로 그 보상으로 주주들은 보다 높은 수익률 10.14%를 요구하게 된다. 이 자기자본비용은 상대적으로 저렴한 비용인 부채를 사용하는 이점을 완전히 상쇄할 정도로 증가한 것이다.

6. (1)
$$WACC=\left(\frac{S_L}{S_L+B}\right)r_S+\left(\frac{B}{S_L+B}\right)r_B(1-T_C)$$
$$=\left(\frac{1}{3}\right)(0.18)+\left(\frac{2}{3}\right)(0.1)(1-0.4)=0.10$$

(2) ① 무부채기업의 자본비용 r_U는 다음의 식에 의해서 구할 수 있다.

$$r_S=r_U+(r_U-r_B)(1-T_C)\left(\frac{B}{S_L}\right)$$
$$0.18=r_U+(r_U-0.1)(1-0.4)(2.0)$$

$\therefore\ r_U = 0.1364$

또는

$$WACC = r_U\left[1 - T_C\left(\frac{B}{V_L}\right)\right]$$

$$0.10 = r_U\left[1 - 0.4\left(\frac{2}{3}\right)\right]$$

$\therefore\ r_U = 0.1364$

② CAPM을 이용하여 무부채기업의 자기자본베타 β_U를 구할 수 있다.

$r_U = r_f + [E(r_M) - r_f]\beta_U$

$0.1364 = 0.08 + (0.12 - 0.08)\beta_U$

$\therefore\ \beta_U = 1.41$

7. (1) $r_S = r_U + (r_U - r_B)(1 - T_C)\left(\dfrac{B}{S_L}\right)$

$= 0.15 + (0.15 - 0.1)(1 - 0.4)(1.0) = 0.18$

$$WACC = \left(\frac{S_L}{S_L + B}\right)r_S + \left(\frac{B}{S_L + B}\right)r_B(1 - T_C)$$

$$= (0.5)(0.18) + (0.5)(0.1)(1 - 0.4) = 0.12$$

또는

$$WACC = r_U\left[1 - T_C\left(\frac{B}{V_L}\right)\right] = 0.15 \times (1 - 0.4 \times 0.5) = 0.12$$

(2) MM의 명제 I에 의해서 부채를 발행하는 경우 기업가치는 다음과 같다.

$V_L = S_L + B = V_U + T_C B$

부채비율이 1이 되려면, 부채의 가치(B)와 자기자본의 가치(S_L)가 같아야 한다. 그러므로

$B + B = 50 + 0.4B \qquad \therefore\ B = 31.25$억원

이 회사가 부채로 31.25억원을 조달할 경우 기업가치는 62.5억원(50억원 + 31.25억원 × 0.4), 자기자본가치는 31.25억원(62.5억원 − 31.25억원)이 되어 부채비율이 1이 된다.

8. (1) $V_U = \dfrac{10 \times (1 - 0.4)}{0.2} = 30$억원, $V_L = 30 + 25 \times 0.4 = 40$억원

(2) $r_S = 0.2 + (0.2 - 0.15)(1 - 0.4)\left(\dfrac{25}{15}\right) = 0.25$

$$WACC = 0.2 \times \left[1 - 0.4 \times \left(\frac{25}{40}\right)\right] = 0.15$$

(3) $0.2 \times \left[1 - 0.4 \times \left(\dfrac{B}{V_L}\right)\right] = 0.14 \rightarrow \dfrac{B}{V_L} = \dfrac{3}{4}$

$$\therefore \frac{B}{S_L} = \frac{3}{1} = 300\%$$

9. (1) 자본구조 변경 후 ㈜한성의 기업가치는 다음과 같다.

$V_L = 200 + 0.4 \times 50 = 220$억원

따라서 자본구조 변경 후 ㈜한성의 자기자본가치는 170억, 부채가치는 50억원 이다.

자본구조 변경 후 ㈜한성의 주식베타는 다음과 같다.

$$\beta_S = 2 \times \left[1 + (1 - 0.4) \times \frac{50}{170}\right] = 2.3529$$

그리고 ㈜한성의 기업베타는 다음과 같다.

$$\beta_S = \frac{170}{220} \times 2.3529 + \frac{50}{220} \times 0 = 1.8182$$

(2) 자본구조 변경 후 ㈜한성의 자기자본비용은 다음과 같다.

$r_S = 0.2 + (0.2 - 0.05) \times (1 - 0.4) \times (50/170) = 0.2265$ (22.65%)

또는

$r_S = 0.05 + 0.075 \times 2.3529 = 0.2265$ (22.65%)

그리고 자본구조 변경 후 ㈜한성의 가중평균자본비용을 구하면 다음과 같다.

$$WACC = \frac{170}{220} \times 0.2265 + \frac{50}{220} \times 0.05 \times (1 - 0.4) = 0.1818 \ (18.18\%)$$

또는

$$\text{WACC} = 0.2 \times \left[1 - 0.4\left(\frac{50}{220}\right)\right] = 0.1818 \ (18.18\%)$$

10. $V_L = V_U + PV$(법인세 절감액) $- PV$(파산비용)

105억원 = 100억원 + PV(법인세 절감액) − 2억원

$\therefore$ PV(법인세 절감액) = 7억원

제8장 배당정책

완성/선택형 문제

1. 추가현금배당, 특별현금배당 *2.* 배당기준일 *3.* 배당락 *4.* 낮은 *5.* 정보의 비대칭성 *6.* 적게, 많이 *7.* ④ *8.* ③ *9.* ① *10.* ① *11.* ⑤ *12.* ③ *13.* ④ *14.* ② *15.* ① *16.* ④ *17.* ③ *18.* ⑤ *19.* ④

계산형 문제

6. (1) 이 회사의 현재의 순이익은 4억원이며, 1년 후의 가치는 110억원이므로 그 현재 가치는 다음과 같이 구할 수 있다.

$$\text{기업의 가치(배당 전)} = 4\text{억원} + \frac{110\text{억원}}{1+0.1} = 104\text{억원}$$

(2) 완전자본시장하에서는 배당금만큼 주가가 하락하게 된다.

- 현재의 주가(배당 전 주가) $= \frac{104\text{억원}}{100\text{만주}} = 10,400\text{원}$
- 주당배당금 $= \frac{4\text{억원}}{100\text{만주}} = 400\text{원}$

→ 배당락가격 = 10,400원 − 400원 = 10,000원

(3) ① MM의 주장에 따르면, 배당정책에 의해 기업의 가치는 변하지 않는다. 그러므로 낮은 배당으로 인해 주가가 낮게 평가되었다는 주장은 옳지 않다. 이를 계산을 통하여 살펴보면 다음과 같다.

먼저 주당 600원씩 배당하는 경우 총배당액과 이 자금을 조달하기 위하여 발행하여야 하는 신주발행액은 다음과 같이 구할 수 있다.

- 총배당액 = 600원 × 100만주 = 6억원
- 신주발행액 = 6억원 − 4억원 = 2억원

이 회사의 자본비용은 10%이므로 신주 2억원을 발행하는 경우 1년 후 새로운 주주들에게 최소한 10%의 수익률, 즉 2.2억원(2억원 × 1.1)을 보장해 주어야 한다. 그러므로 1년 후 기업의 가치 중 구주주들이 받을 수 있는 부분은 107.8억원(110억원 − 2.2억원)이다. 즉 구주주들은 현재 배당을 총 2억원 더 받는 대신 1년 후 현금흐름은 2.2억원 줄어든 107.8억원이 된다. 그 결과 구주주들의 몫에 해당되는 기업의 가치는 다음과 같다.

$$\text{기업의 가치(배당 전)} = 6\text{억원} + \frac{107.8\text{억원}}{1+0.1} = 104\text{억원}$$

결론적으로 주당 400원씩 배당을 하나 600원씩 배당을 하나 기업의 현재가치는 104억원으로 변하지 않음을 알 수 있다.

② 신주소유자는 현재의 배당에 대한 권리가 없다. 그러므로 신주의 발행가는 배당락 가격, 즉 9,800원(10,400원 − 600원)이 된다. 그리고 신주의 발행주식수는 다음과 같다.

$$\text{신주의 발행주식수} = \frac{2\text{억원}}{9,800\text{원}} = 20,408.16\text{주}$$

7. (1) 10%, 즉 10만주를 주식배당하는 경우 자기자본구조는 다음과 같이 변한다.

연습문제 풀이

(주)은하의 자기자본구조(10% 주식배당 후)

자본금(액면 5,000원, 발행주식수 110만주)	55억원
자본잉여금	20억원
이익잉여금	5억원
자기자본 합계	80억원

(2) 이 회사의 주가는 주식배당비율(10%)만큼 하락하게 된다.

$$P_0 = \frac{18{,}000\text{원}}{1+0.1} = 16{,}363.64\text{원}$$

(3) 주식배당에 의하여 발행주식수가 10% 증가하므로 주당순이익(EPS)도 그만큼 하락하게 된다.

$$EPS = \frac{1{,}000\text{원}}{1+0.1} = 909.09\text{원} \rightarrow PER = \frac{16{,}363.64\text{원}}{909.09\text{원}} = 18$$

이상에서 보는 바와 같이 주식배당 후 PER은 18로서 현재의 PER(18,000원/1,000원=18)와 동일함을 알 수 있다.

다시 말하면 주식배당에 의해 주가와 주당순이익이 같은 비율로 감소하므로 PER은 변하지 않는다.

(4) 주식배당에 의해 주주의 부는 변하지 않는다.

- 주주의 부(주식배당 전)=18,000원×100주=1,800,000원
- 주주의 부(주식배당 후)=16,363.64원×110주=1,800,000원

(5) 주식배당은 대체로 성장속도가 빠른 기업이 사외현금유출을 막고 수익성이 높은 투자기회에 대한 재투자를 위하여 실시하는 경향이 있다. 이 경우 주식배당은 투자자들에게 기업의 미래전망에 대한 좋은 뉴스를 전달해 주는 역할을 담당한다.

8. (1) 현재 한솔기업의 재무정보는 다음과 같다.

발행주식수(N)=10,000주, 주가(P)=10,000원

자기자본의 가치(S)=10,000주×10,000원=10,000만원

부채의 가치(B)=2,500만원

기업의 가치(V)=10,000만원+2,500만원=12,500만원

각 정책에 따른 부채의 시장가치, 발행주식수, 주가, 자기자본의 가치, 기업의 시장가치는 다음과 같다.

	정책 1	정책 2	정책 3	정책 4
B	2,500만원	2,500만원	2,500만원	2,500만원
N	20,000주	10,000주	10,500주	9,900주
P	5,000원	9,900원	9,524원*	10,000원**
S	10,000만원	9,900만원	10,000만원	9,900만원
V	12,500만원	12,400만원	12,500만원	12,400만원

* 5% 주식배당하는 경우 주식의 총가치(자기자본의 가치)는 변하지 않고 발행주식수만 늘어나므로 주가는 9,524원(=10,000만원/10,500주)으로 하락하게 된다.

** 자사주 100주를 매입하기 위하여 100만원의 자금이 소요되었으므로 자기자본의 가치는 9,900만원으로 감소되며, 동시에 발행주식수도 100주 감소한 9,900주가 된다. 그러므로 자사주를 매입한 후 주가는 10,000원(=9,900만원/9,900주)으로 변하지 않음을 유의하여야 한다.

(2) 각 정책에 따른 기존 주주의 부는 다음과 같다.

- 정책 1: 10,000만원
- 정책 2: 자기자본가치(9,900만원)+배당금(100만원)=10,000만원
- 정책 3: 10,000만원
- 정책 4: 자기자본가치(9,900만원)+주식매각액(100만원)=10,000만원

∴ 각 정책에 따라 주주의 부는 변하지 않는다.

제9장 재무분석

완성/선택형 문제

1. 재무상태표, 손익계산서 2. 매출총이익, 영업이익, 법인세비용차감전순이익, 당기순이익 3. 유동성비율, 자본구조비율, 효율성비율, 수익성비율, 성장성비율, 생산성비율, 시장가치비율 4. ③ 5. ① 6. ② 7. ① 8. ③ 9. ③ 10. ⑤ 11. ③

계산형 문제

3. 먼저 각각의 재무비율을 구하면 다음과 같다.

① $\text{유동비율} = \dfrac{\text{유동자산}}{\text{유동부채}} \times 100 = \dfrac{1{,}028{,}500}{557{,}600} \times 100 = 184\%$

② $\text{당좌비율} = \dfrac{\text{당좌자산}}{\text{유동부채}} \times 100 = \dfrac{1{,}028{,}500 - 688{,}500}{557{,}600} \times 100 = 61\%$

③ 부채비율 $=\frac{\text{부채}}{\text{자기자본}}\times 100=\frac{587,600}{633,000}\times 100=93\%$

④ 비유동비율 $=\frac{\text{비유동자산}}{\text{자기자본}}\times 100=\frac{192,100}{633,000}\times 100=30\%$

⑤ 이자보상비율 $=\frac{\text{영업이익}}{\text{이자비용}}=\frac{82,000}{64,000}=1.3$배

⑥ 재고자산회전율 $=\frac{\text{매출액}}{\text{재고자산}}=\frac{2,380,000}{688,500}=3.5$회

⑦ 매출채권회전율 $=\frac{\text{매출액}}{\text{매출채권}}=\frac{2,380,000}{323,000}=7.4$ 회

⑧ 유형자산회전율 $=\frac{\text{매출액}}{\text{유형자산}}=\frac{2,380,000}{192,100}=12.4$회

⑨ 총자산회전율 $=\frac{\text{매출액}}{\text{총자산}}=\frac{2,380,000}{1,220,600}=1.9$회

⑩ 매출액순이익률 $=\frac{\text{당기순이익}}{\text{매출액}}=\frac{9,000}{2,380,000}\times 100=0.38\%$

⑪ 총자산순이익률 $=\frac{\text{당기순이익}}{\text{총자산}}=\frac{9,000}{1,220,600}\times 100=0.74\%$

⑫ 자기자본순이익률 $=\frac{\text{당기순이익}}{\text{자기자본}}=\frac{9,000}{633,000}\times 100=1.42\%$

이상에서 구한 재무비율을 표준비율과 비교하면 다음과 같다.

재무비율	실제비율	표준비율	양호 · 불량
유동비율	184%	126%	양호
당좌비율	61%	68%	불량
부채비율	93%	225%	양호
비유동비율	30%	120%	양호
이자보상비율	1.3배	2.4배	불량
재고자산회전율	3.5회	4.2회	불량
매출채권회전율	7.4회	3.5회	양호
유형자산회전율	12.4회	4.1회	양호
총자산회전율	1.9회	1.2회	양호
매출액순이익률	0.38%	4.74%	불량
총자산순이익률	0.74%	6.43%	불량
자기자본순이익률	1.42%	10.24%	불량

(주)청운의 실제비율과 표준비율을 비교해 보자.

• 단기채무지급능력을 나타내는 유동비율, 당좌비율 등 유동성비율을 살펴보면, 과다한 재고자산으로 인하여 당좌비율이 다소 낮다는 문제가 있으나 대체로 양호한

것으로 보인다.

- 장기채무지급능력을 나타내는 부채비율, 비유동비율, 이자보상비율 등 자본구조비율을 살펴보면, 전반적인 재무구조는 양호하나 낮은 이익으로 인하여 이자보상비율이 표준비율보다 낮은 것이 다소 문제로 지적된다.
- 자산의 효율적 이용도를 나타내는 재고자산회전율, 매출채권회전율, 유형자산회전율, 총자산회전율 등 효율성비율을 살펴보면, 과다한 재고자산으로 인하여 재고자산회전율이 낮은 것을 제외하고는 모두 양호한 것으로 판단된다.
- 기업의 수익성을 나타내는 매출액순이익률, 총자산순이익률, 자기자본순이익률 등 수익성비율을 살펴보면, 모두 불량한 것으로 나타나고 있다.

결론적으로 (주)청운의 단기채무지급능력, 장기채무지급능력, 자산의 효율적 이용도 등은 모두 양호하나 수익성이 매우 취약한 것으로 판단된다. 따라서 이 회사는 무엇보다도 먼저 수익성개선 노력이 우선되어야 할 것으로 판단된다.

4. ① 부채비율 $=\frac{\text{부채총계}}{\text{자본총계}}=\frac{\text{부채총계}}{100{,}000}=1.5$

- 부채총계 = 150,000만원
- 유동부채 = 부채총계 − 비유동부채 = 150,000 − 30,000 = 120,000만원
- 매입채무 = 유동부채 − 단기차입금 = 120,000 − 20,000 = 100,000만원
- 자산총계 = 부채 · 자본총계 = 부채총계 + 자본총계 = 250,000만원

② 유동비율 $=\frac{\text{유동자산}}{\text{유동부채}}=\frac{\text{유동자산}}{120{,}000}=1.2$

- 유동자산 = 144,000만원
- 비유동자산 = 자산총계 − 유동자산 = 250,000 − 144,000 = 106,000만원

③ 당좌비율 $=\frac{\text{유동자산}-\text{재고자산}}{\text{유동부채}}=\frac{144{,}000-\text{재고자산}}{120{,}000}=0.8$

재고자산 = 48,000만원

④ 총자산회전율 $=\frac{\text{매출액}}{\text{총자산}}=\frac{\text{매출액}}{250{,}000}=2.92$

매출액 = 730,000만원

⑤ 매출채권회수기간 $=\frac{\text{매출채권}}{\text{1일 평균매출액}}=\frac{\text{매출채권}}{2{,}000}=40\text{일}$

(※ 1일 평균매출액 $=\frac{730{,}000}{365}=2{,}000$만원)

- 매출채권 = 80,000만원
- 현금및현금성자산 = 유동자산 − 매출채권 − 재고자산
  = 144,000 − 80,000 − 48,000 = 16,000만원

⑥ 매출액순이익률 $=\frac{\text{당기순이익}}{\text{매출액}}=\frac{\text{당기순이익}}{730{,}000}=0.1$

당기순이익 = 73,000만원

⑦ 법인세비용차감전순이익 $= \dfrac{\text{당기순이익}}{1 - \text{법인세율}} = \dfrac{73{,}000}{0.5} = 146{,}000$만원

- 법인세비용 = 146,000 × 0.5 = 73,000만원
- 영업이익 = 법인세비용차감전순이익 + 이자비용 = 146,000 + 64,000
  = 210,000만원
- 매출총이익 = 영업이익 + 판매비와 관리비 = 210,000 + 94,000 = 304,000만원
- 매출원가 = 매출액 − 매출총이익 = 730,000 − 304,000 = 426,000만원

제10장 운전자본관리

완성/선택형 문제

1. 발생시점 *2.* 현금주기 *3.* 유지비용, 부족비용 *4.* 보수적 단기재무정책, 공격적 단기재무정책 *5.* 보상잔고 *6.* 현금유입, 현금유출 *7.* 30, 10, 3 *8.* 회수비용, 대손상각비용 *9.* ⑤ *10.* ④ *11.* ③ *12.* ① *13.* ③ *14.* ⑤ *15.* ④ *16.* ② *17.* ① *18.* ③

계산형 문제

7. (1) 재고자산회전율이 6회라는 것은 재고자산이 1년에 6번 현금 또는 매출채권으로 전환됨을 의미한다. 따라서 재고자산이 1번 현금 또는 매출채권으로 전환되는 데 소요되는 기간, 즉 재고기간은 다음과 같이 구할 수 있다.

재고기간 $= \dfrac{365}{6} = 60.8$일

(2) 물음 (1)과 유사한 방법으로 매출채권회수기간과 매입채무지급기간을 구하면 다음과 같다.

매출채권회수기간 $= \dfrac{365}{8.5} = 42.9$일

매입채무지급기간 $= \dfrac{365}{10} = 36.5$일

(3) 물음 (1)과 (2)의 결과를 이용하여 영업주기와 현금주기를 구하면 다음과 같다.

- 영업주기 = 재고기간 + 매출채권회수기간 = 60.8일 + 42.9일 = 103.7일
- 현금주기 = 영업주기 − 매입채무지급기간 = 103.7일 − 36.5일 = 67.2일

소망(주)의 현금주기는 67.2일이다. 즉 현금유출과 현금유입 사이에는 약 67.2일의 시간간격이 존재한다.

8. (1) 먼저 매월의 현금유입과 현금유출을 각각 구한 후, 이를 비교하여 순현금흐름을 구할 수 있다.

Ⅰ. 현금유입

(단위: 만원)

	12월	1월	2월	3월	4월
매출액	800	900	1,000	850	900
수금(당월 매출)		360	400	340	
수금(1개월 전 매출)		480	540	600	
총현금유입액		840	940	940	

Ⅱ. 현금유출

(단위: 만원)

	12월	1월	2월	3월	4월
매출액	800	900	1,000	850	900
원재료구입액(외상)	540	600	510	540	
현금지출:					
매입채무 상환액		540	600	510	
노무비		120	150	110	
판매비와 관리비, 제경비		130	130	130	
자본적 지출(시설투자)		0	200	0	
총현금유입액		790	1,080	750	

Ⅲ. 순현금흐름

(단위: 만원)

	1월	2월	3월
총현금유입액	840	940	940
총현금유출액	790	1,080	750
순현금흐름	50	−140	190

(2) 현금예산

(단위: 만원)

	1월	2월	3월
순현금흐름	50	−140	190
누적현금잔고	50	−90	100
최소현금잔고	50	50	50
누적현금과부족	0	−140	50

경민상사의 경우 향후 3개월간 현금예산에 의하면, 2월에 140만원의 현금부족이 예상된다. 따라서 이에 대한 단기차입계획을 마련해야 할 것이다.

9. 현재시점에서의 1일 신용매출액 200,000원(7,300만원/365일)에 대한 두 정책의 현금흐름과 그 현재가치(PV)는 다음과 같다.

- 현재의 신용조건: 「net 20」(매출채권회수기간=30일)

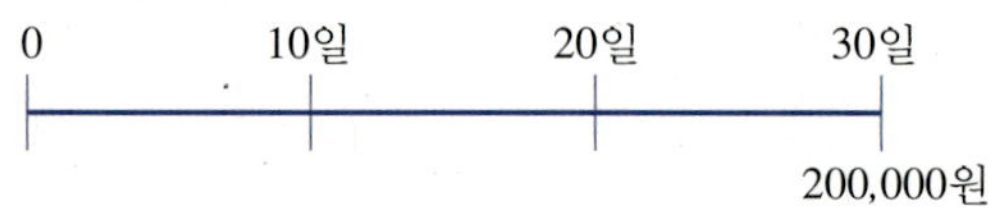

$$\rightarrow PV = \frac{200,000\text{원}}{1+(0.1\times 30/365)} = 198,370\text{원}$$

- 새로운 신용조건: 「2/10, net 20」(매출채권회수기간=20일)

현금할인을 선택하지 않는 고객의 매출채권회수기간(T)은 다음과 같이 구할 수 있다.

$0.5\times 10\text{일}+0.5T=20\text{일} \qquad \therefore T=30\text{일}$

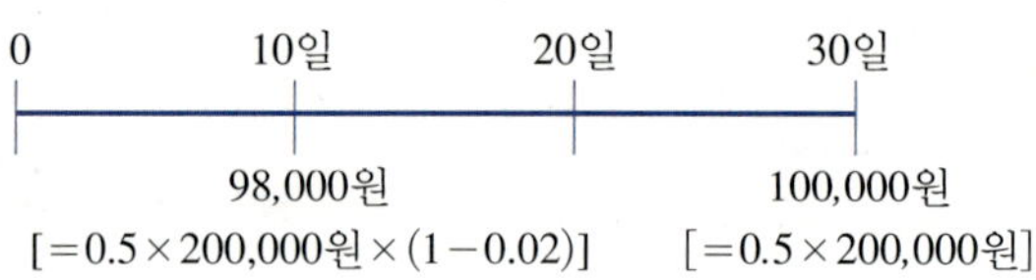

$$\rightarrow PV = \frac{98,000\text{원}}{1+(0.1\times 10/365)} + \frac{100,000\text{원}}{1+(0.1\times 30/365)} = 196,917\text{원}$$

현재의 신용조건이 새로운 신용조건에 비해 1,453원(198,370원−196,917원) 높은 가치를 제공하므로 청운교역은 현재의 신용조건을 고수해야 한다. 즉 청운교역은 고객에게 새로운 신용조건을 제시하지 않아야 한다.

10. (1) 현재의 신용조건 「3/15, net 40」하의 매출채권투자액을 계산하면 다음과 같다.

- 매출채권회수기간 = 0.4 × 15일 + 0.6 × 40일 = 30일
- 1일 평균매출액 = $\frac{\text{연간 총매출액}}{\text{365일}} = \frac{\text{1,000원} \times \text{80,000개}}{\text{365일}}$ = 219,178원

→ 매출채권투자액 = 매출채권회수기간 × 1일 평균매출액

= 30일 × 219,178원 = 6,575,340원

(2) 현금할인율을 높인 변경된 신용조건 「5/15, net 40」은 고객의 신용대금상환을 촉진시킨다. 따라서 매출채권회수기간이 감소하게 되며, 그 결과 매출채권의 투자액은 줄어들 것이다.

제11장 기업의 합병과 매수

완성/선택형 문제

1. 정(+) *2.* 수평적 합병, 수직적 합병, 다각적 합병 *3.* 경영자매수(MBO) *4.* 수익증대, 비용절감, 세금절감, 자본비용 *5.* ⑤ *6.* ④ *7.* ① *8.* ② *9.* ① *10.* ③ *11.* ① *12.* ① *13.* ① *14.* ⑤ *15.* ⑤

계산형 문제

3. 홍성산업(주)이 주식의 시장가치를 기준으로 소리통신(주) 주주에게 주식을 교환해 줄 때, 그 교환비율은 다음과 같다.

교환비율 = $\frac{\text{12,000원}}{\text{30,000원}}$ = 0.4

즉 소리통신(주) 1주에 대하여 홍성산업(주) 0.4주를 교환해 준다. 그러므로 홍성산업(주)이 소리통신(주)을 인수하기 위하여 신규로 발행하여야 하는 주식수는 20만주(50만주 × 0.4)이다.

합병 후 홍성산업(주)의 총발행주식수와 순이익, 그리고 주당순이익(EPS)은 각각 다음과 같이 구할 수 있다.

총발행주식수 = 100만주 + 20만주 = 120만주

순이익 = 홍성산업(주)의 순이익 + 소리통신(주)의 순이익

= (2,000원 × 100만주) + (1,000원 × 50만주) = 250,000만원

→ $EPS = \frac{\text{순이익}}{\text{총발행주식수}} = \frac{\text{250,000만원}}{\text{120만주}}$ = 2,083.33원

시장이 효율적이어서 홍성산업(주)과 소리통신(주)의 주가가 정확히 그 내재가치를 반영하고 있다면, 홍성산업(주)은 소리통신(주)을 정확히 그 시장가치로 매수한 것이기 때문에 합병으로 인하여 홍성산업(주)의 EPS가 약간 상승하더라도 홍성산업(주)의 기존 주주의 부에는 영향을 미치지 않는다.[1] 즉 합병 후 홍성산업(주)의 EPS의 상승은 PER의 하락으로 그 효과가 상쇄될 것이다.

구 분	합병 전		합병 후
	홍성산업(주)	소리통신(주)	
주 가	30,000원	12,000원	30,000원
주당순이익(EPS)	2,000원	1,000원	2,083.33원
PER(주가/EPS)	15	12	14.4

4. (1) 녹수전자(주)의 합병으로 인한 청산실업(주)의 추가적인 현금흐름은 다음과 같다.

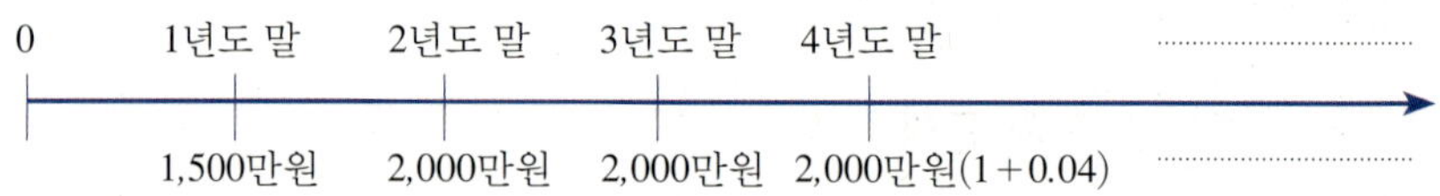

그리고 녹수전자(주)의 적절한 할인율은 다음과 같이 구할 수 있다.

$r = r_f + [E(r_M) - r_f]\beta = 0.06 + (0.1 - 0.06)(1.2) = 0.108$

따라서 합병시 녹수전자(주)의 가치는 다음과 같이 추가적인 현금흐름을 할인하여 구할 수 있다.

녹수전자(주)의 가치

$$= \frac{1{,}500\text{만원}}{1+0.108} + \frac{2{,}000\text{만원}}{(1+0.108)^2} + \frac{1}{(1+0.108)^2}\left(\frac{2{,}000\text{만원}}{0.108-0.04}\right)$$

$= 26{,}940.40$만원

→ 녹수전자(주)의 주식가치 = 녹수전자(주)의 가치 − 녹수전자(주)의 부채가치
= 26,940.40만원 − 15,000만원
= 11,940.40만원

그러므로 청산실업(주)이 녹수전자(주)의 주주들에게 지불할 수 있는 최대금액은 11,940.40만원이다.

(2) 녹수전자(주)의 총주식가치가 10,000만원이고 이 회사의 주주들이 인수시 20%의 프리미엄을 추가로 요구한다면, 이 회사를 인수하기 위해서는 녹수전자(주)의 주주들에게 12,000만원(10,000만원×1.2)을 지불하여야 한다. 이 금액은 청산실업(주)이 녹수전자(주)의 주주들에게 지불할 수 있는 최대금액은 11,940.40만

1 이 경우 어떠한 시너지도 나타나지 않는다고 가정한다.

원보다 더 높으므로 이 회사를 인수하지 않아야 한다.

5. • NPV = 시너지 − 프리미엄 = 5억원 − 2억원 = 3억원

→ 인수 후 A기업 주가 $= 9{,}000원 + \frac{3억원}{30만주} = 10{,}000원$

• B기업의 인수가격 $= 4{,}000원 + \frac{2억원}{20만주} = 5{,}000원$

; 교환비율 $= \frac{5{,}000원}{10{,}000원} = 0.5$

∴ 발행주식수 = 20만주 × 0.5 = 10만주

6.

구 분	기업 A	기업 B
당기순이익	30억원	5억원
주식수	1,000,000주	500,000주
EPS	3,000원	1,000원

합병 후 당기순이익 = 30억원 + 5억원 + 10억원 = 45억원

→ 합병 후 $EPS = \frac{45억원}{100만주 + 50만주 \times 교환비율} \geq 3{,}000원$

∴ 교환비율 ≤ 1 → 최대교환비율 = 1

※ 기업 B 주주입장에서 최소교환비율

$\left(\frac{45억원}{100만주 + 50만주 \times 교환비율}\right) \times 교환비율 \geq 1{,}000원$

∴ 교환비율 ≥ 0.25 → 최소교환비율 = 0.25

7. 주식교환비율 $= \frac{8{,}000원}{20{,}000원} = 0.4$

∴ 합병 후 $EPS = \frac{2{,}000원 \times 300만주 + 1{,}000원 \times 120만주}{300만주 + 120만주 \times 0.4} = 2{,}068.97원$

8. ㈜알파의 주가 = 1,000원 × 10 = 10,000원, ㈜감마의 주가 = 400원 × 20 = 8,000원

주식교환비율 $= \frac{8{,}000원}{10{,}000원} = 0.8$ (즉, ㈜감마 1주에 대하여 ㈜알파주식 0.8주로 교환함)

합병 후 주당순이익 $= \frac{1{,}000원 \times 100만주 + 400원 \times 50주}{100주 + 50주 \times 0.8} = 857.14원$

합병 후 $PER = \frac{10{,}000원}{857.14원} = 11.67$

제12장 파생상품과 위험관리

완성/선택형 문제

1. 만기일 가치 *2.* 무위험포트폴리오(또는 헤지포트폴리오) *3.* 기초자산, 현물가격, 만기일(또는 인도일), 선물가격 *4.* 반대매매 *5.* 상품선물, 금융선물 *6.* 매입헤지, 매도헤지 *7.* ③ *8.* ② *9.* ④ *10.* ③ *11.* ⑤ *12.* ① *13.* ⑤ *14.* ② *15.* ③ *16.* ⑤ *17.* ⑤ *18.* ④ *19.* ① *20.* ②

계산형 문제

4. (1) 콜옵션의 만기일 가치 = Max[(주가지수 − 행사가격) × 25만원 × 10계약, 0]
= Max[(265 − 255) × 25만원 × 10계약, 0] = 2,500만원

콜옵션의 손익 = 콜옵션의 만기일 가치 − 매입가격
= 2,500만원 − 5 × 25만원 × 10계약 = 1,250만원

(2) 콜옵션의 만기일 가치 = Max[(주가지수 − 행사가격) × 10만원 × 10계약, 0]
= Max[(250 − 255) × 25만원 × 10계약, 0]
= 0(즉 콜옵션의 행사를 포기함.)

콜옵션의 손익 = 콜옵션의 만기일 가치 − 매입가격
= 0 − 5 × 25만원 × 10계약 = − 1,250만원

5. $S+P-C=10{,}000+500-1{,}500=9{,}000\text{원}<\dfrac{X}{1+r_T}=\dfrac{11{,}000}{1+0.1}=10{,}000\text{원}$

- $S+P-C$: 과소평가 → 매입(주식 1주 매입, 풋옵션 매입, 콜옵션 매도) : −9,000원
- $\dfrac{X}{1+r_T}$: 과대평가 → 무위험채권 매도(차입) : +10,000원

∴ 차익거래이익 = 10,000원 − 9,000원 = 1,000원

6. $$10{,}000 \begin{cases} 12{,}000\text{원} \\ 8{,}000\text{원} \end{cases} \qquad C \begin{cases} C_u=2{,}000\text{원} \\ C_d=0 \end{cases} \qquad \rightarrow\ 10{,}000\alpha - C \begin{cases} 12{,}000\alpha-2{,}000 \\ 8{,}000\alpha \end{cases}$$

$12{,}000\alpha-2{,}000=8{,}000\alpha \ \rightarrow\ \alpha=0.5$

$(10{,}000\times0.5-C)\times(1+0.1)=12{,}000\times0.5-2{,}000$

$\therefore\ C=1{,}363.64\text{원}$

(별해)

$$u=1.2,\ d=0.8,\ 1+r_T=1.1 \rightarrow p=\frac{(1+r_T)-d}{u-d}=\frac{1.1-0.8}{1.2-0.8}=0.75,\ 1-p=0.25$$

$$\therefore\ C=\frac{0.75\times 2{,}000+0.25\times 0}{1+0.1}=1{,}363.64\text{원}$$

7. (1) 일일정산에 따른 이매입(선물매입자)의 일일정산이익(손실)은 다음과 같다.

① 이매입의 일일정산이익＝당일정산가격－전일정산가격

- 3월 13일: 일일정산이익＝(250.40－252.30)×25만원×10계약＝－475만원
- 3월 14일: 일일정산이익＝(251.20－250.40)×25만원×10계약＝200만원

② 이매입의 총이익＝(최종결제가격－선물약정가격)×25만원×10계약
＝(251.20－252.30)×25만원×10계약＝－275만원

그러므로 3월 14일 거래종료 후 선물거래로 인한 총손실은 275만원(－475만원＋200만원)이다.

(2) 일일정산에 따른 박매도(선물매도자)의 일일정산이익(손실)은 다음과 같다.

① 박매도의 일일정산이익＝ 전일정산가격－당일정산가격

- 3월 13일: 일일정산이익＝(252.30－250.40)×25만원×10계약＝475만원
- 3월 14일: 일일정산이익＝(250.40－251.20)×25만원×10계약＝－200만원

② 박매도의 총이익＝(선물약정가격－최종결제가격)×25만원×10계약
＝(252.30－251.20)×25만원×10계약＝275만원

그러므로 3월 14일 거래종료 후 선물거래로 인한 총이익은 275만원(475만원－200만원)이다.

8. $F_{0,T}=S_0(1+r_T-d_T)$

$$=260.20\times ₩250{,}000\times\left[1+(0.12-0.04)\left(\frac{1}{4}\right)\right]=₩66{,}351{,}000$$

제13장 국제재무관리

완성/선택형 문제

1. 외환시장 2. 선물환거래, 선물환율 3. 이자율평가이론 4. 거래노출 5. 유로금융시장, 유로통화 6. 역외금융 7. ② 8. ④ 9. ② 10. ① 11. ① 12. ⑤ 13. ③ 14. ④ 15. ①

계산형 문제

4. (1) 재정환율 $= \dfrac{₩1{,}260.00/\$}{¥120.00/\$} = ₩10.5/¥$

(2) 「실제환율(₩10.0/¥) < 재정환율(₩10.5/¥)」이므로 원화는 과대평가되어 있고 엔화는 과소평가되어 있음을 알 수 있다. 그러므로 과대평가된 원화를 매도하고, 과소평가된 엔화를 매입함으로써 차익거래이익을 얻을 수 있을 것이다. 시장간 차익거래(intermarket triangular arbitrage)를 실시하면 다음과 같다.

① 서울에서 ₩10,000,000을 지급(매도)하고 ¥1,000,000 매입

② 동경에서 ¥1,000,000을 지급(매도)하고 $8,333.3333(1,000,000/120) 매입

③ 서울에서 $8,333.3333을 지급(매도)하고 ₩10,500,000(8,333.3333 × 1,260) 매입

④ ₩10,000,000의 자금으로 삼각차익거래과정을 실시하여 ₩10,500,000을 얻을 수 있다. 따라서 당신이 얻을 수 있는 차익거래이익은 다음과 같다.

∴ 차익거래이익 = ₩10,500,000 − ₩10,000,000 = ₩500,000

5. $s = \dfrac{E(S_1)}{S_0} - 1 = \dfrac{1+\pi}{1+\pi^F} - 1 = \dfrac{1+0.1}{1+0.06} - 1 = 0.0377 \rightarrow \dfrac{E(S_1)}{1{,}040} = 1.0377$

$\therefore E(S_1) = 1{,}079.21$원/100엔

따라서 1년 후 대일엔화 기대환율 $E(S_1)$은 100엔당 1,079.21원이 된다.

6. (1) 두 안에 의한 3개월 후 옥수수매매대금의 지급액을 구하면 다음과 같다.

① 제1안: 3개월물 미달러화 선물환 2,000만달러 매입

3개월 후 총지급액 = 2,000만달러 × ₩1,240/$ = 2,480,000만원

② 제2안:

• (미국 내 은행에서의 예금금액) $\times \left(1 + \dfrac{0.08}{4}\right)$ = 2,000만달러

→ 미국 내 은행에서의 예금금액 = 1,960.78만달러

• 국내 은행에서의 차입액 = 1,960.78만달러 × ₩1,200/$ = 2,352,936만원

∴ 3개월 후 총지급액(국내은행 차입금 상환액)

= 2,352,936만원 $\left(1 + \dfrac{0.12}{4}\right)$ = 2,423,524만원

따라서 제2안을 선택하는 것이 유리하다.

(2) 두 안이 차이가 나는 것은 선물환율이 국내와 미국간의 이자율 차이를 완전히 반영하지 못하기 때문이다. 따라서 이자율평가이론에 의해 3개월물의 선물환율을 구하면 다음과 같다.

$$\frac{F_{0,\,3개월}-1{,}200}{1{,}200}=\frac{1+0.03}{1+0.02}-1=0.009804$$

$\therefore F_{0,\,3개월}=₩1{,}211.76/\$$

7. (1) 먼저 향후 3년간의 대미달러화의 기대현물환율을 국제피셔효과를 이용하여 추정하면 다음과 같다.

• 1년도 말 대미달러화의 기대현물환율: $E(S_1)$

$$\frac{E(S_1)-S_0}{S_0}=r-r^F \rightarrow \frac{E(S_1)-1{,}200}{1{,}200}=0.1-0.06=0.04$$

$\therefore E(S_1)=₩1{,}248/\$$

• 2년도 말 대미달러화의 기대현물환율: $E(S_2)$

$$\frac{E(S_2)-E(S_1)}{E(S_1)}=r-r^F \rightarrow \frac{E(S_2)-1{,}248}{1{,}248}=0.1-0.06=0.04$$

$\therefore E(S_2)=₩1{,}297.92/\$$

• 3년도 말 대미달러화의 기대현물환율: $E(S_3)$

$$\frac{E(S_3)-E(S_2)}{E(S_2)}=r-r^F \rightarrow \frac{E(S_3)-1{,}297.92}{1{,}297.92}=0.1-0.06=0.04$$

$\therefore E(S_3)=₩1{,}349.84/\$$

그리고 K자동차(주)의 해외투자로부터 발생하는 현금흐름을 대미달러화 기대현물환율에 의해 원화로 환산하면 다음과 같다.

항　목	0	1년도 말	2년도 말	3년도 말
현금흐름(만달러)	−5,000	2,000	2,000	2,000
기대현물환율(₩/$)	1,200	1,248	1,297.92	1,349.84
현금흐름(만원)	−6,000,000	2,496,000	2,595,840	2,699,680

따라서 K자동차(주)가 고려하고 있는 미국현지의 자동차부품공장설립안의 순현가는 다음과 같이 계산할 수 있다.

$$NPV=-6{,}000{,}000+\frac{2{,}496{,}000}{1.1}+\frac{2{,}595{,}840}{1.1^2}+\frac{2{,}699{,}680}{1.1^3}$$

$=442{,}722.76$만원

순현가가 0보다 크므로 K자동차(주)는 미국현지에 자동차부품공장을 설립하여야 한다.

(2) 물음 (1)의 결과는 달라지지 않는다. 그 이유는 해외투자안의 순현가를 계산할 때 반드시 시장에서 추정된 환율을 사용해야 하기 때문이다.

국문색인

ㅇ

ㅈ

ㅊ

ㅋ

ㅌ

ㅍ

ㅎ

영문색인

A

B

C

D

E

F

M

N

O

P

Q

R

S

T

U

V

W

Y

Z

[공저자 약력]

감 형 규(甘炯奎)

성균관대학교 경영학과 졸업
성균관대학교 대학원 졸업(경영학 석사, 경영학 박사)
SK경제연구소 경영연구실 실장
한국재무관리학회 회장
한국기업경영학회 부회장
한국생산성학회 상임이사
청운대학교 기획처장
현 청운대학교 인천캠퍼스 경영학과 교수
하나손해보험㈜ 사외이사

[저서 및 주요논문]

알기쉬운 재무관리(제2판, 유원북스)
Perfect 재무관리 Ⅰ, Ⅱ(공저, 유원북스)
회계와 재무의 이해 (유원북스)
파생금융상품(제2판, 공저, 유원북스)
에센스 선물옵션(제2판 공저, 유원북스)
경영분석(공저, 유원북스)
고급재무관리(공저, 박영사)
증권투자론(제5판, 공저, 율곡출판사)
재테크와 금융상품(공저, 율곡출판사)
재테크 시작하기(공저, 율곡출판사)
주식수익률과 거시경제변수의 관계에 관한 실증적 연구
한국주식시장에서의 역행투자성과에 관한 실증적 연구
정보유형과 주가변동성의 관계에 관한 연구
자본투자와 주식수익률의 관계에 관한 연구 외 다수

신 용 재(辛容在)

성균관대학교 경영학과 졸업
성균관대학교 대학원 졸업(경영학석사, 경영학박사)
한국재무관리학회 회장
Brock 대학교 비지팅 스칼라(Visiting Scholar)
공인회계사, 경영지도사, 신용분석사 시험 출제위원
한국재무학회, 한국증권학회, 한국파생상품학회 이사
한국기업경영학회, 한국산업경영학회 논문편집위원
한국언론진흥기금 위험관리성과평가위원
기술보증기금 자문위원
현 한경국립대학교 경영학과 교수

[저서 및 주요논문]

Perfect 재무관리 Ⅰ, Ⅱ(공저, 유원북스)
재테크와 금융상품(공저, 율곡출판사)
에센스 선물옵션(제2판, 공저, 유원북스)
경영분석(공저, 유원북스)
파생금융상품(제2판, 공저, 유원북스)
증권투자론(제5판, 공저, 율곡출판사)
ESG 한번에 이해하기(공역, 유원북스)

Reducing Agency Conflicts with Target Debt Ratios
Momentum Profits and Idiosyncratic Volatility
Liguidity Hedging with Futures and Forward Contracts 외 다수

김 영 규(金暎圭)

성균관대학교 경제학과 졸업
미 U. of Illinois-Urbana 대학원 졸업(경제학 석사, M.A., 재무학 석사, M.S.)
미 Texas Tech U. 대학원 졸업(경영학 박사, Ph.D.)
미 Wayland Baptist U. 교수 역임
공인회계사, 사법시험, 행정고시 출제위원
한국재무관리학회 회장
한국재무학회 회장
성균관대학교 경영학부장 겸 경영대학원장
현 성균관대학교 경영학부 명예교수

[저서 및 주요논문]

경영학원론(제2판, 박영사)
NEW 재무관리(공저, 유원북스)
고급재무관리(공저, 박영사)
증권투자론(제5판, 공저, 율곡출판사)
재무이론과 기업정책(공역, 대영사)
Chaos 모형을 이용한 한국 주식시장의 비선형 동태적 특성에 관한 연구
Response of Country Fund Returns, Premiums, and Trading Volume to News

제8판
에센스 재무관리

공저자 | 감형규 · 신용재 · 김영규
발행인 | 이구만
발행처 | 유원북스 도서출판
주소 서울특별시 마포구 토정로 222(신수동), 한국출판콘텐츠센터 416호
대표전화 (02) 593-1800 팩스 (02) 593-1801
www.uwonbooks.com
출판등록 2011. 9. 6. 제25100-2012-3호

제8판 4쇄 | 2025. 03. 02.
제8판 발행 | 2023. 08. 10.
제7판 발행 | 2019. 08. 09.
초판 발행 | 1999. 01. 05.

ISBN 979-11-6288-170-5 93320

정가 | 35,000원

편집 | 이채린
편집 디자인 | 홍익 m&b
일러스트 | 박상철
